北京石景山年鉴(2018)

BEIJING SHIJINGSHAN NIANJIAN

北京市石景山区人民政府 主办
北京市石景山区地方志办公室 承编

中 华 书 局

图书在版编目（CIP）数据

北京石景山年鉴. 2018/北京市石景山区地方志办公室编.—北京：中华书局，2018.11
ISBN 978-7-101-13583-1

Ⅰ.①北… Ⅱ.①北… Ⅲ.①石景山区—2018—年鉴
Ⅳ.①Z521.3

中国版本图书馆 CIP 数据核字（2018）第 256307 号

责任编辑：朱 慧

北京石景山年鉴 2018

北京市石景山区地方志办公室编

*

中 华 书 局 出 版

（北京市丰台区太平桥西里 38 号 100073）

http://www.zhbc.com.cn

E-mail:zhbc@zhbc.com.cn

廊坊市金虹宇印务有限公司印刷

*

889×1194 1/16 26 印张 35 插页 1 038 千字

2018 年 12 月第 1 版 2018 年 12 月第 1 次印刷

印数：2500 册 定价：260.00 元

ISBN 978-7-101-13583-1

地址

北京市石景山区
八角西街27号

电话

010-68883642

传真

010-68880579

邮编

100043

电子信箱

jsqzb@126.com

特约编辑

（按姓氏笔画为序）

编纂说明

一、《北京石景山年鉴》是石景山区人民政府主办、区地方志办公室按年编纂、连续出版的大型综合性、权威性、资料性工具书。

二、年鉴以马克思列宁主义、毛泽东思想、邓小平理论、“三个代表”重要思想、科学发展观、习近平新时代中国特色社会主义思想为指导，围绕石景山区“全面深度转型、高端绿色发展”战略，遵循实事求是原则，力求科学、客观、全面、系统记录石景山区经济和社会发展的基本情况，体现时代特征、地区特点、行业特色。旨在为社会各界了解、研究石景山区提供基本资料，同时为修编《北京市石景山区志》积累史料。

三、年鉴收录范围以地域为界，凡在石景山区境域之内的部门单位、各行各业，不论其性质、隶属关系和级别，均在收录之列。本卷以详记区属各系统、各单位情况为主，适当记述辖区内中央、市属单位情况，既突出主题又概括全貌。

四、年鉴所收录资料信息的主要形式为文字（文章和条目）、数据（表格）、图片，采用分级分类编纂法，以条目体为主，用规范的语体文直陈其事，文字力求言简意赅。按栏目、分目、次分目、条目四级结构层次编排。

五、年鉴框架进行微调，由原32个类目调整为29个。按政治、经济、文化、社会的顺序，依次排列。依次为总述、特载、大事记、中国共产党北京市石景山区委员会、北京市石景山区人民代表大会、北京市石景山区人民政府、政协北京市石景山区委员会、纪检　监察、民主党派　工商联、人民团体、法治、军事、综合经济管理、规划建设、驻区中央企业、商业贸易、旅游业、城市管理、科学技术、教育、文化、卫生、体育、社会建设、社会民生、街道、先进、统计资料、附录等29个类目。全书总计约104万字。

六、《北京石景山年鉴》从2006年开始逐年编纂。2012年始，版式改为国际大16开，图片进条目正文。2018卷为总第14卷。其内容记述时限均为2017年1月1日至12月31日，本卷中凡未注明年份的事物，均为2017年内所发生。各级负责人任职情况，一律以2017年12月31日在册统计为准。

七、本鉴所用文章和条目，部分由区属各部门和驻区有关单位确定专人撰写或提供，并经撰稿单位主管领导审核。综合性统计资料由区统计局提供，业务部门的统计数字则由各主管部门提供。随文图片由各单位提供为主，编辑部提供为辅。

八、本鉴卷首有“总目”和“分目”，卷尾有“索引”。索引采用主题分析法，按主题词首字汉语拼音字母顺序排列。“总目”采用中英文对照，便于涉外交流。

九、本鉴在编辑出版工作中，得到全区各单位及各方面的大力支持和配合，也得到中国版协年鉴工作委员会、市志办领导和专家的悉心指导，在此谨表诚挚谢意，同时希望进一步得到关注和帮助。年鉴中存在的疏漏讹误之处，恳请读者批评指正。

编　者

2018年12月

北京石景山年鉴

2017 · BEIJING SHIJINGSHAN NIANJIAN

数字石景山

区域总面积 85.74平方千米

常住人口 61.2万人

户籍人口38.2万人

地区生产总值

535.4亿元

（按不变价计算，同比增长11%）

全社会固定资产投资完成额271.0 亿元

第二产业	第三产业
156.1	379.3

第二产业、第三产业(亿元)

第三产业增加值占地区生产总值比重70.8

财政收入总计106.5亿元

财政支出总计182.3亿元

社会消费品零售总额 303.4 亿元

批发业 17.0 亿元

零售业 271.1 亿元

住宿业 1.4 亿元

餐饮业 13.9 亿元

图书馆藏书
113万册

文物保护单位
36个

卫生技术人员
8774人

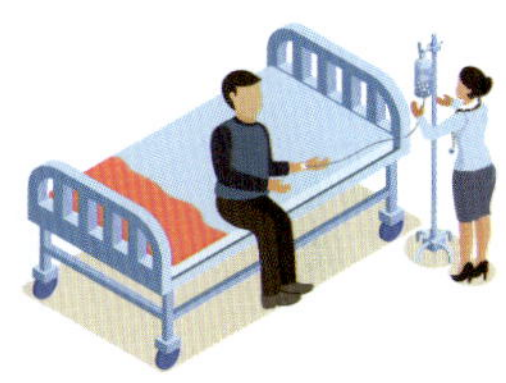

医疗病床
5250人

每千常住人口拥有医生
5.4人

每千常住人口拥有床位
8.6张

中小学在校学生
34100人

居民人均可支配收入：66112元
居民人均消费支出：40767元

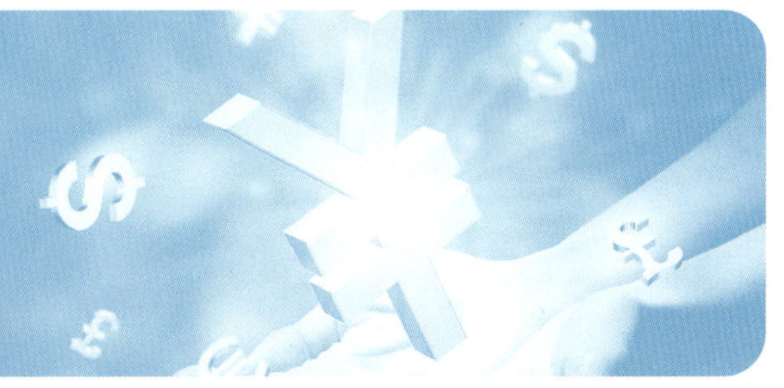

8 月 21 日，区委书记牛青山到社区参与“老街坊”活动

10 月 16 日，区人大常委会主任李文起调研蔬菜销售网点

4 月 10 日，区长夏林茂到石景山医院调研医药改革

11 月 23 日，在区第十六届人代会三次会上文献当选区长

10 月 17 日，区政协主席吴克瑞到模式口文化街调研修缮整治工作

7月13日，区委第十二届第四次全会

11月21-23日，区第十六届人代会第三次会议

6 月 6 日，2017 年政府第二次全会

7 月 20 日，区政协民主监督与评议工作动员部署会

8月3日，区级中心组学习

11月30日，贯彻十九大精神专题研讨班

12 月 8 日，"基层书记论党建"主题论坛

2 月 24 日，石景山区党风廉政建设大会

12 月 4 日，全区领导干部警示教育大会

11 月 3 日，石景山区经济发展推进大会召开

11 月，石景山区参加第 21 届京港洽谈会

9月，石景山区“侨梦苑“、北京保险产业园获批北京市服务业扩大开放首批示范园区

4月27日，区国税局、地税局联合举行服务“冬奥”绿色办税通道开通仪式

5 月 23 日，石景山区企业信用监督和服务平台上线

10 月，区食药监局进行“放心肉菜”示范超市检查

10月3日，第十九届北京国际旅游节开幕

10月3日，西山八大处文化节文艺演出

11 月，北京保险产业园 637 工程项目主体结构封顶

京西商务中心

3 月 31 日，第十届北京清明诗会

6 月 27 日，石景山区第 34 届"古城之春"艺术节群众舞蹈大赛

8 月 22 日，西山永定河文化带建设领导小组会议召开

9 月 22 日，石景山区“老街坊”主题文艺演出

10 月 12 日，《模式口红色记忆》历史舞台剧演出

12 月 6 日，"京津冀"非物质文化遗产原创节目交流展演

7 月 6 日，北大附中附小石景山教育集团成立仪式

11 月 14 日，北京市第十二届“京城杯”小学课堂教学交流活动

12 月 18 日，石景山区中小学第三届“少年说”系列教育活动

5 月 4 日，区民族团结进步创建系列活动启动仪式

7 月 11 日，区人力社保局开辟“24 小时自助查询区”

7 月 7 日，石景山区残疾人文艺作品征集现场评选展演活动

西十冬奥广场（北京 2022 年冬奥会和冬残奥会组织委员会）

5 月 8 日，区领导到北京冬奥组委调研

5 月，市民冰雪体育中心建成

10 月 12 日，第三十二届金秋体育盛会开幕式

5 月 20 日，第二届京津冀耐力骑行活动

5 月 3 日，石景山区公立医院改革国家复评汇报会

10 月 11 日，第二届北京·西山中医药文化季

9 月 19 日，石景山区河长制工作推进会

10 月 31 日，石景山区环保督查汇报会

模式口南小街整治前

8 月，模式口南小街整治中

8 月，模式口南小街整治后

9月15日，石景山支队消防安保誓师大会

长安街西延线建设中

S1 线地铁金安桥站

9 月 20 日，磁悬浮 S1 线试运行

绿色石景山

南马厂水库秋韵

波光倩影莲石湖

承恩寺秋色

斑斓西山

松林公园花坛一角

永引渠周边一角

绿色首钢冬奥办公场所

2月28日,国家体育总局与首钢总公司共同签署《关于备战2022年冬季奥运会和建设国家体育产业示范区合作框架协议》

7月31日，京冀曹妃甸协同发展示范区产城融合展示中心揭牌

北京市规划和国土资源管理委员会

市规划国土函〔2017〕2681 号

北京市规划和国土资源管理委员会
关于新首钢高端产业综合服务区北区
详细规划意见的函

首钢集团有限公司：

你公司《关于支持新首钢高端产业综合服务区近期开发建设调整的函》（首函〔2016〕28 号）收悉。经我委组织可行性研究、联合联审、专家评议、公众参与，并请示市政府同意，现将有关规划意见函告如下：

一、原则同意《新首钢高端产业综合服务区北区详细规划》。首钢园区北区详细规划研究范围东至北辛安路，南至长安街西延线，西至永定河，北至石龙路和阜石路，总用地面积约 2.91 平方公里，总建筑规模约 182.6 万平方米。

二、原则同意用地功能布局及各类用地的规划控制指标。其中：商业服务业设施用地约 29.05 公顷，建筑规模约 85.57 万平方米；多功能用地约 57.8 公顷，建筑规模约 84.73 万平方米；道路与交通设施用地 81.67 公顷，建筑规模约 9.12 万平方米；

10 月 18 日，《新首钢高端产业综合服务区北区详细规划》获北京市规划和国土资源管理委员会正式批复

8 月 22 日，“海外院士专家北京工作站”揭牌落户首钢北京园区

11 月，首钢 12 项产品上榜冶金工业质量经营联盟公布的品质卓越产品榜

7 月 17 日，中央电视台特别报道首钢转型发展新成果

首钢成为宝马、奔驰、一汽大众、福特、东风日产等高端用户稳定供货商

首钢股份公司硅钢生产线全景

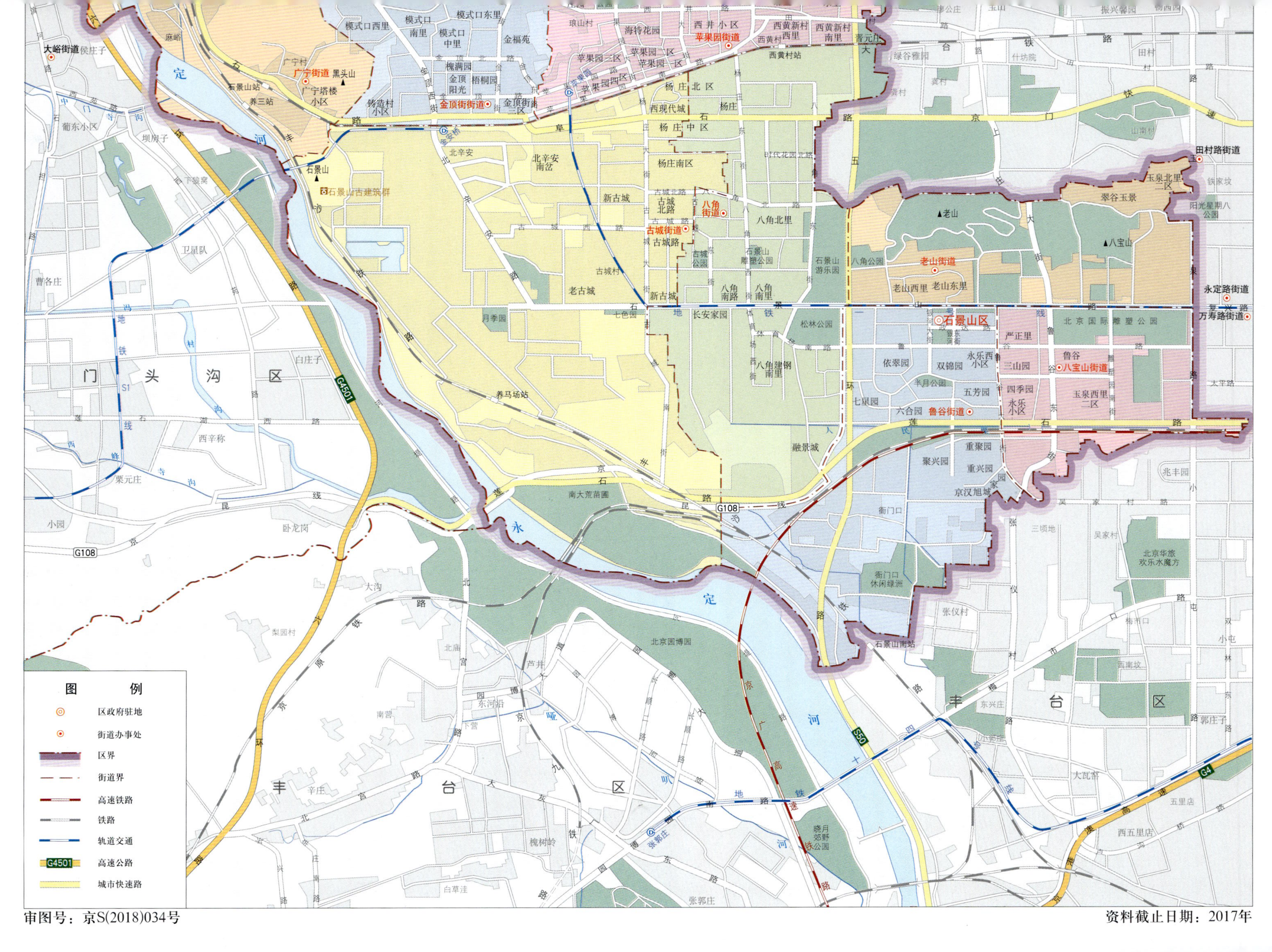

审图号：京S(2018)034号

资料截止日期：2017年

北京市石景山区行政区划图

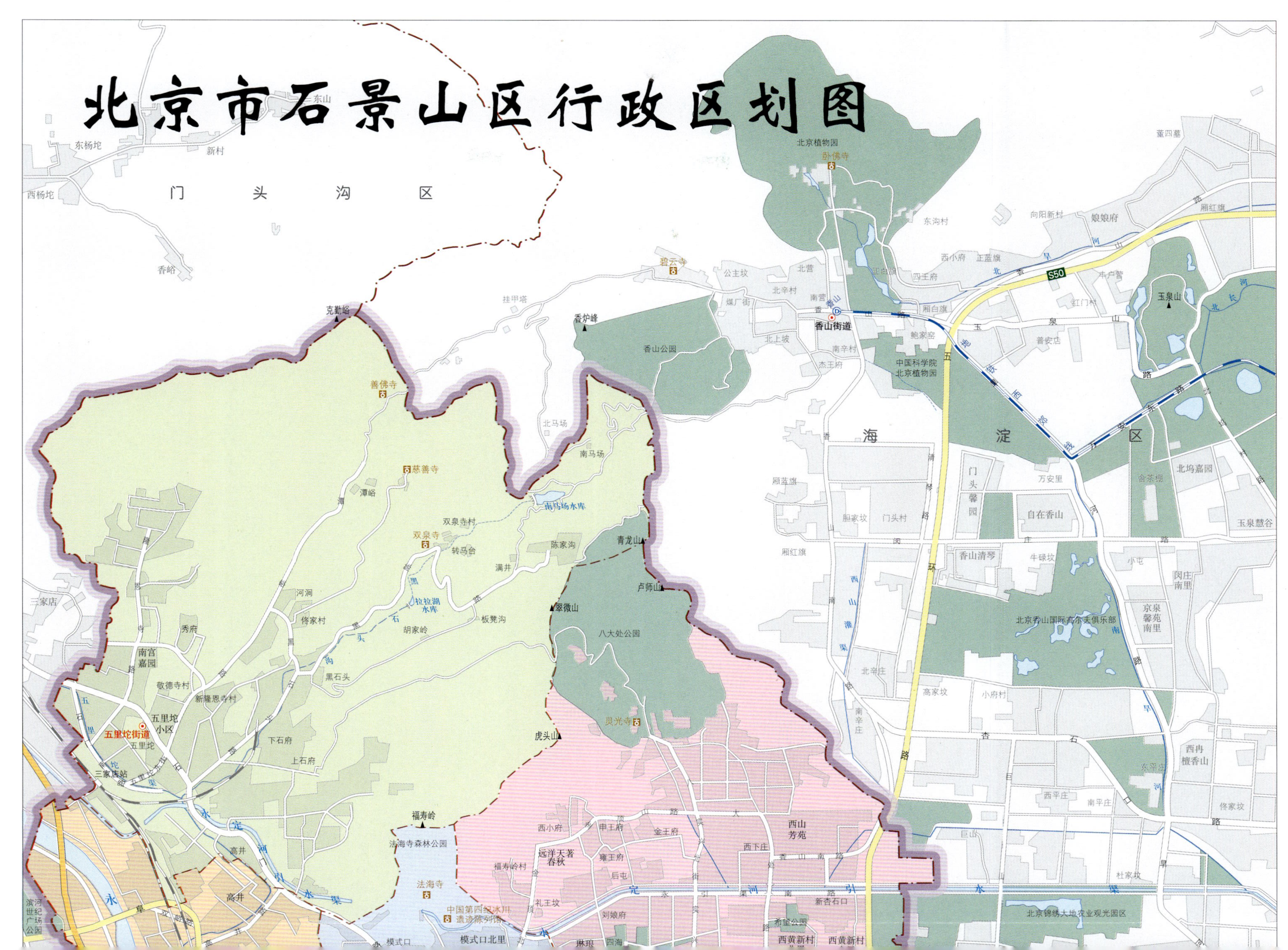

总 目

CONTENTS

目　录

总　述

特　载

大 事 记

中国共产党北京市石景山区委员会

北京市石景山区人民代表大会

北京市石景山区人民政府

民主党派　工商联

人民团体

法　　治

军　事

综合经济管理

规 划 建 设

驻区中央企业

商业贸易

旅 游 业

城 市 管 理

科学技术

教　育

文 化

卫　生

体　育

社会建设

社会民生

街　道

先　　进

统 计 资 料

附　　录

总 述

北京2022年冬奥会和冬残奥会组织委员会
Beijing Organising Committee for the 2022 Olympic and Paralympic Winter Games

石景山区概览

基本地情

石景山区位于北京西部西山风景区南麓和永定河冲积扇上，因燕都第一仙山———石景山而得名。地理坐标为北纬39°53′~39°59′，东经116°07′~116°14′，东至玉泉路与海淀区毗连，南抵张仪村与丰台区接壤，北倚克勤峪与海淀区搭界，西濒永定河与门头沟区为邻。辖区东西宽约12.25千米，南北长约13千米，最东端距天安门14千米，总面积85.74平方千米。

石景山区地势北高南低，海拔高度70~130米。西北部山地是太行山余脉，约占全区面积的三分之一，40余座山峰比肩而立。南部横亘着古老的永定河，蜿蜒曲折。中部和东南部是永定河冲积扇形成的夹带残丘的平原，为全区人民生产生活的主要地区。石景山地处暖温带半湿润大陆性季风气候区，全年平均气温为13.8℃，较常年平均值（12.7℃）偏高；全年总降水量656.5毫米，比常年（540.7毫米）偏多。

石景山区自古就是京西历史文化重镇，既是西进京城的军事交通要塞，也是北京现代工业的发祥地，历史文化独特鲜明。境内名胜古迹众多，有近现代重要史迹及代表性建筑20余处，以“三山八刹十二景”著称的一代名园八大处、以明代壁画闻名于世的法海寺、石刻造像美轮美奂的田义墓、第四纪冰川遗迹陈列馆、八宝山革命公墓等均荟萃于这块美丽的土地上。

石景山区是北京市继东城、西城之后第三个没有农业户籍人口的城区，下辖八宝山街道、老山街道、八角街道、古城街道、苹果园街道、金顶街街道、广宁街道、五里坨街道及鲁谷社区等9个街道。全区有46个民族，常住人口61.2万人。

石景山区曾是北京传统重工业区，以首钢为核心的重工业在地区经济社会发展中占有重要地位。根据北京市赋予石景山区“一区三中心”的城市功能定位，随着首钢搬迁调整的逐步深入，石景山区在2011年区第十一次党代会上提出由传统工业石景山向绿色生态石景山转型的总方向。2013年12月，区委十一届八次全体（扩大）会提出“全面深度转型、高端绿色发展”战略和建设国家级绿色转型发展示范区目标。2017年，石景山区全力推进“增量高端、存量提升、依法治乱”三件大事，解决了一些长期想解决而没有解决的难题，办成了一些过去想办而没有办成的大事，全面完成区十六届人大一次会议确定的各项任务。

区域经济发展

2017年，石景山区生产总值完成535.4亿元，同比增长7.2%；一般公共预算总收入达到106.5亿元；全社会固定资产投资完成271.0亿元，同比增长20.1%；社会消费品零售额完成303.4亿元，同比增长5.6%；居民人均可支配收入达到66112元，同比增长8.4%；万元地区生产总值能耗下降4.8%，超额完成市级任务。

积极落实北京市服务业扩大开放综合试点，服务业实现增加值345亿元，第三产业比重首次达到70%，获得全国“老工业基地调整改造真抓实干成效明显城市”称号。现代金融产业收入突破1000亿元，增速超过20%，区属国企发起设立的爱心人寿保险公司获批开业。科技与文化高端融合发展，高新技术和文化创意产业实现收入分别为1350亿元、400亿元，同比增长7.1%、11.1%。虚拟现实、智能制造、冰雪体育等新兴战略产业集聚发展。商业保理试点不断深化，国家电子商务示范基地建设加快推进，高端商务服务产业实现收入783亿元，同比增长21%。产业功能区建设初具规模。京西商务中心投入使用，北京“侨梦苑”成为北京市服务业扩大开放首批示范园区。中关村石景山园全年收入突破2000亿元。

城市建设与管理

拆建并举，在全市率先实现“基本无违法建设城区”目标，疏解整治促提升实现重大突破。摸排出全区存量违法建筑面积408.6万平方米，拆除违法建设390.8万平方米，占存量总面积的95.6%，超过了过去20年的拆违总量，建137个基本无违建社区。严格执行新增产业禁限目录，关停退出一般制造业和散乱污企业32家，疏解商品交易市场11家，拆除群租房258处，常住人口控制在61.2万人以内，较去年底减少1.8万人，疏解整治各项工作走在全市前列。围绕群众需求，精准使用疏解腾退载体资源，统筹安排681个点位、2.5平方公里腾退土地的再利用，留白增绿、改善生态、服务民生的项目用地超过80%。启动模式口文保区建设，完成南小街改造，推进沿街立面修缮和市政基础设施工程，实施承恩寺、田义墓等文物修缮工作，模式口这个京西地区唯一的文保区展现出文化传承的崭新形象，成为西山永定河文化带建设的亮点。

城市面貌发生显著变化。在全市率先推行国家绿色建筑标准，19个项目取得绿色三星、二星设计标识，建筑面积超过200万平方米。冬奥特色进一步凸显。积极对接冬奥组委，高标准推进冬奥组委驻地及周边项目规划建设，西十冬奥广场改造完成，市民冰雪体育中心投入运营，北京市冰球运动协会入驻。

精细化管理水平进一步提升。完成杨庄北区等4个重点区域、石门路等11条精品大街、高井小区等2个精品小区的综合提升工作，在全市率先完成建筑物天际线专项清理行动，首都环境考核名列全市前茅。积极探索停车规范管理七项创新模式，在全市率先启动共享汽车示范运营和共享单车规范化管理，投放新能源共享汽车601辆，明确1000个共享单车推荐停放点，“静态交通示范区”建设加快推进。

生态环境进一步改善。强化顶层设计，在全市率先成立生态环保委，全面做好中央和北京市环保督察工作。实施清洁空气行动计划和环保实事项目，PM2.5年均浓度下降指标达到市级要求。河长制工作体系初步形成，水质断面考核全部达标。垃圾分类小区突破90%。在全市率先开展生态保护红线划定工作，确定区域37.9平方公里，占全区面积的45%。加快建设“西绿东引”二期工程，完成绿化62.9公顷，实现25公里道路“树池连通”，拆除绿地护栏1.5万延米，公园绿地500米服务半径覆盖率80.7%，城市绿化覆盖率51.9%，人均公共绿地面积19.5平方米，位居城区前列。

社会事业发展

民生福祉持续改善。全年民生支出达到79.9亿元，占一般公共预算支出的81%，财政资金进一步向民生领域倾斜。社会保障体系不断健全。新增就业超过1万人，城镇登记失业率为2.36%，各项社会保险基金收缴率均达98%以上。超额完成新增2900套和竣工5800套的保障性住房任务，全面完成古城环卫楼老旧小区综合整治试点工作。投入1.52亿元完成142项便民工程。统筹1.84亿元实施81项济困工程，投入资金量和项目数均创历史新高。社会事业加快发展。教育资源布局进一步优化，率先关停全部非法幼儿园，新增幼儿园3所、学前教育学位990个，成立北大附中附小石景山教育集团。2017年全区高考本科上线率达到96.4%，高质量完成国家级责任督学挂牌督导创新区创建工作。全国健康促进试点区建设不断加强，“北京·西山中医药文化季”成为市级特色健康服务品牌，稳步推进医药分开综合改革，率先实施社区卫生药品供给方式改革，医改工作年度考核和公立医院综合改革年度效果评价均列全市第一。开展西山永定河文化带建设，全面争创国家公共文化服务体系示范区和首都公共文化服务示范区，成为全市唯一取得“双区”创建资格的城区。基层文化服务设施更加健全，区文化中心主体结构封顶。“六聚石景山”文化惠民工程特色彰显，开展群众文化活动1800余场，原创话剧《京西那一片晚霞》登上国家大剧院。体育生活化社区二期建设顺利推进，群众体育活动蓬勃开展。社会保持和谐稳定。打造“老街坊”社会治理品牌，在全区所有社区建立“社区议事厅”和“老街坊防消队”，初步形成多元主体共同参与的社会共治格局。持续做好驻军服务保障工作，创新推进双拥共建和军民融合发展。严格食品药品安全监管，实施阳光餐饮工程。顺利完成北京市安全生产督察工作，大力开展安全隐患大排查大清理大整治专项行动，生产安全事故同比下降60%，亡人事故起数、人数全市最低。严格消防安全执法，火灾事故同比下降26%。严厉打击违法犯罪活动，立案率同比下降28.1%，破案率同比上升7.4%，圆满完成党的十九大等重大安保任务，石景山区荣获“全国平安建设先进区”。

全面深化改革

重点领域改革深入推进。城市管理体制改革持续深化。完成区城管监督指挥中心人员调整，推进街道城管执法队编制划转、职级并轨，理顺隶属关系，党建统领进一步强化，综合下沉进一步深化，“街道吹哨，部门报到”体制进一步完善，城管体制改革在拆违治乱中发挥了利剑作用，有力地增强了法治的权威与效能。信访代理制改革深入推进。代理责任进一步明确，“三级代理”工作格局进一步健全，网上信访代理工作得到加强，全面综合的信访问题处理机制和全程规范的考核评价体系基本形成，全区信访量连续三年下降，被评为全国信访系统先进单位。居家养老服务体制改革纵深推进。稳步开展国家级居家和社区养老服务改革试点工作，实施政策性长期护理保险试点，搭建居家养老服务平台，建立区级养老服务驿站运营商目录库，建成养老照料中心9家、养老驿站40家，率先基本实现养老设施全覆盖。深化老旧小区物业管理改革。71个老旧小区居民自我管理委员会全部成立，加大老旧小区治理力度，居住环境得到进一步改善。积极配合推进国家监察体制改革试点工作。全力做好区监委办公用房改造、设施配备等工作。

营商环境显著改善。深化供给侧结构性改革，落实国家和北京市系列创新政策，召开全区经济发展推进大会，发布构建高精尖经济结构“1+N”政策体系，明确区处级领导“一对一”精准服务企业长效机制，新引进注册资本亿元以上企业84家。设立石景山产业发展基金，拓展多元化融资渠道，为企业解决融资难题。持续深化“石景山服务”品牌建设，深入推进“放管服”改革，颁发全市首张“多证合一、一照一码”营业执照，全市首个区级企业信用监管服务平台正式上线运行，京西首个商标注册窗口正式对外受理业务。

特　载

牛青山同志在区委十二届五次全体(扩大)会议上的工作报告

(2018年1月5日)

同志们:

这次区委全会,是在党的十九大胜利召开、中国特色社会主义进入新时代,以习近平总书记对北京工作重要指示精神为根本遵循、首都现代化建设进入新时期,我区全面打赢疏解整治攻坚战、进入高端绿色崛起新阶段,召开的一次十分重要的会议。

我受区委常委会委托,向全会报告工作。

一、圆满完成2017年任务,转型发展取得历史性新胜利

2017年是本届区委的开局之年,是全区上下奋勇担当、奋力拼搏、无畏奋斗的一年,是创造重大历史奇迹的一年,是极不平凡、具有里程碑意义的一年。一年来,在市委的坚强领导下,区委常委会坚定不移地以习近平新时代中国特色社会主义思想为指导,认真贯彻党的十九大精神,全面落实市第十二次党代会部署,紧紧围绕首都城市战略定位,强化党建统领,树立首善标准,全力推进"增量高端、存量提升、依法治乱"三件大事,以前所未有的决心、前所未有的力度、前所未有的措施,实现了疏解整治的决战决胜,解决了一些长期想解决而没有解决的难题,办成了一些过去想办而没有办成的大事,圆满完成了"八个高端体系"建设第一阶段目标,"两大生态"建设在届首之年实现了历史性跨越。

(一)党建统领成效显著

常委会始终坚持把党建统领作为最大法宝、最大战略、最大政绩和最迫切任务,坚定不移把"全面从严治党深入推进年"各项任务落到实处。一是率先把政治建设摆在首位,作为全面从严治党的核心和统帅,牢固树立"四个意识",坚决维护习近平总书记的领导核心地位,坚决维护党中央权威和集中统一领导,始终在思想上政治上行动上同以习近平同志为核心的党中央保持高度一致。把迎接、宣传、贯彻党的十九大作为贯穿全年的重大政治任务,以"迅速投入学习贯彻习近平思想新时代、奋勇拼搏全面落实十九大精神谱新篇"为主题,通过千人宣讲大会、专题培训班、巡回报告、党课学习等多种形式,深入学习宣传贯彻党的十九大精神。区委全会集中两天时间学习研讨市第十二次党代会精神,认真抓好"两贯彻一落实"工作,结合区情实际制定"两大生态"建设任务清单,确保中央决策和市委部署在我区落地生根。强化区委总揽全局、协调各方的领导核心作用,按照"党委有大格局,政府有大作为,人大、政协、各民主党派、群团组织都有大担当"的要求,不断推进民主政治建设,加强依法治区,巩固和发展爱国统一战线,定期听取党组、工委、党委工作汇报,认真办理人大建议、政协提案,全年召开区委常委会43次,审议议题203个,党对全区各项事业的领导力显著增强。二是始终把思想建设作为全面从严治党的灵魂和前提,牢牢扭住思想建党这个根本,以推进"两学一做"学习教育常态化制度化为重点,大力加强"精神家园"建设,不断加强思想武装,全年开展区委理论中心组学习21次,常委会集体学习48次,干部培训班19期,各类专题报告会、座谈会、研讨会20余场,补足精神之"钙",筑牢思想之"魂"。认真落实意识形态工作领导责任,牢牢把握主导权,广泛深入开展宣传引导工作,新闻舆论的传播力、引导力、影响力、公信力显著提升,讲好石景山故事、唱响石景山声音、展现石景山风采,有力地助推了各项事业发展。三是始终把组织建设作为全面从严治党的决定性环节,以最坚决的态度贯彻新时期好干部标准,深化干部人事制度改革,用事业导向彻底取代"四唯"导向,以实绩档案为依托、以平时考核为基础、以"90%充分"为测评标准、以民主集中"三步法"为运行规则、以人岗相适为关键、以实践锻炼为成长路径、以民主监督为保障的干部管理工作体系不断完善。全年共调整任免处级干部19批275人次,其中提拔正处级干部14人、副处级干部52人,所有提拔转任干部均为零信访,有效发挥了干部工作"风向标"作用,极大提振了干部队伍干事创业的精气神。按照"全面进步、全面过硬"要求强化基层党组织建设,落实"八有"建设体系,开展党支部规范化建设试点工作,创新为党员过"政治生日"等基层党组织日常运行制度,推广"一呼百应"党员综合服务系统、组织生活路线图、社区党校等优秀党建项目,举办基层书记论坛,加强"两新"组织党建,基层党建全年投入超过1亿元,基层党组织的政治功能和服务功能得到有效发挥。四是始终把作风建设作为全面从严治党的基本要求,大力倡导一把手做表率,切实做到"一把手抓、抓一把手",各级主要领导带头作出承诺,带头履职尽责。特别是在疏解整治促提升重大任务中,区四套班子领导包街道、处级干部下社区,25个重点难点点位成立工作专班,87名骨干深入拆违一线,临时党支部建在拆违现场,凝聚了攻坚克难的强大合力。严格落实中央八项规定精神,盯紧重要节点,持续发力加压,有效防止"四风"问题反弹回潮。五是始终把纪律建设作为全面从严治党的"生命线",明确党风廉政建设"六突破一贡献"的年度目标,明确纪检监察机构职业灵魂、职能定位、主要任务"4+4+5"的新使命。按照"坚决贯彻、走在前面"的工作标准,同步加力推进监察体制、派驻机构、巡察制度三

项改革，搭建起新时期纪检监察体制的“四梁八柱”。层层压实“两个责任”，率先实行主体责任和监督责任记实制度，在63个处级单位设立主体责任办，“一承诺两签责”、述责述廉、党风廉政建设责任制检查等工作成为常态。严明党的纪律规矩，深刻汲取北京农产品中央批发市场管委会党委违纪问题严重教训，深入开展警示教育，持续推进“为官不为”“为官乱为”问题和“严肃查处发生在群众身边不正之风和腐败问题”专项治理。全年立案83件，同比增长88.6%；结案80件，同比增长81.9%；党纪政纪处分78人，同比增长77.3%；监督执纪“四种形态”运用数量同比增长105%，保持了正风肃纪的高压态势。六是始终把制度建设贯穿全面从严治党的始终，严格落实民主集中制，制定完善区委工作规则、常委会工作和议事规则、常委会及常委班子成员职责清单，严格落实主要领导末位表态制度、党内通报制度、重大决策征求意见等工作制度，全面从严治党制度化、民主化、科学化水平显著提升。

（二）疏解整治决战决胜

常委会坚定不移把“率先基本拆除存量违法建设”作为贯彻落实习近平总书记对北京工作重要指示精神的政治任务，作为践行首都“四个中心、一个目标”功能定位的战略举措，作为“全面深度转型、高端绿色发展”的基础战役，作为敢于担当、攻坚克难的时代使命，作为“以拼搏为美、向行动致敬”的生动实践，举全区之力，以强烈的担当、决战的态势、无畏的勇气、拼搏的作风、必胜的信心，打赢了拆违治乱歼灭战，共拆除违法建设点位11000个、面积390.8万平方米，占违法建设存量的95.6%，超过全区前20年拆违面积的总和，率先实现了“基本无违法建设城区”目标，依法治乱取得了决定性胜利，创造了重大历史奇迹，圆满完成了市委市政府赋予的光荣使命，得到了市委书记蔡奇等领导同志的高度评价，以实际行动兑现了对党和人民的庄严承诺，擦亮了北京城市“西大门”。一是三大战役攻坚克难。先后开展了低端产业“大杂院”清理专项行动、商业街区拆违攻坚行动、社区拆违“百日会战”，清理整治“大杂院”547个，拆除融景城西部片区、“酒吧街”、金都园林地块4S店等商业街区点位25个，137个社区的9000多处违法建设全部拆除。经受了市区两级最为严格的检查验收，经受了航拍、市专指办、第三方评估公司和人民群众等“天地人”全方位、一体化的严格检验。拆违全过程平稳有序，实现了全年未发生重大公共安全事件、未发生重大安全生产事故、未发生重大社会舆情事件、未发生群众越级上访、未发生行政败诉案件的“五个不发生”目标。二是疏提并重惠及民生。科学利用252.8万平方米腾退土地，全面实施“六个一批”建设，抢救和修缮了模式口文保区等一批文化振兴项目，新增了1万多个停车泊位，建设了70多个便民服务设施，建成了一批公共绿地，推进了衙门口等一批棚改及土地开发项目，建设了一批基础设施，用于留白增绿、改善生态、服务民生的项目用地超过80%。三是实现了重大历史性跨越。经过艰苦奋战，攻克拆违这个“天下第一难”，推动全区疏解非首都功能实现了历史性跨越，公共安全水平实现了历史性跨越，城市环境品质实现了历史性跨越，城市文明程度实现了历史性跨越，民生家园建设实现了历史性跨越，共建共治共享水平实现了历史性跨越，综合执法改革成效实现了历史性跨越，公平正义的社会氛围实现了历史性跨越，基层党组织建设实现了历史性跨越，党员干部的整体素质实现了历史性跨越。四是铸就了体现时代精神和石景山特色的党员干部优秀品德和作风，即“担当使命、奋勇拼搏，无畏攻坚、求真务实，善于革新、追求卓越”。

（三）经济发展提质增效

常委会主动适应和把握经济发展新常态，着力培育主导产业，着力推进载体建设，着力优化发展环境，经济结构“高精尖”特征更加凸显。一是产业转型取得突破。现代金融、高新技术、文化创意等优势产业呈现高端融合发展态势，成为拉动经济增长的排头兵，第三产业比重突破70%，获得国务院“老工业基地调整改造真抓实干成效明显城市”称号。预计全年地区生产总值增长7%，一般公共预算收入增长10.6%，一般公共预算总收入达到109亿元，全社会固定资产投资增长15.2%，社会消费品零售额增长5.5%，居民人均可支配收入增长8%，主要指标增幅全市领先，地区经济实力显著增强。二是重点功能区建设加快推进。国际绿色建筑三星级标准的京西商务中心投入运营，成为“五个典范”的代表之作；北京保险产业园土地开发建设取得重大成果，大部分楼盘实现封顶；中关村石景山园快速发展，主战场、主阵地作用进一步发挥；新首钢高端产业综合服务区加快建设，北区和东南区控规优化方案获得批复，北京“侨梦苑”建设积极推进，海外院士专家北京工作站落户我区。三是发展环境显著改善。成功召开全区经济发展推进大会，完善“1+N”政策体系，率先颁发全市首张“多证合一、一照一码”营业执照，“石景山服务”提速升级。

（四）城市规划建设高标准推进

常委会坚持“五个典范”标准，全面提升城市规划建设管理水平，城市面貌显著改善。一是重大项目加快实施。85个重大项目和25项重点工程有序推进，长安街西延、苹果园交通枢纽、轨道交通M6线、石景山变电站、石景山水厂等项目建设进展顺利，丰沙线入地完工，S1线开通试运营。冬奥组委驻地及周边项目规划建设高标准推进，西十冬奥广场改造完成。19个项目取得国际绿色三星、二星建筑设计标识，面积超过200万平方米，地区绿建标准进一步确立，一批精品力作成为展现我区城市魅力的新地标。二是生态建设持续推进。率先成立生态环境保护委员会，顺利通过北京市环保督察。实施清洁空气行动计划和环保实事项目，PM2.5年均浓度下降指标达到市级要求。建立“河长制”工作体系，水质断面考核全部达标。严格落实人口调控措施，完成市级人口工作目标。深入推进“西绿东引”工程，完成绿化面积62.9公顷，实现25公里道路“树池连通”，公园绿地500米服务半径覆盖率80.7%，城市绿化覆盖率51.9%，人均公共绿地面积19.5平方米，位居城区前列。三是城市精细化管理水平不断提升。落实精治、共治、法治要求，理顺城市管理体制机制，综合执法队伍下沉街道，“街道吹哨、部门报到”体制更加完善。全面落实“街巷长制”，完成4个重点区域、11条精品大街、2个精品小区的综合提升工程。率先完成开墙打洞、占道经营整治等专项行动任务，率先完成广告牌匾集中清理行动，率先启动共享汽车示范运营和共享单车规范化管理，在全市环境考核中名列前茅。

(五)改革创新全面深入

常委会坚持把改革创新作为破解发展难题的“金钥匙”，持续推动重点领域改革，取得了一批引领改革前沿的重要成果，在市委深改组全面评估中得到充分好评，改革创新已经成为我区鲜明特色。一是改革责任层层压实。强化改革工作全面统筹，对30项重点改革任务实行主管区领导负责制，实施项目清单式管理，全年召开8次区委深改组会议和专题会议，出台改革督察督办工作实施办法，将督察结果纳入全年目标考核，改革压力逐级传导，改革精准度和务实度明显提升。二是改革任务扎实推进。干部人事制度改革、信访代理制改革、城市管理体制改革、民主政治领域改革、商事审批制度改革、目标督查考核制度改革、监察体制改革、司法体制改革、区属国资国企改革等一大批改革事项深入推进。率先开展政策性长期护理保险试点工作，社区和居家养老服务改革纳入国家级试点。率先成立区级社会治理委员会，创立“石景山老街坊”社会治理品牌，151个社区全部建立了“老街坊”议事厅、防消队，成立了1100多支“老街坊”劝导队、治安巡逻队、精准帮扶队、调解队等群众组织，“人民城市人民建、人民城市人民管”成为生动实践。

(六)民生福祉持续改善

常委会牢固树立“以人民为中心”的发展思想，全年民生投入达到81.8亿元，占一般公共预算支出的81.5%，保障和改善民生力度进一步加大。一是劳动就业和社会保障等最根本的民生建设得到加强。就业和创业政策体系不断健全，社会保险覆盖面进一步扩大。全面落实社会救助政策，投资1.84亿元实施了81项济困工程。持续完善居家养老服务功能，率先实现居家养老设施基本全覆盖。二是住房和生活环境等最突出的民生建设得到改善。北辛安棚改加快实施，衙门口棚改全面启动，三个集体土地租赁住房项目率先开展，全区棚改工作取得重大突破。老旧小区综合整治试点工作和物业化管理改革稳步推进，142项便民工程深入实施，群众房前屋后的生活环境进一步改善。三是教育、医药卫生等最普遍的民生建设取得长足进步。教育领域综合改革继续深化，成立北大附中附小石景山教育集团，新增3所幼儿园990个学位，率先关停全部非法幼儿园，各级各类教育质量稳步提升。巩固全国健康促进试点区建设，医药分开综合改革平稳实施，分级诊疗服务体系加快建设，卫生计生事业健康发展。四是文化这一最高端的民生建设取得重要成果。大力弘扬社会主义核心价值观和中华优秀传统文化，扎实开展群众性精神文明创建活动。成立西山永定河文化带建设领导小组，积极推动规划编制工作。按照“五个百分之百”要求(即，百分之百保护文物和有价值建筑，百分之百保护传统风貌，百分之百保护老字号，百分之百保护生态文化，百分之百忠诚对待中华民族优秀传统文化)，启动实施模式口文保区抢救和修缮工程，成为西山永定河文化带建设的最大亮点。加快推进国家公共文化服务体系示范区和首都公共文化服务示范区创建工作，原创话剧《京西那一片晚霞》登上国家大剧院，开展群众文化活动1800余场，群众多层次文化需求得到更好满足。五是安全稳定这一最基础的民生得到有力保障。深入推进“平安石景山”建设，严厉打击违法犯罪活动，圆满完成党的十九大、“一带一路”国际合作高峰论坛等重大安保任务，实现了“大事小事都不出”的目标，荣获全国平安建设先进区称号。不断深化信访代理制，全年受理群众信访批次同比下降10%。严格监管食品药品和消防安全，集中开展安全隐患大排查大清理大整治专项行动，火灾事故同比下降26%，生产安全事故同比下降60%，亡人事故全市最低，顺利通过北京市安全生产督察。

同志们，2017年是奋勇拼搏的一年，是决战决胜的一年。一年来各项重大成绩的取得，是市委市政府坚强领导的结果，是区四套班子同心同德、励精图治的结果，是全区党员干部敢于担当、攻坚克难的结果，是全区人民和社会各界齐心协力、共同奋斗的结果，更是广大基层一线的同志们用心血和汗水浇灌、用牺牲和奉献铸就、用拼搏和努力创造的结果。这些来之不易的成绩和在奋斗中形成的时代精神，必将载入我区发展的光辉史册。在此，我代表区委，向大家表示崇高的敬意和衷心的感谢！

在充分肯定成绩的同时，我们也清醒地看到存在的问题和不足：一是“高精尖”经济结构发展不充分，主导产业优势不明显，规模和质量亟待壮大提升；二是东中西部地区发展不平衡，社会事业、公共服务等方面还存在短板，距离人民群众对医疗、养老、教育、文化等美好生活的追求还有差距，还需要进一步提高群众的获得感和幸福感；三是城市基础设施建设水平和精细化管理水平不高，治理污染、改善环境、缓解交通拥堵、疏解非首都功能等工作还需向纵深推进；四是安全稳定面临新情况、新风险，社会治理需要不断加强；五是全面从严治党存在薄弱环节，党员干部能力总体上与高端绿色崛起要求还有差距，形式主义、官僚主义时有发生，党风廉政建设和反腐败斗争需要持续加强。对于这些问题，我们高度重视，将采取有效措施切实加以改进。

二、学习贯彻党的十九大精神，准确把握我区发展新方位

党的十九大是在全面建成小康社会决胜阶段、中国特色社会主义进入新时代的关键时期召开的一次十分重要的大会，在党和国家的发展历史上具有重大里程碑意义。深入学习贯彻党的十九大精神，事关党和国家事业继往开来，事关中国特色社会主义前途命运，事关最广大人民根本利

益，事关我区各项事业发展。全区各级党组织和广大党员干部要切实用党的十九大精神武装思想、凝聚力量、统揽全局、推进工作，使党的十九大精神在我区落地生根、开花结果，形成生动实践。

（一）全面投入中国特色社会主义新时代

党的十九大作出了中国特色社会主义进入新时代的重大政治论断，将习近平新时代中国特色社会主义思想确立为党的指导思想和行动指南，围绕新时代坚持和发展中国特色社会主义的一系列重大理论和实践问题阐明了大政方针，就推进党和国家各方面工作作出了战略部署，不仅科学断定了中国特色社会主义伟大事业新的历史方位、阶段特征和基本方略，也确定了未来发展的新目标、新部署和新任务，既举旗又定向，既是设计图也是施工图，是我们党在新时代开启新征程、续写新篇章的政治宣言和行动纲领。我们要在习近平新时代中国特色社会主义思想的光辉指引下，深刻理解和全面把握新时代的新思想、新使命、新目标、新部署，自觉服从服务于党和国家工作大局，紧紧围绕统筹推进"五位一体"总体布局和协调推进"四个全面"战略布局，坚定不移地把新时代中国特色社会主义事业在石景山推向前进。

（二）全面融入首都现代化建设新时期

党的十九大高度重视首都发展，对推进以疏解北京非首都功能为"牛鼻子"的京津冀协同发展、筹办好 2022 年北京冬奥会和冬残奥会两件大事作出明确要求。2014 年以来，习近平总书记两次视察北京并发表重要讲话，中央先后审批通过了《京津冀协同发展规划纲要》和《北京城市总体规划(2016 年——2035 年)》，对北京发展指明了方向。以习近平总书记对北京工作重要指示精神为根本遵循，北京市第十二次党代会对首都发展进行了全面部署，首都现代化建设进入新时期。围绕"建设一个什么样的首都、怎样建设首都"这一重大时代课题，首都发展呈现出更加突出减量集约、创新驱动、生态保护、多规合一、首善标准等一系列新特点。刚刚闭幕的市委十二届四次全会明确了"三件大事""三大攻坚战"重点任务，对 2018 年工作进行了全面部署。我们要紧紧围绕首都功能定位，牢牢把握新时期首都发展的新要求，充分发挥我区的先行优势，抓紧用好新总规赋予我区中心城区的定位和冬奥组委驻在我区的重大历史机遇，积极主动和卓有成效地承担好从传统重工业区到高端绿色之城的历史使命，努力在建设国际一流的和谐宜居之都征程中走在全市前列，为加强"四个中心"功能建设、提高"四个服务"水平作出新贡献。

（三）全面把握我区高端绿色崛起新阶段

进入新世纪以来，我区发展大致经历了两个阶段。前十年，重点是平稳渡过首钢搬迁调整造成的重大影响，实现了区域经济应对产业空心化、胜利走出低谷的历史性转折；党的十八大以来，区委以高度的政治自觉和强烈的使命担当，确立了"全面深度转型、高端绿色发展"战略和建设国家级绿色转型发展示范区目标，明确了"八个高端体系"的发展路径和"五个典范"的标准，狠抓"增量高端、存量提升、依法治乱"三件大事，经过全区上下的艰苦努力，治乱疏解取得决战决胜，我区进入到高端绿色崛起的历史新阶段。进入新阶段，显著特征就是要把高端绿色崛起作为主题主线，集中精力抓好存量提升、增量高端，全面推进"八个高端体系"建设提质增效；基本原则就是要把党建统领、高端绿色、改革创新作为推动发展的最大法宝、共同追求和根本动力，持续增强经济社会发展的生机活力；根本要求就是要以新标准、新理念、新规划、新举措，推动各方面工作取得新提升、彰显新特色、获得新发展，不断开创高端绿色崛起的新局面。新阶段全区发展基本思路是：继续坚持"全面深度转型、高端绿色发展"战略，全面落实"八个高端体系"和"五个典范"要求(即构建高端的服务业为主导的产业体系、高端的科技创新驱动体系、高端的城市规划建设和运行体系、高端的生态文明体系、高端普惠的文化生活体系、高端的民生保障体系、高端的社会治理体系和高端的人才体系；即高端产业的典范、规划建设的典范、智能管理的典范、高端文化的典范、生态文明的典范)，全力抓好"一个灵魂、两大生态、六个先行"，为实现国家级绿色转型发展示范区而奋斗。"一个灵魂"，就是旗帜鲜明、坚定不移地把习近平新时代中国特色社会主义思想作为灵魂，把思想统一起来，把任务落实下去。"两大生态"，就是励精图治、矢志不渝地进一步全力构建风清气正的政治生态和高端绿色的发展生态。"六个先行"，就是奋力拼搏、久久为功，打造"六个先行区"，即：强化政治建设，全力打造党建统领先行区；强化首善标准，全力打造高端绿色崛起先行区；强化疏解整治，全力打造京津冀协同发展先行区；强化机遇意识，全力打造冬季体育运动特色先行区；强化时代担当，全力打造改革创新先行区；强化为民情怀，全力打造加快公共服务事业发展先行区。"一二六"发展思路是一个有机整体，"一个灵魂"是精神指引，"两大生态"是战略重点，"六个先行"是具体部署。全区上下必须保持战略定力，坚定方向、瞄准目标、不懈奋斗，一张蓝图干到底。

三、全面推进 2018 年工作，奋力开启高端绿色崛起新征程

2018 年是全面贯彻党的十九大精神的第一年，是全面落实北京城市总体规划的第一年，是全面开启我区"八个高端体系" 建设第二阶段的第一年，是我区高端绿色崛起的重要一年。全区工作总的要求是：高举中国特色社会主义伟大旗帜，深入学习贯彻党的十九大精神，以马克思列宁主义、毛泽东思想、邓小平理论、"三个代表"重要思想、科学发展观、习近平新时代中国特色社会主义思想为指导，坚持党建统领，坚持一流标准，坚持改革创新，坚持服务人民，全面推进"两大生态"建设，全力打造"六个先行区"，谱写我区高端绿色崛起新篇章。

（一）强化政治建设，全力打造党建统领先行区

党政军民学，东西南北中，党是领导一切的。党的领导是中国特色社会主义的最本质特征、最大优势、最大特色和

根本保证。打铁必须自身硬，我们要始终把党建统领作为最大法宝、最大战略、最大政绩和最迫切任务，层层压实管党治党主体责任，持续推动全面从严治党向纵深发展，进一步营造风清气正的政治生态。

一是以政治建设为核心和统帅。坚持把党的政治建设摆在首位，牢固树立“四个意识”，坚决落实“看北京首先从政治上看”这一重大政治责任，坚决维护习近平总书记的领导核心地位，坚决维护党中央权威和集中统一领导，坚决执行党中央和市委作出的各项决策部署。加强和规范党内政治生活，认真落实“三会一课”、民主生活会、民主评议党员、谈心谈话等制度，切实增强党内政治生活的政治性、时代性、原则性、战斗性。充分发挥区委总揽全局、协调各方的领导核心作用，把好方向、管好大局、科学决策、保障落实，切实加强和改善党对各个领域的领导。进一步发挥人大、政协、各民主党派、各群团组织的民主政治建设主力军、主渠道作用，支持和保证人大、政府、政协、法院、检察院等依法依章程独立负责、协调一致开展工作。加强对工会、共青团、妇联等群团组织的领导，深化群团工作改革。加强与党外人士的沟通协作，扩大统战工作覆盖面。深化双拥共建，巩固和发展军政军民团结。

二是以思想建设为前提和灵魂。把坚定理想信念作为党的思想建设的首要任务，教育引导全区党员干部牢记党的宗旨，坚定理想信念，解决好世界观、人生观、价值观这个“总开关”问题。按照中央和市委安排部署，紧密结合区情实际，深入推进“两学一做”学习教育常态化制度化，认真开展“不忘初心、牢记使命”主题教育，加强以“六要素”为主要内容的精神家园建设，用党的创新理论统一思想、统一行动。把思想力作为第一领导力，坚持和完善党委（党组）中心组学习制度，大力弘扬理论联系实际的优良学风，着力提高学习本领、政治领导本领、改革创新本领、科学发展本领、依法执政本领、群众工作本领、狠抓落实本领、驾驭风险本领。全面落实意识形态工作责任制，加强阵地建设和管理，完善舆情应对处置机制，弘扬主旋律、传播正能量，使全区人民在理想信念、价值理念、道德观念上紧紧团结在一起。

三是以组织建设为决定性环节。坚持正确选人用人导向，突出政治标准，坚持德才兼备、以德为先，坚持五湖四海、任人唯贤，坚持事业为上、公道正派，把好干部标准落到实处。加强干部队伍建设，把各年龄段的干部都作为党的宝贵财富，注重在基层一线和急难险重工作中培养选拔干部，强化青年干部在一线锻炼是成长成才唯一正确道路的“石景山路径”，选优配强各级领导班子。健全干部管理工作体系，完善以干部实绩档案为依托的考核评价机制，深化“90%充分”的干部测评制度，严格执行民主集中“三步法”和“八个坚决防止”工作纪律，确保把干部选准、把班子配强、把风气搞好，不让老实人吃亏，不让干事的人心寒，不让一线的干部失落，不让带“病”的人提拔。加强干部日常管理监督，推进干部教育培训改革创新，提升干部专业素养、综合素质和工作能力。推进人才工作创新，关心干部的思想、工作、生活，重视和加强老干部工作，把各级党委及其组织部门建设成为党员之家、干部之家、人才之家。大力加强基层党组织建设，全面推广党支部规范化建设，开展机关党建、基层党建、“两新”组织党建提升工程，使每一个基层党组织都成为宣传党的主张、贯彻党的决定、领导基层治理、团结动员群众、推动改革发展的坚强战斗堡垒。

四是以作风建设为基本要求。把“永远和人民在一起、同呼吸、共命运、心连心”作为每一名共产党员的根本政治立场，紧紧围绕保持党同人民群众的血肉联系这一作风建设的核心，确保党同人民站在一起、想在一起、干在一起。以永远在路上的韧劲持之以恒正风肃纪，坚决落实习近平总书记关于进一步纠正“四风”、加强作风建设重要批示精神，深入贯彻中央、市委落实八项规定精神的实施细则，严格执行我区的实施办法，着力解决损害人民群众切身利益的作风问题，坚决防止不正之风特别是形式主义和官僚主义反弹回潮。坚持领导带头，以上率下，身体力行，形成“头雁效应”。要把心系基层、关心基层、爱护基层、帮助基层、为基层排忧解难，作为领导干部的政治责任和作风检验，强化监督检查，对不作为、不担当、不落实造成严重后果的坚决问责。大力发扬我区在疏解整治促提升专项行动中形成的体现时代精神和石景山特色的党员干部优秀品德和作风，以优良的党风带动政风民风，推动作风建设在更高起点上取得显著成效。

五是以纪律建设为“清道夫”和“守护神”。坚持“治病救人为大爱、纪在法前行大道、修枝剪叶大作为、聚焦主业大担当、惩贪反腐敢亮剑”的执纪理念，切实将党的纪律和规矩立起来、严起来，执行到位。开展党章党规党纪宣传教育，提高针对性、拓展新载体、形成常态化，让党员干部明底线、知敬畏、守纪律，进一步养成在受监督和约束的环境中工作生活的习惯。严明党的纪律规矩，坚持把纪律挺在前面，坚决防止“七个有之”，做到“五个必须”，运用好监督执纪“四种形态”，抓住“关键少数”，层层设防、抓早抓小、防微杜渐，更好地爱护全区党员干部的政治生命。坚持反腐败无禁区、全覆盖、零容忍，坚持重遏制、强高压、长震慑，以“严是爱、宽是害”“惩办少数就是爱护多数”的态度，坚决查处领导干部违纪违法案件，加大案件追责和通报力度，着力强化不敢腐的震慑，扎牢不能腐的笼子，增强不想腐的自觉，巩固反腐败斗争的压倒性态势，赢得压倒性胜利。

六是以制度建设为重要保障。把制度建设贯穿于政治建设、思想建设、组织建设、作风建设和纪律建设之中，坚持建章立制和执行落实有机统一，为全面从严治党提供刚性约束。全面落实党建责任清单等制度，健全主体明晰、责任明确、有机衔接的责任链条，构建实用易行、于法周延、于事简便的制度体系。坚决贯彻落实民主集中制，健全各级党委工作和议事规则，完善党内通报制度、党务公开制度和重大决策征求意见制度，提高民主决策科学化水平。严格落实党内政治生活制度，创新方式和载体，提高党内政治生活质量和效果。持续深化纪检体制、监察体制和巡察制度改革，深入探索领导干部权力清单透明化和权力监督制度化改革，使制度真正成为硬约束。完善社会主义协商民主制度建设，构建程序合理、环节完整、科学有效的协商民主体系，推动协商民主广泛、多层、制度化发展。

（二）强化首善标准，全力打造高端绿色崛起先行区

经过全区上下的拼搏努力，我区已率先完成依法治乱任务。下一步要把工作重心放到高端绿色崛起上来，以更大的勇气、更实的干劲推进工作，在服务首都“四个中心”功能、实现区域发展提质增效上，努力走在全市前列。

一是高标准做好发展规划。认真贯彻习近平总书记对北京工作重要指示精神，深入落实《北京城市总体规划》，加快推进区域控制性详细规划编制，完成土地利用规划调整，开展第三次全国土地调查和第四次全国经济普查，做好专项规划与总规、各专项规划之间的相互对接，推进经济社会发展、生态环境保护、城市建设、土地利用等“多规合一”。编制石景山区城市设计导则，突出重点，以点带面，将控规与城市设计相融合，形成全覆盖的规划管控体系。坚决维护规划的严肃性和权威性，建立城市体检评估机制，完善规划公开制度，加强规划实施的监督考核问责，严守人口总量上限、生态控制线、城市开发边界三条红线，做好“十三五”规划中期评估工作，以钉钉子精神抓好规划的组织实施。落实绿建规划审核联席会议制度，严格绿色建筑标准，使每一个新建项目都成为展示城市新形象的精品力作。

二是高质量推动发展升级。认真落实新发展理念，深入推进供给侧结构性改革，按照首都经济发展要求，立足高端发展、减量发展、创新发展，集中力量做好“白菜心”，加快构建“高精尖”经济结构。进一步聚焦高新技术、现代金融、文化创意，着力壮大主导产业，对标国际一流，加强产业链培育，加大重点企业、重大项目和重要人才引进力度，加快国家知识产权示范区、科技成果转化应用强区、国家级金融创新示范区、国家级文化与科技融合示范基地、国家电子商务示范基地建设。进一步聚焦“一轴三园”，着力建设发展载体，加强规划引导、政策协调，促进高端产业功能区内涵发展，进一步提升长安金轴的产业影响力，全面推进保险产业园建设和招商工作，充分发挥中关村石景山园主战场作用，加快打造新首钢高端产业综合服务区新引擎。加快区属国资国企改革和集体经济改革步伐，更好地发挥公有制经济在落实城市战略定位、保障城市运行等方面的支撑作用，支持鼓励民营企业高端提质发展，在推动创新创业方面发挥重要作用。进一步聚焦“石景山服务”品牌建设，继续深化“放管服”、商事审批和财税改革，全面落实“1 + N”政策体系，对重点产业、重点项目、重点区域实施直通车制度，构建一流的营商环境。

三是高水平建设精品力作。充分发挥重大项目建设对城市品质提升的带动作用，建设好长安街西延、北辛安路北段等一批城市道路，推进苹果园交通枢纽和 M6 线西延等一批重大项目，加快建设水、电设施，提升城市综合承载力。强化精治、共治、法治，建立健全城市管理长效机制。以“一轴三区五线”为重点，大力开展环境整治提升专项行动，高标准、高水平规划建设管理长安街西延长线，加快城市森林公园、冬奥组委周边、城市重点街区建设，打造“精品街巷”。

（三）强化疏解整治，全力打造京津冀协同发展先行区

疏解是为了提升。我们要把城市环境提升作为推动先行区建设的重中之重，在“疏”字上持续用力，在“提”字上集中发力，统筹利用腾退空间，着力改善城市环境，优化提升城市功能，推动疏解整治促提升工作不断向纵深发展。

一是扩大疏解整治成果。认真落实蔡奇同志批示精神，坚定有序推进疏解整治促提升专项行动，巩固扩大工作成果。严格执行产业禁限目录，加强人口调控和服务管理，完成市里下达的“疏非控人”目标任务。以一流标准持续深入推进“六个一批”建设，提升疏解整治空间再利用的效益和水平。完善“街巷长制”、“河长制”，加快“智慧城市”建设，提高城市精细化、法治化、标准化管理水平。

二是打造绿色生态金名片。牢固树立“绿水青山就是金山银山”“环境保护是每时每刻的民生”的理念，大力加强生态环境建设。以建设石景山森林公园为核心，大尺度、高水平推进“西绿东引”工程，实施西山永定河亮点工程，重点打造老山城市森林公园、北京国际雕塑公园、松林公园、石景山游乐园等精品化公园群，争创“国家森林城市”。通过留白增绿、腾退还绿、疏解建绿、见缝插绿、立体绿化等途径，增加公园绿地、小微绿地，拓展绿色生态空间，打造花园单位、花园街道、花园社区，建好群众身边的绿色空间。认真落实国家“大气十条”“水十条”“土十条”，深化环境保护督察，层层压实环保责任，以环保实事为抓手，打好蓝天保卫战、碧水攻坚战、突出问题歼灭战，擦亮石景山区绿色生态的金名片。

三是加快协同发展步伐。围绕产业发展、公共服务、协同创新等领域，深化与保定、唐山、天津津南等地区的对接合作。强化与门头沟等周边区域的合作交流，积极开展与首都高校、科研机构等智库的合作攻关。加强对贫困地区的对口支援，重点做好对河北顺平县、内蒙古宁城县、青海称多县的精准扶贫工作。

（四）强化机遇意识，全力打造冬季体育运动特色先行区

筹办北京冬奥会、冬残奥会是我国重要历史节点的重大标志性活动。北京冬奥组委和一个比赛项目、一批国家队训练基地落户我区，既是政治责任，也是难得机遇。我们要牢牢把握历史性机遇，用足用好优势，放大北京冬奥会红利，积极打造冬季体育运动特色城区和国际体育交流重点城区，实现“冬奥让城市更美好”的目标。

一是统筹推进冬奥环境设施建设。牢固树立冬奥“主场意识”，积极配合做好冬奥场馆建设，协同推进广宁、高井、麻峪地区综合整治和基础设施建设，优化冬奥组委周边市容环境，营造更高水准的城市景观风貌，不断提升服务保障能力和公共服务供给水平。加快交通基础设施建设，优先保障冬奥组委出行与对外交通联系，打造顺畅、便捷的立体交通网络。在城市景观设计中融入更多冬奥元素，在长

安街西延长线、五环路、阜石路沿线等门户位置打造一批冬奥特色景观。

二是大力发展群众冰雪体育运动。把普及冰雪运动贯穿筹办冬奥全过程,以青少年为重点,与全民健身相结合,扩大冬季运动覆盖面。加快落实我区冰雪体育发展行动计划及任务清单,积极推动国家队冰上运动训练基地、单板滑雪大跳台等冰雪场馆建设,推进区体育中心改扩建工程,推进体育生活化社区建设。以市民冰雪体育中心为依托,深入开展冰雪运动推广和科学健身指导活动,推动冰雪运动在校园、社区、单位、军营全覆盖,广泛开展冰雪特色活动,形成浓厚冬季体育氛围。

三是加强国际体育文化交流。筹办冬奥的过程就是文化传播的过程。要打开国际视野,强化舆论引导,在冰雪体育领域深化与延庆、张家口等地区的交流与合作,科学整合冰雪运动优势资源,吸引冰雪企业落户石景山,加强与国际冰雪组织的交往交流,展现我区的良好国际形象。

(五)强化时代担当,全力打造改革创新先行区

全面深化改革是推进新时代新征程的根本动力和关键一招。我们要深刻认识“难作为”的体制是造成“不作为”的根本原因,始终坚持把改革创新作为最突出的时代担当和攻坚克难的“金钥匙”,进一步耕种好改革“责任田”,使创新成为我区的鲜明特色。

一是坚决扛起改革责任。坚持区委深改组负责全区改革、主管区领导负责分管领域改革、部门领导负责专项改革的三级负责制,落实重点改革任务项目清单式管理,强化统筹协调,形成整体合力。领导小组成员要发挥好示范作用,当好改革领头人,各级各部门主要领导要亲力亲为,带头谋划方案,带头组织实施,带头督察调度,带头攻坚克难,既当改革促进派,又做改革实干家。坚持问题导向,做到人民有所呼、改革有所应,提高各项改革的精准度、务实度。强化改革督察,既要督任务、督进度、督成效,又要察认识、察责任、察作风,确保各项改革任务按照既定的任务书、路线图、时间表落到实处、取得实效。

二是推进改革任务落地生效。严格落实改革“规定动作”,大力推进改革“自选动作”,以敢于担当、敢为人先、敢创一流的精神,因地制宜推进我区干部人事制度改革、城市管理体制改革、市场监管改革、信访代理制改革、养老体制改革、商事审批制度改革、民主政治领域改革、基层社会治理改革、目标督查考核制度改革、老旧小区物业管理改革、国资国企改革、集体经济改革等不断取得新突破。认真总结梳理在实现“基本无违法建设城区”工作中形成的好经验、好机制,固化为改革创新成果积极加以推广。注重改革工作的顶层设计和各项改革之间的系统集成,不断提高改革方案的科学化、精准化、精细化水平,切实增强改革落实过程中的协同性、整体性、实效性。强化对改革工作的宣传引领,及时总结改革经验,深入提炼创新成果,广泛凝聚改革共识,不断激发各级各部门、社会各界和广大干部群众拥护改革的热情、推动改革的积极性,以态度坚决、旗帜鲜明、特色彰显的改革工作实际成效,向改革开放40周年献礼。

(六)强化为民情怀,全力打造加快公共服务事业发展先行区

人民对美好生活的向往就是我们的奋斗目标。我们要把民生作为一切工作的出发点、“导航仪”和落脚点,按照“加大力度”“加快推进”的原则,以人民群众身边的民生问题为重点,全面推进各项民生事业快速发展,让城市更有温度,让群众更有获得感、幸福感、安全感。

一是加快西黄村、北辛安、衙门口棚户区建设,做好广宁高井麻峪地区、五里坨建设区规划,启动中东部平房区棚改前期工作,全面推进全区所有棚改项目。二是积极引进优质教育资源,组建两个教育集团,形成“四横八纵”教育集群化发展格局,新增5所幼儿园、1500个学前教育学位,促进各级各类教育均衡优质特色发展。三是深化医药卫生体制改革,提高社区卫生服务能力,提升公共卫生服务保障水平,高水平建设中医药为特色的西部医院,扩大“中医药为特色的健康管理社区”建设成果,推进健康石景山建设。四是大力培育和践行社会主义核心价值观,深化精神文明创建活动。深入开展文化惠民工程,高标准建成区文化中心,以模式口文保区为重点加快推进西山永定河文化带建设,积极创建国家公共文化服务体系示范区和首都公共文化服务示范区。五是扎实开展国家级社区和居家养老服务改革试点,全面实施政策性长期护理保险试点工作,进一步完善“1所老年综合性医院、3个老年康复中心、9个养老照料中心、40个社区养老服务驿站”的养老设施和服务体系。六是加大济困工程投入,加强对困难群体的精准帮扶,加快儿童福利院、社会救助站、残疾人职业康复中心建设。七是高标准实施便民工程,加快推进规范化蔬菜零售和生活性服务业网点建设,在所有老旧小区推行物业化管理,切实办好群众家门口的事情。八是完善就业创业服务体系,健全普惠的社会保障体系。九是健全区、街两级社会治理委员会,深化“石景山老街坊”共建、共治、共享体系,形成多层次全覆盖的社会治理格局。十是深化平安石景山和法治石景山建设,本着“生命至上、安全第一”的工作理念,严格落实四个“立足”、四个“绝不允许”,严密排查整治各类矛盾隐患,严厉打击各类违法犯罪活动,确保政治安全、社会安全、生产安全、消防安全、交通安全、食品药品安全,维护首都安全稳定。

同志们,石景山区已经进入到高端绿色崛起的历史新阶段,责任重大、使命光荣。让我们更加紧密地团结在以习近平同志为核心的党中央周围,高举中国特色社会主义伟大旗帜,不忘初心、牢记使命,继续发扬体现时代精神和石景山特色的优秀品德和作风,加快建设国家级绿色转型发展示范区,向党和人民再交上一份新的优异答卷。

政府工作报告

——在北京市石景山区第十六届人民代表大会第四次会议上

(2018年1月16日)

北京市石景山区人民政府区长 文 献

各位代表:

现在,我代表石景山区人民政府向大会报告工作,请予审议,并请各位政协委员提出意见。

一、2017年工作回顾

2017年是本届政府的开局之年,是全区上下奋勇担当、奋力拼搏、无畏奋斗的一年,是创造重大历史奇迹的一年,是极不平凡、具有里程碑意义的一年。一年来,在市委、市政府和区委的坚强领导下,在区人大、区政协的监督支持下,我们坚持以习近平总书记对北京工作重要指示精神为根本遵循,深入抓好"两贯彻一落实",紧紧围绕区第十二次党代会确定的工作思路,牢固树立以人民为中心的发展思想,牢固树立"以拼搏为美、向行动致敬"的工作理念,全力推进"增量高端、存量提升、依法治乱"三件大事,以前所未有的决心、前所未有的力度、前所未有的措施,解决了一些长期想解决而没有解决的难题,办成了一些过去想办而没有办成的大事,全面完成了区十六届人大一次会议确定的各项任务,圆满实现了"八个高端体系"建设第一阶段既定目标。主要开展了以下六方面工作:

(一)坚持拆建并举,疏解整治促提升实现重大突破。"基本无违法建设城区"目标胜利完成。坚持首善标准、攻坚克难,在全市率先提出"基本无违法建设城区"的工作目标,以2006版规划航拍为基础,摸排出全区存量违法建筑面积408.6万平方米,举全区之力,集中攻克了融景城西部片区、酒吧街、金都园林地块4S店等25个重点难点点位,整治了547个大杂院,创建了137个基本无违建社区,拆除违法建设390.8万平方米,占存量总面积的95.6%,超过了过去20年的拆违总量,接受了"空中航拍、地面验收、群众监督"的高标准检验,圆满完成了市委市政府赋予的光荣使命,得到了市委书记蔡奇等领导同志的高度评价,以实际行动兑现了对党和人民的庄严承诺。"十大专项行动"取得重大进展。主动作为,自我加压,通过一系列强有力的措施,区内砂石厂、搅拌站、超标燃气锅炉、露天烧烤等基本清理完毕。严格执行新增产业禁限目录,关停退出一般制造业和散乱污企业32家,疏解商品交易市场11家,拆除群租房258处,常住人口控制在61.6万人以内,较去年底减少1.8万人,疏解整治各项工作走在全市前列。"六个一批"建设成效显著。紧紧围绕群众需求,精准使用疏解腾退载体资源,统筹安排681个点位、2.5平方公里腾退土地的再利用,留白增绿、改善生态、服务民生的项目用地超过80%。建成规范化蔬菜零售网点70个、生活性服务业网点50个,新建立体停车楼6座,新增停车位10151个。全力启动实施北辛安、衙门口两个长安街西延线最大的自然村改造,北辛安从启动征收到实现供地仅用1年,衙门口从规划稳定到启动征收仅用8个月,均压缩时间近1年,创造了石景山棚改新速度,为1.1万户居民改善了居住条件和生活环境。按照"五个百分之百"要求启动模式口文保区建设,完成南小街改造,推进沿街立面修缮和市政基础设施工程,实施承恩寺、田义墓等文物修缮工作,模式口这个京西地区唯一的文保区展现出文化传承的崭新形象,焕发出文脉延续的勃勃生机,成为西山永定河文化带建设的亮点。

(二)坚持构建高精尖经济结构,区域经济持续健康发展。主要经济指标圆满完成。预计地区生产总值完成492亿元,同比增长7%;一般公共预算收入完成56.4亿元,比上年预计完成增长10.6%,一般公共预算总收入达到109亿元;全社会固定资产投资完成260亿元,同比增长15.2%;社会消费品零售额完成303亿元,同比增长5.5%;居民人均可支配收入达到65800元,同比增长8%;万元地区生产总值能耗下降4.8%,超额完成市级任务。高精尖经济结构初步显现。积极落实北京市服务业扩大开放综合试点,服务业实现增加值345亿元,第三产业比重首次达到70%,获得全国"老工业基地调整改造真抓实干成效明显城市"称号。现代金融产业收入突破1000亿元,增速超过20%,区属国企发起设立的爱心人寿保险公司获批开业。科技与文化高端融合发展,预计高新技术和文化创意产业实现收入分别为1350亿元、400亿元,同比增长7.1%、11.1%。虚拟现实、智能制造、冰雪体育等新兴战略产业集聚发展。商业保理试点不断深化,国家电子商务示范基地建设加快推进,预计高端商务服务产业实现收入783亿元,同比增长21%。积极打造京西旅游休闲文化品牌,游乐园洋庙会、西山八大处文化节等影响力不断扩大。产业功能区建设初具规模。京西商务中心投入使用,北京"侨梦苑"成为北京市服务业扩大开放首批示范园区,长安金轴建设稳步推进。中关村石景山园快速发展,全年收入突破2000亿元。北京保险产业园全面开发建设,637等四个地块主体结构封顶,636、651地块实现上市。新首钢高端产业综合服务区加快建设，北区和东南区控规优化方案获得批复，世界侨商创新中心项目正式立项，晾水池东路具备通车条件。区属国资、集体经济深度转型。盘活提升国资、集体经济原有资源，富士康科技创新中心、星座商厦等载体建设加快推进，一批全球前沿科技创新成果在中电科科技创新中心和侨创空间就地转化，海外院士专家北京工作站成功引入，光启科技创新中心开工建设，郎园park、中关村智造产业园等特色园区集聚发展。积极推进农工商总公司改制，压力容器厂提升改造等项目加快实施，9万平方米的集体土地租赁住房项目扎实推进，集体资产进一步盘活。营商环境显著改善。深化供给侧结构性改革，落实国家和北京市系列创新政策，召开全区经济发展推进大会，发布构建高精尖经济结构"1+N"政策体系，明确区处级领导"一对一"精准服务企业长效机制，新引进注册资本亿元以上企业84家。设立石景山产业发展基金，拓展多元化融资渠道，为企业解决融资难题。持续深化"石景山服务"品牌建设，深入推进"放管服"改革，颁发全市首张"多证合一、一照一码"营业执照，全市首个区级企业信用监管服务平台正式上线运行，京西首个商标注册窗口正式对外受理业务。

（三）坚持一流标准，城市面貌发生显著变化。地区绿建标准进一步确立。严格落实"五个典范"要求，在全市率先推行国家绿色建筑标准，19个项目取得绿色三星、二星设计标识，建筑面积超过200万平方米，以京西商务中心、北京保险产业园等为代表的一批精品力作全面推进，成为展现我区城市魅力的新地标。冬奥特色进一步凸显。积极对接冬奥组委，高标准推进冬奥组委驻地及周边项目规划建设，西十冬奥广场改造完成，11支国家队45项冰上运动训练场馆落户首钢北区，短道速滑、花滑、冰壶等项目的国家队训练场地开工建设，市民冰雪体育中心投入运营，北京市冰球运动协会入驻我区。基础设施建设力度进一步加大。25项重点工程进展顺利，丰沙线入地已经完工，轨道交通S1线开通试运营，M6线西延顺利推进，M11线启动规划研究，长安街西延、北辛安路北段等4条主干路加快建设，阜石路与石龙路节点立交工程、八大处周边微循环等4条道路基本建成。石景山220kV变电站完成控规调整，刘娘府110kV变电站进场施工，石景山水厂开工建设，五里坨污水处理厂二期升级改造全面启动。完成何家坟、银河商务区L地块等11宗111.5万平方米的土地供应，总成交额突破240亿元，其中住宅用地57.3万平方米，住宅供地完成比例达到128%；商业、教育、研发及公共设施用地54.2万平方米，特别是五里坨组团包一、包二地块上市交易的完成，标志着西部产业开发全面启动。精细化管理水平进一步提升。按计划完成杨庄北区等4个重点区域、石门路等11条精品大街、高井小区等2个精品小区的综合提升工作，大力推行街巷长制，在全市率先完成建筑物天际线专项清理行动，首都环境考核名列全市前茅。积极探索停车规范管理七项创新模式，在全市率先启动共享汽车示范运营和共享单车规范化管理，投放新能源共享汽车601辆，明确1000个共享单车推荐停放点，"静态交通示范区"建设加快推进。生态环境进一步改善。强化顶层设计，在全市率先成立生态环保委，全面做好中央和北京市环保督察工作。实施清洁空气行动计划和环保实事项目，PM2.5年均浓度下降指标达到市级要求。河长制工作体系初步形成，水质断面考核全部达标。垃圾分类小区突破90%。在全市率先开展生态保护红线划定工作，确定区域37.9平方公里，占全区面积的45%。加快建设"西绿东引"二期工程，完成绿化62.9公顷，实现25公里道路"树池连通"，拆除绿地护栏1.5万延米，公园绿地500米服务半径覆盖率80.7%，城市绿化覆盖率51.9%，人均公共绿地面积19.5平方米，位居城区前列。

（四）坚持以人民为中心，民生福祉持续改善。全年民生支出达到79.9亿元，占一般公共预算支出的81%，财政资金进一步向民生领域倾斜。社会保障体系不断健全。新增就业超过1万人，城镇登记失业率为2.36%，各项社会保险基金收缴率均达98%以上。超额完成新增2900套和竣工5800套的保障性住房任务，全面完成古城环卫楼老旧小区综合整治试点工作。投入1.52亿元完成142项便民工程。统筹1.84亿元实施81项济困工程，投入资金量和项目数均创历史新高。社会事业加快发展。教育资源布局进一步优化，率先关停全部非法幼儿园，新增幼儿园3所、学前教育学位990个，成立北大附中附小石景山教育集团，2017年全区高考本科上线率达到96.4%，高质量完成国家级责任督学挂牌督导创新区创建工作。全国健康促进试点区建设不断加强，"北京·西山中医药文化季"成为市级特色健康服务品牌，稳步推进医药分开综合改革，率先实施社区卫生药品供给方式改革，医改工作年度考核和公立医院综合改革年度效果评价均列全市第一。积极开展西山永定河文化带建设，全面争创国家公共文化服务体系示范区和首都公共文化服务示范区，成为全市唯一取得"双区"创建资格的城区。基层文化服务设施更加健全，区文化中心主体结构封顶。"六聚石景山"文化惠民工程特色彰显，开展群众文化活动1800余场，原创话剧《京西那一片晚霞》登上国家大剧院。体育生活化社区二期建设顺利推进，群众体育活动蓬勃开展。社会保持和谐稳定。打造"老街坊"社会治理品牌，在全区所有社区建立"社区议事厅"和"老街坊防消队"，初步形成多元主体共同参与的社会共治格局。持续做好驻军服务保障工作，创新推进双拥共建和军民融合发展。严格食品药品安全监管，实施阳光餐饮工程。顺利完成北京市安全生产督察工作，大力开展安全隐患大排查大清理大整治专项行动，生产安全事故同比下降60%，亡人事故起数、人数全市最低。严格消防安全执法，火灾事故同比下降26%。严厉打击违法犯罪活动，立案率同比下降28.1%，破案率同比上升7.4%，圆满完成党的十九大等重大安保任务，我区荣获"全国平安建设先进区"。

（五）坚持问题导向，重点领域改革深入推进。城市管理体制改革持续深化。完成区城管监督指挥中心人员调整,推进街道城管执法队编制划转、职级并轨,理顺隶属关系,党建统领进一步强化,综合下沉进一步深化,“街道吹哨,部门报到”体制进一步完善,城管体制改革在拆违治乱中发挥了利剑作用,有力地增强了法治的权威与效能。信访代理制改革深入推进。代理责任进一步明确,“三级代理”工作格局进一步健全,网上信访代理工作得到加强,全面综合的信访问题处理机制和全程规范的考核评价体系基本形成,全区信访量连续三年下降,被评为全国信访系统先进单位。居家养老服务体制改革纵深推进。稳步开展国家级居家和社区养老服务改革试点工作,实施政策性长期护理保险试点,搭建居家养老服务平台,建立区级养老服务驿站运营商目录库,建成养老照料中心 9 家、养老驿站 40 家,率先基本实现养老设施全覆盖。深化老旧小区物业管理改革。71 个老旧小区居民自我管理委员会全部成立,加大老旧小区治理力度,居住环境得到进一步改善。积极配合推进国家监察体制改革试点工作。全力做好区监委办公用房改造、设施配备等工作。

(六)坚持党建统领,政府自身建设进一步加强。强化政治建设,政府责任落实到位。政府党组深入学习习近平新时代中国特色社会主义思想和习近平总书记对北京工作重要指示精神,扎实推进“两学一做”学习教育常态化制度化,牢固树立“四个意识”,自觉把党建统领作为最大法宝、最大战略、最大政绩和最迫切任务,认真制定并严格落实区政府党组议事规则,梳理了 3 大类 21 项具体任务目标,落实全面从严治党主体责任,建设廉洁高效政府。强化法治建设,政府工作落实到位。全面执行人大及其常委会的决议决定,认真听取政协的意见建议,自觉接受人大工作监督、法律监督和政协民主监督,密切与各民主党派、工商联、无党派人士和人民团体联系,办理人大代表建议 166 件、政协委员提案 163 件,办成率达到 64.4%,代表委员满意率达到 100%。执行“三重一大”制度,召开区政府常务会议、区长办公会议 48 次,集体研究重要问题 188 个,完善重大决策合法性审查机制,落实政府法律顾问制度,推进政务公开,实施人大代表、政协委员、市民代表列席区政府常务会议制度,不断提高依法科学民主决策水平。依法全面履行政府职能,普法、统计、档案、民防、保密、外事和对台等工作取得新成绩,民族、宗教和侨务等工作深入开展,对口援助和交流工作顺利推进。强化作风建设,干部队伍得到锻炼。特别是在疏解整治促提升工作中,各级干部深入一线、率先垂范,一心为民、无私奉献,把责任牢牢扛在肩上,敢于担当、敢于负责,敢于拼搏、敢于胜利,敢为人先、敢创奇迹,以实打实、硬碰硬的精神,实现了拆违治乱的重大历史性跨越,铸就了体现时代精神和石景山特色的党员干部优秀品质和作风,为全区各项任务的完成提供了有力保障。

各位代表,奋斗充满艰辛,成绩来之不易。我们深切感受到,过去一年,是我们紧紧抓住历史机遇,在加强“四个中心”功能建设中谋求高端绿色发展取得重大突破的一年;是我们牢牢锁定工作目标,在深入推进“八个高端体系”建设第一阶段任务中取得重要成绩的一年;是我们全区上下戮力同心,在励精图治、敢于担当中汇聚转型发展正能量的一年。这些成绩的取得,是市委、市政府和区委坚强领导的结果,是区人大、区政协监督支持的结果,是社会各界和全区人民共同努力的结果。在此,我代表区人民政府,向各位人大代表、政协委员,向辛勤工作在各条战线的劳动者,向关心支持参与石景山区发展的同志们、朋友们,表示崇高的敬意和衷心的感谢!

各位代表,发展永无止境,道路仍不平坦。十九大报告提出,我国社会主要矛盾已经转化为人民日益增长的美好生活需要和不平衡不充分的发展之间的矛盾。对照这一新判断,这种不平衡不充分在石景山区也同样存在:一是高精尖经济结构发展不充分,主导产业优势不明显,规模和质量亟待壮大和提升;二是东中西部地区发展不平衡,社会事业、公共服务等方面还存在短板,距离人民群众对医疗、养老、教育、文化等美好生活的追求还有差距,还需要进一步提高人民群众的获得感和幸福感;三是城市基础设施建设水平和精细化管理水平不高,治理污染、改善环境、缓解交通拥堵、疏解非首都功能等工作还需向纵深推进;四是安全稳定面临新情况、新风险,社会治理需要不断加强;五是政府系统全面从严治党存在薄弱环节,政府部门服务能力还跟不上高端绿色崛起要求,责任不清、落实不力的问题依然存在,形式主义、官僚主义时有发生,党风廉政建设和反腐败斗争需要持续加压,政府自身建设有待进一步加强。对此,我们要敢于直面、勇于担当,采取更有效的措施加以解决。

二、2018 年主要任务

2018 年是全面贯彻党的十九大精神的第一年,是全面落实北京城市总体规划的第一年,是全面开启我区“八个高端体系”建设第二阶段的第一年,是我区高端绿色崛起的重要一年。党的十九大胜利召开,中国特色社会主义进入新时代;市第十二次党代会明确了北京发展思路,首都建设进入新时期;我区全面打赢疏解整治攻坚战,进入到高端绿色崛起新阶段。刚刚闭幕的区委十二届五次全会,认真贯彻中央和市委精神,深入分析我区发展的新形势新要求,提出了继续坚持“全面深度转型、高端绿色发展”战略,全面落实“八个高端体系”和“五个典范”要求,全力抓好“一个灵魂、两大生态、六个先行区”,为实现国家级绿色转型发展示范区而奋斗的发展思路。面向未来,我们站在了一个新的历史起点上,必须准确把握我区发展所处的新阶段、新特征,始终保持战略定力,牢牢锁定高端绿色,勇担使命,继续奋斗,一张蓝图干到底,全面开启我区高端绿色发展新征程。

2018 年政府工作的总体思路是:高举中国特色社会主义伟大旗帜,深入学习贯彻落实党的十九大精神,以马克思列宁主义、毛泽东思想、邓小平理论、“三个代表”重要思想、科学发展观、习近平新时代中国特色社会主义思想为指导,坚持党建统领,坚持一流标准,坚持改革创新,坚持服务人民,全面推进“两大生态”建设,全力打造“六个先行区”,谱写我区高端绿色崛起新篇章。

今年经济社会发展的主要预期目标是:地区生产总值增长7%左右,一般公共预算收入增长10%左右,居民人均可支配收入增长与经济增长同步,城镇登记失业率控制在3%以内,常住人口规模、万元地区生产总值能耗和PM2.5年均浓度下降指标达到北京市要求。

落实上述总体思路和目标任务,政府工作将聚焦“六个先行区”建设,全力抓好六个方面工作:

(一)聚焦打造高端绿色崛起先行区,全力构建高精尖经济结构

强化规划引领。深入落实《北京城市总体规划(2016年－2035年)》,加快推进区域控制性详细规划编制,认真开展第三次全国土地调查和第四次全国经济普查,做好专项规划与总规、各专项规划之间的相互对接,推动多规合一。编制石景山区城市设计导则,扎实做好首钢南区、广宁高井麻峪地区、五里坨建设区等规划。有序推进刘娘府A2地块等5个项目上市,实现规划和建设的有机衔接。坚决维护规划的严肃性和权威性,建立城市体检评估机制,完善规划公开制度,加强规划实施的监督考核问责,做好“十三五”规划中期评估工作,抓好规划的组织实施。

壮大主导产业。以服务业扩大开放综合试点为抓手,对标国际一流标准和国内顶尖水平,聚焦现代金融、高新技术、文化创意等主导产业,加快构建高精尖经济结构。做大现代金融产业。推动保险产业园孵化器项目尽快投入使用,为首批入驻机构提供优质办公空间。壮大现代金融总体规模,加大金融创新业态引进力度,加快形成产业集群,建设国家级金融创新示范区。启动中海科技金融城建设,打造新兴科技金融中心。做强高新技术产业。加快推进中关村石景山园北Ⅱ区军民融合产业园建设,重点承接“国家科技创新2030—重大项目”,全面保障“天地一体化信息网络重大工程”落户,支持开展网络安全、工业互联网等军地前沿技术研发和军民融合创新,做好科技创新成果外溢的池子。做优文化创意产业。加快提升文化创意产业在动漫网游、创意设计、传统非遗等领域的影响力,促进文化、体育、科技、旅游等融合发展。加强国家电子商务示范基地建设,扩大商业保理试点规模,提升现代服务业水平。

加快功能区建设。依托长安金轴区位优势,提升京西商务中心、古城创业基地等高端载体服务品质,提高金融机构入驻率,全力打造集现代金融、商务服务为一体的高端产业综合发展的长安金轴。全面推进保险产业园建设,推动北京金融博物馆对外开展,开工建设636、651地块,投入使用637等四个地块。加快中关村石景山园建设,推进北Ⅱ区创业创新园升级改造,全力争取央企双创基地落地,建设高端创新创业集聚区。引导龙头企业增强研发能力,加快中关村虚拟现实产业园建设,以人工智能、移动互联等前瞻领域为突破点,催生新产品新业态新模式。统筹推进新首钢高端产业综合服务区建设,聚焦世界侨商创新中心等重点项目,大力推动海外院士专家北京工作站建设,打造城市复兴新地标。推进苹果园交通枢纽MN地块、银河商务区L地块等120余万平方米商业地产建设,加快形成新的产业载体。

优化营商环境。全面落实“1＋N”政策体系,统筹利用载体资源,有效使用多层次招商平台,强化产业链招商,着力引进符合我区发展要求、科技含量高、产业带动力强的实体项目。做实“石景山服务”品牌,对重点产业、重点项目、重点区域实施直通车制度,落实“一事一议”支持企业发展,营造良好营商环境。

(二)聚焦打造京津冀协同发展先行区,全力提升城市可持续发展水平

坚定有序推进疏解整治任务。全面推进北京市疏解整治促提升专项行动任务,确保实现占道经营、散乱污企业治理、群租房整治等12个专项行动任务“动态清零”。开展剩余违法建设整治工作,加大管控力度,完善长效机制,严格防止反弹。严控人口规模,2018年常住人口控制在59.4万人以内。严格执行产业禁限目录,有序推动一般制造业和商品交易市场的调整疏解工作。深化与京津冀地区在产业发展、公共服务、协同创新等方面的对接合作,加强与门头沟等周边区域的交流协作,重点做好对河北顺平县、内蒙古宁城县、青海称多县的精准帮扶。

全力打赢环境治理攻坚战。充分发挥区生态环保委高位组织、高位协调的综合统筹管理职能,坚持实行最严格的环保制度、“零容忍”的环境执法。深入实施清洁空气行动计划,以PM2.5污染治理为重点,进一步做好控车、降尘、治污工作,持续加强渣土运输、道路遗撒综合治理,严厉打击违法违规排污行为。大力推行绿色施工、清洁生产措施,持续完善应急联动响应机制,扎实做好重污染天气应对工作。进一步深化河长制责任体系,大力推进水环境治理,推动再生水管网建设,切实加强河流沿线排污管理与中小河道治理,启动永定河引水渠水系改造提升工程,不断改善莲石湖水质,全面确保国控、市控水质考核断面稳定达标。进一步做好首钢主厂区和周边地区污染土壤治理修复工作。

加快推进重大项目建设。全年安排52个重大项目,充分发挥重大项目建设对落实城市总体规划、促进我区经济社会发展的关键作用。推进轨道交通M6线西延建设,加快M11线前期工作。完成长安街西延石景山段、北辛安路北段、古城南街建设工程,加快永引渠南路西延、高井规划一路、北辛安路南段等重点道路前期工作,完成14项道路大中修工程。加快石景山水厂建设,完成五里坨污水处理厂二期升级改造项目。推进石景山220kV等5个变电站建设,全面提升全区电力保障水平。持续加大“西绿东引”建设力度,建成老山城市休闲公园南区等综合性公园21处、永定河左岸等森林公园33处,启动松林公园等4个大型综合性公园建设,完成66条道路“树池连通”工程,实施绿地建设86.7公顷,公园绿地500米服务半径覆盖率达到90%,创建“国家森林城市”。

全面提升精细化管理水平。以“一轴三区五线”建设为重点,围绕“庄严、沉稳、厚重、大气”这一目标,高标准、高水

平规划建设管理长安街西延长线(一轴),加快实施东部公园群、冬奥组委、八角街道周边3个重点区域精品街区建设(三区),统筹推进八大处、银河商务区等5处沿线环境提升改造(五线)。完善街巷长制,完成43条背街小巷环境整治,推行党政机关生活垃圾强制分类,实现居住小区垃圾分类全覆盖。加快推进莲石路辅路等11条道路架空线入地工程。推进交通拥堵治理,加强首钢医院、鲁谷大街等重点区域、拥堵节点交通设施改造。以打造"静态交通示范区"、"共享汽车示范运营区"为抓手,大力加强静态交通建设,新建改造停车场13处,新增停车位1万个。加快"智慧石景山"建设,促进云平台、大数据、物联网与城市管理有机融合。

(三)聚焦打造加快公共服务事业发展先行区,全力提升人民群众获得感幸福感安全感

织牢织密民生保障网。提升就业质量,突出抓好高校毕业生、就业困难人员等重点人群就业,新增就业8000人。提高社会保障水平,确保各项社会保险基金收缴率保持在98%以上。全力推进棚改工作,统筹组织西黄村、北辛安、衙门口3个在施项目建设,加快中东部平房区、广宁高井麻峪地区、五里坨建设区3个项目前期手续办理,加速推进全面城市化。实施72项便民工程,改善居民生活环境。继续开展"双百创建"工作,年内达到100家规范化蔬菜零售网点和100家生活性服务业网点。落实精准救助实施办法,加大困难群体救助力度,健全扶残助残服务体系,加快区残疾人职业康复中心、儿童福利院和社会救助站建设,完成68项济困工程。

努力促进社会事业发展。加强师德建设,培养高素质教师队伍,引进高品质学校,组建2个教育集团,形成"四横八纵"教育集群化发展格局,新增5所幼儿园、学前教育学位1500个,提高普惠性幼儿园比例,加快推进西黄村学校、北辛安学校前期工作。深化医药分开综合改革,完善现代医院管理制度,创建国家慢性非传染性疾病综合防控示范区,拓展家庭医生签约服务内涵,提高妇幼健康保障水平,推动人口健康信息平台建设,加快以中医药为特色的西部医院和五里坨精神病医院建设,促进北京市中医药文化创造性转化系统工程石景山综合改革示范项目取得新成果。

大力推进文化繁荣发展。以社会主义核心价值观为引领,以西山永定河文化带建设为载体,以国家公共文化服务体系示范区和首都公共文化服务示范区为抓手,全面落实西山永定河文化带保护建设规划和五年行动计划,深入推进模式口文保区建设,充分展现"千年古道"风韵、"百年古街"风采,进一步提升法海寺壁画艺术博物馆、承恩寺燕京八绝艺术馆等馆群品质。年内完成北辛安5处记忆建筑整体迁移,高标准建设衙门口骆驼会馆、国际雕塑艺术创作交流中心,充分挖掘红色文化、历史文化、工业文化、禅林文化等资源禀赋,加大对"三道五区"、"六张名片"的保护利用,延续历史文脉。深入实施文化惠民工程,持续推进"六聚石景山"等品牌活动。大力加强公民思想道德和行为规范教育,进一步巩固"首都文明示范区"成果,争创"全国文明城区"。

建立共建共治共享的社会治理格局。健全便捷高效的便民服务系统,提升公共服务水平。完善区街两级社会治理委员会建设,深化"老街坊"议事协商模式,丰富协商层次和议事内容,打造30个"名片社区"、16个"社区之家",提升社区民主自治能力。大力培育各类社会组织,完善购买社会组织服务政策,着力推进公益组织平台建设,强化社会协同。深入推进军民融合发展,大力支持国防和军队改革,争创全国双拥模范城"八连冠"。支持工会、共青团、妇联等人民团体更好发挥桥梁纽带作用。扎实做好新时期民族、宗教、侨务等工作,承办北京市第十届民族运动会。

坚决扛起安全稳定的政治责任。牢固树立安全发展理念,强化"生命至上、安全第一"意识,严格落实安全生产"党政同责、一岗双责、齐抓共管、失职追责",持续开展安全隐患大排查大清理大整治专项行动,彻底整治"三合一"、"多合一"场所,把消防安全作为公共安全的首要问题,将防火作为消防安全的首要任务,筑牢消防安全"防火墙"。持续加强食品药品监管,确保群众"舌尖上的安全",积极争创"国家食品安全示范城市"。深入落实信访代理制,做好"随信而安"服务品牌,积极预防和化解社会矛盾。以"雪亮工程"为抓手,推进立体化、信息化社会治安防控体系建设,严厉打击违法犯罪行为,进一步增强群众安全感。

(四)聚焦打造冬季体育运动特色先行区,全力提升冬奥服务能力和冰雪运动发展水平

高标准建设冰雪场地设施。紧紧围绕"冬奥让城市更美好"理念,高水平建设首钢北区国家体育总局冬季训练中心及配套设施项目,确保短道速滑、花滑、冰壶、冰球等国家队冰上运动训练基地建设全部完工,加快单板滑雪大跳台项目前期手续办理进度,推进区体育中心综合改造。加快建设冬奥组委驻地及训练基地周边基础设施,实现道路交通组织和环境景观的全面提升。

广泛开展群众冰雪健身活动。推进冬季运动进校园、进社区、进单位、进军营。以学校为基础加强青少年冰雪运动教育,开展多元化的冰雪赛事和文化交流,不断提高知晓率和参与率。以市民快乐冰雪季系列活动为龙头,突出街道特色和社区特点,深入开展科学健身指导活动,普及冬奥会、观赛礼仪和冰雪运动知识,打造以冬奥为主题的体育生活化社区。

加强冬季体育运动合作交流。按照"优势互补、合作互助、共赢互利"的理念,扩大对外开放,主动加强区域合作和国际交流,大力推进冰雪产业发展,力争国际滑冰联合会等国际冰雪运动协会中国分会在我区落地,不断提升区域形象,积极推进冰雪与文化融合发展,打造国际体育交流重点城区。

(五)聚焦打造改革创新先行区,全力提升转型发展的动力和活力

持续深化城市管理体制改革。强化区级统筹协调,规

范城市管理工作标准，按照科学化、精细化、信息化的要求，健全网格化城市管理体系，完善城管工作处置流程和联合执法机制，推进区街两级综合执法平台建设，持续推动职能综合、力量下沉、重心下移，构建符合新时期发展要求的城市治理新体系。

深入推进养老服务体制改革。做好全区老年人口基本信息与服务需求普查，扎实开展国家级居家和社区养老试点，全面实施政策性长期护理保险试点，加快推进医康养护结合工作，提升居家养老服务水平，打造具有首都标准石景山特色的养老服务模式。

加快实施老旧小区物业管理改革。强化老旧小区自管会的职能，完善老旧小区长效管理机制，加大对公共环境卫生、绿化美化、停车设施等居住环境的改善力度，推动老旧小区服务管理向市场化、社会化、精细化方向转变。

统筹推进经济领域改革。持续深化“放管服”、商事登记、财税等改革。加快区属国资国企改革步伐，稳步推进区属国有资产整合重组，做强做实投融资、民生服务等五大板块，增强国企发展活力。落实“三起来”要求，创新协同发展模式，加快农工商总公司改革步伐，推进博古艺苑、氢能技术创新中心、公共租赁住房等集体土地建设项目，实现集体经济提质增效。

（六）聚焦打造党建统领先行区，全力提升政府工作水平

坚定正确政治方向。深入学习贯彻党的十九大精神，坚持党建统领，严格落实政府党组全面从严治党主体责任，牢固树立“四个意识”，把讲政治放在首位，坚定不移地在思想上政治上行动上同以习近平同志为核心的党中央保持高度一致，坚定不移地推动中央、市委市政府和区委决策部署落地生根，坚定不移地做“两大生态”的建设者、践行者、维护者。

深入推进依法行政。自觉接受区人大及其常委会的法律监督和工作监督、区政协的民主监督，自觉接受国家机关的监督，加大人大建议、政协提案办理力度。认真听取各民主党派、工商联、无党派人士的意见。不断完善法律顾问、新型智库等制度，促进科学民主决策。深入开展“七五”普法，完善行政执法和监督体系，健全行政问责机制，严格落实执法责任，抓好政务公开和信息公开，进一步畅通社会监督渠道。

持续改进政府作风。坚决落实习近平总书记关于进一步纠正“四风”、加强作风建设重要批示精神，认真贯彻中央、市委落实八项规定精神的实施细则，严格执行区委的实施办法，深入推进“两学一做”学习教育常态化制度化，扎实开展“不忘初心、牢记使命”主题教育。巩固发扬在拆违治乱中形成的体现时代精神和石景山特色的党员干部优秀品质和作风，切实做到“牢记使命、奋勇拼搏、求真务实、善于革新、追求卓越”，推动作风建设在新的更高起点上向前迈进。高度重视基层工作，心系基层、关心基层、爱护基层、帮助基层，为基层排忧解难。着力转变政府职能，强化督查督办，严肃查处不作为、慢作为、乱作为等行为。切实加强政府系统党风廉政建设，进一步加大对项目建设等重点领域和关键环节的监管力度，实现干部清正、政府清廉。

各位代表，在实现中华民族伟大复兴中国梦的新时代，石景山区开启了高端绿色崛起的新征程。新时代要有新气象，新征程要有新作为。我们要更加紧密地团结在以习近平同志为核心的党中央周围，高举中国特色社会主义伟大旗帜，在市委、市政府和区委的坚强领导下，不忘初心、牢记使命、敢于担当、奋勇拼搏，为加快建设国家级绿色转型发展示范区不懈奋斗！

北京市石景山区人民代表大会常务委员会工作报告

——在北京市石景山区第十六届人民代表大会第四次会议上
(2018年1月18日)

北京市石景山区人大常委会主任 李文起

各位代表:

我受石景山区第十六届人民代表大会常务委员会的委托,向大会报告工作,请予审议。

过去一年的主要工作

2017年是我区极不平凡的、具有里程碑意义的一年。我区实现了疏解整治的决战决胜,圆满完成了“八个高端体系”建设第一阶段目标,“两大生态”建设实现了历史性跨越。这一年,区人大常委会在区委的坚强领导下,以习近平新时代中国特色社会主义思想为指导,深入学习贯彻党的十九大精神,坚持党的领导、人民当家作主、依法治国有机统一,紧紧围绕全区中心工作和区十六届人大一次会议确定的各项任务,按照区委对人大“六个主力军”的要求,依法履行职责,积极开展工作,充分发挥了地方国家权力机关的重要作用。

本届常委会在开局之年站在新起点,不断解放思想、开拓进取,突出继承与创新相结合,工作有新突破,履职有新作为,展现出新气象。

人大专门委员会发挥新作用。区第十六届人民代表大会首次设立了财政经济、城建环保、教科文卫体、法制四个专门委员会。常委会指导各专门委员会明确了工作职责,制定了工作规则,完善了工作机制,支持、保障其充分发挥作用。各专门委员会通过协助常委会听取和审议专项工作报告,开展执法检查和专题询问,督办代表议案和建议,实施专项视察和调研,充分展现履职活力,有效拓展了人大监督工作的广度和深度。一年来,各专委会不断探索创新工作方式方法,充分发挥委员主体作用,组建了5个专业代表小组,共召开专委会全体会议19次,协助常委会组织代表807人次开展各类监督活动103项次,提出意见建议536条,强化代表议案办理和建议督办,在增强监督工作专业性、有效性,提升人大工作整体水平上,发挥了新的重要作用。

计划预算监督提升新水平。听取和审议区政府2016年决算草案、预算执行和其他财政收支的审计报告,审查批准了2016年区级决算;听取和审议区政府2017年上半年国民经济和社会发展计划、预算执行情况的报告。先后听取和审议2017年两次区级预算调整方案的报告,加强政府债务监督,首次审议了因政府发行36.3亿元的土地储备专项债券增加政府债务的预算调整方案,在加强对政府举债规模、资金用途、偿债能力审查的基础上,综合评估各项债务风险指标和举债风险,作出了批准性决议。着力改进计划预算审查监督方式,将会议监督与经常性审查监督相结合,加大前期技术性审查力度;创新预算监督手段,在全市率先实现预算监督联网,实现周期性报表审阅向实时性电子信息审阅的转变;促进政府完善全口径预算内容,首次将国有土地使用权出让收入及相应支出纳入政府性基金预算。通过创新方式、加大力度,强化了预算的严肃性和有效性,实现预算监督从程序监督向实效监督的转变,推动和促进了我区经济社会平稳健康发展。

建议跟踪督办开创新举措。首次跨届次“回头看”,针对区第十五届人大代表多次提出的,或列入承办单位工作计划至今没有解决的建议,进行梳理分析,由常委会主任会议确定,对“关于彻底解决金顶阳光小区消防系统安全隐患的议案”(转建议)等9件建议的落实情况进行跟踪督办。常委会主任、副主任牵头督办,及时听汇报、问情况、提要求,在难点和关键点上求突破,在完成时限和效果上要承诺。目前,6件建议已得到解决或基本解决,2件建议承办单位明确了解决时限,1件建议取得了实质性进展。跨届跟踪督办,解决了一批久拖未决的问题,以点带面推动建议督办工作取得新成效。

人大街工委建设取得新进展。依法加强人大街工委职能建设,通过广泛深入的调研指导,强化了人大各街工委对自身职能定位的认识,对联系代表、组织代表活动、反映代表和群众的意见建议,以及办理常委会交办的监督和选举工作等法定职责的认识。依法加强人大街工委组织建设,在区委正确领导和街道党工委的支持下,任命了新一届人大街工委主任,首次设置并任命了人大街工委专职副主任,调整了部分人大街工委办公室主任,配齐配强了人大街工委工作力量。人大各街工委紧紧围绕常委会和街道工作重点,积极履行法定职责,基层人大工作的活力和效力不断增强,在密切联系代表和人民群众、延伸人大工作、推进基层民主政治建设上,都有了新的作为。

代表“家站”展现新活力。坚持把“人大代表之家”和“人大代表联络站”作为密切代表与人民群众联系的重要平台载体,落实关于加强“家站”建设的工作意见,鼓励代表进“家”进“站”联系选民、开展履职活动。各“家”完善制度、丰富功能，健全代表接待选民预约登记、群众意见建议反馈制度，创新代表活动形式，切实增强了代表履职实效；各“站”突出特色，开展示范点建设，设立“代表助理”、“民情信息员”，协助代表收集社情民意，组织代表参与“老街坊”社区议事协商委员会，开展“握千手走百家”大串门活动，把“人大代表联络站”打造成代表密切联系群众的工作站。代表通过“家站”联系群众的工作实践得到市人大和市委党校的充分肯定，我区“人大代表之家”和“人大代表联络站”被确定为首个“北京市领导干部民主法治教育现场教学点”，并在八角街道开展了教学活动。各位代表，届首之年，常委会坚持首善标准、走在前列，坚持依法履职、敢于担当，圆满完成了各项工作任务。全年共举行常委会会议 8 次，审议了 44 项议题，其中听取和审议“一府两院”工作报告 11 项，作出决议、决定和审议意见 14 项。

一、依法召集人民代表大会会议，督办代表议案和建议

按照市委、区委的总体部署，认真审议有关会议事项，完成出缺代表的补选工作，确保区人民代表大会会议顺利举行，落实大会主席团交办的议案办理工作和代表建议督办工作。依法召集区人民代表大会会议。依法召集了区第十六届人民代表大会第二次会议，选举产生了区监察委员会主任；依法任命了区监察委员会副主任和委员，圆满完成选任区监察委员会任务，确保我区监察体制改革试点工作顺利推进。依法召集区第十六届人民代表大会第三次会议，选举文献同志为区人民政府区长；选举产生 28 名石景山区出席北京市第十五届人民代表大会代表。坚持精简、高效、廉洁办会的原则，认真做好本次大会的各项筹备工作，会前组织代表开展联组活动，保障了会议顺利召开。

*认真办理代表议案。*将议案办理与监督工作相结合，听取和审议了区政府关于加快推进我区景观提升工程、加强精品街建设工作情况的报告，并开展专题询问，要求区政府按照“五个典范”标准，充分发挥规划设计的引领作用，突出长效和精细化管理，持续打造石景山环境建设升级版；听取和审议了区政府关于加强现代公共文化服务体系建设工作情况的报告，要求区政府坚持首善标准，优化公共文化设施布局，深化文化与科技的融合，不断提升公共文化服务效能；听取和审议了区检察院关于侦查监督工作情况的报告，并开展专题询问，要求区检察院深耕侦查监督主业，积极推动侦查监督工作向基层执法办案一线延伸，不断提升侦查监督公信力。区政府紧抓“疏解整治促提升”专项行动有利契机，通过实施“西绿东引”、精品街区景观提升等工程，城市品质得到明显提升；以创建首都公共文化服务体系示范区为抓手，形成统筹推进、协调配合、共同发力的工作局面，公共文化服务体系建设水平不断提高。区检察院着力推进侦查监督专业化专门化建设，推动行政执法和刑事司法相衔接，有力保障了侦查监督工作质量。

*认真督办代表建议。*持续推进重点督办，选取 10 件涉及经济社会发展重点难点以及群众关注热点的建议，由常委会主任、副主任牵头督办；积极深化分类督办，发挥人大各专门委员会作用，成立督办工作小组，制定分类督办工作规程，召开督办协调会，建立分类管理台账，全程跟踪建议办理；有效组织联动督办，完善常委会相关办室、政府办、各承办单位和人大代表的沟通联络机制，做到信息共享、措施共商、难题共解。发挥人大街工委属地优势，协助代表深入选区调研，集中群众智慧破解难题；加大建议公开力度，将代表同意公开的 162 件建议予以公布，主动接受社会监督。区十六届人大一次会议收到的 166 件代表建议，已经解决、部分解决和列入计划解决的占 70%，其余向代表作出说明解释，建议办结率 100%，代表满意和基本满意率 100%。

二、落实区委重大决策部署，投身“疏解整治促提升”专项行动

常委会紧紧围绕区委提出的“率先实现基本无违法建设城区”目标，坚持党建统领，积极履职践责，组织动员人大代表、机关工作人员，直接参与、监督推进“疏解整治促提升”专项行动，为我区实现疏解整治的决战决胜作出了重要贡献。

*发挥常委会班子成员的引领作用。*统一思想，找准定位，把认识聚焦到全区“疏解整治促提升”工作大局中，把行动落实到解决群众关心的热点难点问题上，践行区委对人大是一线部门、是推进民主政治建设主力军主渠道的工作要求，结合常委会监督议题，深入了解人大代表、基层群众对疏解整治工作的意见和想法，形成审议意见、视察意见、专题询问意见、《代表监督》信息，原汁原味向区委、区政府反馈。常委会主任、副主任按照“四套班子一起上”、“四个轮子一齐转”要求，深入一线视察指导、分片包干、指挥调度，积极推进“老街坊”社会治理，走访慰问社区拆违一线干部，抽调机关人员参与环保督查，为全区疏解整治工作提供强有力的支持和保障。

*发挥常委会依法履职的保障作用。*紧密结合“疏解整治促提升”专项行动开展监督工作，共组织百余人次市、区人大代表开展了 20 余次专项调研和视察活动。对精品街建设、区重点工程和保障房项目建设、老旧小区环境改造等工作情况进行视察；聚焦疏解腾退后“留白增绿”、便民服务等问题，组织代表就历史文化街区保护、园林绿化景观、蔬菜零售网络、停车管理设施提升等“六个一批”工程建设情况进行调研视察；听取和审议区政府关于环境状况和环境保护目标任务完成情况的报告，重点对扬尘治理和水污染防治开展视察检查并形成审议意见，全面促进疏解整治各项工作深入开展。

*发挥代表密切联系群众的桥梁和纽带作用。*印发“致全体区人大代表的一封信”，号召人大代表主动投身专项行动。代表们发挥各自的岗位优势和专业特长，尤其是在集体经济系统和社区工作的代表们，冲在一线、干在前列，攻坚克难、勇于担当，带头推动拆违工作，积极参与“老街坊”劝导队，争做“领头雁”“急先锋”，以人大代表的行为示范赢得群众认可，使疏解整治工作顺利推进。

三、增强监督工作有效性，推动区域高端绿色发展

坚持主动作为，加大监督力度，突出监督重点，创新监督方式，拓展监督渠道，不断增强人大监督工作实效。

*加强重点工作监督，促进经济社会持续健康发展。*推进构建“高精尖”产业体系，持续关注北京保险产业园建设和发展情况，开展相关专题调研，推动产业园朝全国保险创新试验区方向发展。推进西部旅游和文化产业发展，组织代表视察西部旅游发展和西山永定河文化带建设情况，专题调研模式口历史文化遗产的挖掘、保护和传承情况，推动政府挖掘西部文化精髓，发挥优秀传统文化特色，带动旅游休闲产业做优做强，促进重点功能区建设形成新发展优势。推进民生家园建设，坚持以人民为中心的发展思想，重点围绕建立居家养老服务体系、教育品质提升、医药卫生体制改革、科技成果转化应用等，开展专题视察和调研，跟踪检查区政府落实人大审议意见情况，督促有关部门切实把涉及群众切身利益的好事办好。加强法律法规实施监督，促进依法行政、公正司法。改进食品安全执法检查工作程序，抓住前期调研、法律培训、问卷调查、问题复检四个环节，采取经营单位自查、代表明查暗访和常委会集中检查相结合的方式，对千余家食品生产经营单位进行了检查，跟进执法检查问题整改和监管责任落实，推动区政府持续提升食品安全监管水平，营造优良食品安全环境。常委会还就《北京市全民健身条例》和《北京市生活垃圾处理条例》在我区贯彻落实情况开展了执法检查，就生活垃圾管理工作开展了专题询问，有力促进了相关领域工作的依法开展和民生问题的有效解决。

*加强和改进常委会监督工作，增强工作实效。*一是开展干部任后监督。落实区委要求，在对区城管委、园林绿化局、文化委、民政局、审计局、国资委、食药监局和检察院等8家单位开展工作监督的基础上，加强了对8个领导班子，以及由常委会任命的6名领导干部依法行政、公正司法情况的监督，并将履职监督评价上报区委，收到了监督干部、推动工作的良好效果。二是深化专题询问。开展3次专题询问，突破以往询题全部有所准备的情况，现场发问不预设，问得深问得狠。注重询问后的跟踪督办，突出人大刚性监督“有辣味”、见实效。三是坚持法律顾问聘用制度。续聘4名律师为法律顾问，参与常委会各项监督工作，提供专业法律意见和法律服务。通过强化法律顾问工作，增强了人大工作的法治意识，常委会依法办事的能力和水平得到提升。四是推进监察体制改革试点工作，常委会主任会议听取了区监委关于监察体制改革的工作汇报。

四、加强和改进代表工作，充分发挥代表作用

始终坚持代表主体地位，不断加强和改进代表工作，充分发挥代表在管理本地区国家和社会事务中的作用。

支持和保障代表依法规范履职。

健全代表履职学习常态化机制，结合新一届代表特点，组织代表集中培训，深入学习党的十九大精神、人民代表大会制度和代表履职相关知识，引导代表深刻领会习近平新时代中国特色社会主义思想，把握新时代赋予人民代表大会制度的历史使命、赋予人大代表的历史责任。邀请区政府副区长及部门负责人，结合首都和石景山区建设与发展，就“疏解整治促提升”专项行动、教育医疗等内容开展重点培训，引导代表认清形势任务，提高履职能力。坚持组织代表旁听庭审，增强代表的法律意识。

开展代表主题履职活动。

以“讲政治、守规矩，作表率、促发展”为主题，研究提出代表履职活动意见，突出政治意识和为民情怀，强调广泛性、深入性和实效性，加强代表与选民的面对面沟通。完善代表征集意见处理机制，采取街道协调处理、代表提出闭会建议、《代表监督》信息等多种方式，有效化解群众反映的各类问题600余个，增强了代表履职成效。完善常委会组成人员联系代表、代表联系群众制度，积极发挥代表在了解民情、反映民意、集中民智方面的独特作用。加强代表履职监督，完善代表履职登记办法，82名代表回选区述职。

*服务市人大代表依法履职。*密切市、区两级人大代表之间的联系，组织市人大石景山团的代表列席区人大及其常委会会议，参加区人大代表联组活动、常委会视察检查活动；服务市人大代表出席市人民代表大会会议，提出议案和建议。市人大石景山团的代表在市十四届人大五次会议上共提出建议72件，反映了人民群众的意愿和呼声，为推动经济社会发展发挥了积极作用。

五、加强常委会自身建设，始终保持奋发有为的工作状态

充分发挥党组的领导核心作用，切实加强政治建设、思想建设、组织建设、作风建设、纪律建设，把制度建设贯穿其中，不断提升依法履职的能力和水平。

*旗帜鲜明讲政治。*牢固树立政治意识、大局意识、核心意识、看齐意识，自觉把政治建设摆在首位，坚决维护以习近平同志为核心的党中央权威和集中统一领导，严守政治纪律和政治规矩。推进“两贯彻一落实”，通过人大及其常委会的工作，将党的主张转变为国家意志，转化为全体人民的共同愿望和自觉行动，推动区委重大决策部署落到实处，营造风清气正的政治生态。以各种形式认真学习党的十九大精神，深刻学习领会党的十九大报告的思想精髓、核心要义，以及对人大工作提出的新任务、新要求，深刻领会习近平新时代中国特色社会主义思想，在学懂弄通做实上下功夫，为加强和改进人大工作提供坚强政治保障。

*推进“两学一做”学习教育常态化制度化。*以思想建设为前提和灵魂，用党章党规规范人大党组、机关党支部和党员行为，用习近平新时代中国特色社会主义思想武装头脑、指导实践、推动工作。把坚定理想信念作为思想建设的首要任务，教育引导党员干部牢记宗旨，不断拧紧世界观、人生观、价值观这个“总开关”，经常性开展“两学一做”学习教育，进一步拓展教育内容和形式，不断增强做好新时代人大工作的责任感和使命感。

*深入推进党风廉政建设。*认真落实全面从严治党主体责任，定期向区委报告履行党风廉政建设主体责任情况。落实“一承诺两签责”和“一岗三责”，实行主体责任全程记

实，层层传导压力，层层压实责任。认真开展谈心谈话、述责述廉、民主评议活动，支持派驻纪检监察组开展工作。强化“生命线”意识，坚持把纪律和规矩挺在前面，在人大代表中广泛开展纪律教育，加强人大机关党员干部廉政警示教育。自觉坚持民主集中制，严肃党内政治生活，严格落实中央八项规定精神，持之以恒正风肃纪。

加强常委会及其机关履职能力建设。围绕民主法治建设、“疏解整治促提升”专项行动等主题，组织开展学习教育20余次。积极开展人大工作研究，以“人大监督和主力军作用”为题召开人大工作研讨会。全年共受理来信来访38件，努力将群众关注的热点问题体现在监督工作中。打造忠诚干净担当的人大干部队伍，人大履职服务保障工作不断加强。

各位代表！常委会依法行使人事任免权，将党组织推荐的人选通过法定程序任命为国家机关工作人员。2017年，共任免国家机关工作人员101人次，任命了新一届政府工作部门负责人，认真贯彻《北京市国家工作人员宪法宣誓组织办法》，组织了7批54人次新任命人员向宪法宣誓。

各位代表！过去一年，常委会工作实现了良好开局，这得益于区委的正确领导，得益于全体人大代表、常委会组成人员、人大各专门委员会、人大各街工委和常委会机关工作人员的共同努力和辛勤工作，得益于区政府、区监委、区法院、区检察院的密切配合，得益于全区人民充分信任、社会各界的大力支持。在此，我代表区人大常委会向大家表示衷心的感谢！

面对新时代赋予人大的任务和要求，常委会工作还存在差距和不足：监督工作的有效性还有待增强，需要以改革思维进一步创新工作方式方法；代表履职服务保障工作机制还有待完善，代表主体作用需要进一步发挥；常委会组成人员和人大机关干部的能力和水平还需要进一步提高。对于这些问题，我们将加快适应新时代、新形势、新任务和新要求，自觉接受人大代表和人民群众的监督，切实加以解决。

2018年的主要任务

2018年是全面贯彻党的十九大精神的第一年，是全面落实北京城市总体规划的第一年，是全面开启我区“八个高端体系”建设第二阶段的第一年，是我区高端绿色崛起的重要一年。常委会工作总的要求是：高举中国特色社会主义伟大旗帜，深入学习贯彻党的十九大精神，以马克思列宁主义、毛泽东思想、邓小平理论、“三个代表”重要思想、科学发展观、习近平新时代中国特色社会主义思想为指导，按照区委十二届五次全会提出的“一二六”发展思路，充分发挥人大在我区民主政治建设中的主力军主渠道作用，坚持党建统领，坚持一流标准，坚持改革创新，坚持服务人民，为我区全面推进“两大生态”建设、全力打造“六个先行区”，开创高端绿色崛起新局面作出积极贡献。

一、深入学习贯彻落实党的十九大精神

党的十九大是在全面建成小康社会决胜阶段、中国特色社会主义进入新时代的关键时期召开的一次十分重要的大会，学习贯彻落实党的十九大精神，最根本的就是学习贯彻习近平新时代中国特色社会主义思想这一主线和灵魂，坚定不移走中国特色社会主义政治发展道路，长期坚持、全面贯彻、不断发展人民代表大会制度，与时俱进地推动人大各项工作创新发展。

一是坚持党的领导，牢牢把握新时代人大工作的正确方向。党的十九大报告强调，坚持党对一切工作的领导，党的领导是人民当家作主和依法治国的根本保证。落实好这一重大要求，就是要旗帜鲜明讲政治，坚持党的领导、人民当家作主、依法治国有机统一，自觉在以习近平同志为核心的党中央集中统一领导下履行职责、开展工作，始终在思想上政治上行动上同党中央保持高度一致。严格执行请示报告制度，严肃认真向区委报告常委会党组年度工作情况，主动将人大工作中的重大问题、重大事项向区委请示报告，认真落实区委决策部署并及时报告落实情况，保证区委的主张通过法定程序转变为全区人民的共同意志和自觉行动。

二是深刻领会党的十九大对人大制度、人大工作提出的新要求、作出的新部署。以服务改革发展稳定大局为己任，依法行使重大事项决定权，在解决区域经济社会发展中存在的不平衡不充分问题上下功夫；切实用好宪法法律赋予的监督权，实行正确监督、有效监督，有效促进“一府两院”依法行政、公正司法，更好地发挥主力军主渠道作用，努力使人大及其常委会成为全面担负起宪法和法律赋予的各项职责的工作机关。

三是坚持以人民为中心的发展思想，把“不断满足人民日益增长的美好生活需要”作为区人大及其常委会的履职重点。健全常委会联系代表、代表联系群众机制，完善代表履职服务平台建设和制度建设，多做听民声、顺民意、解民忧的好事实事，更好地发挥人大代表的主体作用，努力使人大及其常委会成为同人民群众保持密切联系的代表机关。

二、积极履行监督职能，更好服务全区工作大局

一是围绕绿色转型发展开展监督工作。聚焦构建“高精尖”经济结构，关注区经济发展推进大会、“石景山服务”行动计划落实情况，科技成果转化应用强区建设情况；听取和审议区政府关于“十三五”规划中期评估报告，计划、预算执行及审计情况的报告，审计查出问题整改落实情况的报告。聚焦生态环境建设，听取和审议区政府关于环境状况和环境保护目标任务完成情况的报告、未来三年（2018年—2020年）全面提升园林绿化工作安排的报告，跟踪检查区政府落实常委会关于加强水系环境景观建设审议意见的情况。积极促进高端绿色崛起先行区建设。

二是围绕加强城市治理开展监督工作。聚焦疏解整治促提升，视察疏解整治空间再利用和“六个一批”工程建设情况，视察区重点工程建设情况，跟踪检查区政府落实常委会关于加快推进我区景观提升工程、加强精品街建设审议意见的情况，专题询问我区公共卫生间建设管理工作，推动区政府及有关部门在规划布局上下功夫、在提升质量标准

上下功夫、在强化统筹协调上下功夫、在推动城市可持续发展上下功夫。聚焦重点领域改革，关注城市精细化管理、老旧小区物业管理工作。积极促进京津冀协同发展先行区和改革创新先行区建设。

三是围绕保障和改善民生开展监督工作。聚焦社会公平正义，深入开展食品安全法、北京市食品安全条例执法检查，持续关注我区学前教育、中医药事业发展、西山永定河文化带建设，跟踪检查区政府落实常委会关于加强现代公共文化服务体系建设审议意见的情况；听取和审议区政府开展长期护理保险工作情况的报告；听取和审议区法院关于推进司法体制改革工作情况的报告，跟踪检查区检察院落实常委会关于侦查监督工作审议意见的情况。聚焦体育事业发展，听取和审议区政府开展全民健身工作暨打造冬季体育运动特色先行区情况的报告。积极促进加快公共服务事业发展先行区和冬季体育运动特色先行区建设。

三、切实加强服务保障，更好发挥代表主体作用

一是深化代表履职能力建设。坚持代表季度集中培训、人大各街工委自主学习制度，开展代表主题征文研讨活动，扩大代表对常委会工作的参与，进一步教育引导代表牢固树立"四个意识"，坚定政治立场，提高政治站位，自觉坚持和完善人民代表大会制度，牢记新时代使命任务，提高新时代履职能力和水平。

二是深化代表履职活动管理。继续开展"讲政治、守规矩，作表率、促发展"主题履职活动，引导代表联系和团结广大群众，为我区高端绿色崛起贡献智慧和力量。强化代表履职监督管理，建立代表履职清单，探索在全体代表范围内定期公开代表履职记录。规范代表述职工作，有计划地安排代表向原选区选民报告履职情况，接受选民监督。

三是深化代表履职服务工作。完善代表履职平台载体建设，充分发挥人大街工委的组织管理职能，推进"人大代表之家"、"人大代表联络站"工作规范化、制度化，推广典型"家站"工作经验。加强代表建议督办，探索建立代表建议跟踪督办长效机制，不断扩大建议公开的内容和范围，促进代表和人民群众普遍关心问题的解决，增强代表履职积极性。

四、加强自身建设，努力推进人大工作创新发展

一是严格落实全面从严治党要求。深入贯彻新时代党的建设总要求，始终把党建统领作为最大法宝、最大战略、最大政绩和最迫切任务，落实区委党建统领先行区工作要求，持之以恒加强人大党建工作。坚持把政治建设摆在首位，用习近平新时代中国特色社会主义思想武装头脑。坚持"两学一做"学习教育常态化，更加自觉地学习党章、遵守党章，规范党内政治生活，认真参加"不忘初心、牢记使命"主题教育，把全面从严治党的举措抓得更细、落得更实，把常委会党组和机关党组织建设得更加坚强有力，以人大党建的新加强引领人大事业的新发展。

二是健全人大组织制度和工作制度。继续完善人大专门委员会工作机制，制定出台《石景山区人民代表大会专门委员会工作规则》，为人大及其常委会依法行使职权提供有效组织保障。围绕规范人大监督、重大事项决定、人事任免工作，进一步完善工作规程和议事程序，制定出台《石景山区预算审查监督办法》、《石景山区人民代表大会常务委员会规范性文件备案审查规定》，修订《石景山区人民代表大会常务委员会讨论、决定重大事项办法》、《石景山区人民代表大会常务委员会街道工作委员会通则》，以规范化、精细化全面提升常委会工作水平。

三是进一步强化能力和作风建设。强化"两个机关"意识，坚持首善标准、一流要求，把加强学习作为增强履职能力的源泉，学好理论政策、专业知识、业务本领，着力提高把握形势、分析问题、建言献策的能力。突出理想信念教育，强化纪律警示教育，落实《区委深入贯彻落实中央八项规定精神实施办法》，力戒形式主义和官僚主义，打造模范尊法学法守法用法、风清气正、干事创业、勇于担当的人大干部队伍。倡导和推动调查研究之风，以更高的标准、更严的要求、更实的举措履职行权，推动人大工作更具时代特色和创造活力。

各位代表！新思想引领新时代，新时代赋予新使命，新使命开启新征程。让我们在中共石景山区委的坚强领导下，紧密团结在以习近平同志为核心的党中央周围，以习近平新时代中国特色社会主义思想为指导，充分发挥人民代表大会制度优势，依法履行宪法法律赋予的职责，不忘初心、牢记使命，奋发有为、砥砺前行，为加快建设国家级绿色转型发展示范区作出新的更大贡献！

中国人民政治协商会议
北京市石景山区第十届委员会常务委员会工作报告

——在政协北京市石景山区第十届委员会第二次会议上

（2018年1月15日）

吴克瑞

各位委员、同志们：

我受政协北京市石景山区第十届委员会常务委员会委托，向大会报告工作，请予审议，并请列席会议的同志提出意见。

2017年工作回顾

2017年是中共十九大胜利召开之年，是全区上下奋勇担当、奋力拼搏、无畏奋斗的一年，是创造重大历史奇迹的一年，是极不平凡、具有里程碑意义的一年，也是本届政协的开局之年。一年来，在中共石景山区委的领导下，新一届政协委员会及其常务委员会坚定不移地以习近平新时代中国特色社会主义思想为指导，深入学习贯彻中共十九大精神，牢牢把握团结、民主两大主题，认真履行政治协商、民主监督、参政议政职能，切实发挥协商民主重要渠道和专门协商机构作用，强力助推疏解整治决战决胜，为圆满完成“八个高端体系”建设第一阶段目标、推进“两大生态建设”实现历史性跨越作出了积极贡献。

一、加强理论学习，不断增进思想政治共识

坚持把加强理论学习摆在工作的首位，坚持每季度组织一次全体委员培训，同时针对换届后新委员多的情况，采取以会代训、专题培训、专家解读、编发《履职参考》、微信发送学习资料等多种形式组织开展学习。

深入学习贯彻中共十八届三中、四中、五中、六中全会精神，深入学习贯彻习近平总书记系列重要讲话精神和治国理政新理念新思想新战略，不断提高广大政协委员的理论素养和政治站位，牢固树立“四个意识”，坚定维护中共中央权威，更加自觉地在思想上政治上行动上同以习近平同志为核心的中共中央保持高度一致。

深入学习贯彻习近平总书记两次视察北京重要讲话精神和中共北京市、石景山区第十二次党代会精神，紧紧围绕“建设一个什么样的首都，怎样建设首都”这一重大问题，围绕首都“四个中心、一个目标”的城市战略定位，围绕区委提出的工作思路，统一思想认识，凝聚发展共识，不断增强落实区委各项决策部署的行动自觉。

深入学习贯彻中共十九大精神，自觉把学习贯彻十九大精神作为首要政治任务，迅速做出部署，组织召开常委会、主席会传达学习，并通过集中讨论、在《石景山报》、石景山有线电视台、微信平台等媒体播发学习体会等多种方式，开展学习交流，畅谈学习感受，引导各党派团体和广大委员更加深刻领会习近平新时代中国特色社会主义思想精髓，更加自觉地坚持中国共产党的领导，积极推进社会主义民主政治建设，不忘合作初心，继续携手同行，共同投身推进全区“两大生态建设”的生动实践。

二、坚持服务大局，为助推疏解整治促提升履职尽责

坚持把助推疏解整治促提升作为全年履职工作的主题主线，敢于担当，主动作为，积极履职尽责，为我区率先实现“基本无违法建设城区”目标、擦亮北京城市“西大门”作出了积极贡献。

围绕疏解整治促提升积极建言献策。一是开展常委会、主席会重点协商调研。组织政协常委、主席会议成员先后深入北辛安棚户区、京西商务中心，以及融景城西部片区、游乐园酒吧一条街、古城南街等拆违现场，听取情况介绍，就重点难点问题解决、拆违成效巩固、社会治理模式探索、“老街坊”品牌功能挖掘等问题认真调研座谈，提出意见建议。二是开展专委会对口协商调研。组织委员深入企业、街道以及区发改委、科委园区、金融办等政府相关部门协商调研，形成了“关于加快推进治乱疏解建高端工作的建议”、“关于我区疏解非首都核心功能优化提升经济结构的建议”等报告，分别作为常委会和主席会建议案报送区委区政府；赴杭州、湖州学习考察，形成专题考察报告报区委，并在区委常委会上作了专题汇报。三是召开理论研讨会专题协商调研。围绕疏解整治后“高精尖”经济结构构建、城市精细化管理、交通能力提升、文化品牌建设、大气环境整治、蔬菜网点建设等方面集中研讨，12名委员代表在会上发了言，会议交流研讨论文32篇，综合归纳意见建议116条，为区委区政府决策提供了参考。

围绕疏解整治促提升开展民主监督。一是发挥政协提案的监督作用。重点关注涉及专项行动的立案提案，分别与区发改委、城管委及相关部门协商督办，其中疏解整治后的服务产业优化升级、便民利民市场规划建设等重点提案由主席会议成员与区政府有关领导共同协商督办，推动了相关问题的解决。二是发挥民主评议的监督作用。继续开

展对区属党政部门履职情况的监督与评议工作，将推进全区专项行动的贯彻落实情况列为重要评议内容，深入区经信委、西建办、司法局、园林绿化局、体育局、苹果园街道，坚持问题导向，认真调查研究，共同协商解决问题的办法，提出了35条工作建议，推动了部门工作，改进了工作作风。三是发挥委员视察的监督作用。围绕西山永定河生态修复工程、模式口文保区升级改造、北京冬奥组委周边道路建设，组织委员深入实地视察，听取情况介绍，发现问题和不足，提出意见和建议，推动了相关工作的落实。

积极参与疏解整治促提升的工作实践。区政协领导认真贯彻区委的指示要求，坚持深入拆违第一线，以身作则、冲锋在前，与八宝山街道、广宁街道、老山街道等单位一起进行调查论证，研究制定工作方案，现场指挥拆违工作，共同推动重点难点点位问题的解决，促进了整体拆违工作的顺利进行。向全体委员发出《倡议书》，鼓励和动员广大委员自觉投身疏解整治促提升主战场，为夺取专项行动决定性胜利再立新功。委员们积极响应倡议，在参与前期调研基础上，围绕建设“六个一批”提出意见建议25条；同时，立足本职，自觉为专项行动建功立业。有的委员担任主管部门领导，始终奋战拆违一线，夜以继日、全程参与，既当指挥员，又是战斗员；有的委员积极向员工宣传拆违意义，支持拆违专项行动，主动承担企业社会责任；有的委员认真履行岗位职责，高效完成重点腾退房屋场地案件的审执工作，为专项行动的顺利推进提供了司法保障；有的委员积极参与社区的拆违行动，主动帮助群众释疑解惑，及时反映居民所需所求，自觉架起政府与百姓沟通桥梁，促进了邻里和睦和社会稳定，赢得了广泛赞誉。

三、突出民生关切，促进发展成果共建共享

坚持履职为民，谋利民之策，为改善民生、服务群众，促进发展成果共建共享做出了积极努力。

通过提案办理解决发展和民生问题。强化提案选题引导，运用提案线索协商会、刊登征集提案线索公告等形式，引导委员围绕我区“两大生态建设”、“疏解整治促提升”以及教育、医疗、养老、社会保障等民生问题撰写提案。十届政协一次全会以来共征集提案216件，立案207件，其中城市建设方面的提案占27.5%，疏解整治促提升方面的提案占17.4%，促进社会稳定方面的提案占24.2%，经济科技方面的提案占17.4%，民生保障方面的提案占13.5%。通过党政领导领办、政协主席督办和提案办理成果视察等形式，有效提高了提案办理质量，推动了全区经济发展，促进了相关民生问题的解决。比如，委员提出的《进一步完善居家养老用餐保障的建议》，为我区推行养老助餐服务体系试点建设工作提供了支持。一年来，全区在发挥“中央厨房＋社区养老服务驿站”助餐模式作用同时，利用有餐饮资质的养老机构、社区养老驿站等共为老人提供助餐服务10万人次。

通过调研协商促进民生改善。聚焦百姓民生关切，着眼中医药健康发展，组织委员视察广宁、八宝山等社区卫生服务中心，并到东城区考察调研，为推进我区中医健康社区试点工作建言献策。重视群众对高端文化发展需求，组织委员到模式口文化街区等地调研，提出重视历史文化遗址的保护和修缮、挖掘京西名山古街历史文化内涵、整合优化八大处禅林文化与旅游资源等建议，为共筑西山永定河文化带献计出力。关注拆除农贸市场后群众买菜难等问题，组织委员多次实地视察古城、金顶街等街道，与有关部门共同协商，推动了蔬菜零售网点建设，为社区百姓生活提供了方便。

通过社情民意信息反映民生问题。发挥社情民意信息“直通车”的独特作用，关注民生、了解民情、反映民意，为人民群众排忧解难。全年共向市政协和区委区政府报送社情民意信息60期，市领导批示5期次，区领导批示74期次，解决了一批群众反映强烈的背街小巷环境整治、市政基础设施建设、小区污水排放、地下停车乱收费等热点难点问题，让百姓有了更多获得感。比如，委员反映的在社区堆放装修垃圾、违规安装棚栏圈地种菜等行为，引起区领导的重视，相关部门迅速行动、及时处置，使问题得到了很快解决。

四、发挥独特优势，广泛汇聚改革发展合力

充分发挥人民政协优势，突出团结、民主两大主题，广泛团结各界人士，为推进全区改革发展凝聚合力。

重视发挥民主党派作用。支持各民主党派、工商联和无党派人士参政议政，通过联合开展视察调研、共同参加提案督办、参与民主监督评议、安排大会发言、反映社情民意信息等形式，为他们在政协履职搭建平台。全年开展的关于加快推进治乱疏解建高端、加快构建“高精尖”经济结构、促进街道“社会治理委员会”建设、进一步推进中医健康社区试点工作、西山永定河文化带（石景山段）建设等课题调研，都邀请了民主党派成员参加。政协全会和政协工作研讨会上，各民主党派主委和工商联代表均作了大会发言。全年印发28期社情民意信息，其中，民主党派和无党派委员占14期，均得到区领导的高度重视并作出了批示。

推进民族团结宗教和睦。坚持重大宗教节日走访活动，慰问民族宗教人士和宗教界委员；组织视察了灵光寺、法海寺、承恩寺等场所，与民族宗教界代表人士座谈交流，宣传民族宗教政策，鼓励支持他们为促进民族团结、宗教和睦作贡献；与区民族宗教事务办公室、西山八大处文化景区管委会、古城街道等单位协商，帮助协调灵光寺周边环境整治、基督教聚会活动场所选址等问题；积极推动宗教文化遗产和非物质文化遗产资源的保护，促进了佛教文化和旅游业发展。

加强联谊和对外交流。坚持定期走访慰问各民主党派、工商联和无党派人士，举办政协、统战2017年迎新春茶话会和庆“三八”妇女委员联谊会，参加纪念“五一口号”发布69周年春天长走等活动，进一步加强了沟通联谊，增强了政协组织的凝聚力和感染力。密切与朝阳、海淀、延庆等区政协的联系，加强区域共同调研课目互动协作，完成了市政协关于流动人口课题的调研。接待了天津、厦门、广东湛江等地政协来京考察，相互学习交流履职经验，主动宣传石

景山。恢复了《石景山文史资料》征集整理工作，并编辑出版了《石景山文史资料》第24辑，完成了《蒙古族百年实录》征编和报送工作。

五、深化创新实践，着力增强政协工作的活力

坚持强化创新意识，深化创新实践，在创新发展上不断探索，政协工作活力得到进一步增强。组织开展的对区属党政部门履职情况民主监督与评议、政协委员履职评价两项工作，作为全区民主政治领域重点改革项目，通过了中共北京市委改革办的评估验收，并得到了充分肯定。

创新委员履职管理评价新机制。研究出台了《政协委员履职情况评价的办法(试行)》和《政协委员履职情况评价的实施细则(试行)》，建立了委员履职管理信息平台，以完成"五个一、一保证"(即：至少参加一次专委会活动，一次政协专题活动，一次界别活动，提交一件提案，报送一篇社情民意，保证出席政协全会)作为委员履职的基本评价内容进行量化考核，并与年度优秀委员评比、委员连任建议人选等工作挂钩，激发了委员履职热情。工作开展一年来，委员参加履职活动的人均次数、征集提案和立案总数以及报送社情民意信息数量比往年均有明显提高。

探索民主监督与评议工作新形式。深入学习贯彻中共中央《关于加强和改进人民政协民主监督工作的意见》，总结近两年开展民主监督与评议工作的经验做法，进一步完善内容和形式，本着"切口小、立意深、角度准"工作思路，以项目监督作为评议工作的切入点，通过查阅项目资料、测评项目效果、深入项目建设现场视察调研等形式，对"西绿东引"、"城市服务管理网格化融合平台"等重点项目实施全程追踪，增加了民主监督工作的针对性和连续性。同时，扩大民主监督与评议工作队伍，主动联合各党派成员共同参与评议工作；委托专业团队进行随机调查，广泛听取各方面意见，提高了民主监督实效。

搭建发挥界别作用新平台。成立了10个界别委员活动小组，建立小组召集人制度，召开各小组召集人会议，加强界别活动的组织协调，主动搭建界别活动平台，为界别委员活动创造条件。组织文化艺术界别委员成立了石景山区政协书画院，举办了庆祝中国共产党建党96周年书画展，用手中画笔热情讴歌中国特色社会主义新时代。医药卫生界别委员深入区卫计委和有关医院、社区，调研医药分开综合改革并形成专题调研报告，区领导作了批示并转送相关部门研究参考。各界别委员还分别围绕学习型城区建设、大健康产业发展、小微企业融资、体育生活化社区建设等课题组织调研视察12次，活动比往年更趋活跃。

六、加强自身建设，提高政协履职工作水平

坚持加强自身建设，完善工作机制，主动适应新形势新任务对政协工作的新要求，不断提高政协工作水平。

加强政协党组建设。坚持党建统领，认真落实"全面从严治党深入推进年"各项任务，充分发挥政协党组在政协工作中的组织领导和政治引领作用。不断加强制度建设，修订《中共政协石景山区委员会党组工作规则》，完善党组工作职责。党组成员带头模范遵守党章和政协章程，严格按党的制度和规矩办事，严守中央八项规定、《关于新形势下党内政治生活的若干准则》、《中国共产党党内监督条例》等各项制度规定，逐级签订"一岗三责"责任书，有效落实了党组全面从严治党主体责任。坚持民主集中制原则，就政协重大事项主动向区委汇报，就政协重要工作充分讨论协商，广泛征求机关干部、政协委员和各方面的意见，努力营造了民主求实、团结和谐、干事创业的良好氛围。

加强政协委员队伍建设。及时组织委员专题学习中共十九大会议精神，学习习近平总书记关于做好政协工作的指示精神，进一步增强委员的政治意识、大局意识、核心意识、看齐意识；严格落实委员定期培训制度，先后组织了《京津冀协同发展与雄安新区建设》专题报告会、"区情"及专项行动推进情况通报会、政协提案和社情民意信息知识专题培训会、中共十九大精神辅导报告会等，提高了委员履职能力和建言水平。开展了委员经常性交流活动，促进互学互鉴、取长补短，增进了感情联络，增强了委员队伍的履职活力，广大委员讲学习、讲大局、讲感情、讲纪律、讲奉献，切实发挥了在本职工作中的带头作用、政协工作中的主体作用、界别群众中的代表作用。

加强政协专门委员会建设。换届后及时成立政协各专门委员会，认真组织学习《政协石景山区专门委员会通则》等制度条例，提高了各专门委员会组成人员的政治业务素质，增强了集体领导能力。定期召开政协委室主任办公会议，交流、研讨和部署政协工作，支持各专门委员会发挥自身优势，围绕全区工作大局和政协常委会中心任务开展工作；突出各专门委员会的不同特点，注重发挥专门委员会联系委员、团结委员的桥梁纽带作用，通过多组织开展活动、多邀请委员参与活动，最大限度地集中委员智慧和力量，提高了政协整体工作水平；进一步加强专门委员会同党政部门的对口联系，协调推进政协协商民主工作制度化、规范化、程序化建设，促进了全区政协事业的发展。

加强政协机关建设。以加强"学习型、服务型、创新型"机关为抓手，坚持每周组织学习活动，重点学习党章党规、学习系列重要讲话，组织参观"砥砺奋进的五年"大型成就展、廉政教育基地，观看系列警示专题教育片，与社区党组织开展"服务基层，联点共建"服务项目，促进了机关"两学一做"学习教育活动的常态化制度化。组织党员干部深入游乐园酒吧一条街、八角北里社区等拆违现场，亲身感受一线干部群众的拼博实干精神，激励大家做好本职的使命感和责任感，不断增强机关干部的作风建设。组织开展业务知识培训和摄影、写作等评比活动，不断加强机关干部能力建设，提升了政协机关的整体工作水平。加强政协宣传信息工作，召开了政协宣传信息工作会议，全年编发《政协信息》25期，市区媒体报道宣传政协工作信息200余篇次，政协微信平台报道政协履职活动信息158期，营造了良好的履职氛围。

各位委员，过去一年区政协工作取得的成绩，是中共石

景山区委正确领导、北京市政协有力指导的结果，是区人大、区政府大力支持的结果，是十届区政协各参加单位和全体委员忠实履职、共同努力的结果。在此，我代表区十届政协常委会，向为政协工作付出智慧心血、作出无私贡献的各界委员，向所有关心、支持政协工作的各级领导、各界人士，表示崇高的敬意和衷心的感谢！

在总结成绩的同时，我们也清醒地看到工作中还存在一些不足，主要表现为：履行职能的制度化、规范化、程序化建设还需要进一步加强；参政议政的质量和水平还需要进一步提高；服务委员充分履职的工作机制还有待进一步完善；探索委员交流活动形式还需要进一步拓展；政协机关干部队伍的能力建设还需要进一步提升。这些问题需要我们高度重视，认真研究，并在今后工作中切实加以改进。

2018年工作意见

2018年是全面贯彻中共十九大精神的第一年，是全面落实北京城市总体规划的第一年，是全面开启我区“八个高端体系”建设第二阶段的第一年，是我区高端绿色崛起的重要一年，也是区十届政协工作全面推进之年。今年区政协工作的总体要求是：高举中国特色社会主义伟大旗帜，深入学习贯彻中共十九大精神，以马克思列宁主义、毛泽东思想、邓小平理论、“三个代表”重要思想、科学发展观、习近平新时代中国特色社会主义思想为指导，在中共石景山区委的领导下，组织、带领全体委员和政协各参加单位，把握主题，牢记使命，凝心聚力，共推发展，认真履行政治协商、民主监督、参政议政职能，为全面推进“两大生态建设”、全力打造“六个先行区”、谱写我区高端绿色崛起新篇章贡献智慧和力量。

一、深入学习贯彻十九大精神，不断巩固共同思想政治基础

继续把学习宣传贯彻中共十九大精神作为全年首要政治任务，严格按照区委的统一部署，采取举办专题报告会、研讨交流会、编发学习资料等形式，深化十九大精神的学习，进一步深刻领会中国特色社会主义进入新时代的新论断，深刻领会我国社会主要矛盾发生变化的新特点，深刻领会分两步走全面建设社会主义现代化国家的新目标，准确把握十九大精神的思想精髓、核心要义，团结引导广大政协委员和各族各界人士，切实把思想和行动统一到大会精神上来，把智慧和力量凝聚到大会确定的目标和任务上来。要把学习贯彻中共十九大精神与学习习近平总书记对北京工作重要指示精神结合起来，与落实北京城市总体规划结合起来，与学习贯彻市、区党代会精神结合起来，与推进“六个先行区”建设的履职实践结合起来，准确把握区域发展的新阶段，全面聚焦区域发展的新思路，充分发挥思想引领、协调关系、汇聚力量、建言献策、服务大局的重要作用，使十九大精神尤其是习近平新时代中国特色社会主义思想在我区落地生根、开花结果，形成生动实践。

二、自觉服务中心大局，全力助推高端绿色崛起取得新成效

坚持围绕中心大局，自觉聚焦“高端绿色崛起先行区”这一任务目标，充分发挥优势，找准着力方向，明确履职重点，通过协商议政、调研视察、提出提案、反映社情民意信息等形式，为立足高端发展、减量发展、创新发展，加快构建“高精尖”经济结构，实现区域发展提质增效资政建言、献计出力。着力就做大做强主导产业，促进高端产业功能区内涵发展，构建“高精尖”经济结构开展重点协商，分析问题，研究对策，提出有效管用的意见建言；着力就改善城市环境，优化提升城市功能，以及教育、卫生、体育事业发展等方面组织委员并联系各民主党派、各团体及各参加单位进行视察调研，与区委区政府及相关部门共同协商，推动疏解整治促提升工作不断向纵深发展；着力把环境保护作为委员视察监督的重要议题，加大对大气、水土等重点污染防治工作的监督力度，助推我区绿色生态建设。同时，将重大项目建设与提升、“石景山服务”品牌建设、城市交通与精细化管理、全民冰雪健身运动推广等作为专项性监督内容，组织常委会、主席会会议成员进行集体视察，有效发挥民主监督的主力军作用，全力助推高端提升取得新进展。

三、始终坚持团结民主，广泛凝聚区域发展的新能量

坚持把加强大团结大联合摆在更加突出位置，有组织约请各民主党派、工商联、人民团体和各界人士共同参与区政协全会、常委会议及各项重要活动，并为他们在政协履职搭建平台、提供条件，不断深化与各民主党派、工商联、人民团体和各界人士在政协的合作共事。进一步增进各民族交往交流交融，促进各民族像石榴籽一样紧紧抱在一起，共同团结奋斗、共同繁荣发展。积极开展走访慰问宗教界人士活动，真诚关心宗教界人士工作和生活，积极引导宗教与社会主义社会相适应。关注“侨梦苑”华侨创新平台和“海外院士专家北京工作站”作用发挥，密切与非公有制经济人士、出国和归国留学人员、华侨华人等的联系沟通，多做协调关系、理顺情绪、化解矛盾、凝聚人心的工作。继续做好文史资料的征集整理工作，不断增强政协文史资料工作的社会影响力；充分利用政协书画院平台，团结书画艺术界代表人士，聚焦“纪念改革开放四十周年”、“纪念北京奥运会十周年”等活动主题，挖掘和创作一批具有新时代精神和石景山区特色的作品，振奋精神、凝聚人心。

四、切实关注民生改善，努力为增进人民福祉作出新贡献

坚持以人民为中心，把满足人们对美好生活的需要作为政协履职的出发点和落脚点，鼓励和引导政协委员深入企业、街道和社区，倾听群众声音，反映群众意愿，多谋民生之利，多解民生之忧，努力为改善人民生活、增进人民福祉做出更大努力。关注民生工程，重点围绕“西绿东引”、西山永定河文化带、北辛安、衙门口棚户区改造、文化中心建设等一批惠民工程，积极开展民主监督，切实推进工程项目建设。关注百姓呼声，重点围绕“六个一批”，针对小区停车难、公共绿地少、社区养老设施不完善等问题，认真开展调

研视察，为保障民生出谋划策。关注社会热点，积极组织政协委员就社会关注的教育均衡发展、社区卫生服务能力提升、老旧小区物业管理等问题认真调研，并及时反映社情民意信息，促进热点难点问题妥善解决。继续把政协提案作为促进民生改善的重要方式，做好选题引领、线索征集、立案审查、交办衔接、沟通协商、追踪反馈等各项工作，推动落实提案办理“双向”评议制度，扎实推进提案办理工作向更高水平发展。

五、牢固树立创新意识，不断展现协商民主建设新作为

认真贯彻落实中共中央和市委、区委关于加强政协协商民主建设的系列文件精神，进一步发挥政协作为协商民主的重要渠道和专门协商机构作用，自觉把协商民主贯穿政协履职的全过程，完善协商议政内容和形式，积极拓展协商渠道，努力提高协商实效。进一步落实好全体会议、常委会议、专题理论研讨会等会议协商制度，完善协商、调研、视察和研讨等工作协调机制，更加活跃有序地开展专题协商、对口协商、界别协商和提案办理协商。进一步规范年度协商计划的制定和实施，加强与区委区政府工作的有效衔接，完善协商成果采纳和反馈机制，促进协商成果有效转化。继续开展对区属党政部门履职情况的民主监督与评议工作，坚持贯彻协商式监督理念，增强监督与评议工作的实效。建立和完善委员联系社区制度，动员和倡导委员立足基层、扎根社区，听民声、汇民情，并尝试与“老街坊”建立联络机制，探索在基层群众中开展议事协商，延伸政协工作触角，推进基层协商民主，更好地实现人民当家作主。

六、大力加强自身建设，不断推进政协事业迈向新台阶

进一步加强党对政协工作的领导，发挥政协党组把方向、管大局、保落实的重要作用，确保区委的决策部署在政协各项工作中的贯彻实施。落实学习制度，强化理论武装，进一步增强常委会组成人员的“四个意识”，发挥好常委会的引领带头作用。进一步抓好委员队伍建设，坚持用十九大精神武装头脑、指导实践、推动工作，提高政治把握能力、调查研究能力、合作共事能力、联系群众能力，全面增强履职本领，切实发挥在政协工作中的主体作用；加强委员履职的服务管理，完善委员履职评价机制，更好地调动和激发委员履职积极性。加强各专委会的组织建设和履职能力建设，密切专委会之间的协调配合，形成工作合力，推动政协工作整体发展。进一步抓好政协机关建设，切实发挥机关党支部战斗堡垒作用，进一步健全和完善各项工作制度，加强理论和业务知识培训，努力使机关干部队伍的工作能力有新提高，服务水平有新提升。进一步加强信息宣传工作，切实发挥对政协工作的推动作用。继续推进“两学一做”学习教育常态化制度化，扎实开展“不忘初心、牢记使命”主题教育，严格落实中央八项规定精神及市委、区委有关要求，不断增强宗旨意识，持续改进工作作风，推动政协工作迈向新台阶。

各位委员、同志们，中共十九大号召新时代要有新气象，更要有新作为。让我们高举中国特色社会主义伟大旗帜，紧密团结在以习近平同志为核心的中共中央周围，在中共石景山区委的领导下，同心同德、锐意进取，勇于担当、扎实工作，为奋力书写石景山区高端绿色崛起新篇章、加快建设国家级绿色转型发展示范区而努力奋斗！

大 事 记

2017年石景山区大事记

1月

11日 由市委常委、组织部部长姜志刚带队的北京市党风廉政建设责任制第九检查组，对石景山区党风廉政建设责任制情况进行检查。

13日 石景山区召开全区领导干部会议，传达1月11日召开的北京市委书记会议精神。

※ 中共石景山区第十二届委员会第二次全体会议召开，确定石景山区出席党的十九大代表推荐人选。

24日 石景山区深化监察体制改革试点工作小组成立并召开第一次会议。

※ 石景山区召开“疏解整治促提升”专项行动专题工作会。

2月

8日 石景山区召开迎接国务院安委会督导检查工作动员部署会。

24日 2017年石景山区党风廉政建设大会召开。同时传达中纪委十八届七次全会精神和市纪委十一届六次全会精神。

28日 石景山区召开全面深化改革领导小组会议，传达学习蔡奇重要批示精神。

3月

2日 中央政治局委员、北京市委书记郭金龙就学习贯彻习近平总书记视察北京重要讲话精神、加快疏解非首都功能到石景山区调研。

3日 区治乱疏解建高端指挥部第四次会议暨“疏解整治促提升”专项行动动员大会召开。

※ 环境保护部督查组到石景山区开展2017年第一季度空气质量专项督查。

8日 区政府与首钢总公司就北京“侨梦苑”建设进行专题座谈。

9日 石景山区举行“2015－2016石景山区身边榜样”颁奖典礼。

11日 四川省民政厅调研石景山区养老工作。

14日 市政协主席吉林到石景山区就贯彻北京市第四次政协工作会议精神和开展民主监督工作进行调研。

※ 石景山区委2017年党建工作会召开。

15日 全国老龄办副主任吴玉韶带队到石景山区调研居家养老服务工作。

22日 民政部党组书记、部长黄树贤到石景山区调研养老院服务质量建设工作。

※ 石景山区召开2017年度安全生产工作部署会。

28—29日 区第十六届人民代表大会第二次会议召开。会议选举区纪委书记郭鹏为区监察委员会主任。

29日 石景山区召开区监察委员会成立大会。

31日 第十届北京清明诗会在石景山区举行。

4月

1日 石景山区举行首都全民义务植树日大型植树活动。

7日 2017年老龄委第一次全体成员会暨国家级居家和社区养老服务改革试点工作动员部署会召开。

※ 2017年石景山区文化工作暨创建首都公共文化服务示范区动员会召开。

11日 由石景山区政府、中关村科技园区管理委员会主办的“新浪潮，新活力”全球虚拟现实产业峰会暨中关村虚拟现实产业园启动仪式举行。

13日 石景山区召开贯彻落实中央环保督察反馈意见动员部署会。

26日 石景山区举办首届公益鹊桥会。

27日 市人大常委会副主任刘伟带队到石景山区就扶持企业运营发展居家养老服务业进行专项调研。

5月

3日 国家医改办复评组专家一行到石景山区复核公立医院综合改革工作。

8日 区领导与冬奥组委领导座谈。副市长、冬奥组委执行副主席张建东出席。

※ 石景山区在青少年活动中心举办“用爱托起生命——纪念第70个世界红十字日主题活动。

19日 石景山区“推进残疾预防，健康成就小康”第27次“全国助残日”主题活动在老山街道残疾人温馨家园广场举行。

23日 石景山区企业信用监管和服务平台正式上线。

24日 石景山区首都精神文明建设暨疏解整治促提升“百日行动”动员部署大会召开。

26日 中共北京市石景山区代表会议召开。

6月

2日 石景山区召开领导干部电视电话会议，传达蔡奇在全市区委书记会议上的讲话精神。

5日 市委常委、市纪委书记、市监委主任张硕辅到石景山区调研。

6日 市委常委、宣传部部长杜飞进到石景山区调研。

※ 石景山区在职党员“归巢计划”暨区直机关系统“公益之星”活动启动仪式举行。

7日 市委副书记、代市长陈吉宁就“疏解整治促提升”专项行动、北辛安棚改征收情况以及推进冬奥组委周边基础设施建设等工作到石景山区调研。

8日 市委副书记景俊海到石景山区调研。

9日 区领导与首创集团领导座谈。

13日 石景山区第九届民族健身操舞大赛举行。

26日 市委常委、教工委书记林克庆到石景山区检查指导学习宣传和落实市第十二次党代会精神有关工作。

26日 石景山区召开全区领导干部会议。

28日 庆祝中国共产党建党96周年书画展暨区政协书画院成立仪式

在印象台湾主题展馆举行。

29 日 石景山区召开纪念中国共产党成立 96 周年暨推进“两学一做”学习教育常态化制度化工作会。

7 月

6 日 “弘扬传统文化，传承红色基因”石景山区书法创作交流展示会在中飞书苑举行。

8 日 市委常委、副市长阴和俊到石景山区调研科技创新和产业发展情况。

11 日 市投促局与区政府、首钢集团联合举办“市区联动聚力区域高端绿色发展——驻京中外知名企业石景山·首钢行”主题活动。

12 日 副市长卢彦带队检查调研凉水河石景山段（人民渠）河长制落实情况及水系联通规划情况。

※ 北京“侨梦苑”建设情况专题会召开。

13—14 日 中共北京市石景山区第十二届委员会第四次全体（扩大）会议召开。

18 日 北京市“不忘初心跟党走圆梦京华谱新篇”百姓宣讲团走进石景山区。京西五里坨民俗陈列馆入选北京市百姓宣讲骨干活动基地。

20 日 市委副书记景俊海听取石景山区党建工作汇报。

27 日 石景山区召开 2017 年“八一”军政座谈会。

※ 石景山区与门头沟区政府领导班子联合召开工作座谈会。

8 月

1 日 区领导与中部战区领导座谈。

7 日 市委市政府安全生产第二督察组进驻石景山区开展督察工作。

※ 石景山区社会治理委员会第一次会议召开。

9 日 法国巴黎二十区区长菲德丽克·卡兰达一行访问石景山区。

11 日 北京市区级深化监察体制改革试点评估工作组对石景山区深化监察体制改革试点工作进行现场评估验收。

※ 石景山区与北汽集团签署战略合作协议，共同打造全市首个共享汽车示范运营区。27 日，以“共享交通绿色出行”为主题，区政府与北汽集团有限公司举办“石景山区共享汽车示范运营启动仪式”。

21 日 市委常委、常务副市长张工到石景山区检查调研永定河流域河湖管理及河长制开展情况。

※ 市反恐怖工作第十检查组到石景山区检查工作。

23 日 “海外院士专家北京工作站”启动仪式在北京侨梦苑举行。

28－31 日 日本东京都板桥区代表团访问石景山区庆祝缔结友好关系 20 周年。

30 日 十二届区委第 33 次常委会审议通过《石景山区推进监察工作向基层延伸的实施意见》。

9 月

1 日 石景山区编排话剧《京西那一片晚霞》在国家大剧院进行正式公演。市委常委、宣传部部长杜飞进，国家大剧院党委书记、院长陈平，中央国家机关纪工委常务副书记周慧等领导观看公演。

※ 区四套班子领导参加石景山外语实验小学、京源学校、景山学校远洋分校、北大附中石景山分校等学校新学年开学典礼。

2 日 百余位华裔精英考察北京侨梦苑。

7 日 石景山区举行欢送新兵大会。

8 日 石景山区召开庆祝第三十三个教师节暨表彰大会。

23 日 2017 北京国际设计周模式口分会场开幕式在承恩寺举行。

25 日 市委常委、教工委书记林克庆到石景山区督查党的十九大维稳安保工作暨到党建工作基层联系点调研。

28 日 首环办专项检查组对石景山区环境秩序、城市精细化管理等工作进行联合检查。

30 日 北京市烈士纪念日公祭仪式在八宝山革命公墓举行。

10 月

11 日 第二届北京·西山中医药文化季开幕。

12 日 原创历史舞台剧《模式口红色记忆》在金鹏剧场首演。

17 日 国家工商总局商标局北京石景山商标受理窗口揭牌仪式举行。

18 日 区四套班子领导、区处两级中心组、各级党组织、151 个社区均组织集体收听收看中国共产党第十九次全国代表大会开幕会，认真聆听习近平总书记的报告。

19 日 市环保局局长方力带队到石景山区开展环保督查。

24 日 市旅游发展委主任宋宇调研石景山区西部旅游开发工作。

26 日 石景山区召开首场宣讲党的十九大精神千人大会。

27 日 市人大常委会副主任、党组副书记牛有成到石景山区宣讲，指导学习宣传贯彻党的十九大精神工作。

11 月

2 日 市纪委市监委第五纪检监察室检查组对石景山区 2017 年党风廉政建设责任制落实情况进行专项监督检查。

3 日 石景山区召开经济发展推进大会。

8 日 石景山区召开四套班子会议，学习传达市委十二届三次全会精神。

10 日 日本东京都区市町村议会代表团访问石景山区。

11 日 市委常委、宣传部部长杜飞进到石景山区调研。

23 日 区第十六届人民代表大会第三次会议闭幕。会议补选文献为人民政府区长，选举产生 28 位石景山区出席市第十五届人民代表大会的代表。

29 日 副市长程红带队到石景山区督导检查安全隐患大排查大清理大整治专项行动工作。

12月

3日 在京出席美国百人会英才奖颁奖活动和世界公益慈善论坛的百人会代表团成员一行到北京“侨梦苑”参观考察交流。

5日 石景山区参加文化部组织的第四批国家公共文化服务体系示范区创建资格评审答辩。

8日 石景山区举办“基层书记论党建”主题论坛。论坛以“学习贯彻十九大精神，奋勇拼搏建设新时代”为主题。

※ 中国少年先锋队石景山区第六次代表大会召开。

15日 阜石路与石龙路节点立交工程通车，为北京冬奥组委出行提供便利。

18日 副市长张建东带队到石景山区督查党风廉政建设责任制工作。

※ 市人大常委会副主任刘伟到八角街道调研城市管理体制改革和街道建设情况。

21日 由市政协副秘书长、研究室主任陈煦带队，市委改革办评估组一行到石景山区进行创新政协工作新机制改革评估调研。

26日 石景山区召开《北京市石景山区志（1996－2010）》出版座谈会。

27日 市改革专项评估小组对石景山区人大工作改革创新情况进行评估。

28日 石景山区与中国煤炭地质总局签署《战略合作框架协议》。

中国共产党北京市石景山区委员会

综　述

【概况】 中国共产党北京市石景山区委员会(简称区委)是中国共产党在石景山区的领导机关。本届(第十二届)区委是在2016年12月8日召开的中共北京市石景山区第十二次代表大会产生的。区委设办公室、纪律检查委员会、组织部、宣传部、统一战线工作部、政法委员会、研究室、机构编制委员会办公室、直属机关工作委员会、社会工作委员会10个工作机构;另设老干部局、保密委员会办公室2个部门管理机构。年内,区委在市委领导下,以习近平新时代中国特色社会主义思想为指导,认真贯彻党的十九大精神,全面落实市十二次党代会部署,奋勇担当、奋力拼搏、无畏奋斗,各项工作取得重要成效。石景山区获“全国平安建设先进区”称号。

(龙慎山)

【市委书记到区调研】 3月2日,市委书记郭金龙到石景山区就“学习贯彻习近平总书记视察北京重要讲话精神,加快疏解非首都功能”主题调研。市长蔡奇、常务副市长张工、市政协副主席杨艺文、副市长隋振江等一同调研,区委书记牛青山、区长夏林茂等参加调研。郭金龙一行到达北辛安棚改项目,俯瞰北辛安棚改项目整体情况,随后到现场指挥部展示中心察看规划沙盘和安置房模型,到项目整体搬迁奖发放现场,与征收安置居民简短交谈,听取石景山区学习贯彻习近平总书记视察北京重要讲话精神有关情况的汇报。

(龙慎山)

【市委领导到区调研】 6月5日,市委常委、市纪委书记、市监委主任张硕辅到区调研。张硕辅实地察看“生命线的警示——北京市石景山区反腐倡廉警示教育基地”,京西商务中心项目建设情况,拆违治乱及“留白增绿”情况,了解结合“疏解整治促提升”行动开展“两个专项治理”的工作情况,以及八角街道南路社区养老驿站建设、运营情况,并听取石景山区基本情况、纪检监察机关工作情况的汇报。6日,市委常委、宣传部部长杜飞进到区调研。在反腐倡廉警示教育基地,肯定石景山区运用多媒体形式,全数字展示廉政文化的做法,并对开展传承红色基因、建设精神家园等工作给予高度评价;在承恩寺,杜飞进听取模式口文保区相关工作汇报,对国家级非物质文化遗产“燕京八绝”传承保护成果给予肯定。8日,市委副书记景俊海到区调研。查看京西商务中心建设情况,俯瞰拆违治乱及“留白增绿”情况,到首钢总公司察看北京静态交通研发示范基地,听取首钢总公司转型发展、加强供给侧结构性改革等情况。在北京冬奥组委首钢办公区,察看规划沙盘,听取北京冬奥会赛区规划情况介绍并实地察看办公区建设进展情况。市有关部门领导,区领导牛青山、文献、田利跃、郭鹏、岳林华分别陪同调研。26日,市委常委、教工委书记林克庆到石景山区督查党的十九大维稳安保工作,并到党建工作基层联系点调研。9月6日,市委常委、组织部部长魏小东检查凉水河石景山段(人民渠)河长制落实情况。同月25日,林克庆到石景山区检查指导学习宣传和落实市第十二次党代会精神有关工作。

(龙慎山)

【坚持党建统领】 区委全年始终把党建统领作为最迫切任务、最大法宝、最大战略和最大政绩。始终把政治建设作为全面从严治党的核心和统帅,牢固树立“四个意识”,坚决维护习近平总书记的领导核心地位,通过多种形式深入学习宣传贯彻党的十九大精神,集中两天时间召开全会学习研讨市第十二次党代会精神。始终把思想建设作为全面从严治党的灵魂和前提,大力加强“精神家园”建设,落实意识形态工作领导责任。始终把组织建设作为全面从严治党的决定性环节,用事业导向彻底取代“四唯”导向,开展党支部规范化建设试点工作,创新为党员过“政治生日”,推广“一呼百应”党员综合服务系统等优秀党建项目,基层党建全年投入超过1亿元。始终把作风建设作为全面从严治党的基本要求,严格落实中央八项规定精神,有效防止“四风”问题反弹回潮。始终把纪律建设作为全面从严治党的“生命线”,层层压实“两个责任”,汲取北京农产品中央批发市场管委会党委违纪问题严重教训,开展警示教育。始终把制度建设作为全面从严治党的重要保障,严格落实民主集中制,制定完善区委工作规则、常委会工作和议事规则等。

(龙慎山)

区委重要会议

【概况】 区委重要会议包括党的代表大会及由此选举产生的区委全体委员会,以及全会选举产生的常委委员会所召开的会议。还包括主体责任会、党建办公会、四套班子联席会议和领导干部会议等。这些会议所作出的部署对贯彻落实中央、市委的方针政策,推动整体工作,建设国家级绿色转型发展示范区提供坚强保证。

(龙慎山)

【区委十二届二次全体会议】 1月13日召开。牛青山主持会议并讲话。会议听取石景山区推荐提名北京市出席党的十九大代表人选相关工作的情况说明,并投票确定牛青山、王学秀、贾树庆作为石景山区出席党的十九大代表推荐人选。区委委员、候补委员参加会议。

(龙慎山)

【领导干部会议】 全年召开9次。1月13日,传达北京市区委书记会议精神,并对春节及全国“两会”期间城市运行保障、安全生产、环境布置、维护稳定、党风廉政建设等有关工作进行部署。2月27日,传达习近平总书记视察北京重要讲话精神和郭金龙在市委常委会上的讲话精神。3月7日,传达中央第十一巡视组关于对北京市开展巡视“回头看”的反馈意见和郭金龙、陈希在中央第十一巡视组对北京市巡视“回头看”情况反馈会议上的表态发言和讲话精神。同月22日,传达市委十一届十三次全会精神及首都生态文明和城乡环境建设动员大会精神;对生态环境保护、水务、交通和园林绿化相关工作进行部署。6月2日，传达蔡奇在区委书记会上的讲话精神，对下一步重点工作进行部署。同月26日，传达中共北京市第十二次代表大会精神。7月19日，传达市委十二届二次全会主要精神。10月26日，传达党的十九大精神。11月27日，传达区委书记会议精神。

（龙慎山）

【党风廉政建设大会】 2月24日召开。区四套班子领导出席会议。牛青山作带头履行主体责任、带头接受民主监督承诺。牛青山与夏林茂签订“一岗三责”责任书，有关同志签订主体责任书、廉政责任书、监督责任书。会议还传达中纪委十八届七次全会精神和市纪委十一届六次全会精神，通报石景山区2016年党风廉政建设责任制检查情况。

（龙慎山）

【党建述职考评会】 3月7日召开。4位街道工委书记和8位行业党（工）委书记现场述职，16个党（工）委书面述职，“两代表一委员”现场提问，区委常委点评，与会同志打分测评。区四套班子主要领导、区委党建工作领导小组成员、相关区委综合考评组组长、“两代表一委员”和基层党员干部群众代表等参加会议。

（龙慎山）

【党建工作会】 3月14日召开。夏林茂主持会议。会议对社会建设、宣传思想文化、政法、组织、统战、调研和办公室工作进行总结部署。区委常委、区人大常委会主任、区政协主席、区机关各单位领导在区委区政府主会场，区有关单位及各街道在分会场分别参加会议。

（龙慎山）

【区委十二届三次全体会议】 5月25日召开。牛青山主持会议并讲话。会议听取石景山区出席市第十二次党代会代表候选人初步人选产生情况的说明，并投票确定石景山区出席市第十二次党代会代表候选人预备人选，通过《关于召开中国共产党北京市石景山区代表会议的决议》。区委委员、候补委员参加会议。

（龙慎山）

【区委十二届四次全体（扩大）会议】 7月13日召开。牛青山主持会议。代区长文献作石景山区上半年经济社会发展情况和下半年工作安排的报告。组织部长作《石景山区落实北京市第十二次党代会报告重点任务的实施方案（审议稿）》的说明。会议讨论并表决通过《石景山区落实北京市第十二次党代会报告重点任务的实施方案》《中共北京市石景山区委员会工作规则》《中共北京市石景山区第十二届委员会第四次全体会议决议》。区委委员、候补委员，区纪委委员，非两委委员的区领导（含区人大、政协不驻会领导），各民主党派区工委主委、区工商联主席，各单位党政正职领导，各工委、区委直属党委副书记，部分市、区党代会代表参加会议。

（龙慎山）

【街道工委书记会】 9月6日召开。牛青山主持会议。会议传达蔡奇在《石景山报》上的批示精神和景俊海在听取石景山区委党建工作汇报后的讲话精神。各街道（鲁谷社区）工委书记围绕“两贯彻一落实”，就近期所做的主要工作、工作中存在的问题及工作建议进行发言，区委常委围绕“两贯彻一落实”，结合分管工作发言。区委常委，区人大常委会常务副主任，区政协常务副主席，各街道（鲁谷社区）工委书记、办事处主任，区有关部门领导参加会议。

（龙慎山）

【区四套班子联席会】 全年召开3次。11月8日，传达市委书记蔡奇在市委十二届三次全会上的讲话精神。11月21日，传达蔡奇到石景山区调研时的讲话精神。12月25日，传达市委十二届四次全会精神。

（龙慎山）

【区委常委会会议】 全年召开区委常委会会议43次，围绕建设风清气正的政治生态、高端绿色的发展生态和推进全面深化改革中全局性、战略性、前瞻性问题审议议题203个。

（刘　彦　刘鸿运）

表1　　区委常委会会议一览表

上会日期	序号	单　位	议　题　题　目
1月4日 2017年第1次 （十二届3次）	1	重点工程中心	关于衙门口环境综合整治项目及五里坨建设区棚改项目大杂院整治资金的汇报
	2	城管委	关于石景山区2017年城市道路建设计划的汇报
	3	园林绿化局	关于石景山区2016年绿化美化工作任务完成情况及2017年工作任务的汇报
	4	文明办	关于推荐评选“2015—2016石景山区身边榜样”的情况汇报
1月13日 2017年第2次 （十二届4次）	5	组织部	关于十九大代表人选推荐提名情况的汇
	6	组织部	关于2016年度民主生活会有关工作的汇报
	7	组织部	关于开展2016年度区、处级领导班子和领导干部年度考核工作的汇报
2月8日 2017年第3次 （十二届5次）	8	区委办	会前传达学习习近平同志在第十八届中央纪律检查委员会第七次全体会议上的讲话精神
	9	区委办	会前传达学习蔡奇市长在《中共北京市石景山区委 北京市石景山区人民政府关于城市管理体制改革试点工作总结的报告》上的重要批示精神
	10	区委办	会前传达学习蔡奇市长在北京市第十四届人民代表大会第五次会议上所作的政府工作报告

续表

上会日期	序号	单位	议题题目
2月8日 2017年第3次 （十二届5次）	11	发改委	关于《石景山区建设高端绿色发展生态任务清单》的汇报
	12	发改委	关于《2017年石景山区“疏解整治促提升”专项行动工作方案》的汇报
	13	发改委	关于石景山区2016年苹果园综合交通枢纽项目征地拆迁补助资金的汇报
	14	组织部	关于推选石景山区出席北京市第十二次党代会代表相关工作的汇报
2月15日 2017年第4次 （十二届6次）	15	区委办	会前学习王岐山同志在第十八届中央纪律检查委员会第七次全体会议上的报告
	16	区委办	会前学习关于中央统一战线工作领导小组研究内地伊斯兰教有关工作会议精神的通报
	12	区委办	关于区委常委会2017年议题计划的汇报
	17	区委办	关于《区委区政府关于做好人大建议、政协提案深度办理工作报告》的汇报
	18	人大办	关于召开区第十六届人大常委会第一次会议、人民代表大会第二次会议的请示及石景山区人大常委会2017年工作要点的汇报
	19	政协办	关于石景山区政协常委会2017年工作要点的汇报
	20	纪委	关于石景山区2017年纪检监察工作要点的汇报
	21	区委办	关于石景山区2017年党风廉政建设和反腐败工作会议筹备方案的汇报
	22	纪委	关于石景山区2016年党风廉政建设责任制检查考核情况的汇报
	23	纪委	关于建立党风廉政建设监督责任全程记实制度的汇报
2月21日 2017年第5次 （十二届7次）	24	组织部	干部任免
2月23日 2017年第6次 （十二届8次）	25	城管执法局	关于石景山区拆除违法建设点位和相关政策准备情况的汇报
3月1日 2017年第7次 （十二届9次）	26	环保局	关于加强生态环保工作推进生态文明建设的实施意见
	27	城管委	关于《石景山区进一步聚焦攻坚加快水环境治理2017年实施方案》的汇报
	28	组织部	关于确定石景山区出席市第十二次党代会代表候选人初步人选考察对象的汇报
	29	组织部	关于全国、全市组织部长会议精神及石景山区2017年组织工作要点的汇报
	30	宣传部	关于全国、全市宣传部长会议精神及石景山区2017年宣传思想文化工作要点的汇报
	31	政法委	关于中央、市委政法工作会议精神及石景山区2017年政法工作要点的汇报
	32	统战部	关于全国统战部长会议精神及石景山区2017年统战工作要点的汇报
	33	社工委	关于全市社会建设工作会议精神及石景山区2017年社会领域党建和社会建设工作要点的汇报
	34	研究室	关于石景山区2017年调研工作要点的汇报
3月9日 2017年第8次 （十二届10次）	35	区委办	会前学习中共北京市委常委班子2016年度民主生活会查摆问题整改方案
	36	信访办	关于石景山区2016年信访代理工作情况及2017年重点工作安排的汇报
	37	文明办	关于全国、首都地区文明办主任会议精神及石景山区2017年精神文明建设工作要点的汇报
	38	民政局	关于石景山区2017年双拥工作要点的汇报
	39	发改委	关于《石景山区服务保障冬奥组委推动冰雪体育发展行动计划（2017—2022年）》的汇报
	40	城管委	关于《石景山区实施河湖生态环境管理“河长制”工作方案》的汇报
	41	安监局	关于《石景山区落实安全生产“党政同责、一岗双责、齐抓共管、失职追责”实施细则》的汇报

续表

上会日期	序号	单　位	议　题　题　目
3月15日 2017年第9次 （十二届11次）	42	区委办	会前学习《郭金龙、张硕辅同志在十一届市纪委六次全会上的讲话和工作报告》和《2016年北京市党风廉政建设责任制检查考核情况通报》
	43	统战部	关于全国新的社会阶层人士统战工作会议精神的汇报
	44	人力社保局	关于2016年度工作目标督查考核情况的汇报
	45	宣传部	关于石景山区2017年区处两级中心组学习计划的汇报
	46	组织部	关于研究提出石景山区出席市第十二次党代会代表候选人初步人选名单的汇报
	47	组织部	关于《中共北京市委关于落实中央第十一巡视组对北京市开展巡视“回头看”反馈意见的整改方案》精神和《石景山区委常委班子落实中央巡视组巡视“回头看”整改意见专题民主生活会方案》的汇报
	48	组织部	关于贯彻落实“两项法规”开展2017年报告个人有关事项工作的汇报
	49	组织部	干部任免
3月22日 2017年第10次 （十二届12次）	50	人大办	关于召开区第十六届人大常委会第二次会议的请示和召开区第十六届人民代表大会第二次会议有关事项的汇报
	51	组织部	关于提名区监察委员会组成人员的相关情况
3月24日 2017年第11次 （十二届13次）	52	城管委	关于石景山区与中国人民解放军中部战区陆军体育工作队签订土地置换框架协议的汇报
	53	总工会	关于推荐评选2017年全国和首都劳动奖状、奖章及工人先锋号工作情况的汇报
	54	区委办	关于《中共北京市石景山区委员会工作规则》的汇报
	55	纪　委	关于《北京市石景山区深化监察体制改革试点实施方案》的汇报
	56	纪　委	关于石景山区第二十六届党风廉政建设宣传教育月活动计划的汇报
3月31日 2017年第12次 （十二届14次）	57	宣传部	会前学习关于2016年度首都意识形态领域情况的通报
	58	政府办	关于区政府党组2017年党建工作要点的汇报
	59	组织部	关于《非公有制企业和社会组织党建突破年行动方案》的汇报
	60	国资委	关于筹建石景山产业发展基金有限公司的汇报
	61	外侨办	关于做好石景山区2017年因公临时出国（境）工作的汇报
	62	组织部	干部任免
4月26日 2017年第13次 （十二届15次）	63	区委办	会前学习习近平同志在中央全面深化改革领导小组第三十三次会议上的讲话
	64	区委办	会前学习中央、市委关于开展宗教工作重大决策部署落实情况专项调研检查的通知精神
	65	区委办	会前学习中共中央关于部分纪检监察干部违纪案件及其教训警示的通报
	66	区委办	会前传达学习《关于设立河北雄安新区的通知》及市委市政府主要领导同志重要批示精神
	67	城管委	关于《石景山区自来水公司转制划拨方案》的汇报
	68	政府办	关于《2017年区政府与区人大、区政协开展民主协商工作安排》的汇报
	69	人　大	关于区人大常委会党组2017年党建工作要点的汇报
	70	政　协	关于区政协党组2017年党建工作要点的汇报
	71	纪　委	关于对石景山区2016年市党风廉政建设责任制检查考核情况分析的汇报
	72	组织部	干部任免
5月5日 2017年第14次 （十二届16次）	73	组织部	关于干部相关事项的汇报

续表

上会日期	序号	单位	议题题目
5月16日 2017年第15次 （十二届17次）	74	纪委	会前学习观看廉政教育片《失守的生命线—喻荣辉违纪违法案警示录》（25分钟）
	75	区委办	传达学习习近平主席在“一带一路”国际合作高峰论坛欢迎宴会上的致辞
	76	区委办	传达《近期国内热点舆情事件分析及工作建议》、《关于当前首都意识形态领域形势的通报》和《关于落实中央第十一巡视组对北京市委意识形态工作责任制落实情况反馈意见的整改方案》的精神
	77	区委办	关于《石景山区政协赴杭州、湖州考察城市“治乱、疏解、建高端”情况的报告》的汇报
	78	发改委	关于石景山区2017年一季度经济社会发展情况的汇报
	79	红十字会	关于《区委区政府关于促进红十字事业发展的实施意见》的汇报
	80	组织部	关于追授区级优秀共产党员的汇报
	81	组织部	关于对石景山区出席北京市第十二次党代会代表初步人选进行调整并公示的汇报
	82	组织部	干部任免
5月25日 2017年第16次 （十二届18次）	83	组织部	关于选举石景山区出席北京市第十二次党代会代表相关工作的汇报
	84	组织部	干部任免
5月26日 2017年第17次 （十二届19次）	85	组织部	听取区党代表会议各代表团讨论情况
	86	组织部	确定石景山区出席北京市第十二次党代会代表候选人
5月26日 2017年第18次 （十二届20次）	87	组织部	听取区党代表会议总监票人报告计票结果
	88	组织部	确定石景山区出席北京市第十二次党代会代表名单
6月7日 2017年第19次 （十二届21次）	89	纪委	传达学习张硕辅到石景山区调研的讲话精神
	90	610办	观看专题片《反邪教斗争形势汇报》
	91	610办	关于落实《关于认真学习贯彻习近平总书记重要批示精神扎实做好新形势下反邪教工作的通知》精神扎实做好石景山区新形势下反邪教工作的汇
	92	宣传部	关于《石景山区“党的红色基因”传承工程实施方案》的汇报
	93	统战部	关于调整区委统一战线工作领导小组和建立区委统一战线工作联席会议制度的汇报
	94	纪委	关于区纪委、区监委调整机关内设机构、编制和领导职数的汇报
	95	组织部	干部任免
6月16日 2017年第20次 （十二届22次）	96	区委办	传达学习中共北京市第十一届委员会第十五次全体会议精神
	97	人大	关于召开区第十六届人大常委会第五次会议的请示
	98	财政局	关于2017年预算调整方案的汇报
	99	发改委	关于石景山区2017年国民经济和社会发展计划上半年执行情况的汇报
	100	财政局	关于“疏解整治促提升”专项资金分配相关工作的汇报
	101	住建委	关于衙门口棚户区改造土地开发项目工作的汇报
	102	住建委	关于模式口历史文化保护区修缮整治工作的汇报
	103	文明办	关于石景山区推荐评选2015—2017年度精神文明创建先进单位的汇报
	104	组织部	关于推进“两学一做”学习教育常态化制度化暨基层党建重点任务的汇报
6月28日 2017年第21次 （十二届23次）	105	区委办	传达学习中央、市领导有关批示通知的精神
	106	区委办	传达学习蔡奇在市纪委市监委机关调研暨市深化监察体制改革试点工作小组第五次会议上的讲话精神
	107	公安分局	关于《石景山区公共安全视频监控建设联网应用工作实施方案》的汇报
	108	国资委	关于酒吧街拆违实施方案的汇报

续表

上会日期	序号	单　位	议　题　题　目
6月28日 2017年第21次 （十二届23次）	109	集经办	关于向阳花卉园违法建设拆除工作方案的汇报
	110	团　委	关于石景山区青年联合会换届相关工作的汇报
	111	组织部	关于《石景山区委关于实施“五步工作法”进一步提升选人用人科学化水平的意见》的汇报
	112	组织部	干部任免
7月5日 2017年第22次 （十二届24次）	113	区委办	传达学习《2016年全国窃密泄密案件情况通报》
	114	区委办	传达学习蔡奇在中国共产党北京市第十二次代表大会上的报告和市委十二届一次全会上的讲话精神
	115	区委办	传达学习蔡奇在市委市政府理论学习中心组学习（扩大）会上的讲话
	116	区委办	传达学习《中共北京市委常委会带头落实全面从严治党主体责任的规定》
	117	宣传部	关于《石景山区学习宣传落实市第十二次党代会精神的实施方案》的汇报
	118	民政局	关于2017年“八一”期间双拥活动安排的汇报
7月11日 2017年第23次 （十二届25次）	119	区委办	传达学习《中共北京市委关于认真学习贯彻习近平总书记在中央政治局常委会会议审议北京城市总体规划时的重要讲话精神的通知》
	120	区委办	传达学习蔡奇到市人大机关、市政协机关、市委组织部调研时的讲话精神
	121	区委办	关于区委十二届四次全体（扩大）会议筹备工作的汇报
	122	区委办	关于修订《中共北京市石景山区委员会工作规则》的汇报
	123	区委办	关于《石景山区落实北京市第十二次党代会报告重点任务的实施方案》的汇报
	124	研究室	关于《上半年经济社会发展情况和下半年工作安排的报告》的汇报
	125	研究室	关于《中共北京市石景山区第十二届委员会第四次全体会议决议（草案）》的汇报
7月14日 2017年第24次 （十二届26次）	126	区委办	听取各组讨论情况
7月19日 2017年第25次 （十二届27次）	127	区委办	传达学习《关于2017年第二季度首都意识形态领域情况的通报》
	128	发改委	关于《石景山区违法建设拆除后腾退土地再利用工作方案》的汇报
	129	国土分局	关于申请2017年土地储备资金的汇报
	130	纪　委	关于新修改的《中国共产党巡视工作条例》和区委巡察工作相关情况的汇报
	131	组织部	干部任免
7月26日 2017年第26次 （十二届28次）	132	区委办	传达学习习近平同志在深度贫困地区脱贫攻坚座谈会上的讲话
	133	区委办	传达学习蔡奇在北京医药分开改革协调小组第二次会议上的讲话
	134	区委办	传达学习陈吉宁近期调研时的讲话精神
	135	组织部	传达学习景俊海在听取石景山区委党建工作汇报后的讲话精神
	136	人　大	关于区人大常委会党组2017年上半年工作进展情况和下半年主要工作安排的汇报
	137	政　协	关于区政协党组2017年上半年工作进展情况和下半年主要工作安排的汇报
	138	食药监局	关于石景山区创建食品安全示范区工作落实情况的汇报
	139	审计局	关于《进一步加强审计整改工作的意见》的汇报
8月2日 2017年第27次 （十二届29次）	140	区委办	传达学习习近平同志在庆祝建军90周年阅兵式和庆祝建军90周年大会上的讲话精神
	141	区委办	传达学习习近平同志在省部级主要领导干部专题研讨班开班式上的讲话精神
	142	区委办	传达学习蔡奇到市委宣传部调研时的讲话精神
	143	区委办	传达学习蔡奇、张硕辅在市委巡视巡察工作会议上的讲话精神
	144	发改委	关于“创建基本无违建社区”百日会战进展情况及相关事项的汇报

续表

上会日期	序号	单　位	议　题　题　目
8月2日 2017年第27次 （十二届29次）	145	社工委	关于“老街坊”品牌宣传推广方案的汇报
	146	安监局	关于石景山区安全生产相关工作的汇报
	147	财政局	关于发行政府性专项债券的汇报
8月9日 2017年第28次 （十二届30次）	148	发改委	关于推进石景山区2017年中央、市属企事业单位、部队高压自管户及直管公房“煤改电”工作有关事项的汇报
	149	发改委	关于北京市园林绿化局与石景山区人民政府项目合作框架协议的汇报
	150	纪　委	关于《中共石景山区委贯彻〈中国共产党问责条例〉实施办法》的汇报
	151	纪　委	关于《关于加强基层党风廉政建设的意见》的汇报
	152	纪　委	关于石景山区纪委区监委2017年上半年工作总结和下半年工作安排的汇报
	153	组织部	关于2016年度处级领导班子和领导干部综合考评情况的汇报
	154	组织部	关于开展调研员、副调研员职务核定工作的汇报
	155	组织部	干部任免
	156	组织部	关于终止杨亚明、要西泽区第十二次党代会代表资格的汇报
	157	纪　委	关于某干部违纪情况的通报
8月16日 2017年第29次 （十二届31次）	158	区委办	关于《中国共产党北京市石景山区第十二届委员会常务委员会工作规则》的汇报
	159	人大办	关于召开区第十六届人大常委会第六次会议的请示
	160	社工委	关于《加强“石景山老街坊”品牌建设提升基层社会治理水平工作方案》的汇报
	161	发改委	关于“六个一批”规划建设情况的汇报
	162	科　协	关于石景山区科学技术协会第八次代表大会换届工作的汇报
	163	宣传部	关于设立石景山区西山永定河文化带建设领导小组的汇报
8月29日 2017年第30次 （十二届32次）	164	组织部	干部相关事项
8月30日 2017年第31次 （十二届33次）	165	组织部	干部任免
	166	集体经济办	关于石景山区集体土地委托管理工作的汇报
	167	投促局	关于2017年上半年招商引资工作情况及下半年工作安排的汇报
	168	信访办	关于石景山区2017上半年信访工作情况及下半年重点工作的汇报
	169	纪　委	关于《石景山区推进监察工作向基层延伸的实施意见》的汇报
	170	区委办	传达学习蔡奇在北京市推进全国文化中心建设领导小组第一次会议上的讲话精神
	171	区委办	传达学习蔡奇到市委办公厅、市委统战部调研时的讲话精神
	172	区委办	传达学习蔡奇在区委书记会议上的讲话精神
9月7日 2017年第32次 （十二届34次）	173	环保局	关于石景山区2017年环保工作进展情况的汇报
	174	国资委	关于国资公司为石泰公司衙门口棚改项目融资的汇报
	175	政法委	关于《石景山区“党的十九大”维稳安保工作总体方案》的汇报
	176	组织部	干部任免
	177	信访办	传达学习习近平总书记关于信访工作的重要指示精神和第八次全国信访工作会议主要精神
	178	区委办	传达学习蔡奇到市委政法委调研时的讲话精神
	179	区委办	传达学习蔡奇到市委研究室调研时的讲话精神
	180	区委办	传达《中共北京市委关于周卫民同志不如实报告个人有关事项问题的通报》
	181	区委办	传达学习蔡奇在《石景山报》上的批示精神
	181	宣传部	传达学习近期杜飞进关于石景山区的批示精神和观看石景山区原创话剧《京西那一片晚霞》后的讲话精神
9月18日 2017年第33次 （十二届35次）	182	组织部	关于市第十五届人大代表候选人初步人选和第十三届市政协委员推荐提名情况的汇报

续表

上会日期	序号	单　位	议　题　题　目
9月20日 2017年第34次 （十二届36次）	183	组织部	干部任免
	184	组织部	关于《关于加强新时期科级干部队伍建设的若干意见（试行）》的汇报
	185	组织部	关于区级留存的补交党费使用管理工作的汇报
	186	区委办	传达学习《习近平总书记关于群团改革工作的重要指示和刘云山同志在群团改革工作座谈会上的讲话》
	187	区委办	学习《习近平总书记关于北京工作指示摘编》
10月11日 2017年第35次 （十二届37次）	188	组织部	干部任免
	189	区委办	关于召开区第十六届人民代表大会第三次、第四次会议和人大常委会第七次会议的请示
	190	应急办 政法委	关于石景山区2017年国庆、中秋期间维稳安保、城市运行、值守应急及安全生产工作的汇报
	191	旅游委	关于2017年石景山区国庆、中秋假日旅游市场工作的汇报
	192	八宝山街道	关于城建集团金都园林地块疏解整治情况的汇报
	193	纪　委	关于落实监察体制改革督察座谈会精神的汇报
	194	重点工程中心	关于信安大厦工程建设及市政配套设施资金的汇报
	195	纪　委	关于迎接2017年市委党风廉政建设责任制检查情况的汇报
	196	区委办	关于《中共北京市石景山区委常委会带头落实全面从严治党主体责任的实施意见》的汇报
	197	纪　委	关于《石景山区2017年领导干部述责述廉工作方案》的汇报
10月25日 2017年第36次 （十二届38次）	198	区委办	学习党的十九大精神
	199	区委办	关于党员区领导到基层宣讲并指导党的十九大精神学习贯彻情况相关安排的汇报
	200	宣传部	关于石景山区学习宣传贯彻党的十九大精神近期方案的汇报
	201	组织部	关于推荐提名市第十五届人大代表候选人建议人选的汇报
11月1日 2017年第37次 （十二届39次）	202	发改委	关于石景山区2017年三季度经济社会发展情况的汇报
	203	住建委	关于衙门口棚户区改造项目进展情况及资金需求、融资方案的汇报
	204	人　大	检察院关于区第十六届人大常委会第六次会议听取和审议《区人民政府关于提升城市景观、加强精品街建设情况的报告》、《区人民检察院关于侦查监督工作情况的报告》的汇报
	205	人　大	关于区人大常委会党组在疏解整治促提升专项行动中阶段性工作及2017年第三季度工作情况的汇报
	206	政　协	关于《区政协助推“疏解整治促提升”专项行动情况报告》的汇报
	207	纪　委	关于《石景山区反腐败协调小组工作实施细则》的汇报
	208	区委办	关于《中共北京市石景山区委常委会及常委班子成员职责清单（试行）》的汇报
	209	纪　委	关于给予某干部纪律处分的请示
	210	区委办	传达《关于五年来中央政治局贯彻执行中央八项规定并以此带动全党加强作风建设情况的报告》
	211	区委办	传达学习蔡奇在市委常委（扩大）会和全市领导干部会上的讲话精神
11月8日 2017年第38次 （十二届40次）	212	人　大	关于召开区第十六届人民代表大会第三次会议有关事项的汇报
	213	组织部	关于《区第十六届人民代表大会第三次会议选举办法》起草情况的汇报
11月1日 2017年第37次 （十二届39次）	214	宣传部	传达《关于2017年第三季度首都意识形态领域情况的通报》
	215	区委办	传达《中共北京市委关于对北京能源集团有限责任公司党委相关问题进行问责的通报》

续表

上会日期	序号	单位	议题题目
11月1日 2017年第37次 （十二届39次）	216	纪委	传达学习《中国共产党北京市纪律检查委员会工作规则》、《关于新形势下加强纪检监察队伍建设的意见》、《关于纪检机关实践监督执纪“四种形态”当好党内政治生态“护林员”的指导意见》和《关于对打听过问干预监督执纪案件工作实行登记报告和责任追究办法》
11月27日 2017年第39次 （十二届41次）	217	区委办	传达区委书记会议精神
	218	社工委	关于石景山区老街坊防范消除安全隐患队相关工作情况的汇报
	218	组织部	关于全国人大代表候选人建议人选推荐提名情况的汇报
11月29日 2017年第40次 （十二届42次）	220	区委办	传达区委书记会议精神
	221	组织部	传达景俊海到石景山区调研指示精神
	222	政法委	关于近期石景山区公共安全工作情况的汇报
	223	发改委	关于2017年固定资产投资和争取资金完成情况及2018年计划安排的汇报
	224	园林绿化局	关于2017年绿化美化工作完成情况及2018年工作计划的汇报
	225	残联	关于石景山区残疾人职业康复中心项目建设情况的汇报
	226	组织部	干部任免
12月13日 2017年第41次 （十二届43次）	227	保险园公司	关于北京保险产业园投资控股公司申请25亿元融资的汇报
	228	城管执法局	关于2015年至2017年上半年拆除违法建设资金的汇报
	229	人大	关于召开区第十六届人民代表大会第四次会议有关事项和区人大常委会工作报告的汇报
	230	政协	关于召开政协石景山区第十届委员会第二次会议的请示和区政协常委会工作报告的汇报
	231	法院	关于区人民法院工作报告的汇报
	232	检察院	关于区人民检察院工作报告的汇报
	233	组织部	干部任免
12月20日 2017年第42次 （十二届44次）	234	人力社保局	关于开展石景山区公务员平时考核工作的汇报
	235	人力社保局	关于石景山区2017年计划分配军转干部安置工作方案的汇报
	236	区委办	关于《中共北京市石景山区委关于维护党中央集中统一领导的实施意见》的汇报
	237	区委办	关于《中共北京市石景山区委关于深入贯彻落实中央八项规定精神的实施办法》的汇报
	238	组织部　教工委	关于全区中小学校、民办学校党建工作情况的汇报
	239	组织部　国资委	关于国有企业党建工作的汇报
	240	组织部	关于十三届市政协委员人选考察情况的汇报
	241	组织部	干部任免
12月27日 2017年第43次 （十二届45次）	242	组织部	干部任免
	243	组织部	关于《石景山区加强和改进城市基层党建工作方案》的汇报
	244	宣传部	关于《加强新时期新闻宣传和网络舆情应对工作的意见》的汇报
	245	研究室	关于区委常委会工作报告的汇报
	246	研究室	关于区政府工作报告的汇报
	247	发改委	关于《石景山区2017年国民经济和社会发展计划执行情况与2018年国民经济和社会发展计划草案报告》的汇报
	248	财政局	关于2017年预算执行情况和2018年预算草案的汇报
	249	人力社保局	关于石景山区长期护理保险试点工作的汇报
	250	公安分局	关于石景山区五环外区域全部划定为禁止燃放烟花爆竹区域的汇报
	251	纪委	关于对全面从严治党突出问题开展专项整治工作的汇报

（刘　彦　刘鸿运）

主要工作和重大活动

【概况】 区委以马克思列宁主义、毛泽东思想、邓小平理论、“三个代表”重要思想、科学发展观、习近平新时代中国特色社会主义思想为指导,认真贯彻党的十九大精神,落实“五位一体”总体布局和“四个全面”战略布局,树立创新、协调、绿色、开放、共享的发展理念,贯彻落实习近平总书记三次对北京重要讲话精神,全落实市第十二次党代会部署,把握首都城市战略定位,围绕“一二六六”工作思路,强化党建统领,树立首善标准,敢于担当、励精图治、求真务实,全力推动党中央和市委的决策部署在石景山区落地生根、开花结果,形成生动实践。

(龙慎山)

【军民融合发展】 1月24日,区领导与中部战区首长座谈。中部战区司令员韩卫国、政委殷方龙等,牛青山、区人大常委会主任李文起等出席座谈会。同日,区领导与北京军区善后办首长座谈。北京军区善后办主任白建军、政委程童一等,区领导牛青山、李文起等参加座谈会。年内,研究制定石景山区军民融合发展相关产业规划,举办军民融合发展成果展,涉及航天航海、机器人、反恐、高端技术装备、军事训练培训、虚拟现实技术等展现高新技术成果近50余项。

(龙慎山)

【全面深化改革】 全年召开十二届区委深改组会议3次,由区委深改组组长牛青山主持,研究通过重要议题11个,出台《石景山区全面深化改革督察督办工作实施办法(试行)》。2月,十二届区委深改组第一次会议听取审议《关于理顺城管委监督指挥职能的工作汇报》《关于石景山区城管执法重心下移工作的汇报》《关于古城街道深化社会治理体制改革试点工作的汇报》3个议题。4月,十二届区委深改组第二次会议听取审议《石景山区2016年全面深化改革工作总结》《石景山区2017年全面深化改革工作要点》《石景山区全面深化改革督察督办工作实施办法(试行)》,确定全年重点改革任务30项,继续实行主管区领导负责制、项目清单式管理。10月,十二届区委深改组第三次会议听取审议《关于全面深化区属国资国企改革的汇报》《关于派驻机构全覆盖改革和监察体制改革试点工作的情况汇报》《关于在治乱疏解建高端工作中创新司法保障机制的汇报》《关于国家级居家和社区养老服务改革试点情况的汇报》《关于开展政协委员履职评价工作的情况汇报》。全区召开改革专题会议4次,分别就区属国资国企改革、集体经济改革、养老服务体制改革和在治乱疏解建高端工作中创新司法保障机制改革进行专题研讨,分别由主管区领导主持。12月,石景山区八项重点改革工作受到市委副书记景俊海肯定,要求对石景山区改革工作开展评估并适时推广。

(周　萍)

【疏解整治促提升】 3月3日,召开疏解整治促提升专项行动动员大会。5月24日,召开石景山区首都精神文明建设暨疏解整治促提升“百日行动”动员部署大会。年内,拆除违法建设点位1.1万个、面积390.8万平方米,占违建存量的95.6%,实现“基本无违法建设城区”目标。

(龙慎山)

【打造冬季体育特色先行区】 5月8日,石景山区与冬奥组委进行座谈。副市长、冬奥组委执行副主席张建东,冬奥组委秘书长韩子荣,牛青山、李文起、区政协主席吴克瑞等出席座谈会。年内,编制《石景山区服务保障冬奥会加快冰雪体育发展行动计划(2017-2022)》,开展“新冬奥,新石景山”冰雪活动“六进”等工作,高标准推进冬奥组委驻地及周边项目规划建设,西十冬奥广场改造完成。

(龙慎山)

【党代表会议】 5月26日,召开中国共产党北京市石景山区代表会议。会议由区委常委会主持,281名区党代表参加会议。牛青山代表区委通报2017年上半年全区工作进展情况。

(龙慎山)

【共享汽车示范运营区】 8月11日,石景山区与北汽集团签署战略合作协议共同打造全市首个共享汽车示范运营区。北汽集团党委副书记、总经理张夕勇,区领导牛青山、文献、等参加签约仪式。截至年底,摩范品牌共享汽车陆续开通近40处租赁网点,累计投放运营车辆601台,产生有效订单数17168个,行驶总里程563778公里,注册会员数30798人。

(龙慎山)

【西山永定河文化带建设】 8月22日,召开西山永定河文化带建设领导小组会议。年内,工业文明符号建设、模式口、骆驼会馆、八大处以及非物质文化遗产保护等重点项目陆续展开。

(龙慎山)

【京津冀协同发展】 9月14—15日,区党政代表团赴内蒙古自治区宁城县开展对口帮扶并赴河北塞罕坝林场学习考察。14日,区党政代表团赴内蒙古自治区宁城县开展对口帮扶工作,共商“携手奔小康”大计,深化各领域协作,并慰问石景山区在当地的挂职干部。座谈会上,举行石景山区与宁城县“携手奔小康”签约仪式。活动中,代表团向赤峰市发展改革委、宁城县分别捐赠帮扶项目资金50万元和100万元。15日,代表团一行前往河北承德塞罕坝机械林场进行学习考察。

(龙慎山)

【推进河长制】 9月19日,石景山区召开河长制暨环保工作推进会。年内,设立区级、街道级河长,并在具备建制条件的地区设立社区级河长。完成全区河湖基本情况梳理,共有河流12条。区总河长、区副总河长和区级河长全年完成3轮河长制巡查督导工作,累计督导巡查28人次。完成区管中小河道保护及管理范围划定工作,出台《石景山区河道、水库管理范围和保护范围划定报告》。通过开展中小河道三、四期治理及河道截污工程,改善河道环境、改善水质,石景山区年度平均水质全部达标。

(龙慎山)

【开展专题调研】 区委书记围绕党建统领先行区、高端绿色发展先行区、疏解非首都功能先行区、冬季体育运动特色先行区、改革创新先行区、加快公共服务事业发展先行区建设等开展专题调研。

表 2

区委书记主要调研情况一览表

类　　型	时　间	地　　点	内　　容	承办单位
关于党建统领先行区建设	01.10	本　区	老干部工作开展情况	老干部局
	01.10	本　区	走访慰问	总工会
	01.12	本　区	走访慰问	民政局
	01.23	合众建国饭店	老干部工作开展情况	老干部局
	01.26	武装部	走访慰问	武装部
	02.22	八角街道	八角街道工作开展情况	八角街道
	03.13	本　区	工作调研	鲁谷社区
	03.23	首钢体育大厦	社会领域主题党课活动	社工委
	07.27	武警十四支队	工作调研	政法委
	07.28	老干部局	纪念建军90周年喜迎十九大座谈会	老干部局
	08.01	中部战区	八一军政座谈	民政局
	08.21	八角南路社区、古城南里社区	参加“老街坊”议事厅揭牌仪式、走访慰问社区	八角街道办事处
	09.20	古城街道	参观古城街道红色基因传承教育基地、工作座谈	古城街道
	09.27	广电中心	视察高清机房建设情况、工作座谈	广电中心
	09.29	八角南路社区	老街坊“擦亮城市，庆祝国庆，喜迎十九大”公益服务活动	八角街道办事处
	10.27	八角南路社区	宣讲党的十九大精神活动	区委办　组织部
	12.12	城管执法局	慰问调研暨党风廉政建设责任制检查	城管执法局
	12.15	城管委	城管工委慰问调研座谈会	城管工委
	12.29	国资委	工作调研	国资委
关于高端绿色崛起先行区建设	01.10	北京工业大学	工作调研	住建委
	01.27	环卫中心	工作调研	环卫中心
	04.01	保险产业园	视察保险产业园工地	科委园区
	07.10	指挥部办公室	治乱疏解建高端工作调研	发改委
	08.15	保险产业园	工作调研	科委园区
	08.23	侨梦苑	参观考察	科委园区
	10.11	本　区	北京·西山中医药文化季活动	卫计委
关于京津冀协同发展先行区建设	04.05	本　区	融景城拆违现场调研	八角街道办事处
	04.10	本　区	工作调研	城管委
	05.10	八角街道	疏解整治促提升工作难点问题专题调研	八角街道办事处
	05.10	鲁谷社区	疏解整治促提升工作难点问题专题调研	鲁谷社区
	5.10	八宝山街道	疏解整治促提升工作难点问题专题调研	八宝山街道办事处
	05.11	老山街道	疏解整治促提升工作难点问题专题调研	老山街道办事处
	05.11	古城街道	疏解整治促提升工作难点问题专题调研	古城街道办事处
	05.11	苹果园街道	疏解整治促提升工作难点问题专题调研	苹果园街道办事处
	07.25	八角街道	调研“创建基本无违建社区”百日会战工作进展情况	八角街道办事处
	07.25	古城街道	调研“创建基本无违建社区”百日会战工作进展情况	古城街道办事处
	09.20	古城街道	沿途视察嘉和社区生活服务中心和新发地菜篮子直营店、视察古城东街北小区12栋居民楼整治情况、工作座谈	古城街道办事处
	09.26	鲁谷社区	疏解整治促提升工作进展情况调研	鲁谷社区
	11.23	八角街道	围绕创建“基本无违法建设城区”“安全隐患大排查大清理大整治专项行动”到八角分指挥部调研慰问	八角街道办事处

续表

类　　型	时　间	地　　点	内　　容	承办单位
关于京津冀协同发展先行区建设	11.23	古城街道	围绕创建“基本无违法建设城区”“安全隐患大排查大清理大整治专项行动”到古城分指挥部调研慰问	古城街道办事处
	11.24	金顶街街道	围绕创建“基本无违法建设城区”“安全隐患大排查大清理大整治专项行动”到金顶街分指挥部调研慰问	金顶街街道办事处
	11.28	鲁谷社区	围绕创建“基本无违法建设城区”“安全隐患大排查大清理大整治专项行动”到鲁谷分指挥部调研慰问	鲁谷社区
	11.29	苹果园街道	围绕创建“基本无违法建设城区”“安全隐患大排查大清理大整治专项行动”到苹果园分指挥部调研慰问	苹果园街道办事处
	12.1	八宝山街道	围绕创建“基本无违法建设城区”“安全隐患大排查大清理大整治专项行动”到八宝山分指挥部调研慰问	八宝山街道办事处
	12.5	老山街道	围绕创建“基本无违法建设城区”“安全隐患大排查大清理大整治专项行动”到老山分指挥部调研慰问	老山街道办事处
	12.5	广宁街道	围绕创建“基本无违法建设城区”“安全隐患大排查大清理大整治专项行动”到广宁分指挥部慰问调研安排	广宁街道办事处
	12.5	五里坨街道	围绕创建“基本无违法建设城区”“安全隐患大排查大清理大整治专项行动”到五里坨分指挥部慰问调研安排	五里坨街道办事处
关于冬季体育运动特色先行区建设	03.13	本　区	工作调研	房屋征收中心
	08.25	市民冰雪运动中心	调研打造“冬季体育运动特色先行区”重点项目工作情况	体育局
	09.29	本　区	安全检查	区委办
关于改革创新先行区建设	01.03	信访办	信访工作调研	信访办
	01.06	集体经济办	集体经济系统董事长座谈会	集体经济办
	04.07	本　区	区委全面深化改革领导小组第七次全体(扩大)会议	改革办
	08.09	本　区	调研医药分开综合改革、基层药品配送和首钢厂区转型发展中的卫生规划情况	卫计委
	09.13	区政府大楼	信访代理表彰	信访办
	12.27	集体经济办	工作调研	集体经济办
	12.29	国资委	工作调研	国资委
关于加快公共服务事业发展先行区建设	01.12	本　区	走访慰问	民政局
	01.23	合众建国饭店	老干部工作开展情况	老干部局
	01.24	本　区	走访慰问	民政局
	01.26	本　区	全区政法维稳工作情况	政法委
	01.26	公安分局	走访慰问	公安分局
	01.26	检察院	走访慰问	检察院
	04.11	区政府	安全生产工作情况	安监局
	07.04	北京交通大学	保密教育轮训	保密办
	07.21	本　区	防汛调研	城管委
	07.27	本　区	走访慰问	民政局
	08.15	本　区	安全检查	安监局
	08.22	本　区	西山永定河文化带建设领导小组会	文　委

续表

类型	时间	地点	内容	承办单位
关于加快公共服务事业发展先行区建设	08.31	模式口南小街、文保修缮整治指挥部	现场视察模式口南小街修缮整治情况，召开会议专题听取模式口文保区修缮整治工作进展情况	文委　石泰公司
	09.29	本　区	安全检查	安监局
	11.11	模式口文保区	工作调研	石泰公司
	12.13	社工委	“社会治理体系金字招牌‘老街坊’建设”到区委社工委慰问调研	社工委

（邢　拓　王时亿）

组织建设

【概况】 中共北京市石景山区委组织部(简称区委组织部)是区委重要职能部门。设办公室、研究室、综合干部科、人才工作科、干部科、干部监督科、组织科、党员教育管理科、组织指导科、干部教育培训科、党建办秘书科，行政编制41人;下辖区党员电化教育中心(事业编制7人)、国际人才服务中心(事业编制5人)。截至年底，全区共有各级党组织2005个，其中党委145个、总支105个、支部1755个。共有区委直属党组织27个，包括区委直属党工委16个(其中，街道工委9个)、区委直属党委11个。从基层组织覆盖领域来分，机关党组织336个，事业单位党组织248个，企业党组织533个(其中，国有和集体经济企业党组织102个，非公有制企业党组织431个)，社区党组织847个，社会组织党组织34个(其中，社会团体党组织10个、民办非企业党组织17个、中介组织党组织7个)，人才交流中心党组织7个。全区党员总数为54406名，其中预备党员420名，女党员21973名，少数民族党员1695名，新发展党员340名。从年龄结构看，全区60岁以上党员28008名，占全区党员总数的51.48%;全区35岁以下年轻党员5774名，占全部党员总数的10.61%。从文化结构上看，研究生以上学历3546人，占全区党员总数的6.52%;大学本、专科学历党员23204名，占全区党员总数的42.65%;高中及中专学历党员14705名，占全区党员总数的27.03%;初中及以下学历党员12951名，占全区党员总数的23.80%。从职业结构看，在职党员12183名，占全区党员数22.39%，其中公有制单位在职党员9258名，占全区党员数的17.01%，非公有制单位在职党员2925名，占全区党员数的5.38%;离退休党员34914名，占全区党员数的64.17%;其他类型党员7309名，占全区党员数的13.43%。

（战　菲　王　佳　高世君）

【开展党内帮扶】 元旦、春节和“七一”期间，区委组织部结合党内帮扶工作计划，共下拨帮扶慰问资金348.85万元，走访慰问党员2356人次。增加对生活困难的离任社区干部、因公牺牲党员、长期交纳大额党费党员的走访慰问，截至7月底，全区24名党员受到应急帮扶资助，启用应急帮扶资金8.9万元。“十一”期间，下拨市区两级留存补交的党费391.6万元，对11名未享受离退休待遇建国前老党员、13名生活困难的离任社区老骨干和全区3796个低保困难家庭进行集中走访慰问。

（王　佳）

【推荐提名党的十九大代表】 区委组织部按照中央精神和市委要求，根据区委部署，历时2个多月，完成推荐提名北京市出席党的十九大代表人选工作。全区1926个基层党组织、53165名党员全部参与推荐提名，产生推荐提名人选83人。1月13日，区委全会上，以无记名投票等额选举方式确定牛青山、王学秀、贾树庆为出席党的十九大代表候选人推荐人选，在全区范围公示并上报市委。6月23日，经北京市第十二次党代会选举，牛青山、贾树庆当选为北京市出席党的十九大代表。

（左泽东）

【各级民主生活会】 2月5日，区委常委班子召开2017年度民主生活会，认真学习习近平新时代中国特色社会主义思想、坚定维护以习近平同志为核心的党中央权威和集中统一领导、全面贯彻落实党的十九大各项决策部署的主题，对照党章党规，对照初心和使命，结合思想和工作实际，深入进行自我检查、党性分析，开展批评与自我批评。区四套班子领导参加会议，市纪委、市委组织部有关同志到会指导。同月6日，区人大常委会党组、区政府党组、区政协党组分别召开2017年度民主生活会，各党组主要负责同志分别代表班子作对照检查发言，班子成员开展批评与自我批评，区委组织部、区纪委相关负责同志列席三个班子的民主生活会。2月7—13日，全区77个处级班子陆续召开2017年度民主生活会，党员区领导到联系点单位进行现场指导并作点评讲话。区委统筹年度综合考评工作，派出12个综合考评组对处级班子民主生活会进行“全覆盖”督导。

（郑　一）

【党建述职考评】 3月7日，区委召开2016年党建述职考评会，牛青山出席会议并讲话，文献主持会议，区四套班子主要领导和区委常委、区委党建工作领导小组成员、各党(工)委书记以及部分“两代表一委员”、基层代表共60余人参加会议。市委组织部有关同志列席指导会议。会上，4位街道工委书记、2位行业工委书记和6位区委直属党委书记进行现场述职，16位工委、区委直属党委书记进行书面述职。汇报履职主要情况和特点，查摆存在主要问题，从思想认识、工作作风、推进方法等方面明确整改思路、提出改进措施。每位书记述职后，参会的“两代表一委员”就关心的问题进行提问，所有问题均根据述职内容现场提问，无预先沟通，各位书记即席回答；随后，区委常委对该党(工)委2016年党建工作情况进行现场点评，既指出成绩，又点出不足和问题，对下一步工作提出明确要求。会后，与会人员对各党(工)委书记2016年抓党建情况进行打分测评。

（张　申）

【党建工作领导小组会议】　4月28日，区委党的建设工作领导小组召开会议，党建工作领导小组组长牛青山出席会议并讲话，党建工作领导小组常务副组长文献主持会议，区委常委、纪委书记、监察委主任、党建工作领导小组副组长郭鹏，区委常委、组织部长、党建工作领导小组副组长晋秋红以及党建工作领导小组成员参加会议，区委党建工作领导小组办公室成员列席会议。会议听取关于2016年党建统领落实情况、2017年工作要点起草情况、党建工作领导小组及办公室相关制度、机构设置调整建议的汇报，与会同志进行工作讨论。会议决定，2017年全区党的建设工作要认真落实中央、市委各项部署，按照“一二六六”的总体思路，围绕“全面从严治党深入推进年”的主题，运用改革创新这把“金钥匙”，推进党建统领战略的新发展。

（张　申）

【市第十二次党代会代表选举】　区委组织部按照市委要求，根据区委部署，区委组织部完成中共北京市第十二次党代会代表选举工作。全区以15个党工委和8个区委直属党委为基础划分23个推荐单位1926个基层党组织、53165名党员参与推荐提名，共计推荐提名84人。经区委常委会研究，并经过严格的审查考察，确定21名代表候选人初步人选，并在全区进行公示。5月26日，在区第十二次党代会上，以无记名投票方式，选举产生16名石景山区出席北京市第十二次党代会代表。代表中各级领导干部8名，基层一线代表8名，各占50%；专业技术人员4名，占25%；先进模范人物4名(含工人2名)，占25%；妇女代表8名，占50%；少数民族代表1名，占6.3%；50岁以下的13名，占81.3%。6月19－23日，16名代表出席北京市第十二次党代会。

（左泽东　樊　典）

【“两学一做”常态化制度化】　6月16日、29日，区委先后以视频会议形式召开“两学一做”学习教育常态化制度化暨基层党建重点任务推进会、纪念中国共产党成立96周年暨推进“两学一做”学习教育常态化制度化工作会，全面贯彻习近平总书记关于“两学一做”学习教育和基层党建工作重要指示精神，贯彻落实中央、市委有关会议、文件精神，结合实际安排部署石景山区推进“两学一做”学习教育常态化制度化和基层党建重点任务相关工作，推动全面从严治党要求和党建统领战略在全区各级党组织纵深发展，提升党建工作整体水平。会议提出，全区各级党组织和全体党员要始终把深化全面从严治党作为核心任务，把推进高端绿色发展作为实践平台，把激活基层夯实基础作为重要内容，通过“两学一做”学习教育常态化制度化，推动“一二六六”战略更好的落实，以优异成绩，迎接党的十九大胜利召开。

（郑　一　陆晨方）

【“两新”组织实现全覆盖】　截至6月30日，石景山区非公企业新建63个党组织(其中100人以上非公企业新建23个党组织，100人以下非公企业新建40个党组织)；社会组织新建31个党组织(其中30人以上社会组织新建18个党组织，30人以下社会组织新建13个党组织)。辖区规模以上“两新”组织实现党的组织和工作“全覆盖”。7月6日，区委组织部、区委社会工委，各街道(鲁谷社区)、园区党工委，社会组织业务主管部门等44个单位共同召开“两新”组织“两个覆盖”工作推进会，对上半年工作进行总结，并对下半年工作任务进行部署。

（郑　一　张　申）

【开展专项工作】　7月初，区委组织部对全区基层党组织负责人和党统数据库具体操作人员近400人进行业务培训，8月18日前，全区范围基本完成党组织和党员信息采集工作，比市委组织部验收时间提前一周。区委组织部相关科室安排有专人负责指导基层党组织做好信息采集、审核、录入工作。通过电话、邮件及建立工作人员QQ群、微信群等方式，沟通解决核查中的问题，对不同领域进行有针对性指导，确保核查工作严谨规范。按照党内规定和组织程序，对民主评议中评议为“不合格”的1名党员和纪委移交的1名党员进行除名处置；对与党组织失去联系6个月以上的党员(以下简称失联党员)进行摸排查找。按照应查尽查、全员覆盖的要求，截至9月底，失联党员查明下落及取得联系424人，仍未取得联系112人，全部办理停止党籍手续。2017年，对全区范围内流动党员共计进行三轮排查，通过地毯式基础排查、兜底式补充排查、对账式实体排查，排查出流动党员总数为2565人。其中，组织关系在京的流动党员为1388人，组织关系不在京的流动党员为1177人。结合实际制定《区级留存的补交党费使用方案》，对市级留存的补交党费向石景山区下拨使用经费581.3万元和区级留存的补交党费中1112.8万元，共计1694.1万元进行安排。

（王　佳　高世君）

【十九大精神宣传教育】　十九大召开后，制定处级干部轮训实施方案，组织订购发放《中国共产党章程》《党的十九大报告学习辅导百问》《党的十九大辅导读本》等书籍。11月，利用4周时间集中组织举办4期学习贯彻党的十九大精神专题研讨班，确保将全区处级干部轮训一遍。邀请十九大代表到机关、学校、社区、企业、楼宇开展宣讲20余场，把十九大精神送到基层一线。推动全区基层党组织以“老街坊”宣讲团为依托开展宣讲，动员党员群众创作学习党的十九大精神的诗、歌、文，学习宣传党的十九大精神。

（陈　鹏　邓志宏）

【推进城市基层党建】 12月29日，区委召开城市基层党建工作会，深入学习贯彻党的十九大精神，传达落实全国、全市城市基层党建工作座谈会部署要求，交流城市基层党建工作经验，安排部署全区城市基层党建工作。牛青山出席会议并讲话，组织部长主持会议并部署全区城市基层党建工作。区领导郭鹏、姚茂文出席会议。区委党的建设工作领导小组及办公室成员，各工委、区委直属党委书记、副书记和部分社区党组织书记参加会议。会前，区领导和相关部门负责同志、各街道党工委书记对八角地区“两新”组织党建新动能驿站进行实地考察；会上，区委社会工委、八角街道党工委、老山东里北社区党委作交流发言，总结石景山区推进城市基层党建工作的经验做法。

（张　申　樊　典）

【公务员年度统计情况】 截至年底，全区各党政机关共有公务员2804人。其中，女性1348人，占总数的48.1%；少数民族137人，占总数的4.9%；中共党员2393人，占总数的85.3%。具有研究生学历的873人，占总数的31.1%；具有大学学历的1782人，占总数的63.7%；具有大专学历的138人，占总数的4.9%；具有中专、高中及以下学历的11人，占总数的0.3%。35岁及以下的960人，占总数的34.2%；36~40岁的423人，占总数的15.1%；41~45岁的347人，占总数的12.4%；46~50岁的458人，占总数的16.3%；51~54岁的391人，占总数的13.9%；55岁及以上的225人，占总数的8%。

（陈　鹏　付　博）

【党支部规范化建设】 年内，区委将党支部规范化建设试点工作作为规范基层党建的基础性工程，围绕市委要求，总结原有经验，制发《党支部工作规范》《党支部工作手册》，选择不同领域、不同工作水平的362个党支部开展试点，树立一切工作到支部的鲜明导向，按照“B+T+X”工作体系，以“一规一表一册一网”为主要内容，压实主体责任、推动工作创新、提升工作实效，推动党支部规范化建设取得新成效。把试点工作作为推动基层党建的重要契机，严格落实市委标准要求（“B”）的基础上，推动党支部对特色工作（“T”）和先进经验（“X”）进行拓展和丰富。试点党支部在完善“三会一课”制度基础上，认真执行党支部工作规范和《基层党组织日常运行五项具体制度》《党支部经费管理和使用规定》等6项区级层面制度规定，推广八角街道党工委探索实施的“组织生活路线图”，明确党内组织生活制度的年度安排和标准要求，健全完善支部自身建设、党员教育管理、党员活动室建设等制度。把试点工作作为加强基层党建的有效途径，将线上线下互动融合，线下持续推进“我是党员我承诺”主题实践活动，推进“社区党校”特色项目，探索推进“1+X”党员分类管理，从多角度、多元化推进党员教育管理和服务。线上完善“一呼百应”党员综合服务系统，专门开辟“精神家园”，形成“时政要点、红色基因、党建特色、国学知识、志愿风采”5个栏目，并加强与北京长城网和党员E先锋的对接，加强线上党内信息管理、基层党建工作管理和党员管理服务。截至年底，试点党支部共开展集中学习、讲党课等1383次，参加人数25647人次；开展支部活动、主题党日等1884次，参加人数27055人次。

（郑　一　张　申）

【全区处级干部队伍】 截至年底，全区共有处级干部586人。其中，处级领导干部427人（正处级137人，副处级290人）。女干部205人，占总数的33.5%；少数民族干部25人，占总数的4.3%；党外干部22人，占总数的3.8%。研究生文化程度267人，占45.6%；大学文化程度313人，占53.4%；大专文化程度6人，占1%。40岁以下60人；41~45岁70人；46~50岁146人；51~55岁211人；56岁及以上99人。

（郭子健）

【高端人才综合服务信息平台】 年内，区委组织部加强对全区人才资源库的统筹整合力度，建立完善以高端人才资源库和石景山人才网为核心的“一库一网”综合服务信息平台。推动覆盖“八个高端体系”的国际一流智库信息库建设，全力打造集政策宣传、业务办理、信息采集、统计分析、供求预测、动态管理等功能的综合服务信息平台，实现人才资源、政策资源、服务资源的信息共享。

（沈　娟）

【组建海外学人分中心和国际人才服务中心】 年内，区委组织部着眼于为海外院士专家等高端人才提供优质的“石景山服务”，在北京“侨梦苑”组建北京海外学人中心石景山分中心和石景山区国际人才服务中心。通过一站式代办服务模式，开设国际人才绿色通道，为海外院士专家的工作生活提供贴心、便捷、高效的“一条龙”服务，吸引和聚集更多具有国际竞争力的高端人才。截至年底，“侨梦苑”共接待100余名院士专家、48家海外华文媒体前来参观考察。承办第十二届“春晖杯”海外留学生创新创业大赛获奖项目来京对接活动，国际化人才聚集平台初步搭建。

（沈　娟）

【人才推优评先】 年内，区委组织部组织4人申报中组部“千人计划”、北京市“海聚工程”评选，并进入答辩环节；5人申报2017年度北京市优秀人才培养项目资助，1人入选。推进人才工作项目化管理，对2017年工作成效显著的12个项目拟资助63万元，内容涵盖人才工作机制创新、人才培养、创新创业平台建设等方面。

（沈　娟）

【干部选拔任用】 区委常委会全年讨论决定处级干部任免19批277人次。其中，提拔处级干部66人，包括正处级干部14人，副处级干部52人；平级转任重要岗位21人，包括正处级干部8人，副处级干部13人；交流调整190人，包括正处级干部83人，副处级干部107人。全年提拔处级领导干部98.5%为大学以上文化程度，其中研究生以上文化程度23人，占34.8%。

（冯　瑞）

【干部挂职】 年内，区委组织部做好全市干部交流任职和挂职锻炼“三个一百”工程，接收中央三部委、金融单位选派来区挂职干部2人。做好外省、市、区干部到区挂职工作，接收天津、河北、辽宁、湖北等地挂职干部4批16人。先后选派5批9人，赴新疆、河北等地执行援派任务或开展对口帮扶工作。

（冯　瑞）

【军转安置】 区委组织部全年安置团级军转干部12人，均为男性、7名正团职、5名副团职；年龄最大49岁，最小39岁，平均年龄44.1岁；研究生学历4人，大学学历12人；安排副处级职务5人，正科级职务4人，副科级职务3人。

（韩　玲）

【调研员、副调研员核定】 调研员、副调研员核定工作自8月中旬正式启动，经各党委（党组）梳理把关，筛选出符合调研员、副调研员核定条件的人员共55名。在严格复核资格条件基础上，区委组建5个考察组，按照单位归口，对全部55名符合条件人员进行民主推荐，对区委确定37名考察人选进行考察，推荐考察过程中共有1300人参加推荐测评，602人参加个别谈话，研究确定6名调研员和13名副调研员。

（冯　瑞）

【学习贯彻十九大精神】 年内，区委组织部安排组织好区、处级干部参加全市举办的学习贯彻十九大精神报告会、研讨班。迅速制定处级干部轮训实施方案，组织订购发放《中国共产党章程》《党的十九大报告学习辅导百问》《党的十九大辅导读本》等书籍，自11月始，利用4周时间集中开展4期专题研讨班，确保将全区处级干部轮训一遍。邀请十九大代表深入机关、学校、社区、企业、楼宇开展宣讲20余场，把十九大精神送到基层一线。推动全区基层党组织以“老街坊”宣讲团为依托开展宣讲，动员党员群众创作学习党的十九大精神的诗、歌、文，用主题鲜明、生动活泼、群众喜闻乐见的形式学习宣传党的十九大精神。

（陈　鹏　邓志宏）

【经济责任审计】 年内，区委组织部与区审计局协作沟通，开展经济责任审计、离任经济事项交接等工作，清除漏洞，先后对4家单位的5名处级干部就经济责任审计中发现的问题，进行提醒，明确领导干部的经济有关事项责任，督促相关单位加强规范，立行立改，做到抓早抓小。

（张　羽）

【一报告两评议】 年内，区委组织部加强科级干部选拔任用监督工作，在正科级实职干部提拔任用中落实填报个人有关事项报告工作，2016年度科级干部“一报告两评议”测评满意度显著提升，各测评项目总体满意度得分较之上年平均上升3.64分，各单项最低分区间由70～80分上升至80～90分。

（张　羽　苏宇明）

【领导干部个人有关事项报告】 年内，区委组织部先后三次从严把关审核，对填报不规范、丢项漏项、逻辑错误等各类问题核实更正，确保填报信息准确无误，提升全区填报质量。组织95家相关处级单位和区属国有企业的625名干部完成集中填报，并将石景山区工作经验通过《中国组织人事报》进行介绍交流。自“两项法规”发布以来，对涉及提拔或转任重要领导岗位、随机抽查、换届继续提名人选、委托协助等各情况的干部186人次进行17批次的查核比对工作。对于查核中发现未如实报告的干部，要求本人作出解释说明，提供相关证据，通过深入调查，结合干部一贯表现，进行综合研判。

（苏宇明）

【基层党员教育培训】 年内，区委组织部按照全年培训计划办好各类培训班次。以“一月一主题”培训为载体，举办基层党组织书记培训班4期，以深入解读十八届六中全会精神、组织工作与信息化建设、发展党员业务、党员教育管理业务等为主要内容，轮训基层党组织书记1350人次，其中，采取送学上门的方式为教工委、农工委系统基层党务干部进行2期专场培训。举办入党积极分子培训2期，培训入党积极分子491名。举办党内半年统计和年度统计培训2期，对全区各直属党工委及部分二级党组织的党统干部近800人次进行业务培训。组织新党员和大学生社工党员培训1期，培训党员203人次。举办“一呼百应”党员综合服务系统部署培训1期，对各街道党工委副书记、组织科长、各社区书记和具体工作人员近400人进行培训。

（王　佳）

【“一呼百应”党员志愿服务】 年内，区委组织部召开工作推进会，形成“一呼百应”党员综合服务系统二期需求和建设方案。对接区经信委申报项目，申请区级信息化项目资金110万作为系统二期研发经费，新建精神家园、积分商城、后台管理、志愿帮扶和大数据分析等功能模块。推动“一呼百应”工作在全区各街道和社区全面铺开，制定运行推广方案，组织召开全区范围的“一呼百应”工作动员部署会，分批次对9个街道、151个社区的书记和专职工作者开展系统使用培训。自系统运行以来，注册党员54192人，党组织1937个，覆盖9个街道、151个社区，总计开展志愿服务11244次，参与志愿活动55286人。

（张晓东　马　廷）

【基层远程教育专线网】 年内，区委组织部落实区委“八有”要求，与中国联通公司合作，建设覆盖全区的党员干部远程教育专线网络。为符合施工条件的110个社区开通专线，并按照联通公司内部验收结合各社区自查核实的方式组织验收，专线租费从每年30万元财政专项经费列支，初步解决党员远程教育最后一公里的难题，提升石景山区党员远程教育站点集中学习收看效果。在农林院信息所挂牌全市远程教育技术服务中心座谈会上，该工作作为一项亮点工程进行交流发言。

（张晓东　马　廷）

【党建研究会】 年内，区委组织部围绕党建热点难点问题开展研究，参与中组部党建研究所年度重点课题，完成《推进干部能下的渠道、方式和途径经验研究》课题任务,获二等奖。完成市党建研究会的立项课题《推进干部能下的探索与研究》,获二等奖。指导会员单位做好31个区党建研究会年度课题的立项、推进和结题工作。课题《关于加强石景山区党内政治文化建设的调研报告》《关于进一步加强基层社区党员教育活动的调研报告》分别获市党建研究会自选课题一等奖、二等奖。高质量完成换届工作,将团体会员单位由57个扩大为118个,选举产生第二届理事会53名理事和监事会3名监事,并表决产生12名领导机构成员。

(王晓南)

宣传工作

【概况】 中共石景山区委宣传部(简称区委宣传部)是负责全区宣传思想文化工作的职能部门。下设办公室、理论科、新闻科、宣传科、网信科,主管《石景山报》编辑部、《石景山工作》编辑部(含区思想文化建设研究会和区委讲师团秘书处)、文化创意产业促进中心、石景山区新媒体中心。

(李　琳)

【清明红色祭扫活动】 3月30日,北京市清明红色祭扫活动在八宝山革命公墓任弼时广场举行。本次祭扫活动以“缅怀革命先烈 传承红色基因 增强时代担当 建设精神家园”为主题,团市委领导宣读祭文,少先队员献唱《我们是共产主义接班人》,学生代表朗诵《七律·长征》《太行春感》《“七七”五周年感怀》《忆平型关大捷》《读方志敏同志狱中手书有感》《念奴娇·追思焦裕禄》等。

(李　琳)

【第十届北京清明诗会】 3月31日,由首都文明办、区委、区政府共同主办的第十届北京清明诗会在北京国际雕塑公园西园举行。主会场分为三个篇章进行,是集诗歌朗诵、歌舞等节目形式为一体的综合性演出。第一篇章《春风飞扬》,精选自古以来歌颂春天的经典诗篇,通过吟诵、琴歌等传统表演形式,辅以民俗“快闪”这一创新呈现手法,彰显清明节的文化内涵。第二篇章《英雄赞歌》,与战友文工团合作,以经典或原创的诗歌作品组合讴歌中国人民解放军90年的光辉历史,在诗歌的意境中铭记历史、缅怀先烈。第三篇章《放飞梦想》,以弘扬社会主义核心价值观、助推石景山区高端绿色发展为主旋律,追溯文化经典朗诵对于推进当代精神家园建设的现实意义。北方工业大学分会场的“清明雅集”进校园活动,以政府购买的方式,由专业化的社会机构承办,通过吟诵传统诗篇、红色诗篇,演奏古琴乐器等节目;八角街道分会场的文艺演出进基层活动,结合“爱八角”曲艺茶园品牌文化活动的资源优势,举办诗歌朗诵、曲艺表演等节目。

(李　琳)

【西山永定河文化带建设】 8月22日,设立西山永定河文化带建设领导小组(区推进全国文化中心建设领导小组)。主要职责包括六方面:做好顶层设计,推进重点项目落地,深化文化内涵挖掘,营造文化舆论氛围,协调解决建设中跨部门、跨领域、跨地区的重点难点问题,研究建立健全体制机制相关事宜。领导小组成员包括:牛青山任组长,文献任第一副组长,晋秋红、高洪雁、陈婷婷、岳林华、首钢总公司党委副书记何巍任副组长。办公室设在区委宣传部,设立发展规划、项目支撑、文脉挖掘和旅游线路打造、景观修复、文化产业发展、文化宣传6个专项工作组,分别由1名领导小组副组长牵头。建立联席会议和定期情况通报制度,截至年底,召开会议11次,形成《简报》11期。

(李　琳)

【《京西那一片晚霞》公演】 9月1日,《京西那一片晚霞》在国家大剧院进行正式公演。该剧历时半年创作完成,以八宝山革命公墓埋葬的一位开国将军为线索,以“红色后代”传承开国将军红色基因的故事为内容。此前已在石景山区演出40余场,观看群众近万人。

(龙慎山)

【区处两级中心组学习】 全年安排学习习近平总书记系列重要讲话精神、学习领会党的十九大精神、传承红色基因和弘扬中华优秀传统文化等四个专题的学习。在组织专题辅导报告会和专题学习的同时,拓展学习阵地,丰富学习形式,共组织区处两级中心组学习23次。为区级中心组成员订阅《红旗文稿》《党建》《时事报告》等学习刊物,为全区党员干部下发《胡锦涛文选》《理论热点面对面2017——全面从严治党面对面》《战争记忆——北京市石景山区离退休干部口述实录》等书籍2万余册。

(李　琳)

【新媒体中心建设】 年内,区委宣传部持续关注国际层面的一带一路国际合作高峰论坛、涉韩事件,国家层面的十九大、全国两会、涉军、反恐、禁毒、消防,全市参与的北京市医改、防汛、非法集资传销、疏解整治促提升,到关系全区稳定的北辛安、衙门口棚改项目苹果园交通枢纽等一系列重要舆情。同时对远洋山水养老驿站、衙门口棚改项目、疏解整治促提升工作中出现的敏感点展开严密监测,跟踪舆情发展态势。全年,监测互联网舆情信息2000余条,通报单位60余家,撰写《互联网舆情报告》51期,其中快报3期、区领导批示8次。全年疏解整治促提升的舆情500余条,占全区舆情四分之一,其中违法建设和大杂院整治、老旧小区私装地锁、无照游商开墙打洞,占网络反映问题前三位。

(李　琳)

【理论宣传】 年内,区委宣传部举办北京市党的十九大精神宣讲报告会和第十二次党代会精神宣讲报告会。组织区处两级中心组成员、全区各单位党群干部等2000余人次参加报告会。周末社区大讲堂活动,开展讲座32场,受众2800余人次。另外,向市社科联推荐精彩社科活动16项,部分活动照片登上北京市社科普及周展板向全市展示。

(李　琳)

精神文明建设

【概况】 北京市石景山区精神文明建

设委员会办公室(简称区文明办)是北京市石景山区精神文明建设委员会(简称区文明委)的办事机构。2017年,认真落实首都文明办把传统节日办成爱国节、道德节的工作要求,以清明、端午、中秋等传统节日为契机,以重点活动为示范牵引,先后开展第十届北京清明诗会、“缅怀革命先烈,传承红色基因,弘扬先进文化,建设精神家园”红色祭扫、重阳敬老、经典诵读、民俗展演、节日送温暖等系列文化主题活动,让市民群众在优秀传统文化中汲取思想精髓和道德滋养。年内,推选区图书馆、区自来水公司和八宝山街道沁山水南社区当选第五届全国文明单位。

(高　鹏)

【评选推优】 3月9日,区文明委组织开展“2015－2016石景山身边榜样”表彰大会,对助人为乐、见义勇为、诚实守信、敬业奉献、孝老爱亲19名身边榜样及提名奖获得者进行表彰。兰国栋等9人被授予“2015－2016石景山身边榜样”荣誉称号,牛淑珍等10人获“2015－2016石景山身边榜样”提名奖。区文明办持续开展“2017中国好人”“2017北京榜样”评选推荐活动,推进常态化选树、宣传、学习榜样人物机制建设。6月,正式启动“第六届全国道德模范”评选推荐工作,经过群众推荐、逐级遴选、层层审核、公示监督、公众代表投票等程序,最终向首都文明办推荐兰国栋、汪福照等全国道德模范候选人4名。截至9月,向中央文明办推荐“中国好人”候选人18名,向首都文明办推荐“北京榜样”候选人67名,其中许泽玮当选“北京榜样”5月份月榜人物,张硕当选“北京榜样”7月份周榜人物。

(高　鹏)

【“文明互联网·净化网络空间”活动】

3月,区文明办组织开展“美丽北京、文明有我”摄影作品征集活动,为举办高峰论坛和冬奥会创造良好的人文环境。4月,组织近300名网络文明志愿者观看全国岗位学雷锋微博直播。年内,倡导网络道德,利用微博、微信、QQ群传播网络文明,在网上唱响弘扬社会主义核心价值观的主旋律。壮大网络文明志愿者队伍,全区各机关单位、街道、社区、驻区单位、先进人物近300名干部群众通过微博、QQ等网络平台,宣传经济社会转型发展进程,宣传文明城区创建成果。

(高　鹏)

【全国文明城区创建】 6月底,石景山区完成首都文明办对于首都文明示范区复查的材料申报、实地考察和问卷调查工作,正式申报创建全国文明城区提名城区。年内,印发《关于深化石景山区群众性精神文明创建活动的意见》《关于迎接首都文明示范区复查工作方案》《首都文明示范区复查测评体系操作手册任务分解》《首都文明示范区复查测评实地考察操作手册任务分解》4个规范性文件。组织召开全区创建动员部署会,明确各项工作时间节点,并对155个示范区复查申报材料,21项实地考察和27个调查问卷任务进行了解读说明和分解部署。全区各责任单位制订本单位、本部门工作计划和实施方案,逐级细化任务,落实责任到人,开展问题排查和整治工作,按时报送职责范围内的书面材料,并运用各类宣传媒体开展动员活动,完成材料申报、实地考察和问卷调查的迎检工作。

(高　鹏)

【“文明好乘客·提升公共秩序”活动】

7月,区文明办举办公共文明引导员服务规范培训,受训人员包括骨干成员及新入职人员近500余人次。全区90%的公交地铁站台实现排队乘车,在“北京市民公共行为文明指数”测评中排名全市第一。年内,区结合首都文明示范区复查工作,以绿色出行、文明交通和学雷锋志愿服务为重点,做好站台文明引导、维护站台公共秩序、宣传禁烟控烟、推举文明有礼好乘客等各项工作,全年推举好乘客1530名,选出各类星级引导员47人,打造爱心斑马线示范路口100个,征集“我心中的石景山区公共文明引导员”稿件300多篇,组织宣讲活动10余场,受众人数达5000人次。

(高　鹏)

【未成年思想道德教育实践活动】 年内,区文明办开展学雷锋志愿服务、清明网上祭英烈、社区文明小使者、童心向党优秀歌谣传唱、环保演讲比赛、模拟联合国大赛、“向国旗敬礼”签名寄语等多项教育实践活动,加强未成年人思想道德和理想信念教育,推动未成年人对社会主义核心价值观的培育践行。寒暑假期间,开展文明小使者评选工作,共评选出社区文明小使者1390名。开展美德少年推荐工作,赵昀启等3名同学获北京市“2017最美少年”称号。

(高　鹏)

【“文明护生态·守住碧水蓝天”活动】

年内,区文明办组织实施“2017年微承诺、微行动、微志愿暨绿色生活好市民评选活动”,推动主题宣传、市区两级联创同评工作进行,共向首都文明办推荐报送“微承诺、微行动、微志愿”示范案例5个和绿色生活好市民候选人53名。开展“垃圾减量、垃圾分类”主题宣传实践活动,组织大学生志愿者、北京环科创展科技有限公司等公益组织走进基层、社区、学校、军营,宣传垃圾减量垃圾分类的意义和方法。

(高　鹏)

【精神文明先进单位评选】 年内,区文明办会同区人力社保局、区教委、区妇联、各街道(鲁谷社区)联动开展首都级、区级文明单位、文明社区、文明景区、文明校园、文明家庭评选工作。全区从500余个申报单位、学校、社区、家庭中,评选出区委教工委等22家单位作为“首都文明单位标兵”推荐单位,区委办等63家单位作为“首都文明单位”推荐单位、八大处公园管理处等4家单位作为“首都文明风景旅游区”推荐单位、八宝山街道三山园社区等68个社区作为“首都文明社区”推荐单位、任全来家庭等4个家庭作为“首都文明家庭”推荐单位、京源学校等10所学校作为“首都文明校园”推荐单位,由区文明委推荐上报至首都文明办。同时,区社工委等71家单位被评为区级文明单位、八宝山街道瑞达社区等81个社区被评为区级文明社区、徐强家庭等20个家庭被评为区级文明家庭、古城中学等10所学校被评为区级文明校园。区文明办对上一届全国文明单位进行全面复查，对各单位近三年精神文明创建工作开展情况进行审核，听取各单位工作汇报，查看相关创建资料，履行复查审核职责，并向首都文明办提交复查报告，报送区人力社保局等6家单位复查名单。

（高　鹏）

统一战线

【概况】 中共石景山区委统一战线工作部（简称区委统战部）是区委主管统一战线工作的职能部门，与区台办合署办公。年内，区委统战部履行党风廉政建设主体责任，开展“一承诺两签责”工作，逐级压实责任，签订各类责任书11份。严格执行“三重一大”集体决策制度，召开部务会8次，研究审议40余项议题。坚持与区委党校、区社院联合调研机制，围绕助推石景山区两大生态建设以及新形势下统战工作面临的机遇和挑战等专题，完成7个调研课题，获2017年度北京市统战理论研究与调查研究优秀成果二等奖。在相关媒体刊载动态信息和理论文章87篇，中央级11篇，省市级46篇，区级30篇。更新石景山统一战线网站信息400余条。

（王雨秾）

【8+9结对共建】 6月15日，区委统战部出台《关于进一步加强民主党派工商联与街道（社区）结对联系工作的意见（试行）》，推动统战资源供给端与需求端的有效整合，推动统战优势资源与街道（社区）现实需求的有机结合，民主党派、工商联特色优势在助力街道（社区）精准帮扶、基层协商民主及重点难点工作开展中得到体现。年内，8家民主党派区工委与9家街道（鲁谷社区），结对后，相继组织重点工作任务联合调研5次，党派、工商联应邀列席各类会议5次，就基层重点工作开展提出意见建议近百条，共同组织文化讲堂、义诊咨询、法律援助、精准帮扶等活动达15场，受益人群千余人次。

（王　佳）

【网络统战平台】 6月30日，石景山区统一战线信息化智能服务平台暨共筑中国梦在线——移动直播平台启动仪式在中关村科技园区猫妹咖啡厅举行。区委统战部通过“政府主导、企业负责、市场化运营”模式，开发“共筑中国梦在线”——移动直播平台。平台以4.5G技术为支撑，以PC网站、微信公众号、网络电视直播、APP移动直播等为推送终端，以统战之友、亲清工商联、非公党建、文化创意、政策总汇、双创人才、科技之窗、企业家风采、侨梦苑和娱乐直播为主要内容，通过线上线下互动，加强与统战人士联谊交流，创建有影响力的网络统战工作品牌。截至年底，平台直播百余场次，观看人数近2000万次。

（刘景柱）

【非公经济统战】 7月6日，区委统战部组织重点企业座谈会，协商解决15家企业反映的23项41个方面问题。全年，开展“企业服务季”“企业服务联盟”“民企学堂”等系列服务活动，活动80余场，服务企业1000余家次，培训企业相关负责人1500人次。全年编辑理想信念教育活动简报52期，组织参加全国青年一代民营企业家理想信念报告会。举办非公经济代表人士培训班，开展微党课、直播党课百余期，开展“红色星期六”主题活动26期，引荐6家非公企业建立起党组织。推荐市工商联换届人选。做好非公经济人士综合评价工作，全年评价6批次、30人次。编制《石景山区统一战线关于构建新型亲清政商关系的意见》，促进政商关系在依法依规、界限分明、公开透明的轨道上良性互动。开展“学习习近平总书记系列重要讲话，大走访、大调研”主题活动，全年走访调研非公企业100余家，发现培养一批优秀非公经济代表人士。助力疏解整治建高端，发布“积极响应拆违治乱号召、助力构建高端绿色之城—致全区非公经济人士的倡议书”，参与社会公益慈善事业，开展“爱在身边”精准帮扶、“爱心照亮希望——西藏行、唐山行”等系列活动，引导非公经济人士履行社会责任。

（刘景柱）

【新的社会阶层人士统战】 年内，区委统战部就全国新的社会阶层人士统战工作会议精神向区委常委会作专题汇报，批准在区委统战部设立新的社会阶层人士工作科，配备两名工作人员。开展专题调研，形成《石景山区新的社会阶层人士统战工作的实践与思考》调研报告，在全市率先编写《石景山区新的社会阶层人士统战工作手册》，发至各级统战干部、新的社会阶层人士。组织基层统战干部到叶青大厦实地考察学习，召开区新的社会阶层人士统战工作研讨会。

（刘景柱）

【为统战对象办实事】 年内，区委统战部落实部务会决定，到街道、统战口内单位、非公企业等调研50余次，加强党派楼日常管理服务保障，加强党外代表人士走访慰问，重要节日期间走访老主委10余人次，慰问生病的党外代表人士3次。

（李　凯）

【党外人士队伍建设】 年内，区委统战部支持民主党派提升“五种能力”，举办党派领导班子学习研讨班、统战系统信息工作培训班等培训班次，增强党派成员履职责任感和荣誉感。对全区党外干部情况进行摸底调查，按类别进行分类梳理，完善党外干部数据库。协助市委完成十三届市政协委员推荐人选工作。加强与组织部等部门的沟通协作，健全完善党外知识分子工作机制，为无党派人士履职尽责创造条件、搭建平台。依托党外代表人士协商议政智库，建立各民主党派与政府职能部门联系对接机制，为全区各项事业发展提供智力支撑。

（秦　岭）

【社会领域统战】 年内，区委统战部加强基层统战工作，制定《关于在八宝山街道创建基层统战工作示范街道的实施意见》，开展八宝山街道基层统战工作示范街道创建工作，探索街道、社区开展统战工作新路子、新办法，举办基层统战干部培训班，练就基层干部做好统战工作的基本功。

（杨海锋）

【侨海外统战】 年内，区委统战部协助侨联为基层侨联主席申请工作经费补助，指导侨联做好凝聚侨心、汇集侨智、发挥侨力、维护侨益等各项工作。组织海联会理事单位开展“一带一路”走进哈萨克斯坦、乌兹别克斯坦、伊朗主题项目推介会。成立海外学人商会，吸引归国留学人员、华侨华人落户石景山区创新创业，推动侨梦苑项目发展，助力地区“高端绿色发展”。

（刘景柱）

对台工作

【概况】 中共北京市石景山区委台湾工作办公室、北京市石景山区人民政府台湾事务办公室（简称区台办）是区委区政府主管对台工作的职能部门，与区委统战部合署办公，承担全区涉台工作的组织、指导、管理、协调职能。年内，石景山区贯彻落实中央和北京市对台决策部署，聚焦全区“两大生态”建设和初步建成国家级绿色转型发展示范区的战略目标，加强对台工作机制建设，深化拓展对台交流，加强对台经济科技合作，形成区委、区政府决策，台办牵头协调，部门、街道合力落实，社会各界积极参与的对台工作格局，为中央、北京市对台总体战略布局和区域经济社会发展作出积极贡献。

（杨　雯）

【两岸民俗文化交流】 2月11日，2017“根生同源·一家亲”元宵联谊会暨京台民俗文化交流活动于在京西五里坨民俗陈列馆举行。市台办副主任杜德平、台湾罗东镇公所服务团队首席顾问林羿伶、宜兰县议员万荣财出席活动并为“京台民俗文化交流馆”揭牌。作为北京市首个“京台民俗文化交流馆”，京西五里坨民俗陈列馆与台湾宜兰县太巴塱红糯米生活馆、罗东镇“艺境空间”公共文化艺术中心签订交流合作协约。两岸民众近百人，其中台湾宜兰县、花莲县30余人参加活动。

（杨　雯）

【加强对台经济科技合作】 5月8—14日，区台办帮助园区企业在北京保险产业园、中关村石景山园开发建设、中小企业培育方面提供借鉴，推动“印象台湾”主题展馆与台湾博物馆业开展交流。7月17—23日，组织中关村石景山园区AR/VR领域龙头企业，赴台参加“两岸文创大未来2017文化创意趋势论坛”，枭龙科技等2家园区虚拟现实企业作主题发言，活动对接精准务实，取得多项成果。

（杨　雯）

【完成赴台交流任务】 6月17—23日，石景山区基层社区交流团一行27人，分东、西两线赴台开展为期7天的基层社区服务和结对回访交流活动，与阿莲区、田寮区的3个社区结成友好交流对子。在台期间，交流团到台北市、屏东县、南投县、苗栗县的基层社区与当地开展座谈交友活动。回访罗东镇镇长林姿妙女士、太巴塱红糯米民俗馆馆长那么好·丫让先生和台北市松山区龙田里袁俊麒先生，就居家养老、文化活动、环境保护等方面进行交流。

（杨　雯）

【2017京台社区大讲堂】 9月15日，主题为“建设美丽社区 追求幸福生活”的2017年京台社区大讲堂活动，在八宝山街道举办。活动邀请台湾高雄市前金区基层社区协会一行19人，参观社区养老驿站和区妇女儿童活动中心。区台办、区社会办、区妇联、八宝山街道及社区的工作人员与台湾高雄市前金区基层社区协会交流团各协会理事长、妇女协会理事们和义警分队干部就社区综合治理、文化活动培育、社区慈善助老养老、妇女工作进行交流座谈。八宝山街道三个社区与高雄前金区三个社区发展协会签约结成友好交流对子。

（杨　雯）

【加强对台青年交流】 11月17日，区台办与区教委联合召开石景山区涉台教育基地工作会议，推荐评选5所区级涉台教育基地校，九中、北方工大附属学校、北大附中石景山学校、同文中学、北大附小石景山学校分别就学校特色、优势资源和今后开展涉台交流工作的设想进行介绍。年内，区台办指导支持京源学校、古二小赴台开展教育教学交流，指导黄庄职高与台湾铭台高中开展“传统文化与技能”交流。

（杨　雯）

【“彩虹桥”两岸社区交流】 11月28日至12月4日，石景山区基层社区参访团在台湾宜兰罗东、高雄田寮和阿莲社区举办4场以“根生同源·一家亲”为主题的社区文化交流活动。“彩虹桥”两岸社区交流活动已历经四届，本次设有参访座谈、演出互动、研讨签约、文化联谊活动等系列内容。

（杨　雯）

【维护台胞合法权益】 年内，区台办依法维护台胞合法权益，引导经济纠纷进入司法和信访代理程序。全年走访和接待信访台胞37人次，为台胞台属办实事4件。

（杨　雯）

【对台交流成果显著】 年内，全区累计因公赴台交流接待来访台湾里长、社长55人次。公职人员赴台参与文创经贸、中小学教育、社区建设等领域交流活动98人次，非公职人员入岛开展商务交流7人次，与高雄田寮区和前金区社区共签署13个结对交流协议。对台交流示范社区已覆盖全区各街道（社区），逐渐带动职能局处、街道社区、博物馆、文化社团和企业联合开展工作和深度合作的交流格局。

（杨　雯）

【主动做好涉台宣传】 年内，区台办以两岸“同根同源、同文同宗”的文化认同作为开展基层对台交流的有力抓手，“走出去，请进来”把握宣传主动性。要求赴台团组成员以“人人都是宣传员、传播大陆好民生”为目标，介绍北京市和石景山区涉及民生保障、养老试点等公共服务政策，推介石景山区国家级绿色转型发展示范区战略规划，扩大石景山区对外美誉度和知名度。全年在《中国台湾网》等主流网、报刊杂志的宣传报道40余条，两岸元宵视频连线活动在新华网直播平台点击达3000余次。

（杨　雯）

决策研究

【概况】 中共石景山区委、石景山区人民政府研究室(简称区委、区政府研究室)是负责全区综合性政策研究,为区委、区政府科学决策服务的区委工作部门。年内,加强对事关地区发展重大问题的调查研究并取得一批新成果。全区完成调研报告458篇,其中北京市重点关注调研课题2个,区领导牵头的重点协作课题24个,处级党政正职领导完成调研报告93篇。编印《石景山区2016年度优秀调研报告文集》,编发《决策参考》12期。完成区委全会报告和区人代会政府工作报告等重要文稿的起草任务,全年共起草各类报告、讲话等综合文稿70余篇。加强与北方工业大学深度合作,全年联手开展11个课题研究和23个合作项目,“石景山发展研究中心”成果进一步显现。创建“石景山调研”公众号,打造调研工作新平台。年内,获2016-2017年度北京市调查研究工作先进单位。

(邵聪聪)

【区重点协作调研课题】 年初,制定2017年全区重点协作调研课题24个:关于石景山区落实全面从严治党方针不断提高党的建设水平的研究;石景山区长期护理保险制度试点研究报告;关于深化区人大常委会联系工作制度研究;关于加快推进我区治乱疏解建高端的调研;关于深化“两新”组织党建,推动地区社会治理的调研;关于我区社会保险事业标准化建设方案研究;关于石景山区精神家园建设的调查与思考;关于问责工作的一些思考;关于在棚户区改造房屋征收项目中扩展社会稳定风险评估工作效能的调研——以北辛安棚改项目为例;关于推动干部“能上能下”的探索与思考;关于我区在城市更新中推进绿色生态示范区建设的思考;关于加强民主政治建设,进一步完善政党协商的落实机制的调研;关于充分发挥职能作用,开创人大财经监督工作新局面的调研;关于加强我区公共文化服务体系建设的调研;关于我区侦查监督工作的调研;关于我区老旧小区整治与管理问题的建议及对策;关于公安机关发挥职能作用,助力石景山区打赢“拆违治乱建高端”攻坚战的思考与实践;关于推进公共文化服务体系改革的调研与思考;关于推进社区卫生药品供给方式改革,不断满足居民用药需求的调研;关于统筹推进石景山区生态环境保护工作的思考与建议;关于破解信访是最迫切的民生问题的思考;关于推动高端发展,加快我区建设国家级金融创新示范区的调研;关于提高社会治理能力,推进街道社会治理委员会建设的调研;关于将模式口古镇改造建设成为双创基金小镇的思考与建议。

(邵聪聪)

【调研课题推荐】 3月27日,区委、区政府研究室与区委统战部联合召开民主党派、工商联调研课题选题推荐会。向民主党派主委及工商联负责人介绍2017年重点课题总体情况,推荐60个调研课题,建议各民主党派和工商联围绕区委、区政府高端绿色发展战略选准课题、开展调研,为区委、区政府科学决策和民主决策贡献力量。区委常委、区委统战部部长姚茂文出席会议。

(邵聪聪)

【市重点关注课题】 《关于石景山区落实全面从严治党方针不断提高党的建设水平的研究》由牛青山主持。该课题由区委区政府研究室完成,形成8万余字的研究成果。该课题以全面从严治党战略为基本遵循,以党的十九大精神为灵魂指引,始终围绕习近平总书记两次视察北京重要讲话精神和对北京工作一系列重要指示。确立石景山区在新形势下深入推进全面从严治党的思路与对策,始终坚持党建统领,全面加强党的政治建设、思想建设、组织建设、作风建设、反腐倡廉建设和制度建设,着力构建“六位一体”的工作格局,以深入推进全面从严治党的实际成效,为高端绿色发展提供坚强保障。《石景山区长期护理保险制度试点研究报告》由文献主持。该课题由区委区政府研究室牵头,与区人力社保局合作,完成4万余字的研究成果。课题组对长期护理服务的提供机构、保险委托经办机构、筹资等进行充分的调研和论证,制定石景山区长期护理保险制度试点的制度体系,主要包括:保障范围、参保缴费、待遇支付、失能人员等级评估和护理需求认定等标准体系和管理办法,护理服务机构和护理人员服务质量评价、协议管理和费用结算等办法,长期护理保险社会化管理服务规范和运行机制等。探索建立长期护理保险的政策体系、服务标准、服务体系和运行管理机制。

(邵聪聪)

【完成综合文稿】 区委、区政府研究室全年起草各类报告、讲话等综合文稿70余篇。重点包括:完成《区委第十二届五次全会报告》和区人代会《政府工作报告》,形成石景山区2018年发展的指导性文件。完成大量常规性文稿,主要承担包括区委区政府重要会议材料、领导讲话、重要报刊约稿等文稿。完成区领导临时交办的文稿起草与修改完善工作,包括向蔡奇书记所作的石景山区工作汇报、市委环保督查迎检材料,以及区委班子民主生活会对照检查报告和整改方案等。

(邵聪聪)

【优秀调研文集】 年内,区委、区政府研究室完成上年度《石景山区优秀调研报告文集》编辑、印发工作。《石景山区优秀调研报告文集》收录优秀调研报告85篇(其中一等奖10篇、二等奖20篇、三等奖45篇、民主党派优秀报告10篇),同时还收录区领导主持的区重点协作调研课题21篇以及当年部分重要文件。

(邵聪聪)

机构编制管理

【概况】 北京市石景山区机构编制委员会办公室(简称区编办)是区机构编制委员会(简称区编委)的常设办事机构,在区编委领导下,负责本区行政管理体制和机构改革以及机构编制管理的日常工作，既是区委工作机构，又是区政府工作机构，列入区委机构序列。

（李诗琪）

【事业单位分类改革】 8月，区编办联合区城管委、区人保局、区财政局和区国资等部门，完成区自来水公司转企改制工作，提前完成石景山区2017年度转企改制任务。推动暂未分类的事业单位类别认定工作，完成燕京公证处、区创业板企业培育中心等单位的类别认定工作。

（李诗琪）

【行政审批制度改革】 年内，区编办精简行政许可事项，取消3个部门的7项行政许可事项，对相关部门取消行政许可事项的公布及事中事后监管措施的落实工作进行督查。清理非许可审批事项，组织区政府相关部门对剩余的52项非行政许可审批事项进行清理。清理各类证明事项，组织区属相关部门开展清理各类证明工作，梳理出2个区属部门设定的涉及群众办事创业的证明事项予以取消。清理规范行政审批中介服务事项，组织区属相关部门做好市级分两批清理规范的206项行政审批中介服务事项的落实工作，督促各单位加强事中事后监管，确保责任落实到位。开展区级权力清单事项梳理工作，组织区属相关部门对区级单独实施的行政职权事项梳理摸底。开展公共服务事项梳理工作，组织32家区属相关部门对本单位涉及的公共服务事项及其相关要素进行梳理，区、街、社三级公共服务事项1931项（包含二级子目录473项）。

（李诗琪）

【机构编制调整】 年内，区编办根据工作实际，采取召开编委会与区编委领导签阅相结合的方式，研究涉及68个单位的机构编制事项，形成各类批复文件160余份。完善纪检监察体系建设，完成区监委设立、区监察局（区预防腐败局）撤销等改革调整工作。推进城市管理体制改革，围绕转变政府职能和理顺城市管理体制机制，调整完善能源、再生资源、环境卫生管理等方面的职能，理顺城市管理领域各部门职责，强化城市管理主责部门统筹协调职能。加强党风廉政建设工作力量，为全区设置有内设机构的处级单位相关科室加挂主体责任办的牌子，明确工作职责，加强工作力度。完成区级环境执法机构编制调整，将区环境执法机构由事业单位调整为行政执法机构，其使用的事业编制按市编办最新核算的标准统一置换为行政执法专项编制。强化安全生产监管体系建设，明确中关村科技园区石景山园管委会、西山八大处文化景区管委会等部门的安全生产监管相关职责。

（李诗琪）

【事业单位登记管理】 区编办全年完成67家事业单位法人设立、变更、注销登记，并完成全区300余家事业单位2016年度报告公示工作。试点推行"容缺受理"机制，优化办理流程，压缩办理时限，改善事业单位的服务体验。开展"个性化"业务培训，全年举办培训班4次，总计参训单位111个，参训人员130余人。

（李诗琪）

老干部管理

【概况】 中共北京市石景山区委老干部局（简称区委老干部局）是区委区政府服务、管理离休和处级以上退休干部的工作部门。截至年底，归属区委老干部局服务管理的离退休干部共计830人。其中离休干部139人（含易地安置离休干部6人），平均年龄89.7岁，副处级以上退休干部691人，平均年龄68.4岁。按离休干部参加革命时期划分：抗日战争时期36人、解放战争时期103人。按离退休干部所在单位性质划分：党政机关638人、事业单位136人、企业单位56人。全年离退休干部去世25人。

（汪国成 郭 维）

【走访慰问】 元旦、春节期间，区四套班子领导对41名区职离退休干部和8名14级以上离休干部进行走访慰问，同时各单位对830名离退休干部进行走访全覆盖；7－8月，结合纪念建军九十周年，对离休干部和有部队经历的退休干部共473人进行走访慰问；12月，区委老干部局党总支开展走访慰问活动，走访党总支老领导60余人；全年送别25位离退休干部并慰问家属。

（范曙峤）

【老干部自管组织建设】 1月6日，老年书画研究会10余位老年书法家，到八角南路社区开展迎新春送祝福活动。3月31日，老干部欣苑模特队"我是一个兵"节目应邀参加"第十届清明诗会"演出。4月28日，老干部欣苑舞蹈队表演的藏族舞"北京的金山上"在石景山区第十三届中老年优秀健身项目表演赛中获优秀奖。5月24—25日，区老干部门球队在市老干部局离退休干部门球赛中获得第七名。6月27日，老干部欣苑艺术团30余名老同志参加由区人力社保局、区委老干部局主办的"不忘初心 做健康老人——石景山区离退休人员喜迎十九大文艺展演"。7月26日，区双拥办、区委老干部局、区民政局、区军队干部离退休安置办、区老年书画研究会和北京军区善后办老干部大学联合举办石景山区纪念中国人民解放军建军九十周年军地书画作品联展，共展出军地书画家创作的260余幅书画作品。9月20—22日，区委老干部局开展为期三天的老干部自赛活动，260余名离退休干部参加乒乓球、象棋等11个比赛项目，共决出一、二、三等奖各13名。9月28日，区老干部欣苑艺术团原创的情景剧"我是一个兵"参加北京市老干部局举办的"喜迎党的十九大胜利召开"文艺展演。10月9日、12日，欣苑艺术团合唱队参加北京音乐家协会、北京文化艺术活动中心等单位主办，北京合唱协会等单位协办的第四届"北京之声"首都市民合唱周暨"为你歌唱"第七届北京合唱节老年组比赛，以9.58分的成绩获铜奖。10月9日，在举国迎接庆贺中国共产党第十九次全国代表大会胜利召开之际，区委老干部局、区老年书画研究会、区老干部大学举办离退休干部"喜迎十九大，共筑中国梦"书画作品展。同月17日，应区老年书画研究会邀请，中国老年书画研究会副会长张玉田为离退休干部进行山水技法讲座。27日，区委老干部局举行“重阳节”系列活动颁奖仪式，表彰2017年度“十佳健康老人”，邀请长庚医院专家为离退休干部及家属举行义诊活动。11月8日，参加北京市离退休干部台球赛，参赛老同志平均年龄达75岁，进入16强。

（张玉敏）

【健全老干部工作机制】 1月23日，区委老干部局召开全区老干部工作会暨老干部新春团拜会，传达市老干部工作会精神、部署全年工作，区四套班子主要领导出席，向老同志表达新春问候，牛青山代表区四套班子和全区社会各界向全区离退休干部致以新春祝福，全区离休干部、处级以上退休干部、区属各有关单位主要领导和工作人员500余人参会。全年区四套班子主要领导集体出席老干部工作会议和活动3次，共有5位区领导从区委工作思路、经济社会建设、党风廉政建设等方面向老同志通报情况。

（郭 维）

【红色大讲堂】 年内，区委老干部局开设“红色大讲堂”，600余人次离退休干部参加。1月，录制正能量宣传片《不忘初心 砥砺前行》。3月3日，为老同志解读石景山区第十二次党代会报告。3—11月，组织老干部宣讲团先后到八角南路社区、苹果园街道、区委党校、老干部党校、老干部局党总支等单位开展10余次十九大精神正能量宣讲。选树离退休干部先进典型，扩大宣传范围，强化“石景山老干部”官方微信和官方网站的宣传作用，编发“老街坊”老党员先锋队系列，宣传石景山“老街坊”特色品牌。4月25日，组织观看资料片《推动中美两国安全关系的良性互动》。从8月份起，在全区范围内开展“我看新变化，建言十九大”作品征集活动，并选取20余位老同志的书画作品、文章、诗歌、寄语等刊印《十九大专刊》，寄送至全区800余离退休干部手中。9月15日，组织观看资料片《夺取中国特色社会主义伟大胜利——学习习近平总书记“7·26”讲话精神》。10月，开展“畅谈十八大，展望十九大”专题调研。11月28日，开展市十九大精神百姓宣讲团老干部专场讲述会——“家风的故事”。12月15日，与金融办合作组织金融知识进机关宣传活动。搭建学习平台，每月向离退休干部发放《石景山报》《欣苑》等报刊，发挥教育阵地作用。全年组织参加市老干部局各类报告、研讨、讲座20余场，500余人次。

（余 萍）

【老干部活动】 2月起，区委老干部局在社区相继成立30余支老党员先锋队。3月30日，组织120余名老党员先锋队核心队伍代表、社区老党员先锋队代表共同对《实施方案》及老党员先锋队工作的开展进行交流研讨。5月18—19日，组织全区离退休干部开展“我看新变化 喜迎十九大”主题参观学习活动。6月29日，开展“喜迎十九大 百日争先锋 增添正能量 治乱促提升”主题活动启动暨街道老党员先锋队授旗仪式，区领导为全区9个街道老党员先锋队授旗。7月28日，组织召开离退休干部纪念中国人民解放军建军90周年喜迎十九大讲演会，牛青山向革命老战士代表赠送《战争记忆》一书。上报《老干部建言献策直通车》，全年6期，得到区领导批示1期，并责成有关部门办理，其余由各相关街道跟进处理中。

（余 萍）

【组织建设】 年内，区委老干部局先后与区委组织部、街道、社区和老干部代表进行不同形式的座谈10余次，探索研究全区离退休干部党组织建设的新思路和新方法。面向全区各单位及社区开展处级退休干部党组织关系情况的专项调研，共收到79家单位反馈的统计表400余份。6月13日，组织10余位离退休干部党支部书记开展“畅谈新变化，喜迎十九大”七一主题党日活动。9月5日，对区委老干部局党总支离退休干部党支部进行合并，由原有的9支离退休干部党支部调整为5支，选配退休干部担任党支部书记并配备4位在职干部担任联络员。10月27日，组织召开区老干部自管组织功能型党支部成立大会，并为10支新成立的功能型党支部颁牌，100余名支部党员及工作人员参加。

（余 萍）

【落实政策办实事】 年内，本市离休干部特需费标准由原来的每人每年1000元调整为每人每年1500元。区委老干部局完善“一对一”帮扶及长效联系机制和解困帮扶机制，全年帮扶老干部97人次，补助金额340690元。为离休干部发放健康疗养补助费和小帮手服务费，金额为142600元，为部分企业处级退休干部发放生活困难补助金130000元。日常看望慰问住院老干部200余人次。为全区离退休干部以每人800元标准进行健康体检，参检人数730余人。继续以每人400元标准落实“四就近”经费保障。活动中心软硬件设施不断提升改造，新装LED大屏幕和宣传橱窗，为通知、宣传开辟新窗口。9月，老干部活动中心阳光棚改造完成，改善采光、保暖、防雨功能；推进青松健身园（门球场）改造升级项目。

（范曙峤 那 娜）

保 密

【概况】 区委保密委员会办公室（简称区委保密办），是区委保密委员会的办事机构。区委保密办和区国家保密局，一个机构、两块牌子，既是区委保密委员会的办事机构，又是区政府管理保密工作的职能部门，由区委办公室管理。年内，对区内复制国家秘密载体定点企业和军工保密认证企业开展保密执法检查，排查泄密隐患；加强业务指导，完善保密措施。

（王志坚）

【各类试卷监管】 2017年，区委保密办继续开展对包括高考、中考、自考和成考在内的国家教育考试试卷保管使用情况的监管力度，保证考试期间每天检查保密室不少于两次，试卷运送过程中全程押运，试卷交接过程中履行手续，确保各类考试试卷的保密安全。

（王志坚）

【涉密载体管理】 年内，区委保密办

制定下发《涉密载体销毁管理暂行规定》,规定全区涉密载体统一由中央和国家机关涉密载体销毁中心实施集中销毁,由区国家保密局全程监销,杜绝销毁环节失泄密问题。全年共集中销毁涉密载体6次,销毁硬盘50余块,光盘500余张,纸介质文件资料近30吨。

(王志坚)

【保密现场督查】 年内,区委保密办督查组按照《现场督查项目表》,对全区80余个机关单位工作资料逐项进行对照检查,同时对全区150余台涉密电脑、2000余台连接互联网的非涉密电脑进行技术检查。对发现的问题和隐患,能立即整改的立即整改。立即整改有困难的,提出整改意见,限期整改。并将保密自查自评工作纳入年度考核考评体系,确保国家秘密的安全。

(王志坚)

【目标督查考核】 年内,区保密局组织全区103个单位自查自评工作。考核重点:涉密人员教育、管理制度及其落实情况;要害部门、部位保密管理制度及其落实情况;涉密载体保密管理制度及其落实情况;涉密计算机及其网络管理制度及其落实情况;《保密工作档案》建立情况等。目标考核覆盖面达到100%。

(王志坚)

直属机关党建

【概况】 中共石景山区委直属机关工作委员会(简称区直机关工委),是区委的工作部门。编制数11人,实有11人。负责领导和管理区直属党、政、群机关基层党组织。截至年底,共计有59个基层党组织,其中:党委7个,党总支13个,党支部39个,党员2456人;区直机关工会分会59个,会员3127人;机关团工委团支部13个,团员141人。2017年,在全系统以支部为单位进行"1+9"组织生活框架体系制度建设,普遍形成党日活动加"三会一课"、民主生活会、组织生活会、民主评议党员、谈心谈话、请示报告等9项制度在内的组织生活制度体系,并用党日活动制度促进其他9项制度落实。充分运用工作记实法、书香机关法、项目管理法、制度保障法、党日活动法,增强自转能力,落实市区基层党建工作重点任务清单有关事项。

(王　涛)

【党组织服务】 3月27日,区直机关工委印发《关于实行党组织服务项目化管理的意见》,开展党组织服务项目化管理活动,各级党组织围绕服务改革、发展、民生、群众、党员确定服务事项,采取项目化管理模式,推出"适销对路"的服务项目。引导基层党组织将社会和系统热点,本单位工作的难点、盲点作为党组织服务的重点;促进各党组织做到服务事项具体化、操作方案格式化、实施情况记实化。6月6日,启动并实施在职党员"归巢计划"暨区直机关系统"公益之星"活动,加强基层社会治理创新,提升党组织与党员服务群众的能力水平。8月14至10月13日,开展认领斑马线活动,共32个单位320人次参与。组织党组织服务项目方案展评,通过服务项目设计、服务工作实施、服务成效产出将服务型党建落到实处。

(王　涛)

【学习活动】 年初,区直机关工委明确每周书记办公会先学习、再议事的日常学习模式,并将全年学习内容具体分为四个单元,完成四个主题的学习任务。每个单元坚持有学习、参观、讨论等环节,以达到知行合一、学以致用的目的。各基层党支部也制定详细的学习计划,配合"书香机关"建设活动,依托每月一党课,并结合各基层党支部的工作特色组织开展学习活动。按照每季一个专题、一堂课、一批图书、每半年进行一次书评、每年进行一次总结表彰的路线图展开经常性学习教育。开展"学党代会精神、谋石景山发展""弘扬党的优良传统,保持清正廉洁政治本色""坚持四个自信,迎接十九大召开"和"贯彻十九大精神,夺取第一个百年目标胜利"为主题的4个季度的主题读书活动。向区直机关党员干部推荐《五大发展理念引领中国》《优良的作风和伟大的精神——图说党史三》等24本图书,为基层党组织配发《党课一小时》60次,举办四次主题党课,组织参观《坚持党建统领建设两大生态》《砥砺奋进的五年》《建军九十周年》等主题的成就展,集中观看党代会专题片、主题升旗仪式、党的光荣传统和伟大精神及党风廉政建设知识答卷、廉政寄语书法展等多种内容的学习活动。

(王　涛)

【关爱帮扶】 区直机关工委全年下拨帮扶资金20万元,各基层党组织累计开展活动50次,参加活动人数656人,投入资金近6万元,捐赠物品120件,走访慰问90人次,为社区解决实际问题20件,社区为机关提供各类服务30项。组织区四套班子领导和区机关677名机关党员干部参加"共产党员献爱心"捐款活动,共计捐款72255元;组织全体干部职工,参加"春风送暖""博爱在京城"募捐活动,合计捐款83883元。

(王　涛)

【基层组织建设】 年内,区直机关工委采取与"公务员季度工作评鉴表"、落实季度谈心制度相结合,梳理突出业绩的方式,建立机关干部实绩档案。全年收集个人申报突出业绩事项24项。年内,完成12名党务干部调整,完成1个基层党组织换届选举,启动一个机关党委的组建,新发展党员44名,处置不合适党员1名,批复追认优秀共产党员1人。

(王　涛)

党　校

【概况】 中共北京市石景山区委党校(简称区委党校)全年培训各类班次130期、11095人次,创历史新高。其中:协助区委组织部办班26期,培训3186人次;协助区人力社保局办班9期,培训704人次;协助统战部办班2期,培训174人次;协助区人大、区政协、各委办局、街道办班92期,培训7000人次;在职研究生班1期,学员31人;突出主课主业,加大党的理论教育和党性教育分量,在处级进修班、中青班等主体班次中比重达到78.8%,党性教育比重达到36.8%;打造核心课程,集中举办十九大精神专题研讨班,完成全区500余名处级干部轮训任务。获得首都精神文明先进单位称号、石景山区"古城之春"艺术节诵读大赛优秀组织奖,被市委党校评为宣传工作先进单位。推选赵瑜作为石景山区出席北京市十二次党代会代表。

(牛彦营)

【爱国主义教育基地】 6月7日,区委党校与八宝山革命公墓共建爱国主义教育基地协议签署仪式举行,八宝山革命公墓成为区委党校现场教学基地。

(牛彦营)

【举办23期主体班】 年内,党校(行政学院)完成各类主体班23期,培训学员2128人次(见下表)。

表3 2017年石景山区委党校(行政学院)主体班一览表

序号	培训主题	日 期	人数	主办单位
1	石景山区第1期处级干部学习贯彻党的十八届六中全会精神专题研讨班	2月27日至3月3日	141	区委组织部、区委党校
2	石景山区第2期处级干部学习贯彻党的十八届六中全会精神专题研讨班	3月6—10日	149	区委组织部、区委党校
3	2017年第一期处级干部进修班	3月6日至4月7日	39	区委组织部、区委党校
4	石景山区第3期处级干部学习贯彻党的十八届六中全会精神专题研讨班	3月13—17日	128	区委组织部、区委党校
5	石景山区第4期处级干部学习贯彻党的十八届六中全会精神专题研讨班	3月20—24日	85	区委组织部、区委党校
6	2017年公务员依法行政专题培训班	3月27—31日	111	区人力社保局、区行政学院
7	第二十二期中青年干部培训班	4月7日至6月9日	35	区委组织部、区委党校
8	城市精细化管理专题培训班	4月17—22日	50	区委组织部、区委党校、浙江大学
9	2017年第一期科级干部任职培训班	5月12—26日	67	区人力社保局、区行政学院
10	2017年处级女干部培训班	6月13—16日	40	区委组织部、区委党校、区妇联
11	北京市2017年第三期街道副主任专题培训班	6月19—23日	100	市委组织部
12	2017年第一期公务员初任培训班	6月23日至7月7日	76	区人力社保局、区行政学院
13	北京市2017年第四期街道副主任专题培训班	6月26—30日	127	市委组织部
14	第十三期团校青年骨干培训班	7月12—14日	48	区委组织部、区委党校、团区委
15	石景山区2017年公务员职业道德专题培训班	9月4—8日	123	区人力社保局、区行政学院
16	2017年第二期处级干部进修班	9月11日至10月13日	48	区委组织部、区委党校
17	2017年第三期处级干部进修班	10月30日至11月24日	54	区委组织部、区委党校
18	2017年第二期科级干部任职培训班	11月3—17日	68	区人力社保局、区行政学院
19	石景山区第一期处级干部学习贯彻党的十九大精神专题研讨班	11月27日至12月1日	128	区委组织部、区委党校
20	石景山区第二期处级干部学习贯彻党的十九大精神专题研讨班	12月4—8日	148	区委组织部、区委党校
21	石景山区第三期处级干部学习贯彻党的十九大精神专题研讨班	12月11—15日	151	区委组织部、区委党校
22	石景山区共青团系统十九大精神调训班	12月12—15日	50	区委组织部、区委党校、团区委
23	石景山区第四期处级干部学习贯彻党的十九大精神专题研讨班	12月18—22日	162	区委组织部、区委党校

(牛彦营)

【党的建设】 年内,区委党校修订完善民主集中制、党支部活动日和党员政治生日等9项党内工作制度。严格执行"三重一大"集体决策制度,定期召开校委会,邀请派驻纪检组列席,全年召开校委会62次,研究议题77个。校委班子参加区级中心组学习17次,2个支部开展集中活动36次。开展"党校姓党,敢于担当"3分钟主题演讲活动、"学讲记做"硬笔书法学习活动。另外,启动政治生日仪式。通过重温入党誓词、赠送生日贺卡、发放党建图书等形式为全体党员过政治生日，引导党员牢固树立“四个意识”。面向全区首次推出“红色党课菜单”，将党校自主开发的28讲党课进行汇总推介宣讲。迎接党风廉政等专项检查6次，党风廉政历次检查均名列全区前茅，召开党风廉政建设工作会14次，校委班子带头，逐级签订《党校党风廉政建设主体责任书》。

（牛彦营）

【学历教育】 年内，区委党校举办中央党校在职研究生班，2014级社会学专业31人，全部一次性通过论文答辩，顺利毕业。

（牛彦营）

【科研工作】 区委党校全年校级以上课题完成43项，其中国家级课题1项，市级课题6项，区级课题10项，校级课题26项，实现课题申报通过率、教科研人员参与率和中层以上干部领衔率均达到100%。建立《党校呈阅件》咨政载体，组建党校咨政小组和学员咨政小组，建立咨政报告指导手册，有3篇咨政报告刊发在区委《决策参考》上。在《学习时报》《中国组织人事报》《求是网》《共产党员网》等区以上媒体发表理论文章17篇。

（牛彦营）

党史资料征集

【概况】 中共石景山区委党史办公室（简称区委党史办）是区委主管的职能部门，年内，党史办认真学习贯彻习近平总书记视察北京重要讲话精神，以及党的十九大、市第十二次党代会、区第十二次党代会精神，坚持以党建统领为法宝，以建设民生家园为目的，开展“两学一做”学习教育活动，履行部门职能，全面宣传党的历史，发挥党的历史“以史鉴今，资政育人”的作用，使党史工作科学化水平和服务大局能力不断提升。《见证石景山》总计128万余字、发行超过21000本。

（刘　杰）

【推动区史编纂】 年内，区委党史办按照全市统一部署，撰写《中国共产党北京市石景山区历史》。按照市委党史研究室最新要求，对《中共北京市石景山区历史》体例、结构进行变动，加强人员培训，推进编书进度。编辑部每月定期召开编辑会，就编写过程中存在的问题加强沟通。

（刘　杰）

【整理基础资料】 区委党史办于年底前收集整理好石景山区2014－2016年大事记，全年干部人事变动情况资料，完成《石景山区2011年2016年人事变动情况汇编》编辑印刷工作。

（刘　杰）

【抢救口述资料】 截至年底，区委党史办完成近300页16万余字的口述史专题书籍《石景山·记忆》的编辑。

（刘　杰）

中共北京市石景山区第十二届委员会

书　记　牛青山

副书记　文　献　田利跃

常　委　牛青山　文　献　田利跃　郭　鹏　富大鹏（达斡尔族）　晋秋红（女）　肖　平　姚茂文（土家族）

委　员　（按姓氏笔画为序排列）

王永明　王春风　牛青山
文　献　亢　军　石显富
田利跃　宁慧娟（女）　刘　红（女）
孙厚义　李凤莲（女）　李文起
李金克　杨旭东　杨京春（女）
杨贵宝　肖　平　吴　燕（女）
吴克瑞　吴智鹏　佟纪光
宋世媛（女）　宋永红（女）　张玉国
陈　伟　陈婷婷（女，藏族）
邵立文　周西松　赵恩国（苗族）
郝显军（蒙古族）　侯宝华
姚茂文（土家族）　晋秋红（女）
夏林茂　高　虹（女）　郭　鹏
郭绍华　富大鹏（达斡尔族）

候补委员　（按得票多少为序排列）

王学秀（女）　苏文颖　杨文钢
李景利　迟志禹　夏鹏程
佟建国　高春玲（女）

石景山区委工作机构主要负责人

区委办主任	孙厚义（6月免）
	杜　涛（6月任）
组织部部长	晋秋红（女）
常务副部长	郭绍华（6月免）
	孙厚义（6月任）
宣传部常务副部长	王铁峰
统战部部长	姚茂文（土家族）
常务副部长	苏文颖
全面深化改革领导小组办公室主任	迟志禹（11月免）
	姚茂文（兼，土家族，11月任）
常务副主任	迟志禹（兼，11月任）
政法委书记	富大鹏（达斡尔族）
常务副书记	朱钢银
综治办主任	夏鹏程
研究室主任	迟志禹
区直机关工委书记	李景利
编办主任	徐亚玲（女）

社会工委书记　高春玲(女)
保密办主任　万晓健
老干部局局长　王宏芬(女)
文明办主任　裴士信(12月免)
　杨文钢(12月任)
610办主任　朱继忠
党校(行政学院)校(院)长　文　献(兼,10月免)
　田利跃(兼,10月任)
党校(行政学院)常务副校(院)长　侯宝华(副区级)
党史办主任　吕松涛(3月任)
教工委书记　叶向红(女,2月免)
　郝显军(蒙古族,3月任)
农工委书记　李金柱(2月免)
　蔡利全(3月任)
中关村科技园区石景山园工委书记
　文　献(兼,2月免)
　田利跃(兼,2月任,6月免)
　周西松(6月任)
城管工委书记　富大鹏(达斡尔族,2月免)
　李金克(兼,2月任)

石景山区政府、党政分设工作机构党委(党组)书记

政府办党组书记　吴　燕(女,12月任)
发改委党组书记　岳林华
经信委党组书记　王晓华
民政局党委书记　李凤莲(女,12月免)
民政局党组书记　丁仁猛(12月任)
司法局党组书记　邢俊毅(副区级,8月免)
　高维华(8月任)
财政局党组书记　陈　伟
人力社保局党委书记　石显富(6月免)
人力社保局党组书记　齐　兵(9月任)
环保局党委书记　张瑞龙(副区级)
住建委党委书记　姚尚志(4月免)
住建委党组书记　杨旭东(12月任)
商务委党组书记　宋世媛(女)
文化委党委书记　杨文钢(12月免)
卫计委党委书记　张　帆(女,12月免)
卫计委党组书记　张　帆(女,12月任)
审计局党组书记　王亚兰(女)
国资委党委书记　杨贵宝
安监局党组书记　佟晓军
体育局党组书记　任连田
统计局党组书记　王彦明
园林绿化局党委书记　吴　燕(女,6月免)
　李元员(女,6月任)
西建办党组书记　顾京生(副区级)
旅游委党组书记　安宝喜(12月任)
民防局(地震局)党组书记　崔　泽
信访办党组书记　张洪江(12月任)
金融办党组书记　杨京春(女,12月任)
行政服务中心党组书记　孙栓柱(副区级,6月任)
城市管理综合行政执法监察局党委书记　张玉起
档案局党组书记　张相明
环卫中心党委书记　张根群
广电中心党总支书记　刘长成
公园管理中心党总支书记　王金兰(女)
八大处公园管理处党总支书记　刘云清
石景山医院党委书记　苏砚军(12月免)
　刘　鹏(12月任)
工商联党组书记　柴亚洲
规划分局党组书记　王亦兵
工商分局党组书记　李广隆
国土分局党组书记　霍　丽(女)
国税局党组书记　李卫平
地税局党组书记　李　娜(女)
食药监局党组书记　张桂敏(女)
质监局党组书记　韩洪亮

北京市石景山区人民代表大会

综 述

【概况】 本届区人民代表大会是石景山区第十六届人民代表大会，依法选举产生区人大代表181名。石景山区人民代表大会常务委员会(简称区人大常委会)是本区人民代表大会的常设机关，由区人民代表大会选举产生。在大会闭会期间，依法行使地方国家权力机关的职权，对区人民代表大会负责并报告工作。区第十六届人大常委会组成人员35人，其中主任1人、副主任5人、委员29人。常委会会议由主任召集，每两个月至少举行一次。石景山区人大常委会机关内设办公室(信访办公室)、代表联络室(市人大代表联络处)、研究室、财政经济办公室、预算审查办公室、法制办公室(备案审查办公室)、教科文卫体办公室、城建环保办公室8个工作机构，行政编制35人。

(包和平)

【疏解整治促提升行动】 年内，结合区人大常委会监督议题，了解人大代表、基层群众对疏解整治工作的意见和想法，形成审议意见、视察意见、专题询问意见、“代表监督”信息。区人大常委会主任、副主任到一线视察指导、分片包干、指挥调度，推进“老街坊”社会治理，走访慰问社区拆违一线干部，抽调机关人员参与全区环保督查。结合“疏解整治促提升”专项行动开展监督工作，组织百余人次市、区人大代表开展20余次专项调研和视察活动。对精品街建设、区重点工程和保障房项目建设、老旧小区环境改造等工作情况进行视察；聚焦疏解腾退后“留白增绿”、便民服务等问题，组织代表就历史文化街区保护、园林绿化景观、蔬菜零售网络、停车管理设施提升“六个一批”工程建设情况进行调研视察；听取和审议区政府关于环境状况和环境保护目标任务完成情况的报告，重点对扬尘治理和水污染防治开展视察检查并形成审议意见。

(包和平)

【区人大街工委建设】 年内，依法加强人大街工委组织建设，任命新一届区人大街工委主任，首次设置并任命区人大街工委专职副主任，调整部分区人大街工委办公室主任，配齐配强人大街工委工作力量。

(包和平)

重要会议

【概况】 年内，区人大及其常委会全年共举行常委会会议8次，完成审议议题44项。其中听取和审议“一府两院”各项工作报告11项，作出决议、决定和审议意见14项；开展执法检查和视察8次，专题询问3次；任免国家机关工作人员101人次，任命新一届政府工作部门负责人，贯彻落实《北京市国家工作人员宪法宣誓组织办法》，组织7批54人次新任命人员向宪法宣誓，依法履行各项职能，发挥作用。

(包和平)

【区人大常委会第一次会议】 2月23日召开。会议审议通过石景山区人大常委会2017年工作要点；会议审议通过石景山区第十六届人大常委会代表资格审查委员会主任委员、委员名单；会议决定人事任免事项。会后，举行宪法宣誓。

(包和平)

【区人大常委会第二次会议】 3月24日召开。会议决定，石景山区第十六届人民代表大会第二次会议于2017年3月28日召开。决定相关人事任免事项。会议审议通过石景山区第十六届人民代表大会第二次会议议程(草案)。会议审议通过石景山区第十六届人民代表大会第二次会议主席团和秘书长名单(草案)。会后，举行宪法宣誓仪式。

(包和平)

【区十六届人大二次会议】 3月28—29日召开。29日经区第十六届人民代表大会第二次会议选举郭鹏为北京市石景山区监察委员会主任。会后，举行宪法宣誓。

(包和平)

【区人大常委会第三次会议】 3月29日召开。会议决定人事任免事项。会后，举行宪法宣誓仪式。

(包和平)

【区人大常委会第四次会议】 5月26日召开。会议决定人事任免事项会议以举手表决的方式，决定接受夏林茂辞去区人民政府区长职务的请求，并报区人民代表大会备案；会议以无记名投票的方式，通过区人大常委会主任会议提请文献为区人民政府副区长；会议以举手表决的方式，决定由文献代理区人民政府区长职务。会议举行宪法宣誓仪式。会议邀请北京市城市规划设计研究院交通所有关专家就石景山区停车专项规划进行专题讲座。

(包和平)

【区人大常委会第五次会议】 6月29日召开。会议听取和审议区财政局所作的关于2016年决算草案的报告。会议听取和审议区审计局所作的关于2016年度预算执行和其他财政收支的审计工作报告、区财政局所作的关于2017年上半年预算执行情况的报告和区发改委所作的关于2017年上半年国民经济和社会发展计划执行情况的报告。会议听取区人大财政经济委员会所作的关于石景山区2017年上半年国民经济和社会发展计划执行情况的初步审查意见。会议决定批准石景山区2016年区级决算。会议听取和审议区财政局所作的关于2017年预算调整方案的报告，并决定批准石景山区2017年预算调整方案。会议听取和审议区人民政府关于2016年度环境状况和环境保护目标完成情况的报告。决定人事任免事项。会后，举行宪法宣誓。

(包和平)

【区人大工作研讨会】 7月20—21日召开。区人大常委会组成人员、区人大各街工委负责人、区人大常委会法律顾问以及区人大常委会机关工作人员共70余人参加会议。本次研讨会以“人大监督和主力军作用”为主题，面向全体委员和代表共征集文章83篇，27名委员、法律顾问和区人大各街工委负责人，围绕加强和改进人大常委会监督工作、发挥区人大专门委员会作用、发挥代表主体作用、加强区人大街工委建设、推动“两大生态”建设5个主题分别发言。

（包和平）

【区人大常委会第六次会议】 8月24日召开。会议听取和审议区城管委所作的关于加快推进石景山区提升城市景观、加强精品街建设情况的报告和区财政局所作的关于2017年第二次预算调整方案的报告，通过批准石景山区2017年第二次预算调整方案。会议听取和审议区检察院所作的关于侦查监督工作情况的报告。会议表决通过《北京市石景山区人民代表大会常务委员会关于接受邵立文辞去石景山区第十六届人民代表大会代表职务请求的决定》。根据表决结果，区人大常委会决定：接受邵立文辞去石景山区第十六届人民代表大会代表职务的请求。会议表决通过《北京市石景山区人民代表大会常务委员会代表资格审查委员会关于个别代表的代表资格的报告》。依照代表法的有关规定，夏林茂、刘智辉、邵立文的代表资格终止。经本次变动后，石景山区第十六届人民代表大会实有代表180人。会议表决通过《北京市石景山区人民代表大会常务委员会关于补选石景山区第十六届人民代表大会代表的决定》。决定：在石景山区第十六届人民代表大会第三次会议召开前，依法完成补选区第十六届人民代表大会代表工作。区人大教育科技文化卫生体育委员会向区人大常委会提交《关于检查区人民政府贯彻实施 < 中华人民共和国食品安全法 > 及 < 北京市食品安全条例 > 情况的书面报告》。决定相关人事任免事项。

（包和平）

【区人大常委会第七次会议】 10月26日召开。会议听取和审议区人大常委会代表联络室所作的关于区第十六届人大第一次会议代表建议、批评和意见办理工作情况的报告和区文化委所作的关于加强现代公共文化服务体系建设情况的报告。会议表决通过《北京市石景山区人民代表大会常务委员会代表资格审查委员会关于个别代表的代表资格的报告》。依照代表法的有关规定，确认石显富的代表资格有效。经本次确认后，石景山区第十六届人民代表大会实有代表181人。会议决定石景山区第十六届人民代表大会第三次会议于2017年11月21日召开；石景山区第十六人民代表大会第四次会议于2018年1月16日召开。会议审议通过区第十六届人大第三次会议议程草案和区第十六届人大第三次会议主席团和秘书长名单草案。区政府向区人大常委会提交2016年度审计工作报告指出问题整改落实情况的书面报告。决定相关人事任免事项，会后举行宪法宣誓仪式。

（包和平）

【区十六届人大三次会议】 11月21—23日召开。11月23日经区第十六届人民代表大会第三次会议选举产生石景山区出席北京市第十五届人民代表大会代表28人（名单如下）。会议补选文献为石景山区人民政府区长。

马丽萍（女，回族）　马　兵
王　红（女）　牛青山
毛亚静（女）　文　献
田利跃　朱衍生
刘亚泉　刘瑜晓
安丽娟（女）　李文起
李哲清（女）　邹维萍（女）
张功焰　张杰庭
张欣瑞（女）　张　斌（女）
陈建领　岳德顺
赵　五　赵　伟
南海涛（女，朝鲜族）　要　靖（女）
贾　月（女）　郭怀刚
曹丽娟（女）　隋振江

（包和平）

【区人大常委会第八次会议】 12月14日召开。会议讨论区人大常委会向区第十六届人大第四次会议所作工作报告（讨论稿），决定提交人代会审议。区人大各专门委员会向区人大常委会提交2017年度工作报告。会议审议通过区第十六届人大第四次会议议程草案。会议审议通过区第十六届人大第四次会议主席团和秘书长等名单草案。会议决定区第十六届人大第四次会议列席人员名单。区人大城建环保委员会提交区人大常委会关于视察石景山区“疏解整治促提升”和“六个一批”建设情况的书面报告。区人大财经委员会提交区人大常委会关于视察石景山区蔬菜零售网络建设情况的书面报告。区人民政府提交关于2017年预算支出变动情况的书面报告。

（包和平）

【人大常委会主任会议】 年内，区人大常委会共召开25次主任会议，研究处理区人大常委会的重要日常工作，指导和协调区人大常委会工作机构开展工作。研究确定8次区人大常委会

11月22日，石景山区十六届人代会三次会分团讨论　（区委宣传部供稿）

9月21日，区人大常委会视察现代公共文化服务体系建设 （区人大供稿）

会议召开的时间和日程安排，提出各次会议议程草案；研究讨论区人大常委会年度工作要点草案及主要工作安排；研究讨论召开区第十六届人民代表大会第二次会议和区第十六届人民代表大会第三次会议筹备工作方案、议程及有关名单草案、人大工作报告讨论稿；研究讨论人事任免事项；研究讨论召开区人大工作研讨会。

（包和平）

专门委员会

【概述】 石景山区第十六届人民代表大会首次设立4个专门委员会——法制委员会、财政经济委员会、教育科技文化卫生体育委员会、城市建设环境保护委员会，在大会闭会期间，受本级人大常委会领导。常委会指导各专门委员会，各专门委员会通过协助常委会听取和审议专项工作报告，开展执法检查和专题询问，督办代表议案和建议，实施专项视察和调研，展现履职活力，拓展人大监督工作的广度和深度。年内，各专门委员会组建5个专业代表小组，共召开专委会全体会议19次，协助常委会组织代表807人次开展各类监督活动103项次，提出意见建议536条，强化代表议案办理和建议督办。

（包和平）

【法制委员会】 法制委员会全年召开专委会全体会议5次，初审各种报告9篇。协助常委会听取和审议1项专项工作报告，开展1项跟踪检查，2次专题询问（其中专委会开展专题询问1次），2次专项视察。督办法制类代表建议22件，协助区人大常委会副主任重点督办代表建议2件，跟踪督办区第十五届人大代表建议1件。组织委员、代表开展视察、检查、专题询问、调研、旁听等各类活动28次，参加委员、代表187人次，提出意见建议113条。

（包和平）

【财政经济委员会】 财政经济委员会全年召开委员会会议4次，完成8项法定议题的初步审查工作；协助区人大常委会完成审议议题6项，提交区人大常委会初审意见5个，审议意见书4个；承办区人大常委会视察1次，起草视察报告1个，提交人区代会审查报告2个；开展14次专题调研活动，形成3篇调研报告和16篇调研信息，提出加强计划和预决算编制、执行方面审查意见建议27个。改进预算审查监督方式，在全市率先实现预算监督联网，首次将国有土地使用权出让收入及相应支出纳入2018年政府性基金预算。

（包和平）

【教育科技文化卫生体育委员会】 教科文卫体委员会全年召开委员会会议5次，协助常委会开展调研、执法检查、建议督办等各类监督活动26次，初审各项报告5篇，225人次参加，提出意见建议268条。成立教育、卫生、文化科技体育3个专业代表小组，增强监督工作的专业性。组织开展专题培训、实地调查研究、专题交流研讨、阅读优秀书籍等活动。

（包和平）

【城市建设环境保护委员会】 城建环保委员会全年召开委员会会议5次，初审各种报告11篇。协助区人大常委会听取和审议2项专项工作报告，开展3项跟踪检查，2次专题询问，2次专项视察。受市人大委托协助区人

6月22日，区人大常委会组织食品安全执法检查 （区委宣传部供稿）

大常委会进行1项执法检查。督办城建环保类代表建议105件，协助区人大常委会主任、副主任牵头重点代表建议督办4件，跟踪督办区第十五届人大代表建议4件。组织委员、代表开展视察、执法检查、专题询问、调研等各类活动36次，参加委员、代表312人次，提出意见建议128条。

（包和平）

监督工作

【概况】 年内，区人大常委会坚持党的领导、人民当家作主、依法治国有机统一，围绕全区中心工作和区十六届人大一次会议确定的各项任务，按照区委对人大"六个主力军"的要求，依法履行职责，开展工作，发挥地方国家权力机关的重要作用。

（包和平）

【围绕司法监督履行职责】 年内，区人大常委会听取和审议区检察院关于侦查监督工作情况的报告，并开展专题询问，要求区检察院深耕侦查监督主业，推动侦查监督工作向基层执法办案一线延伸，提升侦查监督公信力。开展石景山区"七五"普法落实情况，听取有关部门的汇报。对区法院执行情况进行调研和监督。组织代表旁听法院公开审理案件，68代表人次参加3次旁听，增强代表对司法工作的了解和监督。

（包和平）

【围绕经济发展履行职责】 年内，区人大常委会推进构建"高精尖"产业体系，关注北京保险产业园建设和发展情况，开展相关专题调研，推动产业园朝全国保险创新试验区方向发展。先后听取和审议2017年两次区级预算调整方案的报告，加强政府债务监督，首次审议因政府发行36.3亿元的土地储备专项债券增加政府债务的预算调整方案，在加强对政府举债规模、资金用途、偿债能力审查的基础上，综合评估各项债务风险指标和举债风险，作出批准性决议。改进计划预算审查监督方式，将会议监督与经常性审查监督相结合，加大前期技术性审查力度；创新预算监督手段，在全市率先实现预算监督联网，实现周期性报表审阅向实时性电子信息审阅的转变；完善全口径预算内容，首次将国有土地使用权出让收入及相应支出纳入政府性基金预算。

（包和平）

6月22日，区人大代表检查食品安全情况　（区人大供稿）

【围绕民生建设履行职责】 年内，区人大常委会推进西部旅游和文化产业发展，组织代表视察西部旅游发展和西山永定河文化带建设情况，专题调研模式口历史文化遗产的挖掘、保护和传承情况。推进民生家园建设，坚持以人民为中心的发展思想，重点围绕建立居家养老服务体系、教育品质提升、科技成果转化应用、医药卫生体制改革等，开展专题视察和调研，跟踪检查区政府落实区人大审议意见情况，督促有关部门把涉及群众切身利益的好事办好。改进食品安全执法检查工作程序，抓住前期调研、法律培训、问卷调查、问题复检4个环节，采取经营单位自查、代表明查暗访和常委会集中检查相结合的方式，对千余家食品生产经营单位进行检查，跟进执法检查问题整改和监管责任落实。区人大常委会就《北京市全民健身条例》和《北京市生活垃圾处理条例》在石景山区贯彻落实情况开展执法检查，就生活垃圾管理工作开展专题询问。

（包和平）

代表工作

【跨届次跟踪督办】 年内，首次跨届次跟踪督办代表建议，针对区第十五届人大代表多次提出的，或列入承办单位工作计划至今没有解决的建议，进行梳理分析，由区人大常委会主任会议确定，对"关于彻底解决金顶阳光小区消防系统安全隐患"等9件建议的落实情况进行跟踪督办，6件建议得到解决或基本解决，2件建议承办单位明确解决时限，1件建议取得实质性进展。

（包和平）

【代表"家站"展现新活力】 年内，各"家"完善制度、丰富功能，健全代表接待选民预约登记、群众意见建议反馈制度，创新代表活动形式，增强代表履职实效；各"站"突出特色，开展示范点建设，设立"代表助理""民情信息员"协助代表收集社情民意，组织代表参与"老街坊"社区议事协商委员会，开展"握千手走百家"大串门活动，把"人大代表联络站"打造成代表密切联系群众的工作站。八角"人大代表之家"和"人大代表联络站"被确定为首个"北京市领导干部民主法治教育现场教学点"，开展多场教学活动。

（包和平）

石景山区第十六届人民代表大会常务委员会

主　任　李文起

副主任　刘亚泉　高洪雁(女)　朱钢银　吕秀艳(女)　马丽萍(女,回族)

委　员　马振才　王泽群　王颖玲(女)　毛慧敏(女)　田　勇(女)　田景安　白宏宽　许保国　孙　钢　李　成　李金柱　杨学兵　杨清霞(女)　宋　平(女)　宋竞男(女)　张　杰(女)　张　艳(女)　张培莉(女)　张　清(女)　陈文彰　岳　峰　徐春生　郭绍华　黄　丹(女)　龚志彪　梁正刚　梁宗平　梁建新　颜海波

石景山区第十六届人民代表大会专门委员会

法制委员会主任　张培莉(女)

副主任　杨清霞(女)　魏志强

财政经济委员会主任　田　勇(女)

副主任　李金柱　宋　平(女)

教科文卫体委员会主任　王颖玲(女)

副主任　毛慧敏(女)　徐春生

城建环保委员会主任　田景安

副主任　孙　钢　张　艳(女)

石景山区第十六届人大常委会工作机构负责人

办公室主任　龚志彪

研究室主任　张　清(女)

代表联络室(市人大代表联络处)主任　李　成

财政经济办公室主任　李金柱

预算审查办公室主任　田　勇(女)

法制(备案审查)办公室主任　张培莉(女)

教科文卫体办公室主任　王颖玲(女)

城建环保办公室主任　田景安

北京市石景山区人民政府

综　　述

【概况】　北京市石景山区人民政府(简称区政府)是北京市石景山区人民代表大会的执行机关,是石景山区国家行政机关,对本级人民代表大会及其常务委员会和上一级国家行政机关负责并报告工作。本届区政府由石景山区第十六届人民代表大会第一次会议于2016年12月24日选举产生,设置政府工作部门29个。年内,深入抓好"两贯彻一落实",大力实施"全面深度转型、高端绿色发展"战略,牢固树立"以拼搏为美、向行动致敬"的工作理念,全力推进"增量高端、存量提升、依法治乱"三件大事,全面完成区十六届人大一次会议确定的各项任务,圆满实现"八个高端体系"建设第一阶段既定目标。

(林迎午)

【主要经济指标】　2017年,地区生产总值完成492亿元,同比增长7%;一般公共预算收入完成56.4亿元,比上年预计完成增长10.6%,一般公共预算总收入达到109亿元;财政总收入达到107.4亿元。全社会固定资产投资完成260亿元,同比增长15.2%;社会消费品零售额完成303亿元,同比增长5.5%;居民人均可支配收入达到65800元,同比增长8%;万元地区生产总值能耗下降4.8%,超额完成市级任务。新增就业超过1万人,城镇登记失业率为2.36%,各项社会保险基金收缴率均达98%以上。

(林迎午)

【疏解整治促提升】　年内,石景山区疏解整治决战决胜。平稳拆除违法建筑点位1.1万个,面积390.8万平方米,占违建存量的95.6%,超过全区前20年拆违面积的总和,率先实现"基本无违法建设城区"目标。新增1万余个停车泊位、建设80多个便民服务设施、建成一批公共绿地、推进一批棚改及土地开发项目、建设一批基础设施,用于服务民生项目用地超过80%。经济发展质量稳步提升,主要指标增幅全市领先。城城市规划建设高标准推进,冬奥组委驻地及周边项目规划建设高标准推进,西十冬奥广场改造完成,85个重点项目和25项重点工程有序推进。实施清洁空气行动计划和环保实事项目,PM2.5年均浓度持续下降。建立"河长制"工作体系,落实人口调控措施,推进"西绿东引"工程。"街道吹哨、部门报到"体系更加完善,"街巷长制"全面落实,完成4个重点区域、11条精品大街、2个精品小区综合提升工作。改革创新全面深入,率先开展长期护理保险试点工作,居家养老改革纳入国家级试点,率先创立"石景山老街坊"社会治理品牌。民生福祉持续改善,持续加大民生投入,补足民生短板,全年民生支出81.8亿元,占一般公共预算支出的81.5%。劳动就业和社会保障等最根本的民生建设得到加强,投资1.84亿元实施81项济困工程,救助31.6万人(户)次。劳动就业、社会保障、住房、教育、医药卫生、文化等民生建设得到加强。集中开展安全隐患大排查大清理大整治专项行动,火灾事故同比下降26%,生产安全事故同比下降60%,通过北京市安全生产督察。

(林迎午)

【市政府领导到区调研】　6月7日,市委副书记、代市长陈吉宁到区调研。在京西商务中心,陈吉宁结合展板了解石景山区基本情况、发展战略和重点工作,了解京西商务中心绿色三星项目六大科技系统建设情况,并听取石景山区落实市委市政府"疏解整治促提升"专项行动精神、疏解非首都功能、优化区域发展布局、治理"大城市病"有关工作情况,俯瞰石景山区拆违治乱及"留白增绿"情况。陈吉宁对石景山区锁定"基本无违法建设区"工作目标、出台城市建筑物生态标准、实现无煤区建设、大力治理"大城市病"等方面工作给予肯定。在北辛安棚改房屋征收指挥部,陈吉宁了解北辛安棚改征收情况及石景山区改善民生、棚改工作情况,并对北辛安安置房按照绿色二星级标准建设给予高度评价。在首钢总公司、冬奥组委,陈吉宁听取石景山区在道路基础设施建设等方面服务北京冬奥会的工作情况。市政府有关领导,区领导牛青山、文献、田利跃、肖平、李金克、岳林华陪同调研。7月8日,市委常委、副市长阴和俊到石景山区调研科技创新和产业发展情况。同月12日,副市长卢彦带队检查调研凉水河石景山段(人民渠)河长制落实情况及水系联通规划情况。8月21日,市委常委、常务副市长张工到石景山区检查调研永定河流域河湖管理及河长制开展情况。12月29日,副市长程红带队到石景山区督导检查安全隐患大排查大清理大整治专项行动工作,实地查看北京国际汽车贸易园区内的京东等企业快递分拣站点的安全隐患整治情况和积压快件派送情况。

(林迎午)

【区政府领导调研】　年内,区领导到全区各单位参加调研、检查、走访、军政座谈等活动100余次,主要包括调研疏解整治促提升情况、安全生产、考察重大项目等。

(林迎午)

主要工作和重大活动

【概况】　2017年是本届政府的开局之年,是加强"四个中心"功能建设中谋求高端绿色发展取得重大突破的一年;是牢牢锁定工作目标,在深入推进"八个高端体系"建设第一阶段任务中取得重要成绩的一年;是全区上下戮力同心,在励精图治、敢于担当中汇聚转型发展正能量的一年。区政府全年从坚持拆建并举,疏解整治促提升实现重大突破;坚持构建高精尖经济结构,区域经济持续健康发展;坚持一流标准,城市面貌发生显著变化;坚持以人民为中心,民生福祉持续改善;坚持问题导向,重点领域改革深入推进;坚持党建统领,政府自身建设进一步加强6个方面推动各项工作。

(林迎午)

【政府常务会】　全年召开政府常务会15次(见下表)。

表 4 政府常务会一览表

时间	名称	议题
1月6日	第1次	关于报审《2017年石景山区“疏解整治促提升”专项行动工作方案》的请示
		关于报审《石景山区建设高端绿色发展生态任务清单》的请示
		关于报审《2017年石景山区十件环保实事》的请示
		关于报审《石景山区进一步聚焦攻坚加快水环境治理2017年实施方案》的请示
		关于报审《石景山区落实安全生产“党政同责、一岗双责、齐抓共管、失职追责”实施细则》的请示
2月16日	第2次	传达市政府常务会有关精神
		传达蔡奇同志在2016年度北京市级行政机关和区政府绩效考评述职述廉会议上的讲话精神
		传达《北京市贯彻落实(党政领导干部生态环境损害责任追究试行办法)》实施细则
		关于报审《区委区政府关于进一步加强生态环境保护工作的意见》等4份材料的请示
		关于报审《石景山区人民政府2017年折子工程》的请示
		区政府办公室关于报审《2017年区政府常务会议和区长办公会议议题计划》的请示
3月10日	第3次	关于《石景山推进京津冀协同发展工作分工方案》的汇报
		关于报审《提升居住区综合服务管理工作的意见》的请示
		关于报审《2017年石景山区法制宣传教育和依法治区工作要点》的请示
3月23日	第4次	关于报审《石景山新阶段老旧小区综合整治试点工作方案》的请示
		关于报审《老旧小区综合综合服务管理工作实施方案》的请示
5月10日	第5次	关于2017年一季度经济社会发展情况的汇报
6月8日	第6次	学习《土壤污染防治行动计划》
		关于我区2016年环境状况和环境保护目标任务完成情况的汇报
		关于我区2017年国民经济和社会发展计划上半年执行情况的汇报
		关于2016年财政决算草案情况的汇报
		关于2017年上半年财政预算执行情况的汇报
		关于2017年预算调整方案的汇报
		关于2016年度预算执行及其他财政收支审计工作报告的汇报
7月10日	第7次	关于我区创建食品安全示范区工作落实情况的汇报
		审计局关于《进一步加强审计整改工作意见》的汇报
		关于《上半年经济社会发展情况和下半年工作安排报告》的汇报
		关于贯彻落实北京市第十二次党代会报告重点任务方案的汇报
7月28日	第8次	区政府任命的国家工作人员宪法宣誓仪式
		《北京市行政执法机关移送涉嫌犯罪案件工作办法》
		关于《石景山区人民政府法律顾问工作暂行办法》的汇报说明
		关于2017年上半年固定资产投资完成情况及下半年计划安排的汇报
		关于2017年重点工程上半年进展情况的汇报
		关于报审《石景山区土壤污染防治工作方案2017年重点任务分解》的请示
		关于《石景山区人民政府提升城市景观加强精品街建设报告》的汇报说明
		关于我区2017上半年信访工作情况及下半年重点工作的汇报
8月24日	第9次	《关于推进安全生产领域改革发展的意见》
		关于我区2017年上半年环保工作总结和下半年工作计划的汇报
		关于《石景山区扎实推进精准帮扶工作实施意见》的汇报
		关于《石景山区加强政务服务体系建设实施意见》的汇报

续表

时　间	名　称	议　　题
10月10日	第10次	关于市四中院2016年石景山区人民政府涉诉行政案件司法审查报告的通报
		关于报审《石景山区关于建立完善信用联合奖惩制度加快推进诚信建设的实施意见》的请示
		关于报审《石景山区2016年度预算执行和其他财政收支审计查出问题整改情况报告》的请示
		关于报审《石景山区人民政府关于加强现代公共文化服务体系建设情况报告》的请示
		关于报审《办理区第十六届人大第一次会议代表建议、批评和意见工作情况报告》的请示
11月3日	第11次	关于提请区政府作出石景山区衙门口棚户区改造房屋征收项目住宅房屋征收决定的请示
11月17日	第12次	关于2017年固定资产投资和争取资金完成情况及2018年计划安排的汇报说明
		关于北京市环保督察工作进展情况的汇报说明
		关于石景山区医药分开综合改革进展情况的汇报
		关于2017年就业再就业工作情况的汇报
		关于2017年社会保险工作情况的汇报
		关于2017年财政支出预算变动情况的汇报
12月1日	第13次	传达蔡奇书记对安全隐患大排查大清理大整治专项行动的批示精神
		关于石景山区安全隐患大排查大清理大整治专项行动进展情况的汇报
		关于信访代理工作2017年总结和2018年重点工作情况的汇报
		关于我区推进政务公开工作情况的汇报
12月4日	第14次	关于提请区政府作出石景山区衙门口棚户区改造房屋征收项目住宅房屋征收决定的请示
		关于我区长期护理保险试点工作的汇报
		关于2017年招商引资工作情况和2018年工作计划的汇报
		关于报审《2018年城市道路建设及大修计划》的请示
		关于我区静态交通建设情况的汇报
12月6日	第15次	关于《2018年政府工作报告(审议稿)》的汇报
		关于《石景山区2017年国民经济和社会发展计划执行情况与2018年国民经济和社会发展计划草案报告》的汇报
		关于2017年便民工程建设情况和2018年建设计划的汇报
		关于2017年"济困工程"实施情况和2018年计划安排的汇报
		关于2017年预算执行情况和2018年预算草案的汇报

（林迎午）

【区长办公会】 全年召开区长办公会33次(见下表)。

表5　　区长办公会一览表

时　间	名　称	议　　题
1月6日	第3次	人事任免有关事项
1月22日	第4次	关于报审《拨付行政服务窗口综合接待大厅装修改造项目资金》的请示
		关于报审《我区与陆军后勤部签订土地置换框架协议》的请示
		关于报审《促进中关村石景山园高端产业集聚发展的办法(试行)实施细则》的请示
		关于报审《拨付石景山区2016年苹果园综合交通枢纽项目征地拆迁补助资金》的请示
2月16日	第5次	关于报审《追加2015年度区级单位补充医疗保险金》的请示
		关于报审《拨付落实空气质量改善实施方案所需经费》的请示
		关于报审《衙门口粪便消纳站升级改造工程建设方案及所需资金》的请示
2月22日	第6次	人事任免有关事项
		关于2016年信访工作情况及2017年重点工作安排的汇报

续表

时　间	名　称	议　　题
2月22日	第6次	关于报审《2016年招商引资工作情况及2017年工作思路》的汇报
		关于报审《2017年双拥工作要点》的请示
		关于报审《石景山区行业协会与行政机关脱钩实施方案》的请示
		关于报审《做好政府向社会力量购买公共文化服务工作的实施意见》的请示
		关于报审《拨付古城高级中学与古城第二小学改造工程建设资金》的请示
3月10日	第7次	关于首钢园区北区相关情况介绍
		关于报审《增加基层流管工作规范化建设经费》的请示
		关于报审《衙门口粪便消纳站升级改造工程建设方案及所需资金》的请示
		关于报审《拨付区体育中心改扩建项目开办费》的请示
3月23日	第8次	人事任免相关事项
		关于报审《开展区政府定密责任人授权工作》的请示
		关于我区住房保障工作的汇报
		关于报审《筹建石景山产业发展基金有限公司》的请示
		关于我区第一次全国可移动文物普查工作的汇报
		关于报审《石景山区2017年重点功能区大气污染第三方综合治理服务方案》的请示
3月30日	第9次	关于推进我区医药分开综合改革工作的汇报
4月6日	第10次	人事任免有关事项
		关于迎接国务院安委会安全生产巡查督导工作的汇报
		关于报审淘汰不合格燃气灶具、安装燃气辅助设备和独立式烟感火灾报警器的请示
4月14日	第11次	关于拨付《不忘初心红色基因》专题片制作经费的请示
		关于报审《我区水污染防治工作方案2017重点任务分解》的请示
		关于报审《2017区政府与区人大、区政协开展民主协商工作安排》的请示
		关于报审《装修加固反恐特警支队武警十四支队十二中队备勤营房》的请示
		关于报审《我区企业信用监管和服务平台管理办法(试行)》的请示
		关于报审《给予17家企业一事一议政策支持及兑现2家企业2016年度企业发展资金》的请示
		关于报审《区属公立医院一次性核增绩效工资财政补助》的请示
		关于报审《区体育中心改扩建项目腾退补助资金》的请示
		关于报审《拨付2017年信息化工作要点有关资金》的请示
		关于报审《我区自来水公司专制划拨方案》的请示
		关于报审《环卫用地规划及南山综合场站建设方案》的请示
5月4日	第12次	人事任免有关事项
5月10日	第13次	关于北辛安棚户区改造A、B区项目成本和资金平衡测算报告的请示
6月9日	第14次	人事任免有关事项
		关于兑现2016年度园区招商引资政策资金的请示
		关于兑现2016年度现代金融产业支持政策的请示
		关于拨付华夏银行信用卡中心2017年房租及物业费的请示
		关于"疏解整治促提升"专项资金分配相关工作的请示
		关于衙门口棚户区改造土地开发项目工作汇报
		关于报审《古城环卫楼老旧小区综合整治方案》的请示
6月14日	第15次	传达《北京市新首钢高端产业综合服务区发展建设领导小组第四次会议纪要》及《代市长陈吉宁赴石景山区调研疏解整治促提升和首钢园区及其工业遗存规划利用有关工作》(《昨日市情》特刊104期)

续表

时间	名称	议题
6月14日	第15次	关于申请2016－2017年区管城市道路中小维修养护资金的请示
		关于申请《石景山区进一步聚焦攻坚加快水环境治理2017年实施方案》区级项目资金的请示
		关于报审石景山区莲石湖周边三处砂石厂关停后生态修复的请示
		关于我区2017年防震减灾工作情况的汇报
		关于模式口历史文化保护区修缮整治工作的汇报
		关于申请气象业务用房建设资金的请示
		关于报审《石景山区公共安全视频监控建设联网应用工作实施方案》
6月28日	第16次	关于向阳花卉园违法建设拆违工作方案的汇报
		关于酒吧街拆违实施方案的汇报
6月29日	第17次	人事任免有关事项
		传达中央及北京市领导批示精神
		传达学习国家统计局北京调查总队《统计报告》及蔡奇同志批示精神
		区人力社保局关于增加2016年度“嘉奖”奖励指标有关工作的汇报
		关于启动“百街百巷百社区”专项行动和背街小巷环境综合整治工作的请示
		关于报审2017年大气污染防治专项资金安排的请示
		关于“八一”期间双拥活动安排的汇报
		关于申请五里坨定向安置房配套托老所购房款及物业费的请示
		关于申请金顶街幼儿园新建项目区级配套资金的请示
		关于我区试点推进“多证合一、一照一码”登记制度改革工作的汇报
7月10日	第18次	关于兑现“一事一议”企业2016年度政策资金的请示
		关于报审我区实施路侧停车管理方式改革方案的请示
		关于2017年车辆报废更新及所需经费的请示
		关于申请2017年土地储备资金的请示
		关于武警十四支队申请区级预算专项补助资金的请示
7月21日	第19次	人事任免有关事项
		传达陈吉宁代市长近期调研及讲话主要精神
		关于报审《北京市石景山区贯彻质量发展纲要实施意见2017年行动计划》的请示
		关于安全生产相关工作的汇报
		关于补充社区工作者相关事项的请示
		关于规范调整2017年社区工作者工资待遇的请示
		关于申请20亿元项目贷款融资的请示
		关于申请金都园林地块玉鲁市场商户疏解资金的请示
		关于申请“一带一路”高峰论坛重大安保活动一次性奖励预算的请示
		关于传达中央及市保密委有关情况的通报
7月31日	第20次	传达第八次全国信访工作会议精神
		关于推进石景山区2017年中央、市属企事业单位、部队高压自管户及直管公房“煤改电”工作有关请示事项的汇报
		关于“创建基本无违建社区”百日会战进展情况的汇报及相关事项的请示
		关于2017年上半年招商引资工作情况及下半年工作安排的汇报
		关于北京市园林绿化局与石景山区人民政府项目合作框架协议的汇报
		关于发行政府性专项债券的请示

续表

时间	名称	议题
8月8日	第21次	关于推动“六个一批”规划工作相关情况的汇报
		关于拟将房山区长阳新城项目对接西北热电中心GIS室剩余房源、东下庄定向安置房剩余房源调整为模式口大街修缮改造与环境整治工程安置房源事宜的请示
		关于收购晋元庄经济适用住房作为公共租赁住房的请示
		关于申请购置清洁能源环卫车辆的请示
8月10日	第22次	人事任免有关事项
8月24日	第23次	关于我区集体土地委托管理工作的汇报
		关于2016年度石景山区科学技术奖励评审工作的汇报
		关于申请石景山区2017年对口支援、对口协作以及慰问干部经费的请示
		关于申请拨付审判办案相关经费的请示
		关于设立冰雪体育发展专项经费的请示
		关于石景山区高端人才社区合作运营的请示
		关于申请侨梦苑公共服务平台相关建设资金的请示
9月4日	第24次	人事任免有关事项
		关于申请办理2017年区人大代表建议建设环卫设施资金的请示
		关于申请石景山创新平台房屋租金的请示
		关于申请石景山区加密电视电话会议系统建设项目资金的请示
		关于申请石景山区创建食品安全示范区工作经费的请示
		关于国资公司为石泰公司衙门口项目融资的请示
9月12日	第25次	传达关于昌平区回龙观鑫地市场火灾事故调查处理情况及其教训的通报
		传达关于“葛宇路”道路名牌事件调查处理情况及其教训的通报
		关于我区落实城市公共服务类岗位安置本市农村劳动力就业促进农民增收试点工作的汇报
		关于申请我区2017年“煤改电”特殊点位及困难企业兜底改造资金的请示
		关于申请石景山区体育生活化社区建设一期工程区级配套资金的请示
		关于申请招录政府合同制专职消防员相关经费的请示
10月10日	第26次	关于报审《2018－2020年石景山区“疏解整治促提升”专项行动工作方案》的请示
		关于申请麻峪村小型消防站建设资金的请示
		关于申请信安大厦工程建设及市政配套设施资金的请示
		人事任免有关事项
10月17日	第27次	人事任免有关事项
		关于我区前三季度经济社会发展情况的汇报
		关于2017年三季度安全生产工作情况的汇报
		关于申请中关村石景山园党群活动服务中心建设资金的请示
		关于申请石景山水厂配套截洪沟工程资金的请示
		关于申请不动产登记服务机构和档案库等设施装修改造经费的请示
		关于申请消防支队及特勤消防站改扩建项目建设资金的请示
10月27日	第28次	汇报经济社会发展工作会筹备情况 1. 关于筹备召开石景山区经济社会发展工作会情况的汇报；2. 关于石景山区政府与中国电子科技集团战略合作协议情况的汇报；3. 关于出台石景山区领导服务重点企业工作机制情况的汇报

续表

时 间	名 称	议 题
10月27日	第28次	各相关单位汇报政策制定情况 1. 区投资促进局关于报审《石景山区优化营商环境 构建“高精尖”产业体系实施办法》(审议稿)的请示;2. 区经济信息化委关于报审《石景山服务行动计划(2017－2020)》的请示;3. 工商分局关于报审《服务中关村科技园区石景山园建设工作方案》的请示;4. 区商务委关于报审《石景山区深化改革推进服务业扩大开放工作方案》、《石景山区深化改革推进服务业扩大开放暂行办法》及《石景山区促进高端商务服务产业发展暂行办法》的请示;5. 区委宣传部关于修订《石景山区促进文化创意产业发展暂行办法》的请示;6. 科委园区关于报审《石景山区关于促进军民融合产业发展暂行办法》的请示;7. 区金融办关于报审《石景山区加快推动北京保险产业园创新发展若干措施》的请示
		关于衙门口棚户区改造项目融资情况及资金使用计划的汇报
		关于衙门口棚户区改造房屋征收项目前期工作进展及补偿方案征求意见情况的汇报
11月3日	第29次	关于石景山区空气重污染橙色预警应急工作方案及落实情况的汇报
		关于报审石景山区2017年“无煤区”建设兜底工作方案的请示
		关于申请酒吧街拆违及解决历史遗留问题相关资金的请示
		关于申请石景山区残疾人职业康复中心项目建设资金的请示
		关于申请对模式口文保区前期历史遗留问题进行财务决算的请示
		关于申请2016年莲石路等三个绿化建设项目配套公厕建设资金的请示
		关于申请增加民警执勤岗位津贴和加班补贴资金的请示
11月17日	第30次	关于我区2017年绿化美化工作完成情况2018年绿化建设计划及申请资金的请示
		关于2017年食品药品安全监管工作的汇报说明
		关于申请衙门口生活垃圾转运站升级扩建工程建设方案及所需资金的请示
		关于申请追加华夏银行信用卡中心装修工程费用的请示
		关于燕金源公司为北京市琅山苗圃提供借款的请示
		关于申请调整2018年部门预算的请示
12月8日	第31次	关于《石景山区开展携手奔小康行动 助力打赢脱贫攻坚战行动计划(2017－2020年)》的汇报
		关于《北京市石景山区人民政府在市场体系建设中建立公平竞争审查制度的实施意见》的汇报说明
		关于2017年度市级绩效任务和市区重大决策10月底进展情况的汇报
		关于报审《五里坨新隆恩寺村居民周转工作方案》的请示
		关于报审《模式口文保区搬迁工作方案》的请示
		关于申请25亿元融资的请示
		关于申请新增公共文明引导活动经费的请示
		关于拟配置城市管理执法协管人员的请示
		关于申请拨付2015年至2017上半年拆除违法建设所需资金的请示
12月19日	第32次	人事任免有关事项
		关于石景山区五环外区域全部划定为禁止燃放烟花爆竹区域的请示
		关于编制2017版区政府部门权力清单、区街社三级公共服务事项清单的汇报
		关于开展石景山区公务员平时考核工作的汇报
		关于军转干部安置工作情况汇报
		关于申请模式口大街文物保护区修缮改造与环境整治项目资金的请示
12月29日	第33次	关于石景山区衙门口棚户区改造土地开发项目征收资金的请示
		人事任免有关事项

（林迎午）

【北辛安房屋征收】 截至1月16日24:00,北辛安棚改项目房屋征收签约期顺利结束,5844户居民满意选房,项目整体签约率达到97.53%(私房97.74%、公房96.9%)。牛青山要求安置房绿建二星标准,夏林茂5次现场慰问、调度和指导，肖平每隔两天到征收签约现场办公，为项目推进扫清各种障碍。

（林迎午）

【与摩拜公司合作】 1月24日，区政府与北京摩拜科技有限公司正式签署战略合作协议，双方在市政交通管理、智慧城区、健康城市、绿色低碳社区建设、大数据共享、缓解交通拥堵等方面加强合作，将摩拜单车的技术优势和行业领先经验与石景山区城市精细化管理体系的优势相结合，在停放点基础设施规划、智能推荐停放点建设、大数据驱动下运营管理、信用分体系对接、公益与用户运营5个方面，共同建设全国首套共享单车精细化运营体系，逐渐完善一套可复制、可推广的，健康、绿色、智能、便捷的城市智能公共自行车交通系统，为中国城市健康绿色交通系统的建设提供示范。李金克，摩拜单车总经理邢林及区相关部门主管领导出席签约仪式。截至年底，设置3万辆共享单车，摩拜与ofo比例约为2:1。

（林迎午）

【北京"侨梦苑"建设】 1月，国侨办组织召开北京"侨梦苑"建设专题会，市侨办和首钢园区开发部分别汇报"院士工作站"和"世界侨商创新中心"的建设进展，周西松代表北京"侨梦苑"汇报有关情况。3月8日，区政府与首钢总公司就北京"侨梦苑"建设进行专题座谈。听取关于北京"侨梦苑"进展情况汇报。7月12日，区政府组织召开北京"侨梦苑"建设情况专题汇报会。市侨办副主任李长远，首钢集团副总梁捷，区领导文献、晋秋红、李金克出席，会议听取区投促局关于北京"侨梦苑"建设情况及近期重点工作的汇报。8月23日，第八届世界华侨华人社团联谊大会期间，国务院侨办主任裘援平、程红共同为北京"侨梦苑"侨商产业聚集区揭牌。市领导齐静，区领导文献，首钢集团领导靳伟、张功焰以及参与园区共同建设开发的侨商代表出席揭牌仪式。来自136个国家和地区的700余名出席第八届世界华侨华人社团联谊大会的重要侨领共同见证揭牌。与会人员分别参观北京、侨梦苑"政务服务中心、海外院士专家北京工作站京西商务中心办公区和首钢办公大楼办公区、院士专家工作室、北京"侨梦苑"·保险产业园以及北京冬奥组委办公场地。9月2日，百余位华裔精英考察北京"侨梦苑"。国侨办经科司副司长于建明、市侨办主任刘春锋、副主任李长远参加活动。年内，"世界侨商创新中心"项目正式立项。

（林迎午）

【区政府党组民主生活会】 2月9日，区政府党组召开2016年度民主生活会。会上，通报区政府党组"三严三实"专题民主生活会整改落实情况和本次民主生活会征求意见情况。夏林茂代表区政府党组作对照检查发言，从理想信念、政治纪律和政治规矩等6个方面，查摆班子18个问题，剖析4个方面原因。随后，区政府党组成员依次作个人对照检查发言，开展相互批评。在开展批评与自我批评过程中，每位党组成员都围绕学习贯彻六中全会精神谈体会，在增强使命感、以担当精神做好工作方面找差距，对个人的不足和问题不遮掩回避、不避实就虚，对班子的问题、工作中的问题主动认领，对同志彼此坦诚相待，深入查找剖析自身存在的问题。

（林迎午）

【区政府全体会议】 2月27日，召开2017年区政府全体会议暨区政府廉政建设工作会。夏林茂、郭鹏、肖平、高洪雁、亢军、陈婷婷、左小兵、李金克、周西松、刘建国出席会议，田利跃主持会议。会议的主要任务是：深入贯彻落实区第十二次党代会、区十六届人大一次会议及2017年全区党风廉政建设大会相关精神，总结工作、分析形势，完善举措、精准部署，深入推进政府系统党风廉政建设和反腐败工作向纵深开展，力争全年各项目标任务圆满完成。会上，夏林茂首先和区发改委、区城管委、区住建委、区城管执法局、区环保局、八角街道办事处负责同志，依次签订政府行政绩效管理任务责任书。随后，夏林茂作党风廉政建设履责承诺，并与肖平签订"一岗三责"责任书。肖平、李金克分别与区集体经济办和区园林绿化局负责同志签订区政府廉政责任书。

（林迎午）

【治理无照无证餐饮】 3月9日，区政府召开治理无照无证餐饮单位工作部署会。会议下发《石景山区无照无证餐饮单位监管和综合整治工作方案》。5月，市食药监管局副局长梁洪带领市无照无证餐饮整治联合督查组一行到区督查第一季度无照无证餐饮单位治理情况。李金克陪同检查，并代表区政府作表态发言。区食药监局、区工商分局、区住建委、区教委及9个街道

4月19日，八角游乐园地铁站共享单车整治　（区委宣传部供稿）

(鲁谷社区)主管领导参加会议。市督查组认为石景山区领导高度重视无照无证餐饮整治工作,认识到位,整治效率高,公示措施有效,整治经验值得推广。截至12月,全区158户挂账无照无证餐饮单位全部销账,治理率达到100%。

(林迎午)

【无证无照“开墙打洞”专项整治】 3月20日,区政府召开无证无照经营和“开墙打洞”专项整治行动推进大会。区专项整治行动领导小组19家成员单位参加。田利跃传达首都生态文明和城乡环境建设动员大会的最新要求,同时就下一阶段专项整治工作的强化落实提出具体要求。会议总结前一阶段全区专项整治行动的工作总体情况,传达市级专项行动工作会议精神,明确任务进度。苹果园街道和古城街道代表领导小组成员单位作表态发言,交流工作经验和存在的问题。会议还重点传达市政府关于此次专项整治行动的考核精神,并详细部署全区此项工作的考核要求。

(林迎午)

【2017年度安全生产工作部署会】 3月22日召开,夏林茂、肖平及全区59个安委会成员单位主要领导参加会议。会议总结通报上年地区安全生产工作,并对2017年重点工作任务、“双百”工程、城乡结合部整治、安责险、标准化、企业隐患清单编制、管线占压和淘汰不合格灶具等专项工作进行部署。区城管委、古城街道分别代表行业和属地作发言。夏林茂分别与行业、街道代表签订《石景山区安全生产目标责任书》。

(林迎午)

【首钢园区北区规划方案获批】 3月28日,夏林茂、肖平、岳林华听取首钢总公司关于首钢园区北区规划方案汇报。夏林茂指出:首钢北区规划的范围不要仅限于首钢区域,考虑将石景山区西部和永定河区域包含进来,打造成整体区域的大型绿地公园。北区规划应当考虑人口因素,进行人口分析。要在现有规划的基础上,细化区域内的基础设施规划,并与全区基础设施规划相衔接。要加强实施保障,规划中要体现出市级、区级和首钢总公司需要保障的问题。截至年底,新首钢高端产业综合服务区北区和东南区控规优化方案获得批复。按照获批方案,北区建设冬奥广场、石景山景观公园、首钢工业遗址公园以及公共服务配套等。其中冬奥广场片区主要功能是展现工业文明之美的冰雪运动体验示范区,将通过工业资源活化利用,增添冰雪运动为主的体育休闲设施,助推国际赛事举办,服务冰雪运动专业训练。在新首钢高端产业综合服务区北区内,建设2022年冬奥会单板滑雪大跳台,将利用冷却塔和制氧厂等相关工业资源进行统一设计,以满足2022年冬季奥运会的比赛需要。

(林迎午)

【医药分开综合改革】 4月8日零时起,北京市医药分开综合改革全面启动。4月10日是改革实施后的首个门诊高峰日,夏林茂、左小兵先后到石景山医院、北京大学首钢医院进行监督检查,重点了解医药分开综合改革工作落实情况。截至年底,全区79家医疗机构改革总体平稳有序。医疗机构的基层诊疗量、技术劳动收入、可分配收入、医保保障和医疗救助力度呈现“五上升”局面,药费和药占比、二三级医院诊疗量、大型设备检查费、医保患者负担呈现“五下降”趋势。

(林迎午)

【完善应急体系】 4月,石景山区召开2017年突发公共事件应急委员会全体会议。夏林茂参加会议并讲话,田利跃主持会议并宣读区应急委领导成员、组成人员及领导分工调整情况。肖平、耿振虎、朱钢银、亢军、陈婷婷、左小兵、李金克、周西松、岳林华以及应急委54个成员单位负责人参加会议。应急委总协调人吴燕向全会汇报区应急委2016年工作开展情况以及2017年工作要点。

(林迎午)

【创建基本无违建社区“百日行动”】 5月24日,石景山区召开首都精神文明建设暨疏解整治促提升“百日行动”动员部署大会,落实全市首都精神文明建设工作暨背街小巷环境整治提升动员部署会精神。牛青山、李文起、吴克瑞等区四套班子领导、区法检“两长”、首钢总公司领导、全区各单位党政正职、区机关院内各单位和各街道(鲁谷社区)办事处主管领导、集体经济系统各农工商公司党政正职领导参加会议。会议以电视电话会议形式召开。会上,与会人员观看《石景山区治乱疏解建高端暨专项行动工作纪实片》,部署首都文明示范区复查和2015-2017年度首都文明单位评选表彰工作;田利跃作全区治乱疏解建高端暨专项行动上半年工作总结及下一步工作部署;李金克传达首都精文明建设工作暨背街小巷环境整治提升动员部署大会精神,并部署全区“创建基本无违建社区百日会战”工作;牛青山提出要求。自6月8日至9月15日共100天中,在全区各社区集中开展以拆除社区内违法建设为主要内容的环境整治活动。通过集中整治,全区80%以上社区达到“基本无违建社区”标准。到年底,除待拆迁平房区外,全部社区达到“基本无违建社区”标准。社区对新生违法建设“零容忍”,出现一处拆除一处,实现新生违法建设不过夜。上半年,各专项行动成果显著,为完成全年任务打下坚实基础。截至5月17日,违法建设在市专指平台销账验收136.6万平米,完成进度56.9%。全区通过各专项行动共计影响人口约10.1万人,完成全年进度的77.4%。

(林迎午)

【528个低端产业聚集人群大院整治】 6月6日、7月4日,区治乱疏解建高端暨专项行动指挥部办公室分两批对低端产业聚集人群大院剩余点位和违法建设拆除重点、难点点位共29处向全区广大居民进行公示。自2015年底启动清理至今,历时一年半,石景山区违法建设拆除和低端产业聚集人群大院整治专项工作取得一定成绩。528个低端产业聚集人群大院完成整治,腾退土地179万平方米,疏解人口5万余人,拆除存量违法建设共计425处,面积2174758.27平方米,完成市级拆违240万平方米总任务的

90.61%。截至年底，各街道分指和相关单位按计划加快推进拆除和销账验收工作。陆续完成绿化整治面积23万平方米，建成古城南街绿地、高井绿地和苹果园小白楼绿地等多处精品公园绿地。

（林迎午）

【全力以赴应对降雨】 6月21日晚19时30分，市防汛抗旱指挥部总指挥、代市长陈吉宁主持召开全市防汛工作视频会，区领导文献、李金克以及区防汛指挥部成员单位主要负责人在区应急指挥中心参加会议。会后，立即召开应对强降雨防汛工作部署会。李金克首先传达市、区主要领导的批示精神以及中央气象台汛情通报；区气象局对辖区天气情况进行通报；区城管委针对此次强降雨应对工作进行部署。7月20日夜间，全市召开防汛调度视频会议，陈吉宁部署防汛工作。文献、李金克、周西松及相关单位领导参加会议。会议要求，时刻保持待发临战状态，对易积水道路、地质灾害隐患点等重点区域，落实责任，提前部署，专人盯守，全力做好各项应急处置工作；做好应对工作，严格落实防汛责任制、物资、队伍、避险措施 ，严格遵守信息报送有关要求，根据实际情况进行一次再动员、再部署、再检查。

（林迎午）

【与城建集团工作对接】 6月29日，石景山区与北京城建集团就金都园林地块上的违章建筑拆除工作召开对接会，区领导文献、田利跃、富大鹏、肖平、李金克、刘国庆，市国资委主任助理孙宇，北京城建集团党委副书记、董事、总经理郭延红及副总经理王志文参加会议。会议由田利跃主持。与会领导首先观看《石景山区"治乱疏解建高端"暨专项行动工作纪实片》，展示石景山区疏解整治工作成果。随后，八宝山街道汇报金都园林地块拆违相关工作情况。会议决定，成立工作领导小组，由区政府牵头，四套班子齐上阵，市国资委、城建集团负责人也加入领导小组协同指挥，联合在石景山区办公。8月初，八宝山街道会同区属相关职能单位出动380余人、车辆设备30余台进入现场，启动对金都园林地块3栋烂尾楼的拆除工作。该地块土地性质为国有土地，规划为工业用地，土地建设单位在地块内建设了3栋楼，占地面积2869平方米，总建筑面积15662平方米。由于未取得规划、施工等许可，属于违法建设，在建设过程中被相关部门叫停，拆前属于废弃状态。拆除工作历时一周，全部拆除工作完成后，将按照土地性质制定新的规划。

（林迎午）

【服务保障冬奥会】 7月24日，石景山区服务保障冬奥会加快冰雪体育发展动员会召开。会上对《石景山区服务保障冬奥会加快冰雪体育发展行动计划》及任务清单进行说明，左小兵宣读《石景山区冰雪运动发展领导小组工作制度》，来自全区36家任务清单主责单位参会领导进行交流讨论。文献强调，要抓住历史机遇，以服务保障冬奥会来推进区域转型发展；要担当时代使命，打造冬季体育运动特色先行区；要坚持首善标准，全力做好冰雪体育发展和冬奥服务保障工作。截至年底，各主责单位围绕《计划》及任务清单，细化节点和措施，倒排重大工程时间表，强化跟踪督办，确保各项工作落实落细落小，抓住冬奥机遇，打造"新冬奥、新石景山"，实现"冬奥让城市更美好"的目标，当好"东道主"。

（林迎午）

【推进安全生产大检查】 8月2日，石景山区召开2017年第三次消防工作联席会暨高层建筑消防安全综合治理推进会。区领导亢军，区属各委办局、街道、派出所主管领导，区物业管理单位负责人、消防安全重点单位法定代表人共计400余人参加会议。会议对上半年安全生产工作进行总结，对全区高层建筑消防安全综合治理工作提出要求，对上半年全区火灾情况进行通报分析，对全区夏季消防安全检查工作和十九大消防安保工作进行再部署，并重点部署全区高层建筑消防安全综合治理工作。同月25日，肖平主持召开区安全生产大检查工作推进会暨空气污染应急工作部署会，会议对在全区人员密集场所、高层建筑消防、建筑施工场地、交通运输、地下管线、罐装燃气、危险化学品、食品药品、工业企业、特种设备、有限空间等十一个重点领域深入开展安全生产大检查工作进行再动员再部署。

（林迎午）

【全市首个社会治理委员会成立】 8月7日，石景山区社会治理委员会第一次会议召开，意味着本市首个社会治理委员会正式开展工作，辖区社会单位将深度参与社会建设，共商共治。市委社会工委书记、市社会办主任宋贵伦，国家行政学院社会治理研究中心副主任张林江，牛青山、文献、李文起、吴克瑞等区四套班子领导和部分驻区企事业单位负责人出席会议。田利跃介绍石景山区经济社会发展情况。富大鹏对《石景山区社会治理委员会三年行动计划》进行说明。会议讨论通过《石景山区社会治理委员会章程(草案)》和主任委员、副主任委员人选，审议通过《石景山区社会治理委员会三年行动计划》。委员会由区委统筹协调驻区单位和社会各界广泛参与，是对辖区重大事务共商共治的议事协商、监督执行机构。"委员会实行席位制，主任委员由区委书记担任，区人大常委会主任、区长、区政协主席和驻区部队、首钢集团等主要社会单位领导为副主任委员。委员会包含中央和北京市驻区单位、部队、国企和非公企业等30个成员单位。自2015年筹备至今，9个街道均已组建"社会治理委员会"，通过建立大事共商机制、协调落实机制、日常沟通机制、反馈报告机制，推动全区社会治理良性运行和落到实处。

（林迎午）

【模式口文保区建设】 8月31日，区领导牛青山、文献、李文起、肖平、姚茂文、陈婷婷、岳林华等四套班子领导调研模式口文保区，提出要把保护传承发展模式口街区作为天大的事业，打造为中华老字号和非物质文化遗产集聚的街区。市政协文史委副主任、市文物鉴定委主任、模式口文保区首席专家孔繁峙参加调研。区领导到模式口文保区调研。首先来到模式口南小街,步行查看南小街试点改造工作情况,沿途进入展厅了解试营业情况,随后查看模式口大街修缮整治情况。模式口大街历史文化保护区占地约35.6公顷,是北京市公布的第二批历史文化保护区。地区内有国家级文保单位法海寺、承恩寺,市级文保单位田义墓,第四纪冰川擦痕陈列馆等39个保护院落,区域历史文化底蕴深厚。模式口文保区内户籍人口1556户,4221人,流动人口1802户,4256人,住宅房屋总建筑面积126294平方米房屋,其中公有住宅约780户,私有住宅约800户。12月,负责模式口大街文物保护区修缮改造工程的石泰公司发布相关通知,正式启动模式口文保区搬迁工作。

（林迎午）

【北京保险产业园建设】 8月,区政府召开北京保险产业园工作推进会区领导文献、周西松、谢静、岳林华出席会议。文献要求各单位协调解决产业园发展过程中在招商引资、土地开发、市政基础设施建设、园区运营等方面的问题,与首都金融业错位发展,站稳首都金融业的一席之地。9月29日,在市政府深化改革推进北京市服务业扩大开放综合试点现场会上,北京保险产业园被授予北京市服务业扩大开放综合试点示范园区。12月25日,作为区域经济新名片的北京保险产业园二期结构封顶。自上年12月北京保险产业园投资控股有限责任公司通过市场化的招拍挂方式摘得二期土地,近25万平方米的建设载体全部结构封顶。保险产业园首期项目建设完成,载体投入使用,吸引涵盖专业保险机构、金融投资企业、大数据技术服务公司、科技技术创新企业等多家行业组织入驻。

（林迎午）

【区党政代表团赴内蒙古、河北考察】 9月14日,牛青山率区党政代表团赴内蒙古自治区宁城县开展对口帮扶工作,共商"携手奔小康"大计,深化各领域协作,并慰问石景山区在当地的挂职干部。座谈会上,举行石景山区与宁城县"携手奔小康"签约仪式。代表团向赤峰市发改委、宁城县分别捐赠帮扶项目资金50万元和100万元。代表团还前往宁城县头道营子实验小学,查看区民政局帮扶的学生电教室建设情况,并向学校捐赠图书。内蒙古自治区党委组织部副部长王红兵,赤峰市委副书记、市委政法委书记王东伟,宁城县委书记张恒,宁城县委副书记、县长马占国参加活动。9日15日,代表团一行前往河北承德塞罕坝机械林场,在承德市委副书记张泽峰等陪同下,参观林场展览馆,观看林场发展专题片,了解塞罕坝机械林场艰苦创业历程。

（林迎午）

【对口帮扶青海称多县】 9月19—23日,文献率区党政代表团赴青海玉树州称多县开展对口帮扶工作。在座谈会上,称多县委书记尼玛才仁介绍地区经济社会发展情况。区党政代表团参观考察拉布乡北京援建项目、称多县医院和称多县文乐小学,并向文乐小学捐赠500件羽绒坎肩。玉树州委副书记、州长才让太,州委副书记师存武,区领导肖平参加活动。

（林迎午）

【落实北京城市总体规划精神】 9月28日,石景山区召开传达落实北京城市总体规划实施动员部署大会精神暨创建"基本无违法建设城区"推进会。牛青山主持会议并讲话,文献、李文起、吴克瑞等区四套班子领导出席会议。会议传达党中央、国务院对《北京城市总体规划(2016年—2035年)》的批复精神、市委常委会传达学习贯彻党中央国务院对北京城市总体规划批复的精神和北京城市总体规划实施动员和部署大会精神。区城管委第一时间召开全体会传达会议精神,力争国庆节前最大限度拆除全区范围内的便道护栏,争取十九大前完工,同时年底前坚决确保楼顶广告拆除到位。国资委要求系统企业充分认识从城市功能拓展区调整为主城区的重要意义,结合高端绿色发展战略,做好总体规划的贯彻落实,并要求区属国有物业企业主动与街道、社区对接,按照街道、社区提出的标准和时限,完成相关物业管理工作。规划分局在重点项目中加强城市设计,加快推动北京保险产业园等项目建设。八角街道以总体规划精神为引领,结合街道实际、借鉴大城市规划导则,制定辖区整体提升目标和导引,形成统一规则、指导未来规划。鲁谷社区召开领导班子会、全体干部大会、居委会传达会层层学习传达。

（林迎午）

【"清零"违规广告牌】 10月1日至11月30日开展"集中清理建筑物屋顶广告牌匾"工作,利用两个月的时间在全市范围内率先完成此项任务。共拆除各类牌匾标识1820块,其中超过建筑物屋顶高度和墙体边缘的户外广告、牌匾标识895块;垂直于建筑物墙体的户外广告、牌匾标识188块;附着于建筑物墙体的违规户外广告203块;"一店多招"、异地设置的牌匾标识61块;"店内店"在建筑物墙体设置的牌匾标识134块;其他违反规范要求的牌匾标识339块。

（林迎午）

【做好十九大维稳安保工作】 10月16日,晋秋红到老山街道督导检查"党的十九大"维稳安保工作,重点对城乡结合部的何家坟社区梁公庵甲1甲2号院进行检查。陈婷婷到金顶街街道慰问"老街坊"治安巡逻志愿者,向参与十九大维稳工作的全体"老街坊"志愿者表达敬意和问候。17日,召开轨道交通"人物同检"工作部署会,文献对"人物同检"工作进行再强调、再部署,会议决定由富大鹏、亢军、李金克分别包片到石景山区5个地铁站点进行现场督导检查,要求进一步加强社会面防控工作,以实际行动为党的十九大胜利召开营造安全稳定的社会环境。会后,正式启动地铁站早高峰时段安全保障工作,应对由于轨道交通全网启动"人物同检",可能出现的乘客滞留等突发情况,文献、富大鹏、李金克到苹果园地铁站进行现场巡查,并沿途查看八角游乐园、古城地铁站秩序。5个地铁站共部署安保力量355人次,各地铁站点客流程度基本与平日持平,秩序井然,未发生超过20

分钟的拥堵情况。各单位各部门积极行动，以最高标准、最强组织、最实举措、最佳状态，为党的十九大顺利召开站好岗、放好哨。

(林迎午)

【通过"国家卫生区"复审并获表彰】 11月8日，由北京市爱卫会、健康促进工作委员会、卫生计生委联合召开的"全面学习宣传贯彻党的十九大精神、建设健康北京暨纪念爱国卫生运动65周年会议"，对2016年顺利通过国家卫生区复审的区给予表彰，左小兵代表石景山区接受颁奖。石景山区于2001年启动国家卫生区创建工作，2003年成为全市首批创建成功并命名为"国家卫生区"，并于2007年、2012年和2016年顺利通过北京市和全国爱卫会的复审验收。通过国家卫生区的创建和复审工作，有力地促进城市市容市貌和环境质量的持续提升，预防和消除疾病，营造健康宜居的生活环境，引导居民养成崇尚文明、讲究卫生、遵守公德的行为习惯，提高社会文明程度和居民健康素养。

(林迎午)

【中关村石景山园·定兴分园揭牌】 11月9日，"中关村石景山园·定兴科技分园"揭牌仪式暨重点项目集中签约活动在河北省保定市定兴县金台经济开发区"果壳众创空间"举行。保定市委常委、副市长王峰，出席签约仪式。县委书记赖晓庆与区领导周西松共同为分园揭牌。县长韩朝红分别与北京保险产业园投资有限责任公司、通美晶体公司负责人签署战略合作框架协议。随后，周西松一行参观定兴县园区重点企业。

(林迎午)

【国家公共文化服务体系示范区创建】 12月5日，石景山区参加文化部组织的第四批国家公共文化服务体系示范区创建资格评审答辩。文献代表区委、区政府向评审组汇报开展国家示范区创建工作的基础条件、主要内容及保障措施，评审专家就如何凸显示范区创建工作的引领性与示范性、文化品牌的创新与亮点、助力冬奥会等内容进行提问，文献、陈婷婷和区文化委相关负责人进行评审答疑。评审组对石景山区创建工作给予肯定和鼓励。作为北京市的唯一代表，石景山区地区文化建设呈现出"全、好、亮、强、硬"的特点。公共文化服务目录制项目已于2015年获得第三批国家公共文化服务体系示范项目创建资格；2017年1月，又以第一名的成绩取得首批首都公共文化服务示范区创建资格。

(林迎午)

【阜石路节点立交通车】 12月15日，阜石路与石龙路节点立交工程正式通车。北京冬奥组委秘书长韩子荣、区领导田利跃、李金克，以及市公联公司、首钢集团领导一同参加通车活动。阜石路与石龙路节点立交工程起点为现状阜石路主路高架桥预留出口，新建一座长约33米桥梁，在阜石路北侧山体顺势而下修建环形匝道，终点与阜石路北辅路接顺，全长约361米。工程由市公联公司建设，于9月5日开工，12月5日完工。主要包括匝道桥梁、道路、排水、交通、绿化、照明工程，设计速度为30km/h，宽度9米，为单向双车道横断面布置。

(林迎午)

【与中国煤炭地质总局合作】 12月28日，区领导文献、肖平，中国煤炭地质总局局长赵平、副局长任辉，中化地质矿山总局局长尚红林等出席《战略合作框架协议》签约仪式。中国煤炭地质总局成立于1953年，是国务院国资委管理的百家中央企业之一，是国内规模最大、业务范围最广、技术力量最强的综合性地质勘查企业集团，也是煤炭、化工资源勘查的行业管理机构。根据合作内容，中国煤炭地质总局所属企业中化地质矿山总局将在石景山区设立"化工地质矿业研究中心"。双方就企业基本情况、项目进展和公司注册情况进行座谈交流，并签署《战略合作框架协议》。

(林迎午)

政务服务

【概况】 9月15日，根据区编委《关于北京市石景山区行政服务中心更名并调整职责的批复》(石编委〔2017〕153号)，"北京市石景山区行政服务中心"更名为"北京市石景山区政务服务管理办公室"(简称区政务服务办)，作为区政府派出机构，机构规格仍为正处级。区政务服务办的主要职责调整为：负责组织实施本级政务服务工作，并指导街道办事处政务服务相关工作；负责指导推进政务服务体系建设和服务方式创新；负责本级政务服务中心建设、运行和监督管理；负责指导、协调、监督同级专业大厅和下级政务服务中心的建设、运行和管理；负责协调推进"互联网+政务服务"建设等。内设综合科(主体责任办)、协调管理科，下设服务保障中心。

(段红玉)

【优化服务方式】 年内，区政务服务办结合窗口单位自身条件，通过精简、优化、整合、共享等手段，持续推进优化服务工作。4月，区人保局窗口联合劳服中心开展"手拉手"促进就业优惠政策培训，为上百家企业进行稳岗补贴政策及招用失业人员奖励政策；8月，区质监局窗口对省级发证的17类许可产品推行"全程网上办理，实施先证后审"，减少繁文缛节，缩短办理时限；9月，区工商分局窗口推行"多证合一、一照一码"试点改革工作，梳理整合区级层面8个部门、26项备案事项，建立市、区两级多部门间的网络互联及信息共享，实现申请入口、审批平台、公示窗口"三统一"，使企业办理营业执照只需登录工商网上登记系统提交申请即可，相关部门基于信用监管和服务平台完成一键备案，结果通过市企业信用信息网统一公示。

(段红玉)

【政务服务体系建设】 9月25日，《石景山区加强政务服务体系建设实施意见》经区政府同意并印发。成立区政务服务工作领导小组，统筹、协调全区政务服务工作。组长由常务副区长担任，副组长由主管副区长担任，成员由各有关政务服务单位、各街道办事处(鲁谷社区)主要领导担任。领导小组下设办公室，办公室设在区政务服务办。12月，区行政服务中心办事大厅名称变更为“石景山区政务服务中心”；街道办事处(鲁谷社区)居民事务大厅统一名称为“石景山区XXX街道政务服务中心”，并统一配置标识标牌和工作人员着装。

(段红玉)

【梳理公共服务事项】 9月底，区政务服务办完成全面梳理公共服务事项工作。与市牵头部门、区编办、区具有公共服务事项的部门密切联系、主动沟通、互通信息，对公共服务事项的41个要素进行全面梳理。逐一细化事项名称、办理依据、办理条件等办理要素，简化环节、优化流程、压缩时限、减少申报材料，将企业和群众办事涉及的相关部门和公共服务事项从整体上进行流程整合、优化。梳理区级公共服务事项828项，涉及全区38个部门，其中区属部门28个，垂直管理部门10个；梳理街道公共服务事项951项，在全市率先完成街道公共服务事项梳理工作。

(段红玉)

【服务保障部更名及职责调整】 12月25日，将北京市石景山区政务服务管理办公室所属事业单位“北京市石景山区行政服务中心服务保障部”更名为“北京市石景山区政务服务管理办公室服务保障中心”。更名后，该中心的财政补助事业编制和科级领导职数不变。将原北京市石景山区行政服务中心服务保障部承担的“电子政务建设和管理”职责调整至区政务服务内设机构协调管理科承担。调整后，区政务服务办内设机构协调管理科的主职责为：负责集中到政务服务大厅办理行政许可和面向公众服务事项的组织、协调、指导、调研、监督；负责组织拟定进入大厅事项的办理程序、运行机制的整合调整方案并组织实施；负责组织实施对进驻办事大厅的单位和人员的监督、考核、奖惩工作；负责指导、协调进驻部门间的关系；负责受理投诉、举报、表彰和考评工作；负责综合代办窗口工作，受托代行受理事少量小关联度高的部门的行政许可事项的咨询、受理、回复；负责“互联网+政务服务”建设及“政务服务大厅”电子政务建设和管理；负责对街道居民事务大厅的指导、联络等工作。重新核定“北京市石景山区政务服务管理办公室服务保障中心”的主要职责为：负责政务服务办管理的政务服务中心的安全保卫、卫生保洁、用餐管理及车辆管理；负责政务服务办设备、设施的管理和维护；负责政务服务办固定资产管理等工作。

(段红玉)

【政府信息公开】 年内，区政务服务办通过政府信息公开专栏主动公开政府信息24条，全文电子化率达100%；依申请公开0件；对中心政府信息公开的行政复议申请0件，行政诉讼案0件。信息公开点共接收全区14个委、办、局及街道办事处提供的主动公开文件及国务院公报、政府公报共527份，并整理成册，放置于大厅资料台供办事人员查阅。

(段红玉)

【行政审批】 年内，有22家政府部门进驻办事大厅，共计95人。进厅行政事项224项，其中即时办理20项，限时办理204项；行政许可类事项169项，行政非许可类事项55项。驻厅单位接待办理行政审批服务事项170420人次，办理咨询事项102919件，受理行政许可服务事项申请67501件，审定行政许可服务事项67372件，送达行政许可服务决定67372件。

(段红玉)

【推进“互联网+政务服务”】 年内，区政务服务办持续推进“互联网+政务服务”工作，畅通政民互动，提高工作效能，增加群众的满意度和获得感。试行网上统一办事平台。平台涵盖驻厅审批事项的名称、办事流程、办事时限、咨询电话和办理地点等公开信息，具有在线咨询和网上预审等功能，使网络成为群众和企业获取信息、办理申报等有关事项的重要途径，变“群众奔波”为“信息跑腿”；研发政务服务综合电子地图。在网上统一办事平台建设石景山区政务服务综合电子政务地图栏目，方便群众对办事机构的定位查询，并可快速、便捷地查询区各级政府办事机构的主管业务、审批权限及范围等内容；创建政务办微信公众号。关注公众号即可通过服务中心、业务咨询、意见建议三个板块，分别了解中心概况、信息公开指南、业务办理等相关信息，也可在公众号内对工作人员进行监督举报，提出意见和建议，促进政务服务质量提升。

(段红玉)

信　访

【概况】 年内，中共北京市石景山区委、石景山区人民政府信访办公室(简称区信访办)，贯彻党的群众路线，集中反映社情民意，全力维护群众利益，积极化解各类矛盾，指导全区群众工作，协调处理群众的信访问题。全年受理群众信访约1190批次10200余人次，同比批次下降10%，人次上升5%。区领导阅批信访370件，占信访总量的31%，群众满意率91%，推动“人民群众满意之家”的建设。面对疏解整治促提升中矛盾凸显的复杂形势，全区信访总量保持下降态势，信访代理制改革成效巩固，改革成果受到上级部门肯定，区信访办被评为全国信访系统先进集体。

(王　鑫)

【信访条例宣传月】 5月26日，石景山区信访条例宣传活动在鲁谷社区半月园主会场启动，周西松参加启动式。全区9个街道分会场同时在辖区开展宣传活动，200余人参加，共发放宣传册2700份、宣传袋4000个、《信访条例》900本、《国庆信访代理的故事》450份，悬挂条幅36条、张贴海报95张。

(王　鑫)

【信访督查】 9月8日，由区信访办牵头，维稳办、组织部、纪委、人保局、八角街道、苹果园街道、鲁谷社区组成的信访督查组，分别对12家被抽检单位的信访工作进行督查。此次督查除对各单位信访代理相关情况检查外，重点对十九大前矛盾纠纷的排查化解、重点人稳控、信访件的“三率”(及时受理率、办结率、满意率)等内容进行了督查，要求各单位严格落实信访一把手职责，发挥信访代理的优势，做好辖区内矛盾纠纷化解工作。

（王　鑫）

【信访代理】 9月13日，召开2017年信访代理表彰暨迎接十九大工作部署会。会议全面总结信访代理工作开展情况，表彰信访系统先进集体和先进个人，部署党的十九大召开时期的信访维稳工作。市政府副秘书长、市信访办主任王有国，区领导牛青山、李文起、吴克瑞、郭鹏等出席会议，会议由文献主持。王有国表示，近年来，石景山区信访工作走在全市、全国的前列，取得一系列可复制、可推广的成功经验。希望广大信访工作者为市委市政府，为党中央站好岗、放好哨，为党的十九大胜利召开创造安全稳定的环境。牛青山在讲话中强调，信访代理工作是石景山区的一面旗帜，是全区一道亮丽风景线，是信访系统创造的重大经验，全区广大信访工作者要继续发扬光荣传统，扎实工作，担当使命，以优异成绩迎接党的十九大胜利召开。全区各街道、委办局主管领导和信访工作者230余人参会。

（王　鑫）

【矛盾纠纷排查化解】 年内，区级层面共进行5次矛盾纠纷排查工作，排查出各类矛盾纠纷60件，已化解56件，化解率93%。落实代理责任，集中资源和力量化解信访积案，灵活运用新办法新政策解决历史遗留问题，全年，累计化解信访积案8件。法官、检察官和律师参与信访接待工作深入开展，依法分类处理信访问题达成共识。公安部门有效处置北辛安棚改、市场疏解等工作中出现的缠访、闹访事件。

（王　鑫）

【复查复核】 区复查复核委全年受理复查复核案件44件，其中撤销、变更原答复意见1件，要求重新答复3件，维持办理机关答复意见的40件。

（王　鑫）

【微信访】 年内，全区接收网上信访360件，占群众来信的51%。建立区、街道（委办局处）、社区三级网上信访信息系统，推进快速解决问题机制建设，打造信访事项解决绿色通道，努力实现网上与网下融合、网上向“掌上”延伸。

（王　鑫）

5月27日，信访法治宣传日活动　　（区委宣传部供稿）

集体经济建设

【概况】 北京市石景山区集体经济办公室（简称区集体经济办）是负责统筹协调本区集体经济发展的区政府工作部门。中共北京市石景山区委农村工作委员会（简称区委农工委）是负责全区农村系统党的建设、思想政治工作和干部管理工作的区委派出机构，与区集体经济办合署办公。2017年，围绕治乱疏解促提升、农工商总公司产权制度改革、安全维稳等中心工作发挥示范带头作用。区委农工委被评为“北京市思想政治工作优秀单位”。

（蒋　佳　金丽娟）

【集体产权制度改革】 年内，区集体经济办全面完成社办企业“回村工作”。“回村工作”是总公司启动改制工作的第一战，截至6月底，“回村工作”平稳有序完成。涉及“回村人员”1432人，“回村劳龄”共计24901年，“回村劳龄值”约为1.42亿元。同时做好区农工商总公司后续改制工作准备。与集体经济体制改革和法律方面的专家分别就合作细节达成共识，签署合作协议，为后续改制工作奠定坚实的政策和法律基础。

（蒋　佳）

【高端绿色项目取得进展】 年内，区集体经济办对腾退出的土地积极谋划，按照区“六个一批”项目要求，取得突破性进展。9月1日，北方旧货市场改造项目与郎园Vintage首创置业股份有限公司正式签署合作协议，合作打造国家级高端文化创意产业示范区——“郎园西区文化创意园”项目。金宝山压力容器厂改造项目列入2017年区重点建设工程，与融科置业和亿华通达成初步意向，拟建设燃料电池发动机研发中心和VR产业园。石槽绿地配套项目列入2017年区重点建设工程，取得区园林局的正式授权，设计方案正在重新调整。古城、八宝山、五里坨3个地块集体土地租赁住房项目分别于12月26日、27日取得区政府的用地批复，完成市政府关于年底前完成供地的任务要求，建设规模约15万平方米，其中住宅面积约10万平方米。

（蒋　佳）

【拆除私搭乱建点位433个】 年内，集体经济系统作为“疏解整治促提升”专项行动的落实主体之一，拆除点位433个，腾退土地212万平方米，清理建筑260万平方米，清理低端产业聚集人群12.8万人。同时拆除商品交易市场23家，清理未经许可经营幼儿园3所、"散乱污"企业8家、砂石厂15个。拆除衙门口地区棚改范围内128个点位，非住宅约39万平方米；北辛安棚改项目范围内的古城中小科技企业基地14万平方米建筑按时完成拆除。全系统在"疏解整治促提升"专项行动中，主动自拆和助拆的面积累计达到90%以上。

（蒋　佳）

【依法行政】　年内，区集体经济办推进"双随机、一公开"制度，实现"双随机"零突破，对抽取的5个单位完成检查任务，未发现违法违规现象。全年，共执法182次，出动人员536余人，检查监管对象487个次，行政处罚1起，做卷1套，警告7起，接到并处理市民举报电话3起；开展防火、防汛、防煤气中毒等防控工作，全年未发生重大安全生产事故，完成各项任务目标。

（蒋　佳）

【集体资产监管】　年内，区集体经济办完成4项（财务收支、干部离任、社办企业资产清查、外聘中介机构审计征地补偿费）审计工作，审计总金额94.03亿元，发现问题29条，提出建议42条。征地补偿费审计总金额30.52亿元。12家村级集体经济组织共备案常规合同502份，办理经营场所证明49份。各村级集体经济组织备案对外投资、借款资金类合同33份，涉及金额23.53亿元。全程参与3个项目（八宝山社区卫生服务中心锅炉房采暖天然气工程、玉泉大厦4－10层及管道层空调系统改造工程、工业区1号厂房拆除工程）的招投标过程，并提前对叙标、开标、议标等环节提出相应的指导意见。

（蒋　佳）

【农转居群体生活】　年内，集体经济系统劳动力总数4092人，就业率为100%。发放农转居劳动力就业专项补贴资金60.64万元。完成集体经济系统1169名农转居"老人老办法"人员大病医疗保险的统计核实工作，并发放大病医疗保险补贴42万元。为699名"老人老办法"退休人员发放医疗费报销补贴10%部分，金额为63万元；为1107名"老人老办法"人员发放生活补贴、医疗补贴、生活补贴差额826.31万元。解决杨庄医院在职及退休人员养老金渠道。

（蒋　佳）

【执纪监督】　年内，区委农工委联合区第六派驻纪检组利用1个月的时间对12家党组织党建工作进行检查督导。配合相关部门加强对全系统纪律执行情况的巡视监督和对重点核心工作中干部履行职责情况的巡视检查，对出现的违纪党员和发生问题的党组织按规定进行严肃问责，维护风清气正的政治生态。

（金丽娟）

外事、港澳事务及侨务工作

【概况】　北京市石景山区人民政府外事侨务办公室（简称区外侨办）是负责本区外事、港澳事务和侨务工作的区政府工作部门。全年配合国家及北京市外事侨务相关部门接待10余个国家的16批来访团组260余人次；为41批116人次的因公出访任务提供服务，对所有因公护照及港澳通行证实施集中规范管理，实现全年护照收缴率和按期注销率两个100%的目标。年内，与市政府外办紧密配合，协调区属各单位多次开展"领保进万家"系列专项活动，向全区居民宣传领事保护知识，提升个人在海外遇突发紧急情况时的自我保护意识。

（周　杰）

【"欢乐春节"活动走进拉美】　1月26日至2月8日，由市政府外办、区外侨办共同组织，以李文起为团长的区民间文化艺术团一行15人赴苏里南、牙买加及非建交国多米尼加举办"欢乐春节"文化庙会活动。代表团在三国通过民族舞蹈、民乐、戏曲、古彩戏法、杂技等文艺演出和中国结编制、京式旗袍工艺、面塑、京剧脸谱绘画等"非遗"展示，展现中国传统文化魅力，传播中国春节文化。代表团举办7场演出活动，累计吸引近2万名观众。苏里南总统，牙买加外交外贸部长，多米尼加经济、计划和发展部长等三国政府、民间及侨界高层到场致贺，代表团与三国中央部委、首都政府、文化教育机构、华人华侨团体举行多场交流座谈，表达与三国加强政府及民间各层次、多领域友好交往，促进互利合作的良好意愿。代表团此次出访拉美是应我国驻苏里南、牙买加使馆和驻多米尼加商代处邀请，是北京市"欢乐春节"活动走进拉美地区的先例。

（周　杰）

【侨务工作】　区外侨办全年依法开具归侨、侨眷身份认定、子女上学证明、一老一小保险证明等6份，为40余名群众解答侨务政策、侨务知识、办理相关手续流程等咨询50余件。1月，走访5个街道，慰问困难归侨侨眷12人，发放慰问金及米、面、油等生活必需品合计17000元。9月28日，参加国庆68周年活动的海外著名侨领、高端科技界人士和知名侨商约100人到石景山区参观北京"侨梦苑"、海外院士专家北京工作站和冬奥组委。同日，在北京"侨梦苑"举办"海外嘉宾走进北京'侨梦苑'联谊活动"，邀请来自30多个国家和地区的200余名海外侨胞参加。10月17日，由国务院侨办组织的"海外华裔青年企业家中国经济研修班"张凯翔、黄欣平等一行48人考察北京"侨梦苑"侨创空间、冬奥组委办公区，了解北京"侨梦苑"和世界侨商创新中心建设情况。同月22日，《欧洲时报》、全美电视台、美国中美邮报社等30余家海外华文媒体记者赴北京"侨梦苑"和首钢采风，区外侨办和区投促局有关人员做好活动接待保障工作。12月3日，在京出席美国百人会英才奖颁奖活动和世界公益慈善论坛的百人会代表团成员一行，在美国加州黑斯廷斯法学院前院长、百人会会长吴华扬带领下，走进北京"侨梦苑"参观考察座谈交流，助力北京全国科技创新中心建设。

（周　杰）

【涉外突发事件应急指挥部成立】　2月7日，组建石景山区涉外突发事件应急指挥部，规范处置涉外事件的应急、指挥、保障和防控体系，成为本市16区中第一个成立的涉外突发事件应急指挥部。5月25—26日，由市政府外办主办、区应急委和区涉外应急指挥部办公室(区外侨办)联合承办的“石景山区涉外安全应急演练”在德威教育培训基地举行。来自全市16区的外事(侨务)办公室、石景山区涉外突发事件应急指挥部34家成员单位、区内部分企业、学校以及医院的涉外应急工作负责同志共80人参加此次演练。

(周　杰)

【服务涉外涉侨经济社会活动】 3月9日,加拿大高贵林市教育局董事会主席克里·帕尔梅、教育局局长帕特里萨·格兰等一行8人访问石景山区,左小兵出席活动。双方为中加王子岛国际幼儿园石景山实验园揭牌,该园由区教委与加拿大高贵林市教育局及加拿大皇桥教育集团合作创立,国际教育资源的引进将使地区学前教育体系更为丰富,满足更多群众享受优质学前教育的需求。9月23日,2017北京国际设计周石景山区模式口分会场开幕式在承恩寺举行。文献与英国驻华使馆国际贸易部公使衔参赞Stephen Elliso先生共同见证中英企业签订战略合作协议。9月30日,世界福建青年联会菲律宾分会回国海丝经贸考察团吴天爽、李琳毅、陈清发等11名团员到石景山区交流参访。10月,协调区食药监局,帮助涉侨企业吉野家办理行政许可项目增项事宜。年内,区外侨办整合侨务和外事资源优势,以外带侨,以侨促外,推进北京“侨梦苑”建设,与“千人计划”等国际侨务资源对接,与美中合作委员会、澳大利亚华人金融专家协会、西班牙侨商会、瑞典华人总会、新加坡天府会等14家海外侨团签订《北京“侨梦苑”海外推广战略合作协议书》。同区教委密切配合,支持、指导各学校开展国际友好学校交流,全年接待17个国家的14个团组近300人次到区交流,为45名教师、近200名学生赴境外培训或开展国际交流提供规范有序的因公出国(境)和外事服务。开展APEC商旅卡申办工作,全年受理4家企业5人的办卡申请,累计为19家企业的46人办理APEC商务旅行卡。

(周　杰)

【重点外交外事侨务任务】 3月22日,文献会见来区访问的马耳他中国友好协会主席雷诺·凯莱亚先生一行。6月22日,新加坡中国协会会长吴国文一行5人到石景山区参观访问。7月27日,古巴全国人民政权代表大会代表玛丽埃拉·卡斯特罗率代表团访问石景山区,并到喜隆多商场参观。8月9日,应区政府邀请,法国巴黎二十区区长菲德丽克·卡兰达一行8人访问石景山区。11月10日,以冲山仁为团长的日本东京都区市町村议会代表团一行9人,在市人大常委会办公厅接待处和市政府外办环太平洋处相关负责人陪同下访问石景山区。

(周　杰)

【友好城市交往】 4月27—28日,应区政府邀请,芬兰曼塔市市长艾萨·斯尔维欧一行10人访问石景山区。7月16日,以田利跃为团长的石景山区友好访问团访问芬兰曼塔市期间,与曼塔市政府签署《中华人民共和国北京市石景山区与芬兰共和国曼塔—维尔普拉市友好交流与合作备忘录》。8月3—7日,为纪念中日邦交正常化45周年,石景山区与东京都板桥区组成乒乓联队,参加中国人民对外友好协会在北京举办的中日友好交流城市初中生乒乓球友谊比赛大会,与其他66支中日友好交流城市初中生乒乓联队同场竞技。比赛中,两区选手密切配合,共同探讨球技,建立深厚的友谊。8月28—31日,日本东京都板桥区区长坂本健、议长大野治彦一行10人访问石景山区。欢迎仪式在北京国际雕塑园举行,双方共同为象征石景山区与板桥区友谊的松柏培土、浇水,以此纪念两区建立友城20周年。9月13—14日,以韩国首尔特别市麻浦区体育会副会长鲁英一为团长的韩国首尔特别市麻浦区少年足球团一行25人访问石景山,谢静会见该代表团。10月11—12日,以日本东京都墨田区区长山本亨及议长冲山仁为团长的墨田区友好亲善访问团一行11人对石景山区进行访问。欢迎仪式在石景山游乐园举行,双方为象征石景山区与墨田区友谊的松柏培土、浇水,以此纪念两区建立友城20周年。10月26日,芬兰曼塔市曼塔—维尔普拉市经济开发中心董事卡里·宏卡宁一行5人访问石景山区。

(周　杰)

【“欢动北京”走进石景山】 8月7日,第六届“欢动北京”国际青少年文化艺术交流周石景山行活动,在五里坨民俗博物馆举办,来自俄罗斯、斯里兰卡、匈牙利、泰国、黎巴嫩5个国家和中国四川、香港的200余名优秀青少年,与石景山区的青少年朋友相聚在一起,相互交流彼此文化和艺术。此次活动主题为“欢动北京·走进石景山触摸传统文化”,倡导用中国传统文化的魅力来感染和拉近中国青少年与世界青少年的距离。

(周　杰)

【港澳事务】 10月19—21日,石景山区代表北京市赴澳门参加第22届澳门国际贸易投资展,作为北京馆主要承办区,石景山区以展示“科技＋文化”的产业融合和发展新技术亮相展会,体现石景山区全面深度转型高端绿色产业发展成果,诚挚邀请澳门及葡语国家相关企业与石景山区企业开展交流合作。11月28—29日,石景山区组团赴香港参加第21届北京·香港经济合作研讨洽谈会,参会期间重点推介石景山区“一轴三园”、区域现代金融、高新技术、文化创意、高端商务服务和旅游休闲等五大主导产业,为地区优质资源寻找投资合作结合点和互利共赢发展点搭建广泛的国际交流平台。

(周　杰)

【国际语言环境建设】 年内,区外侨办召开石景山区外语标识整治工作部署会,制定专项检查工作方案,对重点公共场所设立的外语标识及外文宣传标语口号的设立情况开展全面检查。成立专项检查组,由主管领导带队,邀请专家对冬奥组委驻地周边进行不定期抽查,对不规范的双语标识标语予以纠正并督查整改。对区属公园、涉外酒店、文博场所等重点公共场所外语标识进行不定期检查和整改,收集审核双语标识路牌100余块,景区英文介绍3000余字，对翻译不规范的双语标识、景区英文介绍进行修改完善。12月16日，由区外侨办、区教委、区文化委、区文明办、社区学院共同主办的"2017年石景山区市民讲外语活动周启动仪式暨石景山区外语游园会"在区图书馆举办，近600人参加活动。

（周　杰）

石景山区人民政府区长、副区长

区　长　夏林茂（5月免）
代区长　文　献（5月任）
区　长　文　献（11月任）
副区长　田利跃　肖　平　亢　军
　　　　陈婷婷（女，藏族）　左小兵　李金克
　　　　周西松

石景山区人民政府工作机构主要负责人

政府办主任	李金克（3月免）
	吴　燕（3月任）
发改委主任	岳林华
经信委主任	王晓华
民政局局长	丁仁猛
财政局局长	陈　伟
人力社保局局长	齐　兵
住建委主任	杨旭东
城管委主任	张玉国
商务委主任	宋世媛（女）
文化委主任	王亚迅
卫计委主任	葛　强
审计局局长	王亚兰（女）
国资委主任	李路海
安监局局长	佟晓军
体育局局长	李劲挺
统计局局长	王彦明
旅游委主任	安宝喜
民防局局长	崔　泽
民族宗教事务办主任	高国强
外事侨务办主任	斯琴格日勒（女，蒙古族）
法制办主任	倪斐远
信访办主任	杜　涛（6月免）
	张洪江（10月任）
金融办主任	杨京春（女）
社会办主任	高春玲（女）
教委主任	郝显军（蒙古族，3月免）
	李秀兰（女，3月任）
政府教育督导室主任	李秀兰（女，3月免）
	王　鑫（5月任）
环保局局长	李元员（女，6月免）
	邵立文（6月任）
水务局局长	张玉国（兼）
地震局局长	毕晓梅（女）
动物卫生监督管理局局长	葛　强（兼）
国有企业监事会主席	高　竹（女，8月免）
园林绿化局局长	吴　燕（女，3月免）
	毛　轩（6月任）
集体经济办主任	蔡利全（3月免）
	马四虎（5月任）
研究室主任	迟志禹
城市管理监督指挥中心主任	梁学刚（3月免）
	张玉国（兼，3月任）
行政服务中心主任	孙明磊
西部建设办主任	肖　平（兼）
城市管理综合行政执法监察局局长	董新理
档案局（馆）局（馆）长	张相明
区志办主任	张相明（兼）
投促局局长	唐　铭（女）
机关行政处处长	张建刚
环卫中心主任	张　华
广电中心主任	王国强
公园管理中心主任	王金兰（女）
八大处公园管理处主任	刘云清（兼）
石景山医院院长	刘　鹏
房屋征收事务中心主任	傅庆华
流管办主任	夏鹏程（兼）
维稳办主任	朱钢银（兼）
规划分局局长	王亦兵
工商分局局长	李广隆
国土分局局长	左小兵
地税局局长	李　娜（女）
国税局局长	谢明江
气象局局长	朱　立
食药监局局长	高德友
质监局局长	韩洪亮

政协北京市石景山区委员会

综　述

【概况】 中国人民政治协商会议北京市石景山区委员会(简称区政协),是中国人民政治协商会议北京市石景山区地方组织。区第十届政协常委会组成人员33人,其中主席1人、副主席6人、秘书长1人、常委25人。下设办公室、研究室、专委会工作一室、专委会工作二室、专委会工作三室、专委会工作四室、专委会工作五室、专委会工作六室8个办事机构。年内,在中共石景山区委领导和市政协指导下,在区政府和社会各界大力支持下,区政协常委会深入贯彻落实党的十九大精神,牢牢把握团结和民主两大主题,依靠各界委员,围绕全区中心任务,履行各项职能,圆满完成十届一次会议部署的各项任务,为促进石景山区经济社会改革发展作出贡献。

(樊　华)

【市政协领导到区调研】 3月14日,市政协主席吉林到石景山区就贯彻北京市第四次政协工作会议精神和开展民主监督工作进行调研。市政协秘书长周毓秋,市政协副秘书长、研究室主任陈煦,市政协办公厅副主任臧丽昆,市政协人事联络室副主任韩君琪,区领导牛青山、文献、吴克瑞、姚茂文、刘国庆、刘建国、岳林华,区政协副主席赵继新、高杰,秘书长刘福利参加调研。

(樊　华)

【区政协常委会专项工作视察】 4月25日,区政协常委会视察石景山区开展"疏解整治促提升"专项行动工作情况。区政协常委一行实地视察北辛安棚户区改造和京西商务中心建设情况,并就石景山区开展"疏解整治促提升"工作召开座谈会。

(樊　华)

【区政协主席会专项工作视察】 5月16日,区政协主席会议成员一行实地视察融景城西部片区、八角地铁公共自行车棚、游乐园酒吧一条街、古城南街、杨庄北区疏解整治情况,并就开展"疏解整治促提升"工作召开座谈会。

(樊　华)

【到园区企业调研】 5月18日,吴克瑞一行到园区企业姿美堂生物科技有限公司进行调研,同时走访看望政协委员。

(樊　华)

【湛江市政协到区调研】 6月12日,广东省湛江市政协副主席孙省利带领部分教文卫体委员会委员到石景山区就创新创业规划建设开展专题调研。吴克瑞会见考察组一行。上午刘国庆陪同调研组参观京西创业公社。下午岳林华陪同调研组参观八大处,最后前往启迪冰雪体育中心参观。

(樊　华)

【区政协书画院成立】 6月28日上午,由区政协主办的庆祝中国共产党成立96周年书画展暨石景山区政协书画院成立揭牌仪式"传承红色基因讲好中国故事"主题活动,在台湾街印象台湾主题馆举行。该书画展的作者均为政协新老委员,展出作品近百幅。

(樊　华)

【第二十六次政协工作理论研讨会】 7月12日,区政协召开以"加快推进石景山区疏解整治促提升工作"为主题的第二十六次政协工作理论研讨会。区各民主党派主委、政协常委和部分委员参加会议并进行研讨发言,会议共形成研讨材料30余篇,提出相关建议160余条。

(樊　华)

重要会议

【概况】 区政协的重要会议包括委员会全体会议、常务委员会会议、主席会议。年内,区政协围绕中心、致力发展,服务大局,共召开委员会全体会议1次,常委会会议3次,主席会议4次。围绕全区改革发展的重大问题和群众关注的切身利益问题,认真履行政协职能,形成政协多层协商格局。

(樊　华)

【主席会议】 区政协全年召开4次主席会议。第一次会议于4月17日召开。会议审议人事事项。第二次会议于7月5日召开。会议审议2017年各专委会调研报告和建议案;听取关于开展民主监督与评议工作的汇报;审议十届政协第三次常委会会议议程。区政协主席吴克瑞主持会议。第三次会议于12月7日召开。会议集中答复2017年主席会建议案。相关部门分别就《关于推进街道"社会治理委员会"建设,提升我区社会治理能力的调研报告的建议案》《关于我区疏解非首都核心功能,加快优化和提升经济结构的建议案》《关于进一步推进我区中医健康社区试点工作的建议案》《关于"西山文化带(石景山段)保护和利用的"思考与建议的建议案》进行答复。会议听取2017年各专委会工作总结汇报;审议区政协对区属党政部门开展民主监督与评议工作报告。第四次会议于12月21日召开。会议审议政协北京市石景山区第十届委员会常务委员会工作报告;审议政协北京市石景山区第十届委员会常务委员会关于提案工作的报告;审议政协北京市石景山区第十届委员会财政预算民主监督小组、社会管理综合治理民主监督小组和城市管理民主监督小组评议报告;审议政协北京市石景山区第十届委员会第二次会议相关文件;审议2017年政协北京市石景山区委员会优秀提案、优秀调研报告、优秀社情民意和委员履职先进个人名单;审议2018年政协北京市石景山区第十届委员会常务委员会工作要点;审议政协北京市石景山区第十届委员会第五次常务委员会议程。

(樊　华)

【常务委员会会议】 区政协全年召开3次常务委员会会议。第二次会议于4月25日召开。会议听取石景山区疏解整治促提升工作情况汇报;听取石景山区党风廉政建设情况通报;审议人事事项。第三次会议于7月11日召开。会议传达学习蔡奇在中国共产党北京市第十二次代表大会上的报告和市委十二届一次全会上的讲话精神;审议2017年常委会调研报告和建议案。第四次会议于11月1日召开。会议传达学习中国共产党第十九次全国代表大会会议精神。

(樊　华)

专门委员会

【概况】 根据政协章程规定和石景山区政协工作实际，九届区政协共设有经济科技委员会、社会法制与民族宗教委员会、城建环保委员会、教文卫体委员会、提案委员会、学习与文史委员会6个专门委员会。专门委员会工作是政协工作的重要基础，是政协履行职能的重要方式。专门委员会根据中国人民政治协商会议章程的要求，从实际出发开展工作。组织委员认真学习、宣传国家的方针政策和法律；就本区政治、经济、文化和社会生活中的重要问题，人民群众普遍关心的问题，选择其中具有综合性、全局性、前瞻性的课题，开展调查研究，提出意见、建议和提案；团结和联系委员及各族各界人士，反映社情民意；组织各种活动，为委员知情出力、履行职责创造条件。

（樊　华）

【经济科技委员会】 经济科技委员会全年提交提案75件，立案71件；报送社情民意62篇；组织经济和工商联等界别开展8次活动，慰问走访委员25人次。经济科技委员会开展“关于加快构建我区高精尖经济结构的建议”专项课题调研工作；与提案委员会共同督办“关于将模式口历史文化街区打造成为双创基金特色小镇的建议”等重点提案；督办“关于我区疏解非首都核心功能，农贸市场拆除之后，完善社区人民群众菜篮子工程建设”的专委会提案；引荐中铁建电气化局集团项目总承包资质进京落户石景山；对区经信委及其“区城市服务管理网格化融合平台”重点项目开展民主监督评议；财政预算小组听取区财政局关于石景山区2017年财政执行情况和2018年财政预算安排情况，形成财政预算民主监督工作意见。

（樊　华）

【社会法制与民族宗教委员会】 年内，社会法制与民族宗教委员会开展推进石景山区街道“社会治理委员会”建设调研；配合市政协开展“疏解整治促提升”专项行动调研；针对提高石景山区社会养老品质、针对区法院提升司法公信力建设开展视察；针对改善石景山区文化旅游环境、针对石景山区社会稳定重要工作开展协商；对公安分局执法办案管理中心进行视察；联合少数民族、宗教界别小组成员及部分专委会委员，召开“学习贯彻十九大精神暨2018年民族、宗教工作研讨会”；对区司法局开展民主监督与评议工作；开展对本委委员的履职情况评价工作；组织社会治安综合治理民主监督小组形成年度综治工作评议报告。

（樊　华）

【城建环保委员会】 年内，城建环保委员会提案总数63件，立案62件；提交21份社情民意；走访委员单位7次，慰问委员12人；组织委员参加政府常务会14人次；组织委员参加培训学习等各类活动264人次。城建环保委员会开展推进治乱疏解建高端工作的调研，与社会法制与民族宗教委员会共同完成市政协疏解中心城区人口调研报告，参加市政协组织的新版规划和地下空间管理等2次民主监督协商。围绕交通管理和绿化美化等治乱疏解建高端工作召开3次专题提案督办会；从西绿东引重大项目为切入点对区园林绿化局开展民主监督与评议；发挥城市管理民主监督小组作用，加强治乱疏解促提升工作的过程监督；针对委员关注较集中的提案开展督办和民主协商；围绕西部天泰山地区规划、西部地区建设规划的设想进行民主协商；围绕绿道和园林绿化建设时效、灵活性等问题进行协商。

（樊　华）

【教文卫体委员会】 教文卫体委员会委员全年提交提案52件，立案49件；报送委员社情民意39篇；开展界别小组活动3次。教文卫体委员会就“关于进一步推进我区中医健康社区试点工作”开展调研；赴社区学院开展学习型城区建设及社区教育工作调研；组织委员及医药卫生界别小组成员开展调研视察、座谈，听取群众对医改实施情况的反映和医院实施改革中遇到的困难和问题，形成《关于我区医药分开综合改革推进情况的工作报告》；与提案委共同组织《关于打造京西中医药文化产业圈的建议》重点提案督办活动；组织委员到北京九中，对区域教育发展进行调研并就校园欺凌事件的预防和处置工作开展协商；组织委员就石景山区体育生活化社区工作开展调研视察；邀请农工党区工委一起对区体育局开展民主监督与评议工作。

（樊　华）

【提案委员会】 区政协十届一次会议收到提案216件，立案207件。区政协主席、副主席、秘书长重点督办的8件提案全部办结。提案委员会与对口单位区委办、区政府办开展协商召开提

8月15日，区政协调研石景山区蔬菜零售网点建设工作　（区政协供稿）

案交办会和工作协商会。提案委员会组织委员视察交通指挥中心，并开展座谈协商；联系无党派和社会福利与社会保障界别活动小组，开展走进康复中心调研活动；联合教文卫体委员会以及教育界别共同前往社区学院开展学习型城区建设及社区教育工作调研；围绕治乱疏解促提升工作开展重点提案办理协商，邀请关注区域交通情况的委员开展提案集中答复；对十届政协委员开展提案知识的培训，对承办单位进行《学习政协提案知识，做好提案办理工作》专题培训；联合无党派界别、教文卫体委员会以及教育界别到区社区学院开展学习型城区建设及社区教育工作调研；联合民盟区工委对苹果园街道开展民主监督与评议工作。

（樊　华）

【学习与文史委员会】 年内，学习与文史委组织全体委员开展3期专题培训；开展《关于西山文化带（石景山段）的调研与思考》专题调研工作；视察石景山非遗文化保护利用情况，视察石景山区文化中心建设进展情况，对永定河及其周边环境建设情况进行跟踪视察；召开特约文史参事聘任工作会；恢复《石景山文史资料》征集编辑整理；编辑出版印刷《石景山工业文化遗产（下册）》及《石景山文史资料》第24辑；结合《西山永定河文化带》调研赴涿鹿县学习考察三祖文化；完成《蒙古族百年实录》征编和报送工作；召开《关于我区大力发展以"非物质文化遗产"为核心主题的全域旅游的建议》的提案督办会；开展《关于模式口环境整治情况及文保区的改造工程》专题协商；对区西建办开展民主监督与评议工作。区政协文化艺术界别委员召开调研工作会，组织成立石景山区政协书画院；开展以"传承红色基因，讲好中国故事，喜迎党的十九大"为主题书画展；会同区文联完成56个民族大团结主题雕塑作品展览等活动。

（樊　华）

政协北京市石景山区第十届委员会

主　　席　吴克瑞

副 主 席　刘国庆　刘建国　岳林华　赵继新　高　杰　于秀云（女）

秘 书 长　刘福利

副秘书长　程伯静（女）　苏文颖　李凤芹（女）　毛　轩　李鸿泓　刘东晖（满族）

常务委员　王亚迅　毛　轩　白德骏（回族）　仲达文　刘　嵘（女）　刘东晖（满族）　刘吉新　苏文颖　李凤芹（女）　李鸿泓　李智勇　李路海　吴　瑕（女）　何云飞　汪礼俊　张　钢　陈有忠　赵天旸　赵建平　秦玉山　彭　飞　蒋志谋　释常藏　焦彦生　戴　兵（女）

石景山区政协专门委员会负责人

经济科技委员会主任	刘卫东
社会法制与民族宗教委员会主任	韩　冰（女）
城建环保委员会主任	李元涛
教文卫体委员会主任	杨玉玲（女）
提案委员会主任	于惠兰（女）
学习与文史委员会主任	蒙树红（女）

石景山区政协工作机构负责人

区政协党组成员、秘书长	刘福利
区政协党组成员、副秘书长、办公室主任	程伯静（女）
区政协研究室主任	刘　威
区政协专委会工作一室主任	刘卫东
区政协专委会工作二室主任	韩　冰（女）
区政协专委会工作三室主任	李元涛
区政协专委会工作四室主任	杨玉玲（女）
区政协专委会工作五室主任	于惠兰（女）
区政协专委会工作六室主任	蒙树红（女）

纪检 监察

综　述

【概况】 中共北京市石景山区纪律检查委员会(简称区纪委)和北京市石景山区监察委员会(简称区监委)合署办公,在区委和市纪委市监委双重领导下开展工作。监察体制改革后,区纪委区监委机关在原有办公室、组织部、宣传部、研究室、信访室、党风政风监督室、案件监督管理室、案件审理室、第一纪检监察室、第二纪检监察室、第三纪检监察室的基础上,增设4个内设机构,分别是第四纪检监察室、第五纪检监察室、第六纪检监察室和信息技术保障室,撤销与信访室合署办公的石景山区行政投诉中心,撤销党风政风监督室加挂的预防腐败室和石景山区纠正行业不正之风办公室。调整后,区纪委区监委机关共15个内设机构。区纪委有委员29人。2017年,区纪委区监委强化监督执纪问责和监督调查处置职责,忠诚履职,勇于担当,在改革创新上、在层层落实主体责任上、在把握"四种形态"上、在强化监督上、在执纪审查上、在制度规范上都实现新突破,为建设风清气正的政治生态和高端绿色的发展生态作出新贡献,实现"六突破一贡献"工作目标,纪检监察工作迈上新台阶。

(雷思远)

【区纪委十二届二次全体会议】 2月24日召开。会议贯彻党的十八届六中全会精神,学习中央纪委七次全会、市纪委六次全会精神,落实区第十二次党代会工作安排,研究部署2017年纪检监察工作任务。郭鹏代表区纪委常委会向大会作工作报告。全会审议并通过题为《坚持标本兼治、强化责任担当,推动全面从严治党向纵深发展》的工作报告和《中国共产党北京市石景山区第十二届纪律检查委员会第二次全体会议决议》。

(罗　兰)

【党风廉政建设大会】 2月24日,石景山区2017年党风廉政建设大会召开,夏林茂主持会议。会上举行责任书签订仪式,牛青山与夏林茂签订"一岗三责"责任书,有关同志分别签订主体责任书、监督责任书、"一岗三责"责任书。会议传达中纪委十八届七次全会精神和市纪委十一届六次全会精神,通报石景山区2016年党风廉政建设责任制检查情况。会议将2017年作为"全面从严治党深入推进年",将党风廉政建设目标确定为"六突破一贡献",即在层层落实主体责任上有新突破、在把握"四种形态"上有新突破、在强化监督上有新突破、在执纪审查上有新突破、在制度规范上有新突破,为建设风清气正的政治生态和高端绿色发展生态做出新贡献。

(罗　兰)

【区纪委十二届三次全体(扩大)会议】 7月20日召开。会议传达市委十二届二次全会精神,总结区纪委区监委2017年上半年工作,对下半年工作进行部署,讨论并表决通过《石景山区纪委关于进一步发挥委员作用的规定(试行)》《中国共产党北京市石景山区第十二届纪律检查委员会第三次全体会议决议》。

(罗　兰)

体制改革

【概况】 在区委的统一领导和统筹协调下,区纪委区监委以"改革创新先行区"的标准和要求深入推进监察体制改革和纪律检查体制改革。在2016年派驻机构全覆盖的基础上,深化监察体制改革,紧紧围绕"建设什么样的监委、怎样建设监委"这一课题,坚决贯彻改革任务;注重思想引领,强化党对反腐败工作的统一领导;注重团结融合,实现"1+1>2"的效果;注重制度建设,推进纪法衔接,注重延伸基层,实现监察全覆盖;注重教育培训,提升业务技能,改革试点工作开展以来,审查调查的数量大幅增长,体现改革的良好效果。深化巡察机构改革,从稳妥起步到渐次推进,从探索先行到制度规范,把政治巡察往深里抓、向实处做,织密基层党内监督之网。

(雷思远)

【监察体制改革】 1月24日,石景山区成立深化监察体制改革试点工作小组,工作小组组长由牛青山担任,工作小组下设办公室,办公室主任由郭鹏兼任。3月,区委印发《北京市石景山区深化监察体制改革试点实施方案》,撤销石景山区监察局、石景山区预防腐败局,撤销石景山区人民检察院反贪污贿赂局、反渎职侵权局、职务犯罪预防处,相关职能整合至区监委。监察委员会履行监督、调查、处置职责。区纪委区监委合署办公,履行纪检、监察两项职责,实行一套工作机构、两个机关名称。3月29日上午,石景山区召开第十六届人民代表大会第二次会议,选举郭鹏为石景山区监察委员会主任;石景山区第十六届人民代表大会常务委员会第三次会议任命韩孟荣、仲长军、赵锦海为北京市石景山区监察委员会副主任,任命田成立、李月根、牛秋娟、郭淑丽、苏增亮为北京市石景山区监察委员会委员。3月29日下午,石景山区召开区监察委员会成立大会。

(李　艳　罗　兰)

【巡察制度改革】 8月,区委印发《关于加强巡察工作的实施意见》,区委成立巡察工作领导小组。巡察工作领导小组向区委负责并报告工作。设立区委巡察工作领导小组办公室,为巡察工作领导小组日常办事机构,作为区委工作部门,设在区纪委,主要职责是传达贯彻巡察工作领导小组的决策部署,向巡察工作领导小组报告工作,统筹、协调、指导巡察组开展工作,向市委巡视工作领导小组办公室报告区委巡察工作情况,办理巡察工作领导小组交办的其他事项。设立区委巡察组,承担巡察任务,向巡察工作领导小组负责并报告工作。巡察组实行组长负责制,组长根据每次巡察任务确定并授权。

(李　艳)

【监察工作向基层延伸】 9月,区纪委机关联合区委组织部、区编办印发《石景山区推进监察工作向基层延伸的实施意见》,推进改革试点向基层延伸,实现对公职人员监察全覆盖,监察对象由改革前的1902人上升到12886

人。区监委向区级党和国家机关派出监察组，派出监察组与区纪委联合派驻纪检组合署办公，统一名称为区纪委区监委联合派驻纪检监察组，由区纪委区监委直接领导、统一管理。区监委向区直机关工委机关派出监察组，与区直机关纪工委合署办公。区监委向街道派出监察组，与街道纪工委合署办公。不再保留街道监察科，原有监察干部转为派出监察组工作人员。

（李 艳）

监督工作

【概况】 区纪委区监委坚决履行好监督这一基本职责、第一职责，依规依纪依法做好日常监督和经常性管理，将定位向监督聚焦，责任向监督压实，力量向监督倾斜，执纪监督人员占编制总数约50%。强化监督工作，年内制定《石景山区纪委区监委执纪监督工作实施细则》，绘制《石景山区执纪监督室核心业务工作流程图》，使执纪监督工作的开展有据可依。

（张丹萍）

【层层压实主体责任】 年初，区纪委组织开展“一承诺两签责”工作，区、处及下属单位各级“一把手”做出公开履责承诺977条，层层签订个性化主体责任书、监督责任书、“一岗三责”责任书共2787份。8月，制定下发《关于加强基层党风廉政建设的意见》。10—12月开展党风廉政建设责任制检查考核，成立12个检查组，对全区所有处级单位进行普遍检查，由区领导带队对77家单位进行重点检查。12月18日，市党风廉政建设责任制检查考核组组长张建东带队，对石景山区党风廉政建设责任制落实情况进行现场督查。在全市党风廉政建设责任制检查中，石景山区在全市16区中位列第八，其中民意调查获得99分，位列全市第二。

（李 泾）

【“疏解整治促提升”监督检查】 3月，区纪委区监委牵头成立由区纪委、区委督查室、区政府督查室、区人大办、区政协办、区城管监督指挥中心等单位组成的“疏解整治促提升”专项行动指挥部督查组。督查组围绕重点任务、重点区域、重点点位，采取日常督查、专项调研、专项检查等形式，加强对指挥部办公室、专项工作组、各分指挥部及其工作人员的监督检查，重点检查是否存在不作为、乱作为以及充当保护伞、说情打招呼、从中谋利、侵害群众利益等问题。2017年，督查组先后到融景城西部片区纸库、酒吧街等重点、难点点位进行明察暗访16次，对分指挥部党政主要领导提醒谈话2次，专项巡察5家单位。

（王剑飞）

【廉政宣传教育】 5—6月，在全区开展以“学党纪、知敬畏、守底线；学讲话、敢担当、促提升”为主题的第26届党风廉政建设宣传教育月活动，全区各单位各系统主动开展反腐倡廉宣教系列活动。拍摄警示教育片《失守的生命线——喻荣辉违纪违法案警示录》，发至全区各单位，用身边事教育身边人。“生命线的警示——石景山区反腐倡廉警示教育基地”运营不断科学化，全年共600余家单位近2万名党员干部职工走进基地，接受教育，《中国纪检监察报》《北京信息》《是与非》等中央、市属媒体进行报道。年内在“石景山区纪检监察网”发布纪检监察工作信息155篇，动态更新“石景山党建网”“党风廉政建设”板块，“方圆石景山”微信公众号共推送信息101期223条，在市级及以上媒体发表外宣报道200余篇。全年共组织全区73名处级干部、指导351名科级干部进行任职前廉政法规知识测试。

（薛 文）

【述责述廉全覆盖】 10—12月，区纪委区监委落实《中国共产党党内监督条例》要求，对全区局、处两级及部分基层单位全面开展述责述廉工作。区四套班子26名局级领导干部分别向党委常委会（党组）扩大会述责述廉；区纪委区监委11名班子成员向区纪委常委扩大会述责述廉；区法院、检察院13名党组成员向党组扩大会述责述廉；全区80家处级单位102名党政一把手，311名副处级领导干部向党委（党组）或领导班子扩大会述责述廉；5家派驻派出纪检组负责人向区纪委全委会述责述廉；部分国企、学校、医院、集体经济组织等基层单位领导干部向领导班子扩大会述责述廉，实现局、处、重点基层单位领导干部述责述廉全覆盖。

（张丹萍）

【专项监督】 年内，开展对“两贯彻一落实”、巡视整改、大气污染防治等工作执行情况的监督检查，为市、区重大决策部署不折不扣贯彻落实提供有力的纪律保障。开展对扶贫领域的专项监督，会同主责单位针对对口援建和精准救助，对辖区所有街道落实精准救助工作情况进行集中检查。开展“为官不为”“为官乱为”专项整治，查处问题54起，给予49人党纪处分，给予5人组织处理，确保专项治理取得实效。围绕防汛抗灾工作、大清理大排查大整治行动、大型运输车辆监管情况、窗口单位履职情况开展监督执纪问责专项行动，督促职能部门履行职责，实现监督的再监督。

（李 泾）

【“四风”问题监督检查】 年内，区纪委区监委建立“联合检查 + 重点抽查 + 派驻监督 + 自查自纠 + 社会监督”五位一体的监督检查机制，加大明察暗访力度，组织有关部门和特约监察员开展专项检查400余次，查验票据34711张，运用现代信息化手段检查公车封存情况3000余辆次。查处违反中央八项规定精神的案件48件，给予党纪政纪处分48人，全部予以通报曝光。

（薛 枫）

【聘任区纪委区监委特约监察员】 年内，区纪委区监委制定《石景山区纪委区监委特约监察员工作办法》办法，按照组织提名和本人自愿相结合的原则，聘任来自全区各行各业的26名同志担任新一届特约监察员，任期五年。特约监察员通过参加或列席廉政建设有关会议或纪检监察机关的其他有关会议，参与区委区政府重大部署落实情况的监督检查、作风建设监督检查及纪检监察机关开展的其他有关工作，明察暗访了解、反映社情民意及有关行业、领域的廉政勤政、作风建设情况，反映、转递人民群众对公职人员违反纪律行为的检举、控告，参与宣传党和国家关于廉政建设和反腐败方针、政策，沟通、促进党和政府同人民群众的联系和理解。

（薛　枫）

审查调查

【概况】 区纪委区监委坚持把执纪审查、调查处置作为纪律建设、全面从严治党的重要内容，加大案件查办力度，保持正风反腐力度不减、节奏不变、尺度不松。严肃查处明万富违纪违法案等在全区影响重大的案件，加大对群众身边的不正之风和腐败问题的查处力度，彰显石景山区有腐必反、有案必查的坚定决心。

（雷思远）

【信访举报】 区纪委区监委全年受理信访举报301件次，同比降低14.9%，信访总量全市最低，也是全市唯一未发生集体越级访的区。保持自收件数量大于上级转办件数量的合理信访来源结构，取得2017年全市纪检监察信访工作考核第一的优异成绩。集中化解一批群众反映强烈的信访问题，重复件数量近5年来首次下降，同比下降32%。

（胡国栋）

【监督执纪“四种形态”】 区纪委区监委全年运用监督执纪“四种形态”处理207人次，同比增长105%，其中第一种形态127人次，占61%；第二种形态68人次，占33%；第三种形态7人次，占4%；第四种形态5人次，占2%。

（张　捷）

【调查处置】 区纪委区监委全年处置问题线索214件次，同比增长137.8%；初核187件，同比增长167.1%；新立案83件（其中处级13件，乡科级34件），同比增长88.6%。年内受理案件89件、审结案件85件，给予党纪政务处分83人（79人受到党纪处分、4人受到党纪政务双重处分）、组织处理2人。其中，6人受到刑事追究、1人移送司法机关。从被审查人行政级别看，正处级及相当正处级4人、副处级及相当副处级8人、正科级及相当正科级23人、副科级及相当副科级23人、科员及以下27人。党纪处分：开除党籍11人、留党察看1人、党内严重警告27人、党内警告44人。其中，重处分12人，占总体审结案件的14.11%；轻处分71人，占总体审结案件的83.53%。政务处分：降低岗位等级3人、警告1人。

（张　捷　刘婧妮）

【规范问责】 年内，区纪委区监委制定《中共北京市石景山区委贯彻<中国共产党问责条例>实施办法》《石景山区纪委区监委开展问责工作程序规定》，建立区委统一领导，区纪委、区委工作部门、区委直属党委、区纪委派驻（出）机构共同实施的问责工作机制。实行问责审理制度，凡是纪委调查的问责案件，都要审理把关，最大限度压缩自由裁量权。全年发出监察建议书8份，发出纪律检查建议书3份，共对23人、8个党组织进行问责，以问责促履责，确保责任落实到位。

（张丹萍）

【巡察工作】 按照市委要求和区委工作部署，区委巡察工作领导小组成立后，于2017年分两轮对区属8家单位开展巡察。两轮巡察开展问卷调查263人次、民主测评271人次、个别谈话255人次，收到信访件4封，发现被巡察单位党组织存在问题116个，提出整改建议47项。制定“1+N”巡察工作制度，以《石景山区委巡察工作实施意见》为依据，建立完善《石景山区委巡察工作流程》《关于规范相关单位向区委巡察组通报情况工作的意见》《区委巡察工作档案移交管理制度》等20项可实际操作的制度规定。

（李世民）

中共北京市石景山区第十二届纪律检查委员会

书　记　郭　鹏

副书记　韩孟荣　仲长军（女）

　　　　高维华（3月免）　赵锦海（3月任）

常　委　田成立　李月根　牛秋娟（女）

　　　　张　莉（女）　赵雁军（女）

北京市石景山区监察委员会

主　任　郭　鹏

副主任　韩孟荣　仲长军（女）　赵锦海

委　员　田成立　李月根　牛秋娟（女）

　　　　郭淑丽（女）　苏增亮

民主党派 工商联

综　述

【概况】　2017年，石景山区有7个民主党派区级组织，分别是：中国国民党革命委员会北京市委员会石景山区工作委员会（简称民革区工委）、中国民主同盟石景山区工作委员会（简称民盟区工委）、中国民主建国会北京市委员会石景山区工作委员会（简称民建区工委）、中国民进促进会北京市委会石景山区工作委员会（简称民进区工委）、中国农工民主党北京市委员会石景山区工作委员会（简称农工党区工委）、中国致公党北京市委员会石景山区工作委员会（简称致公党区工委）、九三学社北京市委员会石景山区工作委员会（简称九三学社区工委），和1个在区委区政府领导下，具有统战性、经济性、民间性的人民团体和商会组织——石景山区工商业联合会（简称区工商联）。年内，各党派区工委发挥自身界别特色优势，积极参加区委领导的政治协商，有效利用好政党协商、人大协商、政协协商等协商渠道，着眼于建设适应新时期要求的参政党，以思想建设为核心，以组织建设为基础，以制度建设为保障，以班子建设为重点，全面开创7个民主党派区工委和工商联各项工作新局面。

（王　佳）

【会员人数】　截至年底，7个民主党派有支部42个，民主党派成员1385人，同比增长5.63%。区工商联全年发展会员208家，会员企业数量达到1853家。

（王 佳）

中国国民党革命委员会石景山区工作委员会

【概况】　截至年底，民革区工委6个支部，党员163人。党员中有全国青联常委1人，市人大代表1人，市政协委员2人，区人大常会委副主任1人，区人大常委1人，区人大代表1人，区政协常委2人，区政协委员10人；民革中央各专委会成员9人，民革市委各专委会16人。

（张　旭）

【对口扶残助学】　1月10日，民革区工委主委李凤芹看望5位残疾学生家庭，为每个家庭送去2000元捐助和由副主委张旭东设计的纪念孙中山先生诞辰150周年首日封。5月19日，区残联在老山街道残疾人温馨家园举行“推进残疾预防，健康成就小康”第27次“全国助残日”主题活动。活动中，副主委李智勇代表民革区工委与帮扶残疾学生王昊楠家长签订捐赠扶残助学款协议。

（张　旭　刘辰洋）

【区工委活动】　3月25日，民革区工委召开2017年新党员学习班，为近两年加入民革的党员作区情培训，介绍石景山区高端绿色发展情况。4月1日，民革区工委召开2017年组织工作研讨会，研讨会围绕如何加强支部班子建设；支部如何开展活动，增强组织凝聚力；如何加强基层组织思想政治工作；如何吸引更多优秀人才加入民革；如何发展培养后备干部等方面进行探讨。9月7日，第四支部到广宁街道新立社区，开展送法到家活动，向居民朋友们赠送《民法总则》图书共计56册。9月10日，第一支部组织党员参观“中央企业贯彻落实新发展理念、深入实施创新驱动发展战略、大力推动双创工作成就展”，参观载人航天、深海探测、高速铁路、特高压、国产航母、国产大飞机等重大科技创新成果。

（张　旭　刘辰洋）

【理论学习】　年内，民革区工委持续开展理论学习活动。3月25日，民革区工委组织召开学习传达2017年全国两会精神座谈会，邀请全国政协委员、市侨联主席、民革市委副主委荣洋作辅导报告。民革区工委结合民革中央“观故居，走多党合作之路”主题教育活动，组织党员参与上述活动，通过观故居、听讲座重温民革精神。4月11日上午，民革区工委组织党员30余人到宋庆龄故居和中山公园中山堂参观学习，党员们集体向孙中山先生像行拜谒礼，观看《孙中山与北京》展，缅怀中山先生“爱国、革命、不断进步”的伟大精神。7月17日，民革区工委召开区工委委员扩大会议，学习传达贯彻中共北京市第十二次党代会和民革北京市第十三次代表大会会议精神。9月10—11日，民革区工委召开2017年暑期学习班。12月27日，民革区工委召开学习贯彻民革十三大会议精神座谈会。传达学习中国国民党革命委员会第十三次代表大会精神。与会同志围绕大会决议和新党章，进行学习和讨论。

（张　旭　刘辰洋）

中国民主同盟石景山区工作委员会

【概况】　截至年底，民盟区工委有8个支部，盟员354人，平均年龄51.60岁。其中女盟员161人。在职盟员253人，占71.47%；离退休盟员101人，占28.53%。高教界盟员103人，占29.10%；普教界54人，占15.25%；科技界32人，占9.04%；医卫界24人，占6.78%；文化艺术12人，占3.39%；新闻出版5人，占1.41%；公有制经济50人，占14.12%；机关团体22人，占6.21%；新社会阶层51人，占14.41%；其他1人，占0.28%。高级职称（正高和副高）127人，占35.88%；中级职称120人，占33.90%。盟员中有现任区人大代表3人，区政协副主席1人，区政协常委1人，区政协委员7人。年内，发展26名新盟员，其中中高级职称13人。完成18万字的“不忘合作初心继续携手前进”统战理论文集。

（李　莉）

【社会服务】　1月中下旬，民盟区工委开展“您的牵挂·我们的温暖”走访特困残疾人家庭、春运帮农民工回家过年、捐赠轮椅系列帮扶活动。3月初，民盟区工委向五里坨养老公寓捐赠500本图书。5月16日，民盟区工委联合门头沟大峪街道开展“名师大讲堂”走进门头沟社区活动。原区工委主委、北方工业大学经管学院赵继新教授为100余位社区居民作“求职途径和技巧”的辅导报告。“5·21全国第二十七次助残日”和“六一”国际儿童节，民盟区工委均在北京市太阳花听力言语康复中心举行“语言的魅力——书香民盟爱心助残活动”。12月29日，民盟区工委与“小飞象”自闭症儿童、师生、家长迎元旦，开展捐赠献爱心活动。

（李　莉）

【区工委活动】　农历二月二，民盟区工委组织盟员参加"我爱石景山"体验京西民俗文化活动。4月23日，民盟区工委开展"不忘初心—世界读书日"微信活动，通过"好书推荐""书评""诵读"形式加强盟史学习的交流，展示读书的魅力。5月26日，民盟区工委举行石景山区"书香文化生活"座谈会，为首都公共文化服务示范区图书馆建设发展进行研讨。6月7日，民盟区工委组织盟员参加区图书馆为迎接全国第12个文化遗产日推出的"非遗日话非遗"系列专题讲座活动。教师节前夕，联合中国诗书画家网举办"名师大讲堂"活动。10月11日，与北师大委员会联合开展重阳节"共赏民俗情，喜迎十九大"联谊交流活动。11月5日，石景山盟员之家揭牌仪式在石景山区民主党派人民团体办公楼举行。

（李　莉）

【宣传教育】　民盟区工委以"注重层次划分、着眼全面覆盖、强调形式多样、讲求实效深入"为根本，组织盟员先后参加市委统战部举办的"党外人士大家谈"活动、民盟市委"书香民盟"等各项专题报告会及大讲堂活动。"十九大"召开期间，民盟区工委组织盟员集体收看中共十九大开幕式直播，并结合直播内容，与"两学一做""不忘初心"学习教育主题活动结合起来，开展学习讨论；利用盟员"e"家开展石景山民盟微课堂十九大专题学习活动，交流学习心得和体会。在新盟员群体中，开展"我向民盟表心声"新盟员誓词活动；大会闭幕式当天，民盟区工委召开学习贯彻党的十九大会议精神座谈会。各支部结合重阳节敬老爱老的传统，与学习贯彻中共十九大会议精神座谈会结合，开展支部生活。民盟区工委组织部分新盟员、骨干盟员分别参加民盟北京市委、北京社会主义学院、区政协组织的十九大精神解读报告会。

（李　莉）

【参政议政】　年内，民盟区工委完成"优化保障石景山区百姓菜篮子""解决石景山区老旧小区停车难""提升我区城市生活垃圾分类处理工作水平""精细化城市管理"等6篇调研报告，其中3篇为转化政协党派提案。

（李　莉）

【民主协商】　年内，民盟区工委参与古城街道和谐社区建设，针对拆违工作中所存在的问题反馈给街道，沟通情况，找到问题症结，达成共识。民盟区工委将百姓"买菜难，买菜贵"这一问题发至"民盟e家"微信群，引导盟员们倾听百姓心声，发表意见和建议，为解决民生问题建言献策。

（李　莉）

【支部活动】　年内，北方工业大学支部以"不忘初心缅怀先烈"为主题，组织盟员到清华大学开展参观学习教育活动；组织盟员赴门头沟区田庄村开展"心桥工程"活动，助力社会主义新农村建设。工业支部组织盟员开展静态交通调研活动；联合首钢工学院支部赴河北雄安新区参观调研。首钢工学院支部开展城市垃圾调研活动；联合工业支部调研城市湿地。科技支部组织盟员参加"老街坊"社区居家养老洽商会；到河北涞水开展助推河北经济科技发展调研活动。北工院支部组织盟员赴北京第二国际机场调研；组织盟员参与北京市自主招生填报志愿咨询会，提供高招咨询服务；开展社区珠宝咨询便民服务。中学支部发起"赋予旧衣物新的生命"爱心捐赠衣物活动，组织盟员开展联谊活动。综合支部召开调研课题研讨会，开展"牵起你的小手跟我走"爱心助残活动；联合医务支部开展"中医大讲堂"活动。医务支部在金顶街社区举办《心血管疾病与残疾预防康复》讲座，召开牢记"四个意识"不忘初心座谈会。

（李　莉）

中国民主建国会石景山区工作委员会

【概况】　截至年底，民建区工委有基层支部7个，其中直属支部是新会员支部。有会员259人。会员平均年龄53岁，其中男性会员163人，女性会员96人；大学本科学历141人，硕士研究生43人，博士研究生8人；中高级职称111人。民建市委副主委1人，委员2人；市政协委员1人；区人大代表3人，其中常委1人；区政协委员15人，其中副秘书长1人，常委2人。年内，民建区工委被民建北京市委评为信息工作先进集体三等奖；"网站工作先进集体"。《关于促进我区"双创"体系建设与发展的建议》等6篇信息被区委统战部评为优秀信息，5位会员被评为优秀信息员。向《北京民建》和民建市委网站推荐会员文章，在《北京民建》刊登6篇。民建区工委活动报道和会员文章被民建市委网站采用73篇，采用率97%，被民建中央网站采用25篇，采用率76%。柏群被评为"2017北京榜样8月月榜人物"，获"2017北京榜样提名人物"；陈飞获"北京青年五四奖章"。

（黄　玥）

【社会服务】　年内，民建区工委以企业委员会和社会服务工作小组为依托，发挥企业家会员作用，以民建区工委"爱心池"为资金后援，围绕民建市委的"一老一小"品牌，开展社会服务。直属支部打造养老品牌"果香寄情敬老活动"，长期坚持组织新会员到石景山区民族养老院，全年组织9次活动，近50名会员参加，送去8600元水果。春节前，民建区工委走访慰问老主委，关心老同志生活；企业委员会给退休支部老会员送去年货。关注石景山区残疾人家庭，将助学与助残相结合，与区残联合作，长期帮扶5个残疾人家庭的孩子，每个家庭一年资助2000元，共资助1万元。6月1日，开展"爱心照亮希望"活动，通过"一夫唐人爱心社"向社会募集和民建会员捐款，共筹集约3万元善款，购买成课堂桌椅、电脑等学习用品，作为"六一"儿童节礼物送到唐山市乐亭县任田村小学。

（黄　玥）

【思想建设】　年内，民建区工委以中共十九大会议精神为重点，开展理论学习。组织会员观看中共十九大开幕会，以集中学习、网络自学等形式，学习十九大精神。发动会员学习习近平总书记在庆祝中国共产党成立95周年大会上的重要讲话精神。全年形成《试论中共十八大以来统一战线理论的创新与发展》等近10篇理论文章,其中民建区工委理论课题成果《深化脱贫攻坚民主监督,力促精准扶贫落到实处》在民建中央年度重点理论研究课题优秀成果评比中获二等奖,柏群的《发扬工匠精神 探索新时期非遗企业生存发展之道》在民建中央第二届“从中华优秀传统文化基因中发掘传承创新工匠精神”课题研讨活动中获得三等奖,并作为北京会员及非遗传承人代表,在第二届工匠精神论坛中作主题发言;熊婧伊的《党的十八大以来统战理论创新与发展》刊登在北京社院学报上。

(黄　玥)

【参政议政】 年内,民建区工委创新开展“双月议政会”工作模式,不定期组织信息工作骨干和后备人才,就当前关注的热点难点工作展开讨论,寻找信息撰写的切入点。全年组织4次议政会,传达各级两会、市委、区委阶段信息报送要点、热点;组织信息骨干会员、新会员参加信息培训讲座。全年报送社情民意68篇,被区统战部采用28篇,民建市委采用16篇,市委统战部采用6篇,中央统战部采用1篇。熊婧伊撰写的《关于加强电子停车桩收费管理的建议》、成金爱撰写的《北京市网络安全产业发展面临的问题及建议》、高菱撰写的《政府在兑现招商引资承诺过程中存在的问题和建议》分别得到张建东、阴和俊、程红批示。郑志宇撰写的《作废银行卡的环境污染问题亟待解决》被中央统战部《零讯》2017年专刊第93期采用。全年报送《“一带一路”背景下北京市制造业“走出去”调查》等6篇调研报告。在区政协理论研讨会上提交理论成果《“疏解整治促提升”背景下石景山产业升级机遇分析》,完成“政协全会”党派发言《关于石景山区疏解腾退空间承载高端产业要素的相关建议》,提交党派提案2篇,市区两级政协委员个人提案10余篇。《关于石景山区“双创”载体发展的研究》被区委统战部评为优秀调研报告。

(黄　玥)

【组织发展】 民建区工委全年发展新会员17名。新会员平均年龄39岁,其中硕士研究生4名,高级职称2名,民营企业家7名,经济界人士占90%。民建区工委推荐优秀会员参与民建市委各专委会工作,有21名会员担任民建市委各专委会的副主任、委员职务。

(黄　玥)

【参观活动】 民建区工委全年组织展示工作成果的年度总结会、增强会员活力的春季运动会、提升工作能力的会员培训班、学习革命精神的西柏坡的红色之旅、了解建设成就的参观冬奥组委会和“砥砺奋进的五年”大型成就展等特色活动。各支部继续发挥支部特色,组织“我是东道主”活动,包括参观区少儿图书馆、赴河北易县狼牙山学习抗日精神、现代马场参观活动、参观鲁家山循环经济产业基地、“市民冰雪体育中心”的参观体验活动等。经法支部与昌平区工委文教支部建立友好支部,组织两次交流活动,邀请文教支部会员到石景山参观座谈,组织会员到昌平进行回访,参观昌平会员企业。

(黄　玥)

中国民主促进会石景山区工作委员会

【概况】 截至年底,民进区工委有会员203名,支部7个。主委1名,副主委3名,委员8名组成。会员中有民进市委常委1名、市政协委员1名、区人大代表3名(其中常委1名),区政协委员11名(其中副主席1名,常委1名)。第五届区青联委员2名,区特邀监察员1名,区政协特约文史委员1名。年内,民进区工委获得年度民进市委坚持和发展中国特色社会主义学习实践活动先进集体称号、陈勇获得先进个人称号。

(杨朝红)

【组织建设】 1月12日,民进区工委召开年度总结会。会上评选古东永乐支部、教育分院支部为先进支部。3月31日,民进区工委召开青年小组成立会。小组由11位会员组成,李园园任组长,邸全康任副组长。10月14日,民进区工委召开迎接党的十九大暨“我与民进共成长”主题演讲活动。8名会员参加,莘赞梅、于书江、宋竞男获一等奖,于书江获“最佳风范奖”。年内,发展7名会员平均年龄38.5岁。博士2名、研究生1名、大学本科4名。截至年底,会员人数为203人(转来2人、去世1人、转走1人)。

(杨朝红)

【社会服务】 1月22日,民进区工委组织书法家到水泥厂社区为居民赠送春联。6月1日,民进区工委一行8人到河北顺平县安阳乡贾各庄小学,为孩子送去价值1万余元的体育用品、音像设备和儿童节的问候。9月25日,民进区工委第三次向西藏日喀则江孜县热龙乡穷堆村捐衣服,捐冬秋衣313件,春夏装314件,鞋24双。11月9日,民进区工委向苹果园街道西山枫林一社区进行爱心捐赠老年防滑鞋活动。会员丁永红连续4年为培智学校孩子们上家里进行康复训练。生命教育工作委员会为中关村教育基金会捐助32万余元。

(杨朝红)

【思想建设】 年内,民进区工委组织会员学习现阶段党和国家的路线、方针、政策,传达重大会议的精神。3月10日,组织召开会员学习全国《政府工作报告》精神座谈会;6月30日,传达学习北京市第十二次中共党代表大会精神,于秀云的《以实际行动学习贯彻北京市第十二次代表大会精神》在《石景山报》上发表。10月20日,组织工委委员和支部主任学习党的十九大工作报告,并畅谈学习体会。于秀云的学习十九大《锁定新目标踏上新征程》发表在《石景山报》;仲达文的《初心不改 梦想长青 奋力拼搏 走向复兴》刊登在《北京民进》。

(杨朝红)

【参政议政】 8月26、27日,民进区工委组织委员、支部负责人、青年小组、政协委员召开暑期调研研讨会。会上各支部及青年小组汇报调研报告形成情况及内容。包括家庭教育(经济支部)、保险产业(古东永乐)、残疾人居家生活(金苹古西)、非遗传承与保护(九中)、自行车“绿色出行”(教育分院)、学生心理问题(青年小组)6个方面。

(杨朝红)

中国农工民主党石景山区工作委员会

【概况】　截至年底,农工党区工委有基层支部5个,年内发展新党员15名,截至年底,党员158人,70%的党员来自医药卫生界。其中:男性60人,女性98人。在职人员96人,退休人员47人。平均年龄59岁。硕士研究生以上学历40人,占党员总数25.4%;大学学历(含大专)112人,占71.3%;中专以下学历6人,占3.3%。高级职称的73人,占46.4%;具有中级职称的68人,占43.3%;初级职称6人,占3.8%。区人大代表3人,其中区人大常委1人;区政协委员8人,区政协常委2人。担任区政府特约监察员4人。担任农工党市委常委1人,担任农工党市委专委会成员7人。

(李鸿泓)

【社会服务】　6月,农工党区工委到平西革命根据地的贫困山区,开展送健康活动,受众200余人;7月1日,到门头沟区斋堂镇牛站村开展扶贫义诊活动,受惠群众100余人。11月,走进金顶街第二社区,开展第二十九届中国“国际科学与和平周”健康讲座和义诊咨询活动,受众近百人。石景山医院支部组织开展或参与社会服务50余次,其中义诊20余次、电视讲座和社区健康讲座30余次、发放资料500余份,受众将近4000余人次。八宝山支部多名党员利用下夜班时间参加高能所社区的医疗活动,提供医疗咨询服务;眼科医院支部党员30人次参与义诊与社会服务,发放资料100余份,受众将近1000余人次;首钢支部在天翠阳光居民活动中心、西山枫林居民活动中心等8个地区组织义诊服务工作。古城支部联合区中医院组织系列义诊服务工作;部分同志向灾区捐赠医疗设备等物资。

(李鸿泓)

【思想建设】　农工党区工委以网络平台、专题讲座、主题宣讲等多种教育培训形式推动区工委学习活动常态化。7月,农工党区工委组织召开工委扩大会议,传达中共北京市委第十二次党代会及石景山区委第十二届四次全会精神。8月,农工党区工委根据农工党市委相关要求和党员教育活动安排,以暑期学习班为契机,组织党员和入党积极分子开展“不忘合作初心,重温光荣历史”主题宣讲活动。农工党区工委第一时间制订学习宣传十九大贯彻落实规划,成立领导小组,明确具体安排和实施步骤,确保学习宣传贯彻活动在党员中展开。农工党区工委班子带头学习十九大精神,领导工委委员自觉开展相关学习,购置相关学习书籍,组织理论学习会,邀请带外专家解读十九大精神,领导班子成员深入支部组织开展十九大精神学习活动。

(李鸿泓)

【组织建设】　年内,农工党区工委成立青年工作委员会、社会服务工作委员会和中医药专委会。农工党区工委主委李鸿泓当选农工党北京市第十三届委员会市委委员、常务委员会委员。

(李鸿泓)

【参政议政】　年内,农工党区工委组织党员参加参政议政相关学习。参加农工党市委、区委统战部、区政协、区人大常委会组织的各项培训、调研、重点提案督办、座谈会。完成调研报告《关于进一步提升我区绿化水平的调研报告》,并被转化为区政协大会发言和党派提案。社会服务专委会联合石景山医院支部、中国中医科学院眼科医院支部和古城支部骨干党员,采用座谈、发放调查问卷等形式进行调研,形成谭丽玲执笔的《关于石景山区互联网+医联体信息平台建设的调研报告》(石景山优秀调研报告)和罗红梅执笔的《关于新医改后医疗机构药品管理运行模式的探讨》(农工党北京市委采用)。中医药专委会完成调研报告《关于优质地道药材服务于社区及养老服务驿站的调研报告》。

(李鸿泓)

中国致公党石景山区工作委员会

【概况】　截至年底,致公党区工委有3个支部,党员89人,其中男党员46人,女党员42人,少数民族4人;大专以上学历83人(其中硕士以上23人),占党员总数的93%;40岁以下30人,占33%,40岁以上59人,占67%;归侨、侨属、侨眷、留学归国人员63人。全国政协委员1人、区人大常委1人、区政协副主席1人、区政协委员10人、区青联委员2人。年内,获致公党中央“社会服务工作先进集体”荣誉称号、致公党中央全国评选的“坚持和发展中国特色社会主义学习实践活动先进集体”荣誉称号。

(刘　可)

【参政议政】　2月,开展“民俗文化调研”主题活动,考察石景山区旅游节庆文化。3月,召开市、区各级调研课题选题会。5月,致公党区工委开展以“高端绿色发展”和“加快建设国家级绿色转型发展示范区”为主题的系列调研活动。8月,与西城区委(中共)联合开展活动。9月,赴八大处开展文化调研。全年,致公党区工委撰写《关于增强我区残疾人职业康复站建设》《关于健全政府部门法律顾问制度的研究》等多篇调研报告。其中,《借助冬奥组委落户石景山首钢 加快推进发展我区高端旅游的建议》在全区两会上作为政协大会发言提出;《关于我区疏解非首都核心功能,加快优化和提升经济结构》《进一步帮扶失独老年人群体 切实解决我区失独家庭问题》和《关于进一步改善三类残疾人就业与生活质量的建议》获区政协2017年度优秀调研报告。多名党员被中共石景山区委统战部评为优秀信息员,多篇信息被评为优秀信息。

(刘　可)

【“扶残助残”服务】　年内,开展以“关心弱势群体 关爱残疾家庭”为主题的系列助残活动。2月,慰问古城南路社区多户残疾人家庭。5月,捐赠5名重度残疾人并与本区10名残疾人家庭子女签订一对一帮扶协议。10 月，举办“残疾人群体心理健康之路”系列讲座。11 月，举办扶残助学捐赠仪式，为 10 名残疾学生捐赠助学金。

（刘　可）

【海外联络】 发挥致公党“侨”“海”特色，开展一系列海外联谊工作。10 月，首次接待多国专家团到区考察，邀请 12 个国家在科学、生物、医学等领域的 40 名顶级专家赴石景山区开展联合调研活动，听取石景山区发展规划，考察金融街和保险产业园区的建设，赴西山文化景区八大处、法海寺参观。

（刘　可）

【思想建设】 致公党区工委主委带头撰写多篇理论学习文章。组织党员在收看十九大开幕式直播，召开全体党员中共十九大精神理论学习会，传达致公党市委学习宣传贯彻落实中共十九大精神动员部署会议精神，带领党员们集体学习中共十九大会议精神。致公党区工委召开全区党员理论学习会、党员工作会议、全体委员会议等多项重要会议。

（刘　可）

【组织建设】 致公党区工委利用人大、政协及石景山区海外联谊会等多种平台，以多种途径的活动为载体，加强组织建设，调用党员积极性，探索党派工作新形式，展示工委的活力与形象。年内，召开全年工作总结大会、入党积极分子理论学习会。以支部为单位开展文化调研、集体学习等活动。

（刘　可）

九三学社
石景山区工作委员会

【概况】 九三学社区工委下设 6 个支社。年内发展新社员 9 人，平均年龄 41.9 岁，其中：博士学历 3 人、硕士学历 5 人、本科学历 1 人，高级职称 6 人，转入 1 人，社员总数 159 人。其中，男性 74 人，女性 85 人；高级职称 110 人，占 69.2%。有北京市政协委员 1 人，区政协委员 11 人，区人大代表 2 人。年内，九三学社区工委被区委统战部评为信息工作一等奖，4 名同志被评为信息工作先进个人。

（赵军民）

【组织活动】 春节前夕，九三学社区工委组织慰问 11 名老社员和生病社员。5 月 16 日，老龄委组织社员参观北京植物园。11 月 19 日，青工委在国家图书馆开展“坚定文化自信，弘扬中国传统文化”活动。12 月 16 日，首钢支社组织社员赴延庆蔬菜种植专业基地开展实地参观调研活动。九三学社安排 10 名老社员参加社市委组织的“北京九三王选基金会送健康行动免费体检”活动。

（赵军民）

【思想建设】 3 月 18 日，九三学社区工委举办以统战工作、党派知识和九三社史等内容为主的知识抢答竞赛，举办 2 期社员讲堂。5 月 3 日，召开纪念“五四”运动 98 周年社员座谈会。11 月 7 日，九三学社区工委班子举办中共十九大精神学习交流会，老龄委及各支社相继组织学习交流活动；九三学社区工委领导班子主要成员左小兵、吴瑕和支委会成员李婧、张淑敏分别参加中央社会主义学院、北京社会主义学院举办的十九大精神培训班；组织社员参加社中央、社市委、北京市政协和区政协举办的各种形式报告会 40 余人次，撰写心得体会文章 20 余篇。

（赵军民）

【组织建设】 3 月 21 日，青工委组织青年社员思想交流活动。喻智慧、蒙毅被推选为石景山区青年联合会第五届委员会委员，侯光胜被聘请为区纪委区监委特约监察员，胡卓群被推选为“北京市欧美同学会、北京市留学人员联谊会第一届理事会理事，丁利霞被推选为政协北京市第十三届委员会委员。九三学社区工委组织社员代表参加社市委第十三次社员代表大会，按组织程序酝酿选举社员代表 6 名。

（赵军民）

【社会服务】 5 月 26 日，九三学社区工委组织慰问自闭症儿童训练发展中心。6 月 10 日，九三学社区工委组织 13 名医疗专家赴房山区韩村河镇开展大型义诊和健康知识讲座。8—12 月，九三学社区工委联合相关单位开展 3 次“食安、民安、绿色石景山”宣传活动。年内为四川广元市“九广合作图书阅览室”捐书 460 册，价值 1 万元。“粉红丝带”志愿服务队先后 32 次赴医院探访，与病友和家属座谈 1600 余人次。社员参加仁爱慈善助学活动，通过资助、心理辅导等方式帮助失学儿童重返校园。多次举办健康知识讲座，传播科学精神，倡导善举。参加援疆医疗活动，多次赴偏远地区开展义诊活动。

（赵军民）

【参政议政】 年内，九三学社区工委针对《区委全会工作报告（征求意见稿）》《政府工作报告（征求意见稿）》等内容，组织研究讨论，提出意见建议 4 条。参加区委、区政府、区政协组织的政党协商会，在经济社会形势分析、选拔任用干部等重大问题上进行政治协商和民主监督。

（赵军民）

【重点调研课题】 年内，九三学社区工委把课题调研的重点放在发展冰雪运动建设冬季体育运动特色先行区、特色小镇建设、城市交通管理、水污染防治、社区医疗建设等方面。先后赴首钢园区、天泰山、科技公司、韩村河社区医院、延庆蔬菜种植基地进行实地调研，形成 7 项调研成果上报区政协和区委统战部，2 项被区政协评为 2017 年优秀调研报告。注重成果转化，在区政协十届二次会议上，有 1 项转化为大会发言，1 项转化为党派提案。九三学社区工委被区委统战部评为调研工作先进单位，3 篇调研报告被评为优秀调研报告。

（赵军民）

【社情民意】 年内，九三学社区工委响应区委统战部开展的“我为治乱疏解建高端献一策”主题建言活动，发布信息征集要点，通过收集社情民意挖掘信息线索和人才。共采编上报信息 65 篇，人均上报率在社市委 19 个二级组织中名列第三。被社市委采用 41 篇，被其他各级采用 8 篇，2 篇信息被区政协评为 2017 年优秀社情民意。

（赵军民）

石景山区工商业联合会

【概况】 区工商联全年走访企业140余家，帮助企业反映和解决问题23个，举办各种培训活动90余次。年内，形成《关于突出非公经济服务和管理，把持续优化营商环境推向纵深的建议》的团体提案。区工商联加大企业服务联盟推介力度，吸引更多优秀服务型企业加入联盟，全年共发展联盟企业至150家。12月，石景山区工商联被全国工商联评为年度全国“五好”县级工商联，连续三年获此项荣誉。

（张　振）

【商会活动】 1月5日，区工商联古城街道商会在大江南食府召开年终总结会。1月17日，区工商联八角街道商会在五里坨书场举办2017年春节曲艺联欢会，商会会员及社会各界人士等30余人参加活动。2月9日，区工商联八角街道商会与社区居民开展“浓情元宵 爱满八角”主题活动。4月21日，区工商联财智谷商会召开中小微企业创新发展战略研讨会，10余家中小微民营企业代表就中小微企业创新发展战略，企业未来发展开展研讨。7月7日，区工商联苹果园街道商会召开成立大会，大会审议通过《石景山区工商业联合会苹果园街道商会章程》，选举产生第一届石景山区工商联苹果园街道商会理事、副会长、秘书长、会长。9月27日，区工商联海外学人商会发起人筹备会在西山汇猫妹咖啡召开，参会人员就商会的筹备情况进行沟通交流，讨论商会章程、选举办法，并对下一步商会的成立进行交流。9月28日，八角街道商会牵头举办“知行e学堂”第三期培训班，针对非公企业进行区工商联《关于工商登记注册变更》的专题培训，八角街道商会会员企业和所辖内商圈20多位企业负责人参加培训。

（张　振）

【非公党建】 1月7日，财智谷战略联盟发展大会暨红色星期六百商论坛2017第一季召开，区工商联党组书记进行新年微党课宣讲，大会接受7名入党积极分子集体提交入党申请书，“财智谷大学发展联盟”“财智谷金融茶道示范点”“一带一路616168智慧旅游节”正式启动，130余人出席本次活动。6月29日，“2017年石景山区公益助残精准帮扶主题活动暨红色星期六智慧公益联盟”授牌仪式在工商联财智谷商会举行。财智谷党支部书记与区残疾人职康服务社负责人签订《长期定向采购残疾人手工艺品战略合作协议》。10月9日，区工商联财智谷商会、财智谷党支部共同组织企业家会员代表举办“红色星期六走进雄安”主题党日活动，并进行财智谷商会驻雄安办事处揭牌仪式。10月20日，区工商联苹果园街道商会开展“喜迎十九大 学习领袖家风 传承红色基因”主题活动，与会同志一起参观《领袖家风》廉政教育主题展览，听取题为《毛泽东主席的故事》专题党课，学习十九大会议精神并进行座谈。

（张　振）

【光彩公益】 1月13日，区工商联会员企业——一夫唐人爱心社在八角街道慈善超市举办以“温暖社区、邻里互助”为主题的爱心公益系列活动。1月22日、5月31日，区工商联会员企业北京藏经阁收藏品文化交流中心领导两次到石景山区社会福利院看望慰问孤残儿童，送去牛奶、糖果等慰问品。1月24日，区工商联古城街道商会在古城街道一楼大会议室开展慰问社区老党员的活动。3月8日，区工商联古城街道商会到古城街道办事处慰问给街道女同志送去慰问信和礼品。儿童节当天，区工商联古城街道商会、一夫唐人爱心社来到唐山市乐亭县任田小学举办“爱心照亮希望—唐山行”活动，为在校学生和困难家庭筹集善款约3万元。八一前夕，区工商联苹果园街道商会走访慰问驻区部队及八大处消防支队武警官兵，向驻区部队及武警官兵致以节日的问候和祝福，并为他们带来慰问品及慰问金。9月19日，区工商联会员企业欧凯路国际教育培训雅堂的工作人员及社会各界爱心人士到“漂亮妈妈听力言语康复中心”开展“叩响欢笑”温馨公益活动。9月29日，区工商联古城街道商会联合辖区内多家商务企业开展“爱在身边”精准帮扶活动，共计帮扶街道辖区内困难家庭60余户。10月27日，一夫唐人爱心社联合50余家企业及爱心人士，为革命老区斋堂镇敬老院募集爱心善款三万余元及米面油等物资。

（张　振）

【共建双承诺活动】 3月20日，区工商联与八角时代花园社区联合开展共建系列活动—“七五”普法法律知识进社区活动，会员企业方正律师事务所副主任甄光燕为社区居民送去法律知识，社区30余位居民参加活动。5月26日，区工商联党支部与八角街道时代花园社区党支部开展“共建双承诺，端午送健康”活动，会员企业长庚医院参与此次活动，并为社区老年人讲解中医养生知识。6月27日，区工商联、区侨联联合党支部与时代花园社区党总支、财智谷商会党支部的全体党员，隆重举行联合党日活动。7月21日，区工商联党支部与八角街道时代花园社区党支部开展“共建双承诺暑期系列活动——小医生职业体验”，北京未来儿童医院参与此次活动，并为社区小朋友讲解健康知识，带领孩子们进行职业体验。8月16日，全国工商联机关党委党支部与石景山区工商联党支部在中关村科技园石景山园开展联学共建党日活动，全国工商联机关党委副书记兼人事部部长郭孟谦一行20人，参观统一战线“共筑中国梦”移动直播平台，调研会员企业，了解企业经济发展情况和非公党建情况，观看企业家理想信念教育展板，就非公经济统战工作进行学习交流。

（张　振）

【九届二次执委会】 3月31日，区工商联（商会）九届二次执委扩大会在京燕饭店召开，周西松主持会议。会议就区工商联2017年主要工作进行部署，通报2016年区非公经济服务和管理协调领导小组解决非公经济企业反映问题的落实情况，宣读《关于加强区工商联执行委员会建设的意见》和《积极响应治乱拆违号召助力构建高端绿色之城——致全区非公经济人士的倡议书》，表彰区工商联（商会）优秀基层党组织、优秀会员企业及优秀个人。会议邀请区委区政府研究室、区人力社保局相关负责同志和市委党校的专家分别为与会会员企业代表作"石景山未来五年发展""促进就业政策"宣讲辅导、"当前我国宏观经济形势 "的讲座。

（张　振）

【第六届区企业服务季活动】 4—12月，区工商联组织开展第六届石景山区企业服务季活动。依托银行、金融机构、孵化器、楼宇商会等平台载体，通过一对一服务，深化银企对接；与区金融办、国税局联合推出"税银企"服务项目，为企业争取政府扶持评估资金，帮助企业建立绿色快速融资贷款通道，驻区银行全年共向区内中小企业发放贷款近10亿元。与诺亚财富合作，利用峰会、沙龙、培训等形式开展多次活动，为企业提供海外市场投资、高端保险经纪服务、家族传承全权委托等综合金融服务。依托基层工作站落实市级校外人才培养基地项目，全年组织参与中国矿业大学、北方工业大学、黄庄职业高中等各类高校实习生毕业生双选会5场，5000余名高校学生参与，与企业达成意向1200余个；组织企业参与民营企业招聘月等活动，举办4场现场招聘洽谈会，参加招聘的单位80家，提供岗位1800余个，参会人员1000余人，现场达成就业意向301人；同时与7家劳务派遣机构合作，免费为企业提供用工信息服务，全年提供用工1000余人。聘请专家为企业中高层从专业人力、税法、财会、营销等方面进行讲解培训，全年组织各类专题培训会13场，培训人数1600余人。发挥中小企业法律服务平台作用，将线上即时法律咨询与每月开展一次的线下法律咨询服务日活动结合，全年线上法律服务平台服务企业60余家，线下法律服务日共接待咨询40余人。区工商联与区投促局、区科委等部门加强合作，通过了解区内新增载体情况，通过走访宣传，吸纳区内新载体加入工商联，年内加入工商联的新增区级载体近10万平方米。

（张　振）

【商贸交流活动】 5月8日，京冀曹妃甸协调发展示范区管委会一行到区工商联进行为期一周的调研，针对非公经济转型升级和转移疏解问题开展座谈，结合实际问题到部分企业实地走访。9月6日，会员企业、中港环球门控技术（北京）有限公司在天津武清商务区设立的中港环球安防科技（天津）有限公司，并参加主题为"践行京津冀协同发展，企业转型升级落地"的签约仪式。11月28日，十堰市工商联与石景山区工商联在喜隆多新国际购物中心开展对口协作交流座谈活动，区工商联副主席、喜隆多新国际购物中心董事长带领十堰市工商联代表参观喜隆多，并介绍企业发展情况，十堰市工商联副主席、党组成员万正龙介绍十堰市的历史与发展，竹山县人大常委会副主任、工商联主席介绍与石景山对口协作情况，双方就产业合作、市场对接、资源开发等进行深入的交流。11月30日，石景山区5家民营企业参加北京·十堰民营企业推介会，围绕重点投资领域、项目合作与十堰市参会企业进行互动交流。

（张　振）

【重点企业座谈会】 7月6日，区委统战部、区工商联牵头组织召开年度重点企业座谈会。文献就区域经济社会发展等问题与15位企业家进行交流。会后，针对重点企业反映的23项问题，具体涉及的41个方面，区工商联联合区委统战部、区委督查室、区政府督查室召集24个职能部门，召开落实座谈会精神工作部署会，推进解决企业反映的困难和问题，24个职能部门按照工作职责领取任务，并在规定期限内全部办理并反馈，企业对问题的解决办理进行满意度评价，满意率100%。

（张　振）

【优秀会员企业】 8月24日，2017中国民营企业500强发布会上，会员企业天安人寿保险股份有限公司位于"2017中国民营企业500强"榜单第127位，物美控股集团有限公司位于榜单第132位。这两家企业入围2017年中国民营企业服务业100强榜单，天安人寿排名第37位，物美集团排名第39位。10月11日，北京市工商联副主席郑勇男带队调研天安人寿并为其颁发民营企业500强及民营企业服务业100强奖牌。

（张　振）

【民企学堂活动】 年内，区工商联开展"民企学堂"系列培训，为企业家搭建与专家交流、与同行沟通的培训平台。举办工商联执委培训班，邀请市委党校专家为企业家讲解分析我国宏观经济形势。联合孵化器组织企业中高层参加财税、人才等相关精准化培训15场。举办11场涉及高新技术认定、股权交易等相关专业性培训。组织企业安全生产标准化建设培训2场。全年培训企业相关负责人1500余人次。

（张　振）

石景山区各民主党派、工商联负责人

中国国民党革命委员会北京市委员会石景山区工作委员会主任委员　李凤芹（女）

中国民主同盟北京市委员会石景山区工作委员会主任委员　毛　轩

中国民主建国会北京市委员会石景山区工作委员会主任委员　司马红（女）

中国民主促进会北京市委员会石景山区工作委员会主任委员　于秀云（女）

中国农工民主党北京市委员会石景山区工作委员会主任委员　王明生（6月免）
李鸿泓（6月任）

中国致公党北京市委员会石景山区工作委员会主任委员　高　杰

九三学社北京市委员会石景山区工作委员会主任委员　左小兵

石景山区工商业联合会主席　马丽萍（女，回族）

人民团体

不忘初心跟党走 青春建功石景山
不忘初心跟党走 青春建功石景山
石景山区共青团系统纪念建团95周年主题活动
暨“一学一做”教育实践主题月
2017年5月

石景山区总工会

【概况】 石景山区总工会(简称区总工会)是职工自愿结合的工人阶级群众组织。截至年底,全区有职工7.5万名,各级工会组织1000家,工会会员人数达到6.9万人,涵盖单位2747家。区总工会现有内设机构:办公室、经费保障部、组宣部、权益维护部、资产监管部、劳模联络服务部、职工帮扶(服务)中心。工会机关公务员编制13个,全额拨款事业编制9个。年内,石景山区2家工会委员会被评为市级模范职工之家;2个工会小组并评为市级模范职工小家;5名工会干部被评为市级优秀工会干部。7家单位荣获"市级职工书屋"荣誉称号;7家单位积极申报"北京市工会职工书屋示范点"。

(王　薇)

【投入217万元送温暖】 "两节"期间,区总工会组织慰问困难职工、农民工和一线职工,活动贯穿全年。累计慰问1.8万人次,投入217万元。按照困难职工脱困工作要求,建立困难职工档案和解困脱困联系卡,制订困难职工家庭脱困工作计划,对在册困难职工实施精准帮扶和精准脱贫。截至年底,全区68名困难职工已实现脱困33人,实现在档困难职工脱困率48%。进行困难职工档案和帮扶信息的动态调整,严格中央财政专项帮扶资金的管理与使用,保证帮扶资金按时足额发放,没有出现截留、滞留现象。在"两节"送温暖、金秋助学等活动中实行将帮扶资金通过京卡发放给困难职工,提高京卡的使用率。

(王　薇)

【746人受益于春风行动】 4月22日,区总工会将"春风行动"与"技能培训促就业行动"结合起来,根据企业用工需求特点,为各类有转移就业愿望的劳动者提供职业技能培训、就业指导、职业介绍等"一站式"就业服务。与区人力社保局开展"就月援助月""春风行动""民营企业招聘会""手拉手"促进就业优惠政策培训。在招聘现场专门设立展台,接受政策咨询,宣传职工维权,共发放宣传资料近1500份,提供免费咨询等就业服务200人次,164家企业参会,提供就业岗位3803个,现场达成意向746人。

(王　薇)

【69家企业参与"安康杯"活动】 6月,区总工会组织全区69家企业、2.3万名职工参加"安康杯"竞赛活动。区建筑公司获得2016年"安康杯"竞赛优胜单位,实业腾飞酒店物业管理有限公司维修班组获得竞赛优胜班组。

(王　薇)

【投入7万元购买服务】 2017年,区总工会累计投入7万元,直接服务1300人次,参与市总购买服务项目,服务职工千余名。通过多方沟通合作与购买的方式,与长庚医院、联科肾病医院、黄庄职高等一批社会组织单位建立联系。与爱依职业技能培训学校、物美发展学院、古城旅游职业学院以及首钢工学院等单位建立职工技能培训合作关系,构建工会职工培训基地网络。

(王　薇)

【开展93项京卡服务】 2017年,区总工会通过三级服务体系工作平台开展京卡会员服务项目93项,实名制服务会员17653人、64750人次;服务项目参与率96.66%;会员参与率26.35%。

(王　薇)

【12351APP会员信息采集】 截至年底,全区北京工会12351手机APP注册会员19490人,APP注册使用率29.10%。全年,区职工服务中心共受理12351派单325件,全部按时结案,结案率100%。会员信息实施动态管理,确保数据库实时更新,保证数据真实有效。累计采集会员信息66708人(由于金顶街、苹果园一带疏解人员造成人数比上年少),会员信息采集率为94%,累计办理工会互助服务卡63041张,办卡率为92%,91%为有效手机号码,累计会籍更新19447人次。

(王　薇)

【厂务公开民主管理】 截至年底,全区公有制企事业单位职代会建制率和实行厂务公开率均为100%;非公有制企业职代会建制率为86%,实行厂务公开率88%;百人以上企业独立建制率达到80%以上;建立区域性职代会146个。公司制企业职工董事、职工监事制度建制率达到42%以上。

(王　薇)

【劳动争议调解】 年内,全区9个街道(社区)和科技园区均建立劳动争议调解组织,建立48家企业劳动争议调解委员会、624家企业建立劳动关系协调员制度,法律服务中心2名专职法律服务人员开展职工劳动争议调解。联合区人力社保局建立劳动法律监督检查联动机制,定期组织召开和谐劳动关系三方五家会议,与区人力社保局、区工商联、区私个协等单位就做好各项工作达成共识,命名一批在创建

4月27日,劳动模范颁奖　　(区委宣传部供稿)

和谐劳动关系工作中做出成绩的企业。落实七方劳动争议联动调处机制。强化法律援助职能,重新选定合作律所—中友律师事务所,为工会服务站、职工之家配齐律师,实现“一站一家一律师”,做到“一街一月两日”的法律咨询和维权服务。截至年底,区劳动争议调解中心共受理劳动争议案件630件,调解成功152件,调解金额482万多元,为职工提供法律援助153件,提供法律咨询500余件。

(王　薇)

【调整服务方式】 年内,区总工会推动工会服务站由办事机构向服务窗口转变,区职工服务中心与区内9家工会服务站全部开展错时服务。各工会服务站通过倒班延时、预约服务、错时服务、手机绑定等工作方式,方便职工参加活动,保证职工随时找到工会组织。区总工会为全部工会服务站配备微波炉、电水壶、药箱等。

(王　薇)

【劳模管理和服务】 年内,石景山区获评全国工人先锋号1家;首都劳动奖状1家;首都劳动奖章5名;北京市工人先锋号1家。

(王　薇)

【经济技术创新】 年内,区总工会在全区选树7家创新工作室,扩大创新工作室所在领域的覆盖面。组织基层工会开展大讲堂、心理咨询、岗位练兵、技术培训、技能比赛、青年拓展训练、劳模大讲堂等系列活动,举办市级大讲堂8场、拓展训练1场、岗位练兵1场;举办区级大讲堂5场、岗位练兵8场、心理咨询5场、拓展训练3场、劳模讲堂1场,累计投入资金30余万元。对全区持京卡的在职职工,在市总配比方案的基础上额外资助区内获得不同等级国家职业资格证书的,每人500~1000元不等。

(王　薇)

【职工互助保险】 年内,全区6.5万人次职工参加六项险种的互助保障计划,保费收入401万余元,保费收入在上一年基础上递增45%,连续九年被评为“全国职工互助保障工作先进单位”。

(王　薇)

【企业工会发展】 年内,石景山区新建工会覆盖企业701家,新发展会员9507人,其中,新建百人以上企业工会组织28家,百人以下117家,新建联合工会6家。建成社区联合工会144家、楼宇(市场)联合工会10家。区总工会指导各街道、园区调整工会委员会一线职工比例并补选兼职副主席。年内完成工会法人新增、变更等流程117个。

(王　薇)

【工资集体协商】 截至年底,全区725家企业签订工资专项协议,覆盖职工62689人,签订率96.5%。签订区域工资集体合同158份,覆盖小微企业3403家,覆盖职工9021人,签订率100%,企业覆盖率100%。巩固百人以上企业独立开展工资集体协商的成果,签订率96%,百人以上示范单位60%。此外,在物业和VR两个行业开展行业工资集体协商工作。女职工专项集体合同在已建女工组织的单位签订率100%。

(王　薇)

【收缴工会经费3635万元】 截至年底,区总工会收缴工会经费3635万元,同比增长629万元,增长率19%,超额完成市总下达的收缴任务。全年新增缴费单位27家,新增独立建会单位申报率97.5%,缴款率99.3%。目前缴费单位共370家,申报率91.2%,零申报率3.97%。

(王　薇)

【群众性文体活动】 年内,区总工会推动职工志愿服务开展,组织“劳模志愿服务队”参与公益事业;参加市总组织的“乐·伴——暖心伴考”活动,成立银建公司和鲁谷社区两支志愿服务分队,为高考学子和家长提供免费服务;组织工会服务站参加“擦亮城市,庆祝国庆,喜迎十九大”石景山区大型志愿服务活动。向市总选送优秀志愿服务项目和优秀志愿者事迹材料。区图书馆选送《现代舞——觉者》参加“第十一届首都职工文化艺术节”获二等奖;区检察院卢然和区文化馆王佩宇参加“‘八小时约定’主题教育活动演讲比赛”获二等奖。组织200名职工参加职工体协举办的“助力冬奥”冰雪公益体验课,组织400名职观看世界女子冰壶锦标赛、参加职工健步走等活动,丰富职工文化生活。完成308名职工体质测试、数据采集传输。

(王　薇)

共青团石景山区委员会

【概况】 中国共产主义青年团北京市石景山区委员会(简称团区委)是受中共石景山区委领导、经团的地方代表大会选举产生的团的地方领导机关,负责全区共青团工作,领导少先队区工委,指导区青年联合会。截至年底,全区有基层团组织632个。其中,团区委直属二级团组织31个,包括团工委14个,团委4个,团总支10个,团支部3个。有716名团干部,其中专职团干部29人;兼职团干部687人。有6361名团员,全年推优入党团员数21人。

(吕佳奇)

【帮扶困难青少年】 年内,团区委完善区内青少年群体帮扶信息库,推动“希望之星1+1”奖学金、“学子阳光”助学金等品牌项目。全年共资助困难青少年7人,发放助学金5300元。在“两节”期间,组织低保家庭青少年参加全市“新天新地心接触”冬令营;组织17户低保家庭到国家大剧院观看新春音乐会;组织60名困难青少年观影;慰问160名低保家庭青少年,送去3万余元的慰问物品。

(吕佳奇)

【青年交友】 3月19日,由北京厚德社会事务工作所、青春石景山和石景山社区青年汇共同举办单身青年“二零‘17’,爱在一起”大型交友联谊活动,共有百名青年参与活动。8月28日晚(农历七夕佳节),团区委联合世纪佳缘团委、京原路7号·社区青年汇在万商花园酒店共同举办“相约石景山,你我不孤单”青年人才交友联谊活动。吸引驻区企业、高校、医院、科研院所、高端商业等单位的单身青年及区机关、基层团组织单身青年的“粉丝”共计200余人参加。

(吕佳奇)

【维护青少年权益】 4月20日,石景山区召开2017年预防青少年违法犯罪暨未成年人保护工作会。区综治委预防青少年违法犯罪专项组组长、区未成年人保护委员会主任陈婷婷出席会议，各成员单位主管领导、联络员以及律师团成员参加会议。年内，团区委联合区检察院、区司法局共同开展"关注儿童保护，净化成长环境"系列法治宣传教育活动，寒暑假期间开展"星光自护——安全教育"、禁毒知识讲座、"小手拉大手"交通知识进社区等活动20余场，1000余名青少年参与。年内，由区预青组办公室牵头，团区委、八宝山司法所、区法院、八宝山派出所、区司法局基层科、远洋沁山水南社区以及社工公益组织、协作单位，共同对涉诉未成年帮教对象史某进行训诫谈话。团区委联合区检察院未检部，邀请3名检察官到京原路7号·社区青年汇，为暑期公益托管班的孩子们开展"我们的身体不容侵犯"防止性侵害主题法治课，交流防范性侵害加强自我保护的法律知识，教给学生防范性侵害的方式方法。

（吕佳奇）

【思想政治引领】 5月4日上午，团区委、区委教工委举办石景山区共青团系统纪念建团95周年大会，在区青少年活动中心金鹏剧场举行。年内，开展"学习总书记讲话 做合格共青团员"教育实践活动，全区各级团组织开展宣讲会、报告会、讲座等共计49次，累计参与团员近4000人次。全区各级团组织共推荐优秀团员学习心得170余篇，优秀征文118篇。

（吕佳奇）

【京蒙共青团对口帮扶】 8月25日，团区委在调研内蒙宁城县困难青少年具体帮扶需求的基础上，为宁城县贫困中小学生捐助150余件学习用品，捐助图书7000余册。年内，联合区教委开展"石景山—内蒙宁城青年带动战略"合作交流活动，针对内蒙中小学校共青团工作开展团队建设培训。

（吕佳奇）

【志愿公益服务】 10月20日，团区委以八角街道22个社区为试点，推动志愿服务进社区，由各社区团组织负责人牵头，围绕清洁空气、节水护水、垃圾分类、文明出行、背街小巷整治开展"五大青年行动"。组织北方工业大学、社区青年汇共104名青年志愿者开展地铁站周边私家单车、共享单车停放秩序维护志愿服务活动，共引导市民有序停放单车1万余次，单人累计服务40余小时。

（吕佳奇）

【"网上共青团"建设】 年内，团区委推进"青春石景山"微信公众号建设，完善相关信息统计发布、新模块设置、评论回复等机制，增加微信公众号发文频次、数量，关注青年关注、关心的热点话题，微信公众号全年累计发帖465篇，阅读总数239318次。推广"青年之家"微信综合服务平台，全区12家"青年之家"累积发布活动334场，报名人数4900余人，签到人数4300余人，点赞、评论、转发2000余人。

（吕佳奇）

【社区青年汇】 截至年底，团区委指导全区各社区青年汇针对地域特色打造"书香社区"课外阅读分享、"瑜悦身心·优雅伽人"瑜伽健身系列活动等品牌活动12个。全区12家社区青年汇共计开展各类活动650余次，直接联系服务青年13000余人次，辐射带动近15000余人次。

（吕佳奇）

石景山区妇女联合会

【概况】 北京市石景山区妇女联合会（简称区妇联）是在区委领导下的社会群众团体。下设办公室（主体责任办）、组宣部、权益（发展）部、区妇女儿童工作委员会办公室、妇女儿童活动中心。全区共有街道（鲁谷社区）妇女联合会9个，社区妇联150个，机关企事业妇委会16个，企业女职工委员会221个，区级妇女工作领域社会组织11个。全年共推荐评选出区"文明家庭"20户，首都"文明家庭"4户，首都"最美家庭"24户，首都"最美家庭标兵"2户，全国"最美家庭"1户。

（何　巍）

【"两节"送温暖活动】 1月18日，区妇联启动"营造温暖之家 共享美好生活"送温暖活动。活动投入专项资金7万元，受助对象200余人。

（何　巍）

【"三八"国际妇女节活动】 3月2日，《春天的旋律》——石景山区纪念"三八"国际妇女节107周年主题活动在石景山区青少年活动中心金鹏剧场举行。市妇联副巡视员刘玲出席活动。会上表彰全区2015—2016年度在各自岗位上做出杰出贡献的三八红旗手52名和三八红旗集体22个，市、区有关部门领导向获奖个人和集体颁发证书及奖牌。

（何　巍）

【女性手工艺作品大赛】 6月26日，由区妇联主办的"巧娘展风采 妙手秀绝活——石景山区女性手工艺作品大赛"评比颁奖活动在区图书馆举行。大赛征集112位报名选手选送的138件作品，专家评委结合网络投票和现场评分，评选出获奖作品。剪纸作品《花开富贵》、刺绣作品《孔雀开屏戏牡丹》、鼻烟壶作品《鸟语花香》、编织作品《毛衣》及布艺作品《琴韵虎啸》获得大赛一等奖。

（何　巍）

【全区妇联组织改革】 6月，区妇联在全区启动社区妇联增补执委增设兼职副主席的工作。截至11月20日，全区9个街道（鲁谷社区）全部完成组织改革工作。选举产生的妇联主席中，党工委副书记3名，工会主席4名，副主任1名，副处调研员1名。选举产生专兼职副主席29名，其中兼职副主席20名。街道妇联执委总数由以前的81名增加到288名。全区148个社区妇联选举产生兼职副主席298名，执委总数由以前的943名，增加到2286名。

（何　巍）

【女职工法律维权知识竞赛】 7月18日，区妇联、区总工会联合举办石景山区"创平安 普法先行"——女职工法律维权知识竞赛活动。本次竞赛活动共有来自全区教育、司法、建筑、卫生等各行业系统的19支代表队报名参与。区园林绿化局获竞赛一等奖，区法院、苹果园街道获竞赛二等奖。

（何　巍）

【巧娘手工艺发展促进会换届】 11月28日，石景山区巧娘手工艺发展促进会召开第二次会员代表大会，区妇联、各街道妇联专职副主席及来自各条战线的100名巧娘代表共同出席大会。会议通过石景山区巧娘手工艺发展促进会第一届理事会工作报告、财务报告、监事会工作报告的决议，选举产生以钱均岭为会长，宋晓文、屈璠、程伯文、褚秀英为副会长；林琳为秘书长，陈旭为副秘书长；张洁为监事长、马宏丽、李志芬为监事的第二届理事会理事。

（何　巍）

【女企业家联谊会换届】 11月28日，石景山区女企业家联谊会召开第二次会员大会，区妇联副主席60余名会员参加会议。根据联谊会章程规定，选举产生由陈晔、龚敏、高溧英、刘莉莉、马琳、任真、盛冲、苏蕾蕾、苏玉玲、王明珠、许玲、阎波、杨新宇、翟智群、张彤琳、周纯等16人为理事的第二届理事会。

（何　巍）

石景山区科学技术协会

【概况】 石景山区科学技术协会（简称区科协）是中共石景山区委领导下的人民团体，现有区属学、协会7个，街道（鲁社社区）科协9个。年内与所属团体动员组织全区科技工作者进行学术交流，组织首届全国科技工作者日活动，组织社会组织及科普志愿者走进社区、学校开展科技周、科普之夏、科普日等大型科普益民服务活动，组织数码大赛及青少年活动等各类重点主题科普活动。区科协获市青少年科技创新大赛优秀组织奖等荣誉。

（黄　亮）

【青少年科技教育】 3月，区科协组织石景山学校、北京市第九中学、北京景山学校远洋分校200余名师生，走进中国工程院。利用暑期与区妇女儿童活动中心共同开展科普暑期快乐营机器人培训。此外，组织参加第37届北京青少年科技创新大赛，获得各类奖项57项，其中一等奖1项，二等奖16项，三等奖40项。来自京源学校的陈敬梓同学获得北京青少年科技创新市长奖；石景山区实验小学魏梓贺同学获第17届北京青少年机器人竞赛创意比赛二等奖；电厂路小学的刘红军老师获25届北京青少年科技辅导员论文三等奖。

（黄　亮）

【科普工作会】 4月21日，区科协与区科委联合组织召开石景山区2017年科普工作会议，总结和部署全区科素工作。完成2016年科普经费专项检查情况调查。编辑发放《科学生活指导手册》《石景山区提升全民科学素质普及读本》之九、《科协光荣册》。

（黄　亮）

【首届全国科技工作者日】 5月26日，区科协与区科委共同开展石景山区2017年首届全国科技工作者日主场活动，市区领导和来自全区100余名科技工作者参加。会后，与会领导和嘉宾共同参观创业公社和石景山区数字城市3D沙盘展。

（黄　亮）

【推荐科技人才】 5月，推荐谌宗永（北京卡威生物医药科技有限公司工程师）获第23届北京优秀青年工程师称号。

（黄　亮）

【科技周工作】 5月，区科协与区科委、区委宣传部在区科技馆联合举办以“虚拟现实科普体验”为主题的科技周主会场活动，清华大学、北京航空航天大学、暴风魔镜、广州玖的三目猴、迪生数娱等30余家业内领先科研院所和科技企业参加。科技周期间，与八角街道在景阳东街第二社区举办石景山区科技周分会场暨“和谐邻里情，科普社区行”科普嘉年华活动。与五里坨街道在南宫嘉园社区共同举办“2017全国科技周‘为健康生活添彩’”社区行科普行活动，与会领导为石景山区第一个社区科学生活体验馆揭牌。

（黄　亮）

【科普之夏活动】 7—9月，区科素纲要领导小组成员单位、各街道科协、各学（协）会和驻区有关单位，以“科技促发展 科普惠民生”为主题，围绕社区居民需求，通过科普讲座、科普文艺活动、科普信息推送等方式开展70余场科普活动，发放资料4万余份，受益群众5万余人次。

（黄　亮）

【全国科普日活动】 9月24日，在八角雕塑公园开展以“创新驱动发展，科学破除愚昧”为主题的全国科普日石景山区主会场活动，活动由京西志愿者服务中心承办，25家科技企业提供30余项科普惠民活动，千余人参与活动。

（黄　亮）

【科协换届】 12月26日，区科协召开

9月24日，区科协举办全国科普日主场活动　（区科协供稿）

第八次代表大会。与会人员200余人，审议并通过《北京市石景山区科学技术协会第七届委员会工作报告》《北京市石景山区科学技术协会管理办法》，选举产生新一届领导机构，区科协主席、副主席（含兼职）13名，科协委员60名。会上对区科协第七届委员会工作进行总结，对今后五年工作进行部署。

（黄　亮）

【科普惠民项目工程】 年内，区科协完成社区科学生活体验馆项目和科学健康自主管理服务站两个市级科普项目。定期持续、全方位的开展社区巡讲、主题大课堂、科学沙龙等形式多样的科普活动。两个项目共计开展社区科普讲座50场，举办健康科普沙龙20场，邀请市区级科普专家讲师47位，内容涉及医疗健康、科学生活、绿色种植等方面。

（黄　亮）

石景山区归国华侨联合会

【概况】 石景山区归国华侨联合会（简称区侨联）是区委、区政府领导下的人民团体，是联系区内广大归侨侨眷和海外侨胞的桥梁和纽带。区侨联现有专职侨联干部4人，石景山区第三届侨联委员会委员共25人，其中主席1人，副主席3人，秘书长1人，基层侨联组织9个。

（蔡　琳）

【开展文化活动】 7月11日，区侨联开展“坚定文化自信 宣传美好中华”主题活动，着眼首都“文化中心”的功能战略定位，组织归侨侨眷到首都博物馆参观《美好中华——近二十年考古成果展》。9月19日，举办“喜迎十九大 中秋共团圆”联欢会，100余名归侨侨眷参加。9月30日，组织侨届代表参加北京市侨联国庆招待会，国家、北京市相关领导和各国侨领与归侨侨眷们一同庆祝中华人民共和国成立68周年。11月27日，组织归侨侨眷参观北京展览馆《砥砺奋进的五年》大型成就展。

（蔡　琳）

【依法维护侨益】 区街两级侨联全年共走访慰问归侨侨眷498人次。依据侨联章程，协调区相关部门，为各街道侨联主席增加工作补贴（由1200元/年/人增加到3600元/年/人），首次为街道侨联副主席发放工作补贴600元/年/人。

（蔡　琳）

【街道侨联创新】 年内，古城街道侨联创新工作机制，街道侨联主席在社区统战工作领导机构中担任领导成员并兼任归侨侨眷联络组组长。

（蔡　琳）

石景山区人民团体、群众团体负责人

职务	姓名	职务	姓名
总工会党组书记	郭绍华（副区级）	文学艺术界联合会主席	郭　明
主席	郭绍华（副区级）	残疾人联合会理事长	栾伟宏
共青团石景山区委书记	吴智鹏	党组书记	栾伟宏（4月任）
妇联党组书记	刘　红（女）	红十字会会长	左小兵（兼，3月任）
主席	刘　红（女）	党组书记	柏　静（女，4月任）
科学技术协会主席	宋菁慧（女）		

法　治

综　　述

【概况】 2017年，石景山区政法工作以深入学习贯彻党的十九大精神，按照区委十二次党代会的总体部署，牢固树立“四个意识”，攻坚克难、主动作为，以“两大安保”为工作重点，维护地区社会大局稳定，坚强有力地保障“疏解整治促提升”专项行动顺利推进，为区域经济发展作出积极贡献。

（张　晨）

【区法学会成立】 1月13日，成立石景山区法学会，市法学会副会长杜石平、富大鹏出席成立大会。夏鹏程任会长、文一滨任秘书长，理事人35，学会成员108人。4月20日，邀请相关专家为区法学会会员做“北京城六区人口疏解的对策建议”的专题讲座。

（张　晨）

【安保维稳】 党的十九大和“一带一路”国际合作高峰论坛期间，石景山区建立由区委区政府主要领导挂帅的安保服务保障工作领导小组，构建区、系统、街道“三级督查机制”，强化预防预测预警，确保情报信息畅通到位；强化风险防范意识，确保矛盾纠纷排查化解到位；强化专群结合，确保社会面防控到位；强化公共安全监管，确保城市运行平稳有序，实现“大事不出、小事也不出”的工作目标。区政府拨付579万元专项奖金用于安保维稳工作，全年启动一级超常防控24天，二级加强防控83天，累计出动群防群治力量258万人次。

（张　晨　张桂清）

【各类风险预警预防】 全年对全区14类、5810名重点人进行定期和动态排查梳理，围绕重大活动、重要节点，加强各项管控措施，切实做到“不漏管、不失控”。利用综治维稳情报中心平台，强化预知预防预警功能，针对“e租宝”“涉军访”“善心汇”等多起涉众案事件，召开专题会议、组成专班，制定方案、有效稳控。结合信访代理制，先后接待、约访，妥善处置“北辛安环保奖”“铸造村14号楼”等多起集体访，引导信访人依法依规表达诉求。

（张　晨）

政法委工作

【概况】 中共北京市石景山区委政法委员会（简称区委政法委）是区委领导政法工作的职能部门。内设石景山区维护稳定工作领导小组办公室（简称区维稳办），作为区维护稳定工作领导小组常设办事机构。区委政法委行政编制9人、工勤编制1人；区维稳办行政编制3人，共计13人。年内，出台《关于进一步规范和加强重大决策社会稳定风险评估工作实施意见》，对衙门口棚改、医药分开改革等12个重大政策项目和100余个中小项目进行风险评估。制定下发《关于石景山区政法单位党组织向区委请示报告重大事项的办法》，明确政法单位报告事项、内容以及报告形式、时限等。组织开展“春节”“七一”走访慰问基层困难干警活动，协调帮助解决政法干警子女入学入托困难，协调有关部门帮助政法单位完成基础建设相关工作。

（张　晨）

【政法委员会会议】 1月5日、8月25日，石景山区分别召开两次政法委员会（扩大）会议。区政法系统各单位分别汇报阶段工作情况及下阶段工作计划，区委宣传部、区信访办负责同志分别通报近期意识形态领域、网络舆情和石景山区信访接待、矛盾化解等工作情况。区委政法委按照区委十二次党代会的总体部署，牢固树立“四个意识”，攻坚克难、主动作为，以“两大安保”为工作重点，维护地区社会大局稳定，保障“疏解整治促提升”专项行动推进。

（张　晨）

【从优待警工作】 年内，区委政法委组织开展“春节”“七一”走访慰问基层困难干警活动，集中慰问困难干警115人，发放关爱金11.5万元。走访看望慰问因公受伤、患病干部3人，发放关爱金10.2万，及时传递党委政府的关心和关怀。协调区教委帮助解决干警子女入学入托困难，共帮助解决13名政法干警子女入学入托。

（张　晨）

【国家安全教育日】 4月15日，区委政法委组织举办“4·15全民国家安全教育日”宣传活动，邀请专家为居民讲解《国家安全法》《反间谍法》《反恐怖主义法》等涉及国家安全的法律法规相关知识和案例，提高全区广大干部群众维护国家安全、荣誉和利益的意识。

（张　晨）

【规范风险评估】 年内，区委政法委出台《关于进一步规范和加强重大决策社会稳定风险评估工作实施意见》，对衙门口棚改、医药分开改革等12个重大政策项目和100余个中小项目进行风险评估，为区委区政府科学决策提供重要参考依据。

（张　晨）

【矛盾问题摸排调研】 区委政法委全年开展两次影响社会稳定矛盾问题摸排调研工作，同时每月动态收集全区各单位重点矛盾情况。排查重点群体矛盾39起，其中重大项目建设12起，社会管理9起，征地拆迁9起，疏解非首都功能3起，劳资纠纷3起，民生保障2起，历史遗留问题1起。将矛盾问题分类建立台账，明确责任到单位，实名包案到区领导，成立三办+街道+主责部门模式组成专班，通过各部门约访、主管区长接访、设立现场指挥部现场见面会等形式，主动开展化解工作。

（张　晨）

社会治安综合治理

【概况】 北京市石景山区社会治安综合治理委员会办公室（简称区综治办）是区委、区政府解决社会治安问题的常设办事机构，承担维护社会稳定和社会治安综合治理“打击、防范、教育、管理、建设、改造”6项工作任务。年内，区综治办积极协调区领导、组织政法、维稳、信访等部门，深入综治委成员单位、街道、社区开展调研和检查，分别就“一带一路”高峰论坛、市党代会、“党的十九大”维稳安保开展督导检查25次，下发重点地区排查整治《专项通报》9次、《综治督查整改通知书》1次，督促相关成员单位、街道整改问题10余件，约谈相关地区主要领导

2人次。年底区综治委对全区各单位开展的综治工作进行考评,各单位履行综治工作职能好,未出现符合责任查究和“一票否决”的情形。

(张桂清)

【城乡结合部整治】 2月22日,石景山区召开开展城乡结合部重点地区公共安全隐患问题专项整治工作会,制定印发《2017年石景山区开展城乡结合部地区公共安全隐患问题专项整治工作方案》,确定鲁谷衙门口南社区、苹果园街道海特花园第二社区、古城街道老古城东社区3个市级挂账重点地区,鲁谷衙门口东社区、衙门口西社区和景阳东街第一社区3个区级挂账重点整治社区。成立“一四八”区级指挥机构,即一个由区领导挂帅的城乡结合部重点地区综合整治工作指挥部,下设四个挂账地区分指挥部和八个专业部门的专项分指挥部。年内,针对全区6个挂账重点地区开展联合执法376次,出动执法巡逻车1088辆次,执法巡逻人员5077人次。检查各类单位场所814家,整改消防隐患922件,查封7处,建立微型消防站3个,配备义务消防员60人,消防车8辆,消防器材95件,安装报警器和喷淋设施10套,安全检查515家,发现安全隐患233件,责令停产停业15家。疏解流动人口10805人,制作下发告居民信20万张,宣传整治横幅60条,硬质宣传标语30块,清理卫生死角210处,清理垃圾2389吨。取缔露天烧烤12处,安装道路隔离栏3560米,新修村内道路200米,疏通排水渠1560米,绿化道路周边5000平,拆除违法建筑67处12.3万平方米。年底,石景山区3个市级挂账重点地区全部通过市城乡结合部综合整治工作指挥部考核验收。

(张桂清)

【重点地区整治】 年初,古城街道、鲁谷社区、苹果园街道被列为市级挂账整治的社区治安重点地区。2月23日,召开全区市级挂账社会治安重点地区整治工作会,成立石景山区社会治安重点地区整治领导小组,制定并印发《石景山区2017年市级挂账社会治安重点地区整治工作方案》,三个市级挂账地区分别由富大鹏、亢军、李金克三位区领导挂帅,靠前指挥、明确工作任务、时间节点和工作措施。每月召开市级挂账重点地区统筹协调会,每季度协调区综治委领导听取挂账街道的工作汇报和督查调研。年内,三个挂账地区开展各类专项整治行动210次,投入执法力量3900人次,破案110起;开展各类宣传148次,新增监控探头388个,建立6个治安岗亭,制作900个单元楼门警示牌;违法群租房整治190次,发现隐患189处,拆除违法建设43间,清理可燃物13吨;规范“门前三包”10560户次,拆除灯箱广告4660个,违规广告牌匾500余家。

(张桂清)

【流动人口服务管理】 年内,区综治办按照区委区政府“疏解整治促提升”十大专项行动总体要求,认真组织开展违法群租房和城乡结合部等专项行动,调控人口规模,提升平安社区建设水平,提高群众安全感和满意度;加强流动人口和出租房屋服务管理工作调研,服务党委政府科学制定相关政策规定;统筹协调区流管委各成员单位扎实做好流管基础工作,消除安全隐患,未发生涉及流动人口和出租房屋有重大影响的案事件。2月底,联合公安分局共同制定印发《石景山区流动人口和出租房屋基础调查工作方案》,按照来自重点关注地区信息采集维护率达到100%,新来京人员信息采集率达到100%,流动人口信息核对率达到100%,新发现出租房屋信息采集率达到100%,《治安责任保证书》签订率达到100%工作要求,坚持“居住地采集登记”和“工作地采集登记”并行的工作模式,以管理员日常采集为主、部门业务信息为辅、多渠道社会化采集为补充的工作方式,提高流动人口和出租房屋登记率、核销率、准确率、完整率。年底,全区流动人口175955人,出租房屋25583户。同比(194545人、17614户)减少18590人、增加7969户。新登流动人口82750人、核销97364人、更新156661人、迁移30318人,出租房屋新增3347户、核销9837户、更新5604户。

(张桂清)

【综治领导责任制】 年内,区委常委会3次听取政法综治重点工作汇报。3月1日,区委常委会审议通过区综治办《石景山区2017年综治工作要点》;6月28日,区委常委会听取综治办关于《石景山区公共安全视频监控建设联网应用工作实施方案》的汇报;9月7日,区委常委会听取综治办关于《石景山区“党的十九大”维稳安保工作总体方案》的汇报。全年召开2次综治委全会,5月9,区综治委召开“石景山区综治委2017年第一次全体(扩大)会议”,进行治安形势分析,总结上一年度工作情况,部署2017年综治工作要点,区领导牛青山、夏林茂、李文起与51个成员单位、9个街道、31个其他单位的党政正职签订《石景山区社会治安综合治理责任书》。9月13日召开“区综治委2017年第二次全体(扩大)会议暨‘党的十九大’维稳安保工作动员誓师大会”,会上部署全区十九大维稳安保工作,举行“老街坊”治安巡逻队授旗仪式。

(张桂清)

【违法群租房整治】 3月初,区综治办围绕房屋租赁、违法经营、安全隐患、治安混乱和扰民等突出问题,召开全区违法群租房整治工作联席会议。制定印发《2017年石景山区违法群租房整治工作方案》和《2017年石景山区违法群租房举报奖励办法》,确定区、街道两级主管领导和主管科室及联络员,建立联席会议会商、滚动挂账、举报奖励、督导检查、考核奖励等工作机制。年内,召开工作例会32次,工作推进会3次,下发工作通报4次,工作简报16期;开展各类宣传503场次,出动宣传人员9624人次,发放宣传材料20余万份,宣传群众28万余人次,安装警示牌13248块,在重点区域悬挂硬质横幅638条,张贴《通告》33071张、《海报》7414张,发放《一封信》68611封;通过调查摸排、热线反馈和群众举报等多种形式,完成整治违法群租房275户居住2554人,群租房间数722间、隔断243个,面积23511平方米,疏解 1825 人,比 2017 年市级下达 200 户整治任务超额完成 75 户。

(张桂清)

【综治宣传活动】 4—9 月,区综治办在石景山区范围内开展“平安石景山”系列宣传活动。以“新理念引领新航程”为宣传主题,开展“我最喜爱的平安志愿者”“我心目中的平安社区(单位)”“我为平安北京建一言”等群众性的系列评选宣传活动。在《石景山周刊》以“学先进争先锋,迎盛会、筑平安安”为主题,定期对“我身边的平安故事”“我心目中的平安社区(单位)”“平安·印象”征文、“平安·瞬间”摄影作品等进行刊登,刊发专版 6 期。开展“平安寄语”书法作品征集活动,共征集到寄语 30 幅。开展平安建设宣传进校园、进公园活动,在全区各大高校、中小学校,以及各大公园开展一系列平安事迹宣传活动。在石景山电视台上播放征集到的微电影、微视频,“平安歌曲”MV。征集“我身边的平安故事”新闻线索 20 条,优秀新闻报道作品 35 个,“平安·印象”征文 47 篇,“平安·瞬间”摄影作品 50 幅,“平安记录”微视频微电影 5 个,“平安寄语”书法作品近 30 幅,“平安歌曲”MV 一个。

(张桂清)

【综治信息化建设】 年内,区委、区政府、区综治委将综治“雪亮工程”建设工作列为年度重点工作任务。6 月,区发改委、城管委、经信委、综治办、公安分局五部门联合印发《石景山区公共安全视频监控建设联网应用工作实施方案(2016 - 2020 年)》。经过前期建设,全区一类视频监控点摄像机数量达到 2092 台,联网率达到 100%,基本覆盖重点防恐单位、人员密集场所、道路交通路口等重点公共区域。其中,高清摄像机 1487 台,占比达到 71%,在全市各区中名列第一。联网整合二类、三类监控点位摄像机 6292 台,并纳入二级平台管理。全区建成公共安全视频监控图像信息系统,设置 1 个二级平台和 10 个三级平台,均达到数字高清国家标准。在尖端技术应用方面,建成万兆级的视频专网,部署一套高清云存储系统,完成 55 条车道机动车图像监测识别系统、架设 13 套“点面结合”图像系统以及 14 套动态人脸比对识别系统。全年石景山区利用视频监控协助查破刑事案件 90 起,治安案件 210 件。

(张桂清)

政府法制工作

【概况】 北京市石景山区人民政府法制办公室(简称区法制办)是区政府主管法制工作的办事机构,对区政府法制工作负有指导、协调、组织和监督责任。年内,石景山区政府建立并完善行政调解工作制度,制定《石景山区行政调解工作部门联席会议制度》《石景山区行政调解信息报送制度》《石景山区行政调解工作考核制度》,全年共报送 4 篇行政调解信息。截至年底,审核行政规范性文件 45 件;审核区政府及区有关部门战略合作协议等法律文件 14 件;完成市及上级有关法律法规征求意见工作 12 件,完成各区政府委办局文件征求意见若干件。全区 26 个行政执法部门共清理出二级主体 31 个、三级主体 6 个、受委托执法组织 3 个。

(高　琳)

【行政机关负责人出庭应诉】 4 月 6 日,区法制办组织完成肖平在北京市第四中级人民法院公开开庭审理的刘 × 诉区政府 1 案中出庭应诉。12 月 7 日,组织完成谢静在北京市第四中级人民法院公开开庭审理的魏 × 等人诉区政府 6 案中出庭应诉。

(高　琳)

【行政复议】 全年,区政府作为复议机关接待行政复议申请 119 人次,案前和解 54 件,收案审查 65 件。受理行政复议案件 58 件,不予受理 2 件,逾期不补正视为放弃 5 件。受理的案件审结 45 件,其中维持 18 件,驳回 9 件,终止 11 件,撤销 2 件,确认违法 1 件,责令履职 4 件。4 月 10—30 日,参加市政府法制办组织的 2016 年度行政复议案卷评查,被抽中的案卷卷宗经评查均为优秀。

(高　琳)

【与法院良性互动】 加强与法院的沟通联系,及时了解掌握法院审案的最新动态,确保案件顺利审理。建立与法院的常态化联系机制,邀请各级人民法院行政庭法官就依法行政过程中出现的复杂疑难问题进行研讨,并为全区执法人员提供有针对性的指导及培训,提高行政行为的效率性及合法性。4 月 11 日,组织召开区政府与法院房屋征收工作研讨会。5 月 19 日,组织召开 2017 年石景山区依法行政与行政审判联席会。9 月 5 日,组织召开区政府与北京市第四中级人民法院联席会议。

(高　琳)

【规范性文件清理】 5 月 22 日,由区政府法制办牵头全区各部门,对区政府 2016 年 12 月 31 日前制定并公布的文件进行清理。清理区政府文件 334 件,其中:建议予以保留 222 件、拟修改 7 件,建议予以废止 105 件。

(高　琳)

【法律顾问制度】 建立政府法律顾问制度,推进依法行政、加强执政能力,促进依法科学民主决策、加快建设法治政府。6 月,对区政府相关 50 家单位统计,39 家单位聘用法律顾问。8 月 23 日,区政府法制办出台《石景山区人民政府法律顾问工作暂行办法》,并纳入依法行政考核。

(高　琳)

【行政处罚】 年内,区法制办配合区政府审改办召开全区梳理填报区级实施行政职权事项工作会,向 31 家区属相关单位传达北京市关于精简规范市区两级权力清单工作的精神,并就行政处罚权的梳理工作进行部署。明确行政处罚权梳理填报工作的依据和范围,并对填报的有关注意事项进行详细说明。经梳理,石景山区行政执法部门共有行政处罚权 5035 项(含市区共 4856 项,区级独有 179 项)。截至年底,人均处罚量自 6 月底的 3 件提升至 21 件,人均检查量自 6 月底的 9 件提升至 60 件,区教委、区民防局、区财政局、区司法局、区审计局、区民宗办实现行政处罚的“零突破”。

(高　琳)

【法治政府建设】 9 月 26 日,经区依法行政工作领导小组评审推荐,选定体现石景山区城市管理体制改革试点工作成效的老山街道社区城管工作站项目、探索“法律底线与党纪高线”有效联系道路的区地税局“纪法结合”项目作为2017年石景山区重点培育的法治政府示范项目向市政府申报。

（高　琳）

【行政处罚案卷评查】 11月21—24日，区法制办组织开展年度行政处罚案卷抽验评查评分工作，对全区行政执法部门2016年7月1日至2017年6月30日期间制作的一般程序的行政执法案卷进行集中质量抽验。同时邀请全区8个行政执法部门的10名法制工作人员，对22个自评单位的65本一般程序行政处罚案卷进行质量抽验，抽验质量合格率为98.5%。

（高　琳）

【行政应诉】 全年，以区政府为被告的行政诉讼案件81件。一审行政诉讼案件56件，其中单独以区政府为被告的一审行政案件48件，区政府作为复议机关与原行政机关共同应诉的案件共8件，二审案件25件。一审案件审结47件，其中判决驳回诉讼请求17件，裁定驳回起诉26件，撤诉案件4件。审结二审诉讼案件9件，其中判决驳回诉讼请求3件，裁定驳回起诉5件，撤诉1件。上述案件均在法定期限内完成案件处理相关工作，实现行政诉讼“零败诉”。

（高　琳）

【行政调解】 年内，石景山区受理行政调解案件4367件，涉案人数5749人，调解成功金额1267.17万元。调解成功4044件，成功率93%。民事调解案件4356件，调解成功3956件。其中，治安调解的民事纠纷798件，交通事故损害赔偿纠纷79件，合同纠纷4件，医疗事故赔偿纠纷19件，消费者权益保护纠纷、产品质量纠纷1462件，其他民事纠纷1984件。行政调解案件共计11件，调解成功数9件。

（高　琳）

公　安

【概况】 北京市公安局石景山分局（简称公安分局）按照“紧盯防范点、强伸打击拳、严控社会面、守住石景山”的工作思路，不忘初心、牢记使命，忠诚担当、直面挑战，攻坚克难、继往开来，圆满完成党的十九大等各项重大安保任务，在全市率先完成公安改革机构编制优化调整工作，分局各项业务工作和过硬队伍建设迈上新的台阶。年内，做实做细勤务指挥工作，全年调动警力2.1万余人次，组织完成各类勤务780项，处置警情4.86万余件，流转办理政务事项9300余件。聚焦政治安全，零差错、零失误圆满完成全年153项安全警卫任务，确保习近平等中央领导在区活动的绝对安全；做实做细街面巡控工作，强化武装巡控、定点查控、视频盯控等阵控措施，全年盘查核录59.5万余人次，街头警情同比下降65%。年内，检查单位2.5万余家次，整改火患3.6万余处，三停查封414家，罚款349万余元，行政拘留150名，达到去年同期的5倍，全区火灾事故同比下降9.4%；年内，完成审计项目54个，审计总额1.7亿元，查办110投诉22件，受理政风行风热线和政民互动网络平台信件34件，办结率、答复率、群众满意率达到100%；严肃执纪问责，全年给予党内严重警告1人、行政告诫7人、通报批评11人、诫勉谈话2人。加强警务保障工作，争取财政预算累计达到6.6亿元，同比增长34.1%；争取财政专项资金1.5亿元，改善基层一线民警办公、训练、住宿条件。董天婠当选“全国公安百佳刑警”、2016“北京榜样·最美警察”，全年评选“警营标兵”“安保之星”等先进41名，表彰奖励集体140个次、民警和警辅人员504名。

（申小荣）

【110宣传日活动】 1月10日，公安分局在石景山黄庄职业高中篮球馆，组织开展“公安110，为民保安宁”主题宣传活动。向群众发放各类110宣传品8000余份，现场解答群众问题6200余人次。副分局长出席活动并讲话，勤务指挥处，刑侦、治安、消防支队，内保、人口、特警大队，禁毒中队等部门相关领导、民警参加活动。

（申小荣）

【安全监管】 春节期间，公安分局投入安保力量3422人次，其中民警810人次、消防87人次、武警310人次、保安2215人次，接待觐香群众和游园游客71.3万人次。完成石景山游乐园“北京春节洋庙会”“第四届八大处新春祈福庙会”、八大处灵光寺初一觐香活动和北京国际雕塑公园“新春文化游园活动”4项大型活动安全监管任务。强化水电气热油等重点内部单位安全保卫，以及危险物品、物流寄递、“低慢小”等治安管理工作，全年55项198场次大型活动绝对安全，实现“零失管、零事故”。

（申小荣）

【内嵌式停车位】 4月，贯彻交警双重管理体制，争取专项资金2200余万元，升级改造交通指挥中心，全市首创“内嵌式停车位”（停车位位于机动车道和非机动车道中间，并非像以往那样紧贴便道。）在苹果园南路试点。同时开展静态停车管理“七种模式”，创新实施“拉链式”交替通行等交通优化措施42项，全区道路通行能力提升37%。

（申小荣）

【“忠诚誓言”活动】 7月20日，公安分局联合区委区政府、市局政治部在北方工业大学图书馆报告厅举办“忠诚誓言”——“学讲话 见行动 迎接十九大 忠诚保平安”主题活动暨优秀民警事迹宣讲。市局党委委员、副局长张健，区领导田利跃、富大鹏、亢军等，北方工业大学党委副书记田红芳等领导出席活动。市局政治部相关领导及分局党委成员、北方工业大学相关部门领导、分局历届警营标兵、局属各单位民警代表、街道社区工作者、辖区居民、治保积极分子、保安员、多家媒体记者、北方工业大学学生等共计750余人参加活动。

（申小荣）

【预防煤气中毒宣传日】 11月10日，公安分局牵头区预防办，在鲁谷社区衙门口向阳亨泰投资管理公司门前，组织开展石景山区预防煤气中毒集中宣传日活动。区预防煤气中毒工作协调小组组长亢军出席宣传活动，区发改委、区教委、区住建委、区卫计委、区环保局、集体经济办、鲁谷社区等部门主管领导参加宣传活动。

（申小荣）

【科技创安】 年内，公安分局加大“雪亮工程”建设力度，接入全区平台监控增至6961个，公共区域高清视频增至2092个，高清比例达到81%，位列全市前茅；加大移动警务建设力度，940部移动终端、35套移动图像监控系统投入警务实战，提升科技信息化支撑立体防控效能。

（申小荣）

【社区安防】 年内，推进派出所“两队一室”警务运行模式，建立35个社区警务队、20个“7×24小时”警务室，重新划分社区网格331个，配置社区民警328名，研发推广入户走访APP软件，重点人员核查登记率、出租房屋治安责任书签订率、建筑物标准地址信息核对维护率均为100%。开展社区人物技防建设，11个老旧小区新增监控点位514处，会同综治部门推广“老街坊”等群防群治特色品牌，社区警务管理和实战效能稳步提升，社区可防性案件同比下降46.5%。

（申小荣）

【案件破获】 公安分局全年破获刑事案件1200起，同比上升9.6%，查处治安案件6629起，同比上升14.6%；命案、敏感案件、涉枪和有组织犯罪案件100%侦破，收缴枪弹106支、4195发；破获涉众型经济案件、毒品案件分别同比上升150%和7.7%；缴毒2.77公斤，禁毒刑拘目标完成率105.3%，全市排名第一；严厉打击各类涉网案件，打击侵犯公民个人信息类案件实现“零”的突破；正式组建环食药旅安全保卫中队，破获全区首例污染环境案件，打掉制假售假窝点32个、黄赌窝点91个，全区社会治安环境有效净化，全年刑事立案总量、侵财案件和经济案件立案同比分别下降24.5%、27%和19.4%，110刑事类、秩序类警情同比分别下降25.5%和18.9%。

（申小荣）

【执法权力运行机制改革】 年内，公安分局深化执法权力运行机制改革，推动落实“执法办案管理中心+”建设和“1+N”监督管理，区检察院“检察室”、团区委“未成年人询问、讯问及社工帮教室”、区法律援助中心“工作站”、律师“会见室”相继建成并投入使用；推动落实“侦审一体化”工作，全年刑事拘留735名、行政拘留1352名、批准逮捕351名、移送起诉640名，同比分别增长8.7%、40.7%、3.2%和1.1%，实现办案“运行顺畅、总量不减、质量提高”的基本目标；推动落实看守所“五防一体化”建设，继续保持“连续22年安全无事故”的优良纪录，执法满意度99%。

（申小荣）

【便民服务】 年内，公安分局落实7项便民新政，落实户口办理终身责任制；落实户口清理整顿工作，全区常住人口同比减少2.8万人，死亡未销人员注销率达到100%；落实窗口服务突出问题专项整治工作，窗口服务群众满意度达到100%；落实警察公共关系建设，“平安石景山”警务微博品牌影响力增强，全年妥善解决群众咨询、举报、求助等各类问题300余件。

（申小荣）

检　察

【概况】 北京市石景山区人民检察院（简称区检察院），2017年分两批遴选检察官（员额），办案检察官增加到38人。重新修订检察官职位说明书、权限清单，权责更清晰。4月，在区委的正确领导下，与区纪委密切配合，积极推进国家监察体制改革。区检察院原职务犯罪侦查局及其隶属的3个部门38个编制、25名干警顺利转隶到监察委员会，其中党组成员1名，检察官（员额）8名。年内，严厉打击危害国家和公共安全犯罪，其中包括政治敏感性案件5件11人，涉枪案件12件12人。严厉打击严重影响群众安全感的非法吸收公众存款、集资诈骗等涉众型经济犯罪8件9人，依法办理侵犯西门子公司商标案等知识产权案件2件3人。依法稳妥处理“善心汇”人员董某涉嫌组织、领导传销活动案等多件在全国范围内有重大影响的案件。严厉打击利用网络进行的电信诈骗、非法控制计算机信息系统等犯罪7件12人。接待群众来访322批次464人次，依托“第三方”平台办理高风险隐患的信访案件，稳控处置汇锦财富50余名投资人集体访问题。检察长、业务部门负责人坚持重大疑难案件亲自办理、重要案件线索亲赴现场，带头办案（亲历）188件，占全院办案数的16.2%。

（张　珂）

【协办全国企业刑事风险防范实务操作论坛】 5月23日，由法制日报社指导、法制日报社《法人》杂志主办、区检察院协办、北京市合达律师事务所承办的首届“全国企业刑事风险防范操作论坛”在北京西苑饭店召开，检察官、法官、行政监管人员、学者、企业家、公司法务以及律师等百余人参加，从各自专业角度分享预防企业刑事风险的策略和技巧。围绕建立犯罪大预防概念，探索构建“三预”工作服务国有、民营领域全覆盖的犯罪预防新格局，帮助企业了解融资、税务刑事风险防范专业问题。以本次论坛为契机，组织市、区人大代表参观北京保险产业园，与北京保险行业协会合作，开展反保险欺诈风险防控体系实证研究课题，加强保险行业风险防控，维护保险企业及保险消费者的合法权益。王春风作开幕致辞，区检察院两名检察官作为圆桌论坛讨论嘉宾，分别就企业融资刑事风险防范、企业税务刑事风险防范进行主题发言，并接受企业家的提问。中铁建、京东、华润等30余家企业参加，人民网、新华网等60余家媒体支持。

（张　珂）

【接受监督】 6月，市检察院党组第一巡视组进驻区检察院，通过政治巡视反馈6项16条巡视意见。区检察院党组认真研究整改方案，制定70项整改措施，截至年底完成56项，其余14项长期任务继续推进。纪检监察部门加强对整改工作的全程监督，确保各项任务的落实到位。8月,区检察院向区人大常委会专题报告侦查监督工作情况,认真办理人大代表提出的意见建议。开展"公众开放日"活动,邀请代表、群众走进检察机关,了解检察工作;依托"石景山检察"官方微信不断推进检务公开。打造"报刊、彩信、微信"三位一体的信息服务平台,主动接受舆论监督。严格落实案件信息公开制度,增强司法办案透明度,做到放权不放任、监督不缺位。

(张　珂)

【未成年人司法保护】 年内,区检察院努力实现打击、预防、监督、教育、保护"五位一体"。依法严厉打击成年人侵害未成年人犯罪案件,成功办理一起夫妻二人共同虐待子女(幼儿)过失致死案。本着"少捕、慎诉、少监禁"原则,依法办理未成年人涉嫌犯罪案件,不捕、不诉率逐年提高。刑诉法规定的法定代理人(合适成年人)讯问到场、法律援助、社会调查等特殊法律制度落实。探索建立性侵害未成年人案件"一站式"询问模式,避免未成年被害人受到二次伤害。10月,区检察院编制《未成年人刑事检察白皮书》(以下简称《白皮书》),并向石景山区公安分局和区内各派出所发放,促进未成年特殊司法工作开展。《白皮书》内容包括有关未成年人的专门性法律,同时将涉及未成年人案件特殊程序的法律章节、关于未成年人刑事案件配套工作体系的规范性文件以及有关未成年人保护的司法解释分类汇总,绘制"公安机关办理未成人刑事案件流程图"。引导侦查机关规范执法,保障未成年人合法权益。加强未成年人司法、执法活动监督,提前介入敏感案件引导侦查,严把证据质量。以社会关注度高的校园欺凌问题为预防重点,探索开展不良青少年临界预防教育工作。依托青春护航观护帮教基地,持续开展涉诉未成年人回访帮教。

(张　珂)

【逮捕、起诉、羁押】 区检察院全年批准逮捕各类刑事犯罪281件336人,提起公诉431件510人。不批准逮捕124件183人,不捕率为35.7%。其中对情节轻微、无逮捕必要的犯罪嫌疑人,依法不批捕50件78人。依法作出不起诉决定49件56人,其中对罪行轻微、没有起诉必要的案件,依法作出不起诉决定40件47人。依法适用速裁程序、认罪认罚从宽制度,完善繁简分流的工作机制加快案件办理时限。其中适用简易程序290件344人,占起诉案件的67.3%,适用速裁程序62件63人,占起诉案件的14.4%。受理羁押必要性审查52人,提出变更强制措施建议24人,占已批准逮捕案件的6.97%,办案部门全部采纳,维护被羁押人人身权益。

(张　珂)

【立案监督与侦查活动监督】 区检察院全年受理立案监督、侦查活动监督线索19件,针对怠于侦查等严重执法问题向侦查机关制发纠正违法通知书3份、检察建议书2份,均收到回函。通过派驻区公安分局执法管理办案中心检察室,审查正在办理的刑事案件365件454人、行政处罚案件80件113人,提出应分别看押同案嫌疑人、提高录音录像设备清晰度等合理化建议;开展撤案监督,跟踪不批捕、不起诉案件的后续处理,监督侦查机关撤销案件3件;在城区院率先开展提请批准逮捕案件同步审查工作,同步审查逮捕案件234件,发现侦查违法瑕疵行为244条,每季度向侦查机关制发《侦查活动质量分析通报》提出整改意见;制作《侦查活动手册》,推动以审判为中心的诉讼证据标准向立案前环节传导,此做法在《检察日报》予以报道。

(张　珂)

【刑事审判及民事、行政诉讼监督】 年内,区检察院履行对刑事审判活动及刑事裁判监督职责,对审判机关适用法律确有错误的案件提请抗诉1件,获上级法院改判。依托信息化案件办理平台,对审判机关一个时期办理的类案定期分析研判,发现刑事审判工作中的问题瑕疵,采取检察建议、情况通报等方式向审判机关提出。认真审查民事、行政诉讼监督案件,向上级院提请抗诉2件,均获支持。稳步推进违法行为、执行活动监督,对存在程序问题但又不符合抗诉条件的监督案件,采用诉讼监督情况通报方式进行监督,督促落实整改。拓展民事、行政检察监督影响力,多渠道宣传扩大案件来源,在区法院立案厅和诉讼服务大厅设置案件受理宣传专栏,向区司法所发放宣传册千余册。

(张　珂)

【刑罚执行和监管活动监督】 年内,区检察院通过全国一级规范驻所检察室考核评定,首次尝试开发研制看守所视频监控大数据分析系统,预防职务犯罪,保护在押人合法权益。坚持监外执行检察常态化,开展巡视检察158次,办理监外案件95件,发出纠正违法通知书23份、检察建议书15份,回复整改25份,各执法单位在交付执行、监管活动等环节予以整改。针对剥夺政治权利监督盲区,办理全市首例剥夺政治权利罪犯漏管案件和剥夺政治权利罪犯重新犯罪案件2件。

(张　珂)

【提起公益诉讼职能】 年内,区检察院依法履行检察机关提起公益诉讼职能,针对环境资源保护、国有资产流失等重点领域,审查公益诉讼案件线索34件,立案4件,向行政机关发出检察建议3份,督促行政机关依法履职。与区环保局、区城管委等多个行政机关座谈,了解执法重点和难点问题,从中发现污水直排案件线索及时移送区环保局,使污水直排的违法行为迅速得到治理。针对线索受理中发现的排污、古墓盗掘、垃圾倾倒等问题,深入现场开展调查,督促行政执法机关依法及时履职。借力区检察院发出的检察建议,区文化委加强对文物单位的监管;区地税局加大纠正存量房交易少征税款违法行为的力度,收回应缴税款及滞纳金240余万元;区城管委推动北京市排水集团加快市政设施建设项目开工,使人大代表提出6年未有结果的议案得到落实。

(张　珂)

【刑事诉讼制度改革】 年内,区检察院注重发挥检察机关的"两主"作用,即审前主导作用和指控、证明犯罪的主体作用。在审前主导把关环节,开展介入引导侦查、强化证据审查亲历性、严格排除非法证据、规范文书制作。审查逮捕部门严格把握逮捕标准,重大案件提前介入11件,证据不足不捕68件99人。公诉部门加强精细化审查,提前介入审查42件52人,坚决贯彻疑罪从无原则,作出存疑不诉决定6件6人。发挥指控和证明犯罪的主体作用,坚持践行直接言词原则,加强证人、被害人、鉴定人出庭工作,办案民警以在线视频直播方式出庭作证、鉴定人直接出庭指证案件5件。提起公诉的案件,经法院一审判决449件541人,其中判决采纳起诉意见的446件538人,改变检察机关指控意见3件3人,诉判一致率99.4%。提出量刑建议73件74人,法院判决超出量刑建议范围的1件2人,量刑建议采纳率97.3%。

(张　珂)

【认罪认罚从宽制度试点】 年内,区检察院落实《关于开展刑事案件认罪认罚从宽制度试点工作实施意见(试行)》,适用认罪认罚从宽程序审查案件38件40人。探索建立值班律师制度,与区法律援助中心、致诚公益刑事法律研究中心等单位建立合作机制,简化法律援助的办理流程。

(张　珂)

【推进“智慧检务”】 年内,区检察院与区看守所共同创新监督机制,由区检察院派驻看守所检察室主任担任看守所第一政委,监督监管活动。探索新型检察管理监督工作机制,协调推进“两中心一平台”建设,发挥数据分析和实时动态监督优势,推动形成对各类案件线索和信访诉求的总控、调度、动态指挥、监督管理等职能的一整套运行模式。以最高人民检察院智慧检务4.0标准,筹建石景山区互动体验式青少年法治教育中心,开辟普法教育第二课堂。

(张　珂)

【全市首起剥夺政治权利人员重新犯罪案件】 年内,区检察院刑事执行检察部在开展罪犯监外执行监督检察工作中,发现被判处剥夺政治权利的罪犯卢×涉嫌重新犯罪,检察官迅速开展案件办理工作,及时向有关单位发出检察建议书,采取整改措施后向区检察院作出反馈。

(张　珂)

审　判

【概况】 北京市石景山区人民法院(简称区法院)是国家审判机关,依法行使审判权,审判在法律规定范围内的第一审刑事案件、民事案件、商事案件、知识产权案件、行政案件以及申诉案件、再审案件并承担相应的执行职责,通过依法审判,严惩犯罪分子,妥善化解民事、商事、知识产权和行政纠纷。区法院设刑事审判庭、未成年人案件综合审判庭、民事审判第一庭、民事审判第二庭、民事审判第三庭、知识产权审判庭、五里坨派出法庭、小额速裁审判庭、行政审判庭、执行局(下设执行指挥中心办公室、4个执行事务团队)、执行裁判庭、立案庭、审判监督庭、申诉审查庭、审判管理办公室、诉讼服务办公室、研究室、办公室、政治处(下设干部科、组宣科、教育培训科)、监察室、法警大队21个局、庭、处、科、室、队及信息技术中心、机关后勤服务中心2个全额拨款事业单位。全院共有政法编干警171人;事业编制11人;聘用制书记员39人;聘用制法警、安检员44人;聘用制审判辅助人员30人;在编干警中具有研究生以上学历109人,占在编干警总数的59.9%。2017年,区法院受理各类案件33697件(含旧存2314件),新收案件同比增长31.78%;审、执结31401件,同比增长34.14%;法官人均结案413.2件,位居全市法院第三位。一审服判息诉率达94.22%,同比提升0.63个百分点。年内,建立新型办案机制,推进内设机构改革、人民陪审员制度改革、以审判为中心的刑事诉讼制度改革等多项改革任务,完成区域“疏解整治促提升”专项行动司法保障工作,完善未成年人保护、智护石景山、商事纠纷预警等特色工作机制,迁安巡回审判工作被当地群众誉为“车轮上的正义”。区法院及相关庭室获“全国维护妇女儿童权益先进集体”“北京市先进法院”“北京市三八红旗集体”“北京市法院先进集体”“北京市法院人民法庭单项工作突出贡献奖”“北京法院少年法庭工作先进集体”“联络工作先进法院”等荣誉称号。

(马　玥)

【建立新型办案机制】 年内,区法院以员额法官为中心建立44个办案团队,制定法官助理、书记员权责规定,实施审判流程节点规范,以制度带动提升团队运转效率。深化繁简分流,将人民调解员编入速裁团队,构建“多元调解+速裁”新型审判格局,率先在全市法院系统创设集司法调解、行政调解、专业机构调解“三位一体”的知识产权纠纷多元调解体系。打破以民事案由为基础的传统分案模式,实现民事审判团队不区分案由、均衡分案,并制定类型案件审判指引。发挥专业法官会议作用,为法官办理疑难复杂案件提供咨询意见,在案件讨论、经验总结中统一裁判尺度。

(马　玥)

【形成批量类案办理经验】 年内,区法院为应对批量类案审判执行压力,创新工作方法,以大数据思维形成批量类案办理经验。针对互联网金融案件、信用卡纠纷案件当事人信息线上数据化特点,利用安全媒介对相关数据进行移植,简化案件信息录入工作。推动研发批量立案、批量报结、批量财产查控、批量文书上网等软件,嵌入审判执行系统,提升事务性工作效率,运用大数据思维提取批量类案要素信息,如案号、当事人身份信息、诉讼标的、诉讼费用等基础信息及不同类案特殊信息,建立类案数据库。通过提取数据库中的关键信息嵌入要素式文书,实现信息自动填录、笔录及文书智能生成。全年,区法院审结互联网金融、信用卡纠纷批量案件7837件。

(马　玥)

【完善繁简分流与速裁机制】 年内,区法院在繁简分流基础上形成不同层次梯队的团队化办案模式,刑事、民事简易案件,组建由一名法官、一名法官助理及一名书记员组成的“1+1+1”审判团队,同时根据互联网金融、信用卡纠纷案件要素式审判和事务性工作量巨大的特点,组建由一名法官、一名法官助理及五名司法辅助人员组成的"1+1+5"金融速裁审判团队;疑难复杂案件,考虑"以老带新"、精细审判等因素,组建以员额法官为中心的多元化专业审判团队。建立简易速裁案件识别、筛选及移转机制,确保审判团队与对应案件的准确匹配。通过繁简分流与合理配置审判资源,形成"简案快审、繁案精审"工作格局,全年速裁率达58%,复杂案件能够做到"精细研究、规范审理",案件发改率为0.15%,同比下降0.44个百分点。

(马　玥)

【刑事诉讼制度改革】　年内,区法院加强与侦查机关专业交流,明确审判阶段的证据标准及非法言词证据的认定标准,制定关键证人、鉴定人出庭程序及保障机制相关规定,完善证人、鉴定人、侦查人员出庭作证制度;与区司法局建立定期联席会议机制,推动刑事案件律师辩护全覆盖,依法保障被告人及辩护人诉讼权利,依照"三项规程"制定刑事案件办理规范及各类型案件庭审提纲,落实庭审实质化要求;会同公安机关、检察机关制定《北京市石景山区关于开展刑事案件认罪认罚从宽制度试点工作实施意见(试行)》,建立常态沟通机制,并设立法律援助工作站,保障值班律师履行法律援助职责。

(马　玥)

【人民陪审员管理新机制】　年内,区法院依托信息化手段强化人民陪审员管理,推动人民陪审员制度改革。建立陪审员电子信息档案,根据陪审员职业、参审意向和专业特长,完善陪审员档案子库,发挥陪审员来自不同行业的专业优势,帮助法官化解矛盾,提高案件调解率;建立陪审员参审台账,实现动态管理,并将其作为年度考核、评先评优依据,完善陪审员业绩通报及考核制度,督促陪审员依法履职;建立陪审员评价机制,召开陪审员征求意见座谈会,发挥陪审员监督作用,保障陪审员参审权利;逐步推进随机抽取陪审员参审制度,提升陪审员参审覆盖率,全年通过随机抽取参审的案件4008件,人民陪审员参审8033人次,人民陪审员参审率达到98.81%,同比提升2.4个百分点。

(马　玥)

【公证参与司法辅助事务】　年内,区法院在全市率先与北京市中信公证处签订合作框架协议,15名公证处人员进驻法院承担民事、商事等领域社会矛盾纠纷调解工作。公证人员可应当事人的申请,对和解、调解协议办理公证,并赋予强制执行效力。对经过调解未能达成协议的,公证人员在征得各方当事人同意后,用书面形式记载调解过程中双方没有争议的事实,并由当事人签字确认后移交法院。受法院委托,公证人员参与相关事实调查取证、送达、公证保全等工作,对强制执行案件申请人的立案材料、合法收集并提供执行财产线索进行指导。通过公证参与司法辅助事务,创新"第一道防线"与"最后一道防线"的互联互通工作模式。

(马　玥)

【未成年人保护系统工程】　年内,区法院建立"相伴青春法官工作室",借助三项特色工作机制打造未成年人保护系统工程。"一站一室一基地"成立后,依托"青春护航基地"帮助15名罪错未成年人复学、工作,防范涉罪未成年人的再犯趋势;依托"相伴青春观护站"对20余起矛盾突出的抚养、探望类案件开展社会观护工作,服判息诉率高达90%;依托"相伴青春法官工作室"成功解决校园欺凌事件,与学校联动、帮助未成年罪犯复归学校。

(马　玥)

【创新"智护石景山"工作机制】　年内,区法院与北京赛智知识产权调解中心、区知识产权局、中关村石景山园区管委会签订三方协议,率先在全市创立司法调解、行政调解、专业机构调解三位一体的知识产权多元化调解格局。针对涉诉较多、案情复杂或涵盖著作权、商标权、不正当竞争等多个案由的驻区高新技术企业,分三步提供"定制化"的司法服务,即实地走访调研摸清司法需求,开展专题座谈和普法授课,以书面建议形式反馈意见。连续八年第九次赴科技园区通报知产工作情况,与区知识产权局等行政机关联动开展普法活动,服务进社区、进企业,组织典型案件公开庭审。

(马　玥)

【丰富迁安巡回审判内涵】　年内,区法院在河北迁安矿区举行"一点三线三融合"跨省异地审判模式新闻通报会,通报迁安巡回审判经验,并发布展现巡回审判故事的宣传册《车轮上的正义》。在迁安矿区开通远程立案,并设立"多元调解工作站",《北京市石景山区人民法院迁安巡回法庭多元调解

11月16日,区法院在迁安开展巡回审判工作主题宣传活动　(区法院供稿)

工作站管理办法》同步正式实施，工作站集诉讼服务、立案登记、诉调对接等多项功能为一体，形成巡回法庭、人民调解与矿区街委的长效对接机制。

（马 玥）

【搭建代表、委员“多元驿站”】 年内，区法院搭建代表委员活动驿站，扩大代表、委员参与法院活动的范围，从审判执行领域延展到党建共建、文化建设、队伍培养等方面，深化代表、委员对法院工作的了解；搭建代表、委员联络驿站，邀请代表、委员255人次参加法院开放日、新闻发布会、旁听案件审理；搭建代表、委员意见办理驿站，建立“1+2+3”全覆盖式层级督办工作机制（即“一把手”统一领导，两名院领导分工负责，每件建议、提案的答复需经过承办庭室、主管院长和院长三级审核），坚持向人大代表每周推送工作动态、每月寄送普法杂志、每季专邮工作报告，通过党组成员上门走访、电话联络、发放征求意见函、召开座谈会等形式征求意见建议24条并全部办结。

（马 玥）

司法行政

【概况】 北京市石景山区司法局（简称区司法局）是区政府负责司法行政工作的职能部门，业务上受市司法局指导。设办公室、政工科（主体责任办）、法制科、基层工作科、法制宣传科、公证律师工作管理科、社区矫正和帮教安置工作科7个科室和1个社区矫正管理支队，同时承担着区法治宣传教育和依法治区领导小组办公室、区综治委特殊人群专项组办公室、区综治委社会矛盾多元调解专项组办公室的日常工作。区司法局行政人员编制59人。在全区8个街道和鲁谷社区、集体经济办公室分设10个司法所。设1个参照公务员法管理事业单位（区法律援助中心），1个全额拨款事业单位（区阳光中途之家），1个自收自支事业单位（北京市燕京公证处）。年内，区司法局获年度北京市法治文艺作品剧本创作“优秀组织奖”、北京市区机关档案工作测评市级优秀单位，北京市基层司法行政绩效考核优秀单位；公证律师工作管理科与古城司法所被评为2015－2017年度北京市司法行政系统先进集体。八角街道、古城街道2个街级人民调解委员会与老山街道东里南社区等3个社区人民调解委员会获北京市人民调解工作先进集体称号，5名同志获得北京市人民调解工作先进个人称号。十九大维稳安保工作成绩突出，区司法局立北京市司法行政系统十九大维稳安保工作先进集体三等功，基层工作科等3个部门被表彰为十九大维稳安保工作先进集体，15名同志分别被评选为二等功、三等功与先进个人。公众对石景山区法治宣传工作及效果的满意度评分为90.3分，高于全市平均水平，位居城六区首位。

（高红伟）

6月10日，司法行政开放日为居民介绍司法行政工作职能　（区司法局供稿）

【农民工法律援助专项宣传】 1月6日，区法律援助中心以“维护你的权益 法律援助在行动”为主题，整合线上线下资源，开展农民工法律援助专项宣传。设立社区农民工法律援助站点，指定专人提供法律服务，拓宽农民工法律援助渠道。同时，派法援律师在区仲裁委、区法院值班，为农民工提供法律咨询服务，引导符合法律援助条件的农民工到法律援助中心申请援助。利用“互联网＋法律援助”，提升法律援助在广大农民工朋友中的知晓率，通过石景山普法微信公众号建立农民工法律援助专项宣传平台，以微发布的形式宣传涉及农民工讨薪的法律案例、农民工劳动争议法律小贴士等，从宣传形式和内容上贴近农民工讨薪需求。

（王瑞雪）

【法治宣传教育和依法治区】 5月24日，区司法局联合区检察院、团区委、区教委等单位在石景山区游乐园开展“关注儿童保护，净化成长环境”六一倡议、签名活动。12月4日，石景山区举办“贯彻十九大精神 维护宪法权威”12·4国家宪法日法治文艺汇演。本次文艺演出结合网络直播，36566名网络观众通过在线直播平台与500余名现场观众一同观看演出、进行互动。年内，区司法局与区公安分局联合举办防范电信网络诈骗专项法治宣传活动，组织律师“以案释法”讲课98次，近万人次参与。连续14年联合物美集团开展“物美杯”青少年维权知识竞赛，累计5万余名中学生接受消费维权知识培训。开展“法律十进‘七五’行”活动，重点实施“法律进楼宇”活动，12家律师事务所结对区内37幢商务楼宇，共提供法律咨询服务100次以上，举办讲座102次，草拟超过100份法律文件。2017年公众对石景山区法治宣传工作及效果的满意度评分为90.3分，高于全市平均水平，位居“城六区”首位。

（高红伟）

【司法行政开放日】 6月10日，区司法局以八角文化广场为主会场，举办“司法行政在身边——石景山区第七届司法行政开放日”活动。活动采用线上与线下相结合的方式，实现媒体、人群广覆盖，群众利用网络、电视以及现场参与等途径了解司法行政工作。线上利用区法治宣传教育网、区司法局网站以及微博、微信等新媒体平台，投放微场景广告，设置网络开放空间，综合展示司法行政主要职能，以司法行政职能和常用法律知识为主要内容，组织网络有奖竞答，引导群众参与活动；线下以八角文化广场为主会场，设置展板、咨询台、现场知识答题等活动，同时，区法律援助中心、燕京公证处及9个街道司法所设立分会场。开放日期间累计发放各类宣传材料5000余份、摆放宣传展板80余块，提供法律咨询服务600余人次，参与群众2500余人，收集调查问卷200余份，发放致市民告知书1000余份，关注石景山普法微信公众号500余人次。

（高红伟）

【“疏解整治促提升”服务团入驻八角】 6月20日，区司法局、八角街道联合成立“疏解整治促提升”法律服务团、人民调解服务团入驻“酒吧街”拆违指挥部，亢军参加成立仪式。服务团根据需求提供法律咨询、风险评估、法律文书起草、群体性纠纷调解等全方位的法律服务，引导群众依法理性表达诉求。服务期间共接待法律咨询85件125人次，促成现经营户与上一承包人自愿达成和解协议9份、调解协议3份。该项工作获市司法局服务保障“疏解整治促提升”优秀项目。

（高红伟）

【成立首支老街坊“暖情”调解队】 9月30日，区司法局与五里坨街道办事处联合成立全市首家以“根植老街坊、动员老街坊、服务老街坊”为宗旨的老街坊“暖情”调解队。调解队队员23人，是区司法局、五里坨街道与社会公益组织“暖心”工作室共同组织筹划的、由政府购买社会组织服务的调解队伍，是政府部门和社会公益组织相结合化解疑难矛盾纠纷的有益尝试。“暖情”调解队与辖区各社区调解委员会形成合力，选聘具备专业法律知识、心理干预知识、丰富的人民调解能力的专业公益人员，加强基层人民调解力量，为社区居民排忧解难、普及法律知识，用法律说理、暖心调解的工作理念发挥人民调解的力量。

（高红伟）

【司法行政改革创新】 年内，落实司法鉴定分级管理改革部署，明确分管领导、主管科室，对接区内2家司法鉴定机构。完成区律师协会“两个中心”（维护律师执业权利中心、投诉受理查处中心）建设，有序推进“两公”律师（公职律师公司律师）设立工作；面向社会招募505名人民调解志愿者，补充人民调解队伍。推进认罪认罚从宽制度和刑事案件律师辩护全覆盖试点工作，在区人民法院、公安分局执法办案管理中心、看守所设立法援工作站，与区公检法机关联合出台《石景山区关于开展刑事案件认罪认罚从宽制度试点工作实施意见（试行）》，成立法律帮助律师团，确定工作对接机制和管理联络员，全年办理认罪认罚案件34件。

（高红伟）

【公共法律服务体系建设】 年内，区司法局制定《石景山区公共法律服务体系及实体平台建设方案》，提出区级中心选址方案。推进公共法律服务体系向基层延伸，在全区建成第一批13个社区法律援助示范联系点，组织中标的12家律师事务所与全区151个社区重新签订法律顾问合同，一村一居一法律顾问网络逐步健全。2017年，社区法律顾问共提供法律咨询服务8556人次，举办法制讲座98次，发放法律宣传资料86109份，代写法律文书54份，参与纠纷调解120次，对调解员等人培训118人次，提供法律援助案件116件，帮助修订完善村规民约4件，为村居提供法律意见和建议78条。

（高红伟）

【人民调解】 年内，区司法局围绕区重点中心工作，选派经验丰富的调解员参与诉前调解、信访事项接待等工作。与区法院开展诉调对接，对涉及医疗争议的案件，引导当事人选择医疗纠纷人民调解委员会先行调解。全年调处矛盾纠纷3622件，成功化解3387件，达成书面协议1400件，涉及当事人16758人，涉案金额7920余万元。

（刘　佳）

【社区矫正和帮教安置】 年初，区司法局召开区综治委特殊人群专项组工作会议，通报工作情况，就信息报送、情况通报、个案会商、重点敏感期间排查稳控等工作进行部署，促进公、检、法、司、监所等部门的协作配合。开展社区矫正执法督察工作，规范社区矫正执法。落实走访、谈话等措施，掌握“两类”人员思想动态、行为轨迹和对外交往情况。利用电子监管设备，推进罪犯视频会见工作，落实社区服刑人员分类分阶段集中教育，强化“两类”人员帮教与衔接、就业与社会保障措施，妥善解决“特殊老病残”刑满释放人员的重点、难点问题。全年社区矫正、刑满释放累计管理近千人，总体稳定，没有发生严重违法违纪问题。

（王　婧）

【律师行业管理】 全区律师事务所39家，律师237人，年内，区司法局完成各类律师行政许可和备案事项74件。严把律师队伍“入口关”，严格律师行业监督管理，年内共实施许可约谈14次，对全区37家律师事务所、202名律师实施年度考核。加强律师行业执法检查，按程序办理律师投诉事项，年内开展律师行业执法检查228次。加强律师协会建设，指导律师协会成立维权中心和投诉中心。

（高红伟）

【公证工作】 年内，区司法局落实公证质量定期检查，及时检查整改存在的问题。拓展公证业务领域，扩大服务范围和服务对象。组织公证人员服务区重点项目建设，参与区查处违法建设指挥部、有关街道办事处和法院等部门组织的京源粮油市场、衙门口纸库等拆除违法建设行动。全年办理公证13762件,其中国内民事6382件,涉外民事7380件,同比增长5%,为70岁以上老年人免费办理遗嘱公证84件。

(高红伟)

【法律援助】 年内,在全区创建13个"社区法律援助示范联系点",确保联系点在宣传、引导等方面发挥有效作用。落实开展刑事案件认罪认罚从宽制度试点工作和刑事案件律师辩护全覆盖试点工作,在区法院、区公安分局执法办案管理中心设立法律援助工作站,推进工作站规范化建设。组建刑事案件法律帮助值班律师团,为维护犯罪嫌疑人、刑事被告人合法权益提供专业保障。开展两次法律援助案件质量同行评估工作,规范办案规程,加强法律援助案件办理质量监管。开展法律援助案件质量回访,提升法律援助工作水平。组织开展针对农民工、妇女、残疾人、老年人的法律援助专项维权活动。全年共办理法律援助案件260件,其中民事139件,刑事121件,接待来电来访咨询7655人次,收到群众赠送锦旗5面。

(王瑞雪)

【服务"疏解整治促提升"】 年内,区司法局把服务保障"疏解整治促提升"专项行动列为年度中心工作。在"酒吧街"、金都园林、衙门口棚改等重点项目拆违中,全部落实一个项目一个领导一套班子两个队伍;开展"四航"(引航、护航、守航、助航)行动,开展专项矛盾纠纷排查,成功化解110多件,出动公证人员52次100余人次,律师代理疏解相关案件45件,参与指导协调304次,为依法治理全区547个"大杂院"提供法律服务和法治保障。在北京最大棚改项目北辛安棚户区征收改造中,以项目所在地区的古城司法所为主体,抽调4名司法助理和人民调解员,协调1家律所、6名律师常驻棚改指挥部提供全程法律服务,项目签约率达到97.57%。

(高红伟)

石景山区政法部门负责人

北京市公安局石景山分局局长　亢　军
政委　龚嘉明
检察院党组书记　王春风
检察长　王春风
法院党组书记　高　虹(女)
院　长　高　虹(女)
司法局党组书记　邢俊毅(8月免)
　　高维华(8月任)
局　长　郭景明(3月免)
　　高维华(3月任)

军　事

人民武装

【概况】 中国人民解放军北京市石景山区人民武装部(简称区武装部)受北京卫戍区和中共石景山区委、区政府双重领导,主管全区军事工作,行使区委军事指挥机关和区政府兵役机关职能。年内,围绕卫戍区党委扩大会议的部署安排,以服从和服务于深化改革为主线,坚持政治建军、改革强军、依法治军,贯彻当兵打仗、练兵打仗、军民融合重大战略思想,按照"举旗铸魂、聚焦打赢、依法治理、强基固本、创新推动、坚强核心"的工作思路,抓建设谋发展。

(何竹青　王文俊)

【双拥共建】 春节、"八一"开展双拥月,区四套班子领导和中部战区、陆军首长举行高层军政座谈会,共同筹划新形势下双拥工作。军地领导共同走访慰问军烈属16户。区四套班子领导分别走访驻区16家基层部队。改善部队周边基础设施建设,投入约4945万元。为驻区部队300名官兵开展专业技能培训。以纪念建军90周年为契机,组织"八个一"双拥活动。

(何竹青　王文俊)

【民兵组织整顿】 2—4月,区武装部针对区域经济转型,新兴企业增多的实际,拓宽民兵编组范围,优化组织结构,提高科技含量,尝试在高新技术和民营企业建立民兵组织,提高民兵编组质量。按照"建在身边、抓在手中、用在关键"的目标要求,扎实抓好常备应急力量建设。通过整组落实编制,配齐配强民兵干部,实现各类专业技术分队的结构合理布局。

(何竹青　王文俊)

【党管武装工作】 5月15日,召开区党管武装工作会议。大会总结上年度民兵工作,部署本年度工作,并对上年度民兵工作先进单位和先进个人进行表彰。区领导和各街道工委书记、主任、驻区企业和院校主管领导、有关委办局、区国防动员委员会办公室成员、全体专武干部和民兵干部代表约120余人参加。8月3日,邀请国防大学教授为区处两级干部进行国防形势授课辅导,增强石景山区干部的支持国防建设、支持部队改革意识。

(何竹青　王文俊)

【国防教育宣传】 5月,结合征兵宣传周活动,开展国防教育进校园、进企业、进社区等系列活动,在全社会形成关心、支持国防建设的浓厚氛围。年内,区武装部开展国防教育,采取宣挂横幅、设立宣传站、播放宣传片等多种形式,在区属的主要街道和社区进行集中宣传,在各街道辖区中小学开展以"读书演讲、国防知识竞赛"为主要内容的国防教育进校园活动。

(何竹青　王文俊)

【完成征兵任务】 5—9月,区武装部认真组织征兵工作宣传,积极进行兵役登记,精心组织应征青年体检和政治审查,严把征兵质量关。在兵员征集上,坚持以提高新兵质量为标准,扎实抓好各项工作落实。圆满完成征集任务。

(何竹青　王文俊)

【军队改革】 11月,区武装部按照党中央、中央军委统一部署,正式落实新的编制体制。在新的编制体制下,区人民武装部编制更加科学、运行更加高效、职能更加明确。

(何竹青　王文俊)

【民兵政治教育】 年内,区武装部结合民兵整组、集训等时机,在民兵队伍中开展"改革强军"教育,坚定广大民兵的理想信念,铸牢军魂意识。利用民兵整组、民兵应急分队训练期间,在参训民兵中开展思想政治教育及形势任务专题教育,强化民兵爱国奉献精神和参训热情。同时,以青年民兵之家为载体,指导基层民兵营连开展各种形式的教育活动,利用《中国民兵》《华北民兵》《国防教育》等杂志进行刊授教育,打牢民兵政治合格的基础,提升民兵队伍遂行多样化军事任务的能力。

(何竹青　王文俊)

人民防空

【概况】 北京市石景山区民防局(简称区民防局)是区国防动员委员会常设办事机构,也是区政府人民防空工作主管部门。内设办公室、指挥通信科(应急管理科)、工程建设管理科、法制宣传教育科,下属事业单位2个,即区防空防灾指挥中心、区人防工程管理中心。负责全区民防指挥通信建设与管理、人防工程建设管理与开发利用、防空防灾知识宣传教育、人防专业队伍建设、民防志愿者队伍建设;承担区政府赋予的应急指挥保障、公用人防工程安全管理等任务。年内,全面落实"长期准备,重点建设,平战结合"的方针,认真履行"战时防空、平时服

8月31日,石景山区高中学生接受军训　(区武装部供稿)

务、应急支援”职能使命,民防指挥通信、人防工程建设管理、公共安全宣传教育等体系建设取得新成绩。办理新建人防工程竣工验收备案10件,建筑面积73385万平方米。办理人防工程使用行政许可41件,人防工程使用证延期许可34件。关闭12处散租住人工程,面积11573平方米,清退居住人员672人。完成22处人防工程设备设施的维护维修工作,建筑面积3.6万平方米。

(崔建国)

【指挥中心建设】 年内,区民防局完成防空防灾指挥中心指挥自动化信息系统升级改造,做好各项设备设施预检预修和维护工作,确保各项设备设施正常运转。参加市民防局组织的京津冀跨区支援演练,完成元旦、除夕、正月十五、两会、清明、五一、端午、一带一路、国庆中秋、十九大等重点时段的应急保障工作,参加市应急办紧急拉动2次,与区应急办联调5次,与市局音视频联调及视频会议20次。

(崔建国)

【应急演练】 2月26日、3月26日、4月15日和6月24日,区民防局共组织四期驻区志愿者队伍培训演练,蓝天、浩天、绿舟、中安等5支驻区救援队260余人参加,提高石景山区应急志愿者队伍整体素质,有效推进民防志愿服务工作健康发展。

(崔建国)

【防空袭方案修订】 3—6月,区民防局贯彻“统一领导、分级负责、属地为主、军地联动、积极防护、快速反应、专业处置”的原则,在石景山区防空袭方案全面修订完成的基础上,补充完善石景山区2017年民防系统突发事件总体应急预案,制定完成人防工程事故、人防工程防汛、突发事件应急通信保障等应急预案。6月30日,完成各街道(鲁谷社区)人民防空袭方案的修订工作。

(崔建国)

【人防工程防汛】 4月18日和6月1日,石景山区召开两次人防工程防汛工作会议,与各街道(鲁谷社区)、工程管理单位、留守人员签订防汛工作责任书70份。重新修订完善《石景山区人防工程防汛应急预案》,对成员单位领导及联络员进行重新审定。组建3支防汛应急抢险队,配备防汛麻袋、雨伞、雨鞋、强光手电等防汛物资,24小时电话保持畅通。购置6000余袋防汛沙袋物资,提前码放在160处人防工程口部,做好应对汛期极端天气的物资保障。落实防汛800兆手台的呼叫和管理工作,实行专人负责制,提高应急抢险反应处置能力。与区防汛办、区气象局建立雨情沟通制度,利用短信群发系统为工程使用单位和小区物业发布雨前预警信息400余条。加强防汛值班制度,接到雨情预警后由科级以上干部值班、处级领导带班、应急抢险人员在岗在位,确保应急处置迅速启动。汛期无人防工程倒灌、坍塌等安全事故,实现安全渡汛。

(崔建国)

【设施维护管理】 4—10月,区民防局落实防空警报设施社会化管理和高点监控升级改造信息化建设,明确设施维护的主体责任,建立“石景山警报”微信群,与各设点单位签订警报设施维护管理责任书。5月9—10日,组织全区警报维护管理人员业务培训,各街道(鲁谷社区)民防干部和警报设点单位的维护管理人员60人参加。通过培训,参训人员法律意识、业务素质得到提高,日常监督检查不断加强。6月,完成全区警报报知系统加电测试工作,确保全区警报设施完好率达到100%,音响覆盖率99%以上。对全区防空警报器进行检测和维护保养,更新3台电动警报器,对7台电声警报器28块蓄电池进行更换。全区防空警报均处于良好的战备状态。

(崔建国)

【公共安全教育】 5月12日,区民防局组织“防灾减灾日”公共安全进社区活动。区应急办、区地震局、八角街道、区红会、区防汛办、区节水办、区消防支队及蓝天救援队和浩天救援队共计80余人参加。活动现场演示防灾减灾器材,进行应急抢救包扎等科目训练,发放防灾减灾书籍和材料,提升参训人员和群众的自救呼救能力。5月23日,为区初任科级干部培训班进行应急救援知识培训课程讲座,60余名机关干部参加学习演练。7月,组织全区80名公共安全课教师进行公共安全知识技能培训;10月,对149个社区300名志愿者进行公共安全应急救援知识和民防相关知识培训。

(崔建国)

【防空警报试鸣】 9月16日,按照全市统一要求,区民防局精心部署、全面宣传、严密管控,完成五环外38台防空警报器试鸣、社区人员疏散掩蔽演练任务,警报鸣响率100%,音响覆盖率100%。由于宣传到位、措施得力,警报试鸣期间社区居民未发生恐慌心理,确保警报试鸣期间居民工作、生活井然有序。

(崔建国)

【人防开发利用】 年内,区民防局落实《石景山区人防工程使用规划》,加快人防工程开发利用发展方式的转变。新开发利用人防车库6处,建筑面积86267平方米,新增停车位2465个,缓解居民停车难问题。

(崔建国)

防震减灾

【概况】 北京市石景山区地震局(简称区地震局)是区政府地震工作主管部门,内设综合科、监测预报科。负责地震监测预报、宣传教育、应急准备等工作。年内,开展地震应急预案体系建设、地震安全示范单位建设、防震减灾宣传教育、震情跟踪保障、应急避难场所建设等工作。年内,创建2个地震安全示范单位建设,完善示范单位申报工作,1个地震安全示范社区被认定为国家级示范社区,组织形式多样的防震减灾科普宣传活动,强化震情监视跟踪工作,完成2处地震应急避难场所区级认定工作。严格执行月震情会商会和周震情监视例会,全年共组织会商61次。参与市地震局组织的年中和全年地震趋势跟踪会商,编写地震趋势报告。做好前兆数据资料的收集、处理、上报工作,确保按时、按质、按量传送地震观测资料,全年无错报漏报情况。

（乔　怡）

【防震减灾宣传教育】　“5·12”全国防灾减灾日和“7·28”唐山大地震纪念日期间，区地震局联合多个部门，开展丰富多彩的科普宣传活动。5月8日，在古城第二小学开展地震现场避险逃生主题班会活动，活动以现场授课与实时转播相结合，教学与演练相结合。5月9日，在金顶街街道金四区社区开展社区地震应急志愿者培训及包扎救护演练。5月11日，在石景山区东方龙人国际幼儿园采用动画互动游戏模式，开展“首都防震减灾科普大讲堂”活动。5月12日，在八角文化广场与相关单位共同举办2017年石景山区防灾减灾日主题宣教活动。7月13日，在八角街道与相关单位共同举办残疾人防震减灾科普知识讲座。全年发放宣传材料5000余份，各类防震减灾宣传教育活动受众人数达万余人。

（乔　怡）

【地震应急预案体系】　6月14日，区地震局修订石景山区地震应急预案，经第15次区长办公会审议后正式发文，通过政府内网进行公示。推进地区应急预案三级体系建设，召开工作部署会，在全区9个街道（鲁谷社区）和9个试点社区开展预案修订工作。截至年底，石景山区形成“区级－街道－社区”地震应急预案三级体系。

（乔　怡）

【安全示范单位建设】　年内，新建金顶街街道金四区社区为区级地震安全示范社区，新建古城第二小学为区级防震减灾示范学校，鲁谷社区行政事务管理中心重兴园社区被中国地震局认定为国家级地震安全示范社区。

（乔　怡）

【监测台站建设管理】　年内，区地震局坚持定期对监测台站进行巡查，做到有问题早发现、早处理，在重大活动、节假日期间增加检查次数，局领导带队对区属监测台站及市属强震台站进行全面检查，及时解决仪器异常等问题，保证观测数据的连续性和可靠性。做好观测员日常和节假日，特别是特殊时段的安全教育，提高观测员的防震意识和业务素质。全年开展监测台站行政执法检查22次。

（曹　冰）

【应急避难场所认定】　年内，区地震局按照年度防震减灾工作任务计划，开展地震应急避难场所认定工作。会同区体育局、公园管理中心、八角街道办事处、古城公园管理处等相关单位，对石景山体育场和古城公园进行现场勘查，研究地震应急避难场所认定工作。按照“平灾结合”的原则，以不破坏场地现状为目标，在最大限度发挥现有基础设施的基础上制定方案。实施过程中多次召开工作推进会，协调解决各种问题，把控实施进度，保障工作按计划稳步推进。完成石景山体育场（Ⅱ类）和古城公园（Ⅲ类）地震应急避难场所区级认定工作。

（曹　冰）

综合经济管理

经济社会发展与经济调控

【概况】 北京市石景山区发展和改革委员会(简称区发改委)是负责拟定全区国民经济和社会发展战略、规划、计划,指导重大项目建设,平衡人口资源环境,行使价格管理监督检查职能,推进区域协同发展和可持续发展的区政府部门。年内,区发改委坚持稳中求进工作总基调,牢固树立和贯彻落实新发展理念,按照“一二六”发展思路,全力打造“六个先行区”,疏功能、控人口、稳增长、调结构、抓项目、育产业、促协同、惠民生,助推石景山区在全市率先实现“基本无违法建设城区”,经济运行稳中向好,社会形势总体稳定,为建设国家级绿色转型发展示范区做出努力。全年实现地区生产总值534亿元,同比增长7.2%;第三产业增加值375.8亿元,同比增长9.2%,比重70.4%;全社会固定资产投资完成271亿元,同比增长20.1%;居民人均可支配收入66112元,同比增长8.4%;常住人口规模61.2万人,降幅3.47%;万元地区生产总值能耗降幅7.95%。

(任 莹)

【落实新版北京城市总规】 7月11日,市政府印发《关于贯彻落实习近平总书记听取北京城市总体规划工作汇报时重要指示精神任务清单的分工方案》,区发改委立即组织学习,启动《石景山区贯彻落实习近平总书记听取北京城市总体规划工作汇报时重要指示精神的工作实施方案》(以下简称《方案》)编制工作,在广泛吸纳各方意见建议基础上,经过5次内容调整形成《方案》终稿。9月初,《方案》以区政府办名义下发,成为贯彻落实总规指示精神的重要抓手。

(周静雯)

【疏解整治促提升专项行动】 年内,完成疏解整治促提升各项任务,成功创建“基本无违法建设城区”。通过专项行动影响人口19.5万人,常住人口规模下降至61.2万人,比2016年底减少2.2万人,下降率3.47%,居城六区首位,超额完成全年人口调控目标。

(金亚松)

【新首钢高端产业服务区新突破】 年内,区政府与首钢总公司贯彻落实新首钢高端产业综合服务区发展建设领导小组第四次会议精神,加快新首钢产业综合服务区发展建设。冬奥相关项目进展顺利,西十冬奥广场项目基本完工,国家体育总局冬训中心及其配套设施、首钢冬奥广场(氧气厂改造)等项目前期工作启动;完善园区内配套道路,晾水池东路具备通车条件,秀池西路和秀池南街基本完工;首钢地区疏整治促提升工作成效显著,区属范围内首钢挂账的“两违”(即:违法与违规)及低端产业聚集人群大院113处治理完毕,首钢承担的棚户区改造、重点区域整治提升、商品交易市场调整提升、无证无照经营整治和地下空间清理整治等5项任务完成治理,2项一般性制造业彻底退出石景山。

(郭志文)

【高标准建设“六个一批”】 年内,区发改委出台《石景山区违法建设拆除后腾退土地再利用工作方案》,明确拆违土地利用方向和管控方式,以两本台账(违法建设拆除点位和大杂院点位)为基础,初步提出681个点位(252.8万平方米)再利用计划。推动“六个一批”(即:一批便民服务设施建设;一批公共绿地建设;一批棚改及土地开发项目建设;一批基础设施建设;一批文化振兴项目建设;一批停车设施建设)建设,明确总体建设目标和三年行动计划,加大宣传力度,制作“六个一批”规划图和电子沙盘,呈现“六个一批”建设蓝图。通过《北京日报》《石景山报》等媒体,专版宣传腾退土地再利用工作成果,图文并茂向公众呈现“六个一批”未来三年建设计划,引起社会各界广泛关注。

(周 莉)

【推动服务业高端发展】 年内,区发改委全面总结国家服务业综合改革试点以来的工作和经验做法,主动对接市发改委、市委研究室及区内相关部门,广泛宣传石景山区试点改革经验,《中国经济导报》《北京日报》《经济日报》以及人民网、京华网、北京电视台、市委研究室《工作研究》(特刊)、国家发改委网站等多家媒体和杂志报道、刊发、转载石景山区典型经验。申请在工业用地、集体土地后续开发利用等政策上进行先行先试,为区域产业高端绿色发展释放更大空间。进一步推进“一库三平台”(一库:基础数据库。三平台:数据信息共享平台、查询分析平台、信息发布平台)应用,创新服务业统计监测,强化服务业运行监测分析,为石景山区服务业高端发展提供科学决策支撑。

(周 莉)

【项目建设成绩单】 年内,区发改委完成首钢世界侨商创新中心一期项目、首钢二型材旧厂房改造一期工程项目等2个项目的初审;完成中关村科技园区石景山园北Ⅰ区1605-650地块B23研发设计用地建设项目核准批复;完成13个项目的备案。全年向市发改委争取资金项目5项,金额2808.75万元,其中3个实验室项目争取资金约1572万元;两批商业便民服务设施项目争取资金1236.75万元。按照国家发改委要求,组织中铁建、易华录申报(第24批)国家认定企业技术中心,完成银联金卡等3家企业下年服务业发展引导资金申报工作。

(周 莉)

【产业禁限目录执行成效】 年内,区发改委与区工商分局对接沟通,做到产业准入和工商登记有效衔接。全区新设市场主体3819户,同比下降26.22%;呈现持续下降态势,其中内资非私营企业429户,同比下降31.14%;外资企业45户,同比增长36.36%;私营企业3034户,同比下降22.34%;个体工商户311户,同比下降49.27%。金融业,信息传输、软件和信息技术服务业,科学研究和技术服务业,文化、体育和娱乐业新设企业1709户,占全区新设企业总量48.72%。全年没有制造类企业设立。全区共接待禁限目录方面的咨询481次,不予受理涉及禁限目录的名称登记104户,不予受理涉及禁限目录经营范围变更登记215户。批发和零售业全年疏解一般制造业9家，疏解提升商品交易市场11家。

（周 莉）

【重点建设项目立项】 年内，区发改委完成衙门口棚户区改造土地开发、北京保险产业园1605－639和649地块、北京保险产业园1605－637和641地块、玉泉西一路X－18160地块R2二类居住用地、首钢东南区土地一级开发等重点建设项目立项。

（郭 茜）

【争取资金2.1亿元】 年内，区发改委为石景山区文化中心、永引渠南路项目征地拆迁资金补助、商业便民服务设施等15个项目累计争取市发改委政府投资计划批复资金2.1亿元。

（郭 茜）

【固定资产投资】 年内，石景山区重点建设项目有序推进，全社会固定资产投资实现稳步增长。全区累计完成固定资产投资271亿元，同比增长20.1%，超额完成全年260亿元的投资任务，增速城六区排名第一，全市排名第二。

（郭 茜）

【便民工程管理】 年内，石景山区实施便民工程142项，总投资约1.52亿元，其中街道实施便民工程133项，总投资约6995万元；部门实施便民工程9项，总投资8221万元。

（王 湛）

【社会项目管理】 年内，区发改委完成区消防支队衙门口消防站、八大处消防站2项目决算审批，分别争取到548.29万元和505.56万元；完成体育生活化社区建设二期工程立项代可研审批，为项目争取到2140万元，实现全区全覆盖目标；完成实验中学综合楼初设概算审批，获得500万元市级资金支持；完成区文化中心项目，申请市级资金4500万元相关工作。

（况旖旎）

【冰雪体育行动计划编制】 年内，区发改委联合区体育局启动《石景山区服务保障冬奥会加快冰雪体育发展行动计划（2017－2022）》（以下简称《行动计划》）编制工作，经过调查研讨、框架设计、形成初稿、征求意见、修改完善等多个阶段，历经六轮修改完成。3月9日，《行动计划》通过区委常委会审议。

（周静雯）

【节能减碳指标超额完成】 年内，石景山区推进节能降耗及应对气候变化工作。北京市下达石景山区能源消费总量控制目标130.5万吨标准煤，石景山区能源消费总量126.21万吨标准煤，同比下降1.31%；北京市下达石景山区万元GDP能耗降低率3.6%，石景山区实际万元GDP能耗降低率7.95%；北京市下达石景山区碳排放总量控制目标291万吨，估算石景山区碳排放总量超额完成排碳任务；北京市下达石景山区万元GDP碳排放降低率4.1%，估算石景山区万元GDP碳排放降低率达到8.45%。石景山区继续保持能源消费与二氧化碳排放总量及强度"双控双降"发展格局。

（刁 彬）

【保障重点项目建设】 年内，区发改委以节能审查工作为抓手，按照"增量高端"工作要求，严格做好节能审查工作。主管区领导统筹调度，妥善解决特钢16号地等项目节能审批中的难点问题，保障区内重点项目建设。全年完成石景山区北辛安棚户区改造项目等8个项目节能专篇评审工作，涉及总能耗7.32万吨标准煤（是上年涉及总能耗量的5.2倍），总面积330万平方米。其中按照绿色建筑三星级标准审批项目5个，建筑面积66万平方米；按照绿色建筑二星级标准审批项目3个，建筑面积264万平方米。

（刁 彬）

【完成节能目标考核】 年内，区发改委集中精力做好考核迎检准备工作，按照北京市考核方案制定《石景山区2016年度节能目标评价考核工作任务分解方案》，组织相关委办局对照任务分解方案，准备相关证明材料。编制400余页的《石景山区2016年度节能减碳目标责任评价考评自查报告》。节能目标考核结果为"良好"等级，考核分值排在全市第五位。

（刁 彬）

【节能执法与管理】 年内，区发改委尝试开展首次独立节能执法。12月，首次以区发改委名义，对巴威公司开展能源负责人备案专项执法，为节能执法工作积累经验。继续加强重点用能单位管理。组织重点用能单位和重点排放单位参加碳排放履约与循环经济和重点用能单位能源管理工作培训会；督促所有重点排放单位按时提交报告、按时履约；完成4家单位清洁生产审核登记；完成5家重点用能单位能源利用报告和6家重点用能单位能源管理负责人备案审核。

（刁 彬）

【新能源和可再生能源】 年内，区发改委通过节能评审、政策宣传等手段推动石景山区光伏发电和地源热泵等新能源发展。完成铁路职工疗养院开展屋顶分布式光伏备案及北京市分布式光伏发电奖励资金申报工作。完成石景山区首个热泵项目资金申请工作，争取市级补贴资金421万元。全年增加地源热泵使用面积3万平方米，光伏发电新增装机容量35KW，推广光热应用面积25万平方米。

（刁 彬）

【充电基础设施建设】 年内，区发改委组织召开充电基础设施建设协调会3次，协调充电桩建设中的难点问题。推进充电桩运营企业与有安装需求的单位对接，加快推进石景山区电动汽车充电基础设施建设。完成加快石景山区充电基础设施建设调研课题。全年完成首钢篮球中心、古城电影院等394个非国网公共充电桩备案，充换电站3个。

（刁 彬）

【能源类项目审批服务】 全年，涉及项目审批核准备案22项，包括项目审批3个，核准项目9个，备案项目9个，前期工作函1个。在做好争取资金工作的同时，发改委协助稽查科对争取资金项目进行稽查，保障资金使用安全。

（刁 彬）

【政府集中采购】 全年，区发改委完成政府采购项目2570项，实施采购金额3.06亿元。其中协议采购2401项，实施金额1.31亿元，项目采购实施金额1.75亿元,节约财政资金600万元,资金节约率3.5%。完成专家库网络终端抽取专家服务415项。

(宋　琦)

经济和信息化

【概况】 石景山区经济和信息化委员会(简称区经信委)是负责全区指导工业、软件和信息服务业发展,统筹协调信息化工作,促进中小企业发展的政府工作部门,同时,履行区信息化工作领导小组办公室、通信保障和信息安全应急指挥部办公室的职能。年内,区经信委按照"稳增长调结构增效益"的工作要求,加强经济运行监测和跟踪分析,优化产业结构和空间布局;协调推进信息化与全区各领域的深度融合,加快推动政务数据资源汇聚共享协同应用;持续整合优势资源,深化"石景山服务"品牌建设。在经济运行方面,推进一般制造业疏解和"散乱污"企业治理,强力推进大气污染防治。在智慧建设方面,建立"区级大数据管理服务平台",建设"三网融合"的网格化城市服务管理平台,党政机关协同办公系统上线运行,网络安全保障和信息基础设施建设水平稳步提升。在打造"石景山服务"品牌过程中,搭建集产业促进、政策兑现、服务评价等功能为一体的"石景山综合服务应用平台",强化市场监管,启动"区级信用信息综合服务平台",加快完善社会信用体系建设。

(刘达伟)

【电信基础设施建设模式创新】 7月24日,区政府与北京铁塔公司签订战略合作协议。区政府支持铁塔公司发展,提供政策支持、行业指导,推动铁塔资源服务城市发展,服务百姓民生;铁塔公司在政府主导下,发挥公司在区域整体规划、基站共建共享、绿色智能信息化建设、现网设施多样化经营等方面的技术优势。

(由　凡)

【经济运行监测】 全年石景山区工业和软件信息服务业生产经营总产值540.7亿元,实现增加值合计176.8亿元,占全区GDP比重33.1%。其中工业总产值完成221.6亿元,同比增长4.3%;软件信息服务业营业收入319.1亿元,同比增长21.3%。。

(代　蓉)

【疏解非首都功能】 年内,区经信委严格落实《北京市新增产业的禁止和限制目录》和《北京市工业污染行业生产工艺调整退出及设备淘汰目录(2017年版)》,促进区域经济产业转型升级。完成9家一般制造业疏解和23家"散乱污"企业治理,涉及人口1146人,建筑面积78000余平方米。

(代　蓉)

【保障空气质量提升】 年内,区经信委深入企业排查治理,对13家涉及大气污染类取缔企业全部实行"两断三清"(即:断水、断电、清原料、清设备、清场地)。进一步完善法规制度,研究制定《石景山区空气重污染应急工业分预案(2017年修订)》和《石景山区经信委空气重污染督查方案》,细化应急减排措施清单,并组织工业企业实施"一厂一策"。全年按照空气重污染预警预案,出动检查小组29批次、60余人次对辖区50多家企业进行现场督查,确保空气重污染期间各项应急减排措施落实到位。

(代　蓉)

【企业安全生产零事故】 年内,区经信委以"党政同责、一岗双责、齐抓共管"安全管理为理念,坚持"管行业必须管安全"的原则,制定下发《石景山区2017年工业和软件信息服务业安全生产工作要点》,加强石景山区工业企业安全生产指导。按照统一部署,与上级业务主管机关对接协调,对辖区生产企业定期下达《工业企业安全生产指导记录表》,明确主体责任,强化安全意识。开展"安全隐患大排查大清理大整治专项行动",增加现场督导检查频次,每周至少组织一次。全年全区工业企业安全生产零事故。

(代　蓉)

【信息化基础设施建设】 年内,区经信委信息化基础设施建设计划安排19项内容、总投资2370万元,全部按计划启动实施。19项内容围绕四大领域展开:城市综合管理(6项592.6万元)、电子政务(4项292.4万元)、民生家园(5项355万元)和信息化基础设施建设(4项1130万元)。

(由　凡)

【信息化工程监管】 年内,区经信委出台《石景山区信息化工程建设管理办法》,前移统筹指导关口,强化信息工程项目申报、评审、建设、验收、运行的全流程管理。引入专家评审、工程监理、项目测评等第三方机制,发挥其在规划研究、评估分析、决策建议等方面的作用。同时,对接协调区政协专委会对信息化项目开展专项督查,强化项目的事前、事中、事后全程监管,发挥政协参政议政和民主监督作用。

(由　凡)

【信息安全行政执法】 年内,区经信委落实主体责任,开展网络与信息安全行政执法检查,细化梳理出预案设置、情况报送、组织领导、制度规范、建设投入、教育培训、灾备管理等7个方面检查内容。检查方式采取单位自查和督导检查相结合,完成对24个单位执法检查,现场下达执法检查单,帮助受检单位及时发现问题隐患,并限期整改解决。对发现问题严重且整改不力的,依法进行处罚。

(王宇寰)

【信息系统验收】 年内,区经信委完成"城管拆违和执法辅助系统"验收。该系统利用2002至2016年共16张高分辨率遥感卫星地图,对行政区划内历史时间地面建筑变化情况进行分析研判,具有地面建筑空间变化查询、违建视图叠加查看、违建信息统计分析、建筑空间测量、区域图斑提取和标注、移动端数据通信等6大功能。该系统的投入应用,为石景山区巩固落实治乱疏解工作成果,实现高端绿色发展目标,提供信息化技术支持。完成市政管理基础数据中卫星影像图更新,以及阜石路以北1:2000测绘图项目验收,优化更新基础数据中的大比例尺基础空间数据,为市容治理整顿及网格化管理提供完善数据支撑。

(由　凡)

【"互联网+"政务办公】 年内,区经

信委为适应移动办公需求，升级建设集协同办公、在线办公、移动办公为一体的智能化办公平台。通过各种移动终端，实现随时随地信息查询与报送、邮件收发、督查督办、在线公文审批以及应急指挥等功能，提高行政效能和公共服务水平。

（张 媛）

【“政民互动”系统上线运行】 年内，新版“政民互动”系统上线运行，市民通过该系统的“我要写信”功能，可直接以网络注册、写信的方式，实现对政府工作的咨询投诉，信件提交后将转由相关负责部门进行回复和解答；通过“意见征集”功能，可针对在网站开展的各种意见征集主题，发表意见、建言献策；通过“在线访谈”功能，参与区政府部门在网站开展的各类主题访谈活动，进行互动交流。此举更好地疏通了政府与市民间的沟通渠道，充分发挥公众在需求调查、建言献策、社会监督等方面的作用，提高了政府行政管理水平。

（邱 君）

【推进政务信息资源共享】 年内，区经信委编制《石景山区政务信息资源共享开放管理办法》，“以共享为原则，不共享为例外”大力推动政府各部门政务信息资源融合汇聚。建立数据共享4个机制：数据资源共享协商机制、采集协同机制、应用保密机制、绩效跟踪机制。建立政务信息资源目录，在现有的人口、法人、地理空间、视频图像等基础数据库基础上，继续加强企业信用、城市管理、经济运行等专项数据库建设，加强互联网情报采集利用，尝试政府向社会购买信息服务，支撑预测预警和科学决策。

（邱 君）

【大数据汇聚应用体系】 年内，区经信委按照集约化建设、科学化运维的思路，完善基础数据、政府数据、主题应用数据等各类信息资源的存储交换。汇聚人口数据60万余条，空间图层568个，法人证照数据近5万余条以及55家政府部门的300余条政务信息资源，为政府、企业、公众提供直接服务。其中，在城市管理领域重点汇聚公安、城管、环保等部门数据，形成城市综合管理模型，逐步实现城市管理方式的精细化和智慧化。在经济运行领域重点汇聚统计、税务、科技等经济数据，从石景山区楼宇经济和五大支柱产业两个角度利用大数据技术，构建区域经济运行图谱，监测各种经济元素的发展规律和变化特征。

（邱 君）

【视频共享服务平台建设】 年内，区经信委依据《北京市公共安全视频监控建设联网应用工作实施方案（2016－2020年）》，按照“图像汇聚、双向联网、有序共享”管理要求，整合各级政府部门和社会单位图像信息系统，接入公安分局图像视频数据2000余路，建设石景山区公共安全图像信息资源共享应用体系，实现图像信息资源全面联网、汇聚共享、高效联动。在严格依法、严格审批、安全可控的前提下，逐步开展图像信息资源向民生服务、决策支持、社会管理、生态保护等领域的共享应用。

（许致远）

【电子政务内网建设】 年内，区经信委完成区属全部处以上单位内网机房建设工作，并配合保密局定期进行安全督导检查。依托电子政务内网网络平台，建设完成加密电视电话会议系统，保障涉密会议线上召开，系统同时与北京市电子政务内网加密电视电话会议系统互联互通。

（王燕春）

【信息网络安全保障】 年内，区经济信息化委完成《石景山区网络与信息安全应事件应急预案》及《石景山区应急通信保障预案（专网）》修订，并组织两次应急演练。牵头组织召开全区信息安全保密培训大会，对全区网管员和保密员进行安全保密培训。做好日常监督、检查、预判、预警，督促全区各部门建立信息安全防护应急预案。在“两会”和“一带一路”高峰论坛期间全面启动应急保障机制，强化一线值守力量，采取7＊24小时双人值班、领导在岗在位带班、应急响应小组成员待命的应急值守机制，保障重大活动期间石景山区电子政务网络与信息系统安全平稳运行。

（张 兰）

【“信用石景山”上线运行】 年内，网站一期设立信用工作、典型案例、“双公示”、政策法规等7个栏目，集中展现石景山区社会信用体系建设工作成果，拓展政务信息公开渠道，充分发挥舆论监督职能，助力石景山区城市信用环境指数提升。

（李 葳）

【提升区域信用环境】 年内，区经信委通过强化五个方面工作加快完善社会信用体系建设。一是强化工作协调机制，调整增加社会信用体系建设领导小组成员单位。二是强化政务信息公开，在政府门户网站的“双公示”专栏，对行政许可和行政处罚信息公示不少于7日，同时，持续推进政府行政审批事项全部纳入公示范围。三是强化诚信宣传教育，通过举办评选表彰、印发宣传手册、组织教育培训、制作专题片等多种方式，全面提升各领域从业人员诚信意识，树立诚实守信的行业风尚。四是强化信用制度建设，完善政务诚信、商务诚信、社会诚信和司法公信等方面信用制度，不断加大相关领域信用事件互联网公开披露力度。五是强化守信激励和失信联合惩戒机制探索，依托企业信用监管和服务平台，实现主体信用信息一网归集、部门协调应用、智能分职责协同监管、失信行为联合惩戒的功能。

（李 葳）

【信用体系制度建设】 年内，区经信委制定发布《北京市石景山区关于建立完善信用联合奖惩制度加快推进诚信建设的实施意见》，从立法层面加强诚信建设组织领导，明确职责分工，突出信息整合，保障任务落实。从守信激励和失信惩戒两个方面整体推进石景山区诚信建设工作，同时，注重体现区域特色，在全市发挥引领和示范作用。

（李 葳）

【举办系列培训】 年内，区经信委以打造“石景山服务”培训子品牌“助梦石景山，创翼领新航”开展系列培训。4月，联合市、区两级中小企业服务机构，邀请劳动法方面的有关专家、知名律师,举办劳动法专题培训会,课题设置从企业角度出发,就国家政策法规、合同风险防范、争议化解方式等方面问题进行专门讲解,80余家企业的110名代表参加培训。6月,举办"企业一对一政策辅导"专题培训会。邀请专家团队,为10家企业提供个性化精准专属服务,通过了解企业自身情况,专家针对不同企业的申报政策及资金使用问题进行一对一详细解答,使企业更加了解适合自身发展的政府政策及资金申报流程。

(于　欢)

物价管理

【概况】 年内,区发改委紧紧围绕市、区政府中心工作和"疏功能、转方式、治环境、补短板、促协同"等工作要求,深入推进价格改革,强化市场价格监管,全力维护市场价格秩序,各项工作进展顺利,取得明显成效。

(刘崇光)

【价格管理】 年内,区发改委完成北京中杉学校学费住宿费成本核算。全面了解城六区同等学校收费标准情况,收集与成本相关资料。多次到学校进行调研,现场考察学校学生住宿条件和投资情况,根据学校实际制定成本测算体系,反复对其可行性进行研讨修订,指导校方住宿成本核算项目及内容,最终确定小学学费收费标准每生每学年71000元,住宿费收费标准每生每学年6800元,中学学费收费标准每生每学年94800元,住宿费收费标准每生每学年7800元。

(刘崇光)

【规范涉企收费】 年内,区发改委牵头组织相关单位召开清理规范工作协调会并制定《石景山区关于清理规范涉企经营服务性收费方案》,开展专项调查,专门下发《石景山区企业缴纳与行政审批有关的中介服务收费、行业协会商会收费、电子政务平台收费等经营服务性收费调查表》,系统梳理区内涉企经营服务性收费情况。

(刘崇光)

【公平竞争审查制度实施】 年内,区发改委贯彻落实《北京市公平竞争审查实施意见》文件精神,以区政府名义印发《北京市石景山区关于在市场体系建设中建立公平竞争审查制度的实施意见》,成立石景山区公平竞争审查工作联席会议,成员单位由区发改委、财政局、商务委、工商分局、法制办等26个单位组成,明确审查程序和流程。

(胡彩霞)

【开展重点行业检查】 年内,区发改委与区卫生计生委、区人力社保局联合检查79家参加医改的医疗机构。开展电力价格、药品价格、殡葬服务、汽车销售、商品房销售、机动车停车收费等专项检查,减轻企业负担,优化市场价格环境。

(胡彩霞)

【节假日市场秩序监管】 年内,区发改委针对节假日、"双十一"等消费集中敏感时段,采取约谈、提醒告诫、集中培训等方式加强对企业指导。年内,约谈企业3次、提醒告诫6次、开展培训7次,有效规范企业经营行为。所有节假日安排领导带班,保证每天有执法人员应急值守,第一时间办理群众举报、投诉,全力维护节日市场价格秩序。

(胡彩霞)

【办理价格举报投诉】 年内,区发改委受理价格举报737件,价格投诉103件;价格举报办结率97.15%,价格投诉办结率100%。行政处罚13件,经济制裁总金额11.74万元。调解价格投诉,向消费者赔偿6.77万元。

(胡彩霞)

【价格监测】 年内,区发改委对蔬菜、副食品、居民服务和医疗、机动车停车收费等10类、527个品种进行价格监测,对12个监测点上报的日报、旬报、月报数据进行监测分析上报,开展医改收费监测,重点对三级医院门急诊人次、住院人次、CT核磁检查人次、门急诊收入、住院收入、CT核磁检查收入等项目进行监测。加强监测预警,上报各类价格监测信息50条,《北京市价格早报》采稿8条,为政府价格调控提供科学依据。

(胡彩霞)

【价格鉴定】 年内,区发改委出具涉案财产价格鉴定报告3560件,标的金额210万元。在全国价格认定工作质量评查中,受到国家价格认证中心通报表扬。

(董建华)

财政管理

【概况】 北京市石景山区财政局(简称区财政局)是主管全区财政收支、财税政策、会计管理和财政、财务监督管理工作的区政府职能部门。全局设办公室(主体责任办)、人事教育科、预算科、国库科、行政政法科、教科文科、社会保障科、城建科、其他事业财务管理科、综合计划科、会计科、政府采购管理科、法制监督科、绩效评价科、行政科共15个行政科室;下属预算编审中心、国库收付中心、绩效考评中心、财政监督检查所、财政所、北京中华会计函授学校石景山分校6个事业单位。年内,区财政局贯彻落实"创新、协调、绿色、开放、共享"发展理念,围绕建设国家级绿色转型发展示范区总目标,进一步拓展财政在促进"八个高端体系"建设中的职能作用,以供给侧结构性改革为契机,统筹财政资金,发挥财政政策和资金导向作用,推进精细化管理,切实发挥财政在"疏功能、调结构、转方式、促创新、惠民生"方面的积极作用,圆满完成年初人代会制定的各项任务。

(刘　秒)

【财政收支平衡】 年内,本区一般公共预算收入完成564436万元,为年初人代会批准预算561000万元的100.6%,加市下达一般性转移支付355010万元、专项转移支付107913万元、上年结余46134万元、调入预算稳定调节基金16863万元、调入资金130万元,一般公共预算总收入1090486万元,一般公共预算支出完成986534万元,上解支出34638万元,安排预算稳定调节基金3453万元,年终结余65861万元,实现一般公共预算收支平衡。政府性基金预算总收入1330638万元,支出完成835996万元,专项债券付息及手续费等专项上解4825万元，地方政府置换专项债券转贷支出458099万元，年终结余31718万元。国有资本经营预算收入完成590万元，支出完成460万元，根据相关规定调入一般公共预算统筹使用130万元。社会保险基金预算收入完成4158万元，加上年结余4327万元，社会保险基金预算总收入8485万元，支出完成4202万元，年末滚存结余4283万元。

（刘　秒）

【重点投入】 年内，区财政局充分运用财政政策和财政资金，构建“高精尖”经济结构，投入支持经济发展资金84649万元，全力服务创新驱动，助推转型升级。深入推进“疏解整治促提升”专项行动，投入专项资金24亿元，用于拆除违法建设、棚户区改造、老旧小区综合整治等“疏解整治促提升”十大专项行动，以及模式口文保区修缮改造和环境整治，确保“基本无违法建设城区”“基本无违建社区”工作目标实现。全年投入民生领域资金799090万元，促进教育、科技、文化、体育、医疗卫生、生态环境、基础设施等社会事业健康发展。

（刘　秒）

【加快支出进度】 年内，区财政局加强支出进度和盘活财政存量资金管理，落实部门支出主体责任，完善支出、存量资金消化进度考核通报及约谈制度。健全财政支出、存量资金消化进度与预算编制、预算追加挂钩机制，将各部门财政支出、存量资金消化进度管理纳入对各部门的绩效考核。全面推进盘活存量资金工作，加大资金统筹使用力度，全年盘活财政存量资金比例达到95.3%；收回财政性结余资金107066万元，统筹用于保障全区重点工作。

（刘　秒）

【预算编制与执行】 年内，区财政局加强预算编制管理，夯实预算执行基础。将项目绩效目标、政府购买服务预算纳入部门预算编制同步管理。进一步细化收支预算，加强预算执行动态监控和跟踪问效，年初预算到位率在上年大幅提升的基础上，提高2.7个百分点，达到64%。严格控制行政成本，确保“三公”经费、会议费、培训费等一般性支出“只减不增”。

（刘　秒）

【国库集中收付】 年内，区财政局推进国库电子化及非税收缴电子化改革，完善国库集中支付动态监控相关制度、办法，深化公务卡制度改革，进一步规范财政资金使用和管理。全区新增公务卡703张，系统注册公务卡2728张；有消费记录的公务卡1768张，同比增长19%；公务刷卡15532笔，同比增长20%；公务消费并报销2310万元，同比增长49%；单位提取现金1539万元，同比减少17%。数据显示，公务卡结算方式改革不仅方便预算单位经费使用，也规范预算单位现金管理，最大限度保障财政资金安全。

（刘　秒）

【债务管理】 年内，区财政局严格执行全市对政府债务的限额管理制度和规定，对全区债务情况进行统计分析、动态管理和风险监控，对新增债务严格限定在分配的额度内，新增债务按照程序报区人大或其常委会批准，严禁各种违规借债行为；妥善处理并积极消化存量政府债务，当年发行债务置换债券69.95亿元，偿还债务本金1.79亿元。发行新增债券12.16亿元。支付利息1.7亿元。年末本金余额93.8亿元，均为政府债券，非债券债务已按财政部及市财政局要求全部置换及清偿。

（刘　秒）

【绩效评价】 年内，区财政局深化预算绩效管理改革，发挥绩效目标前置作用，项目支出绩效目标与部门预算编报同部署、同审核、同批复，不断推进预算绩效全过程管理。绩效管理资金种类逐步多元，政府一般公共预算、政府性基金预算、国有资本经营预算内项目均纳入管理范围。全年绩效管理资金总额达11.5亿元，较上年增长56.6%，涉及13个部门21个项目，重点选取“疏解治乱建高端”、养老服务改革试点以及地下综合管廊建设等资金量大、社会关注度高的项目开展评价，确保财政资金安全高效。

（刘　秒）

【国有资产管理】 年内，区财政局加强行政事业单位资产管理，以开展行政事业单位资产报表编报工作、政府资产报告试点、事业单位及事业单位所办企业产权登记工作为抓手，进一步摸清行政事业单位国有资产家底，夯实管理基础，推进政府资产管理与预算管理相结合，发现和解决资产管理中存在的问题，防止国有资产流失。

（刘　秒）

【政府采购】 年内，区财政局优化采购流程，规范采购活动，提高采购专业化水平，加大监管力度，切实加强政府

8月10日，行政事业内控评价指标体系培训会　　（区财政局供稿）

采购活动中的权力运行监督，有效防范舞弊和预防腐败。全区完成政府采购项目 4226 个，政府采购金额63197.89 万元，占全年区财政一般公共预算支出 986534 万元的比重为6.41%，政府采购节支率 2.42%。其中，货物、工程、服务三大类的实际采购金额分别为 33375.47 万元、5895.73 万元、23926.69 万元，占总采购金额的比例分别为 52.81%、9.33%、37.86%。

（刘　秒）

【财政监督管理】　年内，区财政局扩大监管范围，创新监管手段，注重事前、事中、事后的全过程管理，确保资金规范、安全、高效运行。先后开展上年市对区专项转移支付资金检查、存量资金专项检查，重点领域会计监督检查、政府采购专项监督检查等工作，全年对四个单位的违反财经法律法规行为实施行政处罚，对全区行政事业单位依法依规开展财务工作起到警示作用。

（刘　秒）

【财政信息公开】　年内，区财政局实施全面规范、公开透明的预算制度，预决算公开工作不断向纵深推进，从扩大公开范围、细化公开内容、规范公开形式、做好舆情研判应对等做好信息公开工作。政府预决算、部门预决算、“三公”经费预决算实现全面公开，以公开促管理的效果初步显现。

（刘　秒）

国家税务

【概况】　石景山区国家税务局（简称区国税局）隶属北京市国家税务局（以下简称市局），设有征收管理科、货物和劳务税科、所得税科等 14 个科室、1 个直属机构（稽查局）、2 个事业单位、7 个税务所。全局有干部职工 248 人，男 123 人、女 125 人，其中大专以上文化程度 234 人，占全局总人数 94 %；科以上领导 78 人；党员 164 人、团员28 人。主要负责中国光大银行股份有限公司信用卡中心、北京京西燃气热电有限公司、首钢集团有限公司，北京京能电力股份有限公司等大中型国有企业、股份制企业、外资企业及私营、个体集贸税收征管工作。2017 年管户39796 户，其中内资企业 31931 户、外资企业 1575 户、港澳台企业 454 户、个体工商户 5836 户、集贸市场 19 个。缴纳增值税 33960 户，其中增值税一般纳税人 12113 户，增值税小规模纳税人 21847 户。消费税 137 户，所得税17489 户。适应供给侧结构改革，落实“基础工作年”方案，加强税收基础工作，全面推进“放管服”改革，加强国、地税深度融合，建立国、地税联合税收分析机制，提高精准分析、强化科学组收，完善税收风险防控堵漏增收机制，税收各项工作取得突破进展。完成税收收入 1201359 万元，首次突破百亿元，同比增长 42.7%，其中：中央级税收 640586 万元，同比增长 42.7%；地方级税收 560773 万元，同比增长 42.8%；区级税收 280416 万元，同比增长42.8%。获“首都文明单位称号”。

（杜志刚）

【增值税管理】　年内，区国税局以完善基础工作为主线，提升征管水平。继续做好全面推行“营改增”试点各项工作，按照市局工作要求，制定“营改增”政策大辅导方案，对外培训 13 场，2949 户次；对内培训 3 场，培训干部370 人次。继续做好“营改增”税负分析，对 106 户四大行业样本企业和 60户金融企业及月收入超千万企业开展税负分析、对营改增税负分析 2578 户次，分析显示四大行业整体税负均有所下降，“营改增”达到预期效果。按市局部署，完成 181 户相关纳税人简并增值税税率工作。在自查、复核、分析等基础上，按照《征管规范》《纳服规范》等项要求，完善基础工作制度，梳理增值税各项业务，重新修订《石景山国税局增值税免税备案后续管理办法》《风险纳税人管理工作方案》，进一步规范相关业务流程、优化纳税服务和完善发票后期管理和风险管理长效机制。加强一般纳税人管理，根据市局设置的 15 项增值税一般纳税人网上申报监控项，更新《增值税一般纳税人申报表监控项核查处理衔接单》，进一步规范各管理所审核申报表的业务流程。采取科所协同完成 1139 户鉴证咨询业和 138 户建筑业小规模纳税人自开专票培训。清理使用自印发票企业 20 户、清理使用税控收款机的企业 266 户。继续做好推行电子发票，共有 191 户纳税人申请使用电子发票。按照市局安排，完成北京沃尔玛百货有限公司等 3 家大型商场开票系统与收银系统对接，提高开票效率，缩短消费者开票时间。完善风险管理机制，做好核查工作。承接市局风控任务 3 项，共涉及风险企业 178 户次。经核查，无问题企业 59 户次；有问题企业 119 户次，调减留抵 1 户，对 26 户走逃失联企业采取暂停网上申报和维护风险纳税人措施，对存在申报、开票不规范等问题的纳税人进行告知整改处理；完成自行风控任务 3 项，分别是增值税专用发票扩版增量事中疑点核查、增值税专用发票扩版增量事后疑点核查、单月开票量大于月最高购票量 150%企业疑点核查，疑点企业 300户次。经核查，无问题企业 157 户次；有问题企业 143 户次，调减留抵167.66 万元，补缴增值税 0.11 万元。对 138 户走逃失联企业采取暂停网上申报和维护风险纳税人措施，对 5 户发票持有量超过实际需求量的纳税人进行降版降量处理。全年累计入库增值税 887455 万元，同比增加 317178 万元，增长 55.62%。

（杜志刚）

【所得税管理】　年内，区国税局做好2016 年汇算清缴工作，按照市局下达的申报率及数据差错率绩效考核指标要求，做到事前明确工作目标、事中加强数据监控、事后注重后续管理。采取与区地税局等部门协作、科所协作方式，举办企业所得税汇算清缴培训会 13 场，培训企业 1500 余户。采取加强催报催缴，编写《汇算清缴操作指南》等 5 项措施确保汇算清缴效率和质量，共计向纳税人发送短信催报 6次 7.8 万条。2016 年实际参加汇算清缴企业 17489 户，同比增加 2830 户，增长 19.31%。2016 年全部企业本年应补（退）的所得税 1.97 亿元，同比增加1.75 亿元。建立“疑点筛查 + 申报更正”完整业务流，严把预缴申报质量关，年内预缴申报中经核实共修改159户企业申报表。开展资产损失税前扣除专项核查，培训辅导140户资产专项损失专项申报企业，核查企业87户，核查出问题企业7户，共计补缴税款及滞纳金56.74万元，调减亏损3771.28万元。与地税局联合开展工会经费税前扣除核查292户，完成率100%。其中有问题企业33户，问题率11.3%；查补入库税款及滞纳金7.08万元，调减亏损181万元。全年所得税累计入库306859万元，占全部入库税款1201359万元的25.54%，完成年度计划306488万元的100.12%，超时间进度0.12个百分点，同比增加42031万元，增长15.87%。

（杜志刚）

【出口退税管理】 年内，区国税局严格出口退（免）税计划执行管理，规范审核流程。按照市局要求，推行《石景山国税局出口退（免）税无纸化管理工作实施方案》。办理无纸化备案45户，无纸化退税申报应退税额3230.00万元，占全部应推行无纸化企业应退税额的100%。加强出口退税纳税服务和风险管理，完成82户出口企业分类评定工作，其中一类出口企业1户，二类出口企业14户，三类出口企业60户，四类出口企业7户；采取案头分析、实地核查等方法对4户出口企业开展评估核查。全年所辖出口退税备案户数122户，其中：享受免、抵、退税政策的一般纳税人生产企业83户；小规模纳税人出口货物享受免税政策39户，累计受理企业出口退（免）税申报631户次，涉及免抵退税额8916.54万元，其中免抵税额3396.95万元，应退税额5519.59万元，累计办理退库5519.59万元。

（杜志刚）

【落实优惠政策】 年内，区国税局落实国家各项税收优惠政策，支持企业发展。按时办结增值税税收优惠备案、退税审批工作，累计办理各项优惠政策资格审批150户次，全部为软件产品审批。审核各项增值税退税1169户次，退税15489.94万元。其中审核软件产品增值税即征即退711户次，退增值税13005.09万元；审核综合利用增值税即征即退30户次，退增值税495.26万元；审核有形动产融资租赁即征即退2户次，退增值税571.19万元；审核军品免税退税6户次，退增值税20.54万元；审核多缴及误收退抵税420户次，退抵税1397.86万元。举办小微企业政策辅导会13场，培训企业1500余户。属于小型微利企业15635户，其中盈利企业6115户，盈利面39.11%。享受小型微利企业税收优惠企业6110户，享受其它企业所得税优惠企业5户，政策实际受惠面100%，累计减免税款1501.32万元。

（杜志刚）

【国际税收管理】 年内，区国税局加强非居民税收分析和预测，跟踪收入增减内外因变化。强化对外支付判定管理，抓好扣缴税源管理，做到及时入库。与地税局合作，开通服务“北京2022冬奥会绿色办税通道”，设计税款计算表，为冬奥组委会营造良好办税环境。提高质效，加速间接股权转让审核，完成间接股权转让的审核案件8件，其中包含1起境外上市公司私有化复杂案件的处理，入库税款7161.81万元。加强反避税管理，开展关联申报专项、综合业务讲座，培训2000余户次。按照“准申报户”名单逐一确认与催报，完成上年度关联申报。共审核上年度同期资料58户，其中12户为辖区管户，46户为海淀国税局管户。2户企业进行自行调整补税，其中1户企业入库企业所得税946.51万元；调整上年度费用1户；上报疑点企业7户次。贴近“一带一路”，夯实“走出去”企业税收管理基础，对辖区的“走出去”企业全面摸底收集，建立46户“走出去”企业清册。加强国地税征管合作，互递80人次外派人员信息。加强境外税收风险管理，共完成57户境外被投资企业风险分析，对境内46户“走出去”企业的103张申报表进行风险审核查看。采取科所联动、建立国地税间第三方信息共享机制，做好第三方信息核查，共查补税款153.49万元，加收滞纳金42.75万元，共计入库196.24万元。按照保密要求做好上报情报信息表及保密公文。受间接股权转让不可比一次性因素影响，非居民税收收入呈现下降。年内非居民税收收入39491.84万元，同比减少17782.94万元，下降31.05%。其中非居民企业所得税26498.18万元，同比减少19236.77万元，下降42.06%；非居民增值税12993.66万元，同比增加1453.83万元，增长12.60%。

（杜志刚）

【优化营商环境】 年内，区国税局优化税收营商环境，减轻纳税人办税负担，推行网上办税服务模式，压缩办税时间。网上办税服务厅办理事项31项，实现新户网上报到、网上核定票种、网上申领发票、网上申报等涉税事项，基本涵盖纳税人必办涉税业务。网上办税率86.44%，其中企业所得税优惠备案网上办理率100%。深化税收征管改革，提高“放管服”水平，落实好“便民办税春风行动”；与市局“畅捷办税靶向行动方案”对接，在办税服务厅开设10个网上办税体验专区，网上办税为主、自助办税为辅、窗口办税兜底的办税新模式初步形成。与区工商局、地税局、公安局共同设立石景山企业开办大厅，并编写《国税新户报到业务须知》《新办企业涉税业务指引》，向新办企业详解网上“开业套餐”，实现“最多跑一次”服务承诺。提高纳税人对营商环境调查指标认知，开展税收营商环境调查及其辅导1100余户。开展所得税汇算清缴培训、大企业培训等专业性培训15期，培训3500余户次。落实《2017年底前出台的政策清单》，实现工商、税务登记网上申请、网上受理与核准一体化网上办理模式；对无税控设备纳税人实行简易即时注销方式，全部领取“一证通”的纳税人可自行进行网上申报。

（杜志刚）

【国地税深度融合】 年内，区国税局按照国家税务总局《国家税务局地方税务局合作工作规范（3.0版）》工作部署，加强与区地税局深度融合，共同制定《石景山国税局、地税局合作工作规范（3.0版）〉实施方案》及《分解表》，函盖51项征管内容。建立国地税定期联席会议制度，在国税新办公楼建联合办税大厅。联手服务北京2022年冬奥组委会，开展税收政策现场解答；实施“冬奥对外支付绿色办税通道”实施方案》，确保冬奥组委“无障碍”办税。联手开展税务稽查3户，查补税款6801万元，其中国税查补3937万元，地税查补2864万元。互推送发票违法行为线索90条，利用发票违法行为线索查补税款690万元。其中国税查补611万元，地税查补79万元。联手开展企业所得税政府补助风险核查、股权转让未申报风险核查、未汇算清缴企业专项核查等第三方涉税信息税收风险管理。通过获取各类第三方涉税信息，推送风险纳税人2323户，其中有问题纳税人2055户。累计补缴企业所得税153.49万元，滞纳金42.75万元，调减所得税亏损数额181万元，入库税款196.24万元。联手建立国、地税数据交换机制，累计交换210万条数据。国、地税联合区公安分局成立税警联络室，分设在国、地税各自办税服务大厅，共同制订《石景山区打击涉税违法犯罪联合工作规定》、联席会议机制和联合办案机制。与区工商局合作共同清理虚假注册企业，排查出风险地址65个，有效提高多部门联合打击税收违法犯罪工作力度。

（杜志刚）

【税收稽查】 年内，区国税局注重加强税收稽查基础和规范化建设，制订《稽查案源集体审议流程》《税款预测工作流程》《重大税收违法案件联合惩戒工作流程》等项制度，完善协查管理流程，落实岗位责任。严格按照协查要求调查、取证、判定，认真履行审批程序，严格把质量关，提高协查工作质效。注重市局巡视组整改意见，制定《增值税一般纳税人认定偷税转辅导期管理工作流程》，归纳整理《30种常用稽查文书使用要求和常见问题》，纠正检查不规范行为，提高税收稽查规范执法水平。加强与地税局、公安局合作，三方共同制定《石景山区打击涉税违法犯罪联合工作的规定》，联合对3户涉嫌虚开企业开展检查。全年立案检查86户，同比增加4倍；受托协查275个，同比增长25.6%；来信举报50个，同比增长150%。开展“打虚打骗”专项工作9项64户次，认定虚开2户，涉案当事人2人（逮捕1人、刑事拘留1人），结案41户。全年稽查入库5859万元。其中，增值税2816万元、所得税372万元、加收滞纳金2533万元、罚款138万元。

（杜志刚）

【信息化建设】 年内，区国税局加强信息化基础建设，完善运维质量管理、系统运行管理等五项基础制度和四项工作手册修订，并纳入信息化绩效考核管理。大力推进信息管税和数据支持，利用信息平台为石景山区14个委办局提供24次151267条数据支持；完成科所数据需求670个。深化国、地税信息化合作，完善国、地税互设窗口信息平台建设，完成国、地税数据交流210万条。完成“金税三期系统”主要后台升级28件次，确保税收各项工作顺利开展。

（杜志刚）

地方税务

【概况】 2017年，石景山区地方税务局（以下简称区地税局）以组织收入为中心，以推进税收现代化为重点，发挥税收职能作用，各项税收工作稳步推进。全年累计完成各项税费收入98.4亿元，同口径增加12.0亿元，增长14.0%；完成一般公共预算收入55.2亿元，同口径增加4.1亿元，增长8.0%，完成全年收入任务55.0亿元的100.4%。完成区级收入22.4亿元，同口径增加3亿元，增长15.8%。获省部级领导肯定性批示6次，省部级以上荣誉3项，收入核算科被授予为国家级巾帼文明岗，首钢税务所获得北京市青年文明号称号，郭德生同志获得全国税务系统先进工作者。

（李新文）

【收入特点分析】 年内，地方税费收入呈现如下特点：一是房地产业增速明显放缓，高端服务业快速发展。按行业划分，房地产业税收完成28.3亿元，同比增长7.5%，占比28.7%；金融业、科技服务业、商务服务业和居民服务业合计完成42.4亿元，占比43.1%。二是个人所得税规模位居第一，企业所得税增速最快。按税种划分，个人所得税完成39.6亿元，增长6.8%，占比40.3%；企业所得税完成27.5亿元，增长50.4%，占比为27.9%；财产和行为税共完成26.4亿元，增长2.1%，占比26.8%。三是非首都功能疏解相关产业税收规模下降。建筑业下降26.1%，纺织服装等一般制造业下降14.3%。同时，市区两级收入增速差异较大，市级增速慢于区级增速12.6个百分点。

（李新文）

【政府支持税收】 年内，区地税局与

3月3日，石景山区税警联络室揭牌仪式　（区国税局供稿）

区发改委、财政局等多个部门签订《数据共享协议》，全年实现涉税数据互通136批次、1210万条。

（李新文）

【税收法治】 年内，区地税局构建法制部门与外聘专业律师相结合的法律支持机制，全年审核各类经济合同28份，提供法律反馈书面意见20份。多次与区法院、检察院、司法局进行交流研讨。联合区国税局、公安分局共建税警联合机制，设立警务联络室，有序开展行刑衔接工作及时移送涉税违法案件，阻止偷税犯罪嫌疑人离京，追缴所欠税款、滞纳金及罚款136万元。

（李新文）

【税收政策落实】 年内，区地税局落实小微企业政策、个人所得税政策、国六条政策等税收优惠政策，对区级重点企业组织召开5场专场培训会。印制《小微企业税收优惠政策宣传手册》《2016年度企业所得税汇算清缴操作指南》和《养老机构税收优惠政策汇编》。协调解决首钢集团、区属农工商公司、区自来水公司等公司在搬迁改制过程中涉及的税收问题。151户次企业享受到高新技术、软件企业、研发费加计扣除等优惠，减免企业所得税46229万元。全年共减免各项税费44.6亿元。

（李新文）

【税种管理】 年内，区地税局研发个人股权转让系统，于7月1日正式上线并推广到朝阳、怀柔、房山等区县地税局使用。股权转让办理事项进行工商变更前置和进厅统一办理，全年办理1762笔，缴纳个人所得税30431.36万元。研发房土税风险识别系统，查补税款及滞纳金2600余万元。严格落实房产税、土地使用税属地征收政策，核实比对房产、土地跨区税源信息。制定环保税、水资源税试点征收工作方案，与区财政局、环保局、水务局建立长效协作机制，开展数据交换，摸清税源底数，派遣人员到环保局学习实践，走访相关重点企业，开展环保税税源分析，形成近七万字的调研文集，得到上级领导的肯定性批示。做好部分非税收入的承接管理。

（李新文）

【纳税服务】 年内，区地税局制作《掌上搞定个税查询》《国务院6项减税政策，你知道吗？》税收微动漫和H5宣传资料。与区国税局、金融办联合举办“石景山区纳税信用3连A企业颁证仪式暨2017年税银企金融服务平台专场活动”，为“3连A”企业提供VIP服务，全年通过平台获得信贷支持的企业28户，信贷发放总额11328万元。通过外网及时更新发布信息1525条。及时处理纳税人合理纳税服务投诉，全年有效化解61件。组织10场政策辅导培训会为1000多家企业讲解税收政策。制定《2022年冬季奥运会税务服务工作方案》，建立涉奥服务工作机制，提供绿色办税通道，联合区国税局为冬奥组委会提供上门服务。国地税办税大厅互设窗口，互设自助办税设备，方便纳税人。

（李新文）

【税收征管】 年内，区地税局与区国税局继续数据交换共享，进行数据比对，发现82户纳税人存在疑点，转入风控管理；每月交换非正常户纳税人信息，联合开展非正常户核实，限制使用发票和解除处理。制定《石景山区国、地税欠税管理办法》，联合对216名欠税人进行欠税公告，开展欠税清缴。成立转变税收征管方式领导小组，对3651户纳税人主管税务所进行调整，初步实现税源专业化集中管理。加强风控管理，影视行业专案历时一年查补税款1096万元，成为全市影视行业涉税风险应对第一个查补案例；“某企业特别纳税调整”项目调整入库税款及利息493万元，成为全市第一个全流程执行金三系统立案、调整、约谈到结案的特别纳税调整案；全年累计完成风险管理收入1.79亿元，风险管理绩效考核总分系统排名第一。截至年底，税源登记户达到52370户。

（李新文）

【税收服务管理】 年内，区地税局组建大企业专业化工作团队，进行个性化、专业化的服务、管理和风险应对工作。定期分析辖区内大企业经营发展趋势及企业内控机制建设，及时回应物美控股集团公司、丽贝亚集团、蓝港在线等大企业涉税诉求，帮助企业降低税收政策执行风险。

（李新文）

【国际税收管理】 年内，区地税局全年推送“外籍个人八项补贴核查”“服贸对外支付核查”等八个风险核查后续管理项目，发现外籍人存量房交易背后的阴阳合同案等多项风险管理线索。更新33户“走出去”企业清册，走访“走出去”企业5家，开具《中国居民身份证明》7份。

（李新文）

【税务稽查】 年内，区地税局推进稽查体制改革，撤销稽查局，成立第四、第五税务所。受理涉税违法举报案件40件，结案31件，查补入库税费、滞纳金、罚款合计100.66万元。

（李新文）

【电子税务管理】 年内，区地税局以完善、落实“四防”（人防、制防、技防、物防）安全保障体系为重点，将检查工作常态化，保障信息安全。做好日常管理和服务工作，为税收工作的开展提供有力保障。搭建FTP服务器，保证国地税共享数据及时安全传输。

（李新文）

【绩效管理】 年内，区地税局在各项考评指标的细化、量化中，突出对工作进度的跟踪及对工作完成情况的督促检查。严格按照减负相关要求调整涉及的指标，尽最大努力为基层减轻负担。2017年北京地税系统绩效考评中进入一段，在全市16个区县局中排名第4位。

（李新文）

【教育培训】 年内，区地税局举办各类培训班32期，培训4912人次。与通州区、昌平区地税局联合举办科级领导干部培训班。创新开展纳税服务岗现场竞技活动。举办“税收青训营”周年庆等系列活动，先后多次得到上级领导肯定性批示，分别在北京市地税系统团委和团市委进行典型经验交流。

（李新文）

【执法督察】 年内，区地税局开展专项监督检查及日常税收执法督察工作，抽取检查案卷资料888卷(份)，发现问题7个，涉及41卷，全部整改完毕。开展税收执法大督察，发现问题6户次，全部整改完毕。委托中介机构审计2016年二手房交易全年案卷，找出风险点，及时整改。调取基层税务所案卷20份开展案卷评查，查找不足进行规范，提高行政处罚案卷制作水平。

(李新文)

【税收宣传】 年内，区地税局开展“归国共圆创业梦 税收伴您梦想成”主题宣传沙龙活动，《首家警务联络室合力协税护税》《从税收视角 纵观石景山区“全面深度转型 高端绿色发展”之路》《北京石景山地税局成功办理首例享受协定待遇退税程序》等多篇稿件在中国税务报、中国税务杂志、中国财经报等主流媒体刊载。联合第二稽查局、丰台区地税局制作推出漫画税收课堂系列栏目——“漫画说税”。全年组织编辑刊发稿件113篇，同比增加27篇。

(李新文)

【税收科研】 年内，区地税局完善调研工作机制，成立由业务骨干组成的调研团队，发挥绩效考核的激励作用。全年在区级以上刊物刊发调研文章20篇，被市地税局刊登9篇，在系统内名列前茅。被市地税局研究室推荐参评国家税收科研调研基地。

(李新文)

金融服务管理

【概况】 石景山区金融服务办公室(简称区金融服务办)，以服务区域经济社会发展为职责使命，以建设国家级金融创新示范区为目标，坚持走差异化发展道路，积极探索具有石景山区特色的金融增长方式，推动现代金融产业实现快速发展。年内，石景山区现代金融产业继续保持稳步增长，新引进现代金融机构10家，已聚集各类现代金融机构192家。现代金融产业收入成功突破1000亿元，税收近40亿元，同比均增长20%以上，对一般公共预算收入贡献度达到25%，支柱产业地位进一步巩固。在全年督查考核中被评为优秀等次单位。

(张馨元)

【中国互联网保险大会】 6月15日，第二届中国互联网保险大会在石景山区举行。石景山区对北京保险产业园进行重点专题推介，详细推介北京保险产业园开发建设情况、政策支持体系，引起各保险机构的关注，多家保险机构详细咨询园区的建设情况。

(张馨元)

【北京保险产业园建设】 年内，北京保险产业园636、651地块公开挂牌上市，实现91168.42平方米的土地供应。首期建设11万平方米孵化器、博物馆和配套基础设施实现主体结构封顶，博物馆展示中心投入使用，二期建设43万平方米高端载体实现主体结构封顶。所有建筑均按照绿色建筑三星级标准建造。配套基础设施建设稳步推进，地下综合管廊完成廊体建设；配套道路开工前手续有序推进，部分路段实现开工；园区绿地全部建设完成，为园区发展营造良好生态环境。

(张馨元)

【现代金融产业基地建设】 年内，现代金融产业基地二期建设基本完成，位于“长安金轴”重要节点的搜狐畅游大厦，整体释放1.3万平方米高端载体空间。完成光大金控财金资本公司、光大科技公司等多家公司入驻，现代金融产业基地二期投入使用。

(张馨元)

【2家高端企业入驻】 年内，爱心人寿保险股份有限公司、北汽鹏龙保险代理有限公司落户石景山区。爱心人寿保险公司是首家由石景山区发起设立的人寿保险总部机构，将依托保险产业园创新发展平台，推进产品创新、服务创新、资金运用创新，参与区域医疗、健康、养老建设。北汽鹏龙保险代理有限公司是北汽集团旗下首家全国性保险代理机构，将依托北京汽车集团及其全国汽车生产、销售、服务平台，重点开展车险业务的专业化经营，为行业内所有整车消费客户提供专业化保险服务。

(张馨元)

【服务实体经济】 年内，区金融服务办优化税银企金融服务平台，创新“以纳税信用促企业融资”模式，缓解中小企业融资难问题。举办“2017年纳税信用三连A企业税银企金融服务平台专场活动”，在全市范围内率先向204家连续三年纳税信用评级为A的企业发放“金融服务卡”，为持卡企业在银行与税务部门开辟绿色通道。累计接待纳税信用企业持卡办理业务110余次，其中9家企业持卡申请贷款，获得信贷支持2924万元。税银企平台全年累计为28家驻区企业提供贷款1.1亿元，其中无抵押信用融资近8000万元。

(张馨元)

【服务资本市场】 年内，区金融服务办组织驻区拟上市挂牌企业资本市场政策解读培训会，提升资本市场专业知识水平，新增新三板挂牌企业12家。截至年底，新三板挂牌企业61家，四板展示企业223家，上市企业17家，区内企业直接融资能力不断增强。

(张馨元)

【保险创新成果】 年内，保险大数据优势凸显。中保信公司建设的“保单登记管理信息平台二期”成功上线，成为全国保险信息数据的“中枢”；北京保险服务中心于9月1日获保监会批准，筹备开展全国唯一保单贴现交易服务业务试点。运用保险手段，创新服务民生模式，长期护理保险试点工作顺利开展，推动公共管理综合保险优化升级。

(张馨元)

【服务高端人才】 年内，区金融服务办推荐并支持高端金融人才申请人才公租房，按照实际需求和政策标准，落实5家机构6套公租房屋配租。为多家金融机构协调工商注册名称变更、人才引进、子女入学等各类问题共计20余次。启动上年度现代金融机构政策兑现，为25家金融机构落实支持政策兑现，累计兑现支持资金6870.2万元。

(张馨元)

【防范金融风险】 年内，区金融服务办贯彻落实市区工作部署，会同公安分局、工商分局等部门开展联合执法，及时发现隐患，化解金融风险。加强对驻区小额贷款公司、融资性担保公司、交易场所的日常检查和风险排查,按照市金融局统一工作部署,开展全区网络借贷信息中介整改备案,指导全区四批次22家互联网金融企业进行风险整理整顿,摸清各机构风险点情况,有效预防和及时控制风险。

(张馨元)

【金融安全宣传】 年内,区金融服务办开展金融知识进社区、进军营、进校园、进机关"四进"专项宣传活动,讲解网贷陷阱、非法集资特征和防诈骗知识,发放宣传折页2000余份,张贴宣传海报800余张,涵盖社区居民、部队官兵、校园师生、离退休干部等5000余人次;在全区9个街道社区及商务楼宇张贴《打非宣传海报》《石景山区防范非法集资宣传手册》等宣传材料1万余份;在石景山区电视台滚动播出打击非法集资宣传片,借助"石景山金融"微信公众号、《石景山报》等多种宣传渠道,开展金融风险宣传教育,营造防范打击非法集资社会氛围。

(张馨元)

【首钢园区开发】 年内,中国银行股份有限公司北京石景山支行作为联合牵头行,与农业银行、建设银行、工商银行、交通银行和北京银行组建银团,为首钢园区东南区项目提供5年期融资235亿元。2008年重工业资产搬迁后,首钢老工业区被国家确定为首批城区老工业区搬迁改造试点。首钢园区东南区项目作为老工业区改造的重要组成部分,于上年底启动。全年中行石景山支行为该项目发放贷款32.93亿元。

(华竹青)

【区内百姓安居】 年内,建行石景山支行为响应总、分行"蓝海项目"政策导向,推行"长租即长住,长住即安家"住房新理念,履行国有银行社会责任,助力创业公社37度公寓项目上线"CCB建融家园"房屋租赁平台,成为北京市分行"蓝海项目"首批上线的公寓项目,为石景山区内百姓解决安居问题提供金融服务。

(苗一聪)

【集团客户突破】 年内,建行石景山支行营销首钢集团财务公司办理银行承兑汇票买入返售业务28笔,金额累计133.87亿元,交易发生额、余额均位列总行财务公司类客户第1名,成为总行首家买入返售业务突破百亿元的财务公司客户;中标首钢本部及下设四支私募基金托管资格,其中3支基金实现托管,1支实现募集账户入资,支行成为年度中标首钢基金下设私募基金最多的商业银行。

(苗一聪)

【支持助学】 年内,北京银行石景山支行为北方工业大学发放助学贷款148笔107万元。到北方工大进行新生宣传讲座。讲座涉及助学贷款办理流程、征信普及教育、借记卡常见问题等内容。

(李 媛)

【服务地方经济】 年内,北京银行石景山支行服务地区文化金融、高端绿色、高精尖产业发展,全年支持科技金融企业15户,金额合计13920万元;支持石景山区文创企业7户,金额合计5453万元。

(李 媛)

【信用卡中心创新】 年内,华夏银行信用卡中心在确保支付安全、有效的前提下,先后投产上线HCE、Apple Pay、Samsung Pay、Huawei Pay、Swatch Pay、小米支付等移动支付业务。推出首款可穿戴设备——华为手表支付。推出华夏精英·尊尚白金信用卡(金属版)、华夏精英VISA智程信用卡、华夏爱奇艺"悦看"互联网联名信用卡、华夏京东"小白"联名信用卡、华夏时尚芭莎联名信用卡及海航联名信用卡等多种产品,满足不同客户群的多种需求。同时,华夏银行信用卡APP"华彩生活"上线,引入银联权益分销平台与银联二维码支付功能,满足客户场景化应用需求。

(孙 静)

统 计

【概况】 北京市石景山区统计局、北京市石景山区经济社会调查队(简称区统计局、调查队)是区政府负责综合统计和国民经济核算的职能部门,受区政府和北京市统计局双重领导。局队机关设办公室、党群办公室(人事科)、宣传科、综合科、研究室、社区统计工作协调科(普查中心)、工业(能源)科、城建科、商贸科、服务业科、人口就业科、社会科技科、计算机中心、法规科、执法队、价格调查科、专项调查科、住户调查科。下设10个统计所:八宝山统计所、老山统计所、八角统计所、古城统计所、苹果园统计所(高科技园区统计所)、金顶街统计所、广宁统计所、五里坨统计所、鲁谷统计所。年内,区统计局、调查队贯彻落实北京市统计局、区委区政府各项工作要求,立足"坚持党建统领,建设两大生态,初步建成国家级绿色转型发展示范区"的战略部署,结合"两贯彻一落实",紧密围绕加强党建统领、疏解整治促提升、保持经济稳定增长、推进重点领域改革等中心工作,大力推进统计改革,加强经济分析形势预判,提高统计运行效率和服务水平,各项工作取得较大进展。

(边亚楠 卢栎朱)

【第三次全国农业普查】 年内,按照国务院和北京市农普办统一要求,石景山区组织开展第三次全国农业普查。普查的标准时点为2016年12月31日,时期资料为2016年度。经市农普办同意石景山区本次普查范围为石景山区范围内的农业生产经营单位和农林牧渔服务业企业。普查区的划分是以区统计局所在的街道社区作为普查区进行普查登记。普查结果:2016年,石景山区有34个农业经营单位,471名农业生产经营人员;2016年末,全区拖拉机4台,旋耕机9台,播种机1台,排灌动力机械6台;实际经营的耕地面积18.88公顷,实际经营的林地面积(不含未纳入生态林补偿面积的生态林防护林)17000公顷;全区灌溉耕地面积18.88公顷,其中有喷灌、滴灌、渗灌设施的耕地面积4.67公顷;灌溉用水主要水源中,使用地下水的户和农业生产单位占42.86%,使用地表水的户和农业生产单位占57.14%;全区温室占地面积4.02公顷,大棚占地面积0.33公顷。全区农业

10月26日，市统计局调研第四次全国经济普查工作 （区统计供稿）

生产经营人员471人，其中女性87人。在农业生产经营人员中，年龄35岁及以下的50人，年龄在36至54岁之间的350人，年龄55岁及以上的71人。石景山区从事休闲农业和乡村旅游的经营性单位1个，投资人1人且受教育程度为大专以上。该单位的对外推介方式使用移动通信；从休闲农业和乡村旅游的规模上看，总占地面积10公顷，均为园地。该单位的高峰期从业人员为30人，均为所在乡镇从业人员，且为长期从业人员。该单位注册资金5.0万元。2016年，石景山区休闲农业和乡村旅游接待人次700人次，经营总收入23万元，经营总支出190.1万元。区农普办利用普查结果做好数据资料开发，形成《治乱疏解背景下石景山区集体经济转型思路研究》分析报告。在全市普查总结表彰中，石景山区2名同志被评为先进个人。

（孔凤英）

【年度人口抽样】 年内，区统计局、调查队按照全市统一部署，开展石景山区年度人口抽样调查。本次调查分国家、北京、区级样本，共涉及全区9个街道(鲁谷社区)93个居委会131个调查小区，其中国家、北京样本由国家、北京市局抽取，涉及9个街道、47个居委会、89个调查小区；区级样本由区统计局补充抽取，共涉及9个街道、47个居委会、42个调查小区。全区共登记户数8849户，登记人口23728人，其中常住人口19562人。国家、北京样本共登记住户7486户，登记人口20602人，其中常住人口17017人。国家、北京样本选聘调查员176人，指导员66人，区级样本调查工作由北京市策马方略有限公司实施。国家、北京、区级样本全部采用调查员手持电子终端设备(PDA)入户登记方式进行调查。调查实施时间从8月至12月份，历经前期准备、入户摸底、登记复查、质量抽查、评估推算、工作总结等环节。根据北京市年度人口抽样调查工作联席会议办公室反馈数据显示：石景山区2017年年末常住人口为61.2万人，常住外来人口为17.8万人，男性人口为30.7万人，女性人口为30.5万人；常住人口中0－14岁人口5.6万人，15～64岁人口48.9万人，65岁及以上人口6.7万人，60岁及以上人口9.2万人；出生人口5240人，出生率8.41‰；死亡人口3749人，死亡率为6.02‰。

（韩红霞）

【统计调研】 年内，区统计局、调查队围绕构建“高精尖”经济结构、人口监测、总消费和增长动力等方面开展22项课题研究。进度类和专题类分析163篇。其中，《商品和服务双轮驱动消费潜力有待挖掘——石景山区总消费市场发展路径研究》《石景山区经济发展新阶段增长动力研究》获得年度北京市优秀统计分析报告评比三等奖。撰写的《石景山区“疏解整治促提升”专项行动实施效果民意调查报告》得到区委主要领导批示，并在专项行动指挥部工作例会上做汇报；撰写的《关于石景山区总消费的测算报告》得到主管副区长批示。

（王立军）

【落实折子工程】 年内，区统计局、调查队承担区政府折子工程中涉及主要经济指标5项。局队从加强数据管理入手，确保源头数据质量，主动加强与市局、总队及区内折子工程牵头部门的沟通协作，顺利完成折子工程。

（王立军）

【信息化建设】 年内，区统计局、调查队制定2017年年报和2018年定报统计数据处理工作方案，负责整个采集平台年定报维护，包括建立区级工作组56个、所级工作组20个，分配报表146余张，汇总表884余张；负责两级业务人员管辖表调整；两级业务人员添加、删除；为企业重置密码；对业务人员操作进行指导；设置两级汇总表权限；对平台出现的问题及时向市局反馈；完成石景山区软件正版化自查工作。

（罗 凯）

【社区工作室建设】 年内，区统计局进一步推进社区统计工作规范化运行，逐步形成长效运行机制。一是上下联动，建立人员信息库，通过科所联动方式共同做好统计社工基本信息库维护工作。二是点面结合，强化培训指导，全年培训428人次3424学时；各统计所通过例会、业务布置会以及一线走访等形式进行专业指导，点对点答疑解惑。三是以纲立制，建立考评机制，从参加培训、业务工作和固定资产保管等六大方面加强考核，促进全区社区统计队伍管理工作科学化和规范化。四是备战经普，以年定报为依托选取50名统计社工参加顶岗培训，推动四经普在社区层面的普查指导员培训工作向前延伸。

（阴晓霞）

【专项调查】 年内，区统计局、调查队先后组织完成北京市统计局、国家统计局北京调查总队部署的《北京居民互联网共享单车与城市公共自行车使用及满意度调查》《北京市企业发展状况调查》《2017 年北京市食品安全公众满意度调查》《2017 年全国党风廉政建设和国有企业党风廉政建设民意调查》《北京市“疏解整治促提升”专项行动实施效果民意调查》《北京市医药分开综合改革调查》《2017 年北京市党风廉政建设责任制检查考核民意调查》等专项调查工作。同时组织开展《石景山区流动党员基本情况调查》《二季度石景山区群众安全感调查》《四季度石景山区群众安全感调查》《2017 年石景山区党风廉政建设满意度调查》《石景山区“疏解整治促提升”专项行动实施效果民意调查》等多项调查。

（杨福江）

【统计服务】 年内，区统计局、调查队构建“日常调查与专项监测”互补统计调查体系，主动跟进全区重大决策部署，分析研判经济增长目标的支撑面和薄弱点，为准确把握经济走势奠定基础。重点围绕地区生产总值、全社会固定资产投资等主要经济指标，以及重点行业和领域，强化统计监测预警，为全区“稳增长”提供抓手和着力点。提升统计数据服务效能，严格执行统计数据（信息）发布计划，在石景山统计微信公众号、《石景山报》上开辟专栏，拓展统计数据发布渠道，强化数据解读，提升数据服务效果。围绕“疏解整治促提升”、“高精尖”经济结构构建等重点工作，及时高效提供数据支撑，满足区委区政府及相关部门的数据需求，全年共提供数据 100 余万笔。资料编辑工作稳中提质，编印《石景山区经济发展统计月报》11 期及《石景山区统计年鉴（2017）》。

（王立军）

【统计年报】 年内，区统计局、调查队完成当年年报及下年定期统计培训、布置和统计工作。全年召开年定报培训会 28 场，培训单位 1500 余家，涉及人员 3400 余人次。

（隗京华）

【名录库管理维护】 年内，区统计局、调查队扩大准规模调查范围，执行“四上”单位审批工作相关规定，全年核查准规模单位 1397 家；新纳入定期统计单位 118 家，退出 92 家。

（隗京华）

【统计改革试点】 年内，国家统计局下发《国家统计局关于开展 2017 年固定资产投资统计制度方法改革试点工作的通知》，决定开展 2017 年固定资产投资统计制度方法改革试点工作，北京在试点范围内。加上现行投资统计制度和已投入试运行的投资统计改革制度，此次试点工作开展之后，石景山区投资制度即形成三轨运行的密集态势。区统计局、调查队多措并举：一是制定方案明确流程。研究制定相关工作方案，明确石景山区 2017 年投资统计改革及试点工作的工作模式、工作流程和责任主体。二是及时组织培训并开展座谈。组织试点项目单位按时参加市局视频培训，并在培训结束后组织试点项目单位开展座谈，了解企业对试点制度、报表和指标的理解程度，解答企业在培训过程中发现的问题，结合企业实际帮助项目单位统计人员梳理试点制度的填报方法，从源头上确保试点制度数据质量。三是加强部门协作。归纳总结的《非金融资产投资情况填报指南及问题解答》与制度相结合，于年中“非金融资产投资情况表”开网前将《问题解答》及相关工作要求传达给各专业科所，提升数据质量。四是强化审核及时沟通。一方面不断加强投资统计改革报表审核工作，借助表内审核、表间联审和库外审核等手段，确保投资统计改革报表数据完整、真实、准确；另一方面，认真记录和总结填报过程中发现的各类问题和项目单位反馈的焦点问题，及时反馈市统计局投资处，发现问题及时解决。

（刘　欣）

【居民收入】 全年居民人均可支配收入 66112 元，同比增长 8.4%。四项收入全面增长，工资性收入仍为主要拉动因素。

表 5　2017 年石景山区居民人均可支配收入增长及构成

项　目	本期（元）	上年同期（元）	同比增速（%）
可支配收入	66112.00	60980.21	8.4
1.工资性收入	40312.00	35991.80	12.0
2.经营净收入	1381.00	1112.01	24.2
3.财产净收入	7583.00	7228.63	4.9
4.转移净收入	16836.00	16647.77	1.1

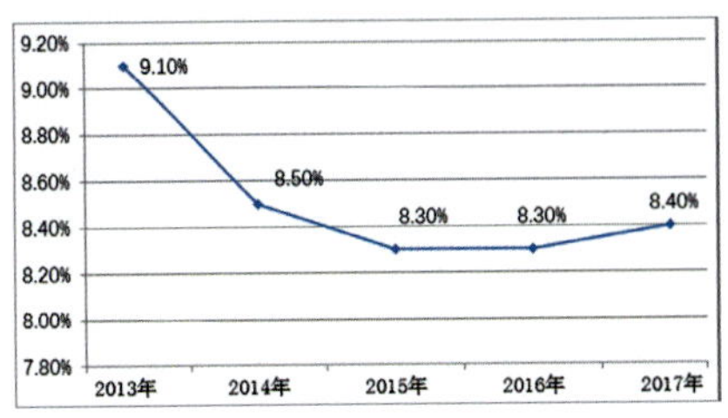

2013－2017 年石景山区居民人均可支配收入增长趋势

（魏冬丽）

【消费支出】 全年居民人均消费支出 40767 元，同比增长 5.8%，其中八大类消费支出呈现“五增三降”态势。

表 6　2017 年石景山区居民人均费支出贡献率和拉动率

指标名称	2016年	2017年	贡献率	拉动率
居民消费支出	38547.38	40766.85	100	
（一）食品烟酒	7946.06	7896.12	-2.3	-0.1
（二）衣着	2427.37	2357.71	-3.1	-0.2
（三）居住	10128.82	10439.13	14.0	0.8
（四）生活用品及服务	2571.13	2619.53	2.2	0.1
（五）交通通信	5161.24	6596.47	64.7	3.7
（六）教育文化娱乐	4417.30	4985.83	25.6	1.5
（七）医疗保健	4653.15	4857.47	9.2	0.5
（八）其他用品和服务	1242.31	1014.58	-10.3	-0.6

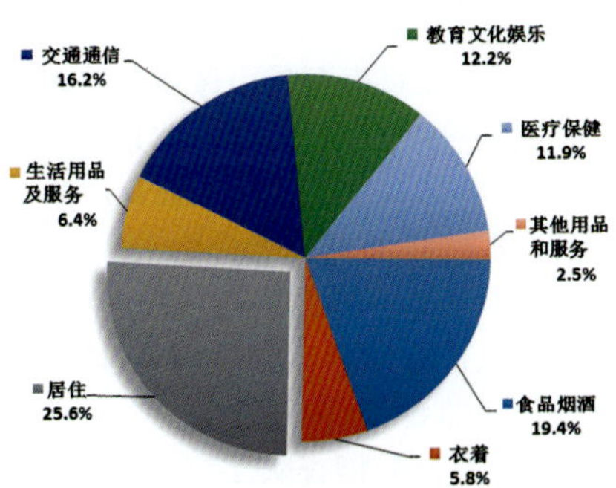

2017 年石景山区八大类消费支出构成（%）

（孔　磊）

【统计宣传】 年内，区统计局、调查队一是全力提升统计信息宣传质量。市局采登信息 204 篇，比上一年度增长 33.3%，两办任务累计完成 116 篇，信息工作超额完成既定任务。二是推出“石景山统计”微信公众号，累计推送图文内容 60 余条，阅读数达 13541 人次。先后开展“9·20统计开放日有奖竞答”和“人口抽样调查大闯关”两次线上活动，互动状况稳定。三是进一步规范网络管理制度和流程，完成“石景山统计信息网”升级改版，顺利通过国务院网站普查。四是加强与《石景山报》、石景山电视台等区级媒体合作，针对统计数据发布、进度和专题分析、课题研究成果展示、重点调查工作等内容进行宣传报道。五是强化对统计重点工作的宣传，突出工作特色、宣传先进人物和事迹。在人口抽样调查、住户调查、疏解整治、人口调控、新首钢建设、西山永定河文化带建设研究课题等重点工作中，有计划地开展宣传。

（李岱丽）

【统计执法】 年内，区统计局、调查队完成执法任务297家（区内常规检查36家、专项查询检查124家、督导63家、催报74家），超额完成128.5%。区内一般程序立案处罚28家单位（常规检查15家、专项查询12家、迟报1家），罚款金额15.8万元。区内简易程序处罚80家（常规检查6家、催报74家），罚款金额0.45万元。

（张雪萌）

质量技术监督

【概况】 北京市石景山区质量技术监督局（简称区质监局）隶属北京市质量技术监督局，是负责区内工业产品监督管理，组织实施标准计量工作，承担特种设备安全监察责任。设办公室、法制科、产品质量监督管理科、标准化科、计量监督科、特种设备安全监察科6个内设机构，稽查队、综合服务中心、计量检测所、特种设备检测所4个直属机构。年内，区质监局严格落实市质监局和区委、区政府的决策部署，按照“保障安全、提升质量、服务民生、促进发展”工作主线，共开展各项执法活动902起，出动执法人员1804人次，办理各类群众举报投诉184件，查处违法案件186起，同比增长158%，人均处罚量11.6件，同比增长155%，罚没款金额196150元；检测计量器具12706台件；检验特种设备4156台件，检验收入288.53万元。连续三年获市质监系统先进集体。综合服务中心获石景山区“三八红旗集体”荣誉称号。

（杨宗耀）

【春节期间计量衡器监督】 1月，区计量检测所对辖区内沃尔玛、物美大卖场、首超京客隆等重点商超在用计量器具进行周期性检定。集中检定各种衡器175台，合格172台，不合格3台，不合格器具均为条码计价秤。检定人员要求不合格计量器具的使用单位尽快更换计量器具并再次进行检定。

（杨宗耀）

【销毁不合格童装】 2月13日，区质监局对查处的不符合国家标准，总值4万余元900余件儿童服装，依据罚没物品处置规定的相关要求集中销毁。执法人员提醒消费者在选购婴幼儿及儿童服装时，要选择说明书及产品标识齐全的产品。

（杨宗耀）

【“3·15”消费者权益日】 3月14日，区质监局到万达广场，举办“3·15”消费者权益日大型宣传活动。活动围绕“责任汇聚诚信 质量保障消费”主题，通过悬挂标语、展板展示、设立咨询台、发放宣传材料等形式，让前来的群众了解消费维权知识。技术人员通过电梯模型展示，向群众普及安全乘梯、遇到电梯故障如何处理等安全知识，消除大家对电梯存在的误解和恐慌心理。活动发放各类宣传材料2700余份，接待群众咨询300余人。

（杨宗耀）

【商品条码监督检查】 “3·15国际消费者权益日”前夕，区质监局依据国家《商品条码管理办法》和相关的法律法规，针对全区商场、超市的重点产品开展假冒伪劣、转让和使用过期、已注销商品条码以及用其它码制代替商品条码等违法行为的监督检查。检查种类包括食品、日用品、化妆品和服装等商品百余种。

（杨宗耀）

【停征计量行政收费】 4月1日起，区质监局按照市财政局、市发改委和市质监局联合发文要求，清理和规范一批行政事业性收费，其中计量行政收费停征，即行政审批和强制检定停止收费，强调非强制检定收费不得列入行政事业性收费，不得强制企业接受服务并收费。

（杨宗耀）

【峰会特设安全保障】 4月下旬，区质监局为保障“一带一路”国际合作高峰论坛期间特种设备安全，组成特种设备专项检查组，对辖区内移动式压力容器充装单位进行检查。重点检查企业是否设置安全管理机构、配备专兼职管理人员，人员是否持证上岗，是否按规定建立安全管理制度和岗位安全责任制度，是否制定事故应急专项预案并具有演练记录，在用设备是否在定期检验，是否在有效期内运行等情况。对于检查中发现的人员脱岗、管理不严、制度不落实等问题，执法人员要求相关单位立即整改到位。

（杨宗耀）

【密集场所安全监管】 4月，区质监局针对人员密集场所和劳动力密集型企业等重点领域进行重点监督检查。执法检查按照特种设备“三落实、两有证、一检验、一预案”工作要求，重点核查特种设备管理机构、管理人员和管理制度落实情况，特种设备使用登记、人员操作持证情况，特种设备检验报告以及应急预案编制和落实情况。检查涉及医院、商超、地铁、学校、公园、建材城等21家13部电梯、6台压力容器和1条客运索道。针对个别单位应急预案实操性差的问题，执法人员提出合理的建议和整改措施，并督促企业全部落实到位。

（杨宗耀）

【首个“中国品牌日”】 5月10日，是第一个“中国品牌日”。区质监局到北京市物美集团、北京嘉曼服饰有限公司2家企业开展主题为“深化供给侧结构性改革，全面开启自助品牌发展新时代”的宣传活动，向企业传达质检总局相关文件精神，向在场群众发放相关宣传资料300余份。

（杨宗耀）

【计量宣传周】 5月15—21日，区质监局在全区开展为期一周的计量宣传活动。宣传主题是“计量与交通”。采取到街道社区、加油站、农贸市场、商场超市等场所宣传计量与交通相关知识，通过知识讲座、发放宣传资料、播放公益宣传片、布置宣传展板、设立维修检测服务台、受理计量投诉等形式，宣传普及与群众日常生活密切相关的计量常识。活动中展出宣传展板5块，发放宣传材料500余份，为市民免费检定台式血压计、人体秤60余台(件)。

(杨宗耀)

【老旧小区加装电梯】 7月19日，区质监局实地查看八角南路22号楼2单元住宅加装电梯运行管理情况，听取电梯安装单位关于该楼增设电梯工作总体情况介绍，对电梯安装和使用管理情况、应急呼叫设备、监督检验等情况进行检查，各项指标达到技术标准。这是石景山区由政府推动第一部为老旧住宅增设的电梯，具有标志性和示范意义。

(杨宗耀)

【“质量月”宣传进校园】 9月20日，区质监局按照全国质量月“加快质量提升，打造质量高地”活动主题，与辖区内银河小学联合开展质量安全进校园宣传活动。活动现场，市质监局邀请的专家为在场师生详细讲解与日常生活、学习息息相关的质量、计量和特种设备安全常识及相关知识，并举行有奖问答活动以及发放宣传品500余份。银河小学利用宣传品组织学生开展征文、图画等一系列活动，进行评奖后集结成册，在校园橱窗内展示。

(杨宗耀)

【消防安全应急演练】 12月19日，区质监局针对大兴区西红门镇新建村发生“11·18”重大火灾事故，为增强广大干部职工的消防安全意识，组织全体干部职工开展消防应急疏散演练活动。按照演练方案要求，假定办公楼发生火情，各楼层负责人听到消防警报后迅速组织本楼层人员，按照“安全快速、就近撤离”原则，有序从消防逃生通道撤离到应急避难区域。全局干部职工60余人全程参与应急疏散演练。

(杨宗耀)

【物业服务标准化】 12月20日，国家标准化管理委员会、市质监局组织专家组，对首个国家级物业服务标准化试点项目——智达基业物业服务标准化试点，进行全面考核评估。智达基业物业服务标准化试点工作通过考核评估。专家组认为，区政府、区质监局、智达基业物业管理有限公司，围绕行政办公物业服务特点，遵循“开放兼容、突出重点、注重实效、适度超前、协调配套”原则，经过两年建设，建立行政办公物业服务标准体系，梳理服务管理事项34项，收集国家行业及地方标准119项，法律法规和政策文件113项，编写企业标准92项，对推动物业企业实施标准化管理，提高物业服务水平和服务质量做出有益探索。

(杨宗耀)

【特种设备安全整治】 12月，区质监局依照市局特种设备安全隐患大排查、大清理、大整治专项行动方案要求，对气瓶充装单位、客运索道和大型游乐设施、人员密集场所使用的特种设备、冬季供暖在用特种设备、起重机械等进行专项检查。出动执法人员60余人(次)，检查单位14家，检查设备80多台(套)。重点检查特种设备使用单位“三落实、两有证、一检验、一预案”落实情况。检查中，发现个别单位存在特种设备使用安全隐患，现场要求该单位立即整改，消除安全隐患，并逐一核查整改情况，确保督促到位、整改落实到位。

(杨宗耀)

【3C认证生产企业监督】 年内，区质监局加大3C认证产品生产、销售企业监督检查力度，主要检查七类生产企业。一是区内汽车4S店在售的汽车类3C认证产品。检查的重点为汽车整车、汽车玻璃、汽车轮胎、汽车安全带、汽车用儿童安全座椅等。检查项目包括:是否经过3C认证、证书是否与产品型号相符、证书是否在有效期内等内容。检查发现，部分汽车4S店现场未能提供在售3C强制性认证产品认证证书，执法人员做出相应行政处罚和责令整改处理。二是对3C认证电器产品生产企业进行专项执法检查。检查项目是:查看获证企业3C证书是否在有效期内、是否存在超出证书范围生产的行为等情况。经检查，辖区内获得低压电器强制性产品认证企业5家，其中2家已停产、搬迁，在产企业3家。未发现证书超期、产品超出证书范围生产、抽查产品不合格情况。三是对低压成套开关设备生产企业3C强制性认证产品专项执法检查。检查重点是低压成套开关设备产品是否取得3C强制性产品认证证书以及产品名称、产品系列、规格型号与3C证书的一致性问题，是否超范围生产，是否有冒用他人厂名、厂址和3C认证标识的行为。经查，辖区内有3家生产企业，其中2家搬迁停产;1家企业11个单元产品全部获得强制性产品认证证书，证书全部在有效期内，生产行为规范，无超范围生产、冒用他人厂名厂址等违法行为。四是结合火灾防控和消防安全隐患集中清查整治，对3C认证消防产品生产企业进行执法检查。重点核查3C认证证书有效性以及产品相关检验报告等资料，检查3C认证证书是否在有效期内、型式试验报告是否合格等，按照检查要求让企业填报《电气火灾综合治理自查检查表》，并签订《产品质量主体责任自我承诺书》。经查辖区内4家3C认证消防电器产品生产企业，其中1家停产腾退完毕，1家企业3C认证证书暂停，另外2家正常生产。五是3C认证儿童玩具专项执法检查。检查包括列入3C强制性认证目录的儿童玩具童车、电玩具、塑胶玩具、金属玩具、弹射玩具、娃娃玩具等。检查重点是列入3C强制性认证目录的在售玩具是否取得3C认证证书，厂名、厂址、产品名称、产品标准号、警示标识、玩具适用年龄段、产品质量检验合格证明、是否具有法定检验机构出具的合格检验报告等。六是混凝土搅拌运输车强制性产品认证检查。经检查，辖区内混凝土搅拌运输车使用单位5家，其中2家企业拆迁，3家企业正常经营。现场检查3家运营企业主体资质、车辆基本信息及相关资料，混凝土搅拌

运输车辆符合国家强制性产品认证要求,未发现明显突出安全问题。七是开展3C认证音频设备专项检查。检查重点是家用音响、收音机、蓝牙音箱等音频设备。检查内容是否经过3C强制性认证、证书是否与产品型号相符、证书是否在有效期内等内容。检查发现,部分销售音频设备单位没有向生产单位索要3C强制性认证证书,现场不能提供有效3C强制性认证证书,部分音频设备包装上未打印3C认证标识,执法人员责令以上单位停止销售,立即整改。

(杨宗耀)

【商事登记制度改革】 年内,区质监局会同区工商、税务部门完成“三证合一”“五证合一”试点工作,确保“一个窗口统一受理,相关部门信息共享”。完善“统一社会信用代码”登记中组织机构工作各项制度,规范办事流程,配合机构编制、民政等其他登记机关,实现组织机构代码工作平稳过渡和有序衔接。业务办理过程中,主动做好“一照一码”商事登记制度宣传工作,对前来办理组织机构代码业务的商事人员,做好引导,助力“一照一码”商事登记制度顺利实施。

(杨宗耀)

【特种设备使用登记】 年内,区质监局办理特种设备使用登记许可2173件次,办理单位名称变更许可394台件,办理特种设备补领许可42台件,办理特种设备注销795台件,办理特种设备停用182台件,办理特种设备启用32台件,完成全年特种设备使用登记许可工作。

(杨宗耀)

【锅炉改造】 年内,区质监局召开贯彻落实锅炉低氮燃烧改造工作会。全区40多家锅炉使用单位的负责人参加会议。传达市质监局、市环保局关于锅炉低氮燃烧改造安全风险警示通告有关精神,市质监局关于加强锅炉低氮燃烧改造工作的通知要求,并将两份文本文件印发到每一个低氮燃烧改造的锅炉使用单位。成立领导小组,对锅炉低氮燃烧改造工作进行工作部署,督促辖区内相关单位严格落实企业安全主体责任,签订安全承诺书、锅炉安全性能确认书。要求锅炉使用单位按期上报锅炉低氮燃烧改造工作进度表。安装过程中,督促企业将相关部件送至国家相关检测机构检定,在有关技术人员指导下更换调试。年末,石景山区锅炉低氮燃烧改造按期完成,达到有关指标要求。

(杨宗耀)

安全生产监督管理

【概况】 北京市石景山区安全生产监督管理(简称区安监局)是行驶安全生产综合监督管理的政府职能部门。年内,区安监局紧紧围绕落实“四化三体系双基”总任务,按照“一个统领,六个立足”(即:坚持党建统领,立足责任落实、立足平时日常、立足严密防范、立足专项整治、立足严管重罚、立足改革创新)的思路开展安全生产工作,在“固本强基”上狠下功夫,在“一流标准”上抓落实,全区安全生产形势保持持续稳定态势。石景山区连续11年未发生较大以上生产安全事故,在北京市安全生产综合考核中连续8年被评为先进区。

(颜惠军)

【安全隐患专项行动】 上年11月20日至是年2月28日,石景山区各街道办事处、各行业主管部门贯彻市委市政府和区委区政府的决策部署,开展专项行动。全区检查生产经营单位40162家次,排查整改各类安全隐患16333项,拆除存在安全隐患建筑1575处,拆除面积8.57万平方米,打通生命通道169条,关停企业291家,处罚328起,处罚金额200.2万元,疏解人员3050人,行政拘留25人。593项市级挂账的“三合一”和“高风险群租房”重大消防安全隐患如期销账,隐患整改率和复查核验率均达到100%,专项行动受到市政府通报表扬。

(刘同明)

【安全生产失职追责细则发布】 1月6日、3月9日,石景山区第1次区政府常务会和区委第10次常委会审议通过《石景山区落实安全生产“党政同责、一岗双责、齐抓共管、失职追责”实施细则》,并以区委区政府名义印发全区实施。“细则”共5章18条,分别明确制定依据,追责原则、适用对象、追责方式、8类追责的具体情形及具体实施的部门,并将5类安全生产工作作为区委区政府绩效考核、使用干部的依据,同时还明确3类从重、从轻、减轻、免于追责的情形及具体的追责程序和保障机制。

(颜惠军)

【危险化学品领域专项整治】 1—3月,聘请中介机构集中对危险化学品生产经营单位、烟花爆竹、燃气经营单位、医疗机构危险化学品和教育机构危险化学品使用情况协助开展专项检查。完善全区危化企业台账,对全区117家危险化学品单位(含23家烟花爆竹零售网点)开展检查。同时,与危化企业反恐工作结合,加强对气瓶存储单位、社会及内部加油站等涉危企业执法检查。重点整治企业主体责任不落实、规章制度不健全、管理不规范等问题,巩固企业安全基础,遏制涉危企业安全事故发生。共检查生产经营单位467家次,排查安全隐患290项,行政处罚9起,罚款17.6万元。

(颜惠军)

【危化企业反恐防恐联合检查】 3月7日,区安监局根据全国“两会”安保反恐防恐各项措施,“2·24”全区反恐怖工作会议精神,联合区公安分局、区商务委、区文委等部门,对北京裕海源汽车服务有限公司鲁谷加油站等危化企业进行反恐防恐联合检查。重点检查全区反恐怖工作会议精神贯彻落实情况,重要部位安全防范和应急准备工作情况,以及危险化学品安全管理情况。通过开展联合检查及时查漏补缺,提前发现、制止暴恐活动发生,确保全国“两会”期间石景山区危化企业安全生产。

(董军岭)

【区安全生产协会与区安监局脱钩】 3月31日,石景山区安全生产协会召开第三次理事会,贯彻落实“区政府关于行业协会商会与行政机关脱钩”工作要求,选举新一届理事长和秘书长。

会议传达区政府关于行业协会商会与行政机关脱钩会议精神，选举首钢总公司安全管理高级经理叶凯任理事长、中铁建设集团副总经理吴永红任秘书长。

（颜惠军）

【职业卫生领域专项整治】 4—6月，区安监局发挥第三方机构专业力量，重点在制造业、加油站、有限空间、医疗及非医疗机构放射单位开展职业卫生专项执法检查。完善企业台账，对全区118家涉及职业危害单位开展全面检查，实现监管全覆盖，促进企业主体责任落实。探索现场执法简易程序当场处理执法新模式，为多途径、精细化开展行政执法积累经验。共检查存在职业危害单位120余家，下达责令整改文书109份，行政处罚18家，罚款7.5万元，10家企业退出市场。

（颜惠军）

【《职业病防治法》宣传】 4月27日，区安全监管局联合市安全监管局、市职防联、区卫计委、区总工会、区人力社保局在北京国际汽车贸易服务园区集中开展《职业病防治法》宣传活动。宣传活动以“健康工作，从我做起”为主题，通过发放宣传品、现场咨询等方式普及《职业病防治法》及其配套规章、标准和常见职业病防治科普知识，营造全社会共同关注职业病防治工作的良好氛围。

（李　勇）

【安全生产月咨询日】 6月16日，区安监局以“全面落实企业安全生产主体责任”为主题，在巴威公司主会场和16个分会场分别开展第16个“安全生产月”咨询日活动。区旅游委、商务会、住建委、卫计委、环保局、民防局、质监局等行业主管部门和9个街道办事处分别在16个分会场围绕行业安全、燃气安全、居民用火用电等安全常识，通过发放宣传单、宣传册及现场解答等方式，普及安全生产知识，提高群众安全意识。咨询日当天，全区各部门、各街道共出动宣传工作人员320多人，悬挂安全生产宣传条幅550余幅，摆放宣传展板300多块，发放各类宣传资料15000余份，受教育职工和群众12000余人。

（杨云超）

【建筑施工领域专项整治】 7～9月，区安监局专项整治51家住建委备案的建筑施工项目、21家首钢系统在建施工项目、34项市政工程、111项街道便民工程、21项校园工程。针对检查发现的安全隐患，及时提出整改意见和措施，督促指导建筑企业按期限整改，有效遏制违法违规行为和生产安全事故发生。共检查单位126家次，下达责令限期整改指令书74份，查处安全隐患152项，行政处罚14家，处罚金额13.2万元。

（颜惠军）

【中央督察组督察十九大维稳】 10月9日，中央督查组对石景山区党的十九大期间安全保障和防恐反恐等工作情况进行督查。中央督查组对中石油鲁谷加油站的安全培训、应急演练、反恐设施及散装油销售和管理情况给予充分肯定，并要求企业要落实好大会期间安全保障工作，层层落实主体责任；要不断完善应急防范措施，确保遇有情况能够及时有效处置；要切实做好十九大期间的安全检查、巡查，及时发现并消除隐患，确保不发生问题。

（颜惠军）

【十九大期间维稳】 党的十九大期间，区安监局根据维稳安保工作总体部署，按照市委书记蔡奇提出的“最高标准、最强组织、最实举措、最佳状态”工作要求，制定工作方案，突出危险化学品、职业卫生、有限空间、人员密集场所、建筑施工等重点单位和部位，保持高压严管态势，强力执法，完成十九大维稳保障各项工作任务。党的十九大会议期间，日均出动30余人次，共检查单位1266家次，下达执法文书186份，排查整改隐患361项，行政处罚11家，罚款4.7万元。

（颜惠军）

【评估区职业病危害防治】 10月31日，市局评估组到石景山区开展为期一个月的职业病危害防治评估工作。评估组对照评估细则，采取查阅资料、从用人单位台帐中随机抽取10家生产经营单位进行现场评估、调查问卷等形式，从10个方面指标进行评估。

（李　勇）

【人员密集场所领域专项整治】 10—12月，区安监局在全区组织开展人员密集场所专项检查。专项检查范围设定52家单位，涉及文化体育类22家、餐饮商超类27家、旅游类3家。检查中，采取宣传和检查并举的形式，加大对《安全生产法》《北京市生产安全事故隐患排查治理办法》等相关法律法规宣传力度，促进生产经营单位安全生产主体责任落实。出动执法人员700余人次，检查单位85家次，下达责令整改48份，消除安全隐患87处，立案行政处罚3家，罚款2.4万元。

（颜惠军）

【督察组反馈督察情况】 11月24日，经市委、市政府批准，市委市政府安全生产第二督察组到石景山区反馈8月7—25日石景山区安全生产工作督察情况。督察组通报反馈督察情况，牛青山作表态发言。区委、区政府领导班子成员，区人大、区政协主要领导，区委区政府职能部门党政主要领导、主管安全生产工作的副职领导，驻区大企业、区属国有企业负责人等130余人参加会议。

（杨云超）

【安全生产法宣传周】 12月1—7日，区安监局开展安全生产法宣传周活动。4日，在北京北重汽轮电机有限公司开展宣传咨询日活动。活动现场通过悬挂横幅，摆放宣传展板，发放《宪法》《安全生产法》宣传材料等形式，为广大从业人员提供现场咨询服务，提升社会公众安全意识。活动期间，发放宣传资料120余份，摆放宣传展板20块，解答群众咨询10次。

（徐　洁）

【中介机构协助专项执法】 年内，区安监局安排资金26万元，采取政府购买服务方式，聘请中介机构协助在危险化学品、职业卫生领域协助开展专项执法检查行动，弥补执法专业力量不足。整合9名街道执法人员，分片开展执法检查，充实执法力量。全年共检查生产经营单位1007家，下达责令改正通知书531份，排查整治隐患

1066处,行政处罚94起,罚款70.8万元(不含事故处罚)。京安工程系统录入数1004家,行政执法信息服务平台检查单位录入数1002家,行政处罚案件数录入数94件。检查生产经营单位录入系统数同比增加981家,提高43倍;排查整改隐患同比增加324处,上升43.7%,行政处罚同比增加86家,增加10.75倍。按照13:2的指标,人均行政处罚量3.48,人均检查量37.3。

(颜惠军)

【安全生产重点任务】 年内,区安监局完成12项安全生产重点工作任务。其中:安全监管执法检查企业1007家,完成市下达任务(351家)的286.9%;行政处罚94件,完成市下达任务(54件)的174.1%。78项燃气占压隐患全部整治完毕,完成率100%;50家企业完成隐患清单编制,完成率100%;网上行政审批27项,审批率100%。590家企业完成标准化创建,完成年度任务(500家)的118%;731家企业投保安全生产责任保险,完成年度任务(350家)的208.8%;6项"十三五"规划中的核心任务全面推进,完成年度任务(2至3项)的200%。8座加油站完成贯标改造,完成率100%;为2206户低保家庭换装燃气灶具、安全辅助设备和独立式感烟报警器,完成年度任务(2027户)的108.8%;9个街道全部完成专职安全员规范化建设,完成年度任务(7家)的128.6%。2起生产安全事故调查处理完毕。同时,完成市委市政府安全生产第二督察组和市政府"三大行动"第七督查组的督察和督导工作任务。

(刘同明)

【应急处置突发事件】 区安监局全年处置16起突发、投诉举报事件。现场参与5起火灾应对工作;与公安部门核实2起亡人事件;接受害者家属电话举报事件2次;2次认定事件。5次到信访办接待相关人员家属上访。接访、接报期间,耐心接待上访受害人员及家属,询问经过、解答困惑,认真核查事件发生涉及单位以及事件发生的实际情况,依法依规告知部门法定职责、权限及诉求途径,在部门法规允许的最大可能范围内,尽量满足举报者诉求内容,妥善处理各类上访举报等敏感性事件。

(李奕萱)

审　计

【概况】 北京市石景山区审计局(简称区审计局)是负责辖区审计工作的区政府职能部门。设有办公室(主体责任办公室)、审计综合科(信息管理科)、财政金融审计科、固定资产投资审计科、经济贸易审计科、行政事业审计科、经济责任审计科7个科室及区审计指导中心和区审计局经济责任审计中心2个财政补助事业单位。年内,区审计局开展各类审计项目99项,查出管理不规范金额69924万元,提出审计建议150条,27篇审计报告和2篇审计专报被区领导批示,被市、区信息主管部门采用信息107篇次,实施行政处罚1项,实现近年来审计处罚"零突破"。"石景山区广播电视中心2015年度预算执行和决算草案审计""石景山区教育委员会2013年1月至2016年6月采购资金管理使用情况专项审计调查"两个项目获市审计局表彰;在北京审计学会"审计制度的创新与发展"征文活动、区直机关工委办公技能比赛以及市审计局职工文化艺术节中均被评为优秀组织奖,连续21年被评为"首都文明单位",信息工作连续10年被评为北京市审计机关信息工作优秀单位。

(王　鑫)

【重大政策措施落实跟踪审计】 年内,区审计局根据上级机关统一部署,按季度持续开展国家重大政策措施落实情况跟踪审计。上半年围绕推进京津冀协同发展,以疏解非首都功能为重点,全过程跟踪审计"疏解整治促提升"专项行动,并根据石景山区基本无违建工作目标,重点关注违法建设拆除专项行动、有无拖欠农民工工资等情况。同时,对以往查出问题的整改落实情况进行审计,确保相关政策落实不打折扣。

(王　鑫)

【预算执行审计】 年内,区审计局开展区级财政预算执行审计以及区发改委、区人保局、区城管委等13个部门的预算执行审计。部门预算执行审计覆盖率超过20%。突出反映体制、机制、制度以及政策措施层面中存在的问题,并立足体制机制提出有针对性的审计建议。首次采用"集中数据分析,分散调查核实"审计方式,集中全局计算机骨干全面分析区级财政预算资金分配和国库集中支付的数据,统一制定工作方案,区级与部门预算审计上下联动。并从区级财政审计的角

4月11日,区审计局审计北京九中新购资产情况　　(区审计局供稿)

度分析共性问题产生的原因。继续公开13个部门预算执行审计结果，同时将审计工作报告和水资源审计调查结果对外公开。

（王　鑫）

【固定资产投资审计】　年内，区审计局共开展重点建设项目跟踪审计任务74项，核减工程造价49579万元。开展2014年1月至2017年6月石景山区道路维修资金审计调查项目。围绕“疏解整治促提升”十大专项行动的相关安排，对“中心城区老旧小区综合整治”“中心城区重点区域整治提升”等相关行动制定审计工作方案并稳步实施。针对北辛安棚户区改造、保险产业园等重点项目持续开展审计监督。坚持边查出问题边督促整改，在规范投资领域秩序和为国家节约资金方面发挥重要作用。

（王　鑫）

【经济责任审计】　年内，区审计局认真落实《党政主要领导干部和企业领导人员经济责任审计规定》及其实施细则，围绕被审计领导干部履行法律法规赋予的重要职责以及“三定”方案规定的主体责任开展审计。对石景山游乐园、石景山医院、区机关行政管理处3个单位的4名处级领导干部开展任期经济责任审计。坚持以“三个区分开来”为原则，客观评价领导干部任职期间的经济责任情况，且首次试行经济责任审计与自然资源资产审计结合，提高审计效率，避免重复审计。通过明晰问题责任界定等措施，提高经济责任审计结果的质量，强化被审计领导干部的履职尽责意识。

（王　鑫）

【专项资金审计调查】　年内，区审计局针对涉及重大公共利益、群众关注度高的财政专项资金开展养老服务政策落实情况、公务用车改革政策落实情况、各街道（社区）财力及财政财务管理绩效情况、社会工作保障和服务群众经费管理使用情况、校园文化建设专项资金管理使用情况、道路维修资金使用情况等6项审计调查。重点关注政策落实、资金使用绩效、人民群众受益情况，就完善制度、规范管理提出可行性建议。

（王　鑫）

【自然资源资产审计】　年内，区审计局继续开展自然资源资产审计试点工作。贯彻落实中办、国办下发的《领导干部自然资源资产离任审计规定（试行）》文件精神，结合区域特点，并根据“党政同责、同责同审”要求，首次对石景山医院的党政两位主要领导同步开展自然资源资产审计，并首次对领导干部任职期间履行自然资源资产管理和生态环境保护责任进行客观评价。重点审计2014年1月至2017年6月石景山医院在污水处理、医疗垃圾管理、碳排放及能源管理使用情况等，发现该院在节能产品采购、医疗废物处理等方面存在的问题并提出审计建议。

（王　鑫）

【内部审计】　年内，区审计局充分发挥对内部审计工作的监督指导作用。发布石景山区内部审计工作要点，推动各单位严格按照《石景山区关于进一步加强内部审计工作的实施意见》中的相关要求开展内审工作。首次采取“以审代训、审训结合”的方式择优抽调3名内审骨干参与部门预算执行现场审计工作。组织全区28个委办局和9个街道（鲁谷社区）近60名主要领导、主管领导进行审计相关工作培训，局主要领导亲自授课，并与各单位进行座谈交流，促进各单位内审工作落实。开通石景山区内部审计在线教育平台，做好内审人员后续学习教育工作。

（王　鑫）

国有资产监督管理

【概况】　北京市石景山区国有资产监督管理委员会（简称区国资委）是代表区政府履行国有资产出资人职责，承担国有资产监管职能的政府直属特设机构，监管范围为区政府履行出资人职责企业和授权实行企业化管理事业单位的国有资产，并对区属国家原始出资集体资产指导监管。年内，区国资委围绕石景山区“一二六六”工作思路和“六个先行区”建设目标，以“疏解整治促提升”为工作主线，在疏解整治中加强党对国有企业的领导，破解企业发展重大难题，优化国有资产规划布局，完善监管制度体系，为区属国有企业高端绿色发展打下坚实基础。系统一级监管企事业单位10家，二级及以下53家；年末从业人员数2472人；全年系统内区属国企营业收入累计实现16.0亿元；实现利润总额1.9亿元；上缴税金1.4亿元。年末资产总计265.4亿元，同比增长52.4%；净资产120.8亿元，同比增长35.2%。

（田明月　蔡婉妮）

【重大建设项目】　年内，石泰公司开展抢救、保护、传承、发展模式口文保街区的重要工作，完成试点街区南小街的基础设施提升、沿街房屋立面修缮整治工作，实现北京市历史街区第一个飞线入地工程。石泰公司承担衙门口棚改，年内完成项目立项、征地等前期手续，回迁安置房方案基本稳定，选房中心布置完成，项目设计、融资等各项工作全面推进。建筑公司按照绿建三星标准开展保险产业园组团工程，其中648地块于12月实现工程竣工验收；637、641、639、649四个地块共计43万平方米建筑实现结构封顶。

（田明月）

【疏解整治促提升】　年内，区国资委按照石景山区治乱疏解建高端暨专项行动工作要求，成立专项行动分指挥部，在全系统范围内开展疏解整治促提升专项行动，自2015年以来累计整治面积15.12万平方米。全面开展大杂院清理整治，率先完成全部整治任务74处，整治面积4.75万平方米。强力推进存量违法建设拆除，严格落实新生违法建设“零增长”目标，坚决拆除存量违法建设，解决酒吧街历史遗留难题，整治面积3.66万平方米。集中开展出租房屋环境综合整治，整治涉及低端业态及环境脏乱等问题的出租房屋102处，整治面积2.33万平方米。统筹推进其他专项整治任务，强力开展商品市场、地下空间以及信安大厦清退等疏解整治。其中，商品市场疏解整治面积3.09万平方米，信安大厦清退面积1.29万平方米。持续巩固“疏整促”工作成果，按照“六个一批”重点工作要求，做好拆除腾退土地和已整治点位的集约高效利用，严防反弹和低端产业回流。

（赵天翊）

【国资国企发展规划】 年内，区国资委起草的《关于全面深化区属国资国企改革的实施意见》《关于区国资委监管企业改革的方案》经石景山区全面深化改革领导小组第八次全体（扩大）会议审议通过。《关于全面深化区属国资国企改革的实施意见》作为石景山区国资国企改革的纲领性文件，与党的建设、国企改革、审计、薪酬考核、收益收缴、经营性房屋管理等配套政策共同形成“1+N”的政策体系，搭建起石景山区国资国企改革的四梁八柱。

（山 杉）

【国企改革发展】 年内，区国资委继续深化改革。石开公司划转至实兴腾飞公司。区自来水有限公司无偿划转至北京市自来水集团有限责任公司。房屋和市场中心及下属共7家事业单位的分类方案取得区编办批复，均划分为经营类事业单位。万商公司将5家全资子公司进行整合，组建万商集团。国资公司全资发起设立北京市石景山区现代创新产业发展基金有限公司。实兴腾飞公司与中铁建联合摘得玉泉西一路地块，共同投资成立北京中实置业有限公司，建设石景山区首个共有产权房项目。国资公司和实兴腾飞公司共同成立北京国实置业有限公司负责实施中关村石景山园北Ⅱ区创业创新园升级改造项目，项目工业用地前期开发实施方案取得区政府批复，规划部门出具规划条件。万商公司在唐山新建万商如一酒店分店。

（山 杉）

【国有企业监管】 年内，区国资委修订印发《国有经营性房屋管理办法（试行）》。通过引导经营性房屋用途符合区域发展方向、严格经营性房屋备案及审批、建立完善租金询价定价工作机制、建立国有经营性房屋管理平台、建立“重点关注承租人”信息库、明确经营性房屋管理责任等，进一步规范国有经营性房屋管理。下发《关于石景山区国有企业收入分配管理办法（暂行）》，开展全系统收入分配改革，贯彻落实国家财经纪律，规范企业薪酬发放名目，促进职工收入合理增长。

（钱 琛 蔡婉妮）

【国有资本经营预算】 年内，区国资委根据《石景山区国有资本经营预算管理暂行办法》《石景山区国有资本收益收缴管理暂行办法》和石景山区财政局关于编报国有资本经营预算的通知要求全面开展国有资本经营预算收益收缴各项工作。全年国有资本经营预算收入590万元，执行数590万元。根据上年预算收入规模及预算支出，年度国资委系统国有资本经营预算上缴一般公共财政预算129.8万元，预算支出安排460.2万元，用于老旧小区改造和解决历史遗留问题。

（蔡婉妮）

【国企社会责任】 年内，区国资委系统企业积极履行社会责任，提升服务水平，共建民生家园。物业企业全力配合属地街道，开展创建“基本无违建社区”“百日会战”行动。整治（拆除）违法建筑524处，整治（拆除）面积约1.27万平方米，拆除地锁1925个，完成硬化路面及还建绿植面积约1040平方米，投入保安保洁1260人次，清运整治（拆除）垃圾2540吨，小区居住环境得到明显改善。物业企业与街道社区搭建不同层级对接平台，建立定期会商机制，提升物业服务水平。高度重视民生家园建设。区国资委系统企业为街道社区提供经营性用房，用于建设社区便民养老服务中心、老街坊议事中心。通过回租、回购的方式共选址蔬菜零售网点34家，遍布全区7个街道（社区），经营面积1.2万平方米，投入资金4500余万元，采用统一的标识和装修风格，共建成开业23家，有效缓解居民买菜难问题。

（钱 琛 刘 婕）

【招商引资】 年内，区国资委系统引进企业4家。国资公司引入北京德泰玖成科技有限公司，注册资本金10000万元；引入博裕海阳（北京）科技有限公司，注册资本金1000万元；引入中图英才（北京）网络教育科技有限公司，注册资本金200万元；引入北京云铺智选科技有限公司，注册资本金100万元。

（刘 婕）

【安全生产】 年内，区国资委系统以强化安全主体责任意识、加强安全宣传教育、提高安全生产技能、突出隐患治理、增强应急处置能力为重点，开展“安全生产月”活动、有限空间“合围攻坚行动”、可燃物清理专项行动、“十九大”期间消防安全保障、安全隐患“大排查、大清理、大整治”等专项行动，促进企业安全运营。

（张 鹏）

【信访维稳工作】 区国资委全年受理到访202人次，各类信访76件，便民电话转办件1020件。有效化解酒吧街农民工讨薪、英瑞德健身房退卡等多个群体访，营造和谐稳定的社会环境。

（田明月）

食品药品监督管理

【概况】 北京市石景山区食品药品监督管理局（简称区食药监局），负责本行政区域内食品、药品、医疗器械、保健食品、化妆品（以下统称为食品药品）的日常监督管理工作。截至年末，石景山区有食品药品主体4429家。其中，食品生产经营单位1756家，餐饮服务单位1175家，药品生产经营使用单位119家，医疗器械生产经营单位572家，保健食品生产经营单位318家，化妆品生产经营单位489家。年内，区食药监局贯彻执行《食品安全法》《药品管理法》，以创建食品安全示范区为目标，融入京津冀协同发展和区域城市管理综合执法体制改革大局，创新工作思路，提升监管能力，夯实工作基础，守住安全底线，全区未发生食品药品安全事件，确保辖区食品药品市场安全与稳定。全年食品药品稽查受理群众投诉举报1944件，行政执法立案326件，做出行政处罚280件，罚没款5994254.09元。移送公安涉刑案件3起，批捕6人，涉案药品

100余种，货值金额超过40万元。

（胡成杰）

【食药安全监管机制】 年内，区食药监局依据《石景山区食品安全监管属地责任管理办法》，完善区、街两级食品药品安全委员会，区常务副区长担任区食药安委会主任，主管副区长担任区食药安委副主任，区政府办、区法制办等38个部门为成员单位。各街道办事处（鲁谷社区）主任担任街道食药安委会主任，落实属地管理、分级监管的责任体制。全年投入食品安全经费738.3万元，追加创建食品安全示范区工作经费500万元。将食品药品安全工作作为辖区“建设民生家园”重点项目，列入年度区政府工作报告折子工程和为民办实事工程。

（胡成杰）

【区域食品合作机制】 年内，区食药监局为落实京津冀一体化，协调区卫生计生委与天津、河北签订卫生法制与监督合作交流协议，组织相关部门和大型商场超市、批发市场等单位与北京市怀柔区肉类联合加工厂签订牛羊肉“场厂挂钩”协议书，实施牛羊肉的企业直配模式，协调区商务委与国资委联动培育本土品牌，宏润公司通过品牌导入、供应链优化、服务升级方式，引进一公里果蔬、栗品尚、伊盛轩、千嘉鹤等知名品牌连锁和高端业态，实现市场调整疏解和自身产业转型升级的双重目标，全年共新建、提升蔬菜销售网点70家，基本建成覆盖全区151个社区的“一刻钟”蔬菜零售服务网络，解决居民买菜和各类生活问题。

（胡成杰）

【食药安全监控能力】 年内，区食药监局完成区食品药品安全监控中心1600平方米实验室建设，完成检验检测机构资质认定扩项，现场评审和山梨酸、苯甲酸、亚硫酸盐等五个食品检验参数的方法变更。建立起66家食品药品社区监测点，配发检测试剂和设备，制定监测点管理制度，完善15家企业自检室，在151个社区配发食品快速检测试剂，设立专职食品安全员，成立“老街坊”快速检测队伍，对农副产品市场、超市等开展食品快速检测，实施社区快检全覆盖。

（胡成杰）

【食品药品安全监测】 年内，区食药监局根据《2017年石景山区食品药品安全统一监测计划》，开展食品生产经营环节风险隐患排查，建立风险隐患清单，实施从“农田到餐桌”的食品全过程监督抽检，对纳入国民经济和社会发展计划的六大类食品实行重点监控，对辖区农副产品市场、大型超市、151个社区开展食品快速检测，对食源性疾病、食品污染、食品中有害因素等开展常态监测。截至年底，开展食品生产流通环节监督抽检2402件，不合格16件，合格率99.33%，快速检测2866件，不合格4件，合格率99.86%；餐饮服务环节1188件，不合格20件，合格率98.3%。药品生产经营使用环节抽验401件，不合格1件，合格率99.7%，器械生产经营使用环节抽验35件，合格率100%；保健食品抽验22件，不合格1件，合格率95.5%；化妆品抽验75件，合格率100%。全区未发生食品药品安全事件，安全监管能力和总体控制水平稳步提升。

（胡成杰）

【行政许可】 年内，区食药监局按照深化供给侧改革，顺应精简审批、审批权下放、先照后证等改革形势，严把准入关口，推进网上申报，简化服务流程，多证合一执照，提高服务效率，方便群众办事。依托市局行政许可系统，推行流程网上公示和材料补证一次性告知，全面实现食药各类许可网上公开办理。截至年底，办理行政审批2258项，其中食品流通944项，餐饮656项，药械保健品658项，许可事项均未出现超时限、违法违规行为，制证合格率100%，规定时限内完成送达率100%。

（胡成杰）

【日常监督检查】 年内，区食药监局依据《2017年度石景山区食品流通、市场环节日常监督检查计划》，对辖区2521户食品销售经营者主体，结合风险分级管理及各类食品专项检查，加强对食品销售经营主体的日常监管，对日常监管中发现的问题要求经营者立即整改，涉及违法的经营行为立案处罚。全年共出动9282人次，监督4268户次。

（胡成杰）

【食品餐饮专项整治】 年内，区食药监局按照专项整治“四有”，即有计划、有落实、有总结、有复核要求，开展畜禽蛋水产品专项、报刊亭专项、婴幼儿配方乳粉专项、“5毛食品”专项、校园周边专项、进口食品专项、调味品专项、鲜活鱼专项、禽流感防控专项，庆丰包子铺门店、张亮麻辣烫及调味品、餐饮环节食用油、火锅底料罂粟壳等20多项专项监督检查，分别建立食品

7月，区食药监局进行“阳光餐饮”工程检查 （区食药监局供稿）

生产、食品流通、餐饮服务、餐厨垃圾处理风险清单,以专项检查、日常检查、双随机检查等方式挂账、销账,期间完成畜禽蛋水产品专项抽检256件,检查356家次,发现问题13起,立案2起,整改11起。在保障党的十九大期间出动监督执法人员2416人次,监督检查食品药品生产经营者1028家,做出行政处罚7件,开展食品抽检46件,快检148件,快检结果均合格。

(胡成杰)

【实施“阳光餐饮”工程】 年内,区食药监局结合创建食品安全示范区,根据《石景山区推进“阳光餐饮”工程工作方案》,按照预防为主、风险管理,全程控制、社会共治的原则,明确职责、时间节点、细化实施措施。截至年底,辖区各类餐饮业态完成“阳光餐饮”工程建设947户,完成率81%。其中养老机构食堂、中央厨房、集体配餐单位完成100%,实现“阳光餐饮”手机APP系统对接;托幼机构食堂完成88%、学生食堂完成80%,规模以上社会餐饮单位完成89%。打造“万达广场”“喜隆多”两个北京市“阳光餐饮”示范街区,实现16家网上订餐企业与第三方平台网络后厨直播。

(胡成杰)

【食品安全教育进校园】 年内,区食药监局联合区相关部门,组织12所中学200余名学生代表,举办青少年维权知识竞赛活动,与所有学校签订食品安全责任书,建立以校长为第一责任人的食品安全责任制。在10所小学开展“食品安全在身边”主题教育活动,并录制“谈谈学校周边的‘五毛食品’”创建食品安全示范区走进演播室系列节目。同时,持续开展校园(含托幼机构)及周边食品安全监督检查,加强重点地区“五毛食品”检查力度,特别对爱玛峪地区食杂店开展联合检查,现场将店内劣质辣条、调味面制品等食品装箱封存,扣押“五毛食品”20余箱,约70公斤。全年检查校园周边356家次,发现问题13起,立案2起,整改11起。

(胡成杰)

【“神秘买家”模式检查】 年内,区食药监局按照市局《网络食品安全违法行为查处办法》及市局关于开展网络食品抽检以“神秘买家”模式进行的要求,执法人员以顾客身份买样,真实模拟消费者网络订购食品为抽检样品,样品到位后详细记录抽样单、告知书,截取网店销售页面、订单和出货单图片,保存快递单、发票。执法人员对抽样过程统一进行拆包、查验、封样,从接受样品、查验包装到封样记录,全程进行录像拍摄,冷链食品封样后严格按照冷链配送要求送至实验室。通过网络抽检,采集熟肉制品、食用油等4种高风险食品,未发现不合格食品。

(胡成杰)

【畜禽产品专项整治】 年内,区食药监局按照市局《开展2017年全市畜禽蛋产品和水产品专项整治工作的通知》,对牛羊肉经营者销售情况进行摸底调查。辖区有牛羊肉经营者58户,其中食品集中交易市场15户,商场超市22户,市场外(不含商场超市)21户,牛羊肉主要来自北京、河北、内蒙古、天津等省市,牛羊肉有33户来自北京二商集团。同时,加强专项监督抽检力度,对牛羊肉抽取72组,禽肉、禽蛋产品抽取56组,水产品抽取74组,猪肉抽取28组,熟肉制品抽取24组,调理肉制品抽取2组,共计抽检样品256组,抽检涵盖辖区大型商超、食品集中交易市场、鲜肉食杂店主要业态,规范农产品进货来源、产地证明、食品台账记录情况。

(胡成杰)

【食品流通监督抽检】 年内,区食药监局根据市局及区食品药品安全统一监测计划要求,兼顾65类食品,增加高风险食品的抽样比例。截至年底,完成流通环节抽检2382组样品,不合格样品16组,合格率99.33%。完成食品快速检测2866组样本,不合格样本8组,合格率99.66%。同时完成食品风险监测样本156个,监测项目包括苯甲酸、山梨酸等。

(胡成杰)

【无照无证餐饮治理】 年内,区食药监局根据市食药安办指示精神和区委、区政府工作要求,以“属地负责、部门联动、疏堵结合、综合治理、标本兼治”为原则,加大宣传、检查和处罚力度,对无照无证餐饮单位进行专项整治。结合争创食品安全示范区,制定《石景山区无证无照餐饮经营专项整治行动方案》,建立无照无证餐饮单位治理台账,发挥协调联动机制,统筹执法力量,采取错峰执法,加大整治取缔力度,针对年度上账的158户进行彻底治理,查处关停取缔无证无照餐饮单位172家,配合街道拆除酒吧街等违章建筑内的有证餐馆231户,辖区内无证无照餐饮单位基本清零。为巩固治理成果,严防出现反弹,借助广播、电视、报纸等大众传播媒介宣传相关法律法规,提高居民与经营者的法制意识,增强经营者持证照守法经营意识。

(胡成杰)

【餐饮量化分级】 年内,区食药监局按照总局《餐饮量化分级管理办法》和市局《2017年度餐饮单位量化分级评定办法》,针对餐饮量化分级优秀、良好比例较少的问题,餐饮科制定石景山区餐饮量化分级工作方案,全力推进餐饮管理质量水平提升。截至年底,旧证量化228家,量化率100%;新证应量化967家,量化893家,量化率92.35%。

(胡成杰)

【养老助餐服务】 年内,区食药监局会同有关部门出台《石景山区促进养老助餐服务管理办法(试行)》,建立部门联席会议机制,共同推进“阳光餐饮”工程建设,依托辖区中央厨房、送餐企业、养老机构食堂,辅以连锁餐饮企业、网上订餐平台等方式,促进养老助餐服务准入规范化、质量标准化、服务便捷化、运营品牌化、监管严格化。截至年底,辖区12家养老机构食堂、2家养老驿站食堂、2家养老送餐企业实现“阳光餐饮”建设,规范服务主体,提升助餐服务安全水平。

(胡成杰)

【餐饮监督抽检】 年内,区食药监局根据市局食品药品安全统一监测计划要求,加大对畜禽、水产等问题食品抽检力度,提高监督抽检覆盖面以及问题发现率。截至年底,市监督抽检281

批次，市专项抽检144批次，不合格5批次，合格率98.9%。其中不合格水产品2件，酱腌菜1件，豆制品1件，蔬菜1件。区级监督抽检763批次、39类食品，涉及87家餐饮单位，不合格15批次，整体合格率98.03%。完成快速检测801件，合格率100%。其中不合格样本蔬菜干制品3件；食用菌及制品8件；酱腌菜1件、鸡精1件、谷粉类制品1件、餐饮食品1件。

（胡成杰）

【药品零售规范化】 年内，区食药监局按照药品经营企业不按规定销售处方药、执业药师在岗履职、药学服务角不符合规范等问题，结合药品零售企业申报医保定点药店工作，对零售企业开展专项检查。对检查过程中6家不符合分级分类管理规定的零售企业予以降类处理，对3家企业予以降级处理，并对零售企业进行系统梳理，纠正问题20余件次。落实市局强化信息化监管工作精神，探索试验电子监管笔记系统。全年完成药品监测抽检252批次，其中化学药品103批次，中成药119批次，中药饮片24批次，抗生素药品6批次，不合格药品1批次。基础测试121批次。

（胡成杰）

【医疗器械专项检查】 年内，区食药监局按照市局关于加强无菌和植入性医疗器械监督检查的通知，结合日常监督对辖区涉及相关检查内容的17家生产企业、17家医疗机构无菌和植入性医疗器械生产、使用环节进行监督检查，检查国家重点监管医疗器械产品生产企业11家次，开展3家定制式义齿生产企业“回头看”复查工作，对2家三类企业和3家二类企业进行GMP符合性检查，检查二级及以上医疗机构19家次，对北京瑞视康明科技有限公司擅自变更经营场所和库房地址、北京安启信安装工程有限公司未按规定办理《医疗器械生产许可证》变更登记、北京市石景山区妇幼保健院未按规定由指定部门或者人员统一采购医疗器械拒不改正立案处罚，罚款4.1万元。

（胡成杰）

【行刑衔接工作】 年内，区食药监局与区公安分局、区检察院沟通，健全重大违法案件联合查处机制和案件通报机制，就案件移送、大案会商、联合执法、现场取证、物品移交等内容及构成要件达成共识，由区政法委牵头形成《石景山区食品药品违法犯罪案件信息相互通报机制工作方案》和《石景山区食品药品行政执法与刑事司法衔接工作办法》，延伸构建基层公安派出所与基层食药所协同执法保障模式，与区检察院探索食药领域公益诉讼的可行性。截至年底，向公安机关移送涉刑案件3起，立案3起，抓捕10人，检察院批捕6人，涉案药品种100余种，货值金额超过40万元。

（胡成杰）

【依法行政工作】 年内，区食药监局与执法人员签订《依法行政责任书》，加强法制宣传培训，对130余件行政处罚案卷执法程序、违法事实认定、适用法律法规、自由裁量、文书要素、规范性进行审核，组织召开19次案审会，对54件重大案件集体讨论审核，接受行政复议、诉讼案件(一审)43件，提升12331投诉举报立案率。截至年底，处理投诉举报1944件，办理行政处罚案件280件，其中一般程序190件、简易程序90件，罚没款5994254.09元。依据《石景山区食品药品违法行为举报奖励办法》，落实市、区两级举报奖励制度，激励公众主动发现举报食品安全违法行为，对符合举报奖励条件的，及时申请奖励和兑付奖金。截至年底，发放市、区两级举报奖励29件，奖金5900元，形成社会力量共同参与食品安全治理格局。

（胡成杰）

【创新宣传形式】 年内，区食药监局依托北京电视台、石景山电视台、千龙网、《北京社区报》《首都食品与医药》《石景山报》等媒体，采取“3·15”、食品安全宣传周、药品宣传月等形式开展普法和科普宣传，全年举办大讲堂、进社区、进学校、进军营等宣传活动150余次，发放材料宣传品20万余册(件)，接待咨询0.3万余人次，举办培训100余次，培训2万余人。同时，首次采用网络直播创建食品安全示范区工作形式，通过《今日头条》《北京时间》《东方头条》《嗨体育》等直播平台现场直播“创区”活动，开通食安微课堂，方便快捷地提升食品经营者的食品安全法律法规知识和诚信意识，在线观众累计达26万余人。

（胡成杰）

【“118”宣传工程】 年内，区食药监局打造“118”工程，即1部话剧、1部宣传片和8部形象片。1部话剧是由副局长杨玲任编剧，话剧金狮奖得主王鹏博任导演，与区委宣传部共同策划的《撑起京西这片天》，于12月6日进行首场演出。该剧作为全国首部描写基层食品药品管理工作的大型舞台剧作品，内容感人至深，催人奋进；1部宣传片是以“食安 民安 绿色石景山”为主题的“创区”宣传片，承载全区人民对食品安全、饮食健康的热切期许和追求；8部形象片对应创建食品安全示范区的八大惠民工程：即阳光餐饮工程、“放心肉菜”示范超市创建工程、厨余垃圾规范化处理工程、无照无证餐饮整治工程、食品安全诚信建设工程、青苗培育工程、暖心夕阳工程和妇女健康饮食工程完成制作播出。同时，与区广电中心合作开办《走进演播室》电视专题栏目，分别以“阳光餐饮篇”“养老助餐篇”“开学季，话说5毛食品”“十九大机关党建专题”和“您身边的保健食品”节目播出。

（胡成杰）

【政务信息公开】 年内，区食药监局全年主动公开政府信息793条，电子化率100%。其中法规文件类7条，占总体比例的0.1%；业务动态类信息567条，占总体比例的71.5 %。通过两种不同渠道和方式公开政府信息，其中政府网站公开政府信息753条，政务微信公开政府信息40条。收到社会公众信息公开申请44条，申请办结44条，申请答复38条。

（胡成杰）

烟草专卖

【概况】 北京市石景山区烟草专卖局

(公司)(简称区烟草专卖局)实行"统一领导、垂直管理、专卖专营"经营管理体制,承担辖区烟草经营业务、净化卷烟市场、规范烟草经营秩序、对地区烟草专卖品经营企业实施全面监管职责。年内,区烟草专卖局践行"国家利益至上,消费者利益至上"的行业共同价值观,积极攻坚克难、主动创新突破。全年销售卷烟19765箱,同比下降3.86%;单箱销售额3.06万元,同比增长7.44%,增幅位居全市第五,达到历史最高水平;实现税利11878万元,同比增长2.98%。营销科获中质协举办的首届全国优质服务大赛三等奖。专卖科获2017年度"全国质量信得过班组"选拔赛一等奖,并被评为全国质量信得过班组称号。副局长王继涛获"全国烟草行业培训师教学技能竞赛三等奖"。

(吴　琼)

【规范自律小组建设】 年内,区烟草专卖局借鉴行业先进单位终端建设经验,回应辖区零售客户提高获利强烈诉求,把握"三规范二自律一提升"(即:规范是前提,倡导零售客户规范卷烟经营、规范卷烟陈列、规范价签使用;自律是关键,倡导零售客户增强不低于零售指导价销售的自律、不卖天价烟的自律;获利是目标,将提升客户获利水平作为重要检验指标)工作思路,坚持所有零售户参与和所有在销卷烟统一价格"两个全覆盖",发挥专法内营销协同作用,持续开展规范自律小组建设,初期创建小组47个,涵盖90%以上的零售客户。

(吴　琼)

【打网办案】 年内,区烟草专卖局开展"蓝盾二号""天价烟"、大户治理、物流寄递环节监管等专项行动,全年查办违法案件92起。其中5万元以上大要案4起、网络案件5起,判刑1人;查获违法卷烟223.40万支,完成目标值的120.76%。

(吴　琼)

【市场监管】 年内,区烟草专卖局加大真烟非法流通治理力度,防止卷烟流出,堵住卷烟流入,石景山区全年流出真烟9.74万支,同比下降47.41%,流入真烟100.08万支,同比下降48.17%,净流入量90.34万支,同比下降8.1%。全年辖区市场净化率达到97.5%,在城六区排名第1位,全市第7位。

(吴　琼)

【许可证数量】 年内,区烟草专卖局受疏非控人、拆除违建、棚户区改造等政策实施影响,辖区零售许可证数量不断下降,年底仅有许可证653个,同比减少145个,降幅18.17%;正常订烟户556户,同比减少111户,降幅16.64%。

(吴　琼)

【行政执法规范研究】 年内,区烟草专卖局落实市局"市场监管效能提升课题"总体规划要求,承担子课题"5-466"工作法研究,以防范执法风险、提高执法效能为取向,开展执法行为"合法性、规范性、可追溯性"探索和实践,初步建立较为完整的专卖执法检查规范体系。继续开展执法岗位练兵活动,组织拍摄20个模拟场景教学视频,承办模拟执法现场交流会,提高专卖执法队伍的业务素质,赢得兄弟执法单位广泛好评。

(吴　琼)

工商行政管理

【概况】 北京市工商局石景山分局(简称工商分局)主要负责辖区内市场经济主体登记、商标广告监督、经济合同监管、市场竞争监管、流通领域食品安全监管、打假维权等工作。2017年,工商分局围绕市局和区委、区政府各项工作部署,深入贯彻党建统领,牢固树立"四个意识",不断提升绩效管理,持续推进改革创新,在辖区市场秩序保障、营商环境建设和消费权益维护等工作中进一步发挥主力军作用。一方面围绕传统工商职能"三大格局六大体系",另一方面融入非首都功能疏解、京津冀协同发展、城市综合治理和营商环境建设等重大战略,靠前站位、勇于担当,为区域营商环境改善、经济转型发展和"无违法建设区"等重要工作成绩的取得发挥重要作用。积极参与"疏非控人"和"大城市病"治理,在国家卫生区复审、环保督察、清洁空气行动计划、安全隐患大排查大清理大整治等工作中发挥职能作用。登记注册科获石景山区行政服务中心2016年度优质服务金奖和区级青年文明号称号。

(李　颖)

【推进开墙打洞整治】 1—4月,工商分局采取查处无证无照先行、治理"开墙打洞"。采取由易到难方式加快推进进度。结合街道重点工作,将开墙打洞与街道精品大街建设、重点地区环境整治等重点工作有机结合,起到"1+1>2"的效果。结合全区中心工作,与辖区文保、棚改、拆迁、老旧小区改造升级等中心结合,与文保区环境整治、清洁空气计划等重点挂钩,调动文化、住建、街道办等职能,挤压违法经营行为生存空间。结合"宣传先行"思路,利用"石景山工商"微博微信公众号、"北京·石景山"头条号等网络新媒体开展立体式宣传,制作20块宣传标语布置在全区主要大街,营造舆论氛围。结合全市首家信用监管与服务平台创新,将无证无照和"开墙打洞"违法行为作为第一批录入专项数据库,推进市场主体信用信息一网归集、失信行为联合惩戒,发挥信用监管在"开墙打洞"违法经营行为整治工作中的促进作用。截至4月17日,全区无证无照经营清理完成143户,占上账任务的64.7%,封堵"开墙打洞"114户,全部完成年度30户上账任务,并超额完成84户,封堵总面积3373平方米。

(李　颖)

【节日市场安全保障】 春节前夕,工商分局根据上年辖区消费者投诉举报分析情况,将产生消费投诉多的地区、行业列为监管重点,防范可能出现的违法行为。对节日期间流通领域大型商业企业、有形市场、消费娱乐场所等消费密集型商家,结合消费投诉典型案例,上门开展走访、指导,力促商家建立节日期间消费投诉应急调解机制,防范群访群诉事件发生。对采取预付卡方式、待拆迁地区经营的商家高度关注，随时掌握商家经营动态。防范因年底租赁合同到期或房屋拆迁等原因，造成大量预付卡消费者无法继续开展消费活动可能引发的群访群诉事件。发挥12315投诉举报中心作用，及时分派、查处、反馈消费者投诉举报案件，把消费争议解决在萌芽状态。

（李　颖）

【春节市场秩序防控】 春节前夕，工商分局检查各类经营主体282户次，商场超市69户次，有形市场20个次，旅游景区12个次。对全区23户烟花爆竹经营主体，实行每日两巡、错时巡查，将65种升空产品名单发至经营者手中，对于升空类烟花爆竹采取下架处理。春节期间，分局未接到重大突发事件报告。

（李　颖）

【3·15系列活动】 3月，工商分局、区消协围绕“网络诚信 消费无忧”主题，落实消费环节赔偿先付制度和消费争议快速和解机制建设为目的的3·15系列活动。联合区司法局、区教委、区食药局、物美集团举办第十五届“物美杯”青少年消费维权知识竞赛。将“物美杯”这个特色品牌，纳入石景山区“七五”普法范畴，提升该品牌影响力。组织“网络诚信 消费无忧”宣传教育活动，走进企业走访调研、指导，邀请辖区大型互联网经营企业，召开维护消费者权益保护研讨会，商讨建立新型政企合作平台的工作方法。召开“3·15”绿色通道企业联席会，向各绿色通道成员单位介绍上年全年消费者权益保护工作的开展情况。联合开展3·15主题宣传活动，联合区质监局、区烟草局等单位，在辖区万达广场、当代商城等商圈门前开展主题宣传活动，通过发放宣传材料、开展法律咨询等形式，引导辖区群众科学理性消费。

（李　颖）

【市级优质服务商店揭牌】 4月1日，工商分局、区私个协为获得“北京市优质服务商店”称号的石景山万达广场举行揭牌仪式，表彰其诚信经营的良好行为，为辖区内外消费者营造便捷安全、舒适放心的购物环境，在商业服务业中树立良好企业形象。万达广场的相关管理人员出席本次揭牌仪式。

（李　颖）

【4·26商标法规宣传】 4月19日，工商分局到辖区创业公社开展4·26商标法规宣传活动。创业公社是区政府、园区管委会重点扶持的青年创业组织。活动由业务科介绍商标、知识产权保护的相关法律法规和基本知识、石景山区情及商标注册、扶持奖励政策等。辖区工商所结合具体案例，列举企业在经营中可能涉及到的商标、广告违法点并提示企业做好自查。在互动环节解答企业针对商标注册等问题提问。

（李　颖）

【高峰论坛市场秩序保障】 5月初，“一带一路”国际合作高峰论坛期间，工商分局及时传达部署，确保落实到位。利用局长办公会时间，部署通报“一带一路”安保、消防、市场秩序控制精神，并提出具体工作要求。做好信息报送工作，及时搜集、采编高峰论坛期间工作信息，并按照市局要求及时报送，发现涉及安全稳定的突发事件做到及时控制、及时解决、及时上报。强化应急值守和内部安全保障。严格落实值班制度，确保值班力量充足，保障应急通信设备联络畅通。12315投诉举报中心及时受理消费者投诉举报，确定重点监管区域及重点经营业态。持续加大对拆迁地区、有形市场、校园周边、游乐园及其周边商业网点的检查力度，严厉查处无照经营及超范围经营行为。对涉煤企业、房地产经纪机构等开展集中整治。部门联动，形成监管合力。与公安、城管、消防等部门开展多次联合执法行动，检查市场经营户、消防产品经营企业，重点落实夏季消防检查暨“一带一路”国际合作高峰论坛消防安保。

（李　颖）

【企业信用和监管服务平台】 5月23日，石景山区企业信用和监管服务平台启动仪式举行，该平台在区社会信用体系建设领导小组统一领导下，由石景山区经信委牵头，工商分局负责实施，是一个应用于多政府部门、以信用监管为核心、以协监管为特色的区级信用监管平台。

（李　颖）

【市局领导调研】 6月16日，市工商局副局长方葆青到区调研。听取石景山区推进“多证合一”工作试点的专题汇报，并对新形势下如何开展消保维权工作提出三点要求：一是要全力做好“多证合一”试点工作。“多证合一”试点在区级层面要做好顶层设计，利用辖区企业信用与监管服务平台优势，不断加强与区相关职能部门的协调。同时，要多与市级层面多沟通，确保上下政策贯通，后台技术平台精准对接，切实降低企业门槛，进一步提升市场准入便利化水平。二是要深入推进“放管服”改革。要通过“多证合一”试点，切实在简政放权上做减法，在加强监管上做加法，在优化服务上做乘法。要完善监管模式，从登管衔接向登管一体推进，强化以信用为基础的事中事后监管，切实用好“双随机”抽查方式，真正确保工作流程公开、透明、客观。三是要提升消保维权工作站位。要充分认识新形势下消保维权工作的重要性，探索整体统筹、组织、协调、推进，要将消保维权从矛盾纠纷调解提升到构建良好消费环境建设上来，切实提升辖区消费者的幸福感与获得感。

（李　颖）

【疏解整治促提升】 6月，工商分局清理整治酒吧街违建，配合开展精品街改造，依法取缔无证无照经营。根据游乐园塞纳左岸风情街拆违整治工作部署，6月2—7日，分局与区国资委、城管、公安、食药监、卫生等职能部门，开展八角游乐园酒吧街拆违整治宣传入户工作，劝导经营商户主动搬离，入户测量率实现95%以上。同月7日，工商、城管、宏润公司对广宁街道复兴街精品街建设情况开展联合执法检查。对涉及改造的部分进行点位、方案再确认，对重点改造对象的户主逐一开展告知和劝说。根据群众举报，对金顶街第五小区内涉嫌无证无照经营的早餐店经营者进行约谈，依法取缔，并暂扣经营工具16件。年内，工商分局协助做好市场疏解关停。对五环鑫谷农产品市场进行疏解关停，市场内57户个体工商户均按期停业迁离，涉及从业人员103人。开展市场拉网检查。辖区工商所对重点地区、农贸市场和超市进行拉网检查，确保不出现无证无照经营、销售不符合相关质量安全标准商品和虚假宣传等违法行为。

（李　颖）

【成立微视频小组】 9月15日，工商分局新媒体小组召开第二次工作研讨会。会议决定成立微视频小组。“石景山工商”微博运维组、微信公众号运维组、今日头条号运维组，分别汇报工作开展情况、取得实效及努力方向。参会的各位新媒体小组成员广泛发言，并集体观看房山分局、门头沟分局、西城分局拍摄的《我和我的工商所》等一系列首都工商系统第二届微视频比赛获奖作品，共同研讨微视频拍摄制作的理念和构想。

（李　颖）

【行政诉讼、复议执法监督】 年内，工商分局多举措加强对行政诉讼、行政复议执法监督工作。法制部门加强行政诉讼、行政复议工作的执法监督，针对行政诉讼有责败诉、行政复议被撤销的责任单位严格执行分局绩效考核制度。加强对处理职业打假人投诉举报相关问题的研究，加强对工商所的业务培训、业务指导，监督执法部门认真履行复议机关复议决定、司法机关司法判决，在行政执法中，避免出现程序错误。

（李　颖）

【专项行动】 年内，分局制订消防隐患清查整治及安全隐患整治行动方案，召开专题会议进行部署，提高思想认识，明晰责任分工。开展超市隐患排查，对辖区沃尔玛超市和居然之家等大型超市开展隐患排查，重点查看市场内经营商户营业执照、市场消防设施设备安装以及消防安全制度落实情况。加强各类市场隐患排查，加大对辖区农副产品、机动车交易、小商品市场等有形市场的监督管理，督促市场主办单位严格落实消防安全及火灾防控工作职责，坚决杜绝“三合一”场所。发现1处市场内商品码放挤占消防通道，当场制发行政提示通知单，要求立即整改。加大寄递业消防隐患排查，联合商务、公安、消防、安监等部门开展快递行业消防安全隐患联合执法，对老山地区六建集团场区内的顺风速递营业点进行检查。重点查看主体经营资质，检查营业点仓库和消防通道的消防设施设备安装情况以及消防安全制度落实情况。

（李　颖）

【登记注册】 截至年末，石景山区市场主体总数486889户，同比增长0.53%。其中企业39219户，同比增长18.18%；个体工商户11610户，同比增长－20.51%；千万元以上企业7587户，同比增长11.05%。

（李　颖）

【法制工作】 工商分局全年查办各类行政处罚案件（含简易程序）2391件，比去年增长33.28%；人均行政处罚量40.5件，比去年增长33.22%，在城区排名第一；全年触发行政处罚职权数69项，比去年增长116%；全年罚没款329.51万元，比去年增长3.82%，入库率99.98%。

（李　颖）

规划建设

规划管理

【概况】 北京市规划委员会石景山分局(简称规划分局)于2003年3月1日正式挂牌成立,是北京市规划和国土资源管理委员会的派出机构。石景山规划分局设办公室、纪检监察科、综合科、建设工程管理科、规划科、用地科、市政交通科、执法队、信息中心。下城市建设档案信息中心,负责全区城建档案信息管理工作。2017年是十三五规划的重要一年,规划分局以构建高端绿色的城市综合规划体系为目标,以保障冬奥组委工作为首要任务,把拓展公共服务作为重要内容,高度负责地承担起规划管理工作使命,努力发挥城市规划的引领作用。共受理各类行政许可和服务事项164件,其中核发行政许可事项(两证一书)86件,规划服务78件,规划监督18件。

(许　多)

【无名路和不规范路名整治】 8月始,规划分局按照上级要求,推进无名路和不规范路名整治工作。抓时效,快速启动命名程序。针对24条无名道路和2条一路多名道路,9月底完成西下庄南路、八角南里南路等6条道路的命名,其余20条道路进入命名程序。抓制度,部门协同"一盘棋"。组织召开由区城管委、区住建委及区交通支队参加的地名联席会,将正式命名的59条有名无牌道路的命名文件移交各部门。抓数据,对第二次地名普查数据进行挖掘。结合现场踏勘,继续梳理无名路和不规范路名台账。抓研究,编制地名专项规划。针对北辛安、衙门口等棚户区,成立由地名专家、设计院、地名联席会成员单位组成的专家队伍,结合当地历史风俗,编制地名规划。针对首钢,配合市规划国土委编制新首钢高端产业综合服务区地名规划。

(曲　欣)

【冬奥组委周边规划研究】 年内,规划分局落实京津冀发展要求和冬奥组委周边环境整治工作要求,开展首钢周边1603街区规划研究,委托北京市规划设计研究院开展《1603街区高井、麻峪、广宁规划深化研究》,包括共332公顷用地,研究污水处理厂用地布局的合理性和实施的可行性,对接大唐、金隅、京能等企业的用地意向,研提旧村改造用地组合。结合整体经济测算,推进土地供应政策和央企用地政策的研究。形成阶段成果,并通过区长专题会。核发首钢西十冬奥广场项目自有用地规划条件并审定设计方案,总用地面积13.3公顷,改造规模51143平方米。推进首钢东南区土地一级开发,研究确定首钢东南区一级开发拆迁范围,项目占地约102公顷,地上建筑规模约130万平方米。该项目取得一级开发土地整理规划条件。

(陈　静)

【五里坨重点区域控规调整】 年内,规划分局加强五里坨地区控规优化调整,解决西部地区发展不均衡、功能欠完善和公共服务设施缺口等问题。按照减量发展原则,与市规土委和市规划院进行对接,主动对部分可开发建设用地进行优化调整,将可开发的8.6公顷建设用地调整为绿地,调整后总建筑规模减量约12万平方米,总建筑规模优化减量共约23万平方米。

(陈　静)

【模式口街区保护研究】 年内,规划分局开展模式口历史文化街区保护发展规划研究,会同市规划院、市社科院、清华同衡设计院等深入研究模式口大街空间与历史文化特色的塑造,创建规划协作平台,进一步挖掘历史景观呈现背后的逻辑体系和价值链构建,从环境、风貌、民生、生态现有问题切入提出实施改造策略,研讨功能业态重塑、长效管控与引导等规划策略。明晰模式口大街中段和南小街上保护修缮类、改善类、整治改造类建筑的立面做法,对重要节点和主要入口的立面景观与院落设计加强对接沟通。形成《石景山模式口历史文化保护区院落图则》《石景山模式口历史文化保护区民居修缮手册》和《石景山模式口历史文化保护区修建性详细规划》等阶段成果,并通过专家评审。

(陈　静)

【多规合一】 年内,规划分局落实"五个典范"标准,深化完善高端的城市规划、建设和运行体系实施方案,推进石景山区精细化管理,落实北京城市总体规划修改有关要求,开展《基于资源与任务统筹的石景山转型发展时期规划深化研究》工作,构建人口、用地、建筑、环境等多元数据平台,建立微观尺度城市分析模型,就公共设施、交通、绿化、养老等方面进行空间和需求相结合的分析,推进石景山区基本建成功能提升、环境改善,探索实施路径和建设管理机制形成最终成果。

(陈　静)

【棚户区改造项目】 年内,石景山区列入全市棚户区改造和环境整治项目10个,包括5个实施计划册项目(西黄村棚户区综合改造项目、北辛安棚户区改造A区项目、北辛安棚户区改造B区项目、北京无线电原件四厂棚户区改造项目、衙门口环境综合整治项目)及5个前期计划册项目(五里坨建设区棚户区改造项目、梁公庵和南山1、2号院棚户区改造项目、西北热电周边棚户区改造项目、西黄新村南里1号院棚户区改造项目、石景山路甲19号院和特钢厂东门地块棚户区改造项目)。衙门口棚户区改造项目通过市政府批复。核发土地整理规划条件,总用地约251公顷,建筑规模约122万平方米。北辛安棚户区综合改造项目核发A、B区规划条件及B区三个选址意见书,A、B区部分安置房取得规划设计方案复函。西黄村棚户区改造土地开发项目总用地面积52.15公顷,核发安置房选址意见书、规划用地证、方案复函。五里坨棚户区改造项目规划方案初步编制完成。

(刘江涛)

【加强保障房建设】 年内,保障性住房建设工作是区委区政府重点工作,是区政府切实解决低收入人群住房保障的民生工程。规划分局落实自住型商品房和公租房建设位置,保证低收入人群和"夹心层"住房需求人群得到满足。全年第一批保障性住房项目3项2900套。分别为西黄村棚户区改造项目(部分地块)安置房、北辛安棚户区改造A区、B区(部分地块)安置房。三个项目均取得选址意见书、建设用地规划许可证、规划方案复函,切实保障民生工程项目建设进度。

(刘江涛)

【3个集体租赁住房项目】 年内,市政府批准,全市全年需完成约200公顷集体土地供应任务,涉及石景山区集体土地约5公顷,建设项目3个,分别为八宝山集体租赁住房项目、古城集体租赁住房项目及五里坨集体租赁住房项目。三个项目控规调整获市政府批复,并核发乡村规划条件,三个项目总用地约4.4公顷,地上总建筑规模约9.6万平方米。

(刘江涛)

【专项规划编制及实施】 年内,规划分局配合组织编制完成《石景山区环卫专项规划》,并通过专家评审;按区人大要求向区人大常委会汇报《石景山停车专项规划》,推进驻区交通规划师试点工作;组织编制《石景山区综合管廊专项规划》。

(王冰一)

【公交场站布局】 年内,规划分局在五里坨、北辛安、衙门口等重点地区控制性详细规划动态维护过程中,落实24处独立占地地面公共交通场站用地,总规划用地面积约30.18公顷,其中按规划实施的现状公交场站仅5处,总用地面积约8.17公顷。

(王冰一)

【再生水管网建设】 年内,规划分局按照《石景山区再生水管网规划》及再生水历史审批情况,梳理全区再生水管网:石景山区再生水配水管道分为3个分区,规划7座再生水加压泵站,管径为150－1000毫米,规划再生水管线总长约150公里;现状再生水管线长度约15公里,主要分布在西北热电中心、永引渠沿线及五环内。

(王冰一)

【电力设施建设】 年内,规划分局按照电力专项行动工作计划,完成石景山220千伏变电站控规调整,核发选址意见书,推进周边道路定线和项目用地钉桩工作;苹果园110千伏变电站选址报市规划委;石景山220千伏变电站工程、石龙220千伏变电站工程、群明110千伏输变电工程、北辛安110千伏输变电工程核发选址意见书;刘娘府110千伏变电站核发规划许可证。

(裴贺蕊)

【金安桥一体化规划设计】 年内,规划分局确定北辛安棚户区改造A区项目金安桥一体化规划设计方案。金安桥站是北京地铁6号线西延与磁悬浮S1线、地铁11号线的换乘站,是京西重要的交通枢纽。项目位于石景山区阜石路和北辛安路交叉口东南角(1608－656地块),总用地规模约2.9公顷,地上建筑面积约14.1万平方米。

(吴亚楠)

【“开墙打洞”专项整治】 年内,规划分局为严厉打击无证无照经营和开墙打洞违法行为,会同工商、城管、街道等部门制定台账。在整治中强化部门协同和执法联动,通过公开建筑原有审批情况以及有力宣传教育,综合施策不断挤压“开墙打洞”的生存空间。完成苹果园大街、古城大街等133处沿街开墙打洞整治工作,清理无证无照经营户303户,超额完成台账任务。

(唐俊有)

【“基本无违法建设区”创建】 年内,规划分局在疏解整治促提升行动中利用石景山城市规划分析平台中全区历史影像数据划定出近10年(2006－2016)违法建设的增量图斑,并对基础台账进行逐条、逐项复核,得到各街道确认,最终确定全区408.6万平方米的违法建设拆除范围。完成“基本无违法建设城区”的工作目标。

(张杰磊)

【城市体检研究启动】 年内,规划分局启动全区城市体检工作。初步完成全区9个街道(社区)的现场踏勘及人口、住房、交通、城市环境等各类数据的汇总分析,完成八宝山街道生活服务配套设施专项评估工作。通过数据监测评估,找出城市病的真正病因,评估规划的落实和执行情况,并结合具体问题对落实不到位或偏离城市总体规划的情况及时纠正。为石景山区补齐短板、改善环境、提升生活品质提供大数据支撑及决策建议。

(张杰磊)

国土资源管理

【概况】 年内,北京市国土资源局石景山分局(简称国土分局)在市规划国土委和区委区政府领导下,围绕区委区政府提出的工作任务,坚持稳中求进工作总基调,牢固树立和贯彻落实新发展理念,精准发挥国土资源管理职能。完成5宗土地储备项目上市;征收集体土地217.75公顷,预审项目11个,审批用地面积382.18公顷。举办第48个世界地球日和第27个全国土地日宣传活动。办结1套楼房补办出让手续,收缴土地出让金35279.5元。完成3个集体土地租赁住房项目供地,完成供地4.42公顷。完成11个项目的建设项目用地预审审批,审批用地面积约382.18公顷。

(马晓兵)

【土地供应】 年内,国土分局完成石景山园北Ⅰ区二号路、三号路、石景山区气象局业务用房、石河村路东路等4个项目的划拨决定书审批工作,划拨供地面积5.13公顷。办结黄庄职业高中改扩建工程划拨供地方案,批准面积4.47公顷。

(孟　婧)

【土地出让】 年内,国土分局完成首钢世界侨商创新中心一期项目申请协议方式供地上报;完成麻峪医药物流基地项目协议出让现场踏勘和图形审查;完成苹果园Ⅰ地块、实兴大街15号院1至3号楼、苹果园1606－613地块、京西商务区(东区)等项目竣工实测面积变更现场踏勘;完成石景山区实兴大街中关村科技园区石景山园北Ⅱ区1606－605地块协议出让国有土地使用权计划公示前征求规划指标。

(孟　婧)

【出让土地批后监管】 年内,国土分局对全区22个出让项目、13个划拨项目土地进行外业踏勘、现场拍照、收集施工许可证和竣工备案资料并按照要求上传至批后监管系统。对于未按出让合同约定开工的北京物美置地房地产开发有限公司北京国际雕塑园地下文化娱乐中心项目，按照新签订的出让合同进行监管并督促其尽快办理开工手续。

（孟　婧）

【耕地保护】　年内，国土分局完成北京石泰基础设施投资有限公司衙门口棚改项目占用耕地7.6公顷占补平衡指标使用市级指标审批工作。

（孟　婧）

【征地及农用地转用项目管理】　年内，国土分局完成衙门口棚户区改造土地开发项目前期征地初审服务，共征收集体土地217.75公顷。其中农用地转用49.65公顷（含耕地7.62公顷）；完成古城、八宝山、五里坨三个集体土地建设租赁住房项目的用地审批手续，共计4.42公顷。

（陈　晶）

【办理土地权属确认手续】　年内，国土分局分别对北京市人民检察院第四分院、古城街道、广宁街道等单位涉及的石景山区水屯村东侧、京原路3号、京西麻裕民间有情互助养老中心等11个土地权属情况来函进行查询并出具答（函）复意见。

（杨　武）

【土地权属审查】　年内，国土分局完成石河村东路、首钢世界侨商创新一期、东下庄商品住宅、五里坨组团土地一级开发、衙门口棚户区改造、苹果园交通枢纽项目等共计29个市政基础设施与大中型项目的土地权属审查和勘测定界报告的数据核查、成果出具工作。

（杨　武）

【开展储备项目开发】　年内，石景山区土地储备在施项目22个。按开发主体划分，其中市区联合储备项目8个，以分中心为主体项目9个，企业为主体运作项目5个。总用地面积578.1公顷。其中建设用地面积350.14公顷，规划建筑面积516.45万平方米。全年完成5宗土地储备项目上市工作，分别为何家坟土地一级开发项目、东下庄土地一级开发项目，五里坨建设组团一、组团二和银河商务区L地块商业金融用地。住宅供地完成比例在全市名列前茅，并实现石景山区土地上市成交额突破218亿元的历史新高，回笼一级开发成本139.55亿元，实现政府收益78.55亿元，其中返还区政府可支配收益约19.79亿元。

（周星宇）

【土地供应计划编制】　年内，国土分局完成《石景山区2017年度国有建设用地供应计划建议方案及附表》的编制。下年，石景山区计划供应19个项目，计划供地总量78.32公顷。

（李诗雨）

【保障性住房用地供应计划编制】　年内，国土分局完成《石景山区2016年度保障性安居工程用地供应计划》的编制工作并向社会公开。下年，石景山区保障性安居工程用地计划供应5个项目，计划供地总量为15.82公顷。

（李诗雨）

【土地利用总体规划调整完善】　年内，国土分局完成石景山区土地利用总体规划（2006－2020年）调整完善工作。《石景山区土地利用总体规划（2006－2020年）调整方案》通过市政府审查。

（原慧慧）

【信息化运营维护】　年内，国土分局开展信息化设备日常运维工作。完成约1300次的计算机现场维修，定期开展机房设备检查、数据备份、信息安全管理等工作。

（李伟凡）

【不动产信息化建设】　年内，完成不动产登记中心微信预约系统部署建设以及运维工作。持续进行必特思维扫描件数据、强网房屋系统数据迁移部署工作。

（李伟凡）

【国土资源法制宣传】　年内，国土分局开展“节约集约利用资源，倡导绿色简约生活——讲好我们的地球故事”第48个世界地球日主题宣传和以“土地与生态文明建设”为主题的第27个全国土地日宣传活动，通过利用微信公众号推送信息、设立地球日和土地日宣传专栏、分发折页、知识手册和在主要办事窗口进行海报展示，在《石景山报》等媒体上发布宣传信息等方式，宣传国土资源法律法规，提高公众意识，引导公众主动参与到了解地球故事、节约集约利用资源行动中。

（马晓兵）

【办公场所搬迁】　年内，国土分局为解决服务区域狭小，部分楼层无电梯，停车难等问题，提高服务效率，扩大档案存储空间，由八角西街66号方地大厦搬迁至阜石路165号今鼎时代广场D座。完成所有办公设备、家具、50万卷档案的搬迁工作和机房、网络建设等工作。

（马晓兵）

4月21日，国土分局开展地球日主题宣传活动　（国土分局供稿）

【区两会提、议案办理】 年内，国土分局研究并提出人大建议26件（主办5件，会办21件）、政协提案10件（主办2件，会办8件）的主办和会办意见。

（马晓兵）

【不动产登记业务】 年内，国土分局累计受理业务28541件（批量完成8438件），登簿27199件。颁发不动产权证书17343件，不动产权证明10863件。办理房屋初始登记91件，土地初始登记19件；注销房屋登记126件，注销土地登记36件，外业核查71次。完成不动产权籍调查104宗，移交登记部门权籍档案93卷。受理国土资源业务40件，信息公开业务48件，非紧急救助69件。接待档案查询群众10725人次，档案查询总量17422卷次，共接收、整理、上架不动产档案28737卷，同期接收征地档案7卷、分局文书档案516件、房改办证备案31件、法院协助执行文件505件、宅基地调查268件、底图130张、会计档案789卷，接收市局移交档案3792卷，林权登记档案11卷。11月底移交市局军产档案40卷，央产档案110卷。

（谷忠泉）

【不动产登记微信预约升级】 年内，国土分局微信预约2.0版成功上线运行，新增法人及批量预约业务、房屋坐落地址查询、房屋外景图片查看、房屋位置导航等多项功能。

（谷忠泉）

【不动产历史档案数据整合】 年内，国土分局全面开展数据整合工作，与作业单位成立技术攻关组。12月14日通过市级预检，12月22日通过项目验收。

（谷忠泉）

【涉及不动产登记诉讼情况】 年内，国土分局承办涉及不动产登记行政诉讼案件14件（其中胜诉1件，驳回9件，撤诉3件，未审结1件）。

（谷忠泉）

建设管理

【概况】 石景山区住房和城乡建设委员会（简称区住建委）承担着石景山区城乡建设、房屋管理、住房保障、住房改革工作。年内，区住建委落实北京新总规布局，坚持首善标准，聚焦主责主业，全力推动“八个高端体系”建设，为区域经济、文化、体育等产业发展提供强有力载体。围绕“解决人民日益增长的美好生活需要和不平衡不充分的发展之间的矛盾”主线，坚持“高端绿色发展、疏解整治促提升、实现基本无违法建设城区”三项工作并重，做好拆违治乱、疏解整治工作。遵循“坚守底线、突出重点、完善制度、引导预期”的民生工作理念，保障群众基本生活，努力实现住有所居。按照“五个典范”和“八个高端体系”建设方向，将“大环保”理念贯穿于建设项目全生命周期，提高城市建筑品质，增强精细化管理水平，打造石景山标准。围绕更好地为企业服务、为基层服务、为群众服务地原则，运用职能抓服务、依法管理抓规范，确保石景山区房地产行业健康有序发展。2017年，石景山区完成14项固定资产投资项目，投资额总计135.62亿元。完成3000户棚改任务，新开工各类保障性住房2914套。审核保障房申请家庭2060户，累计向26526户次保障房家庭发放租金补贴3579.48万元。办理非居住房屋租赁登记备案12件。

（张　明　左静伟）

【重点工程建设】 年内，石景山区确定重点工程25项。其中年度开工15项，分别为：治乱疏解环境整治二期工程、青橄榄创业园建设工程、模式口大街环境整治及修缮一期工程、停车设施建设、石景山区城市景观提升工程、西绿东引园林绿化二期建设及改造提升工程、保险产业园二期建设工程、北辛安棚户区改造安置房项目、（五一剧场、制粉车间改造）项目、（氧气厂改造）项目和西十冬奥广场项目、晾水池东路（石景山区长安街西延—石景山区阜石路）和秀池周边道路、主厂区污染场地治理项目、金宝山投资管理公司压力容器厂改造项目、石槽绿地配建项目和兴盛恒泰投资管理公司石景春晖休闲生态园项目、苹果园交通枢纽M、N地块项目、古城南街建设工程。前期推进项目10项，分别为：石景山水厂建设工程、衙门口环境综合整治、区儿童福利院及救助站项目、西部医院建设工程、西部体育文化活动中心建设工程、石景山区五里坨精神病医院建设工程、西黄村规模学校建设工程、石景山区体育中心改扩建工程、世界侨商中心和脱硫车间改造项目，计划总投资585.87亿元。其中，治乱疏解环境整治二期工程于1月开工建设；青橄榄创业园建设工程于6月开工建设；模式口大街环境整治及修缮一期工程于9月开工建设；停车设施建设于6月开工建设；石景山区城市景观提升工程于3月开工建设；西绿东引园林绿化二期建设及改造提升工程于3月开工建设；保险产业园二期建设工程于6月开工建设；北辛安棚户区改造安置房项目于3月开工建设；（五一剧场、制粉车间改造）项目、（氧气厂改造）项目和西十冬奥广场项目于6月开工建设；晾水池东路（石景山区长安街西延—石景山区阜石路）和秀池周边道路于12月开工建设；主厂区污染场地治理项目于上年12月开工建设；金宝山投资管理公司压力容器厂改造项目于10月开工建设，石槽绿地配建项目和兴盛恒泰投资管理公司石景春晖休闲生态园项目于11月开工建设；苹果园交通枢纽M、N地块项目于12月开工建设；古城南街建设工程于11月开工建设。

（张　明　刘　晶）

【保障性住房建设】 年内，区住建委新开工各类保障性住房2914套。其中西黄村棚户区改造安置房项目2.2万平方米/414套、北辛安棚户区改造B区土地开发项目18万平方米/2500套；竣工各类保障性住房5809套，其中第二水泥管厂自住房744套、限价房432套，中关村科技园区石景山园北一区定向安置房项目456套，老古城综合改造C/F地块自住房997套、限价房203套，五里坨02号地B地块限价房1854套、公租房（转经适房使用）1003套，南宫小区保障房项目120套（1号、2号楼），完成全年开、竣工任务指标。

（许正锋　梁　超）

【在施项目建设】 年内，在施保障性住房建设3处，分别是：首钢铸造厂南区限价房15万平方米保障房全部结构封顶；西黄村棚户区改造安置房19万平方米保障房主体结构在施；刘娘府综合改造定向安置房11万平方米保障房基本建成。

（潘丹丹 周 新）

【棚户区改造项目】 年内，区住建委加快西黄村棚户区改造项目安置房建设，推进北辛安棚户区改造项目征收签约，加大收尾力度，启动实施衙门口棚户区改造项目。完成市政府下达石景山区的3000户棚改任务、开工建设棚改安置房2900套。其中，西黄村棚户区改造项目，安置房建设部分封顶。北辛安完成征收5957户，居民签约率超过99%。衙门口棚户区改造项目完成规划、立项、征地等前期手续，房屋征收首日签约率41%。

（倪跃龙 王宏硕）

【老旧小区管理长效机制】 年内，石景山区共有以房改房为主的老旧小区71个，面积约687万平方米9.5万户。其中产权复杂、规模较大的小区有23个，303万平方米；产权单一、且独立成院的老旧小区48个，395万平方米。截至年末老旧小区物业管理全部实现以自管会为主体，以安全防范到位、绿化保洁优良、维修维护及时、停车管理有序为标准，以五好标准（组织建设好、管理机制好、服务效果好、单位协调好、解决问题好）为目标，按照四个一点的经费筹集原则（小区居民个人出一点、产权单位担一点、公共收益收一点及政府资金奖一点）强化71个老旧小区自管会职能，逐渐完善11个老旧小区服务管理长效机制。

（樊佩杰 袁 丽）

【房改售房】 年内，区住建委完成46个单位次单位房改售（调）房备案323套2.3万平方米。其中，中央6个单位次售24套0.2万平方米，市属22个单位次售223套1.56万平方米，区属4个单位次售45套0.33万平方米；办理央产经适价调房13个单位次30套0.21万平方米，办理康居住房1套72.5平方米，办理单位回购住房1套70.63平方米。

（曹 宇 李 瑾）

【征收拆迁】 年内，区住建委完成京石客运专线、衙东北环境整治、金顶北路等滞留拆迁项目清理工作，现滞留拆迁项目21个856户。征收项目3个。遗留项目2个（西黄村、北辛安）共48户；新启动衙门口项目4403户，年内完成征收3962户，签约率90%。腾退项目1个，苹果园交通枢纽10家非住宅，主体施工地块全部完成搬迁，建设单位进场施工。

（张佰军 武 月）

【工程施工招标】 年内，区住建委办理建设工程施工招标70项（其中公开招标62项，邀请招标8项），招标工程建筑面积1047607平方米，中标价550542.45万元；办理建设工程监理招标40项（其中公开招标38项，邀请招标2项），中标监理费8349.89万元。

（郭庆珍 高相波）

【房产经纪机构管理】 年内，区住建委办理房地产经纪（分支）机构初始备案申请17件、变更备案申请52件、注销申请2件。全区房地产经纪（分支）机构登记备案总数212家。全年检查房地产经纪（分支）机构288家次；发放责令改正通知书22份；约谈房地产经纪（分支）机构37家次；处罚房地产经纪机构24家，罚款38万元。调解并处理房地产经纪中的各种纠纷122件。

（张继奎 董 静）

【普通地下室管理】 年内，区住建委办理普通地下室备案8件。巡查普通地下室1806处次，治理散租反弹地下室101处次，清理居住人员1579人次，现场整改各类安全隐患394处，限期整改75处，约谈相关责任人115家，关闭使用11处。

（张继奎 董 静）

【专项维修资金审核备案】 年内，区住建委在继承原有审核流程和标准的基础上，优化审理流程，对申请材料真实性详细复核，提升专项维修资金审核工作效率和使用安全。对审核项目台帐进行优化，增加数据比对分类，分析专项维修资金的使用和分布，对全区房屋使用情况提供数据支撑。全年审核完成38项，涉及维修项目183笔，支取总额39498203.82元。其中应急支取项目101笔，涉及金额25283644.45元；非应急支取项目82笔，涉及金额14214559.37元。维修项目主要为消防、防水、电梯、门禁、外墙、二次供水6项。

（樊佩杰 胡佳旭）

【劳务管理】 年内，区住建委重点强化行业监管，开展劳务合同备案管理检查，督促企业进场前及时签订合同并办理备案，加强项目开工前政策交底及开展农民工依法维权教育，加强日常检查和重大日期隐患排查，及时消除农民工讨薪隐患。全年开复工350余万平方米，累计使用农民工3万余人，全年开展工地劳务检查135人次，检查总包企业70家，劳务企业90家；参加劳务协管员专项培训5人次；成功调解3项工程劳资纠纷；完成行政处罚事项121件，罚款金额348617.12元。

（李万生 何 丹）

【建筑节能和建材监管】 年内，区住建委落实绿色建筑工作。19个项目取得绿色建筑设计标识，建筑面积合计197.45万平方米。推进石景山区装配式建筑发展，制定《石景山区关于落实〈关于加快发展装配式建筑的实施意见〉的实施方案》，建立联席会议制度，组织、协调和落实装配式建筑工作。5个通过“招拍挂”方式供地项目明确采用装配式建筑。对在施工地开展建筑节能、建筑材料使用管理、散装预拌砂浆和新型墙体材料使用情况专项检查。加强混凝土搅拌站的监督检查和非法新建、扩建站点检查，禁止有资质站点违法扩建，开展《预拌混凝土绿色生产管理规程》培训和执行情况检查。

（王丽波 杨慧宇）

【房地产企业资质管理】 年内，区住建委有50家房地产开发企业办理开发资质升级、延续、变更等手续。截至年底，全区共有房地产开发企业71家。其中一级资质4家、二级资质5家、三级资质2家、四级资质39家、暂定资质企业21家。

（张 明 贾 洁）

【建筑业企业资质管理】 年内，区住建委受理建筑业企业资质审批申请40件（增项31件、晋级9件）。按审批权限要求，完成审批的6件，有5家企业完成资质晋级、10家企业完成资质增项，完成55家企业的资质证书变更；完成注册二级建造师678人初审报批，完成变更注册78人。

（李万生 何 丹）

【建筑节能】 全年区住建委办理建筑节能设计备案工程13项，建筑面积93.17万平方米；建筑节能专项验收备案工程14项，建筑面积52.70万平方米。征收新型墙体材料专项基金4个项目，金额52.13万元，征收散装水泥专项资金4个项目，金额3.5万元；返退新型墙体材料专项基金3个项目，金额234.62万元。

（王丽波 杨慧宇）

【住房补贴、专项维修资金管理】 全年区住建委完成147个单位住房补贴审核工作。审核通过4个单位支取售后公有住房专项维修资金178.95万元。

（曹 宇 王 佳）

【房屋登记】 全年区住建委共审核房产实测绘备案项目27件（含实测变更项2件），现场外业检查32次，审核通过11件，建筑面积80.16平方米。

（钟长梅 关 鑫）

【房屋交易与资金监管】 全年区住建委受理预售许可2件，监管预售资金18.96亿元，全年一手房签约量2286套，注销合同81本，涉及金额3.4亿元。购房人资格核验受理7494件；存量房网签5117件，二手房资金监管42.3亿元。处理市住房城乡建设委监管平台投诉及便民电话投诉50余次，办结率100%，满意度98%。

（果雪梅 陈 洁）

【保障性住房管理】 全年区住建委审核保障房申请家庭2060户，其中公租房1397户，公租补贴资格审核241户，市场租房补贴资格审核422户。组织20户经适房家庭进行选房配售，组织37户限价房家庭进行摇号配售及选房工作，为85户放弃选房自行购买住房的限价房备案家庭发放市场购房货币补贴1732万元。累计向26526户次保障房家庭发放租金补贴3579.48万元。其中向6947户次廉租房家庭发放补贴595.17万元；向14929户次公租房入住家庭发放补贴2310.79万元；向4650户次市场租房补贴家庭发放补贴673.51万元。完成站前小区保障房项目雨水系统消隐改造工程；开展日常检查及督促维修事项120余次，对保障房小区进行日常巡查670余人次，清退不符合资格家庭（廉租户）5户，廉租住房收缴租金120余万元，拨付廉租住房管理经费199余万元。

（潘丹丹 周 新）

西部建设办公室

【概况】 石景山区西部建设办公室（简称西建办）是全面组织协调石景山西部地区开发建设工作的区政府派出机构，行政编制12名，领导职数3名，内设综合办公室、规划发展科、项目推进科（挂工程管理办公室的牌子）。年内，西建办围绕区委区政府“一二六六”总体工作思路，按照构建“八个高端体系”和“五个典范”要求，坚持党建统领全局，深化区域规划研究，着力加强基础设施建设，有力推动西部建设向纵深发展，为推进石景山区两大生态建设、建成国家级绿色转型发展示范区做出贡献。

（张路平）

【推进落实五里坨建设区规划】 年内，西建办会同区规划、国土等部门与市规划国土委沟通，并根据其相关要求对13版控规调整方案进行修改，将部分地块“留白增绿”，调减整体建筑规模。

（张路平）

【项目研究论证】 年内，西建办委托专业机构开展1603街区用地规划、城市设计、资金测算和开发模式及政策创新的研究论证，力求通过深入分析地区土地、人口、资源、环境等要素，明确区域未来的发展方向及定位目标，为整治地区环境、改善民生以及打造永定河绿色生态发展带提供科学依据。同时，联合京能集团开展广宁村开发建设的具体研究论证工作。

（张路平）

【市政道路建设】 年内，西建办石府路道路工程完成2.3公里路床施工，敷设污水管线2公里、雨水管线1.9公里、电力管线1公里。新隆恩寺路、黑石头村路北段、秀府村北路及南宫中路道路工程均完成全线交通、保洁设施安装工作。启动永引渠南路西延（石门路－金顶山路）工程项目前期研究，通过与区规划分局、陆军总部、中部战区等10余家单位研究论证，该项目道路规划方案基本完成，并获得区政府的原则同意。

（张路平）

10月31日，五里坨02B保障性住房项目供热协调会召开（区西建办供稿）

【项目建设】 年内，五里坨02B地块保障房项目于9月底交付使用，居民实现入住。协同五里坨农工商公司启动五里坨集体租赁住房项目建设，该项目用地约2公顷，拟由居住用地调整为绿隔产业用地（F81，建设集体租赁住房），容积率1.6，建筑高度18米。项目完成控规调整公示，取得区发改委立项批复。

（张路平）

【一级开发】 年内，西建办完成五里坨地区拆迁工作的98%，多个地块具备上市条件。结合地区实际和地块特点，通过与国土、规划等多个部门20余次的研究协商，制订土地上市计划。其中，五里坨建设组团一、组团二，共计用地面积41公顷、建筑规模68.6万平方米的土地，于年底前完成上市交易，收回土地成本约164亿元。

（张路平）

北京燕金源置业有限公司

【概况】 北京燕金源置业有限公司（简称燕金源公司）是石景山区国有控股房地产企业，注册资本4.5亿元，具有房地产开发四级资质，负责实施苹果园交通枢纽商务区土地一级开发项目的建设工作，配合市、区相关部门做好苹果园交通枢纽建设有关工作。苹果园交通枢纽商务区项目位于石景山区中部，其四至为：东至苹果园大街、杨庄大街，南至阜石路，西至规划金顶西路，北至琅山苗圃（不包含苹果园交通枢纽范围）。总用地面积52.81公顷，总建筑控制规模55.14万平方米。苹果园交通枢纽位于地区中部，以苹果园地铁站为中心，北至苹果园路，南至阜石路，东至金顶东路，西至规划一路。规划占地规模4.77公顷，总建筑面积29.7万平方米。其中，枢纽及轨道交通部分15.9万平方米，商业开发部分13.8万平方米。建成后，汇集M1线、M6西延线和S1线三条轨道交通，数十条公交线，7种交通方式（轨道交通、快速公交、常规公交、出租车、小汽车、自行车、步行）相互衔接，拥有14.31万平方米公共服务设施，将成为本市最大、同时也是最复杂的综合客运交通枢纽。年内，为加快枢纽项目地上物腾退，区政府成立苹果园交通枢纽征地及地上物腾退工作指挥部。

（姚　波）

【交通枢纽项目腾退进展】 年内，燕金源公司在区国资委、城管局、住建委、公安分局等部门的大力支持和配合下，完成宏润公司所属的苹果园地铁物美便利店和原二建三队地上物腾退工作。

（姚　波）

【疏解整治促提升专项行动】 年内，燕金源公司围绕区委区政府的战略部署，深入推进“疏解整治促提升”专项行动，将拆除项目内违法建设作为贯彻落实习近平总书记两次视察北京重要讲话精神的政治任务。在苹果园街道牵头指挥下，在区相关部门配合下，利用45天时间拆除琅山苗圃院内违法建设面积55478平方米，关停业态16658平方米，疏散人口约4000人。在古城街道配合下，利用2天时间，完成阜石路加油站东侧违法建设房屋拆除任务。

（姚　波）

【落实安全及环境保护】 年内，燕金源公司加强燃气安全检查力度，联系卫民安消防教育中心以“参与首都消防，建设平安家园”为题，开展消防安全培训，提升员工的预防隐患和处理事故的能力。根据空气重污染应急预案，制定相应预警机制。在预警期内，停止施工现场土石方和建筑拆除施工，地上物覆盖及时到位，各项应急措施落实到位。

（姚　波）

驻区中央企业

首钢集团

【概况】 首钢集团有限公司(简称首钢)总部位于石景山区。首钢始建于1919年,迄今已有近百年历史。首钢大力传承“敢闯、敢坚持、敢于苦干硬干”文化,发扬“敢担当、敢创新、敢为天下先”的精神,不断推进企业发展,已成为以钢铁业为主,兼营矿产资源业、环境产业、静态交通产业、装备制造业、建筑及房地产业、生产性服务业、海外产业等跨行业、跨地区、跨所有制、跨国经营的大型企业集团。进入新世纪,首钢贯彻奥运国家战略和钢铁业结构优化升级要求,率先实施并完成了史无前例的搬迁调整,首钢京唐公司、迁钢公司、首秦公司、冷轧公司等新钢厂全面建成,技术装备达到国际一流水平,特别是京唐钢铁厂是中国新一代可循环钢铁制造流程的率先示范,被誉为中国从钢铁大国走向钢铁强国的“梦工厂”;跨地区联合重组水钢公司、贵钢公司、长钢公司、通钢公司、伊钢公司,产业布局拓展到沿海和资源富集地区;钢铁业形成3000万吨以上生产能力,产品结构实现向高端板材为主转变。非钢产业通过改革创新,综合实力和盈利能力明显增强。2017年,首钢销售收入18.58亿元,实现利润20.2亿元。集团生铁产量2692万吨,粗钢2763万吨,钢材2615万吨。

集团改革。《首钢深化改革综合试点方案》获市政府批准,成为北京市唯一综合试点单位。首钢总公司完成公司制改革,更名为“首钢集团有限公司”。实现经营计划、财务预算、专项工作(1+1+N)衔接和支撑。压缩管理层级,全年退出企业27家,闭合“失血点”23项,被评为北京市企业退出工作成绩突出单位。集团年末在册职工8.9万人,实现职工人数和人工费双下降、职工收入和劳产率双上升。

钢铁板块。坚持“三个跑赢”,“双百工程”等13项专题攻关进步明显,与先进企业对标,钢材销售跑赢行业平均水平2.3%,国内原燃料采购跑赢市场8.3%,进口矿采购跑赢普氏指数5.2美元/吨;生铁成本比行业平均缩差54元/吨;钢材单利比行业缩差118元;吨钢内部挖潜增效94元。矿业自产精矿粉制造成本排名进入行业前五,实物劳产率进入行业前三。钢铁板块全年劳产率提高31.2%。全年完成高端领先产品627万吨。成为宝马、吉利、北汽、长城等第一供应商,家电板、桥梁钢、车轮钢国内占有率第一,汽车板、电工钢占有率第二,镀锡板实现高端客户全覆盖。

园区开发。新首钢高端产业综合服务区规划获英国皇家城市规划学会颁发的“国际卓越规划奖”,获国际绿色建筑大会“绿色建筑先锋大奖”,获住建部“中国人居环境范例奖”。北区和东南区控规调整获得批复,西十筒仓区域10万平方米工业遗存完成改造,海外院士专家北京工作站落户园区,冬运中心训练基地建设启动,单板大跳台项目落户园区。曹建投公司完善与京冀两省市及唐山、曹妃甸各级政府部门协同工作机制,将涉及北京非首都功能疏解并符合曹妃甸产业发展定位的石化产业、新能源、节能环保等产业项目、国际合作项目、央企项目在曹妃甸示范区布局、落户,探索北京园区科研总部+曹妃甸园区制造基地招商模式,协同地方政府签约23个产业项目,总投资247亿元。5.5平方公里产业先行启动区基础建设、配套生活设施等取得重要进展,引进4.6平方公里产城融合先行启动区项目,曹妃甸新城被动式住宅被住建部评为“十大绿色科技示范项目”。曹建投公司荣登“CIHAF(中国国际房地产与建筑科技展览会)2017年度绿色先锋企业”榜单。

新产业。首钢生物质能源科技公司垃圾焚烧112万吨,发电3.8亿度,鲁家山园区规划环评获批;特钢和贵钢老厂区污染土完成处置。静态交通产业第二代公交车立体车库研发成功,三种自行车停车库技术定型和市场推广。首自信公司中标北京城市副中心行政办公区综合管理服务平台项目。首钢建设获住建部“国家装配式建筑产业基地”第一批示范单位。与体育总局打造国内首家“国家体育产业示范区”,组建棒垒球、冰球国家队俱乐部;篮球世界杯组委会、中篮联等一批机构入驻首钢体育大厦;北京首钢女篮继2015—2016赛季夺得WCBA总决赛冠军之后连续第二年获得总决赛冠军。创业公社服务企业超过一万家,成为国家“双创”优质平台。“老年福”养老模式得到民政部认可,一耐养老项目获得世行支持。工业题材话剧《实现·突围》成功演出。

产融结合。财务公司增资方案获北京银监局正式批复,完成工商登记手续,领取新营业执照;增资后,财务公司注册资本由50亿元增加至100亿元,股权结构保持不变。基金公司获惠誉A-和大公AAA评级,管理基金数量达15支,完成改制企业发展基金、成都“一带一路”基金等基金设立,布局停车、医疗、体育及供应链金融等领域;入围中国最具成长潜力私募股权投资机构TOP10,基金管理规模达405亿元。集团成功发行60亿元非公开可交换债,债券主体及债项评级均为AAA。

基础管理。集团权力清单完成制定,实现权力清单、规章制度和风控手册协调统一,形成基本管理制度、业务基础制度和具体操作规范的分层分级。完成全面预算管理、会计制度等50项重要制度修订。集团协同办公、全面预算管理、投资管理和部分财务共享业务等信息化平台上线。全年共完成环保治理项目42项,集团获“优秀碳资产管理单位”称号。

关爱职工。全集团学习宣传贯彻党的十九大精神,推动进产线、进园区、进班组、进岗位。举办学习贯彻党的十九大精神领导人员研修班,青年干部特训班,青年干部海外研修班等,全年培训2万人次。评选表彰第八批“首钢技术专家”39名、“首钢技术带头人”52名。获“全国厂务公开民主管理示范单位”称号。

(关佳洁)

【合资合作】 1月8日,首钢基金公司与浦发硅谷银行在首届北京——硅谷国际风险投资论坛上举行战略合作签约仪式，并将设立国内首支投贷联动基金。2月28日，国家体育总局与首钢总公司签署《关于备战2022年冬季奥运会和建设国家体育产业示范区合作框架协议》。9月20日，首钢集团与柳工集团签署战略合作协议。9月25日，深化与普锐特(德国)冶金技术有限公司合作，共同成立"先进轧制技术联合实验室"。12月13日，首钢集团与中国船舶重工集团公司签署战略合作协议。

(关佳洁)

【开发新工艺】 2月，首钢技术研究院、首钢股份公司、北京科技大学开发的"首钢烧结高温烟气循环新工艺"，通过中国金属学会评价验收，确认达到国际先进水平。该项目投入使用后，烧结矿平均粒径提高12%，烧结综合返矿率下降6.6个百分点，烧结固体燃耗降低3.39千克/吨，高炉煤气利用率提高1个百分点，高炉燃料消耗降低2.7千克/吨，烧结粉尘排放降低27.81%、SO2减排15.89%，NOx减排23.41%，年直接经济效益超过2000万元。

(关佳洁)

【资格认证】 2月，首钢技术研究院和首秦公司研制的"大型水电站用高强度易焊接厚板与配套焊材焊接技术开发应用"通过中国金属学会鉴定；国家外汇管理局北京外汇管理部批准首钢集团财务有限公司开展"跨国公司外汇资金集中运营管理业务"，可开展境外外汇资金境内归集、境内外汇资金集中管理、外债和对外放款额度集中调配、经常项下集中收付汇；中国钢铁工业协会研究决定，首钢工学院等五家单位为首批全国钢铁行业专业人才继续教育基地。3月，首钢牵头的北京市科技计划项目《1200－1500MPa超高强热成形汽车钢开发》通过北京市科委专家组验收。4月，首钢环境产业有限公司实验室通过科委组织的专家会议评审与现场专家评审，成为北京市首家土壤修复领域工程技术研究中心。5月，首秦公司生产的A500＋S32250/31803船用双相不锈钢热轧复合板通过法国(BV)船级社认证，成为国内两家双相不锈钢复合板生产企业之一；首自信公司信息事业部移动互联创新中心项目组开发的移动互联网产品"倒班助手"商标申请成功。6月，首钢京唐公司镀锡板通过德国莱茵国际专业认证机构认证审核，获得ISO22000食品安全管理体系认证证书。7月，首钢建设集团提交的《综合体建筑内部分段预留后滞施工技术》《高层钢结构住宅预制外墙板外挂安装施工技术》《特殊环境下砼烟囱绿色拆除施工技术》三项工法关键技术通过中国冶金建设协会鉴定。8月，首钢技术研究院和首秦加工公司开发的化学品船用高强度A500＋S31803双相不锈钢复合板，通过法国必维(BV)船级社及中国船级社(CCS)认证，成为国内首获BV及CCS双船级社认证产品。9月，首自信公司通过增值电信业务(IDC/ISP)经营许可证认证审核程序，获得工信部跨地区增值电信业务(IDC/ISP)牌照。12月，首钢吉泰安新材料公司主持制定的《"铁铬铝纤维"国家标准》通过专家会审定，并确定为国际先进水平。

(关佳洁)

【海外市场】 3月，首秦公司高强调质压力容器钢投用阿联酋富查伊拉原油储罐区，中东地区累计供货5.5万吨；首建集团与中国航空技术国际工程(阿联酋)公司法人代表签署双方关于阿联酋阿布扎比中央公园塔楼项目合作协议，项目合同总价2.338亿迪拉姆，折合人民币4.37亿元。4月，京西重工捷克工厂沃尔沃SPA项目被动式减震器产品实现首批供货。7月，首钢国际工程公司设计的埃塞俄比亚孔博查工业园区竣工，12月该项目获ENR《工程新闻纪录》主办的"全球建筑峰会"颁发的工业类"全球最佳工程奖"。

(关佳洁)

【科技大会】 4月1日，首钢科技大会颁发《首钢总公司关于2016年度首钢科学技术奖、首钢第十七届管理创新成果及第八批"首钢技术专家""首钢技术带头人"的表彰决定》。科学技术奖励方面，授予马家骥、杨春政同志2016年度首钢科学技术特殊贡献奖；授予"首钢SEBC工艺技术开发"等10项科技成果首钢科学技术一等奖；"冷轧镀锌宽规格高端汽车板关键生产工艺技术研究及产业化应用"等24项科技成果首钢科学技术二等奖；"首钢新型景观提升护栏"等65项科技成果首钢科学技术三等奖。管理创新成果奖励方面，授予《首钢落实京津冀协同发展战略的创新与实践》等11项管理成果第十七届首钢管理创新成果一等奖；《创建开放型实验室管理新体系，实现钢铁技术创新和城市服务共发展》等16项管理成果首钢管理创新成果二等奖；《打造城市综合服务商，创新立体车库制造》等21项管理成果首钢管理创新成果三等奖。"首钢技术专家""首钢技术带头人"方面，授予股份公司孙茂林等39名同志"首钢技术专家"称号；国际工程公司曹朝真等52名同志"首钢技术带头人"称号。

(关佳洁)

【街景绿地护栏安装】 5月，首钢机电公司完成与长安街主干道衔接的国家大剧院周边护栏、西单图书大厦及长安街街景绿地护栏的制作安装。新绿地护栏东起建国门，西至复兴门，采用不锈钢材质及波浪加祥云图案，一次整体精密铸造成型，外加汽车烤漆，氟碳漆喷涂等工艺。为安防需要，定制设计了天安门地区包括国家博物馆、观礼台、东西两翼护栏高度，并配制570根链式护栏。

(关佳洁)

【汽车板成"绿色标杆"】 5月，在"2017中国车用材料(西青)国际论坛"上，北京首钢股份有限公司"车用材料技术工作组"经推荐评选，当选2017年度"绿色标杆企业"，标志首钢汽车板成为"绿色标杆"。评选是从55家企业中评出10家车用材料"绿色标杆企业"，国内仅2家钢铁企业获此殊荣，首钢高强镀锌汽车板受到行业评审专家和汽车厂商的好评。

(关佳洁)

【公司制改革】 6月，根据北京市人民政府国有资产监督管理委员会《关于首钢总公司公司制改革方案的批复》，首钢总公司由全民所有制企业整体改制为国有独资公司，企业名称由“首钢总公司”变更为“首钢集团有限公司”。公司于2017年5月27日完成工商变更登记并领取变更后的企业法人营业执照。6月9日，首钢集团有限公司发布《关于首钢总公司改制并更名为首钢集团有限公司的公告》。改制后，原“首钢总公司”全部经营业务、业务合同、资产、债权债务、账面净资产等均由“首钢集团有限公司”承继。原登记名为“首钢总公司”的商标及各类资质、证照文件等暂时延用，公司将陆续办理商标、资质、证照文件的更名手续。公司营业地址、联系方式不变。

（关佳洁）

【产城融合展示中心揭牌】 7月31日，京冀曹妃甸协同发展示范区产城融合展示中心揭牌。该中心展示4.6平方公里产城融合先行启动区的总体规划和发展前景，同时也展示行业领先、国内最全的被动式超低能耗绿色节能建筑技术。

（关佳洁）

【入围最具价值品牌】 7月，第十四届“世界品牌大会”发布2017年《中国500最具价值品牌》分析报告，首钢集团再次上榜。首钢品牌价值从2016年的280.57亿元增长到2017年的331.68亿元，总排名107位，在钢铁企业中排名第二。

（关佳洁）

【海外院士专家工作站揭牌】 8月22日，国务院侨办专家咨询委员会大会为“海外院士专家北京工作站”授牌，首钢集团党委书记、董事长靳伟和石景山区区委书记牛青山共同接牌。新首钢国际人才社区被市委组织部纳入全市四个国际人才社区建设的首批试点之一。原首钢办公大楼是世界侨商创新中心一期项目、海外院士专家北京工作站所在基地。

（关佳洁）

【获评安全标准化一级企业】 8月，首钢股份公司迁钢公司炼铁作业部、炼钢作业部、热轧作业部、硅钢事业部和动力作业部被国家安全生产监督管理总局确定为冶金行业安全生产标准化一级企业。根据国家安监总局印发的《企业安全生产标准化评审工作管理办法》（试行）规定，企业安全生产标准化达标等级分为一级、二级、三级企业，其中一级为最高。

（关佳洁）

【建筑垃圾砖混类再生品应用】 8月，首钢环境公司与北京鑫实路桥建设有限公司签订实验及供货协议，建筑垃圾再生无机料在房山区顾八路工程中应用，实现砖瓦类无机料在北京道路系统大规模应用。其中底基层采用砖混类再生无机料，基层采用废混凝土类再生无机料，强度等级1.0兆帕，累计使用再生无机料3960吨。经施工方联合业主及监理单位现场检测，芯样及检测结果均达到标准要求。

（关佳洁）

【第二届海洋发展曹妃甸论坛】 9月7日，由中国海洋工程咨询协会、首钢集团有限公司共同主办的“第二届海洋发展曹妃甸论坛”在曹妃甸渤海国际会议中心举行。论坛主题是“蓝色产业与京津冀协同发展”，论坛由主论坛和系列分论坛组成。其中，“海洋装备产业发展分论坛暨首钢高端客户座谈会”围绕海洋装备、涉海用钢及其它高端钢铁产品研发进行交流，“滨海城市建设分论坛”围绕产城融合、滨海城市规划建设交流研讨。

（关佳洁）

【第二代立体车库研发】 9月，首钢公交车立体停车库第二代产品（PPY－TGGJ型5层平面移动类机械式停车设备）完成国家起重运输机械质量监督检验中心的特种设备型式试验。报告显示，首钢公交车立体停车库第二代产品各项试验结果符合规定，综合判定型式试验合格，取得特种设备型式试验合格证。首钢公交车立体停车库具有存取车采用托辊横移模式、采用类似带式输送机的运作原理、通过托辊滚动实现车辆输送等创新点。二代产品由一代产品建筑冶金钢结构，优化为工艺钢结构，在存停车辆数相同的情况下，车库整体高度降低三分之一。

（关佳洁）

【中德职工焊接赛获奖】 9月，在中德“北京·南图林根”职工焊接对抗赛上，京唐公司王海龙获熔化极气体保护焊组第二名；首秦公司刘少鹏获得钨极氩弧焊组第二名、果志伟获得焊条电弧焊组第二名。刘少鹏综合成绩优异，被授予特别奖，他的比赛焊件被德国教练收藏。3名选手均取得德国焊接协会颁发的国际认可的DVS焊接证书。

（关佳洁）

【发行非公开可交换债】 9月，首钢集团发行60亿元非公开可交换债，债券主体及债项评级均为AAA，该项目由首钢基金配合首钢股份共同完成。本次债券是目前钢铁行业最大规模可交换公司债券，也是市场上成功发行的规模最大的一笔私募可交换债。

（关佳洁）

【获绿色建筑先锋大奖】 10月18日，在首届“GreenbuildChina”国际绿色建筑大会上，首钢集团获“2017年绿色建筑先锋大奖”。美国绿色建筑委员会（USGBC）和绿色事业认证公司（GBCI）总裁兼首席执行官马晗先生颁奖时说：“首钢集团作为一家近百年的企业，象征了北京重工业时代的辉煌，首钢地区积淀下来的不仅有丰富的物质资源，还有城市发展的历史印记。首钢集团在保留工业遗存的同时，也在为可持续发展、适合人类宜居环境做出突出的贡献。”此次大会，中国仅两家企业荣获“2017年绿色建筑先锋大奖”，另一家为大连万达集团。

（关佳洁）

【获评全国厂务公开民主管理示范单位】 10月，首钢集团被全国厂务公开协调小组授予“全国厂务公开民主管理示范单位”荣誉称号。首钢集团在厂务公开民主管理工作领域推进厂务公开民主管理制度化、规范化、法制化建设。

（关佳洁）

【上榜品质卓越产品】 11月，冶金工业质量经营联盟公布《2017年度冶金行业品质卓越产品》名单，29家企业71个产品实物质量符合冶金行业品质卓越产品条件。首钢集团12项产品上榜，其中首钢股份迁钢公司5项、京唐公司3项、冷轧公司2项，长钢公司2项。

（关佳洁）

【获品牌文化建设十大典范组织奖】 11月，首钢集团获得中国企业文化研究会颁发的"品牌文化建设十大典范组织"奖；京唐公司获得"品牌文化建设三十标杆企业"奖；股份公司、矿业公司、水钢公司、长钢公司、通钢公司、销售公司分别获得"品牌文化建设优秀单位"奖。首钢集团"坚定文化自信，培育品牌文化，在转型发展中实现企业文化升级"实践成果，入编中国企业文化研究会《优秀成果文集》。

（关佳洁）

【获冠军炉称号】 11月，中国机冶建材工会、中国钢铁工业协会组织开展的"全国重点大型耗能钢铁生产设备节能降耗对标竞赛"2016年度竞赛结果出炉，共评比出7座冠军炉、28座优胜炉。首钢股份公司7号360平烧结机荣获冠军炉称号，2号高炉和4号210吨转炉荣获优胜炉称号。

（关佳洁）

【获先进单位及工作者称号】 12月，中国钢铁工业协会、中国金属学会公布《关于表彰中国钢铁工业科技工作先进单位和优秀个人的决定》。北京首钢股份有限公司、北京首钢国际工程技术有限公司获"中国钢铁工业科技工作先进单位"荣誉称号；首钢集团王涛、李杨、高长益、李海波、钱宏智、杨接明获"中国钢铁工业优秀科技工作者"荣誉称号；邱冬英、李刚获"中国钢铁工业优秀科技管理工作者"荣誉称号。

（关佳洁）

【集团管控体系改革】 年内，颁发实施《首钢集团管控权力清单（试行）》，确定13个职能领域、60个关键业务、127个关键事项、279个关键环节，建立集团分层授权治理体系。扩大授权市场化程度较高、行业特点鲜明的二级单位，全年集团公司审批项目37项，企业审批项目198项。完成战略管控部门、优化战略支撑部门、集团总部"13+4+5"组织体系搭建，清理规范集团副职以上领导兼职工作，出台《集团成员单位深化薪酬分配制度改革指导意见》，建立职工收入与企业效益效率、领导人员收入与在岗职工收入双挂钩机制，下放考核分配权。完成集团层面公司制改革，二级及以下企业基本完成公司制改革；建立权力清单、规章制度、风控手册三位一体制度体系；颁发法人授权、投资管理、全面预算管理、资金管理、内部审计管理等27项制度，清晰分层分级制度体系；做实二级单位董事会。形成钢铁业务板块、股权投资平台、园区管理平台、金融党委四个业务板块，形成股份公司、股权投资公司、首建投公司、曹建投公司4个平台公司和11个直管单位。

（关佳洁）

【供给侧结构性改革】 钢铁板块顺应供给侧结构性改革要求，全面提升质量，扩大有效供给。年内，钢铁板块各单位围绕"制造+服务"，结合自身品种特点从"提升全员质量意识、强化产品制造质量、提高产品交付质量、提升用户服务质量、健全质量体系"开展质量提升工作。结合工序工艺瓶颈及用户反馈问题开展技术质量攻关，股份公司共开展51项公司级工艺质量攻关，产线制造能力和用户服务能力提升，开发生产超薄S65军用管线钢；成为宝马、吉利、长城、北汽、长丰猎豹第一大供应商，向宝马公司提供的产品质量PPM月平均值优于宝马标准要求。京唐公司围绕高强钢生产稳定性，梳理出DP钢全流程生产20项攻关，并制定《首钢京唐钢铁联合有限责任公司难轧钢种生产管控规定》。股份公司自主研发的DP980最高轧制速度达到600米/分钟，实现DP980极限规格0.67毫米顺稳轧制。首秦公司钢板探伤合格率从年初的98%提升至99.5%，船板、风电钢板锈蚀及粗糙质量异议发生率为零。贵钢公司动车车轴钢EA4T动车组车轴钢通过铁路总公司CRCC认证。

（关佳洁）

【安全生产】 年内，首钢集团有限公司下发《关于表彰2017年首钢安全生产先进集体、先进个人和"安康杯""青安杯"竞赛优胜单位的决定》。集团公司决定对在2017年安全生产工作中做出突出成绩的北京首钢股份有限公司能源部等24个先进单位、首钢水城钢铁（集团）有限责任公司铁运厂机务段等103个先进车间、北京首钢自动化信息技术有限公司运行事业部生物质维护班等173个先进班组及北京首钢股份有限公司崔永生等420名先进个人进行表彰。授予北京首钢股份有限公司硅钢事业部、秦皇岛首秦金属材料有限公司炼钢事业部、首钢集团有限公司矿业公司大石河铁矿、北京首钢建设集团有限公司首钢新产业园区第二工程项目部、迁安首实包装服务有限公司、北京京西重工有限公司房山工厂2017年首钢"安康杯"竞赛优胜单位。授予北京首钢股份有限公司等5个单位为2017年首钢"青安杯"竞赛优胜夺杯单位；授予首钢水城钢铁（集团）有限责任公司能源公司风机工段等22个岗位为2017年"首钢青年安全生产示范岗"；授予首钢环境产业有限公司代亚明等29名同志为2017年"首钢优秀青年安全监督员"。

（关佳洁）

【钢铁产品】 全年，汽车板、电工钢、镀锡板三大产品产量和结构均得到提升。汽车板304万吨，品种实现全车型覆盖，与50余家国内外知名汽车厂建立供货关系，市场占有率排名国内第二，高端用户及日系品牌认证实现突破，成为奔驰、一汽大众、福特、东风日产等稳定供货商。电工钢150万吨，完成8个无取向和4个取向电工钢新产品开发，实现新开用户37家；无取向电工钢扩大变频空调压缩机市场份额，行业占比达到47%，国内每2台变频空调就有1台由首钢供应；完成2台14000转/分钟高转速乘用车驱动电机设计、制造及基础性能测试；实现对上海电驱动、精进电动等5家用户批量供应；其中，四季度供应比例占到行业用量15%左右，成为国内第二家新能源汽车专用系列产品的电工钢制造企业。取向电工钢超额完成500千伏及以上超、特高压变压器材料供应80台年度目标,其中供应1000千伏特高压变压器6台,各项指标优于设计要求。无取向硅钢市场占有率居全国第一,取向硅钢市场占有率全国第二。镀锡板42万吨,订单量同比增长36%,实现国内高端用户全覆盖,高端产品市场占有率16%。京唐公司镀锡板产线产品认证50多项,通过欧洲阿达包装材集团体系审核和德国莱茵TUV集团ISO22000食品安全管理体系审核。K板已实现万吨批量供货,并出口意大利、泰国,与中粮、奥瑞金、华源、昇兴和福贞等建立战略合作关系。奶粉罐、红牛铁、DR材、高抗硫、高锡铁占全年镀锡板五大重点产品接单量的43.62%。首秦桥梁钢市场占有率第一。全年开发系列耐候桥梁钢Q345qNH—420qNH,实现桥梁钢品种、规格、强度全覆盖。在世界第一高桥——北盘江大桥,世界上公铁最大主跨跨度大桥——荆州长江公铁大桥等"一带一路"国家战略重大、重点建设工程中广泛应用;全球最先进的超深水双钻塔半潜式钻井平台——蓝鲸1号供应钢板约1万吨,成为四家主要供应商之一;供应我国制造的世界最大散货船——新一代超大型40万吨矿砂船船板5万吨。

(关佳洁)

【开展EVI活动】 年内,EVI(供应商早期前端介入)产品115万吨,EVI先期介入由汽车板、电工钢拓展到所有重点产品。实现7款新车型的EVI实践,涉及"整车多项"和"技术专项"项目,包括北汽新能源C35DB新车型选材推荐和材料利用率分析、众泰汽车M12新车型零件成形性评估和抗凹性研究、郑州日产P15新车型技术降成本、上汽大通SV63及SV51新车型材料利用率分析,获得东风、海信、中粮包装优秀供应商,成为宝马国内最大供货商。构建"驻厂代表、用户代表、用户经理"三级市场响应机制,汽车板成功挤进日系车企,成为"日系元年"。

(关佳洁)

【新产品开发】 年内,开发新产品93项。其中:增强塑性双相钢DH780+Z、化学品船用复合板A500+S31803、特厚奥氏体不锈钢轧制复合板345R+904L、免涂装塔架用钢SQ420NH、热轧精冲钢SK95、膨胀套管PZ801、新能源汽车用高强度无取向电工钢35SWYS8007项产品属国内首发。两项电工钢产品全球首发——35SWYS900无取向电工钢,主要应用于新能源汽车高速驱动电机转子制造,该产品屈服强度达到950兆帕斯卡,比世界上现有的电工钢最高屈服强度高150兆帕斯卡,使用该产品制作成为驱动电机转子后,产品抗变形性大幅提升。另一款35SW1700-H无取向电工钢则可同时应用于新能源汽车高速驱动电机定子和转子制造,该产品在保持铁损、磁感水平不降低的条件下,屈服强度达到470兆帕斯卡,填补国内外市场空白。

(关佳洁)

【北京园区】 年内,组建首钢北京园区开发运营管理平台公司,由首建投公司行使平台管理职能,同时将园区管理部、园服公司、特钢公司纳入平台管理体系。首建投公司组织形成《新首钢高端产业综合服务区北区详细规划》(简称"首钢园区北区规划"),年底获北京市规划和国土资源管理委员会正式批复。西十冬奥广场12个建筑单体项目改造完成,西十冬奥广场停车楼项目投入使用。精煤车间改造的速滑、花滑、冰壶训练馆进行外幕墙玻璃安装和室内精装修;网球馆南馆部分幕墙玻璃安装完成,配套运动员酒店式公寓2号楼屋面结构完工,3—4号楼七层结构完工。修复原生态山体及古建筑群,其中,群明湖景观项目完成牌坊、长廊、水榭、连桥及湖心岛修缮施工;广东门广场完成风雨长廊主体、中央及环形人行路、喷泉水池、灯光照明、乔灌木、观景平台、景观小品、观赏草及市政管线施工;绿轴景观完成晾水池东路东侧段及焦化厂区域管道拆除;秀池及地下车库完成方案及施工图设计及地下车库主体结构施工;石景山景观公园完成南山区古建筑群基础施工、功碑阁平台铺装。景观改造以高炉等工业遗存为主体,施工建设从安全消隐拆除工程、结构安装工程、防腐工程推进。首钢园区东南区土地一级开发项目获市发展改革委核准批复,正式立项。国际奥委会主席巴赫高度称赞"北京首钢园区工厂改建是奇迹,将让人们记住首钢、北京和中国的一段历史,希望如果大家有时间,一定要去北京看看"。

(关佳洁)

【获科研成果奖】 年内,首钢获省部级以上科学技术奖励12项,新承担"钢铁流程绿色化关键技术"等14项国家及北京市等科技计划项目,其中"热轧板带钢新一代控轧控冷技术及应用"获国家科学技术进步二等奖,"大型水电站用高强度易焊接厚板与配套焊材焊接技术开发应用"获冶金科学技术一等奖和北京市科学技术一等奖。编制修订各类标准58项,其中主持修订国际标准1项,在"国家标准研制贡献指数"大数据分析报告中,首钢名列冶金行业第一位;获专利授权522件,首钢集团被国家知识产权局授予"国家知识产权示范企业"称号。

(关佳洁)

【获国家、北京市和冶金行业奖】 年内,首钢第十八届管理创新成果推荐申报59项,获奖37项,较上届增长23%。在第二十四届国家级企业管理现代化创新成果获奖名单中,京唐公司《以行业引领为目标的冶金企业智慧能源管理体系的构建与实施》、矿业公司《冶金地下矿山以安全高效为目标的爆破"四化"管理》获二等奖。在2017年冶金企业管理现代化创新成果获奖名单中,京唐公司《冶金企业智慧能源体系的构建》《面向市场一贯制钢铁产品推进管理体系构建与实施》获一等奖;首钢集团《大型钢铁企业搬迁调整中资产处置体系的构建与实施》等5项成果获二等奖;首钢集团《大型企业推进转型提效工作的实践》等9项成果获三等奖。在第三十二届北京企业管理现代化创新成果获奖名单中,首钢集团人力资源部《大型国有企业深化干部人事制度改革的创新实践》、发展研究院《综合性大型企业集团管控体系的构建与实施》、战略发展部《大型国有企业战略退出实现结构优化的实践》、技术研究院《钢铁产品结构调整管理体系的构建与实施》、股份公司《大型钢铁企业创建现场问题管理体系的实践》、石景山区老年福敬老院《运用物联网和互联网+养老服务，打造智慧养老服务模式》、水钢公司《以优化产能提升效益为中心的流程再造管控体系构建》获一等奖；首钢集团办公厅《大型企业集团战略决策型董事会建设的创新与实践》等12项成果获二等奖。

（关佳洁）

【获北京市科学技术奖】 年内，首钢集团三项成果分别荣获2017年度北京市科学技术一、二、三等奖。其中，一等奖“大型水电站用高强度易焊接厚板与配套焊材焊接技术开发应用”项目，共获授权发明专利58项，制定国家标准3项，发表论文51篇，形成企业级技术秘密14项。该项目开发的水电用钢系列产品近十年市场占有率第一，项目成果已应用在31个重大水电工程，其中国内23个，总装机6774万千瓦，占“十一五”以来国内新增水电装机的50%以上，国外项目有巴基斯坦塔贝拉电站、非洲最大的吉布Ⅲ水电站等超大型水电工程。“首钢3000吨/天生活垃圾焚烧发电项目集成工艺开发与优化”项目获二等奖；“首钢烧结高温烟气循环提质节能减排新工艺与工业化应用研究”项目获三等奖。

（关佳洁）

【获质量技术优秀奖】 年内，中国质量协会下发《关于2017年度质量技术奖励的决定》，其中首钢1项质量技术成果、6项六西格玛优秀项目获奖。北京首钢股份有限公司《基于SPC技术的全流程质量管控平台构建与应用》获质量技术优秀奖；北京首钢股份有限公司《提高X-射线荧光熔片分析烧结矿和球团矿中全铁的准确度》《提高精矿粉和进口矿仪器分析率》《提高汽车外板“氧”三命中率的比例》，以及首钢京唐钢铁联合有限责任公司《提高1700冷轧流程特殊粗糙度产品一检合格率》《降低马口铁热轧缺陷发生率》《开发高抗硫蛋白饮料食品罐镀锡板》获六西格玛优秀项目奖。

（关佳洁）

中铁二十二局集团有限公司

【概况】 中铁二十二局集团有限公司（简称集团公司）是拥有铁路工程施工总承包特级、建筑工程施工总承包特级、市政工程总承包特级；铁道行业甲（Ⅱ）级设计资质、建筑行业甲级设计资质、市政行业甲级设计资质；公路、水利水电施工总承包一级，矿山工程施工总承包三级，公路路基、桥梁、隧道、钢结构工程专业承包一级，地质灾害治理施工甲级资质企业；拥有对外工程和境内国际招标工程的经营资质、对外派遣实施境外工程所需的劳务人员特许经营权的集团公司。下辖第一、二、三、四、五工程有限公司、哈尔滨铁路建设集团有限责任公司、电气化工程有限公司、天瑞机械设备有限公司、房地产开发有限公司、检测公司10个子公司、2个分公司、8个区域经营指挥部和铁路运营指挥部。截至2017年底，集团公司职工共11415名。其中：干部8527人，工人2888人；大学本科及以上学历5317人，大学专科学历3003人；专业技术人员7289人（高级职称887人，中级职称2239人），技能人才865人（高级技师14人，技师168人）。年内，集团公司完成企业总产值212.2亿元，完成施工产值207.3亿元。集团公司在建项目161个，完成的主要实物工程量：路基土石方3608.62万方，桥梁42.3成桥公里，隧道53成洞公里，地铁盾构区间9.5公里，房屋建筑104.5万平方米，铁路制梁1688孔（T梁、箱梁），公路制梁2024片，铁路架梁1809孔，公路架梁2547片，铺轨930公里（含正线、站线），无砟轨道施工37.95公里，通信线路62公里；既有线封锁施工达2533场次，其中Ⅰ级施工3次，Ⅱ级施工52次，Ⅲ级施工2478次。集团公司3项工程获国家优质工程银质奖，4项工程获得省部级优质工程奖，7项工程获得中国铁建杯优质工程奖，4项工程荣获股份公司安全质量标准工地，获得4个国家级和28个省部级优秀QC成果。工程质量一次验收合格率100%。

（罗小慧　肖梅英）

【主要经济指标】 年内，集团公司新签合同项目139项，合同金额340亿元。其中工程承揽132项，合同金额332亿元，房地产销售7项，合同金额8亿元。年末，资产总额255.07亿元，负债总额204亿元，权益总额51.07亿元，资产负债率79.98%，实现营业收入206.15亿元，利润总额2.06亿元，净资产收益率3.57%，企业财务状况平稳。全年集团公司上缴利税总额6.99亿元，其中企业所得税0.71亿元，个人所得税0.57亿元。

（钱春元　王志刚）

【简阳至蒲江段工程】 年内，集团公司承建的成都经济区环线高速公路简阳至蒲江段JPTJ-9标工程位于眉山市仁寿县、彭山县及东坡区境内。标段起讫里程为K261+201～K274+100，线路长度为12.899公里。合同投资额：43667万元，合同工期为18个月。主要工程量包括：路基挖方89万方，填方244万方，借方173万方，弃方17.6万方，桥梁1693.5米/13座，分离式立交5处，分离式立交兼渡槽2座，渡槽兼人行天桥1座，钢筋混凝土盖板涵31座，钢筋混凝土圆管涵19座，倒虹吸5道，互通式立交1座，服务区1处。上年六月开工，是年12月底开通运营。

（李　坛）

【滨洲电气化改造工程】 年内，集团公司承建的哈尔滨至满洲里铁路电气化改造工程位于黑龙江省与内蒙古省交界K375+000至西岭口站K585+000，经由成吉思汗站、高台子站、扎兰屯站、卧牛河站、南木站、喇嘛山站、博克图站、兴安岭站、伊列克得站，正线延长210公里。合同投资：95761.05万元。主要包括拆迁及征地、路基（含区间及站场土石方、路基附属）、桥涵、隧道病害整治、轨道、房屋、其它运营生产设备及建筑物、大临工程等。主要工程量包括：路基土石方331万方；隧道病害整治4座7224延米；站场8处；制梁276片（箱梁、T梁），架梁276片

(箱梁、T梁)等。轨道工程:正线铺轨57.97铺轨公里,站线铺轨21.2铺轨公里;道岔81组等。站后工程:铁路房建8668平米。2014年10月开工,是年12月底全线开通运营。

(李　坛)

【成都至峨眉段改造1标】 年内,集团公司承建的成昆铁路成都至峨眉段是成昆铁路接入成都市的重要路段,位于四川省成都市与乐山市所辖峨眉山市之间,线路自成昆铁路成都南站引出后,向南经成都市双流县、新津县、眉山市彭山县、东坡区、乐山市夹江县至成昆铁路的峨眉站,线路左线长131.30公里,右线长131.518公里。标段位于四川省成都市双流县、新津县和眉山市彭山县境内,里程范围K28+000~K73+724,线路长度45.724公里。成都南至K28+000由成绵乐客专公司代建。增加二线最小线间距为5.0米,K44+200~K45+000、K59+800~K60+500两次左右换边。K50+600~K51+800改建既有线1.2公里,改建线路与既有线平交。合同投资额:91542万元。主要工程量包括:路基土石方184.0076万方;路基44.525公里;隧道1座310延米;桥梁8座3085.222延米,涵洞139座6691.37顶平米;涵洞8座79.67横延米;站场5处;架梁84孔/片(T梁)等。轨道工程:有砟道床57.663公里;正线铺轨44.341铺轨公里,站线铺轨13.322铺轨公里;道岔91组等。站后工程:铁路房建3854平米,其中车站5座1161平米;接触网116.346条公里,改造牵引变电所1处,新建分区所1座,还建分区所1座;电力线路118.08公里,变配电所2处;通信线路49.02正线公里;自动闭塞45.744正线公里,联锁道岔150组。2013年12月开工,是年12月底全线开通。

(李　坛)

【安全质量】 年内,集团公司坚持"安全第一,预防为主"和"百年大计,质量第一"方针,抓重难点工程监控,强化施工过程控制,落实各级安全责任,推行一线作业人员收入与安全行为挂钩,改善安全生产环境。全年开展2次大的安全质量综合检查,开展高速铁路工程质量回访和隐患排查整改自查自纠。组织4期226人的安全质量培训、再教育和取证工作,其中安全质量管理干部培训13人,安全质量培训213人。集团公司委派安全总监15人,A类安全人员73人,B类安全人员376人,C类安全人员(专职安全管理人员)581人,注册安全工程师156人,专职质检员700人。

(左常敏)

【设备物资】 年内,集团公司有设备资产9340台(套),设备原值17.93亿元,净值7.31亿元,成新率40.76%;其中:施工设备2844台(套),原值11.84亿元,净值5.54亿元;运输设备1573台(套),原值3.91亿元,净值0.97亿元;生产设备2119台(套),原值12692.49万元,净值5603.55万元;测量及试验设备2804台(套),原值9153.82万元,净值2430.22万元。大型施工设备(原值≥200万)79台(套),原值6.21亿元,净值2.66亿元,占总资产的34.63%。全年累计新购设备702台(套),合同金额2.25亿元,年度设备采购计划3.71亿元的实施比例为61%;12月底,累计报废转让设备463台(套),原值6671万元,净值495万元,处理后回收价值305万元。

(焦　雷)

【资本经营】 年内,纳入集团公司资本经营管理的项目共18个,项目规模超过310亿元,计划投资总额约160亿元。年度计划总投资24.73亿元(资本运营项目计划5.63亿元,房地产18.62亿元,固定资产0.48亿元),截至年底实际完成19.95亿元。新中标资本运营项目4个,房地产开发土地2宗,项目规模超过186亿元。资本经营项目规模313亿元。

(阮敬科)

【科技成果】 年内,集团公司《2017G005-D-严寒地区高速铁路岔区无砟轨道道床长寿命混凝土制备工艺及施工技术研究-京沈客专》《2017G007-G-银西高铁黄土塬区隧道修建技术研究-银西铁路》2项课题列入铁路总公司科技研究开发计划;《大断面管廊长距离过海顶管技术研究》《湖滨南路污水管跨17号排洪沟"快修式倒虹系统工程技术研究"》2项课题列入福建省科研计划项目。参编中国铁路总公司《高速铁路CRTSIII型板式无碴轨道施工质量验收标准》《铁路混凝土梁支架法现浇施工技术规程》2项技术标准规范。继集团公司本级、一公司、四公司通过国家高新企业认定后,二公司、电气化公司年底均通过公示。11月,股份公司公布2006年至2016年中国铁建十大科技成就,其中"高速铁路建造技术""水下隧道建造技术"2项成就将中铁二十二局集团有限公司列入主要贡献单位之一。年度集团公司获得福建省级工法5项。获得中国施工企业管理协会科学技术奖二等奖2项。获得股份公司科学技术二等奖1项、三等奖1项;优秀工法一等奖2项、二等奖4项;优秀论文二等奖3篇。8项成果通过股份公司科技成果评审。申请专利41件,其中发明专利14件。获得专利授权26件,其中发明专利12件。集团公司《多因素综合作用下的大断面瓦斯突出隧道通风灾害防治重大技术成果转化项目》列入北京市高新技术成果转化项目,获资助260万元。《大断面管廊长距离过海顶管技术研究》列入股份公司科技研究开发计划,获资助30万元。36项科研项目列入集团公司年度科技开发计划,资助经费181万元;延续研发课题61项,结题19项,解除课题3项。评定科学技术奖10项、企业级工法14项、优秀论文104篇。

(应爱武)

商业贸易

综　述

【概况】 2017年,石景山区规模以上商业零售和餐饮店铺112家,其中商业零售店铺48家,餐饮店铺64家,总面积46.4万平方米。组织开展第八届京西消费节活动,整合商业服务业资源,汇聚石景山区各大知名商业服务业企业,共同打造区内活动多点位、线上线下齐联动消费提升京西商圈在全市范围的品牌影响力,有效促进和推动京西地区社会购买力的提升,促进石景山区消费市场相互融合竞相发展,构建消费增长多点支撑的新格局。

(郝　响　张　焰)

【国家电子商务示范基地建设】 年内,深入推进国家电子商务示范基地建设。发挥电子商务产业集聚效应,以应用创新与产业融合为特色,突出全区打造电子商务应用创新区的发展优势和示范效应。出台石景山区电子商务新政策,将服务型电商纳入享受政策扶持范围,优化电子商务发展环境。参加京交会北京馆展览和系列主题活动,展示石景山区国家服务业综合改革试点区发展成果,组织区内龙头企业参加京交会项目集中签约仪式。年底通过商务部组织的国家电子商务示范基地评估。

(郝　响　张　焰)

【商业保理试点建设】 年内,深化商业保理试点建设。举办首届(2017)中国应收账款融资合作洽谈会,来自商业保理专委会会员单位、全国各地的商业保理企业、金融机构、第三方服务机构、行业组织、大学和研究机构的400余名行业专家和企业代表参会,提升石景山区商业保理行业知名度及影响力。引进上海摩山商业保理、深圳市前海一方商业保理、光大集团等优质企业在石景山区设立保理公司。出台促进商业保理行业发展支持政策,培育扶持一批龙头型商业保理企业做大做强。落实商业保理"4+1"监管机制,防范金融风险,推动石景山区商业保理行业规范有序发展。

(郝　响　张　焰)

【优化外贸发展结构】 年内,坚持引进来和走出去并重,推进服务业扩大开放综合试点,提高利用外资规模和水平,适应供给侧改革要求,努力优化外贸发展结构,稳定外贸进出口增长,全力构建开放型经济新格局。外资规模稳步增长,结构进一步优化,质量显著提升。外贸出口结构加速优化,出口类型由以货物出口为主逐渐拓展为货物出口为主,技术贸易、服务外包、对外文化贸易等多元化发展。货物出口产品由传统工业产品逐渐扩展到高新技术产品、纺织品、食品等领域。

(郝　响　张　焰)

商务服务业

【概况】 北京市石景山区商务委员会(简称区商务委)是负责辖区内外贸易和对外经济合作的区政府工作部门。2017年石景山区消费领域累计实现社会消费品零售额303.4亿元,同比增长5.6%,增速位居城六区首位。服务性消费累计实现243.9亿元,同比增长7.5%。完成疏解商品交易市场11家,疏解建筑总面积9.64万平方米,影响人口2881人,影响商户1245户。其中,计划内疏解市场9家,疏解建筑总面积4.03万平方米,影响人口2011人,影响商户1075户,是城六区首个完成疏解任务区。拆补结合织密网点,实现蔬菜零售网络全区覆盖。全区共有蔬菜零售网点164家,与市场疏解前相比,增加蔬菜网点104个,网点总量提升76%。调整丰富业态结构,促进商业领域供给侧改革。推动传统商业企业线上线下融合发展。加强企业培育扶持,深化商业保理试点建设。优化政策环境,出台《石景山区促进高端商务服务产业发展暂行办法》,完善类金融产业政策体系。成功举办首届(2017)中国应收账款融资洽谈会。优化企业发展环境,推动国家电子商务示范基地建设。扩大政策扶持范围,出台石景山区电子商务新政策。加强政策宣传引导,促进总部经济稳步发展。引导石景山区总部企业积极申报北京市总部企业奖励政策,为企业争取资金支持1057.46万元。

(郝　响　张　焰)

【粮油平衡调查】 3月,区商务委完成上年度石景山区粮油供需平衡调查,调查城镇居民60户、粮食经营企业5家、餐饮企业及单位食堂50家。基本掌握全区上年粮油产品供给量、需求量、库存量等基础性数据,形成《2016年度石景山区粮油供需平衡调查报告》。

(张　弋)

【16家典当企业通过年审】 6月,石景山区完成上年度北京市典当企业年审工作,16家典当企业通过审核。年度全区典当总额累计270619.5万元,同比增长13.2%,典当余额32937.4万元,同比下降1%,主营业务收入实现5052.78万元,同比下降14.3%。业务范围涵盖动产质押、房地产抵押、财产权利质押等。

(刘　斌　丁　玲)

【5家拍卖企业通过年审】 6月,石景山区完成上年度北京市拍卖企业年审,其中5家拍卖企业通过审核,分别为北京宏达三晶拍卖有限公司、北京鼎兴天和国际拍卖有限公司、北京瀚海圣墨国际拍卖有限公司、爱拍得拍卖有限公司和东煜经典(北京)拍卖有限公司。

(刘　斌　丁　玲)

【商品交易市场疏解】 年内,区商务委按照市、区两级"疏解整治促提升"十大专项行动工作要求,以提升居民获得感为目标,坚持"疏解提升并举,拆补相结合"理念,推进商品交易市场疏解工作。全年疏解商品交易市场11家,疏解建筑总面积9.64万平方米,疏解进度位于城六区首位。

(张　然　董　华)

【蔬菜零售网点164家】 年内,区商务委通过"一拆一补"、拆补结合,重点加大对疏解市场周边的正规化蔬菜网点布局。对于不具备网点建设条件及市场拆除后短期内不能补充的社区,以蔬菜直通车方式及时补充,实现蔬菜零售网点与拆除市场周边对接。截至年底,共有各类蔬菜零售网点164家,基本形成覆盖全区151个社区的"一刻钟"蔬菜零售服务网络。

(张　然　王子丹)

【便民服务网点1032个】 年内，区商务委全面推动全区生活性服务业发展。截至年底，全区有超市（便利店）、蔬菜零售、家政服务等8项便民服务网点1032个，全区生活性服务业实现8项基本便民服务全覆盖，连锁店占总店面数比率达26.9%，较上年底提升2.5个百分点。

（张 然 滕小宇）

【双百创建】 年内，区商务委开展蔬菜零售网点和生活性服务网点“双百创建”工作，推动蔬菜示范店建设。通过市场化运作、挖掘国有资源载体、新建小区配套、现有业态转型等方式，新建、补建、提升蔬菜零售网点70个，生活性服务业网点50个。

（张 然 王子丹）

【“互联网+”工作模式】 年内，区商务委以创建具有石景山区特色“老街坊”邻里商业品牌为抓手，利用互联网、大数据等推动生活性服务业业态创新、管理创新和服务创新。推动物美超市与多点新鲜深度融合，永辉超市正式上线永辉生活，管家帮、爱侬等开发建设家政综合服务平台，利用现代移动互联网技术，拓展传统线下实体商业便民服务渠道。

（张 然 滕小宇）

【促消费保增长】 年内，石景山区推动传统商业企业线上线下融合发展，物美超市与多点新鲜深度融合，创新自助下单结算“自由购”模式；永辉超市引入集生鲜销售、加工于一体的超级物种品牌店铺；石景山万达广场推出工业主题特色街区；组织开展第八届京西消费节活动。全年实现总消费547.3亿元，同比增长6.4%。其中商品性消费（社会消费品零售额）实现303.4亿元，同比增长5.6%；服务性消费实现243.9亿元，同比增长7.5%。

（刘 颖）

【行业监管及企业主体责任】 年内，区商务委加大行业安全生产监督检查和教育培训力度，督导企业严格落实主体责任，及时消除各类安全隐患，有效防范和坚决遏制各类安全事故发生，完成“一带一路”高峰论坛、党的十九大等重要时期的安全服务保障任务。全年召开全区商务行业安全生产会议4次，制发红头文件25件，各类通知、提示60余件，开展行业企业各类安全培训9场次，累计培训人员1200余人次，发放宣传资料6000余份。组织第三方机构为企业进行“一对一”全员培训296场次，累计培训企业210家次，培训人员9398人次。累计出动检查人员2052人次，检查督导商务行业企业939家次，排查各类安全隐患2243处，并完成整改。对存在问题较多的41家次企业进行传唤和指导。按照“政府推动、企业实施、中介帮扶”原则，推进14家行业企业完成“一企业一标准、一岗位一清单”编制工作；发挥保险社会管理和风险防控功能，促进企业安全生产主体责任落实，完成32家企业安责险投保；通过政府购买服务方式，聘请专业机构开展“一对一”服务，全年开展现场指导218家次，排查治理各类安全隐患1235项。

（王建博）

【依法行政】 年内，区商务委继续梳理行政执法职能，完善执法平台建设。启动与区法制办、检察院等部门的联动机制，推进行政执法与刑事司法衔接。开展美容美发行业、家政服务业、家电维修业专项行政执法行动。全年完成行政检查547次，人均182.33次；完成行政处罚量86件，其中一般程序1件，简易程序85件，人均行政处罚量28.67件，处罚量相对值完成135.38%；触发职权数量7个，职权总数量217个，职权履行率3.23%；职权履行均衡度85.71%，完成石景山区法制考核任务。

（王建博）

对外经济

【概况】 2017年，石景山区外资规模稳步增长，吸收合同外资额达7.4亿美元，新设及并购外商投资企业23家，吸收合同外资4.7万美元。全年完成实际利用外资2.6亿美元，同比增长68.6%，创历史新高。外资来源遍及亚洲、美洲、欧洲和大洋洲的31个国家和地区。完成外贸进出口总额40亿元人民币，同比下降24.8%，全市占比0.2%。其中出口总额20.7亿元人民币，同比下降24.4%，全市占比0.5%；进口总额19.3亿元人民币，同比下降25.2%，全市占比0.1%。服务贸易加快发展，组织29家企业申报北京市重点服务贸易企业名录；货物出口结构逐渐从以工业产业为主向多元化发展。

（刘 珊 王凯蒂）

【外资联合年报】 3—6月，区商务委应市商务委要求开展年度联合年报工作。石景山区参加联合年报企业269家，占整体应报企业的95.4%。

（刘 珊 王凯蒂）

【参加北京服贸会】 5月28日至6月1日，2017北京国际服务贸易交易会期间，区投促局与北京尚博地投资顾问有限公司、小红唇公司与韩国珂曼公司、易宝支付有限公司与北京保盛易行航空服务有限公司等项目现场签约，实现服务贸易签约额5.7亿元。区商务委联合区相关委办局及首钢公司等相关企业，从区域发展战略、重点产业项目、电子商务等多领域，通过展览展示、论坛演讲、主题推介、项目签约等多形式，全面展示石景山区的发展成果。

（刘 珊 王凯蒂 王子丹）

【外贸进出口】 年内，全区有对外贸易经营者备案企业1177家，其中年度实际涉及进出口业务387家（含有出口业务的215家，有进口业务的217家）。完成外贸进出口总额40亿元人民币，同比下降24.8%，全市占比0.2%。其中出口总额20.7亿元人民币，同比下降24.4%，全市占比0.5%；进口总额19.3亿元人民币，同比下降25.2%，全市占比0.1%。出口商品主要以钢材及工业产品为主。出口国包括波兰、埃及、印度、突尼斯、土耳其、马来西亚、韩国、越南等。

（刘 珊 王凯蒂）

【新增外资规模】 年内，新设及并购外商投资企业23家，其中新设20家，并购3家，吸纳投资额5.2亿美元，同比增长617.1%；合同外资4.7亿美元，同比上涨468.7%，平均投资规模2263万美元。其中1000万元以上企业6家,吸纳投资额5亿美元,合同外资4.6亿美元,占全部新批合同外资的97.9%。开业外商投资企业增资23项,吸纳投资额7.8亿美元,同比下降37.9%;合同外资2.7亿美元,同比下降60.1%。

(刘　珊　王凯蒂)

【新批外资结构】　年内,区商务委新批"三资"企业中,从企业类型上分,独资企业16家,合同外资额4.7亿美元,平均投资规模2927.6万美元;合资企业7家,合同外资额526.5万美元,平均投资规模75.2万美元。从产业结构上分,新批"三资"企业全部符合石景山区产业发展定位。投资涉及的主要行业有技术推广、计算机服务、商业销售、房地产开发、工程设计策划等,其中,技术推广、计算机服务类企业占新批及并购企业的78.3%。

(刘　珊　王凯蒂)

【外资大项目】　年内,区商务委新批外商投资企业首次新增房地产开发经营类外商投资资企业,实现首次历史性突破。新批的2家房地产开发企业投资额及合同外资均为2.2亿美元,总计4.4亿美元,占新批合同外资的93.6%。

(刘　珊　王凯蒂)

【落实政策扶持】　年内,区商务委组织申报北京市年度上半年及下半年两个批次外贸"稳增长"奖励资金,累计227.4万元;初审及统计录入33家企业申报的中小企业开拓国际市场补贴资金项目104个,涉及实际拨付金额298万元;组织2家企业申报技术出口贴息项目,其中智明互动获补贴50.4万元人民币,狂热者获补贴15.4万人民币;推荐29家服贸企业加入北京市重点服务贸易企业库,并组织企业填报商务部服务贸易统计监测系统,为北京市服贸企业扶持资金政策研究提供数据基础,鼓励石景山区技术和技术服务出口,促进服务贸易企业创新发展。

(刘　珊　王凯蒂　王子丹)

【外资结构】　截至年底,全区开业外商投资企业327家。按企业生产方式划分,生产型企业39家,非生产型企业288家;按合作方式划分,独资企业236家,合资企业84家,合作企业3家,股份制合资企业1家,投资性公司3家。累计投资总额60.2亿美元,其中合同外资29.4亿美元,企业平均投资规模1841万美元。

(刘　珊　王凯蒂)

招商引资

【概况】　北京市石景山区投资促进局(简称区投促局)是区政府直属负责组织、管理、协调、指导全区招商引资工作的职能部门。年内,区投促局实施"招优引强"策略,加快构建"高精尖"经济结构,以稳步推进重大项目落地、全面优化营商环境、加快建设北京侨梦苑、促进集体经济高端提升、塑造区域高端绿色形象等有效举措应对困难,实现招商引资工作稳步推进。2017年,新引进企业3502家,亿元以上企业84家;国地税累计完成税收总额218.59亿元,同比增长12.9%,入区额50.43亿元,同比下降0.35%;一般公共预算收入预计实现56.4亿元,同比增长10.6%。围绕高端绿色发展定位,引进爱心人寿、青谷科技等185家规模企业。纳税百强企业实现入区额33.56亿元,占全区一般公共预算收入的59.5%,其中主导产业66家企业实现入区额20.74亿元,占百强入区额的61.8%;59家招商引资企业实现入区额25.26亿元,占百强企业入区额的75.3%。

(王　琳)

【重点项目建设】　年内,区投促局依托古城创业大厦,与中关村智造大街联手,围绕智能制造领域,打造中关村智造产业园;依托海特饭店改造项目打造国际创新中心,对接海外前沿科技成果落地转化;将大东北项目改造为富士康科技创新中心,打造富士康"双创"平台,发展高新技术产业;博古艺苑改建项目与首创置业合作打造"郎园park"文化艺术园区,集聚发展高端文化创意产业;压力容器厂集地部分建设租赁住房,国地部分与亿华通合作装修改造为氢能技术创新中心,建设万台级氢燃料电池产业化基地;光启科技创新展示中心开工建设;市民冰雪体育中心投入运营。

(王　琳)

【提升营商环境】　年内,石景山区召开全区经济发展推进大会,发布构建高精尖经济结构"1+N"政策体系,出台《区领导服务重点企业工作方案》,明确区处两级领导"一对一"精准服务企业长效机制。落实驻区企业优惠政策,完善"一事一议"决策流程,召开区招商引资工作领导小组专题会,联合审议17家企业"一事一议"政策支持。开展区领导走访中电科、光大信用卡中心等36家驻区重点企业活动,为企业高管解决子女入学11人次,完成《石景山区营商环境调查报告》,全面深入研究石景山区营商环境的优势和不足,提出对策建议,制定相关单位改进责任分工,营造政企携手共促经济发展的良好氛围。

(王　琳)

【形成政策构架】　年内,区投诉局出台《石景山区优化发展环境 构建高精尖产业体系实施办法》,并以经济发展推进大会为契机,组织全区相关部门通力合作,形成1+18政策构架,发布《石景山区构建高精尖经济结构政策汇编》。

(王　琳)

【加强宣传推介】　年内,区投诉局以"高端绿色发展生态"建设为主线,聚焦"一轴三园、北京"侨梦苑"、区域重点企业等专题。借驻京中外知名企业石景山·首钢行、京港洽谈会、京澳会活动、服贸会"北京主题日"等活动,全方位多角度深入宣传石景山区产业规划布局、高端载体及配套设施,提高产业聚集度。加强与北京电视台、《北京日报》《北京月讯》等电视媒体深度合作,加大对石景山区投资环境、石景山服务的专题宣传力度。充分利用Ai石景山融媒体平台,宣传石景山区重大活动、重点项目、投资动态、政策解读等内容,全年累计推送信息700余条,阅读人数64.7万,阅读次数150万,关注人数超2.2万人。

(王　琳)

北京石景山年鉴

2018 BEIJING SHIJINGSHAN NIANJIAN

旅游业

综　述

【概况】 截至年底，石景山区有旅游经营单位145家，纳入全市旅游行业统计范围的8家。主要景区点8家。其中4A级景区2家(石景山游乐园、八大处公园)，3A级景区1家(首钢工业文化景区)，文物景点4家(法海寺、慈善寺、田义墓、第四纪冰川陈列馆)，主要景区1家(北京国际雕塑公园)。星级饭店5家，其中四星级饭店1家(万商花园酒店)，三星级饭店2家(京燕饭店、海特饭店)，二星级饭店2家(首钢红楼迎宾馆、中科院高能物理专家招待所)，社会旅馆91家。驻区旅行社15家(国际社3家、国内社12家)，旅行社分支机构27家。旅游业直接从业人员3361人。

(李　琰)

【旅游发展思路】 年内，区旅游业以建设群众更加满意的现代服务业为目标，以十三五规划为指引，贯彻“全面深度转型，高端绿色发展”战略，以改革创新为动力，以产品转型升级为重点，以相关产业融合为抓手，推进旅游各项工作，促进石景山区旅游产业健康快速发展。一是坚持党建统领，全面落实党风廉政责任制，夯实党建工作；二是搭建区域性合作平台进行旅游推介宣传；三是提升机场巴士石景山线的服务质量；四是开展亲子互动、文明旅游、绿色出行等相关活动，增设个性化特色服务；五是编制西部地区旅游发展规划，确定西部旅游发展思路和建设目标；六是依法依规开展旅游行业安全监管工作。查出并整改安全问题1012起；七是丰富四季活动内涵，以需求为导向将季节特点与景区资源、关键时间节点相融合打造特色突出的品牌项目；八是创新媒体宣传，围绕全区各项旅游活动、重要旅游事件，采取立体化宣传模式，形成报纸、电台、电视台、网络、微平台全覆盖旅游宣传服务体系。认真落实《北京市智慧旅游建设规范》，建设集旅游营销、旅游服务、旅游管理一体化的智慧旅游服务平台。

(李　琰)

【行业安全监管】 年内，区旅游委开展旅游行业安全监管。成立以3人为小组的安全检查组，全年出动检查人员506人次；开展联合检查19次，检查旅游经营单位388家次，查出并整改安全问题1012起。

(李　琰)

产业促进

【概况】 北京市石景山区旅游发展委员会(简称区旅游委)是负责辖区旅游业管理的区政府职能部门。年内，区旅游委以建设群众更加满意的现代服务业为目标，以十三五规划为指引，积极贯彻“全面深度转型，高端绿色发展”战略，以改革创新为动力，以产品转型升级为重点，以相关产业融合为抓手，积极推进旅游各项工作，促进石景山区旅游产业健康快速发展。

(李　琰)

【智慧旅游管理平台发布会】 1月12日，区旅游委在北京国际雕塑公园内的世界旅游城市体验接待中心召开石景山区智慧旅游管理平台发布会，近百家旅游企业参加活动。智慧旅游管理平台建设严格按照区委、区政府提出的“八个高端体系”建设总体思路，并结合石景山区旅游产业发展的整体和长远需要，明确智慧旅游项目建设的总体目标任务，夯实石景山区智慧旅游发展信息化基础。

(李　琰)

【区旅游委与企业座谈】 3月15日，区旅游委就《石景山区西部地区旅游发展规划》与首钢多个部门座谈征求意见。为进一步加大西部旅游资源与首钢工业文化资源的融合，突出首钢工业文化遗迹、冬奥组委驻地两大特色，打造石景山旅游新的增长点，与首钢战略发展部、园区开发部、发展研究院、园区服务公司等部门进行座谈。了解首钢发展情况及未来首钢文化旅游的规划设想，特别是冬奥组委入驻后首钢在体育旅游和工业旅游方面的新思路，为西部旅游规划定稿提供详实的信息。

(李　琰)

【区旅游委与百度研讨】 3月，区旅游委联合区委宣传部、区经信委与百度公司召开“畅游百景”大数据项目研讨会，会议围绕石景山区借助合作平台充分发挥互联网传播速度快、时效性强、范围广的优势，落实推进国家“互联网+”发展纲要的相关要求，促进区内各领域与互联网深度融合发展，加快培育产业发展新动能，构建基于“大数据”的高端信息服务体系、高端管理体系、高端营销体系，全面提高石景山区整体形象等问题进行研讨。

(李　琰)

11月15日，市旅游委调研模式口旅游情况　　(区旅游委供稿)

【与乌兰察布市签约】 6月24日，为加快落实“一带一路”重要节点城市合作共赢，推动京津冀协同发展规划，区旅游委与乌兰察布签署旅游框架合作协议，在区域旅游产业引导、旅游市场营销、旅游人才培训等三个方面加强合作，共同促进两地旅游产业优化升级，策划区域旅游活动。6月24、25日，共同主办“靓丽石景山，牵手大草原”北京百车自驾乌兰察布活动，活动启动仪式在景园假日酒店举行。来自北京近30家汽车俱乐部120辆私家车300多名车友以及首都各界媒体参加活动。

（李 琰）

【“红色旅游”党建服务】 8月25日，区旅游委在八宝山革命公墓开展特色党建服务项目活动，并为八宝山革命公墓正式颁发“红色旅游景区”牌示。近年，区旅游委一直致力于红色旅游资源的挖掘，八宝山革命公墓作为全国爱国主义教育基地，并成为红色旅游景区就是深入挖掘的一个突破。

（李 琰）

【工业文化旅游主题街区开街】 9月29日，“万达工业文化旅游主题街区”开街仪式在万达广场举行。为发挥石景山区的区位优势和资源特色，充分展示首钢工业遗迹文化的独特魅力，推进旅游与商业、文化、工业等相关产业融合发展，区旅游委、商务委与首钢、万达等单位协商，借助实物展示等手段打造“万达工业文化旅游主题街区”，促进商业与文化旅游创新融合。首钢工业文化旅游主题街区，设立集科普、体验、餐饮、购物、特色商品展卖等多功能于一体的工业创意景观主题游览区。

（李 琰）

【市旅游委调研】 10月24日，市旅游委主任宋宇一行调研南马场水库、模式口大街、承恩寺等西部旅游开发项目。文献介绍石景山区围绕首钢工业文化旅游区、永定河绿色生态发展带等重点区域的旅游发展。宋宇对石景山区旅游工作提出三点建议：一是要加强西部地区旅游综合服务配套设施完善提升。对基础设施薄弱的区域，在加强旅游步道、标识牌等方面上加大资金投入，提升游客体验舒适度。二是做好西部地区旅游项目形象品牌塑造和推广。对重点项目精准定位，借助现代化手段进行包装营销，有针对性地进行市场开发，形成品牌独特性。三是加大旅游文化融合。探索“燕京八绝”等非物质文化遗产项目的旅游开发，形成衍生旅游产品系列，贴合旅游市场需求，使之成为展现北京历史文化、旅游服务业现代化建设的重要窗口。

（李 琰）

旅游活动

【玉兰仙子主题活动】 3月26日，由区旅游委、体育局主办，区公园管理中心、北京青年报等单位支持，北京游侠客承办的玉兰仙子主题活动在北京石景山区北京国际雕塑公园举行。此次活动结合雕塑公园玉兰节，由女模特扮演成玉兰仙子，穿梭于玉兰园中，参与人数千余人。活动期间外聘摄影大师，讲述拍摄故事以及拍摄技巧。

（李 琰）

【首届庙会研讨会】 5月16日，区旅游委、区旅游协会组织的首届石景山区庙会研讨会在万商花园酒店举行。区公园管理中心、八大处公园、石景山游乐园、国际雕塑公园、京西五里坨民俗陈列馆等区属旅游行业相关代表及市文化局、市公园管理中心、市文化艺术活动中心的专家学者等20多人参加。会议深入探讨庙会文化的源流，挖掘庙会文化的内涵，庙会与民间艺术、庙会与现代生活、庙会中的多元文化共存现象等问题。专家就当前石景山区庙会存在的问题、在新时期形势下的发展方向展开热烈讨论，并给出建设性的意见和建议。第一，庙会文化理念提升，结合石景山区“十三五”规划和区域功能定位，整合西山文化带资源，创造性提升文化理念。第二，庙会文化内容方面的提升，利用现有文化资源，开拓文化创意思路、深挖历史文化内涵，适当融入非遗项目展示。第三，庙会文化活动宣传组织方面的提升，抓住冬奥组委落户首钢的优势，借势宣传，做足冬季冰雪文化，整体包装形象，做出可以代表石景山区文化旅游品牌的庙会，展示在北京乃至世界面前。

（李 琰）

【5·19旅游日活动】 5月19日，区旅游委围绕“旅游让生活更幸福”这一主题，在北京国际雕塑公园世界城市体验中心举办“中外摄影师眼中的石景山”主题摄影展，重点围绕“旅游＋冬奥”“旅游＋体育”“旅游＋文化”等全域旅游活动成果进行展示和宣传，并开展2017年“中国旅游日”系列活动。

（李 琰）

【端午旅游文化活动】 5月26日，由区旅游协会和龙舟协会共同主办的第二届“龙行京华，粽香飘舞”大型旅游文化活动在莲石湖公园开幕，活动分为文化汇演及龙舟竞技比赛两部分内容。活动旨在通过推动旅游与体育运动、旅游与传统文化的深度融合发展，促进全民健身活动的开展。

（李 琰）

【登山节活动】 6月，区旅游委联合公园管理中心，在法海寺森林公园举办彩色登山游园活动，吸引各地参与者300余人。活动中，参与者利用手中的道具和环保玉米彩粉共同绘制彩色图案，通过徒步登山、分组竞技等方式向游客们宣传环保理念。活动旨在通过以“旅游＋户外体育”的方式，促进区内旅游产业向相关产业融合，进一步促进区内旅游产品创新，提升区内旅游品牌活动的知名度，为发展石景山区全域旅游提供助力。

（李 琰）

【红色旅游景区推广】 8月1日，区旅游委组织“八宝山革命公墓”、“首钢工业文化旅游区”两家红色旅游景区参加由北京市旅游委、天津市旅游局、河北省旅游委在中国人民抗日战争纪念馆醒狮广场举办的“纪念建军90周年京津冀红色旅游宣传推广活动”。重点推介八宝山革命公墓、首钢工业旅游文化两大红色旅游发展板块。

（李 琰）

【千人清凉水战活动】 8月5日，清爽

有趣的 Crazy Water. 清凉水战活动在石景山区莲石湖生态公园举办。活动参与者千余人。来自社会各界的旅游爱好者通过 CS 定向跑、清凉泼水等趣味活动倡导健康向上的旅游方式,号召大家在炎热的夏季走出空调房,通过旅游实现健康快乐生活。

(李 琰)

【京冀蒙区域旅游合作】 11 月 11—12 日,500 名张家口游客参与由区旅游委主办的石景山区游览体验周末游。周末游行程包括游览首钢厂区内的首钢工业遗址、燕都第一仙山——石景山、群明湖,并参观冬奥会组委会办公地外观、国家 AAAA 级景区八大处公园,体验万达广场、台湾街等区域特色商业街区,入住酒店为京燕饭店。本次游览活动采取政府搭建合作平台,旅游企业市场运作的模式,是石景山区助推京冀蒙区域合作的一次有益尝试。

(李 琰)

【旅游线路获奖】 年内,区旅游委推荐的八大处、法海寺休闲礼佛一日游、石景山游乐园狂欢一日游两条旅游线路在北京市 2016“北京旅游进社区 最美旅游线路”征集评选活动中分别获“最美旅游线路”“最佳亲子游线路”奖项。

(李 琰)

【红色旅游讲解员培训】 年内,为提高石景山区红色旅游讲解员的综合能力和素质,区旅游委组织首钢文化旅游区及八宝山革命公墓两家红色旅游景点讲解员参加北京市旅游委组织的红色旅游专题培训。培训采取专家授课、典型讲解、现场教学、专家点评、座谈讨论等方式进行。

(李 琰)

旅游管理

【春节黄金周】 春节期间,全区各旅游景区接待游客 58 万人次,同比增长 2.29%,实现综合收入 1679.96 万元,同比增长 2.44%。其中石景山游乐园接待游客 37 万人次,同比增长 6.33%,综合收入 1500.13 万元,同比增长 2.91%;八大处公园接待游人 17.08 万人次,综合收入 176 万元,与去年同期持平;北京国际雕塑公园接待游客 3.92 万人次,综合收入 3.83 万元。21 家市级和区级住宿监测点接待宾客 2065 人次,综合收入 167 万元。

(李 琰)

【清明小长假】 4 月 2—4 日清明小长假期间,石景山区主要旅游景区累计接待游客 10.96 万人次,营业收入 276.54 万元,同比增长 23.84%。其中,八大处公园接待游客 2.85 万人次,综合收入 23.15 万元;石景山游乐园接待游客 3.45 万人次,综合收入 242.8 万元;国际雕塑公园接待游客 4.66 万人次,综合收入 10.59 万元。

(李 琰)

【检查旅游市场秩序】 4 月 25 日,区旅游委会同公安、安监、质监、工商、食药、城管、文化、交通、民政、消防和相关街道,联合检查八大处公园和石景山游乐园等重点景区旅游安全及其周边旅游市场秩序情况。发现安全问题 8 项,立即整改 2 项,限期整改 6 项,各部门安全工作提示 18 项。

(李 琰)

【峰会期间服务】 5 月 14—15 日“一带一路”峰会期间,区旅游委按照 2017 年全市旅游咨询服务素质提升工作计划安排,全面提升旅游服务质量。强化日常业务服务技能,为全区各旅游咨询站发放灵动石景山、机场巴士手册、石景山地图等学习资料和旅游宣传品,提升日常业务素质和服务水平。开展专业技能培训,邀请北京联合大学旅游学院的教师进行实地教学,围绕旅游心理学、旅游咨询服务礼仪和旅游应急处理等几方面内容进行专项培训。搭建平台加强交流,通过建立 QQ 群,微信群等手段,加强全区各旅游咨询站业务交流,提升专业技能素质。

(李 琰)

【端午假期】 5 月 28—30 日端午小长假期间,石景山区主要旅游景区接待游客 6.53 万人次,实现综合收入 262.27 万元。其中石景山游乐园接待游客 2.85 万人次,综合收入 242 万元;八大处公园接待游人 2.56 万人次,综合收入 18.8 万元;北京国际雕塑公园接待游客 1.12 万人次,综合收入 1.47 万元。

(李 琰)

【“安全生产月”咨询日】 6 月 16 日,石景山区旅游行业 2017 年“安全生产月”咨询日活动在石景山游乐园举办。区旅游委组织石景山游乐园和八大处公园等旅游经营单位为现场游客发放《旅游法》《食品安全法》以及“旅游安全常识”“旅游安全温馨提示”“旅游地图”等资料 3000 多份,展出《旅游法》《北京市旅游条例》《大型游乐设施安全监察规定》以及石景山游乐园及八大处公园安全工作概况等内容的展板 24 块,接受游客咨询近千人次。同时活动现场,循环播放游客在旅途中吃、住、行、游、购、娱等环节中安全事项的宣传片。

(李 琰)

【参加全市安全技能大赛】 6 月 29 日,区旅游委选拨 49 名队员代表石景山区旅游行业参加北京市旅游行业第三届安全技能大赛。大赛共设置 9 个大项 16 个小项的安全技能项目。石景山区取得两个第二名、一个第三名、两个第五名、一个第六名的成绩,并获团体总分第五名,同时获得精神文明奖。

(李 琰)

【国庆、中秋假日旅游】 10 月 1—8 日,石景山区三大旅游活动场所(石景山游乐园、八大处公园、国际雕塑公园)接待游客 30.48 万人次,同比增长 53.24%。旅游综合收入 728.79 万元,同比增长 35.36%。5 家市级住宿监测点接待宾客 5463 人次,同比增长 15.99%,综合收入 248.34 万元,同比增长 30.97%。

(李 琰)

【首钢 3A 级景区复核】 10 月 30 日,北京市旅游委组织的 A 级景区复核专家小组对石景山区 3A 级首钢工业文化景区复核评审。复核检查组严格对照景区质量评定标准,从旅游交通、游览、旅游购物、景区安全等方面实地考察,并重点检查景区消防安保、售票点、游客中心、停车场、导览标识图、公厕等景区重要设施等进行复核。复核通过。

（李 琰）

【消防安全大排查】 11月，区旅游委汲取大兴区"11·18"火灾事故教训，对区内重点旅游景点、星级酒店和社会旅馆进行消防安全大排查。19日起，区旅游委组成多个检查组，到各旅游经营单位全面排查消防安全隐患，结合冬春季火灾防控工作、消防安全隐患清查整治行动，开展安全隐患排查整治行动。

（李 琰）

【庙会场所环境治理】 年内，区旅游委联合公安、安监、质监、工商、食药、消防等部门对石景山游乐园及八大处公园春节庙会举办场所反恐防暴、设施安全、食品安全、防火安全、用电用气、应急措施等安全保障情况进行现场检查，发现安全问题10起，现场整改3起。联合公安、工商、城管、食药、民政、交通执法、文化执法和相关街道等单位对石景山游乐园及八大处公园周边旅游市场秩序进行现场治理，处置载客黑摩的1起、劝导无照游商6起、劝离流浪乞讨4人、劝阻占卜算命2起、清除旅游小广告及非法"一日游"假站牌3处。

（李 琰）

【旅游行业标识规范】 年内，区旅游委向全区各旅游经营单位印发《关于进一步开展石景山区旅游行业涉外文字排查治理工作的通知》，对本辖区内标识和宣传标语口号中涉外文字进行全面排查，对未经审核的涉外文字一律报送至区外事部门审核。联合区外侨办等相关部门现场检查重点旅游单位外语标识及外文宣传标语口号规范工作，对查出的问题进行现场整改或限期整改。

（李 琰）

西山永定河文化带建设管理委员会

【概况】 9月28日，北京西山八大处文化景区管理委员会更名为北京市石景山区西山永定河文化带建设管理委员会（简称景区管委会）。其主要职责为：根据区政府授权，负责石景山区西山永定河文化带的统筹规划、开发建设、运营管理等组织协调工作。年内，管委会围绕永定河文化带建设定位和规划，积极推进八大处5A景区建设，策划禅林文化体验展等系列惠民文化活动，开展八大处历史文化挖掘工作。

（王少卿）

【智能化安技防管理平台建成】 上年10月开工，年内8月竣工。投资2328.2万元。该项目将园内独立的监控系统、报警系统、消防系统、广播系统整合管理，统一接入到新建的综合管理平台，提高文物本体防护安全等级。建设项目包括：对相关配套系统进行建设，补充监控点位、广播点位；新增一键式报警求助设备、信息发布设备、视频火灾识别设备、人脸识别设备、客流量统计设备、单兵巡逻设备、无线信号覆盖设备、分控设备、报警信息短信推送设备等。

（王少卿）

【禅林文化体验展项目】 6—10月，西山八大处禅林文化体验展项目在公园清凉寺实施。体验展包括"禅风·衣境""品悟·禅韵""思修·禅宗""西山·印象"四大板块，并对寺内11个布展厅进行整体设计。活动内容有：禅修服饰、音乐、茶道、香道表演以及禅修体验班、中医养生讲堂等。该项目利用最新裸眼3D数字技术，使游客身临其境体验八大处历史沿革、文物保护新成就等。

（王少卿）

【"科技跨越时空"主题项目】 6月20日开工，8月24日完工。投资189.6万元。该项目是按照《国家中长期科学和技术发展规划纲要》《全民科学素质行动计划纲要》要求，结合园区历史文化，打造的"生态体验式、环境沉浸式"科普展示基地。基地运用展览、绘画、实物等多种形式，展示和宣传古建、植被、地质、中医等科普知识，突出"自然、文化、生态"有机结合，满足游客特别是青少年群体，亲近大自然、感受科学的需求。

（王少卿）

【签署战略合作协议】 8月29日，景区管委会与金台文院签署战略合作协议，共同推进西山八大处文化景区建设。金台文院是民政部批准的全国第一家直属民办非企业单位，是以传扬中华优秀传统文化为宗旨的综合性文化机构。双方合作领域包括文化、健康、旅游等活动项目的策划和建设。

（王少卿）

【《翠微三要》古籍整理】 12月，由景区管委会、北京灵光寺、八大处公园管理处联合编辑整理的《翠微三要》一书出版发行。《翠微三要》是香界寺方丈心兴所著，为藏经楼现有1800卷经书中价值最高的一部，也是体现八大处禅林文化的重要古籍。全书分为《山居选要》《五经会要》《八识规矩摘要》三卷，记述清道光年间西山寺庙云集、香火隆盛的景象，阐述《心经》《金刚经》等主要思想与核心精华。为方便现代人阅读和理解佛教文化知识，此次整理将三卷古籍全部翻译成白话文。

（王少卿）

北京石景山游乐园

【概况】 北京石景山游乐园（简称游乐园）占地面积35万平方米，拥有大中型主题游艺项目50余项，国家AAAA级旅游区（点）；是国内唯一一家通过ISO14001：2004环境管理体系、ISO9001：2008质量管理体系、GB/T28001－2001职业健康安全管理体系认证的游乐园。年内，游乐园主动融入京津冀协同发展大局，大力实施"全面深度转型、高端绿色发展"战略，讲科学、重实际、求实效，加快企业改革布局，整体提升管理水平、稳步完善制度建设、全面落实安全生产责任制、大力提升品牌影响力，确保各项经营工作安全、有序、平稳进行，最大限度保证企业经济效益。获得"中国国际美食最具影响力品牌"美食街区称号。全年接待游客172.52万人次，综合经营收入9855.31万元。

（曹 悦）

【迎春洋庙会】 1月28日至2月3日举办。游乐园以"中国春节 世界味道"

4月29日,“梦想之星”摩天轮启动仪式　（区旅游委供稿）

为主题。主要活动有中国人喜爱的世界味道、一带一路国际风情、世界带给北京的新年礼物、冬奥文化旅游+科技、北欧(丹麦)文化周、“京津冀”文化展、各民族年文化展、老北京味道、老北京人的过年礼物、老北京传统玩乐汇、特色经典游艺项目等10余项活动内容,近50项经典游艺项目全部开放,5辆造型各异的花车与百余名中外演员组成巡游方队。庙会接待游客36.9万人次,综合经营收入1963万元。

（曹　悦）

【“摩天轮”启动】 4月29日,“梦想之星”摩天轮正式启动。摩天轮整体风格现代简约,成为石景山区新地标。“梦想之星”摩天轮座舱以一带一路主要国家命名,每一个座舱上都用中英文和所在国家文字标注国家名称,座舱的底部印有精心设计的国花。通过对摩天轮主题化创意包装,传递“梦想之星”摩天轮,让中国梦与世界梦和谐交融的寓意。五一小长假期间“梦想之星”摩天轮接待游客1.8万人次,经营收入90万元。

（曹　悦）

【“梦想之星”亲子嘉年华】 5月28日至6月1日举办。游乐园围绕“相约石景山游乐园六一亲子‘粽’动员”的主题,推出“儿童乐购时尚季”“宾堡‘烘焙教室’DIY互动体验区”“欢乐小镇 乐享童趣”“乐玩嗨翻天赢大奖”等活动。期间接待游客3.8万人次,综合经营收入447.4万元。

（曹　悦）

【狂欢之夏”活动】 7月15日至8月31日举办。游乐园以“梦幻童话 狂欢一夏”为主题。活动包括中华老字号大型非遗活动、阿狸星光乐园、“游艺狂欢季 欢乐不散场”、激情“嗨趴”乐动一夏、“梦幻童话”夜光花车大巡游、魔幻人泡泡夏日剧场表演等内容。活动接待游客37.8万人次,综合经营收入2935万元。

（曹　悦）

【36氪互联网粉丝节】 9月16—17日举办。活动包括一次性公司、中央舞台、“共享单身”姻缘庙、人生创业馆、美食市集、情绪任意门、不是问题屋等7大版块。红杉资本、滴滴快车、支付宝等30多家互联网公司参展,《中国有嘻哈》人气选手辉子到场演唱为“没想到游乐园”编排作曲的主题曲《没想到你是这样的》。8位来自各领域青年文化大咖以“青年造浪指南”为主题与现场观众分享个人“会玩”故事。期间接待游客2.3万人次。

（曹　悦）

【欢乐金秋游园会】 10月1—7日举办。游乐园以“欢聚游乐园 祝福祖国母亲”为主题。主要内容有首届中国国际美食发展大会,2017北京国际美食汇、乐享经典游艺嘉年华,“带路寻梦”欢乐花车巡游、第十九届北京国际旅游节分会场巡演及乐园金秋盛装迎客来等,园内5辆彩车每天2场巡游,来自“一带一路”国外专业演出团体为游客演出具有国际风情节目,与游客零距离互动。活动接待游客8万人次,综合经营收入667万元。

（曹　悦）

【更换游艺项目】 年内,游乐园拆除德式碰碰车、儿童爬山车、矿山车、时来运转、空中飞舞、桑巴球、儿童观览车7项到期设备。新增大摩天轮、西部战车、旋风骑士、飓风、海盗船、儿童

10月,欢乐金秋十一花车巡游　（区旅游委供稿）

爬山车、疯狂滑板7个项目。

（曹 悦）

【提示信息】 入园开放时间4月1日至10月31日周一至周五9:00—17:00,周六日9:00—18:00;11月1日至3月31日周一至周五9:00—16:30,周六日9:00—17:00。节假日期间正常营业,闭园时间根据当日具体情况适当延长,持老干部离休证、65岁(含)以上老年证、军官证、士兵证、残疾证、6岁(含)以下凭有效证件和1.2米(含)以下儿童免门票入园;持学生证、60岁至64岁(含)老年证购买门票享受半价优惠。

（曹 悦）

八大处公园

【概况】 八大处公园是国家AAAA级景区、北京市一级一类公园,位于石景山区西北部,是由一组佛教古建筑群组成的山地寺庙园林。年内,八大处公园努力做到高端普惠公共服务体系建设同游客需求定位相适应,倾力打造春节庙会以及春秋季三大节庆文化活动品牌。全年接待游客253.1万人次,同比减少10.4 %;门票收入1653万元,同比下降4.8 %;综合经营收入2961万元,同比下降10.8%。

（王少卿）

【二寺庙防雷系统工程】 1月开工,6月完工,投资184.7万元。该工程采用先进技术材料,在长安寺、清凉寺每个建筑物的屋面、屋脊、屋檐、檐角、兽头等易受雷击部位安装接闪带(网),并经由雷电防护工程专业检测机构进行检测,四方竣工验收合格,投入使用。项目实施有效规避了雷电直击文物和人员风险,起到很好的防护作用。

（王少卿）

【第四届新春祈福庙会】 1月28日至2月2日在园内举办。主题为“安全度佳节,祝福千万家”。系列文化活动包括:老北京百年庙会图片展、民间十三档花会拜庙走会、新年祈福大法会、西山敲响新年祈福钟、开门迎客送福万家户、民间非遗手工绝活展演、民俗表演大舞台、击太平鼓祈平安、老北京年货小吃集中亮相等;“打金钱眼”、“钻钱眼儿”、挂吉祥牌、请如意符等系列传统活动。春节庙会历时6天,接待游客21.1万人次,门票收入161.8万元,综合经营收入197.9万元。

（王少卿）

【第十六届园林茶文化节】 4月27日至5月1日在公园举办,主题为“茶,品味健康生活”,以传承及弘扬中国茶文化为宗旨,“动静结合”的方式,普及茶知识,推广茶文化。活动包括:中国茶地图教您辨识各地名茶、首届八大处“中国茶会”、万名游客“名茶苑”品茗、茶专家现场推广茶文化、第三届“八大处杯”民间斗茶大会、普及茶席文化、书法家现场挥毫泼墨。另外,还有数千个茶幌子高悬空中、大红灯笼高挂山间、传统工艺品展卖等。文化节历时5天,接待游客4.9万人次,门票收入28.5万元,综合经营收入33.6万元。

（王少卿）

【中佛协及七国使者庆佛诞节】 5月3日(农历四月初八),是佛陀诞辰日,中佛协在灵光寺举办盛大的佛诞节庆祝活动。来自全国三大语系佛教界人士、中外嘉宾及佛教信众千余人,共同庆祝佛诞,传承佛陀智慧。中佛协副会长胡雪峰喇嘛、帕松列龙庄勐长老、演觉法师先后率领藏传、南传、汉传佛教僧众在佛牙舍利塔下诵经礼佛,祈愿正法久住,佛日常辉,风雨以时,国泰民安,世界和平。柬埔寨、老挝、缅甸、尼泊尔、斯里兰卡等五国驻华大使及泰国、越南驻华使馆代表莅临活动。随后,举行庄严隆重浴佛仪式。与会嘉宾、信众,依序舀起象征智慧与慈悲的清净之水,淋浴释迦太子像。

（王少卿）

【佛牙舍利塔免费开放】 5月22日至6月22日,免费对社会大众开放瞻礼佛牙舍利。为方便信众,此次特迎请佛牙舍利至临时塔前殿供信众参拜,义工们发心护持,塔前安检,为信众准备饮用水和储物柜,给信众们的圆满参拜提供保障。

（王少卿）

【两岸佛教界祈福法会】 6月27日下午,台湾“中国佛教会”副理事长心茂法师应邀率参访团,赴北京灵光寺朝拜佛牙舍利。两岸佛教界在佛牙舍利塔前共同举行“为四川茂县灾区祈福暨祈祷世界和平法会”,并为灾区捐款。中佛协副会长宗性法师、秘书长刘威、副秘书长兼灵光寺方丈常藏法师、副秘书长宏度法师、普正法师热情接待参访团一行。此次活动充分体现两岸佛教界同根同源、法乳一脉的深厚情谊,是两岸血脉相连、命运同体的真实写照。中佛协长顺法师、性妙法师、圆慈法师出席活动。

（王少卿）

1月,八大处公园第四届庙会耍舞幡现场　　　　（区旅游委供稿）

1月，八大处公园第四届庙会耍高跷现场　（区旅游委供稿）

【盂兰盆法会吉祥圆满】 9月5日(农历七月十五)，是佛教重要节日“盂兰盆节”，也是中国传统的中元节。上午，北京灵光寺两序大众在本寺座元演道长老主法下一起虔诵《佛说盂兰盆经》，仗持佛力，拔荐众等七世父母。并祈愿正法久住，社会和谐，国家昌盛，人民安乐。傍晚，施放三大士瑜伽焰口，利益冥阳两界众生：拔荐过往先灵及界内无祀孤魂等众，令之莲品增上，同登极乐；并兼利阳上眷属消灾免难、吉祥如意。

（王少卿）

【第九届中秋慈善捐赠活动】 9月26日，由区佛协和北京灵光寺共同主办，区民宗办和公园管理处协办的第九届“慈悲情怀·利乐众生”中秋慈善活动，在灵光寺新综合楼里举行，表达佛教界赤子之心，体现广大佛教“无缘大慈、同体大悲”的菩萨精神。

（王少卿）

【第四届西山八大处文化节】 10月1—7日举行。17个少数民族非遗项目落户文化节。活动包括：引进荷兰小菊、德国小菊等50多个品种3万余株盆栽菊花；大型布艺“祖国好”登上虎头峰；十大国家级非遗大师表演；苗族等17个民族国家级非遗传承人现场展演；民族文创市集集中展示；柳溪山房传统曲艺表演；播放4D电影《觉悟菩提》；西山中医药文化节以“尚医善佑·养生祉民”为主题，现场展示“健康驿站·汇服务”、设立“健康小屋”体测管理互动区、“名医工作室”中医专家健康义诊区、“药食同源”中医饮膳科普品鉴区、“情志颐年”养生互动体验区。同时，中国书法家协会、中国美术家协会诸多艺术家现场创作，灵光寺综合楼国学文化大讲堂，大悲寺广场抄经活动等。文化节历时9天，接待游客9.7万人次，门票收入64.8万元，综合经营收入69.7万元。

（王少卿）

【中国茶禅学会第三次代表会议】 12月28日上午，中国茶禅学会第三次代表会议在北京灵光寺举行。会议审议通过第二届理事会的工作报告和财务工作报告，审议通过《中国茶禅学会章程(修订案)》，并选举产生新一届领导班子。国家宗教局一司司长王健，中佛协副会长演觉法师、宗性法师、胡雪峰喇嘛，秘书长刘威等出席会议。中佛协副秘书长、中国茶禅学会理事长常藏法师主持。茶禅学会旨在弘扬茶禅文化、加强中华民族的文化联结、促进中外文化交流、巩固和加强中韩日三国佛教“黄金纽带”关系。

（王少卿）

城市管理

综　述

【概况】 中共北京市石景山区委城市管理工作委员会(简称区委城管工委)是根据区委授权,负责城管系统的政治、思想、组织、作风建设等相关工作的区委派出机构。区城管委(区环境办、区水务局、区交通委)是负责本区城市环境建设、城市管理的综合协调,市政基础设施、市政公用事业、市容环境卫生、能源日常运行、水务、交通等管理工作的区政府工作部门。区委城管工委与区城管委合署办公。设18个内设机构:区委城管工委内设机构3个,区城管委内设机构15个。年内,区城管委围绕"四个中心"建设战略定位,以"一个灵魂、两大生态、六个先行"为工作思路,充分发挥石景山区城市管理体制改革的先行优势,全力做好城市管理各项工作。在市政交通建设方面,大力推进轨道交通、阜石路与石龙路节点立交工程、长安街西延、北辛安路北段、永引渠南路、古城南街等重点工程建设。轨道交通建设任务全部完成,阜石路与石龙路节点立交工程建成通车,长安街西沿等重点工程稳步推进。打造"北京市静态交通示范区",新建1万余个停车位,完成全年建设目标。加强城市道路养护精细化管理,加强巡养一体化运行,倡导绿色出行。在水务环境治理方面,成立区和街道河长制办公室,做好"一河一档""一河一策",完成区级河长三轮巡河工作。开展节水供水工作,年内,完成1213套节水器具换装工作及15个节水型单位(企业)和4个节水型小区创建。稳步推进石景山水厂建设,完成永引渠、人民渠水系景观提升方案深化设计工作及前期准备工作,全面启动麻峪湿地工程、高井沟生态修复工程。制定并实施《石景山区进一步加快水环境治理2017年行动实施方案》,助推五里坨污水处理厂升级扩建工程。推动黑石头沟、高井沟两岸沿线以及麻峪地区的污水直排治理。扎实推进水政专项执法。出动执法人员1300余人次,检查用水单位270余家,对其中15家有违法行为的单位进行行政处罚。在城市环境治理提升方面,充分发挥区城管委在治乱疏解建高端暨专项行动指挥部办公室的统筹协调职能优势,完成528个低端产业聚集人群大院综合整治任务,实际完成整治点位547个,总占地面积179万平方米,建筑面积100万平方米,整治期间覆绿增绿21万平方米,疏解人口5万余人。全力推进首钢主厂区北区周边(冬奥组委周边区域)、中关村产业园周边区域的整治提升工作。完成长安街沿线地铁站单车停放秩序整治工作。全年,共完成市级环境脏乱点783处,在首环办前十个月的城市功能拓展区的考核排名中,取得4个第一名,4个第二名。选取八角街道八角西街、杨庄东街作为推进路长制工作的试点道路,全力推进"街巷长制"城市精细化管理工作。加快推进11条精品街、4个重点区域、2个精品小区景观提升工作,整体进度97%。12条背街小巷全部竣工。强化城市道路机械冲洗作业精细化管理,完成城市道路机械清扫保洁组合工艺作业率95%,高出全市要求7个百分点,城市道路机扫率达95%,高出全市要求6个百分点。对全区540条背街小巷实行分级分类管理,对15座过街天桥进行日常清扫保洁工作。提升46座环卫产权高类别公厕服务品质,增设除臭设备。有序推进石景山区粪便排放站升级改造工程。提升生活垃圾、建筑垃圾管理成效,确定八宝山街道为示范街道,翠谷玉景、景阳东街等8个示范社区,开展21个居民小区的垃圾分类达标工作。加强渣土车规范运输管理。制定方案,对渣土车运输管理的各个部门、各街道职责进行规范。全年组织区住建委、区环保局、区城管执法局、区交通支队、执法八队及9个街道开展夜间联合执法检查99次,日间联合执法30次,出动执法人员2800余人次,查处违规渣土车170辆,无货物运输证及非法改装渣土车32辆,尾气排放超标渣土车181辆。在市级渣土车专项整治考核评比中,石景山区获得两次第一名,六次第二名。在城市运行保障方面,完善"1+3+9+27"的防汛指挥体系,严格落实防汛责任制。汛前、汛中拉网式排查重点防汛隐患20处。建立5438人的防汛抢险队伍。强化供热燃气保障,完善石景山96069供热信息技术平台,推动"掌上热力"普及应用。协调燃气集团做好冬奥组委天然气供应保障。全面完成市级挂账78处燃气管线占压隐患消隐工作。强化网格化融合管理,在完善平台功能基础上,确立"三贯通两推进"(即在区街信息系统方面上下贯通、在网络专网上全域贯通、在三级平台上深度贯通,在人员提质增效上推进,在机制

12月15日,2017年度网络化城市管理考核考评　　(区城管委供稿)

顺畅运行上推进)的区街互联互通建设目标,推进区街贯通顺利实施。建立“家园石景山”微信公众服务平台,为市民举报身边的城市环境问题拓宽新渠道。强化城市治理督察协调工作,1—12月区监督指挥中心共下发督察通报208期,督察发现各类城市综合环境治理问题23197件,有效督办整改问题17484件,未整改或反弹问题5408件。下发专项督办问题1764件,出动巡查人员1710人次。指挥中心巡查台账点位160次,出动巡查人员1440人次,检查首环办台账周边问题1585起。

(王　璐)

【区领导调研城市管理】 7月12日,区领导文献、晋秋红、李金克到区委城管工委调研。文献指出,石景山区城管工委既是全市唯一一家城管工委,也是全区16个工委中唯一协助区委管干部的工委。要以全面从严治党为核心,抓好党建统领这一有力抓手,充分认识党建统领的深刻内涵,增强管党治党的责任意识。要善于学习,开拓创新,善作善成,做城市管理行业的“排头兵”。要坚持首善标准、一流标准,树立敢为人先的勇气,发挥城管系统“七个一相加,大于七”的作用,推动城市管理向标准化、社会化、市场化、精细化、智慧化方向发展。

(李　喆)

【区城市管理委员会设立】 9月,石景山区设立北京市石景山区城市管理委员会(简称区城管委),挂北京市石景山区城市环境建设管理委员会办公室(简称区环境办)、北京市石景山区水务局(简称区水务局)、北京市石景山区交通委员会(简称区交通委)牌子,不再保留北京市石景山区城市综合管理委员会(北京市石景山区城乡环境建设委员会办公室)。将中共北京市石景山区委城市综合管理工作委员会更名为中共北京市石景山区委城市管理工作委员会(简称区委城管工委),与区城管委合署办公。

(郝　丽)

【落实信访代理】 年内,区城管委共接待来访人员210余人,受理政风热线、便民电话、群众来信来电等通过各类渠道反映的问题1820件,基本实现“矛盾不上交、化解在基层,件件有落实,事事有结果”的目标,办理49件区人大建议,69件区政协提案,5件市人大建议政协提案,办结率100%。

(石　硕)

城市环境建设管理

【概况】 年内,区城管委完成治乱疏解建高端工作,全力推进首钢主厂区北区周边(冬奥组委周边区域)、中关村产业园周边区域的整治提升工作,坚持首善标准,全力打造美丽街区,强化城市道路及背街小巷环境管理,全面提升石景山区城市道路机械冲洗作业精细化水平,组合工艺作业率和机扫率均达到95%,在全市功能拓展区环境卫生专业考评中获得第一名。做好垃圾收处工作,加强渣土车规范运输巡查,紧抓精品街巷建设,2015年至2017年共对24条精品大街、6个重点区域、2个精品小区及15条背街小巷开展景观提升,基本实现精品街区连线成片整体提升。

(王　璐)

【单车停放秩序整治】 4月,区环境办统筹各相关部门力量,对长安街沿线4处地铁站及周边单车停放秩序开展整治。经过一个月的环境整治,规范了停车秩序,改善地铁站口周边的市容环境面貌,得到市区级领导的肯定和市民的认可。

(杨君杰)

【“街巷长制”试点】 10月,区城管委按照“先难后易、试点先行、总结经验、全面推进”的工作思路,选取八角街道八角西街、杨庄东街作为推进路长制工作的试点道路,规范作业盲点,解决管理难点,总结形成可复制的精细化管理经验,进行全区推广,最终建立全区“街巷长制”城市精细化管理标准体系。

(杨君杰)

【模式口文保区整治】 11月,区城管委牵头组建模式口文保区环境综合整治专项行动指挥部办公室,以“治脏乱、保安全、清业态、控人口”为工作目标,统筹协调全区各单位,集中力量对模式口文保区开展全面整治,两周内实现有效提升模式口文保区市容环境面貌。11月20日,市委书记蔡奇到模式口文保区调研,对所取得的成绩给予肯定。

(杨君杰)

【开展扫雪铲冰】 年内,石景山区成立区扫雪铲冰指挥部,由主管副区长任总指挥,区城管委主任任副总指挥,全区30个单位为成员单位。全区共组建24支扫雪铲冰应急队伍,1287人随时待命;车行道机械设备130台(套)、人行道机械设备58台(套)、人工扫雪工具6841把,储备融雪剂3000吨,设置积雪消纳点7处,明确融雪剂禁用区10处。

(王文昌)

【治乱疏解建高端】 年内,石景山区完成528个低端产业聚集人群大院综合整治任务,实际完成整治点位547个,总占地面积179万平方米,建筑面积100万平方米,整治期间覆绿增绿21万平方米,疏解人口5万余人。

(杨君杰)

【新能源环卫车推广】 年内,区城管委投资1500余万元,购置9辆16吨LNG大型扫路车及9辆16吨LNG大型多功能洗地车两种车型,用于城市道路的清扫保洁作业,对空气质量监测指标的改善起到一定作用。石景山区新能源环卫车辆累计144辆,占比55.8%,超额完成市级指标要求。

(侯　森)

【城市精细化管理】 年内,石景山区落实3153万精细化资金用于各街道环境卫生保洁,区城管委组织9个街道完成背街小巷清扫保洁招标工作,实现全区背街小巷专业作业率100%。采取政府购买服务的方式,聘请专业单位对环卫专业作业、背街小巷作业、门前三包等内容进行检查工作,每月对各街道开展考核排名,对委办局任务完成情况进行通报,全力提升石景山区市容环境管理水平。

(曲彤凌)

【餐厨垃圾规范收运】 年内,石景山区成立餐厨垃圾规范收运专项工作领导小组，组织召开专项工作推进会，进行入户走访调查，发放《关于做好餐厨垃圾及废弃油脂规范收运工作——致全区餐饮服务单位的一封信》《餐厨废弃物处理信息公示牌》，详细讲解相关政策，提前完成818家餐饮服务单位合同签约工作，自9月15日至12月6日规范收运餐厨垃圾1423.64吨。

（王文昌）

【垃圾分类管理】 年内，区城管委做好创建垃圾分类示范片区，对示范片区内10大类共244个责任主体单位的垃圾分类标准、收运方式、处置去向等相关基础信息开展普查，新建21个垃圾分类达标小区，共涉及2.07万户、5.18万人。全年共开展垃圾分类检查6300余次，发现问题1650余处，整改率98%。全区厨余垃圾分出量达到16955.68吨，占比9.32%，超额完成市、区政府签订责任书厨余占比5%的指标要求；开展各类宣传培训43场，直接参与人数近3300人。

（侯　淼）

【景观建设】 年内，区城管委投入1.6亿元对4个重点区域、11条精品大街、12条背街小巷及2个精品小区环境景观进行综合提升。建筑物外立面粉饰247806.06平方米，小区院墙整治45612.51平方米，道路铺装96387.81平方米，景观照明设施安装59处，拆除规范牌匾标识11905.1平方米，实施绿化面积22344.19平方米，清运垃圾渣土47081.37立方米。

（李　彦）

【安全生产】 年内，区城管委全力做好安全工作。一是建立健全领导机制、合理统筹全年工作、确保责任落实到位。按照"谁主管、谁负责""管行业必须管安全""管业务必须管安全"和"管生产经营必须管安全"的原则，明确职责分工，落实安全责任。二是围绕年度重点任务，持续开展安全检查，落实行业监管职责。全年累计出动检查人员1275人次，受检单位752个次，排查隐患89处，责令改正、限期整改89处。三是督导多方联合行动，继续努力推动进程，重点任务有序推进。市政府挂账78项燃气占压隐患全部销账。推广安装燃气安全辅助设备和独立式感烟火灾探测报警器工作。

（石　硕）

城市运行保障

【概况】 年内，区城管委强化供热燃气保障，完成2016—2017年采暖季供热运行保障工作，完善石景山96069供热信息技术平台，推动"掌上热力"的普及应用。协调燃气集团做好冬奥组委天然气供应保障，完善《燃气事故应急处置预案》，配合有关部门妥善处理燃气突发事故，全面完成市级挂账78处燃气管线占压隐患消隐工作。

（王　璐）

【燃气输送管道安全隐患整治】 年内，区城管委建立隐患整治工作例会制度，定期召开推进会，深入协调解决难点问题，全面推进燃气管道占压消隐。截至11月底，石景山区燃气管线市级挂账占压隐患78处全部完成并销账，累计拆除违法建设1237平方米。拆除阜石路7处高压管线占压建筑物，解决冬奥组委驻地供气问题。

（张　洁）

【供热服务管理平台】 年内，区供热服务热线将全区30余家供热单位的供热服务报修电话整合到北京热力96069服务热线，作为区唯一供热服务热线，同时对工单进行统一派发、企业处理、完成回馈并回访。自开通至年末运行畅通，高效快捷。

（范立堂）

交通建设管理

【概况】 年内，区交通委扎实推进市政交通基础设施建设，重点道路建设持续发力。阜石路与石龙路节点立交工程实现通车；长安街西延石景山段道路工程完工；古城南街、北辛安路北段、永引渠南路有序推进。围绕北京冬奥组委、北京保险产业园、京西商务中心、苹果园交通枢纽、西黄村棚户区等重点功能区开展配套道路建设。全面推进轨道交通建设，石景山区全部完成在施线路M6号线西延和S1号线的拆迁工作，M6号线西延工程金安桥站以东至五路居站实现轨通，各车站主体结构完成；S1号线石厂站至金安桥站区间开通运营。M11号线拟列入北京市城市轨道交通第三期建设规划报国家发改委审批。完成市级25项交通缓堵任务、10项道路常规疏堵工程。加快推进静态交通建设，全年新增1万个停车位、6座停车楼，建成2处停车管理示范区，新建停车位3244个。

（王　璐）

【铁路道口安全宣传】 6月，区交通委开展铁路道口"安全宣传月"活动，在显著位置摆放安全知识宣传展板、悬挂宣传标语，并向通过道口的行人和机动车驾驶员发放铁路道口宣传手册、宣传单，讲解横越道口的安全知识、抢越道口带来的安全隐患，以及造成事故所承担的法律责任，引导行人和机动车驾驶员增强自我保护意识。

（张　茹）

【杨庄东街疏堵效果显著】 7月，区交通委统筹相关部门对杨庄东街进行疏堵改造。通过安装交通隔离护栏3000余米、交通标线3000余平方米、非现场执法设备10套等手段，合理调节路权。8月，杨庄东街交通事故报警日均下降14%左右，拥堵程度明显降低。

（李亚利）

【共享汽车示范运营区】 8月11日，区政府与北汽集团签订战略合作协议。8月27日，北汽集团在石景山区率先启动共享汽车示范运营。9月15日，完成第一批32个网点、318个示范车位施划，完成200辆车辆投放并实质性运营，实现区内路侧车位通借通还。12月31日，按计划完成600辆共享汽车投放，施划720个示范车位。

（张　建）

【无车日主题活动】 9月22日，区交通委牵头在北方工业大学举办以"拯'9'环境，绿色出行"为主题的2017年世界无车日宣传活动，活动的口号是"丢掉车钥匙"。主题活动邀请私家车代表向社会发起绿色出行的倡议，与会领导和私家车驾驶员代表在主题背景板上带头承诺“拯‘9’环境 绿色出行 从我做起”，共同呼吁广大驾驶员尽量减少机动车使用，优先选择公共交通、骑行或步行的出行方式，最大限度缓解道路交通拥堵。

(李亚利)

【城市道路建设】 年内，区交通委配合市公联公司全力推进长安街西延、北辛安路北段、永引渠南路、古城南街和阜石路与石龙路节点立交等5项重点主干路建设，年底前阜石路与石龙路节点立交工程完工、长安街西延石景山段道路工程具备通车条件，古城南街实现开工建设。协调区属各主责单位、建设单位加快次支路建设施工进度，合理安排工期，其中八大处周边微循环道路路面工程完工，具备通车条件。

(张 亮)

【道路养护管理】 年内，区交通委投入5659万元，完成人民渠南侧路、奈伦熙府南侧路等2条城市道路大修工程，总长度0.74千米，总面积1.39万平方米；完成八角西街、杨庄东街等7条道路中修，总面积7.63万平方米；完成保养小修道路总面积7.81万平方米。

(彭 鹏)

【区级疏堵工程】 年内，区交通委实施奈伦熙府南侧路道路拓宽、人民渠南侧路路口改造、杨庄东街铁路道口改造、体育场南路铁路道口改造、时代花园南路清除占道障碍物、体育场南路出入口改造、玉泉西街出入口改造、八角北路出入口改造、体育场北路出入口改造、鲁谷大街出入口改造等10项区级疏堵工程。

(彭 鹏)

【自行车道和步道整治】 年内，区交通委按照构建成片成网、空间连续、高端绿色慢行交通系统的工作思路，选取八角西街、杨庄东街、时代花园南路、老山西街、鲁谷南路等37条具备整治条件的区管城市道路，完成自行车道和步道整治50.8公里，铺设自行车道彩色标识1.22万平方米，投资452.1万元。

(彭 鹏)

【静态交通方案规划】 年内，区交通委坚持规划、建设、管理三管齐下，牵头制定《石景山区静态交通示范区工作方案》和《石景山区静态交通体系建设规划(2017－2019)》，明确加快停车设施建设、开展区域停车综合治理等10项重点工作任务和大力发展P＋R停车、加快推进苹果园交通枢纽建设等17项具体任务，力争用三年时间基本打造共建共治共享的静态交通治理格局，实现“北京市静态交通示范区”建设目标。

(李亚利)

【停车设施建设】 年内，区交通委深入挖掘停车设施建设资源，全力统筹推进可行性项目建设，最大限度增加停车泊位供给，全年完成新增停车位1万个。

(韩振杰)

【区域停车平衡示范区】 年内，石景山区在古城南路东社区、鲁谷74号院瑞达社区、八角北路11号院、重兴园、金四区教工楼小区5个居住小区开展停车平衡示范区建设。通过内部挖潜、增划车位等方式新增车位200个，并通过安装停车管理系统、完善内部道路标志标线、拆除地锁等手段提升小区停车管理水平，五个小区基本实现停车平衡。

(韩振杰)

【错时共享停车建设】 年内，区交通委引导社区和商业区域开展错时共享停车，最大限度提高车位使用效率。其中，瑞达社区利用其管辖范围既包括写字楼又包含居住区的特点，充分利用办公区域内1000个车位，进行错时停车共享管理。

(韩振杰)

【停车场备案管理】 年内，区交通委加强备案停车场管理，规范停车场备案工作流程，加大监督管理力度。重要时间节点制定停车保障方案，下发《关于做好“十九大”期间停车保障工作的通知》《关于开展停车行业安全专项检查工作的通知》等各类通知400余份，重点就停车场的标志标识、停车设施、防火制度、防汛物资、应急机制及服务工作进行检查，对存在问题进行纠正，并提出具体要求。截至11月，石景山区备案停车场222个，总车位数59718个。其中路侧占道停车场24个，占道车位数1957个；路外公共停车场25个，停车位4447个；公建配建停车场42个，停车位9748个；单位大院停车场19个，停车位3231个；居住区停车场112个，总车位40335个。

(韩振杰)

【公共自行车服务系统】 年内，区交通委完成公共自行车服务系统四期工程验收并投入使用，至此全区共投入使用公共自行车3200辆，锁车器4146套，点位布局遍及全区各交通要道及居民聚居地，为市民绿色出行提供便利。

(李 辰)

【规范共享单车管理】 年内，石景山区在全市率先启动共享单车规范化管理。区交通委与摩拜单车签订战略合作协议，集中开展地铁沿线非机动车停放秩序专项整治活动，以政府购买服务的方式雇佣保安人员，对五座地铁站非机动车停放秩序进行管理。在各地铁站建立免费自行车棚8处，保安人员引导市民私家自行车停入免费车棚，共享单车停放到指定区域。严格要求单车企业投放总量不突破3万辆，分7批次施划1000个推荐停放点，长度5200余米，可停放共享单车约为15000辆。

(翟鲁敏)

【路侧电子停车系统】 年内，石景山区在全市率先完成10%路侧电子停车建设任务，并上线运行。剩余90%的备案路侧停车位完成前期踏勘。

(张 建)

【缓解交通拥堵】 年内，区交通委牵头完成交通缓堵工作25项，主要涉及城市道路及交通基础设施建设、疏堵工程建设、加快苹果园枢纽建设、慢行交通规范与治理、静态交通管理、优化城市交通管理及城市堵点、乱点治理等有关方面，辖区交通管理水平明显提升。

(李 辰)

【铁路道口管理】 年内，区交通委严格落实检查制度，狠抓监督检查，尤其加大对春节、国庆节等重要节日及“两会”“十九大”重大活动的安全检查力度，对报警器、消防设施及监护员安全制度落实情况进行全面检查。同时，坚持每周两次实地检查和不定期的视频巡检制度。全年累计检查道口110人次，其中日查76人次，夜查34人次。

（张　茹）

水务建设管理

【概况】　年内，区水务局全面统筹协调，持续加强生态环境治理，初步建成河长制工作体系，完成区级河长制相关配套制度、考核办法的编制和河长制公示牌设置工作，组织开展区级河长巡河，进行全区河流“一河一档”、“一河一策”方案编制工作，进一步推进“老街坊巡河”、“公示牌双功能二维码”等共享共治管理新模式。开展水资源管理工作，全面执行最严格水资源管理制度，严守水资源开发利用控制、用水效率控制和水功能区限制纳污“三条红线”指标，形成“行业用水控需减耗、节水宣传全面覆盖”的用水格局。逐步建立石景山区节约用水精细化管理系统平台，推进节水分级管理。完成186个节水型单位和92个节水型社区的创建。全面推进区域水环境治理，通过聚焦攻坚水环境治理，基本实现全区污水管网设施全覆盖，污水直排全根治。水环境质量大幅度提升，国控、市控考核断面全部达标。纵深开展水系生态修复，中小河道综合治理共15.09公里，其中，第一、二阶段治理结束，第三、四阶段治理完成主体河道工程。

（王　璐）

【节约用水分级管理】　年内，区水务局基于节约用水精细化管理平台系统的建设，秉承对全区用水户按照用水量进行分级，合理分配使用管理力量的原则，编制完成《石景山区节约用水精细化管理工作方案》，明确各部门、各单位用水责任，全面落实节约用水责任书、例会考核等制度。

（何洁琼）

【智慧水务信息平台】　年内，区水务局编制完成智慧水务信息平台总体方案和节水信息平台分方案，启动智慧水务信息平台测试和试运行，初步建立节约用水综合数据库，便于对重点用水户进行管理并实施“单月预警和双月加价”用水计划管理措施。

（何洁琼）

【自备井供水安全保障】　年内，区水务局组织召开自备井年度审验暨供水安全工作会。建立区管自备井台账，审核自备井取水许可证。通过审核87本，下达自备井用水指标538.9万立方米、与自备井产权单位签定安全供水责任书36份。定期检查自备井安全管理等情况，确保自备井安全。

（孙素兰）

【地表水断面考核】　年内，区水务局对国家考核南大荒桥、市级考核高井麻峪村桥和新开渠玉泉路桥三个考核断面点位。继续加大治理力度，对三个断面实施水面保洁、水生植物的收割、添加生物制剂、雨污口检查、应急治理等一系列维护措施，确保水体水质达标，水环境得到提升。

（孙素兰）

【水文水质监测】　年内，区水务局每月对衙门口、西黄村、古城3处进行地下水水位测量；4、9月两次对衙门口、西黄村、古城3处进行水质化验，均符合饮用水标准；7月10日协助市水文总站在五里坨地区安装一台水位、水质自动测量仪。

（孙素兰）

【水务行政审批】　年内，区水务局涉水行政审批51项，其中取水许可审批33件、区级水影响评价审批12件、临时用水指标审批6件。

（孙素兰）

【石景山水厂建设】　年内，区水务局牵头完成水厂地块内房屋拆除工作，拉运施工现场渣土600余立方米，实现完全封闭。取得市发改委前期工作函、市规委的规划设计方案审查意见函、市住建委的施工登记意见书，完成工程勘察、设计、施工、监理招标工作及地勘、临电工程、施工区域围挡等工作。

（何洁琼）

【节水器具换装1213套】　年内，区水务局推进节水型城市建设，实现节水型区县创建目标，为八角街道建钢南里社区换装节水器具1213套。

（何洁琼）

【新增透水砖铺设53539平方米】　年内，区水务局完成老山街道首钢小区20000平方米透水砖铺设工程，总投资769万元；完成莲石湖景区、环卫场站33539平方米透水砖铺设工程，总投资790万元。

（何洁琼）

【节水型单位创建】　年内，区水务局开展19次水平衡测试，完成15个节水型单位创建和4个节水型社区创建。

（何洁琼）

【防汛物资储备】　年内，区水务局采购水泵、膨胀麻袋、编织袋等13项物资共10万余件，统一组织对各防汛指挥部储备的水泵、电机等设备进行保养维护，并对使用人员进行集中培训，确保汛期内能够随时投入使用。向部分防汛压力突出的分指调拨水泵、发电机等防汛设备21台，以及救生衣、膨胀麻袋等防汛物资，用于保障全区防汛应急抢险工作。

（郭建超）

【防汛应对】　年内，石景山区在汛期（6月1日—9月15日）期间，降雨日数38天，总降雨量545.2毫米，比常年同期（406.9毫米）偏多34%。最大降雨过程出现在7月15日，过程降雨量102.3毫米。全区启动Ⅳ级防汛应急响应6次，Ⅲ级防汛应急响应2次。累计出现树木倒伏23棵，房屋漏雨7处，道路积水10次，转移人口147人次，无人员伤亡。

（郭建超）

【中小河道治理】　年内，区水务局推进高井沟、黑石头沟及八大处沟治理工程等第三、四阶段中小河道治理任务。三项工程于上年开工，当年11月15日完成主体河道建设任务。三项工程建设完工，标志着石景山区中小河道治理工程全面完成。

（马　惠）

【全面落实“河长制”】　年内，区委、区政府联合印发《石景山区进一步全面推进河长制工作方案》,明确各级河长工作职责,区、街道级河长制办公室组织架构正式设立。全区14条河湖共23块河长制信息公示牌制作完成并设立到位,完成区管中小河道管理范围和保护范围划定编制工作。召开石景山区河长制暨环保工作推进会,印发河长制相关配套制度。截至年末,区级河长已累计开展巡河28人次,全力推动全区河长制工作的不断深入。

(马芳冰)

【水环境治理】 年内,区水务局结合区情制定并实施《石景山区进一步加快水环境治理2017年行动实施方案》,完成新建污水管线8.62公里、雨污合流管线改造12.31公里、五里坨污水处理厂升级改造临时工程搭建以及黑石头沟、高井沟两岸沿线、麻峪地区等41处污水直排口治理。

(杨文君)

【提升西郊砂石坑水质】 年内,区水务局通过封堵、截流、处罚等手段完成琅璜渠流域13处排污点整治,在琅璜渠下游北方工业大学东门建一处初期雨水处理设施。完成北八渠流域八角东街的雨污合流管线改造工程。

(杨文君)

【再生水利用】 年内,区水务局牵头制定《加快推进石景山区再生水利用工作实施方案》,加快推进石景山区再生水利用工作,着力提高河湖环境、城市绿化、公园绿地、道路浇洒、建筑冲厕等再生水利用量,加快建设石景山区系统高效的再生水设施体系。当年石景山区再生水使用量为1783.98万立方米,其中工业用水947.85万立方米(西北热电中心),占石景山区总利用量的53%;市政杂用用水69.78万立方米(环卫、园林及远洋山水周边小区),占石景山区总利用量的4%;河湖景观补水766.34万立方米(人民渠),占石景山区总利用量的43%。

(杨文君)

城市管理监督指挥中心

【概况】 年内,区监督指挥中心不断强化区级融合平台指挥效能。在实现区街互联互通的基础上,增加问题获取渠道,推行问题采集与处置分离,建立“条块结合,一案多派”机制,属地街道按照“街道吹哨、部门报到”,对本区域内环境秩序问题进行协调处置,市区街三级监督指挥体系完备,城市管理网运行顺畅。充分发挥协调处置职能。全年累计督察督办城市管理案件14387件,全部办结。首环办综合考评中,石景山区获得月度排名4个第一、4个第二,年度排名第二的成绩。

(王　璐)

【通过专家组评审】 3月24日,区监督指挥中心牵头组织网格化大气预警、网格化环保模块建设项目专家评审会,并通过专家评审。区城市服务管理融合平台将实现对8大类12小类气象问题、3大类23小类环保问题的统一上报、统一派遣、统一处理、统一核实和统一考核,拓宽气象、环保问题反映渠道,丰富区城市服务管理融合平台服务内容。

(杨　晨)

【大排档专项督察】 6月21至9月11日,区监督指挥中心开展夏季大排档专项督察,共开展专项督察12次,累计出动人员108人次,发现违规夜间大排档点位42处,包括倚墙烧烤点位2处;大排档、倚墙烧烤共存问题点位6处,拍摄问题照片879张。

(赵振英　黄　茹)

【“家园石景山”微信上线】 7月15日,石景山区以“我要举报”为核心模块的“家园石景山”微信公众服务平台上线。市民扫码或搜索“家园石景山”关注微信服务号,通过发送文字、图片等信息,即可随时随地举报城市环境问题。截至12月底,平台运行171天,微信关注人数2103人,累计立案140件,共协调处置私装地锁、违法广告牌、无照游商、乱堆物堆料等29件。

(杨　晨)

【迎接十九大专项督察】 9月27—30日,区监督指挥中心对全区范围内非十九大宣传标语进行全面排查,出动巡查人员36人次,发现并督办整改非十九大宣传标语262处。

(赵振英　黄　茹)

【“十大专项行动”督察】 10月1—15日,区监督指挥中心对全区“十大专项行动”已验收点位进行核查,共核查台账点位2031处,发现问题点位29处,拍摄点位照片9000余张,问题点位移交相关部门进行处理解决。

(赵振英　黄　茹)

【环保专项督察】 11月1日至12月8日,区监督指挥中心配合市第二环保督察组督察环保问题案件298件,复核问题点位301处、问题399个,其中重点督办案件21个。区监督指挥中心会同第三方考评机构出动检查人员1579次,拍摄问题点位照片6063张,全部按要求上报。

(赵振英　黄　茹)

【处置城市管理疑难案件】 年内,区监督指挥中心继续做好与市级公服企业微循环人员的沟通、联络工作;与区属相关单位、部门建立协调联动机制,共接收、派遣、解决各类疑难案件151件,其中市级城市案件116件,区属疑难案件35件,结案率100%;进行环境专项巡查工作86次;召开现场协调会共7次。

(赵　欣　李健楠)

【综合治理督察考评】 年内,区监督指挥中心共督察发现各类城市管理综合治理问题23197件,下发专项督办单1764件,有效督办整改问题17484件,未整改或反弹问题5408件;完成《石景山区城市管理综合治理工作纪录片》12部,时长99分42秒,拍摄视频素材500余小时。

(赵振英　黄　茹)

【首环办台账专项督察】 年内,区监督指挥中心共核查督办首环办台账点位710处963个问题,有效整改点位690处,延期办理点位16处,未按时结案4处;制定区内自查督办路线10次,制作综合问题分析10期;每月对台账通报问题进行现场会商,依据《石景山区城市管理综合治理工作考评暂行办法》办理专项督办案件30件。在首环办年度综合考评中取得第二名。

(赵　欣　赵振英)

【疏解整治促提升专项督察】 年内,区监督指挥中心开展低端产业聚集人群大杂院拆除台账销账情况专项督察，对547个已拆除大杂院开展检查12034次，出动巡查人员600余人次，拍摄现场检查视频10余小时。

（赵振英　黄　茹）

【违规广告牌匾专项督察】 年内，区监督指挥中心会同第三方考评机构于10月1—3日在全区开展建筑物屋顶违规广告牌匾核查统计工作，出动人员30余人次，发现问题点位827处，违规广告牌匾1262块，移交相关部门按照管理权限进行整改。

（赵振英　黄　茹）

【网格化案件完成情况】 全年区监督指挥中心平台接收案件60694件，立案47188件（含三方上报），其中部件类问题459件，占全部案件的1.0%；事件类问题46729件，占全部案件的99.0%。办结案件44419件，结案率94.1%。

（杨　晨）

【网格化融合平台】 年内，区监督指挥中心完成区街平台互联互通“三贯通两推进”的年度建设目标，即在区街信息系统方面上下贯通、在网络专网上全域贯通、在三级平台上深度贯通，在人员提质增效上推进，在机制顺畅运行上推进。

（杨　晨）

园林绿化

【概况】 石景山区园林绿化局（区绿化办）是负责辖区园林绿化的区政府工作部门。2017年，完成绿化面积62.9公顷。其中新建41.4公顷，改造21.5公顷，完成26条、长度25公里的道路树池连通，拆除绿地护栏15432延米。种植各类乔灌木6.2万株，月季及攀援类植物7万株，绿篱色块65.3万株，种植花卉240万株，铺草16.4公顷。全区实有绿化面积4297.85万平方米，绿化覆盖率52.38%，人均公共绿地面积20.51平方米，完成全年各项绿化任务。中关村科技园区石景山园管理委员会、区自来水公司、中国中医科学院眼科医院行政事务管理中心被评为“首都全民义务植树先进单位”；石景山区八角街道办事处、石景山区五里坨街道办事处、石景山区鲁谷社区行政事务管理中心被评为“首都绿化美化先进单位”；何竹青等15人被评为“首都绿化美化先进个人”。

（郑文靖）

【区绿化委员会调整】 3月，区绿化委员会成员进行调整。区委副书记、区长夏林茂任主任，副区长李金克、北京军区善后工作办公室政工组副组长刘长金、陆军总部政治工作部群工联络局副局长苗永华、中部战区联合参谋部直属工作局副局长程宝林、首钢总公司副总经理胡雄光任副主任。区政府各委、办、局、处，各街道办事处，各人民团体，驻区有关单位主要领导为委员，成员共计48人。同月，区绿化委员会全体委员审议并通过《石景山区2016年绿化美化工作总结及2017年工作思路》，确定全年绿化工作任务目标。

（郑文靖）

【全民义务植树】 4月1日，区绿化委员会办公室以全民义务植树运动开展36周年、首都第33个全民义务植树日为契机，在保险产业园北侧绿地组织主题为“疏解整治促提升 建设高端绿色之城”的大型义务植树活动。全体区领导、驻区部队官兵、驻区部分企业、区机关干部、劳模、妇女代表及大中小学生等11个单位、300余人参加义务植树劳动。活动平整土地5600平方米，栽植雪松、油松、法桐、银杏、国槐、白蜡、玉兰等树木210株，垒树耳210个。当日，发动街道、系统绿委，在主要繁华地段、社区设立义务植树宣传站点30个，开展绿化美化宣传活动。向市民普及《北京市绿化条例》、义务植树、林木绿地认建认养、低碳生活等方面的知识，鼓励市民通过绿地认养、购买碳汇等多种形式履行植树义务。宣传活动共悬挂横幅60条，发放绿化美化宣传材料及宣传品30000份，发动绿化小信使2万人。同时，区绿化办通过手机短信平台发布义务植树宣传信息，号召市民以多种形式履行植树义务。春季期间，位于衙门口村东（石丰交界处）的社会义务植树接待点接待市民千余人，种植树木200余株。12月，首都绿化委员会办公室批准石景山区代表城区开展首都义务植树登记考核试点工作。

（郑文靖）

【林木绿地认建认养】 9月4日，区绿化办与北京绿化基金会签订《全民义务植树出资委托绿化合作协议》，拓宽市民履行植树义务渠道。12月15日，首都绿化委员会办公室、北京绿化基金会、石景山区绿化委员会办公室、中关村科技园区石景山园管委会在中关村石景山园区联合主办“传承红色基因 绿色园区我先行”绿地树木认养活动启动仪式。京国广子行传媒（北京）公司和北京天山新材料技术有限公司、北京信诚佳美保洁有限公司、北京姿美堂生物技术有限公司分别捐资认养石景山路2株古银杏树、中关村石景山园和石景山路的6000平方米绿地，园区12名企业员工分别认养24株海棠。

（郑文靖）

【拆违腾退土地利用】 11月，区园林绿化局负责协调实施原十八号高尔夫俱乐部附属建筑拆除工作。4日，完成租户清空工作，10日俱乐部附属建筑完成全部拆除工作。违建拆除部分融入成为18号文化体育公园的一部分，向市民免费开放。同月，根据市委市政府的要求，完成市政府第二批腾退土地“留白增绿”点位现地情况核查，合计点位459个，面积116公顷。

（潘　岩）

【涉林案件办理】 年内，区森林公安处共立刑事案件4起。5月4日，区森林公安处成立专案组，成功破获“5·4非法出售珍贵、濒危野生动物制品案”，并通过对该案的深挖，成功破获“张鹏非法出售珍贵、濒危野生动物制品案”，该专案共查获象牙制品54件，涉案价值1.1余万元，刑事拘留非法出售珍贵、濒危野生动物制品违法犯罪人员3人。9月27日，根据群众举报，在古城地区成功破获“9·27非法狩猎案”，现场起获粘网1张，野生鸟1只，该案件是北京市开展保护野生动物专项行动的第一例，刑事拘留非法狩猎人员1人。10月26日，根据群众举报，破获“10·26非法狩猎案”，现场起获粘网 2 张,野生鸟 14 只,刑事拘留非法狩猎人员 1 人。

(赵 巍)

【古树名木管理】 年内,石景山区加强古树名木管理及保护工作。9 月开展石景山区古树普查工作,此项工作每十年开展一次,本次普查将延续至下年完成。全年办理 2 株古树死亡许可,完成 4 株古树抢救复壮。

(蒲子雯)

【重点绿化工程】 年内,石景山区绿化美化工作以公共绿地建设、公园建设、街区环境建设、大杂院腾退建绿四项工程为主,结合"疏解整治促提升"和"留白增绿",加快绿化美化建设速度,持续推进"西绿东引",提升生态容量,优化城市结构。完成神农庄园南侧、保险产业园东侧等 5 处 7.9 公顷公共绿地建设及改造工程,实施杨庄北区周边、冬奥组委周边等 4 个片区 2.7 公顷的景观环境提升及上庄大街、老山南路等 6 条道路的绿化改造工程。按照统筹考虑、分层推进、能绿尽绿原则。完成中部战区南侧小白楼精品街头绿地和东队果园、军地市场等 4 处 5.1 公顷拆违地块绿化建设。通过树池连通改造道路隔离带,挖掘可利用空间,提高道路绿量、层次和景观效果,相继完成老山南路、古城大街等 26 条、长度 25 公里的道路树池连通。实施翠园西街新闻学院南侧等 13 处边角绿地改造提升;完成 5 处"社区绿植补种增绿"便民工程项目;实施北师大附中京西分校、古城第二小学等 5 处屋顶绿化建设。完成"一带一路"、十九大等重大活动景观布置服务保障工作,栽摆花卉 96.6 万盆株。在全区主要路段、重要节点摆放花坛 6 处。全年各项绿化工程全部履行工程建设和工程监理招投标程序,工程实行全过程跟踪审计,有效监控工程质量和造价,做到竣工一项、验收一项、审计一项,保证工程从建设转入养护的顺利衔接。

(孙鹏君)

【群众绿化美化】 年内,石景山区采取多种形式开展群众绿化美化工作。一是完成首都绿化美化花园式单位创建工作,北京师范大学附属中学京西校区、中海金石公馆、中国人民解放军中部战区军休七所、西山汇 B 区被评为"首都绿化美化花园式单位";八宝山街道沁山水南社区被评为"首都绿化美化花园式社区"。二是根据区发改委《关于社区绿植补种增绿工程实施方案的批复》意见,对碣石平、七星园、融景城 66 号院、体育场南街 7 号院、玉泉路 65 号院 5 个小区实施"社区补种增绿"工程,改造面积 2121 平方米。工程于 4 月开工,10 月完工。三是开展"市花月季进社区""乡土植物进社区""美丽社区 美丽生活 美丽你我"园艺体验等主题实践活动,组织群植单位开展月季栽植与养护技术培训。

(郑文靖)

【绿化养护管理】 年内,区园林绿化局强化绿化养护管理工作,完善园林绿化分级管理制度,稳步推进城区管理体制改革,强化精细化管理。制定巡查制度,聘请第三方参与绿地养护督查、检查,实行目标管理责任制、问题通报制,明确责任人。对全区四百余公顷绿地开展树木修剪、绿地保洁、缺株补植等日常养护。针对年内多发的黄杨白粉病、蚜虫、蛀干害虫等园林病害、虫害加强防治力度,对症下药,控制病虫害的蔓延。继续对全区公共绿地、道路周边、公园、河道沿岸、小区、学校、工厂、医院、部队等处的 3 万余株杨柳树注射药物"抑花一号",控制翌年杨柳飞絮。在全市绿地升定级检查中,全区新增特级绿地 2 处 2.14 公顷,一级绿地 5 处 9.18 公顷。

(张莉非)

【野生动物保护救助】 年内,区森林公安处联合林政科多次在全区范围内开展集中整治专项行动,整治非法捕捉、贩卖野生动物行为,查处粘鸟、售鸟等违法活动,净化区内文玩市场。开展以"保护野生动物,共享绿水青山"为主题结合"爱鸟周"系列宣传活动。全年,共救助野生动物蜥蜴 1 只、孔雀 2 只,煤山雀、灰喜鹊等保护鸟类 500 余只。

(蒲子雯)

【林木有害生物防治】 年内,区园林绿化局加强林木有害生物防控力度,规范项目管理。明确各项防控作业项目单价,建立计划报审和开工审批制度。引入第三方监督机制,细化工程量记录制度,加强对防控工作的过程管理力度。春季针对美国白蛾、春尺蠖、国槐尺蠖等食叶类害虫开展越冬基数调查和春季病虫害监测,更准确预测全区虫害的发生规律。6 月底至 7 月初,根据第一代美国白蛾老熟幼虫逐渐进入化蛹期这一生物学特性,开展周氏啮小蜂的集中释放工作。在全区美国白蛾防控重点地段集中释放美国白蛾天敌周氏啮小蜂 1 亿万头,有效防治美国白蛾虫害发生,同时对杨扇舟蛾、榆毒蛾和柳毒蛾等鳞翅目害虫也有较好的防治作用。

(蒲子雯)

【森林防火】 年内,石景山区针对全区森林防火工作召开 3 次专题会议,8 次下发通知、工作方案,7 次组队实地检查森林防火工作,严格落实森林防火责任制。9 月,组织区森林消防大队和西山林场森林消防队在西山林场森林公园举行森林防火应急演练。11 月,对专业森林消防队员进行专业培训及理论实操考核,全员取得上岗资格证书,2 支专业森林消防中队 60 名队员全年在岗备勤,随时处理突发火情。组织开展森林防火宣传,邀请《北京日报》《劳动午报》等 4 家媒体进行报道,增强全民防火意识。石景山区连续十五年未发生较大森林火灾。

(李骞楠)

公园管理

【概况】 北京市石景山区公园管理中心(简称区公园管理中心)是负责全区区属公园及其他所属机构规划、建设、管理、安保、服务、科技工作的区政府直属相当正处级全额拨款事业单位,管理北京国际雕塑公园、老山城市休闲公园、古城公园、石景山雕塑公园、法海寺森林公园 5 所公园。年内,区公园管理中心全面增强"四个意识",紧紧围绕"两贯彻一落实"、围绕市第十二次党代会的要求、围绕石景山区第十二次党代会提出的“一二六六”工作思路和“两大生态”建设任务、汇聚打造“六个先行区”力量，把握石景山区建成国家级绿色转型发展示范区的战略定位，更新观念，推进改革，集中力量，突出重点，从严从细，扎实稳健，全年公园事业发展稳中有进、稳中提质，内外部环境保持和谐稳定，较好地完成各项工作任务，推动公园事业高端绿色发展。截至年底，区公园管理中心所属5所公园共接待市民游客总量约587万人次，游人量与去年同期相比有所提升，市民游客继续保持较高满意度。

（叶　萌　宋　超）

【鸡年新春文化游园活动】 1月28日至2月2日，鸡年新春文化游园活动在北京国际雕塑公园举行。本次活动依托公园独有的人文景观特色，在新春佳节之际，布置搭建具有鲜明新春气息、体现浓郁传统文化的主题景观，以人们喜闻乐见的形式，将文艺演出、新春游园、游艺项目充分融合，兼顾雅俗共赏的文化需求，为京城百姓营造喜庆欢乐祥和的节日气氛。活动期间，共接待游人约4.7万人次，门票收入约4.1万元。

（叶　萌　宋　超）

【第十四届玉兰文化节】 3月25日至4月5日，踏青季暨第十四届玉兰文化节在北京国际雕塑公园举行。本次活动定位于“沐浴传统文化魅力，引领绿色时尚生活。”巧妙的将玉兰与传统文化融为一体，推出玉兰雅集、玉兰笔会、摄影大赛、收藏鉴宝、经典名段戏曲赏析、全民健身等一系列丰富多彩的活动。活动期间，共接待游人约11万人次，门票收入约6.5万元。

（叶　萌　宋　超）

【第五届非遗文化嘉年华】 9月28日至10月5日，第五届非遗文化嘉年华在北京国际雕塑公园举行。本次活动继续秉承“一带一路”、京津冀协同发展战略，依靠首都长安街畔的区位优势，以及石景山区文化和政策优势，为非物质文化遗产搭建展示和交流的平台，让市民从多个角度、近距离了解和感受中国传统文化，深入体验非物质文化遗产的艺术魅力。本届嘉年华推出迎十九大书画展、戏曲荟萃、名师讲堂、非遗体验互动等一系列活动，同时引入AR技术与网络直播新形式来实现传统与现代的融合，吸引青少年游客。活动期间，共接待游人约5.7万人次，门票收入约6.5万元。

（叶　萌　宋　超）

【疏解整治促提升】 年内，区公园管理中心围绕疏解非首都功能这一中心工作，根据区委区政府疏解整治促提升工作方案要求，准确把握“六个关系”，融入大局，开展所属公园现有房屋出租合同和现存违法建设的清理排查工作，梳理所属公园产权物权管理上的历史遗留难题，大力推进土地确权，解除不符合首都发展定位要求的低端出租合同，开展违规经营商户的劝导、清退工作。完成雕塑园中街西北角1号院内1400平方米地上违法建筑和北京国际雕塑公园东园南侧700平方米临时性房屋拆除工作，配合属地街道完成法海寺西北侧及公园南墙外围1200平方米违法建设的拆除。通过法律手段对拒不腾退并通过各种途径上访的“钉子户”进行起诉，收回法海寺森林公园内长期被侵占房屋。

（叶　萌　宋　超）

【森林防火】 年内，区公园管理中心依托法海寺森林公园防火指挥中心，进一步加强有林公园森林防火基础设施和扑救队伍建设，完善预警监测和应急指挥体系，有林公园专业护林人员达到56人，森林防火覆盖率达到100%，视频监控覆盖率达到100%，通讯覆盖率达到100%；增设防火宣传牌示、张贴悬挂防火宣传横幅50余处，发放各种宣传材料1万余份，开展防火安全教育培训、组织防火实战演习20次，确保全年未发生重大森林火灾，森林火灾综合防控能力明显增强。

（叶　萌　宋　超）

【安全生产】 年内，区公园管理中心坚守安全底线，主动适应公园安全新形势，加大平安和谐公园创建力度。深入贯彻《健全落实社会治安综合治理领导责任制规定》，严格落实属地管理和“谁主管、谁负责”的原则，进一步建立健全公园系统综合治理领导责任制，把综合治理的各项指标落实到各科室、单位和具体责任人。强化法制宣传教育，发挥群防群治作用，进一步提升公园志愿者和市民游客的积极性和防范能力，构建齐抓共管、各方力量参与的公园治安综合治理工作格局。进一步加强各公园内技防、物防建设，强化网格化服务管理和特殊人群管理，完善立体化社会治安防控体系，依法化解社会矛盾，营造和谐稳定的公园环境。持续推进安全文化建设，开展安全生产月活动，强化安全游园、安

3月，第十四届玉兰文化节活动　（区公园管理中心供稿）

全管园教育，进行安全隐患大排查大清理大整治、森林防火隐患大排查大清理大整治、冬季冰上安全管理等专项治理工作，全年共开展安全生产、维稳、防汛隐患排查70余次。健全安全管理新机制，严格执行风险评估、安全隐患整治计划、安全生产一岗双责等制度，深入推行第三方安全检查。全面推进公园配合执法工作，提高公园法制观念，结合实际，加强学法、普法、用法工作，维护游园秩序。加强应急管理，建立应急预案体系，推行应急演练常态化，提高应急救助能力。

（叶　萌　宋　超）

【绿化养护】 年内，区公园管理中心大力推动多元增绿，采取多种造景手法，进一步强化公园景观结构，绿色景观环境明显改善。全年新植、调整乔灌木约3.5万株；按照“突出重点、节俭实效”的原则，通过花钵、垂吊等形式进行花卉布置，形成点、线、面相结合的整体花卉布置格局，累计栽摆时令花卉16.6万余株，更新草坪、地被面积4500余平方米，植物成活率始终保持在98%以上，完成一系列重要节日、重大会议期间的绿化环境保障和花卉景观布置工作。全年修剪维护各类植物14.5万余株，施肥、灌溉面积累计达490公顷。严格按照相关规范标准，对重点区域绿地进行网格化、精细化和规范化管理，持续保持良好绿化景观成果；继续加大养护队伍培养力度，开展养护综合知识培训、花灌木修剪培训，探索并采取有效措施，治理杨柳飞絮问题，全年完成1643株杨柳雌株飞絮抑制药物注射工作。通过实施“日常巡查、季度考核、年终总评”的绿地养护管理机制和召开养护例会、定期养护检查、专家检查评比等措施，保障所属公园绿地景观水平。

（叶　萌　宋　超）

【园容卫生】 年内，区公园管理中心切实加强对公园内绿地、公共空间的日常管护，增强保洁力度，有力保障重点时段、重点区域公园绿地环境保洁水平。全年清理垃圾、建筑渣土、树挂杂草、干枝死杈、小广告等435吨，确保重大会议、活动和节假日期间公园环境。

（叶　萌　宋　超）

【有害生物防治】 年内，区公园管理中心开展林木有害生物普查，加大动态监测和普查普防力度，摸清现有林木有害生物情况，出动防控人员820人次，车辆500余次，使用防治药品1200余公斤，累计完成防治作业面积约240公顷；加强无公害防治和生物防治，无公害防治率达到100%，完成全年林木有害生物防治“四率”目标和美国白蛾、草履蚧防控任务，有效防止虫情蔓延，确保绿化资源安全。

（叶　萌　宋　超）

【资源保护管理】 年内，区公园管理中心实施非法侵占林地、绿地排查清理、清除“拉拉秧”等专项治理行动，建立林地、绿地台账管理制度，有效保护所属公园林地、绿地资源；认真落实保护管理责任制，加强古树保护、植物养护、水体维护、花卉布置等生态景观管理和野生动植物疫源疫病监测和救护，林地绿地资源保护管理不断强化。落实中央和市、区要求，继续加强对各公园配套建筑及设施使用的管理，巩固“公园会所”的整治成果，确保公园更好地面向游客、服务群众，持续净化公园环境。

（叶　萌　宋　超）

【工程项目建设】 年内，区公园管理中心投资6527.26万元的北京国际雕塑公园绿化景观改造提升工程于“国庆、中秋”双节期间部分开放，年末基本完成；投资1497.99万元的石景山雕塑公园绿化景观提升工程于4月底完工；投资323万元的老山城市休闲公园旅游配套服务设施改造工程于10月完工；投资额1200万元的老山公园森林防火、广播、监控系统建设项目年末基本完成。

（叶　萌　宋　超）

【大气污染防治】 年内，区公园管理中心坚持全员共治、源头防治，持续实施公园大气污染防治行动，加大环境整治力度，建立健全精细化管理长效机制，下大力气提升公园生态环境质量，打赢蓝天保卫战。投资788.81万元的大气污染治理项目基本完成，不间断开展工地现场扬尘污染控制及渣土车专项整治工作，效果显著。

（叶　萌　宋　超）

【模式口环境整治】 年内，按照《模式口文保区环境整治专项行动工作方案》要求，作为重点点位保障组牵头单位，公园管理中心组建专项工作组，开展排查梳理，建立工作方案和整治台账，现场蹲点盯守，对法海寺森林公园和模式口中医院等重点点位进行综合整治。先后完成公园群众文化广场内的游艺设施拆除清理工作，补植广场内花草、地被植物50平方米；修复破损墙体、门窗、台阶5处，清理林地内蜂箱14个，清除墙体宣传画10块、约30米，拆除林区内破旧宣传牌3处、防火警示牌4处并重新规划、设置警示牌5处，拆除废旧空调支架3处；清理公园内垃圾、渣土、杂物、枯枝落叶共26车，维护修剪各类树木60余株，伐除死树13株，清除公园防火指挥中心、班部等管理用房的屋顶杂草、杂物4处；配合区园林局移植油松3株，伐除树木9株，并加强后期养护管理；配合石泰公司对公园防火指挥中心等管理用房墙体及公园外墙重新粉刷；配合市政部门施工调整公园指示牌3处；在确保公园森林防火工作安全、稳定、高效运行的前提下（护林员20名，防火指挥中心与瞭望塔10人），每日增派20余名工作人员及保洁人员，出动车辆2台，全力保障综合整治工作顺利开展；在区城管执法局协助下，于11月10日连夜拆除模式口中医院内房屋顶棚1处、广告牌1块、破旧宣传牌2块，拆除面积180平方米；集中清理中医院内的环境卫生死角及堆物堆料，重新粉刷墙面，规划停车区域。在巩固整治成果的基础上，形成常态化管理机制，持续开展对公园重点点位、沿途道路及可视范围内的深度治理工作，清理环境卫生，清除屋顶杂物；增派公园环境维护人员10人，保障模式口中医院、群众文化广场、永引渠、“四柏一孔”桥、法海寺寺庙周边等公园范围内的环境卫生干净、整洁；结合自身职能，在切实抓好森林防火工作的同时，安排护林员兼顾做好林区内环境清理、卫生保洁及秩序维护等工作，保证游园秩序平稳、环境卫生整洁。

（叶　萌　宋　超）

【服务保障】　年内，区公园管理中心持续优化公园服务设施布局，合理配置路椅、垃圾箱、健身器材等设施，加大更新维护力度；全年更换路灯近500盏，维修垃圾箱107个、路椅120余处。继续强化“四优一满意”的服务理念，参照执行《市属公园服务管理规范》，大力开展规范化、标准化微笑服务，打造石景山公园服务品牌。加强服务管理状况的调研评估和监督检查，完善游客需求表达机制，突显舆情预警作用，促进公园服务不断创新。深入推行以“一制度六台帐”为主要内容的公园精细化管理模式，做好票务、园容、卫生、游人满意度、食品安全等各项日常管理工作，促进商业、餐饮业转型发展；全年开展行业管理检查78次，制止各类扰乱游园秩序行为200余次。

（叶　萌　宋　超）

【信访代理】　年内，区公园管理中心畅通和规范群众诉求表达渠道，建立全员有责的信访责任体系，牵头抓好所属单位信访代理站和各公园信访代理点建设，打造全方位的信访工作平台。加强信访代理绩效考核，落实定期通报制度，形成全覆盖的信访工作格局。全年受理信访事项83件，其中便民服务等非紧急救助事项79件，市网上信访信息系统转办件1件，区信访办转办件1件，北京市政风行风热线2件，以上群众合法合理诉求均得到解决。

（叶　萌　宋　超）

【园内活动】　年内，区公园管理中心所属各公园大力开展健康向上的群众性文化娱乐活动，严格控制纯商业活动的举办，提高公共服务品牌建设的质量和水平，支持配合市、区相关单位、街道社区开展北京市第十届清明诗会、荧光夜跑活动、元宵走街花会活动、第20届全国推广普通话宣传周活动、“领事保护进万家”主题宣传活动等各类咨询、宣传、健身公益活动59项。

（叶　萌　宋　超）

市容卫生

【概况】　石景山区环境卫生服务中心（简称区环卫中心）是区政府直属财政补助事业单位。机关设有11个职能科室和一个独立法人单位，下属6个基层单位。有干部职工2006人，其中在职干部职工345人，离退休人员492人，非事业编务人员1169人。环卫中心承担全区环境卫生方面的技术性、服务性、事务性工作，一线工作主要根据区政府下达的环境卫生作业任务、指标和要求，组织专业单位作业，并对其实施监督、检查和管理；负责全区主要道路以及部分街巷道路清扫保洁作业；全区环卫产权垃圾楼管理及垃圾清运，区内环卫产权公厕管理、粪便清运与消纳；环卫设施规划提出和实施，环卫经费、单位国有资产管理和使用；全区重大活动、重点节假日环境卫生保障和特殊天气条件下环境卫生应急保障。年内，区环卫中心坚持问题导向，依法精细管理，持续推动环卫工作整体水平提高，实现环卫事业稳步发展。全年完成专业清扫保洁总面积428.7万平方米，可机械化作业面积248.8万平方米，机扫率、机保率和新工艺率全部达标；生活垃圾日产日清，全年衙门口转运站进站生活垃圾18.5万吨，压缩并密闭转运16.6万吨。负责155个厨余分类小区的垃圾密闭清运和8座分类清洁站收集管理，全年清运厨余垃圾1.45万吨；负责全区225座环卫产权公厕正常使用、保洁及维护，全年清掏处理粪便7.2万吨，粪便抽运及处理全部达到规范要求。

（蒲宝香）

【“两节”环卫保障】　年内，区环卫中心成立工作领导小组和应急分队，负责“两节”期间环境卫生保障工作的组织实施。节前对全区责任范围进行环境卫生大扫除活动，重点清除责任范围内的卫生死角，加强对道路遗撒、乱倒垃圾渣土的清理，加强所属环卫设施内外环境卫生的清理，做好节前车辆、设施、设备的安全排查和运行维护，加大对交通枢纽周边和重点地区周边环境保障和公厕保洁清掏力度，做好烟花爆竹残屑清理工作，加强对各街道重点时段、重点地区的水车消防辅助备勤，协助消防支队做好水源补给及重点地区的洒水降尘工作。节日期间加强值班值守，确保生活垃圾日产日清。春节期间道路作业及辅助降湿备勤出动582车次、5242人次，集中清理烟花爆竹残屑89吨。

（蒲宝香）

【专项应急保障任务】　年内，区环卫中心根据气候特点和环境卫生状况，适时调整作业重点。冬季扫雪铲冰出动作业人员520人次，作业车辆107车次，最大限度地避免和减少雪天对道路交通的影响。扫雪铲冰及冬季日常作业使用融雪剂946吨。春季风沙大，扬沙及杨柳絮漂浮增多，根据作业标准和天气情况安排洗地、降尘，及时增加人工巡回保洁频次，抑制扬尘对环境的影响。进入夏季，结合市区两级环卫设施环境标准和灭蝇效果要求，制定中心打药灭蝇工作安排，坚持常态化运行，确保环卫设施灭蝇效果。防汛期提前摸底排查、加强应急值守，强化汛情巡查责任制，及时出动人员清淤、推水，加强设施防护，完成汛期防汛保障工作。规范应急委派工作流程，建立委派单确认制度，及时准确反馈工作信息，提升特勤应急保障作业质量。全年接临时清理遗撒、乱倒任务或中心自查发现问题共计出动车辆680车次、出动人工保洁人员4029人次，清理垃圾102.9吨，清理渣土459.5吨。

（蒲宝香）

【重要节点环卫保障】　年内，区环卫中心针对全国“两会”、“一带一路”高端论坛、党的“十九大”重点节假日等保障任务，分级分类制定专项任务保障方案，加强重点区域周边道路清扫保洁作业，按照清扫保洁新工艺要求，增加作业频次，严格实施环境卫生作业标准和工作责任，做到定人定段定时、巡回保洁不断线；加强垃圾收集清运以及粪便清掏的管理，做到规范收集和运输，车容车貌整洁完好。强化一线作业人员、作业车辆的安全和运行管理，对环境卫生突发事件、群众反映的热点难点问题处理迅速。强化检查成效，每季度对环卫中心所管辖的道路、设备、设施进行100%全覆盖检查。针对首环办、渣土处、城管委等市区各级检查，责任范围内脏乱点做到及时清理整治，非责任范围协助相关部门进行联动处置。将市区各级检查保障任务纳入常态化管理，形成科学、规范的长效机制。期间出动车辆1600台次，出动人员7474人次，清理垃圾、渣土1575.2吨。

（蒲宝香）

【落实空气污染控制】 年内，区环卫中心认真落实《2013—2017年清洁空气行动计划重点任务分解2017年工作措施》职责任务，按照秋冬季大气综合治理攻坚行动及中央环保督查整改任务，落实区生态环保委道路扬尘污染控制要求。并按《2017年度石景山区人民政府绩效整改任务督查方案》要求，针对扬尘污染重点道路建立台账、加强作业、定期反馈，与区城管委、区环保局等管理单位建立沟通机制，提升问题解决效果。全年实施保障37天，增派车辆1428车次、作业人员3291人次。落实市环保督察迎检，完成20件环保督察转办案件。

（蒲宝香）

【专业作业】 年内，区环卫中心在北京市专业作业检查中取得功能拓展区排名第一。全年完成环卫专业清扫保洁总面积428.7万平方米，可机械化作业面积248.8万平方米。其中，机扫率、机保率、新工艺率由92%提升至99%，超额完成市级目标，实现可实施范围全覆盖；道路冲刷作业面积248.8万平方米，完成市城六区冲刷率99%目标值。认真落实全市环境卫生重点任务，责任一级道路"一扫两保"实现100%，水冲步道48.6万平方米，覆盖率50%，完成市级20%目标要求。加大道路再生水使用范围和使用量，完成日最大使用量580吨目标要求。9月起增加城市道路日间水冲2遍次，对重点道路进行巡回冲洗，清洗作业车辆加开喷雾设备同步降尘；做好控制区33条道路增加一吸扫一清洗作业。建成区重点保障作业完成二级道路二次机械化保洁达到29.6万平方米，微型机械化保洁增加至35万平方米。推动机械化作业进街巷，责任街巷机械化清扫5.3万平方米。生活垃圾日产日清，粪便抽运规范处理，垃圾、粪便无害化处理率100%。完成44座清洁站、121个垃圾桶站、75个垃圾箱站及225座环卫产权公厕清运、使用、保洁及维护，全年清掏处理粪便7.2万吨，衙门口转运站进站生活垃圾18.5万吨，压缩并密闭转运16.6万吨。推进垃圾减量化，做好155个厨余分类小区的垃圾密闭清运和8座分类清洁站收集管理，全年清运厨余垃圾1.45万吨。

（蒲宝香）

【设施设备更新】 年内，区环卫中心西部综合场站工程竣工并投入运行。完成金顶阳光、五芳园、重聚园、麻峪等环卫职工住宿设施改造工程。配合区城管委、住建委、园林局等单位，完成环卫公厕的拆迁、还建、配建及老旧小区改造相关工作。争取区政府财政支持1050万元，按尾气排放最高标准更新作业车辆23台；落实市、区环保局提高清洁能源环卫车辆占比要求，投入1539万元，购置18台新能源（燃气）大型扫车。

（蒲宝香）

【安全生产管理】 年内，区环卫中心按照市、区安全生产工作要求，坚持"安全第一、预防为主"原则，严格落实安全检查周覆盖制度，全年组织安全生产综合检查71次，发现职工私接电线、杂物堆放、电动自行车充电、大功率电器取暖等安全隐患点27处，现场整改11处、限时整改16处，考核责任单位5次；重点落实市、区会议要求，迅速组织防火安全隐患排查清理整治工作，连续召开三次防火专题会，第一时间开展重点防火区域泡沫彩钢板房清理腾退；对23座垃圾楼吊装设备进行年度安检；签订高（低）压配电设施、设备负荷终端管理维护合同；举行"百日安全无事故竞赛"活动，促进安全生产，全方位保证生产作业安全。

（蒲宝香）

【提升管理水平】 年内，区环卫中心按照市区环境卫生年度工作重点及标准，完善各项作业管理制度及基层作业队目标考核细则，并与兄弟单位建立交流机制；按照区街巷"路长制"方案要求，加强试点道路清扫保洁，并配合做好垃圾清洁站收集及周边粪井清淘，努力提升街巷整洁水平；梳理责任道路和产权公厕现状，完成道路和公厕等级调整报送。研究《北京市环境卫生作业预算定额》，分析目前作业现状与工艺配置标准的差距，做好中心定额核算；细化《环卫中心专业作业自查工作管理制度》，形成市、区、中心、作业单位四级检查体系，确保问题整改质量，同时引入微信时时反馈模式，有效提高问题整改效率；按照市区两级人力社保局"落实石景山区公共服务类岗位安置本市农村劳动力工作"要求，以劳务派遣方式择优吸收100名职工，缓解一线作业人员不足压力。

（蒲宝香）

【两会议案办理】 年内，区环卫中心重视人大建议政协提案的办理，将其列入中心《行政业务任务分解书》中重点督办，完成17件人大建议、政协提案的办理。严格执行信访工作流程，办结信访平台来件22件，按时限完成报告提交。

（蒲宝香）

环境保护

【概况】 石景山区环境保护局（简称区环保局）是负责本区环境保护工作的区政府工作部门。2017年，区环保局坚持以习近平总书记两次视察北京重要讲话精神为根本遵循，深入贯彻"绿水青山就是金山银山"发展理念，紧紧围绕"建设两大生态"和区委提出的"一二六"工作思路，有效治理"大城市病"，强化疏解整治促提升，持续改善生态环境质量，生态文明建设和环境保护工作取得显著成绩，为石景山区高端绿色崛起奠定良好的环境保障基础。全区空气中细颗粒物PM2.5累计平均浓度61微克/立方米，同比下降22%，完成北京市下达的60微克/

立方米左右的目标任务;国家和北京市地表水考核断面水质全部达标;声环境质量保持稳定;放射源、射线装置100%落实许可证管理,危险废物得到全过程监管和安全处置;未发生影响群众健康的突发环境事件,环境安全得到保障,为区域经济转型发展提供良好的环境基础。

(詹发燕)

【生态环保委办公室督察】 9月,区生态环保委办公室督察组成立。截至10月底,完成对承担主要环保任务的14个部门和9个街道办事处的督察,下发督察建议书23份,提出整改建议200余条。10月31日至12月初,北京市第二环保督察组对石景山区开展环保督察。区生态环保委办公室督察组全员参与,共办结市督察组转办反馈信访举报件298件。

(詹发燕)

【环保督察迎检】 10月31日至12月8日,北京市第二环境保护督察组入驻石景山区开展环保督察。石景山区成立6个迎检专项工作组,高标准做好迎检保障工作,紧密配合开展动员汇报、调阅资料、个别谈话、走访问询、现场勘察、受理举报等各项督察工作。累计提交调阅资料7079份,完成信访转办件25批,受理转办件298件。全区责令整改40家,立案处罚10家,罚款金额9.51万元,对相关责任人约谈73人。

(詹发燕)

【两会提、议案受理】 区环保局全年受理人大代表议案、建议5件。其中,主办3件,会办2件;受理政协提案共14件。其中,主办1件,会办13件。主要涉及大气污染防治、生态环境建设等方面,均按期答复完毕。

(詹发燕)

【政务信息公开】 年内,区环保局加大和改进信息公开工作力度,开拓公开渠道,创新公开方式,真正做到方便群众办事,强化权力监督,提高依法行政和依法执法水平,扎实推进主动公开工作。通过政府信息公开专栏主动公开政府信息90条,其中机构职能类信息7条,法规文件类信息11条,行政职责类信息22条,业务动态类信息50条。

(詹发燕)

【环境信访】 年内,区环保局被环保部授予“2015—2017年全国环境信访表现突出先进集体”称号。全年处理、办结环境信访804件,同比增长15.7%,案件办结率始终保持100%。全年大气、噪声、水、辐射和其他类信访分别为485件、258件、20件、5件和36件,分别占比60%、32%、2%、1%、4%。其中,1件信访件被北京日报主动宣传报道;1件信访件受到群众表扬,并赠送锦旗和感谢信。

(詹发燕)

【环境准入】 年内,区环保局全面贯彻《中华人民共和国环境影响评价法》《建设项目环境环境保护管理条例》,落实《建设项目环境影响评价分类管理名录》(环境保护部令第44号)、《北京市新增产业的禁止和限制目录(2015年版)》和污染物总量控制规定,严控新增污染源。全年审批各类建设项目27件,否决不符合区域发展定位和环保要求项目10件。自1月1日《建设项目环境影响登记表备案管理办法》实施以来,按照市环保局的部署对登记表项目实行企业自主备案,全年企业自主备案643件。

(詹发燕)

【落实清洁空气行动计划】 年内,区环保局以区政府名义印发《北京市石景山区2013-2017年清洁空气行动计划重点任务分解2017年工作措施》,包括落实大气污染防治责任、生态增容、控车减油、治污减排、清洁降尘等面源控制、大气污染综合执法和空气重污染应急、综合保障措施七部分,含54项重点任务,76项工作措施,涉及牵头单位40余个。2017年,石景山区PM2.5累计平均浓度为61微克/立方米,完成北京市下达的空气质量目标任务,同时各项重点任务措施均顺利完成。主要包括:完成1927户高压自管户煤改清洁能源和533蒸吨燃气锅炉低氮改造;淘汰老旧机动车16370辆,完成全年任务量的197.5%;检查各类机动车80.6万辆,处罚超标车辆633辆,罚款18.16万元;处罚非道路移动机械10辆,罚款5万元;关停退出9家一般制造业企业,清理整治23家“散乱污”工业企业;完成2项环保技改项目和2家企业强制性清洁生产审核项目,实现重点行业挥发性有机物减排46吨;对31家工地安装远程视频设备;对47家工地征收扬尘排污费392万元;“吸、扫、冲、收”清扫保洁作业率99%;降尘量年均值6.8吨/月·平方公里,达到北京市考核要求。

(詹发燕)

【环保实事】 年内,区环保局以区政府名义印发《2017石景山区十件环保实事》。实事项目包括落实中央环保督察整改要求、园林绿化、燃气锅炉拆改减排、汽修企业废气治理设施升级改造、环境空气质量第三方治理、创建绿色示范工地、疏解退出9家污染企业、国控市控水质考核断面水生态环境达标、首钢污染土监管、完善区控空气质量监测网络、建设固定式机动车尾气遥测系统、智慧环保平台建设等12个项目。其中大气污染治理项目5项、生态建设项目2项、水污染治理1项、土壤污染监管1项、环保能力建设项目3项。总投资11.72亿元。其中市财政投资5.56亿元,占总投资比例47.4%;区财政投资2.29亿元,占比19.6%;社会投资2.97亿元,占比25.3%;企业自筹0.9亿元,占比7.7%。实事项目全部按期完成,实现氮氧化物、挥发性有机物总量削减。

(詹发燕)

【工业大气污染防治】 年内,区环保局配合区经信委清理整治“散乱污”企业23家;完成燃气锅炉低氮改造533.1蒸吨,完成全年改造300蒸吨任务目标的177.7%;完成北京凯翔风汽车销售服务有限公司、北京龙泽百旺销售服务有限公司2家企业的环保技改项目,通过北京巴威公司水性漆更换,实现挥发性有机物减排46吨,超额完成减排16吨的年度任务;完成北京加达恒通汽车服务有限公司、北京北重汽轮电机有限责任公司2家企业的强制性清洁生产审核。

(詹发燕)

【机动车污染控制】 年内，石景山区淘汰老旧机动车16370辆，完成全年任务量的197.47%，完成比例居全市全列。继续深化“五重三查”机制，与城管委、城管执法局、交管局等部门联合开展建筑垃圾运输车专项整治行动，严厉打击渣土运输车超标排放行为；联合城管执法局、住建委等部门开展非道路移动机械专项执法检查，联合质监局、交管局等部门开展检测场专项执法。累计检查车辆806945辆，完成全年任务量的285.54%。巡检加油站1045座次，完成全年任务量的108.85%，抽测48座次，完成全年任务量的100%。全年累计处罚超标车辆633辆，处罚金额18.16万元。累计处罚加油站1座，罚金2万元。累计检查非道路移动机械152台，落实处罚10台，罚金5万元。

（詹发燕）

【扬尘污染控制】 年内，区环保局安排巡查人员对区域内裸地及施工工地等进行不间断巡查，发现问题及时与各街道及主责单位反馈，形成汇报机制。按照石景山区扬尘治理要求，有的放矢形成有效治理措施，使PM10有效降低85%左右。

（詹发燕）

【空气重污染应对】 年内，区环保局修订完成《石景山区空气重污染应急预案（2017修订）》并以区政府名义印发，报市局备案。全年启动空气重污染橙色预警3次，黄色预警4次，蓝色预警5次。编制重污染应急工作简报24期。空气重污染期间，全区各单位、各街道严格按照应急预案要求，第一时间启动应急响应，严格落实停工、停驶、停限产等保障措施，最大限度发挥“削峰”“降速”作用，缓解空气重污染带来的不利影响。

（詹发燕）

【污染减排】 年内，区环保局通过实施清煤降氮工程、严格监管执法、加强管理减排等措施，完成1927户高压自管户煤改电工程、4502户棚户区改造、333.8万平方米违建拆除、533蒸吨在用燃气锅炉低氮改造、两大电厂超低排放以及老旧车淘汰转出、流动源监管、油品升级、车辆改造等，实现全区主要污染物排放总量持续削减。其中二氧化硫实现减排620.84吨，同比下降93.78%；氮氧化物实现年度减排679.11吨，同比下降20.01%。顺利完成年度市政府下达石景山区二氧化硫排放量下降27%、氮氧化物排放量下降20%的总量减排指标。

（詹发燕）

【水污染防治】 年内，区环保局组织编制《石景山区水污染防治方案2017年重点任务分解》，并以政府办名义发文；建立石景山区水污染防治与水环境治理会商机制，全面统筹推进辖区水环境保护工作；协调区水务局将部分地区和单位污水接入市政管网，有效消除污水直排污染地表水的隐患，确保高井麻峪村桥考核断面水质改善提升。石景山区国家和市级三个地表水考核断面首次全部达标，实现历史性突破；启动河道入河排污口污染源追根溯源；建立石景山区水环境街道间跨界断面考核机制，为有效制定“一河一策”，监督和保障“河长制”建设及“河长”履职奠定基础；未出现黑臭水体，全年未发生突发水环境应急事件；组织完成加油站埋地油罐防渗漏改造。截至年末，17家加油站埋地油罐防渗漏改造任务在全市率先完成，有效规避污染地下水风险；年度辖区地下水持续保持稳定。

（詹发燕）

【饮用水源保护】 年内，区环保局组织开展辖区集中式饮用水水源地环境状况评估，编制《石景山区集中式饮用水水源地2016年度环境状况评估报告》，科学研判和评价水源保护区环境保护现状，了解掌握水源保护区污染源及风险源分布现状，制定辖区集中式饮用水水源保护区内污染源清理退出方案，石景山区饮用水水源保护区规范化建设水平提前两年达到国家标准；编制《石景山区饮用水水源保护区突发环境事件应急预案》，健全完善石景山区集中式饮用水水源保护区突发环境事件应对机制；明确饮用水水源地周边的工业、加油站、汽修、餐饮和医院等重点单位的监督责任和监管任务，组织开展水源保护区专项执法活动，打击破坏饮用水安全的环境违法行为。

（詹发燕）

【危险废物监管】 年内，区环保局严格审核危险废物产生单位，审核通过112家。顺利通过北京市环保局关于危险废物规范化管理督察考核，2017年取得全市第一。完成特定行业危险废物（固体废物）专项调查、联合开展打击危险废物环境违法犯罪行为专项检查。检查危险废物产生单位60家次，建立完善12家重点工业企业和社会源单位管理档案。全年下达限期整改8家，行政处罚4家，累计罚款6.5万元。

（詹发燕）

【辐射环境监管】 年内，区环保局受理Ⅲ类辐射项目行政许可和放射源、放射性同位素备案事项30件。加强核技术利用单位监管，累计检查117家次。完成辖区内18家新发证单位和许可证延续单位“辐射安全规范单位”创建工作。

（詹发燕）

【行政执法】 年内，区环保局结合双随机、热点网格、全时执法等工作，集中开展大气污染防治、水源保护、危废等专项执法行动，形成执法高压态势。全年累计出动执法人员5472人次，检查各类固定污染源单位1824家次，下达处罚决定书139起，同比增长202%，罚款304.8914万元，同比增长309%。建立环境执法与公安机关衔接机制，行政刑事移送均实现零的突破，针对不正常运行大气污染防治设施、利用暗管、渗坑排放污染物、非法处置危险废物的违法行为，移送公安4起，行政拘留8人，罚款132万元；以汽修、印刷、小型加工等为监管重点，加大执法力度，依法查封违法排污企业7家次；以查处超标违法行为为重点，对2家单位实施按日计罚。

（詹发燕）

【环境监测】 年内，区环保局制订实施《石景山区2017年环境监测工作计划》，着重加强对重点区域、重点流域和重点行业的监测监管工作，完成环境质量监测、污染源监测、信访监测、应

3月2日，区环保局进行辐射安全检查 （区环保局供稿）

急监测等各类监测任务。截至年末完成辖区内276家污染源企业148个频次的监督性监测，其中废气监测104家54个频次，废水112家46个频次。

（詹发燕）

【大气环境质量】 2017年，石景山区大气中细颗粒物浓度为61微克/立方米，同比下降21.8%；可吸入颗粒物、二氧化硫、二氧化氮年均浓度分别为90微克/立方米、9微克/立方米、51微克/立方米，分别同比下降15.9%、18.2%，同比上升2.0%。降尘量年均值为6.8吨/平方公里30天，比2016年下降15.1%。

（詹发燕）

【水环境质量】 石景山区地下水选取6眼水井作为监测点位，分别是杨庄水厂深水井、杨庄水厂浅水井、首钢物业公司苹果园站、北京市燕山水泥厂200米浅水井、永定林工商公司、炮厂小区水站。选取pH值、高锰酸盐指数、总硬度、溶解性总固体、氨氮、硝酸盐氮、硫酸盐、氯化物、亚硝酸盐氮、汞、铅、挥发酚、氰化物、砷、镉、六价铬、铜、锌、铁、锰、硒、阴离子表面活性剂、氟化物、总大肠菌群24项指标作为评价参数。地下水环境质量除总硬度、总α放射性、硝酸盐氮略有超标外，其他各项指标均符合《地下水质量标准GB/T14848－93》中Ⅲ类标准值。与上年相比，石景山区地下水水质变化不大。

（詹发燕）

【声环境质量】 2017年石景山区建城区区域环境噪声昼间平均值为50.6分贝（A），总体水平为二级，评价为较好。与上年相比上升0.2%，达到国家标准。2017年石景山区建城区交通干线噪声监测昼间平均值为69.6分贝（A），总体水平为二级，评价为较好。与上年相比下降1.3%。

（詹发燕）

【环保宣传教育】 年内，区环保局以“全民健身迎冬奥 践行绿色新生活”为主题开展莲石湖环保志愿者徒步和环湖骑游“六五”环境日环保宣传活动。围绕“绿水青山就是金山银山”主题，结合地球日、环境日、无车日等纪念日开展环保公众开放日、环保法律讲座等系列宣传活动15场次。与区教委联合举办以“践行绿色生活方式 培育友好新风尚”为主题的石景山区中小学生环保主题演讲比赛。报纸、电视报道200余次，“绿色石景山”微博微信等新媒体推送信息2000余条，广泛宣传环保法律法规、工作动态、环保热点、环保科普知识等内容。

（詹发燕）

【排污申报】 年内，区环保局完成排污申报登记户数225家，征收排污费128家，收费1114.7万元；严格落实阶梯式、差别化排污费征收政策，对17家存在违法行为的施工工地加倍征收扬尘排污费。

（詹发燕）

城管执法监察

【概况】 2017年，石景山区城管执法监察局（简称区城管执法局）以服务辖区高端绿色发展战略为中心，以建立、完善社会综合治理体系为主线，以城市综合管理改革为动力，以全面提升社会稳定管理水平，城市环境管控能力和市容卫生保洁质量为重点，城管体制改革不断深入、城市环境秩序不断改善、查违控违工作不断深化，各项工作任务按计划、有步骤地向前推进，取得明显成效。联合相关部门及各街道办事处（鲁谷社区）、组织各街道城管执法队，查处各类违法行为49411起。其中，查处施工工地违法行为952起、无照经营18273起、门前三包10834起、店外经营2579起、拆除户外灯箱广告1884个、违规临窗广告1179个，完成占道经营执法量8525起，涉及人口1705人，超额完成全年占道经营任务473%。拆违治乱工作坚持依法行政、综合施策，成功创建“基本无违法建设城区”。全年在市专指办平台销账违法建设2218处、333.8万平方米，完成市绩效考评240万平方米任务的139%；拆除新生违法建设120处，1.1万平方米。

（顾园园）

【整治占道经营违法行为】 年内，区城管执法局全方位做好集中整治占道经营违法行为执法工作。以餐饮商户占道经营行为作为管控重点，全面查处和整治道路两侧经营商户的占道经营行为，规范路侧停车行为，确保道路交通畅通有序。依托网格化、信息化等手段，完善日常工作机制，通过人防、物防、技防相结合的方式，做到日常执法全覆盖，管控无盲点，对发现的占道经营等影响环境秩序的违法行为从严处罚。以整治占道经营为重点和突破口，延伸管理和执法触角，合力整治各类城市环境问题，依法严惩拒不配合执法工作、暴力抗法行为，严格落实属地管理责任、部门管理责任、行业监管责任。充分利用广播、电视、横幅、一封信、网络、新媒体等多种形式，采取进社区、进楼门、进学校、进门店等方法，组织开展社会主题宣传，广泛宣传整治工作的重要意义，营造良好舆论环境。

（顾园园）

【安全隐患大排查】 年内，区城管执法局走访施工工地，对施工工具、建筑材料和生活垃圾随意堆放问题现场责令整改。配合消防、安监等部门检查各类安全生产设施，并向施工工人发放宣传材料，加强宣传教育和引导，防止发生安全事故。对沿街灯箱广告、广告牌匾设置情况进行重点检查，有安全隐患的及时通知责任单位加固、修复；对毁损严重的立即组织人员予以拆除；对违反安全规定和违规设置户外广告牌的行为坚决查处。开展餐饮行业安全用气检查，建立用气单位、供气单位、城管相结合的管理平台，对违规使用、存放燃气的严格依照相关法规进行查处，对情节严重或整改不力的依法向有关部门申请停业整顿。进行违法建设摸排工作，对每一处违建留存证据，重点排查占用消防通道、影响排水、影响市政管道等存在重大安全隐患的违法建设，做到违法建设早发现早处理，杜绝辖区内新生违建出现。

（顾园园）

【整治露天烧烤餐饮违法行为】 年内，区城管执法局联合相关部门，开展多次非法大排档及露天烧烤等违法行为专项整治，取缔占道经营大排档，同时防止露天烧烤对空气造成污染。向各餐饮单位送达《告知书》，并通过法规告知的方式使经营者知晓露天烧烤、大排档行为的违法性，广泛开展宣传告知工作。对整治点位周边以及可能造成消费人员聚集的违法行为进行分析评估，选择适当时间与区域进行提前布控与劝导，在商户消费人员较少时，督促商户对违法行为进行整改。在提前布控、强化监管的基础上，对于经宣传告诫不整改，继续经营露天烧烤、非法大排档的无照游商或坐店商户，进行联合执法，依法进行处罚。

（顾园园）

【非法小广告治理】 年内，区城管执法局开展非法小广告整治，严厉打击非法张贴、喷涂、散发小广告行为。联系相关单位，向易出现招聘、房产销售等广告的用人单位负责人讲明法律法规，督促其到正规渠道发布信息。利用网络、微信公众平台等信息平台进行普法宣传教育，呼吁广大市民和商户共同抵制非法小广告。加强对主要大街、过街天桥、学校、医院等周边“早、中、晚”的巡查力度，采取错时执法、不间断巡查等措施，及时制止违法行为。做好对张贴、喷涂、悬挂小广告的拍照取证，电话警示散发非法小广告的企业或个人。

（顾园园）

【清洁空气专项行动】 年内，区城管执法局成立清洁空气行动工作领导小组，定期召开专题会议，分阶段、有重点、重实效，周密部署安排，落实防控措施，加强监督考核，确保把清洁空气行动工作的文件精神落实到执法工作中。抓住时间节点，严禁散煤销售，紧抓无照散煤销售重点时期，加大执法监管力度，加强日常巡查密度和频次，特别是加大北辛安、刘娘府、五里坨、衙门口、麻峪村等城乡结合部、平房区的管控，严厉打击流动销售散煤行为。加强运输车辆检查，减少道路遗撒，联合交通、环保、市政市容委、住建委等部门组成联合执法检查组，在运输车辆集中的时间和地点、在工地较多的区域开展经常性、常态化的“堵门”检查、设卡检查、道路巡查等执法工作。强化污染大气行为检查，突出季节性工作重点，根据季节特点集中开展专项治理，严格查处无照经营、夜市大排档、街头早点摊，重点加大对露天烧烤、露天焚烧、施工扬尘、渣土裸露、非法倾倒建筑垃圾等行为打击力度。

（顾园园）

【餐厨垃圾整治】 年内，区城管执法局动员部署，细化方案，细化工作目标、工作原则、工作步骤、时间节点、措施和要求。广泛宣传，营造氛围，通过集中宣传和进店宣传相结合的形式，开展餐厨垃圾宣传活动，提高广大群众的参与意识与餐饮企业的责任意识，做好源头管控。加大力度，严格执法，健全日常巡查制度，加强对餐饮企业单位和个体经营户的巡查监控力度，发现擅自处置餐厨垃圾、将餐厨垃圾随意倾倒等违法行为，立即开展立案查处。联勤联动，综合治理，与食药、交通、交管等部门开展联合执法，加强对单位、个人收集清运餐厨垃圾的执法检查力度，重点打击无资质的单位和个人擅自收集运输餐厨垃圾、未按规定收集运输餐厨垃圾以及运输过程中发生垃圾泄漏遗撒等违法行为。

（顾园园）

【渣土运输专项执法】 年内，区城管执法局加强源头管理，安排直属执法一队配合区环保局、城管委、住建委等单位对施工工地开展联合执法检查，做好宣传告知，深入排查隐患，及时更新工地台账，做到“提前发现，限期整改，定期复查”。要求各属地执法队联合街道、社区召开辖区施工工地负责人座谈会，宣传法律法规，重申复工后施工管理要求。同时认真听取各方意见和建议，帮助协调解决实际困难，做好服务工作。加大执法力度，切实发挥施工工地视频监控系统作用，结合工地管理台账，充分掌握施工进度，针对进入土方作业阶段易发生道路遗撒、扬尘污染的工地进行前期提示和突击检查。强化夜间巡查方案，将夜间巡查管理工作与工地防尘工作相结合，协调交管部门进行运输车辆临检，发现违法行为高限处罚，形成“高压检查、严管重罚”氛围，确保各项工作落实到位。

（顾园园）

【视觉环境专项整治】 年内，区城管执法局严查私设户外广告，联合市政市容、工商等部门进行摸排，重点对LED等新型宣传形式广告进行检查。对未经批准擅自设置的违规广告、灯箱等，责令限期拆除。无法确定主体的，依法公告并进行清理。严管违规牌匾窗贴，对于门前三包单位和社会组织张贴、悬挂的临窗广告，督促物业管理单位和直接责任单位进行清理。牌匾标识存在残旧、破损、霓虹灯断亮等问题的，责令停止使用，限期维修或更换，并依法处罚。严打非法宣传广告，督促专业部门加强清刷作业，清理、粉刷主要大街、过街天桥、公用设施上的小广告，发动社会力量纠正、举报散发、张贴、喷涂小广告行为。同时与社区协调设置便民信息发布栏，为居民发布信息提供载体。严控社区环境细节，深入各个社区，协调居委会、物业等部门，发动保洁人员、社区积极分子与城管志愿者对公共绿地、单元楼道进行维护清扫，及时消除白色树挂、堆积杂物、晾晒衣被等影响视觉环境现象。

（顾园园）

【背街小巷整治】 年内，区城管执法局强化网格化管理，以占道经营、乱停乱放、堆物堆料、乱拉乱挂等行为为整治重点，加强对重点地区、背街小巷违法行为高发点位、高发时间段的巡查盯守，集中规范整治本区域存在的环境秩序问题。针对群众反映的开墙打洞、机动车乱停乱放、大排档噪音扰民、小餐饮店油烟扰民等背街小巷普遍存在的痼疾顽症，联合相关部门，依托属地街道开展综合治理。发挥社区居委会、城管志愿者宣传引导作用，广泛开展对沿街商铺、居民进行城市管理法律法规的宣传，引导市民自觉抵制占道经营、堆物堆料等违法违规行为。

（顾园园）

【长效管控门前三包】 年内，区城管执法局对辖区内主要大街、商业街区等重点区域的“门前三包”单位提前进行摸排，分析研究问题原因，严格管理，疏堵结合，规范各类便民摊点经营时间及范围。安排专职人员，对每次走访、检查、规范的门前三包商户资料进行整理汇总，对辖区新增或变更的“门前三包”商户信息进行详细记录，确保巡查覆盖率百分之百。以属地街道为主体牵头组织集中整治，执法队与环卫、物业、道路养护等作业部门沟通联络，建立联动机制，及时清理路面遗撒和垃圾，避免新的卫生死角形成。与存在问题商户反复约谈，提升其守法意识。同时以大型门店为切入点，严格管理，依法处罚，辐射带动周边个体商户，形成强力震慑，提高门前三包管理效能。在石景山路沿线等人流聚集区域设立宣传服务站，在全区明显位置悬挂宣传条幅，动员号召广大社会力量参与城市管理工作，为整治行动营造良好舆论氛围。

（顾园园）

【实现基本无违建城区】 年内，区城管执法局拆违治乱工作围绕“基本无违法建设区”目标，坚持依法行政、综合施策，形成属地街道负总责、权属单位负主责、执法单位依法行政、相关部门协同配合的四位一体闭环治理模式，实现“基本无违法建设城区”。

（顾园园）

11月12日，城管执法局召开重点工作推进会 （城管执法局供稿）

交通管理

【概况】 北京市公安局公安交通管理局石景山交通支队（简称交通支队）是本区道路交通的管理机关，主要职能是对道路交通依法进行管理。在编干警185人，支队下属7个职能科室，1个执勤大队。年内，交通支队以“长安街第一道屏障、政治中心区第一个堡垒”为工作定位，坚持以创新谋发展，以苦干促提升，持续深化警务改革创新，不断提升交通管理智能化、精细化、精准化工作水平，确保各项重大交通保卫任务万无一失，辖区交通安全稳定、正常运行。组织参加“寻找最美等灯人”微视频作品大赛，获最佳剧情片和最佳创意片奖。获全市交通安全宣传最佳组织奖。

（杨敬民）

【勤务改革】 年内，交通支队推进“科技巡逻 + 定点执勤”勤务模式改革，完善19处早晚高峰定点执勤岗位、20处视频巡控点位，并招录交通保安员着装上岗，提升街面见警率、管事率，勤务效能和管控效果成倍增长。落实“路长”责任制，对全区道路分级设置“路长”，实名制承包、网格化管理，推动领导干部责任落实，强化交通精细化管理。

（孟祥宇）

【疏堵治堵】 年内，交通支队累计实施优化措施42项，调整信号灯配时48处，增设交通隔离护栏2.8万余米，复划标线9300米，调整交通标志65面。精准治理堵点乱点，全区11处交通乱点、5处交通堵点全部提前销账。创新实施左转右置、右转左置、右转信号灯黄闪等举措，使阜石路通行效率提升38.6%、京原路通行效率提升26.4%。创新“拉链式”放行方法，阜石路杨庄东进口通行效率提高15.6%，车速提高7.6%。创新静态停车管理七种模式，全市首创“内嵌式停车位”、推动社区共享车位、拓展商圈停车资源、校园周边停车“2345”工作法等一系列工作亮点得到认可，北京卫视、交通广播等新闻媒体予以报道。取消影响通行的路侧车位220个，拓展停车资源6000余个，建成并投入使用的社会综合停车场7个，违停、乱停现象大幅减少，全区道路通行能力提升36.1%。

（曹世兴）

【协调联动】 年内，区政府参与疏堵治乱工作，强化科技建设应用，新建科技设备53套，将交通分局1500余个探头接入支队指挥平台，并在分局指挥中心设置交警专席，对路面警情统一调度指挥。强化多警联动作战，与派出所合成作战，组织摩托车违法整治、并肩治乱 、货车堵门等专项行动，有效震慑各类违法。全力投入拆违治乱联合整治，配合各街道开展拆违专项行动。广泛发动交通安全志愿者4400余人次，在重点路口维护交通秩序，形成社会共同参与交通治理工作局面。

（曹世兴）

【交通宣传】 年内，石景山区交通安全形势总体平稳。加强安监执法，开展“清零”行动，共检查单位1197家次，对109家存在安全隐患单位采取禁止机动车上路行驶措施，危化车、专业运输驾驶员做到100%核查、100%教育。针对邮政快递行业交通违法乱象，研究推出“一卡、两规、三台账”工作机制，形成单位内部有教育、路面民警有管理、交通违法有记分、违法事后有追查的“四有”工作格局。深化“一区一警”工作机制，组织街道开展交通安全培训会48场次、培训会32场次，受教育群众5.2万余人。广泛开展社会面宣传，全年组织集中宣传活动107场次，讲授安全课210场次，摆放展板823块，悬挂横幅130条，发放各类宣传品8万余份。

（曲守全）

消　防

【概况】 北京市石景山区公安消防支队（简称消防支队）隶属于北京市公安消防总队。辖区共有消防中队6个，分队是古城、八大处、银河、高能所、石电、五里坨。2017年，消防支队全体官兵在区委区政府、区公安分局和总队党委的正确领导下，始终坚持“四个第一”工作理念和“万无一失、一失万无”的工作标准，以公安部“三个不发生”和市局“四个不发生”创建活动为牵引，以“疏解整治促提升”和“三大”专项行动为抓手，统筹“平安行动”和“安全监管攻坚战役”，圆满完成“两节”“两会”“清明”“五一”“十一”等一系列消防保卫任务，并做好 “一带一路”高峰论坛、十九大安保重大保卫任务。全年接警1394起，其中，火警704起，抢险257起，社会救助433起，出动消防车辆3459车次，出动警力20686人。火警成灾64起，同比下降8.6%；死亡1人，同比下降66.7%；受伤2人；直接财产损失111.67万元，同比下降59.7%。全年火灾形势比较平稳。

（韩兆国）

【高峰论坛消防保卫】 高峰论坛期间，消防支队多次向区政府及公安分局汇报工作，先后印发各类文件方案20份，区委区政府和公安分局两级领导带队检查62次。累计检查单位5621家，督促整改火灾隐患或违法行为9269处，临时查封50家，三停33家，拘留84人，罚款76.25万元。期间石景山区无突出火情，社会面火灾形势平稳，部队无任何违法违纪事件，确保社会面火灾形势和部队安全“两个稳定”。

（韩兆国）

【十九大消防保卫】 十九大期间，消防支队主动向区政府、公安分局专题汇报工作5次。针对全区8个区域性火灾隐患、2个重大火灾隐患区域，划分东、西两大战区，支队领导班子分别带队出动180余人次，联合分局街道、派出所力量130余人开展大兵团作战行动。期间共出动检查组768组次，投入执法警力1537人次。其中，支队党委成员带队执法检查48人次，带队突击夜查37人次；检查单位742家，整改火灾隐患1066处；行政处罚18家；查封6家；“三停”1家，罚款24.85万元，拘留4人。安保期间石景山区无突出火情，社会面火灾形势平稳，部队无任何违法违纪事件。

（韩兆国）

【增加执法消除隐患】 年内，消防支队推动政府召开全区消防工作会议30余次，组织派出所召开会议50余次，指导派出所消防工作130余次；联合行业系统、街道、派出所开展检查950余次，开展夜查行动120余次，发动群防群治力量2.1万人，消除各类火灾隐患2.3万余件；警告违规使用液化气罐571户、清理电动车违规充电1639处、清理可燃物270余吨、发放宣传海报及致居民的一份信等宣传材料30万份。检查单位14913家，同比上升25.38%，整改火灾隐患23891处，同比上升43.05%；罚款248起共294.8万元，同比上升179.2%；查封223家，同比上升298.21%；“三停”191家，同比上升389.74%；拘留150人，同比上升581.81%。派出所出动警力19795人次，检查单位9826家，整改火灾隐患12323处，罚款54.32万元。

（张广鑫）

【消除重点隐患】 年内，针对11月20日蔡奇书记视察石景山区发现的消防隐患问题及何家坟等涉及城建集团重点地区消防隐患，消防支队主动作为，区政府强力推动，召开“三大会议”，重点推进整治工作。一是协调区政府于11月22日对首钢集团进行约谈，召开消防工作专题会。通报首钢集团园区存在的消防问题隐患，规定整改期限，要求建立健全消防管理机制，加强拆整期间消防安全工作，并责成古城街道落实消防安全管理责任。二是协调区政府于11月24日对城建集团进行约谈，召开消防安全隐患整治专题会。按照“三天打通生命通道，十天拆除违法建设”工作要求，推动何家坟、模式口等重点地区强力推进隐患整治。消防支队派出专人进驻街道，配合属地街道，开展每日工作例会调度，每日滚动摸排检查。截至年底，共消除火灾隐患490余处，协助拆除违建700余处50000余平方米，清理可燃物57吨，走访住户1800余户，发放消防宣传材料3500余份。三是11月23日联合中部战区召开联防联动专题会议。明确中部战区自身消防安全职责，要求强化隐患排查。并建立区域联防联动工作机制，推动多年消防重点隐患有效治理。

（张广鑫）

【隐患投诉】 年内，消防支队受理各类火灾隐患738件，其中检查属实316件，不属实422件。从隐患类型分析，安全疏散类318件和消防车通道类火灾隐患143件，最多。其他隐患类型举报率相对较低。从隐患场所分析，居民住宅类火灾隐患投诉举报最多，共305件，占总数的41.3%；商场、市场类21件，占总数的2.8%；写字楼、办公楼等公共建筑类44件，占总数的5.9%；餐饮、商店、旅馆、美容美发等六小场所类163件，占总数的22.3%；公共娱乐场所类23件，占总数的3.1%；宾馆饭店类35件，占总数的4.7%；其他类147件，占总数的19.91%。全年共发放火灾隐患举报投诉奖励金18400元。

（张广鑫）

【老街坊防消队】 年内，石景山区在9个街道151个社区组建由区政府、各街道主管安全工作领导、消防监督员、各社区民警、微型消防站队员以及20000余名活跃在基层社区的党员干部、志愿者、热心人组成的"老街坊防消队"。发挥"老街坊防消队"人熟、事明、地清等优势，开展"宣传、排查、劝导、报告、消除"工作，成为石景山消防宣传的特色亮点。支队派驻18名消防监督员帮扶指导，与防消队员打捆运作，共同投身"三大"专项行动。截至年底，发动"老街坊防消队"巡查六小单位2398家次；巡查住宅楼1787栋3341个单元楼门，清理住宅楼疏散通道、安全出口类隐患1357件；督促沿街小门脸整改不安全使用电器产品类火灾隐患526件；警告违规使用液化气罐379户、清理电动车违规充电637处，入户排查空巢老人5300余户。

（张广鑫）

【疏解整治促提升】 年内，消防支队3个执法服务队和9个驻街道监督员联合各街道分指挥部实施"点对点"整治。配合9个街道分指挥部完成对融景城西部片区、景阳粮油批发市场、再生资源市场、纸库、北方旧货市场、金宝山农贸市场、金都园林公司青年创业公寓、老山早市、晋元庄早市、酒吧街等地区违建拆除工作。拆除违建占地面积394.5万平方米，主动传唤约谈隐患单位62家，约谈单位负责人172人，查封问题单位41家，关停27家；清理可燃易燃杂物约757吨，整治彩钢板建筑4.7万余平方米，对非法占用应急通道的车辆开具违法停车通知单470余份，畅通应急车通道197条。

（张广鑫）

【技防工作】 年内，消防支队发挥"主推手"作用，主动对接区安委会，以区安委员名义制定《石景山区电气火灾综合治理实施方案》，明确电气火灾治理时间图、任务表。统筹区住建、工商、安监、质监等行业主管部门开展工作。全年开展电气火灾治理调研37次，推动全区新建和改扩建人员密集场所、公共基础设施等重要工程以及老旧居民小区等火灾高发场所开展电气火灾监控系统安装。全区安装69套电气火灾监控系统，超额完成全年工作目标。

（张广鑫）

【商市场"双十"管理标准】 年内，消防支队先后10余次带队调研全区商市场消防安全管理现状，研究制定商市场消防安全管理"十个严禁、十个必须"工作标准和疏散引导箱、疏散指示标识等消防安全标识化设置，组织全区72家商市场单位150余名法定代表人及消防安全负责人召开全区商市场消防安全规范化管理现场会，强化单位主体消防安全意识，推动落实各项消防安全措施，重点部署火灾扑救和安全疏散白天、夜间双预案。

（张广鑫）

【提升灭火救援实战能力】 年内，消防支队严格按照等级战备标准，强化执勤战斗准备，深入开展实战化岗位练兵和比武对抗赛，提升部队初战打赢实战能力。一是强化调研演练工作。针对辖区"五供"单位及"一高、一低、一大、一化"等重点单位，开展调研73次、演练62次，修订完善灭火救援预案310份。推动微型消防站作战能力建设，加大对微型消防站的培训和调度，规范应急处置程序，开展联合实战演练60次，不断提升区域联动、就近防控的实战效能。二是强化反恐处突工作。针对爆炸、自焚、公交车纵火、化学灾害、地铁恐怖袭击等恐怖事件，反复研究战术战法，完善应急处突工作方案，开展实战演练21次。

（韩兆国）

【消防宣传】 年内，消防支队牢固树立宣传也是战斗力的思想，对全区近十年火灾数据进行分析研判，聚焦火灾高发场所和人群，做好类别划分，有针对性开展宣传、检查和"一对一"帮

1月19日，石景山支队五里坨中队揭牌仪式 （消防支队供稿）

扶工作。协调区广电中心在黄金时间段播放消防专题节目、滚动播放消防安全提示字幕和消防公益广告。利用"11·9"宣传日,推动行业、部门,以及社会单位、广大群众重视消防安全、学习消防知识、落实冬春火灾防控措施。在《石景山报》开辟"三大"专项行动专栏进行专题报道。推动区委宣传部印发《关于做好石景山区消防安全宣传环境布置工作的通知》,要求街道和行业部门在全区主干道、交通枢纽地段以及社区等醒目位置悬挂硬质宣传横幅、张贴宣传海报、利用 LED 显示屏播放消防安全提示语。各街道、行业投入 100 万余元在醒目位置悬挂硬质宣传横幅 1200 余条。利用社区电子屏宣传栏、楼宇电视、户外 LED 显示屏滚动播放消防常识 1.8 万频次。每日在区政府办公楼楼宇电视、电子屏每天播放街道整改隐患战果排名和消防公益广告宣传片。发动各街道、社区、派出所在小区宣传栏、电梯间、楼梯间、逐个楼门、院落等显要位置广泛张贴"电动车防火安全提示"和宣传海报 2 万余份,开展入户宣传 800 余次。依托第三方消防培训机构开展消防知识培训 60 余场次,培训 7000 余人。

(张广鑫)

气　　象

【概况】 北京市石景山区气象局(简称区气象局)是科技型、基础性社会公益事业单位,受市气象局和区政府双重领导。主要负责区域内气象防灾减灾、地面气象观测、天气预报、气象灾害预警、公共气象服务、专业气象服务、气象科普宣传、气象探测环境保护、气象行政执法等工作。下设综合办公室、业务管理科、社会管理与法制科和北京市石景山区气象台,同时代管石景山区气象灾害预警中心。有职工 22 人,其中硕士 2 人,本科 13 人;高级工程师 3 人,工程师 10 人,中共党员 11 人。年内,面向社会开展气象观测和天气预报、预警服务工作,向区委区政府和相关部门发送决策气象信息;通过预警平台向区各级防汛部门、各街道气象协理员、各社区气象信息员和社会公众发送天气预报预警信息;通过手机短信、区电视台、电子显示屏、户外预警广播系统、官方微博、微信发布气象信息,不断提升预报准确率。观测、预报、预警多项业务质量位于全市各区首位,获评北京市气象局责任制考核优秀等级及首都精神文明单位。

(王琳琳)

【科普宣传】 "3·23"世界气象日,通过"石景山气象"微信公众号开设有奖征集"最美云图"活动;气象科普课程走进全国气象科普教育基地,在首师大附属苹果园中学开设气象社团;在京源学校小学部开办"关注气象、关心生活"系列专题讲座;气象科普走进示范社区,联合杨庄北区社区开展纪念活动。"5·12"防灾减灾日,在京源学校莲石湖分校的常规科普课程内,特设防灾减灾专题内容;为八角北里社区居民科普气象防灾减灾知识;在京源学校小学部"气象人文与生活"的一月一主题活动中,开展《夏季气象灾害"佳减法"》主题气象科普讲座。"12·4"法制宣传日,与古城南里社区联合开展气象法制宣传活动,为社区居民科普施放气球相关法律法规,讲解违规施放气球的利害及审批施放流程等。7 月 25 日,与西山枫林第二社区居民揭露《气象探测设备原理》;11 月 29 日,与古城南里社区居民探索《雾霾》的秘密。全年累计开展气象科普宣传活动 14 次。同时利用展板、电子显示屏、微信公众号以及新浪、腾讯官方微博等方式加大宣传力度和覆盖面。

(王　旭　王琳琳)

【创新服务】 10 月,区气象局开展洒水除尘防路面结冰气象专报。协助环卫部门和各街道、社区有效洒水降尘,防止人为造成路面结冰导致危害交通安全,同时节约水资源,社会效果明显。为全市唯一开展此项服务的气象部门。

(朱　立)

【气象服务】 年内,区气象局与区防汛、国土之间联合修订发布汛情预警、地质灾害气象风险预警等各类信息发布流程,以及灾情与数据共享工作协议。与区电视台达成协议,遇有黄色以上暴雨预警时在区电视台滚动播出。以多种手段保障预警信息发布及时有效,在原有基础上精细化管理短信用户群组,使气象信息发布更具有针对性。对接区网格平台,实现预报、预警信息在网格上传播;调研服务需求,补充征集政府部门预警接收人 607 人;新增预警发布平台"钉钉",使区信息员更快更好接收与传播预警;通过区重点工作微信群、气象安全社区 QQ 群发布预警,使预警传播更快捷;"石景山突发公共事件预警信息发布系统"一期投入业务运行,区气象台向 130 块显示屏一键推送预报预警信息,其中由石景山局自(共)建显示屏 38 块。有短信平台 3 个、发布通道 4 个、飞信 1 个、微博 2 个、微信 2 个、报纸 1 个、电视频道 2 个、预警大喇叭 34 个,手机短信平台用户 5539 人,钉钉平台 162 人,保证气象信息至少有一种方式到达用户手中。全年累积收到社区信息员上报有效灾情图片 20 张、实景天气信息 65 条。石景山区 9 个街道的 9 名协理员作为北京市气象局天气预报质量监督员,通过"气象预报质量满意度调查"微信平台,对每日 24 小时天气预报开展满意度评价。全年累计开展重要节日和重大活动气象服务保障 15 次,包括春节庙会、十九大气象服务保障、国务院侨办首钢创业园调研活动、共享汽车示范运营项目启动仪式等。

(李　辉　张静静)

【依法行政】 年内,区气象局按照气象行政审批工作程序进行施放气球活动审批,全年共审批施放气球行政许可 47 件。开展气象行政执法 126 次,参加北京市气象局组织的联合执法 3 次,查处气象违法行为 4 起。贯彻落实《国务院关于优化建设工程防雷许可的决定》和《中国气象局 国家安全监管总局关于进一步强化气象相关安全生产工作的通知》,与石景山区安全生产委员会办公室联合发文《关于开展防雷安全大检查的通知》,要求各单位开展防雷安全大检查自查,结合本地区、本行业生产经营工作特点,切实采取有力措施，督促有关单位强化防雷安全主体责任落实，按照《通知》要求做好防雷减灾工作，预防和减少雷击事件发生，确保国家和人民群众生命财产安全。

（连亚平　王琳琳）

【气象科研】 年内，提交2017年北京市气象局科技项目1项申报书，提交2018年度气象软科学研究项目1项申报书。承担地方标准项目《气象灾害风险调查技术规范第一部分：城市内涝》完成预审工作。

（李　辉　张静静）

【气候评价】 本年度的主要气候特点：气温较常年偏高，降水偏多。年平均气温13.8℃，较常年平均值（12.7℃）偏高。年极端最高气温38.3℃，出现在6月15日（常年平均值为37.6℃）。年极端最低气温－11.9℃，出现在1月30日（常年平均值为－13.9℃）；年总降水量656.5毫米，较常年（540.7毫米）偏多，较2016年（714.2毫米）偏少。日最大降水量102.3毫米，出现在7月15日。本年度气温时间分布特点为：3－5月平均气温较常年明显偏高，1、2、7、8、9、12月平均气温较常年偏高，6月平均气温接近常年，10、11月平均气温较常年偏低。本年度总降水量较常年偏多，降水时间分布特点为：6－8月降水较常年偏多，3、10月降水较常年明显偏多，其中10月降水较常年偏多2.3倍，1、4、5、9月降水较常年偏少，2月降水接近常年，11、12月无降水。年无霜期218天，较常年（213天）偏多；年内大雾日数3天，浮尘出现2天，扬沙2天，大风21次。年内主要气象灾害为暴雨。

（王　旭　李　辉）

表7　石景山区2017年月平均气温与常年对比统计表　单位：℃

年度	1月	2月	3月	4月	5月	6月	7月	8月	9月	10月	11月	12月
2017年	－1.5	2.0	8.7	17.5	23.1	25.0	27.6	25.9	21.8	12.2	3.8	－0.2
常年	－3.3	0.1	6.6	14.9	20.9	24.8	26.5	25.2	20.3	13.2	4.7	－1.3

（张静静　王　旭）

科学技术

NEO
新浪潮 新活力
全球虚拟现实产业峰会
暨中关村虚拟现实产业园启动仪式
2017 NEO Global Virtual Reality & Augmented Reality Summit
主办单位
中关村科技园区管理委员会、石景山区人民政府
承办单位
中关村石景山园管理委员会、石景山区科学技术委员会
协办单位

综　述

【概况】 2017年,石景山辖区内有中央属院所院校8家,市属院所院校5家,区办院校1家,拥有国家级科技创新基地10家,各类市级创新基地72个。其中北京市重点实验室6家,北京市工程技术研究中心9家,中关村开放实验室7家,北京市企业技术中心21家,市国际科技合作基地5家,市科委认定的科技研究开发机构2家,博士后(青年英才)创新实践基地工作站10家。石景山区共有国家高新技术企业748家,中关村高新技术企业2075家,市级专利试点示范企业203家,中关村瞪羚企业201家。园区上市企业16家,新三板挂牌62家。全区共拥有两院院士18人,10家博士后(青年英才)工作站累计引入博士后(青年英才)27名。51人入选中央"千人计划"、市"海聚"工程、中关村"高聚"工程、科技北京百名领军人才、科技新星和区"海聚"工程,11人通过示范区专业技术资格评价"直通车"获评高级工程师(教授级),初步形成"高端引领,带动全局"的人才发展格局。组织实施市级以上重点科技项目791项,获得市级以上科技项目资金突破6亿元,带动区内企业和社会各方投入资金累计上百亿元,2017年全区专利申请4020件,授权2242件,同比分别增长22%和27%,全区万人有效发明专利拥有量突破50件,新增国家级知识产权示范企业和优势企业4家,总数占全市10%,新增北京专利示范单位2家,总数达到14家。全区累计获得国家科学技术进步奖10项,北京市科学技术奖176项,评出区级科技进步奖177项,驻区单位连续两年摘得国家科技进步最高奖。全区共拥有市级以上孵化器和众创空间13家,其中国家级孵化器和众创空间7家,全区各类创业服务机构超过20家,形成了专业化、国际化、市场化的孵化服务体系,孵化面积达35万平米,服务各类企业超过2000家。依托"北京市科技条件平台石景山工作站",开展"百家重点实验室进千家企业"活动,促进产学研一体化建设。园区打造"石景山服务"品牌,建设"石景山创新平台",建立标准化服务菜单,形成"绿色通道"、"园区讲堂""科技金融日"等一批常态化优质服务品牌。创新政策体系初步形成,制定出台《"创新创业石景山"启航工程》《石景山区关于支持大众创新创业的暂行办法》《石景山区博士后(青年英才)创新实践基地管理暂行办法》《石景山区关于促进中关村石景山园高端产业集聚发展的办法》《石景山区关于支持科技创新和科技成果转化应用的办法(试行)》《关于促进中关村虚拟现实产业创新发展的若干措施》《石景山区关于促进军民融合产业发展的暂行办法》等政策文件。

(张玉霞)

【6项成果获市科学技术奖励】 4月26日,市委市政府在北京会议中心组织召开"北京市科学技术奖励大会暨2017年全国科技创新中心建设工作会议",评选出180项北京市科学技术奖。石景山区共有6项科技成果获得2016年度北京市科学技术奖励,其中北方工业大学的"新型环保关键控制技术与大功率高效板式臭氧发生器研发及应用"、中国电子科学院高能物理研究所的"面向电力信息系统的安全可控性仿真验证体系研究与应用"及中国科学院高能物理研究所和北京高能新技术有限公司的"新一代核辐射成像探测技术研究及应用"等三项获二等奖,中国保险信息技术管理有限责任公司的"基于大数据的全国车险信息平台技术研发及应用"、北京首钢国际工程技术有限公司的"全赤铁矿链篦机–回转窑球团技术研究开发与创新应用"等三项获三等奖。

(石桂莲)

【多家企业获得专项立项】 7月15日,市科委公布2017年度北京市科技型中小企业促进专项立项企业名单,园区北京疯景科技有限公司,北京図宝科技有限公司等9家企业获得创新项目立项,获得270万元资金支持;北京乔松网络科技有限责任公司,明锐思成(北京)信息科技有限公司,北京奇思信息技术有限公司等12家企业获得创业项目立项,获得180万元资金支持;园区立项占全市立项总数的3.8%。

(罗耀玲)

【4家企业入选国家级知识产权示范优势企业】 11月17日,国家知识产权局公布2017年度国家知识产权示范企业和优势企业名单,园区北京东土科技股份有限公司、首钢集团有限公司2家企业进入国家知识产权示范企业国家知识产权示范企业名单,北京易华录信息技术股份有限公司、北京中天金谷科技股份有限公司2家企业进入优势企业名单。石景山区入选企业占全市总量10%,其中东土科技和首钢集团获评国家知识产权示范企业,实现石景山区国家级知识产权示范企业零的突破。

(王　震　张玉霞)

科学管理

【概况】 石景山区科学技术委员会(简称区科委)是区政府主管全区科技工作的综合职能部门,与知识产权局和园区管委会合署办公,简称"科委园区",现有编制57人。年内,区科委落实《北京加强全国科技创新中心建设总体方案》和《北京加强全国科技创新中心建设重点任务实施方案(2017–2020年)》,对接"三城一区"建设,研究编制《石景山区落实加强全国科技创新中心建设实施方案(2017–2020年)》。科技创新主体集聚加速,国家高新技术企业616家,较上年增加156家。新增2家国家级科技创新基地、7家市级科技创新基地,建成区科技成果转化应用平台。6项科技成果获得2016年度北京市科学技术奖励,其中二等奖3项、三等奖3项。30个项目获得2017年度石景山区科学技术奖,其中一等奖3项,二等奖8项,三等奖19项,重点奖励在构建高精尖经济结构、破解城市难题、科技惠及民生、企业协同创新方面实现应用的创新成果。全年技术合同交易额完成62亿元,2项第四届北京市发明专利奖、2

项2016年度"中国好技术"荣誉称号。21家企业入围2017年度北京市科技型中小企业促进专项立项企业名单。制定《石景山区国家知识产权示范城市(城区)培育方案》、《知识产权强区工程三年行动计划》,以政府办的名义对外发布并报国家知识产权局备案,启动创新型城区和"国家知识产权示范城市"创建工作。2017年全区专利申请突破4000件,授权2242件。推进科普工作与科技创新共促发展,2017年组织开展科普活动500余场,组织"石景山区科普大讲堂"10期,惠及人群超过30万人,新认定北京创业公社投资有限公司等3家"石景山区科普教育基地"和"石景山区创新科普工作室",目前国家级科普基地3家,市级科普基地10家,区级科普基地达20家,区级创新科普工作室33家。

(张玉霞)

【首届"科普达人秀"】 1月4日,区科委和区教委共同主办石景山区首届"科普达人秀"颁奖典礼在金鹏剧场举行。北京市科委、石景山区科委、教委、文委、团委、妇联、科协等部门领导参加活动。科普剧《对话雾霾君》斩获此次大赛冠军,科普剧《月亮公主》及《一指追凶》获二等奖,科普秀《中国娃巧手过大年》、科普剧《凝凶》、脱口秀《神奇的空气》获三等奖。此次活动还评出最佳视觉奖、最佳表演奖、最佳创意奖、最佳组织奖、最佳导师奖等共16个奖项。2016年石景山区首届"科普达人秀"以"科技舞动未来,创新引领发展"为主题,将科学的理念融入艺术的形式。活动开展以来,共征集到发明创意、对科学原理的创意展示、科学实验展示、科学生活妙招等各类题材的科普作品近50件,有近300人参与活动。

(裴菊芳)

【快乐科学体验营】 1月20日,区科技馆举办"玩转科学"快乐科学体验营开营仪式。区科技馆组织策划"玩转科学"快乐科学体验营活动,主要是丰富石景山区中小学生寒假生活。活动期间每周举办一场少年儿童公益科学体验活动。"玩转科学"快乐科学体验营作为石景山区科普节的特色活动品牌,得到北京自然博物馆、北京市排水集团科普馆等社会组织的支持,活动设计针对少年儿童群体,以培养学生的创新思维、提高动手能力、加强团队合作精神为特色,让孩子们体会"玩中学,做中乐"的科学志趣。截止寒假结束共举办6次活动,参加活动的中小学生达300人。

(裴菊芳)

【知识产权联席会】 4月21日,区知识产权局在区政府召开区知识产权联席会议2017年度工作会。市知识产权局巡视员王淑贤、石景山区副区长周西松出席会议,区知识产权联席会成员单位相关领导、驻区科研院所、企业代表50余人参加会议。会议通报2016年石景山区知识产权工作情况,并部署2017年工作重点;区知识产权局与区法院、赛智调解中心签署知识产权纠纷调解协议;成立石景山区知识产权智库,为首批五名智库专家颁发聘书;北京市知识产权学院、区商务委、东土科技分别就知识产权工作做典型发言。

(王 震)

【科普工作会】 4月21日,区科委在区政府召开2017年科普工作会,大会对2016年度科普工作进行总结,对2017年工作要点作部署,对获得2016年北京市科普工作的先进单位及个人进行表彰,为新认定的"石景山区科普基地"和"石景山区创新科普工作室"3家单位进行颁牌,3家先进单位代表进行典型经验发言。区科普工作联席会议成员单位主管领导、区科素工作领导小组成员单位主管领导、北京市科普基地单位领导、区创新型科普工作室、区科普基地和区创新型科普社区负责人参加会议。6月8日,科普基地工作会在区科技馆召开,20余家科普基地的代表参加会议。会议对2017年石景山区"科普之旅"等科普活动进行研讨,同时各基地进行交流座谈。自2006年以来,辖区内有国家级科普基地3家,北京市级科普基地10家,区级科普基地21家。

(付 琦)

【"百进千"对接会】 5月17日,由北京师范大学研发实验服务基地主办,首都科技条件平台石景山工作站协办的北京师范大学研发实验服务基地"百进千对接会—VR产业政策及产学研合作创新创业专项对接会暨京师信息文化节沙龙"在北师大举办。此次对接会以虚拟现实为主题,围绕虚拟现实技术在产业应用和学术界的最新进展,政府对于虚拟现实产业的支持力度和方向,中关村虚拟现实产业园的相关政策等内容进行深度探讨。会上,石景山工作站围绕石景山区情概况、石景山园区概况、特色政策服务、重点载体空间等四点内容进行介绍,其中,重点就2016年10月由中关村管委会和区政府联合颁布的《关于促进中关村虚拟现实产业创新发展的若干措施》逐条向在场VR企业及服务机构进行详细阐述,获得参会者广泛关注和热烈讨论。中国虚拟现实与可视化产业技术创新战略联盟、中国电子质量管理协会虚拟现实专业委员会、首都科技条件平台电子信息领域中心、北京师范大学教育部虚拟现实应用工程研究中心等机构出席会议。

(胡 妍)

【科技周石景山主会场】 5月20—27日,由区科委、区委宣传部、区科协联合主办,中关村文创游戏产业发展联盟和区科技馆承办2017年北京科技活动周石景山主会场虚拟现实科普展。活动以"科技强国·创新圆梦"为主题,邀请清华大学、北京航空航天大学、暴风魔镜、广州玖的三目猴、迪生数娱等30余家科研院所和科技企业参展,主会场展览面积近2000平方米。本次科技周整合区内外虚拟现实产业资源,设计开展"虚拟现实科普体验展、虚拟现实移动体验巡游、科普培训课堂"等多项活动,采用"VR主题展"和"VR移动展"相结合的形式,一静一动打破会场的空间限制,扩大活动的宣传范围,推进虚拟现实等最新技术的科学普及。

(裴菊芳)

【军民融合科技成果展】 7月28日至8月4日,区双拥办、中关村石景山园管委会、区科委在石景山园北Ⅱ区展厅联合举办中关村石景山园军民融合科技成果展，共有17家企业进行展示，涉及航天航海、机器人、反恐、高端技术装备、军事训练培训、虚拟现实技术等展现高新技术成果近50余项，邦维高科的特种行业防护服等系列产品；航天测控的天箭虚拟仿真训练平台、大型客机的运营监控及防护等成果展示；中天引控的无人机系统、Ⅳ履带式多任务通用平台、轻质金属材料及狙击机器人；东土科技的火箭军VPX融合通信解决方案、大型舰船一体化网络平台等成果。此次展览旨在全面展示园区军民融合发展的阶段性成果，为企业搭建科技成果展示、技术交流、应用推广的渠道和平台。

（曹　洁）

【区块链技术联合研究中心成立】 7月31日，“清华大学（计算机系）—北京阿尔山金融科技有限公司区块链技术联合研究中心”（简称联合中心）成立仪式在清华大学工字厅举行。全国政协副主席陈元、清华大学党委书记陈旭出席并为中心揭牌。联合技术研究中心由园区企业北京阿尔山金融科技公司与清华大学（计算机系）共同发起成立，主要工作是加强区块链技术基础研究，做好典型应用场景和安全性研究、法定数字货币基本问题及关键技术研究，研制在金融行业乃至更多领域的高效、安全、可扩展的区块链技术和系统，打造金融科技的高端学术交流平台。联合中心将对园区企业加快产学研合作，联合高校开展技术研发、成果转化和示范应用工作起到示范作用，也将对科技金融产业融合发展能力提升起到推动作用。清华大学、房山区、石景山区、中关村科技园区管委会、泰康保险、信达财险、民生银行、中国证券投资基金业协会等相关负责人60余人出席成立仪式。

（曹　洁）

【2016年度石景山区科学技术奖励评审】 8月1日，区政府在区机关召开2016年度石景山区科学技术奖励评审会会议。评审委员会对专业组评审结果进行综合评议，并记名投票表决，提出奖励等级的评审结果。评审结果在指定媒体上公示15天后，无异议。8月28日，经区政府批准，北京易华录信息技术股份有限公司和北京高诚科技发展有限公司联合申报的“综合交通运行大数据交通缓堵仿真协同应用平台研发与应用”等30个项目被评为2016年度石景山区科学技术奖。

表8　2016年度石景山区科学技术奖项目统计表

序号	项目名称	承担单位	获奖等级
1	综合交通运行大数据交通缓堵仿真协同应用平台研发与应用	北京易华录信息技术股份有限公司 北京高诚科技发展有限公司	一等奖
2	IC卡技术安全检测服务平台研发及应用	北京银联金卡科技有限公司	一等奖
3	面向公安系统的大规模场景三维实景地理信息平台研发及应用	北京联海科技有限公司 中国电子科技集团公司电子科学研究院	一等奖
4	大型水电站用高强度易焊接厚板与配套焊材焊接技术开发应用	首钢总公司 秦皇岛首秦金属材料有限公司 北京科技大学 中国水利水电第七工程局有限公司机电安装分局 中国水利水电夹江水工机械有限公司 中国电建集团华东勘测设计研究院有限公司 中国葛洲坝集团机械船舶有限公司 天津大桥焊材集团有限公司	二等奖
5	基于视频图像分析的全景视频自动识别及播放技术研究与应用	暴风集团股份有限公司	二等奖
6	基于物联网技术的配电室智能运维云平台	北京九州恒盛电力科技有限公司	二等奖
7	GEOWAY地理信息处理系统研发与应用	北京吉威时代软件股份有限公司	二等奖
8	唇鼻肌肉张力线组概念与唇裂的生物力学仿生修复的基础及临床研究	中国医学科学院整形外科医院	二等奖
9	京唐镀铝锌生产线控制系统的研究与应用	北京首钢自动化信息技术有限公司	二等奖
10	信用卡非金融交易查询平台研发与应用	中国光大银行股份有限公司信用卡中心	二等奖
11	高速流水线模数转换器（ADC）精度提高关键技术研发与应用	北方工业大学	二等奖
12	基于智能化的HIVERT系列第四代高压变频器研发与应用	北京合康新能科技股份有限公司 北京合康新能变频技术有限公司	三等奖
13	首钢烧结高温烟气循环提质节能减排新工艺及工业化应用研究	首钢总公司 北京首钢股份有限公司 北京科技大学	三等奖

续表

序号	项目名称	承担单位	获奖等级
14	高效磁分离矿井水净化技术研发与应用	北京中力信达环保工程有限公司	三等奖
15	高度近视黄斑病变相关因素分析及加减驻景方对其干预的基础研究	中国中医科学院眼科医院	三等奖
16	译见－多语种全媒体资讯智能分析一体化平台	中译语通科技(北京)有限公司	三等奖
17	锅炉烟气高效脱硫除尘装置技术开发与应用	北京中航天业科技有限公司	三等奖
18	大西高铁用高强高导承力索研制	北京中铁建电气化设计研究院有限公司 中铁建电气化局集团康远新材料有限公司 中国铁建电气化局集团有限公司	三等奖
19	基于城市物联网的新一代机动车尾气遥感监测及监管系统研发与应用	北京华清深空环保技术有限公司	三等奖
20	基于蓝光存储技术的班班通资源管理平台系统的研发与应用	北方华录文化科技(北京)有限公司	三等奖
21	基于大数据与云计算的主动配电网的灵活可扩展信息平台研发与应用	环球大数据科技有限公司	三等奖
22	建筑结构工程颗粒阻尼减震技术研究与应用	中铁建设集团有限公司 北京工业大学	三等奖
23	基于智能行为分析的安全网关的研发与应用	北京华清信安科技有限公司	三等奖
24	风湿病慢病全程管理模式的研究与应用	北京市石景山医院	三等奖
25	轨道交通智能测试系统研发与应用	北京航天测控技术有限公司	三等奖
26	kisslink 智能无线监控路由器及系统研发与应用	北京囡宝科技有限公司	三等奖
27	支持信用卡全生命周期的机器学习平台系统研发	第四范式科技有限公司 中国光大银行股份有限公司信用卡中心 第四范式(北京)技术有限公司	三等奖
28	基于大数据技术的数据封装平台研发与应用	北京拓明科技有限公司	三等奖
29	基于虚拟现实技术的暴风魔镜5代研发与应用	北京暴风魔镜科技有限公司	三等奖
30	基于互联网技术的小米直播平台研发及应用	北京瓦力网络科技有限公司	三等奖

（石桂莲）

【市科委调研科技创新】 9月18日，市科委到石景山区调研。调研组实地查看区重点产业项目北京保险产业园的规划建设情况，参观电科院举办的101家央企双创成果展。在座谈交流会上，调研组听取区科技创新工作情况和全区推进全国科创中心建设的工作汇报，对石景山区推进科技创新工作成效和思路给予肯定，并表示市科委支持各区县差异定位，建议区县在新一轮规划提升中有舍有得，发挥石景山区在“科技＋文化”、“科技＋金融”、军民融合、侨梦苑以及冬奥等方面的特色优势，凝聚全区共识、聚焦重点领域，形成系统举措，加强市区联动。

（赵楚然　王鹤乾）

【“VR”企业知识产权保护培训】 9月21日，北京12330石景山区分中心主办，创业公社协办的VR企业知识产权保护专场在创业公社虚拟现实产业基地举办。会议邀请国家知识产权局专利局专利审查协作北京中心为虚拟现实领域的企业讲解“专利助力企业创新”等内容，北京12330对市投诉举报工作情况进行介绍。与会企业就专利申请审查流程周期、现有技术如何进行相关专利保护等问题向在座专家进行咨询，参观“VR”研发的北京枭龙科技有限公司、北京触幻科技有限公司和北京基因互动技术开发有限公司，园区有100余家企业参加培训。

（王　震）

【科学技术奖项目发布推介】 9月26日，2016年度石景山区科学技术奖获奖项目发布暨成果推介活动在石景山创新平台举办，活动由区生产力促进中心主办，创业公社、北京天合转促中心承办，旨在激发区域科技创新活力，推进科技成果在石景山区转化落地。公安部第一研究所研究员李仲南、北京物联网协会会长李佳、中关村天合科技成果转化促进中心主任朱希铎、中农瑞泽投资有限公司执行董事滕晓荣受邀出任点评嘉宾。获奖企业、投融资机构和科研院所等代表50余人参加会议。会议发布25项优秀科技成果，涵盖虚拟现实(VR)、大数据、医疗、节能环保、互联网技术等多个领域。本次推介会是区科学技术奖获奖项目与投融资机构、创业团队首次实现对接。

（雪　冰）

【专利信息服务培训】 11月29日，区知识产权局联合市知识产权局信息中心在稻香湖景酒店举办园区讲堂区——专利信息服务培训会。会议就北京知识产权公共信息平台和石景山分平台的主要功能进行介绍，就专利检索、专利专题库、产业专题库等模块进行了重点解读，来自北京知识产权学院和北京知识产权运营公司的专家围绕校企合作、专利运营及价值实现等内容进行讲解。全区100多家企业代表参加此次培训。截至年底，累计举办“园区讲堂”288期，服务企业约15000家次。

（王　震　张玉霞）

【科技计划项目成果推介】 12月19日，石景山区中国中医科学院眼科医院在眼科医院举办“电动升降眼底手术后面枕凳研发”成果推介会。会上推广的“眼科眼底术后用面枕”和“眼底术后康复床头”两项成果曾得到石景山区科技计划项目支持并获得实用新型专利，目前已在眼科医院试用，下一步将推广至北京市乃至全国眼科医院。本次成果推介会是科委园区服务驻区科研机构和相关单位有效推动成果转化落地的一次举措。石景山区科委、眼科医院、意向合作厂商和中关村天合科技成果转化促进中心等单位近30人参会。

（雪　冰）

中关村科技园区石景山园

【概况】 中关村科技园区石景山园（简称园区）是中关村科技园区“一区十六园”中的文化创意产业特色园。2006年1月17日，经国家发展和改革委员会批准石景山园正式加入中关村科技园区，规划面积345公顷。2012年，国务院批复中关村国家自主创新示范区空间规模和布局调整，石景山园规划面积增至1334公顷。2007年3月，区委、区政府确立科委、园区管委会、知识产权局三位一体的管理模式，建立园区建设领导小组工作协调机制。2014年以来，石景山区形成区委常委、常务副区长任园区党工委书记，主管副区长任园区管委会主任，相关部门主要领导担任园区管委会副主任的大园区管理体制。2017年，出台《石景山区关于促进中关村石景山园高端产业集聚发展的办法实施细则》，制定《石景山区军民融合产业发展规划》，出台《石景山区关于促进军民融合产业发展的暂行办法》明确建设“国家级军民融合创新发展示范区”功能定位，以西井地块为依托建设军民融合产业园一期，规划建设军民融合总部基地、工业互联网军民融合中心、军民融合人工智能与大数据产业园和展示中心。促进中关村虚拟现实产业园发展，与虚拟现实产业联盟签订战略合作协议，与虚拟现实产业联盟建立协同会商与联合推进机制，完成虚拟现实产业园创新发展研究工作。推进重点项目建设，着力推进保险产业园、新首钢园区重大项目实施。以北京保险产业园为龙头打造国家级金融创新示范区。协调推动北京保险产业园纳入市政府重大项目绿色审批通道，加速办理各项前期手续。648项目基本建成，具备投入使用条件，保险博物馆着力打造现代金融文化中心，配套酒店建设稳步推进。637等四个地块主体结构大部分封顶，636、651地块即将上市，地下综合管廊建设完成。协同推进新首钢园区首特绿能港科技中心和光大银行信用卡研发中心项目建设，打造文化创意、科技金融类产业集聚区。2017年新增企业492家，注册资本合计174.8亿，其中注册资本过亿企业21家，注册资本过千万元企业192家；高新技术企业358家，占比72.8%；文化创意企业91家，占比18.4%；商务服务企业39家，占比7.9%；现代金融企业4家，占比0.8%。全年高新技术产业力争实现收入突破1350亿元，文化创意产业力争实现收入突破400亿元，科技金融产业力争实现收入突破450亿元。截至年底，时尚百联等7家企业登陆新三板，园区新三板企业达62家，上市企业16家。园区经济发展稳中有升，园区企业实现利润总额335亿元，利润率19.7%，人均利润产出达到44.9万元，利润率和人均利润产出均位于中关村首位，均达到中关村平均水平的两倍。园区地均产出率128.3亿元/平方公里，劳均产出率227.5万元/人，分别较中关村平均水平高出41.8亿元/平方公里和31.4万元/人。全年园区收入突破2000亿元、税收90亿元。

（张玉霞）

【深入重点企业送服务】 1月9日，科委园区、经信委、投促局等部门主要领导集体深入园区重点企业中国电子科技集团公司电子科学研究院（简称电科院）对接需求，加强“委办协同”，推进“石景山服务”品牌建设。掌握最新动态，输送优惠政策，针对电科院“天地一体化信息网络体系重大工程”“地面信息港研究院”“公共安全风险感知与防空大数据应用国家工程实验室”“网络信息体系国家创新中心”等建议纳入国家科技创新中心建设规划项目的有关情况，推进电科院重点项目纳入国家科技创新中心建设实施规划方案，发挥政府引导和协调作用，调动社会资源参与创新创意项目孵化，向电科院等园区企业提供政策咨询、资金引进、项目扶持、成果转化、产业推广等一条龙服务。

（王鹤乾）

【共建企业服务平台】 3月23日，科委园区联合区国税分局、区地税局于创新平台十层多功能厅举办企业税收政策培训会，与会企业200余家。区国税局和区地税局7名讲师，全面解读2016年度所得税汇算清缴工作要求及关联企业申报要求，精准解读高新技术企业及软件企业税收优惠、小微企业税收优惠、研发费加计扣除及技术入股优惠等一系列切实关系到企业自身利益的支持政策。在宣讲政策的同时，密切关注企业需求，与企业进行互动答疑，鼓励企业享受优惠政策，督导企业合法、便捷操作，引导企业合法合规纳税，助力企业做大做强。

（崔海霞　边滢安娜）

【中关村虚拟现实产业园启动】 4月11日，“新浪潮，新活力”全球虚拟现实产业峰会暨中关村虚拟现实产业园启动仪式在北京石景山区万达嘉华大酒店举行。中国工程院院士、北京航空航天大学教授赵沁平、中关村管委会副主任宣鸿、市科委副主任张继红、区领导田利跃等出席会议并为中关村虚拟现实产业园揭牌。会上，中关村石景山园管委会与虚拟现实产业联盟签署《促进虚拟现实产业发展战略合作协议》和《中关村虚拟现实产业园企业入驻协议》。北京枭龙腾飞科技有限公司、北京梦想人智能科技有限公司、北京暴风魔镜科技有限公司等龙头企业签署入驻协议。中关村虚拟现实产业园将涵盖总部办公、技术研发、创业孵化、体验展示、商务交流和高端配套等各项功能。目前，中关村石景山园已对接虚拟现实及相关领域企业200余家，入驻重点企业40余家，行业领域涉及虚拟现实硬件研发、内容制作、软件开发、平台建设、行业应用及相关人工智能、大数据、无人机等方面技术创新企业。

（杨　莉）

【新产品全球发布会】 6月19日，北京微视酷科技有限责任公司在石景山区中关村虚拟现实产业园召开新产品全球发布会暨“VR教育操作系统软件平台(IES)全球开放”发布会。本次开放的专业VR课堂教学管理系统除了解决内容与硬件适配的问题外，还可以帮助内容开发者轻松开发出真正适用于课堂教学的VR内容；同时，平台同微视酷VR教育云相连，可以集中整合优秀的VR教育内容，打包输送给学校需求端。将IES沉浸式教育系统中的VR教育管理平台部分(IEM)向全球VR硬件厂商和VR课件开发者免费共享开放。北京微视酷科技有限责任公司是园区重点引进的虚拟现实企业，北京微视酷有限责任公司，简称微视酷，创立于2015年，是中国专业VR教育软件研发机构，是国内第一家将虚拟现实技术——VR技术系统应用于教育的高新科技企业。

（杨　莉）

【非公企业综合党委成立】 6月27日，中关村石景山园召开非公企业党员代表大会，差额选举产生园区非公企业综合党委委员9名，并召开园区非公企业综合党委第一次委员会议，等额选举产生园区非公企业综合党委书记，标志着园区非公企业综合党委正式成立。结合园区实际，选举产生的9名园区非公企业综合党委委员，在结构上兼顾园区工委党务工作人员和园区非公企业党组织负责人。

（高延娜）

【入选中国人工智能创新公司50强】 7月10日，《创业邦》评选出“人工智能创新公司50强”，园区企业量化派和第四范式榜上有名。量化派是从事研发产品和服务的金融大数据公司，现已获得阳光保险等机构5亿元的C轮融资；第四范式由人工智能界泰斗级科学家、香港科技大学杨强教授和原百度高级科学家戴文渊共同创立，已获得创新工场数百万美元的A轮融资，并与中国光大信用卡中心联合建立人工智能实验室，共同推动人工智能技术在金融领域更广泛的应用。该次评选以人工智能技术研发应用、商业模式突破创新和发展潜能等行业核心要素为评价标准。

（杨　莉）

【“一处一园”对接】 7月27日，中关村管委会委员陈文奇一行到石景山园交流“一处一园”对接工作，区领导周西松参加座谈。陈文奇首先介绍中关村管委会“一区多园”统筹协同发展和“一处一园”工作对接机制的相关情况，并听取石景山园工作情况的汇报。陈文奇表示：为加快推进中关村国家自主创新示范区建设，中关村管委会会同各分园建立完善“一区多园”统筹协同发展机制和“一处一园”工作对接机制，进一步强化和密切管委会与各分园的工作会商与联系，精准服务各分园特色化、差异化发展。中关村管委会政采中心和石景山园管委会相关负责人参加座谈。

（王鹤乾）

【上榜“瞪羚”“展翼”名单】 8月，中关村科技园区发布2017年度“瞪羚”及“展翼”名单，园区北京康之维科技有限公司、北京科络捷通讯产品有限责任公司、钛玛科(北京)工业科技有限公司等201家企业入选2017年瞪羚企业名单，北京亿寰科技发展有限公司、蓝信工场(北京)科技有限公司、北京华恒通信息系统开发有限责任公司等47家企业入选2017年展翼企业名单，占中关村“瞪羚”及“展翼”企业总量的4%和3%。“瞪羚”企业和“展翼”企业是中关村对中小型高成长企业进行的评定，名单根据企业上年的收入增长情况自动生成。认定为“瞪羚”和“展翼”的企业可进入中关村构建的低成本快速融资通道，享受利息及中介费补贴等金融政策和中关村创新金融产品。

（罗耀玲　王　震）

【参加科技军民融合专题赛】 9月16日，第二届中国创新挑战赛暨中关村首届科技军民融合专题赛在中关村国家自主创新示范区展示中心正式启动，此次专题赛由中关村管委会，海淀区政府，市经信委，丰台区政府，石景山区政府等相关单位联合主办。围绕“融合创新，科技兴军”主题，面向全国征集军民融合科技创新解决方案。此次专题赛的特色是以需求为牵引，面向军队和地方征集需求，比赛内容包括“民参军”“军转民”的创新创意设计、创新工艺、创新技术和创新产品。全程赛事分为四个阶段，即需求征集阶段(5－8月)、需求发布阶段(9月，以此次启动仪式为标志)、解决方案征集阶段(9－10月)、解决方案比拼阶段(11－12月)。中关村石景山园助力园区企业参加中关村首届科技科技军民融合专题赛。

（曹　洁）

【“2017京西创新论坛”活动】 9月18日，石景山区政府与门头沟区政府联合举办“中关村石景山园、中关村门头沟园双创周开幕式暨2017京西创新论坛”，正式开启中关村石景山科技园“创新创业活动周”。本次石景山园双创周系列活动共设开幕式暨京西创新论坛、中国虚拟现实创新创业大赛北京赛区启动仪式、“创见未来”智能交通创新T3挑战赛、石景山文化创意项目路演专场、中小企业知识产权－VR企业知识产权申请与保护专场培训、石景山区科技成果发布会等六大主题板块，全方位、立体化、多维度展示大众创业、万众创新的丰富内涵和丰硕成果。大众创新创业已成为石景山区促改革、调结构、惠民生的重要抓手，率先出台创新创业专项政策《“创新创业石景山”启航工程》和《石创二十条》。

（胡　妍）

【“环球购物”收购阿联酋 Citruss TV】 9月20日，园区企业北京环球国广媒体科技有限公司成功收购阿联酋 Citruss TV，正式进军中东北非市场。这是中国电视购物行业第一个海外收购案例。citrussTV 成立于2005年，总部位于阿联酋迪拜，拥有中东地区最大的电视购物频道、电商网站和移动购物客户端，覆盖当地近3亿人口；“环球购物”是中国国际广播电台成员机构，环球购物与 citrussTV 的合作正是园区企业积极响应“一带一路”倡议的成果展现，让电视购物这一“媒体 + 货架”双重属性的新兴业态，在经济层面、社会层面和文化层面发挥出独有的价值优势。北京环球国广媒体科技有限公司是中国发展速度最快的电子商务公司，定位为全球家居用品特卖商城，主要运营渠道包括覆盖全国的“环球购物”电视购物频道、移动视频购物 APP 聚鲨商城及智能电视大屏、购物杂志等。“环球购物”将以投资控股 citrussTV 为试点，向东欧、中亚、非洲、东南亚继续拓展国际市场，一方面推动国内消费市场升级，另一方面为国内企业打开中东市场提供一站式服务。

（曹　洁）

【参加澳门国际贸易投资展览会】 10月19日至21日，园区企业参加第22届澳门国际贸易投资展览会。此次展会在澳门举办，以“促进合作、共创商机”为主题，涵盖经贸、文创、食品、中医药等元素，现场设不同主题展区。枭龙科技、东土科技、盛世顺景等11家来自石景山园的重点企业参展，展示人工智能、影视制作、北京宫廷技艺、工业以太网技术以及科技创新技术等前沿领域的最新成果。

（李　丹）

【虚拟现实创新创业大赛北京赛区决赛】 12月17日，中关村科技园石景山园承办中国虚拟现实创新创业大赛北京赛区决赛（以下简称大赛）在石景山区创新平台举行。全国共有100余家企业和团队参加比赛，16支来自文化、娱乐、科研、教育、培训、医疗、航天等应用领域的虚拟现实参赛队伍历经3个月进入决赛。7支参赛队伍分获一、二、三等奖，其中3家石景山企业北京枭龙科技有限公司、北京耐德佳显示技术有限公司、北京触幻科技有限公司获二等奖。

（曹　洁）

【两人入选中关村高端领军人才】 12月26日，2017年度中关村高端领军人才聚集工程人选公布，园区企业北京大生知行科技有限公司黄佳佳入选“2017年度中关村高聚工程创业领军人才”；园区企业北京易华录信息技术股份有限公司赵新勇入选“2017年度中关村高聚工程创新领军人才”。“高聚工程”主要支持5类人才，即创新领军人才、创业领军人才、领军企业家、投资家、创新创业服务领军人才。

（耿　璐）

【重点项目建设】 年内，石景山园南区启动的重点项目均位于首特钢园区。首特钢园区其原址为首钢集团全资子公司北京首钢特殊钢公司厂区，占地面积89.87公顷，北侧阜石路；东侧杨庄大街；西侧和南侧为北辛安棚户改造区。随着首钢整体搬迁，首特钢公司将原厂区重新开发建设，确立首特钢绿能港科技中心项目，重点发展高新技术科研设计产业及高端配套综合服务业，并成立全资子公司北京首特钢园区开发经营有限公司作为开发主体。目前先行启动15号地和16号地，规划性质为研发设计用地（B23），15号地占地面积2.83公顷，规划建筑面积8.5万平方米，于2015年3月立项，2017年完成工程招投标，取得施工许可证，启动工程建设，建成后将用于高新技术企业研发设计中心；16号地为中国光大银行定制建设光大银行信用卡研发中心项目，占地面积2.5公顷，规划建筑面积7.5万平方米，于2015年4月立项，2017年取得用地不动产权证、建设工程规划许可证、能评批复、年度投资计划、施工许可证，完成施工总包及监理招标。

（崔　欣　张玉霞）

【多家企业获国家高新技术企业称号】

年内，园区296家企业获批2017年国家高新技术企业，其中电子与信息技术领域176家，高技术服务业领域51家，航空航天技术领域5家，生物与新医药技术领域5家，先进制造与自动化领域28家，新材料技术领域8家，新能源与节能技术领域8家，资源与环境技术领域15家。

（崔海霞　张　旭）

教　育

综　述

【概况】　2017年，石景山区有各级各类幼儿园52所（公办园18所、民办园34所），入园幼儿5958人，在园（班）幼儿15514人。全区市级示范园7所，一级一类幼儿园19所，市级早期教育示范基地16所，市级特殊儿童教育示范基地6所。全区有小学31所（其中一贯制学校小学部12部），小学阶段教学班748个，招生3768人，在校生22804人。中学23所，其中初中13所，高中2所，完全中学3所，一贯制学校12所；中学阶段教学班共412个，其中初中274个教学班，高中153个教学班；中学阶段在校生共11339人。区属职业学校2所，教职工171人，专任教师120人。毕业生424人，招生154人。在校生1117人。设有4个系部，开设美容美发与形象设计、计算机计动漫与游戏制作和口腔修复与工艺等共11个专业，31个教学班。辖区有1个社区市民总校（社区学院），9个市民学校中心校（街道社区教育中心），148个市民学校分校（设在居委会）。石景山区各级各类民办教育学校、培训机构共111所。其中民办普通中学2所，民办幼儿园30所（该30所幼儿园为独立法人单位，另有首钢幼教中心所属8所分园及黄庄学校幼儿部），外地来京务工人员自办学校4所，民办职业高中1所，其它文化、教育、技术等非学历培训学校74所。全区现有教职工4609人，专任教师3528人。在职特级教师17人，市级学科带头人、骨干教师71人，区级骨干教师340人，区级青年教学能手371人。目前全区专任教师硕士以上学历580人（含博士研究生21人），占全体专任教师的16.4%（全市比例最高）。

石景山区教育委员会（简称区教委）下设科室19个，有公务员74名，下属教育信息中心、青少年活动中心、业余大学等单位11家。年内，制定《石景山区关于进一步深化教育集团办学的指导意见》，成立北大附中附小教育集团。新增1所市级示范幼儿园和1所一级一类幼儿园，全区优质幼儿园达到19所，占园所总数的37%。新增3所配套幼儿园990个学位。完善课程实施方案，推进综合素质评价电子平台、构建学业发展指导体系，在2017年北京市教育教学成果奖评选中，石景山区荣获2个1等奖、7个二等奖。职成教育协同发展取得新进展，荣获“北京市非物质文化遗产培训基地”等7项市区级荣誉。中职学校招生规模调减120人，超额完成目标。规范办学行为，清理整顿3所民办培训学校，在全市率先取缔9所未经审批自办幼儿园。“阳光体育”全面推进，建设9所国家级、2所市校园足球特色学校；6所全国篮球特色学校；2所市级、16所区级冰雪运动特色学校。2017年全区31400名学生开展体质测试，及格率97.03%，良好率36.91%，优秀率25.67%。干部教师队伍建设力度不断加大，实施23个培训项目对干部进行分层分类培养，累计培训副校级以上干部1189人次，中层干部1448人次，新评6名北京市特级教师，16名北京市优秀教师，2名北京市优秀教育工作者，2名教师取得正高级教师职称，71名教师被评为北京市市级骨干教师和市级学科教学带头人。修订完善《中小学校岗位安全工作指南》《石景山区影响校园安全稳定事件应急预案》等多项制度。完成2017年国家义务教育质量监测工作和迎接国家挂牌督导创新区实地核查工作、中小学课程、教材和招生工作检查等工作。

（马　健）

【区级融合教育培训和课题研究】　3月31日，区教委组织以“个别教育计划的撰写与实施”为主题的随班就读教师培训，邀请北京教育科学研究院陆莎博士做讲座。区内随班就读学校30余名教师及区特教中心20名巡回指导教师参加培训。培训依托北京市教育科学“十二五”规划相关课题展开，促进随班就读学校开展教学研究。4月19日，在北京教科院附属石景山实验学校开展课题研究的第二次带题授课活动。

（陈　曦）

【民族团结教育】　5月，石景山区开展民族团结教育月活动。5月5日，石景山区实验小学被北京市教委和北京市民委颁发“第三批民族团结教育示范学校”奖牌。5月26日，石景山区民族团结教育成果展示活动——走进实验小学现场会在石景山区实验小学召开。北京市民族教育学会副会长于洪武出席活动，全区各中小学民族团结教育负责人及家长代表约100人参会。现场会以“民族团结一家亲，同心共筑中国梦”为主题。来宾观民族体育、品民族美食、赏民族艺术、听民族课程感受学校民族团结教育成果。叶艳校长作“谱写民族团结乐章，构建和谐幸福校园”专题汇报。12月，区教委组织部分中小学主管领导参加“北京市基础教育管理干部民族政策专题研修班”。

（施　爽）

【阅读工程】　5月23日，区教委基础教育科、分院基教研中心、分院语文教研室主办，石景山区古城第二小学、石景山区古城中学承办“师生共读经典聚焦素养提升”——2017年小初高一体化名著阅读论坛活动。活动中，古二小和古城中学的五位老师做名著阅读的课堂展示。论坛交流会上，启动攀登阅读项目组“线上阅读”仪式，经典阅读与信息技术有效整合，线上与线下阅读有机结合。

（荆　林）

【义务教育质量监测】　5月25日，国务院教育督导委员会办公室、教育部基础教育质量监测中心对石景山区2017年义务教育质量进行抽样监控测试。本次监测抽取8所初中、12所小学作为样本校；监测科目为科学、德育及其相关因素；监测对象为四年级和八年级学生及其教师、学校领导。测试方式为科学测试、科学相关因素问卷填答、德育测试和德育相关因素问卷填答，以及校长与教师网络问卷填答。期间，市教委相关负责人对北京九中初中部、金顶街第二小学等监测点进行巡视检查。巡视组对本区及样本校的组织、测试工作表示肯定。石景山区完成国家部署的监控测试工作。

（王贤鑫）

【签署法制共建协议】　5月25日，区教委与区人民法院重新签订法制共建协议，并举行相伴青春法官工作室揭牌仪式、“法知青春”微信公众号启动仪式。杨森副院长和于秀云副主任共同签署《北京市石景山区人民法院、北京市石景山区教育委员会法制共建协议书》，并共同为“相伴青春法官工作室”揭牌。

（李　炬）

【第九届中学生模联】　6月10—11日，以“胸怀天下、放眼未来”为主题的石景山区第九届模拟联合国大会在北京市第九中学举行。石景山区人民政府左小兵副区长、北京市教育委员会基础教育一处陈德时副处长、石景山区教育工作委员会郝显军书记、石景山区教育委员会李秀兰主任、石景山区教育委员会于秀云副主任、以及全区各高中学校书记、校长、部分学校观察团出席开、闭幕式，来自全区七所高中学校的156名学生代表参加活动。

（李　炬）

【北大附中附小石景山教育集团成立】　7月6日，北大附中附小石景山教育集团宣告成立。集团包含北京大学附属中学石景山学校、北京大学附属小学石景山学校、北京市石景山外语实验小学分校、北京市石景山区先锋小学4所学校。郝显军担任理事长，集团将依托北京大学、部队机关和八大处等资源优势，形成教育行政部门、大学、部队、社区共同参与建设教育集团模式。11月，集团校第一次集体培训任务完成。

（唐倩茹）

【中学生梦想音乐节】　7月14日，石景山区举办中学生校园梦想音乐节在石景山区青少年活动中心举行，有7所学校的20余名学生参加，专业乐队现场伴奏、和声。另外，专业的音乐人为每位选手量身编曲，让学生们参与到歌曲的改编创作中来，施展音乐才能。来自北方工业大学附属石景山学校曹润杰获得了最佳校园歌手称号，首都师范大学附属苹果园中学地苹线乐队获最佳校园乐队。

（陶鹤文）

【援疆、援藏、援青教师选派】　8月，北京市同文中学尚霞、石景山学校张华、区实验中学唐群英作为石景山区选派第九批第一期援疆教师随北京市对口支援指挥部赴新疆和田地区支教，支教时间1年。古城旅游职业学校史旭、唐灵燕作为石景山区选派第三批援藏教师随北京市对口支援指挥部赴拉萨北京示范学校进行对口支援工作，支教时间2年。高井中学何杰作为石景山区选派援青教师随北京市对口支援指挥部赴青海玉树进行对口支援工作，支教时间1年。

（李丽娜）

9月8日，石景山区庆祝第33个教师节暨表彰大会　（区教委供稿）

【参加城市教育发展联盟活动】　8月23—25日，石景山区8所中小学和幼儿园代表和基础教育科负责人参加在内蒙古包头市举办的城市教育发展联盟启动大会。城市教育发展联盟是在16所地市政府倡议下，在各教育部门协调和学校的参与下成立，石景山区是联盟创始成员之一。联盟作为城际间教育发展的新平台，围绕当前教育改革的新形势和新要求，在教育管理、学校办学、教师专业提升、学生发展等多方面开展资源共享和合作交流。会议邀请中央教育科学研究院陈如平主任做专题报告，并组织参会人员对联盟工作开展研讨。

（张树升）

【教师节表彰】　9月8日，石景山区庆祝第三十三个教师节暨表彰大会在在青少年活动中心金鹏剧场举办。区四套领导班子、各相关委办局主要负责人、教育系统各单位负责人、优秀教育工作者及教师代表参加表彰大会。大会表彰2017年石景山区教育先进单位、优秀教育工作者。表彰活动结束后，全体人员观看师生文艺表演，新教师代表举行宣誓仪式，并发布加强党建统领发挥党组织和党员作用倡议书。

（李丽娜）

【第七届“民实杯”小学青年教师教学大赛】　9—12月，第七届“民实杯”小学青年教师教学大赛由市民族教育学会、区教委主办，区教师进修学校、区实验小学承办，北京民族实业股份有限公司赞助。本次大赛共分为学校研讨实践、进行说课与答辩、展示观摩与表彰三个阶段。本次大赛来自北京、青海、河北等省市的130多节课参评，涉及“语文、数学、学科拓展、校本特色”四个领域的十一个学科。最终评选出一等奖34节，二等奖42节，三等奖42节。

（施　爽）

【第三届“少年说”系列教育活动】　11—12月，区教委组织全区中小学校举办第三届“少年说”系列教育活动。活动以“学规范、正行为，挺起时代担当；养习惯、传美德，培育家国情怀”为主题，分成四大板块："见贤思齐故事会"面向小学开展，；"颂典承德朗诵会"面向小学和初中开展；"立己达人演讲会"面向初中和高中开展；"明辨笃行辩论会"面向高中开展。

（谭春林）

【教师队伍专业化发展】 年内，区教委整合国内外优质培训资源，借助高校、教科院所、境外、集团、学区等教育资源，推动教师培训高端、高效、高品质发展。深化教师六阶培养体系，针对不同阶段教师群体开发"新任职教师培养""青年教师创新人才能力提升""青年骨干教师基础教育学业质量测试与评价研修""中小学名师培养工程""名师培养对象研究能力提升"等重点人才项目，全年培训 6600 多人次。截至年底，石景山区共新评 6 名北京市特级教师，16 名北京市优秀教师，2 名北京市优秀教育工作者，2 名教师取得正高级教师职称，71 名教师被评为北京市市级骨干教师和市级学科教学带头人。

（吴兴燕）

学前教育

【概况】 2017 年，石景山区有各级各类幼儿园 52 所（公办园 12 所、民办园 34 所），入园幼儿 5958 人，在园（班）幼儿 15321 人。教职工 2472 人，其中专任教师 1249 人。幼儿园占地面积 228012.33 平方米，建筑面积 663836.66 平方米。全区市级示范园 7 所，一级一类幼儿园 19 所，市级早期教育示范基地 16 所，市级特殊儿童教育示范基地 6 所。年内，石景山区学前教育工作落实市区《第二期学前教育三年行动计划》，推进区域学前教育普惠多元发展。

（黎　铮）

【一月一专题培训】 3 月至 10 月，区教委学前科组织 5 次全区幼儿园园长、业务园长、骨干教师 600 余人参与"一月一专题培训"，分别从规范管理、学习故事、区域游戏、情绪管理、健康领域活动开展专题培训。

（黎　铮）

【验收市级示范园】 5 月 18 日，北京师范大学石景山附属幼儿园进行北京市市级示范园验收。市教委各级领导专家 15 人组成的验收专家组对幼儿园各项工作进行评估验收，幼儿园的全面工作得到了专家组的一致认可，晋级市级示范园行列。

（黎　铮）

【一级一类园挂牌】 5 月 24 日，首钢幼教老山西里幼儿园召开北京市一级一类幼儿园颁牌仪式暨观摩展示活动。全区 55 所幼儿园的园长、教师约 120 人参加活动。

（黎　铮）

【举办第十五期暑假园长培训班】 7 月 7－11 日，区教委学前教育科组织主题为"拓宽国际化视野，提升园长领导力"的第十五期暑期园长培训班，120 余名幼儿园园长与业务园长参与活动。

（黎　铮）

【"萌芽杯"评比活动】 10 月 18 日，区教委学前教育科、分院学前研修室组织 2017 年"萌芽杯"系列研究活动之青年教师说课评比活动，全区 60 名参加工作 2～5 年的青年教师分成五组参加评比活动。

（黎　铮）

【市督导检查组检查、指导】 11 月 10 日，北京市幼儿园办园行为督导检查第二组 6 位专家到首钢幼儿保教中心古城幼儿园、北师大石景山附属幼儿园、二十一世纪实验幼儿园、三色幼儿园对幼儿园对保育教育、人员队伍、日常管理等幼儿园办园行为方面进行检查、指导，对石景山区幼儿园规范办园的做法给予肯定。

（黎　铮）

基础教育

【概况】 年内，石景山区小学 39 所（其中一贯制学校小学部 12 部），小学阶段教学班 748 个，招生 3768 人（其中非京籍招生 1019 人），在校生 22804 人（其中非京籍在校生 8810 人），毕业生 3520 人（其中非京籍毕业生 1801 人）；小学入学率 100%，巩固率 100%，毕业及格率 100%。中学 23 所，其中初中 6 所，高中 2 所，完全中学 3 所，一贯制学校 12 所；中学阶段教学班共 412 个，其中初中 274 个教学班，高中 153 个教学班；中学阶段在校生共 11339 人（其中非京籍在校生 3554 人），其中初中 7028 人（其中非京籍学生 2569 人），高中 4311 人（其中非京籍在校生 985 人）；中学阶段招生共 3892 人（其中非京籍 1123 人），其中初中 2477 人（其中外省市户口借读生 823 人），高中 1415 人（其中非京籍 300 人）；中学阶段毕业生共 3974 人（其中非京籍 1190 人），其中初中 2454 人（其中非京籍 834 人），高中 1520 人（其中非京籍 356 人）；初中入学率为 100%，普通高中录取率为 91.9%，高考录取率为 95%，应届高考录取率为 97.7%；中小学教职工 4162 人，其中专任教师 3390 人。特殊教育学校数 1 所，11 个教学班，招生 6 人，结业 12 人，在校 76 人；教职工 33 人，其中专任教师 29 人；随班就读学生 76 人。残疾儿童入学率 100%，巩固率 100%，结业率为 100%。校外教育单位 3 个，教职工 201 人，其中专任教师 66 人。小学教师学历合格率 99.7%，初中教师合格率 97.8%，高中教师合格率 100%。中小学具有高级技术职务 431 人，中小学具有中级技术职务 1406 人。全区中小学图书馆藏书 1,804,139 册。固定资产总值 252,027 万元。

（陈玉珠）

【义教课改项目现场会】 1 月 10 日，区教委联合北京教科院课程中心在爱乐实验小学举办北京市暨爱乐实验小学传统文化课程展示活动，展示学校以"六艺"为主线的一体化课程体系和桑蚕文化、单弦、评剧等非遗文化教育。

（陈　曦）

【创新人才培养项目翱翔计划】 1 月，市教委在第十批翱翔学员选拔工作中，提出"大翱翔"概念，即不限制学段，所有有志于创新实践探索，并能做出一定成绩的中小学生均可参与翱翔学员选拔，为更多有志于在创新创意领域发展的学生提供学习和实践的平台。石景山区共推荐29名学生参与选拔，最终11名学生通过评审，成为第十批翱翔学员。第十批翱翔学员开课仪式在京源学校举行。5月，第九批翱翔学员结业工作开始，石景山区9名翱翔学员结业材料已提交至市教委评审组。

（荆　林）

【第十一届教育教学研讨月】 3月28日，区教委在首都师范大学附属苹果园中学召开石景山区第十一届教育教学研讨月活动启动仪式，并邀请市教委李奕副主任就核心素养做专题报告。研讨月的主题为“聚焦核心素养提升育人质量”。本届教育教学研讨月活动共分为“区级重点活动”“区级专项专题活动”“区级部门研究活动”“学校研讨展示活动”四个部分，开展各类教育教学活动共259次。北京市教委副主任李奕、石景山区教委主任郝显军等领导以及各中小学校长、教学干部、教育分院研修员等共计250余人参加活动。

（施　爽）

【第31届“四联展”】 3—4月，区教委和区教育分院联合开展中小幼师生第31届“四联展”，本届四联展主题为“传承礼仪文化，践行行为规范”。创作以彰显民族优秀传统礼仪和践行《北京市中小学生日常行为规范》等题材为主要内容。用绘画、书法、篆刻、工艺等不同形式，呈现中小学生对民族优秀传统文化中“老规矩”的“礼”与“理”内涵的理解和新的《北京市中小学生日常行为规范》的内容要求。与第31届四联展同时举办的还有主题为“爱我石景山 同书中国情”的石景山区第三届“墨香书法”展示活动，集中展示石景山区书法教育成果。

（荆　林）

【生涯与学业发展指导研讨会】 5月17日，区教委、北京市教育学院石景山分院教科所在京源学校举办“生涯与学业发展指导研讨会”，全区所有中小学校长、科研室主任、心理教师参会。会议现场观摩学生生涯指导公开课4节，5所学校校长进行生涯与学业发展指导工作汇报。北京市中小学生涯课程建设项目负责人王红丽老师对石景山区学生生涯规划工作进行综合点评，认为各学校特色开展，以学生为本，注重学生综合发展。

（陈玉珠）

【创新人才培养项目情景剧展演】 5月10日，区教委组织项目学校开展“科学探案”和“中医药”创新人才培养项目情景剧展演活动。北京市青少年科技创新学院办公室张毅主任、北京中医研究所李萍所长、中国人民公安大学刑事科学技术学院温永启教授等专家，区教委、区教育分院和项目学校领导参加活动。实验中学、实验小学等10所项目学校以现代刑事案件侦办科技应用、预防犯罪、中医药知识、中医药文化传承为主题，共展演12个情景剧，综合展示项目学校开展项目的情况，以及学生在项目开展过程中的收获和体会。

（荆　林）

【阅读工程】 5月23日，区教委基础教育科、分院基教研中心、分院语文教研室主办，古城第二小学、古城中学承办“师生共读经典 聚焦素养提升”——2017年小初高一体化名著阅读论坛活。古二小和古城中学的5位老师作名著阅读的课堂展示。论坛交流会上，进行攀登阅读项目组“线上阅读”的启动仪式，经典阅读与信息技术有效整合。

（荆　林）

【武术进校园项目】 5月26日，石景山区金顶街第二小学体育馆举办2017年武术进校园项目展示活动暨“石景山中小学第八届武林大会”，由石景山金顶街第二小学与山东莱州中华武校联合承办，全区31所中小学校参赛，参赛学生700余人。比赛分集体项目和个人项目两类。

（荆　林）

【随班就读评优课及三优评比】 年内，石景山区组织区随班就读评优课活动，区内33所随班就读学校的每个有随班就读学生的班级都上一节评优课，共计81节课。6月16日，区教委基础教育科联合特殊教育支持中心专门就此次活动组织总结交流。9—11月，组织三优评比活动，特邀请北京教育科学研究院特殊教育专家进行专业评审。经评审，共计论文50篇、案例71篇、教学设计121篇获奖。

（陈　曦）

【举办第十五届教育教学培训】 9—10月，石景山区举办第十五届教育教学培训与展示活动。活动分德育类、学科类、地方校本类展示，针对45岁以下工作满一年的教师，以“聚焦核心素养，提升育人质量”为主题，采取随堂听课的形式，从教学设计到课堂实践对中小学各学科进行展示与评审；中小学各学科参加展示426节课（含迁安24节），其中，小学265节，中学161节。教学设计，获一等奖96人，二等奖133人，三等奖132人；课堂教学，获一等奖97人，二等奖135人，三等奖125人。

（施　爽）

【学生综合素质评价】 年内，区教委和分院教科所组织开展小学、初中、高中各学段学生综合素质评价工作，学生综评工作通过开展区级培训、召开现场观摩会、下校调研等多种形式展开。9月，对新高一学生使用新的网上平台进行综合评价工作。10月13日，区教委召开区级高中学生综评工作电子平台培训会，邀请平台开发团队对高中学校进行操作指导。培训会后，各校在分院教科所指导下制定校级工作方并开展评价工作。同月24日，在麻峪小学召开小学学生综合素质评价工作现场会。11月23日，在高井中学召开初中学生综合素质评价工作现场会。12月，区教委和分院教科所组成调研组，对全区10所高中校的高中学生综合素质评价工作进行专项调研，听取学校汇报、收集并汇总问题和对平台的使用建议。

（陈玉珠）

【第十二届“京城杯”】 11月14—16日，区教委承办的北京市第十二届“京城杯”小学课堂教学交流活动在石景山区景山学校远洋分校举办。11月14日，来自东城、西城、朝阳、海淀、丰台、石景山六城区的教委主管主任、小教科长和基教科科长、教研室主任、做课学校校长和观课教师400余人参加开幕式活动。活动主题是“聚焦学科核心素养,关注学生实际获得”,活动设数学、英语、语文三个学科专场,每个学科推出4节优秀中青年教师的课堂教学研讨课,并请专家点评。约有2400多人次现场观摩本次活动。现场活动进行微信同步直播,现场和观看直播的老师可以进入讨论区与专家即时互动,达成交流、研讨、分享的活动目标。

(施 爽)

【双学籍工作】 年内,双学籍涉及6所普通中小学,18名培智学校的学生。涉及的年级为普通中小学二、三、四、五、七、八等六个年级。在双学籍融合活动中,18名培智学校的学生每两周到普校进行半天的融合活动,跟着正常孩子一起上课,一起活动,体会同龄人的学习、生活。

(陈 曦)

【扩优项目】 年内,区教委联合教育分院,项目学校以及民办教育机构等相关部门组织开展扩优项目工作。3月,在古城中学和苹果园中学分校分别召开“教科研部门支持中小学发展项目启动会”;4月,在古城中学召开“石景山区扩优项目阶段总结暨新一轮启动会”“‘教科研部门支持中小学发展研究及推广项目’石景山区展示活动”;6月,在区实验二小开展“‘携手合作 共融发展’北京市石景山区2017年度民办教育机构参与中小学学科教学改革项目阶段汇报会”;7－9月,召开外籍教师参与中小学英语教学改革项目税务、出入境手续办理专题培训会;10月,完成北京市民办教育机构参与中小学学科教学改革项目绩效评估工作以及市教委扩优项目延伸审计工作;11月,召开教科研部门支持中小学发展项目联席会;12月,召开北京市民办教育机构参与中小学学科教学改革项目联席会以及完成扩优项目18年资金、合同、方案等准备工作。截止年底,其中民办教育机构参与中小学学科教学改革项目共产生课时量16148课时,其中学科教学6385课时,专题辅导460课时,社团活动2834课时,校本课程4675.5课时,师资培训592.5课时,开展教科研530课时,其他653课时,项目覆盖学生6293人次,学生覆盖率约为52.5%;中小学发展项目共进行示范课27节、听评课244节、专题讲座15次、专题研讨439余次;外籍教师参与中小学英语教学改革项目,金二小、实验二小、外语实验小学、外语实验小学分校4所学校外籍教师到岗上课。

(陈 曦)

高等教育

【概况】 石景山辖区内有北方工业大学、中国科学院大学、北京工业职业技术学院、首钢工学院、国家检察官学院等高等院校。中国科学院大学(以下简称“国科大”)是一所以科教融合为特色的高等学校。国科大以研究生教育为主,同时招收少量本科生,实施本科精英教育。北方工业大学(简称北方工大)前身是创办于1946年的国立北平高级工业职业学校,1985年更名为北方工业大学;先后隶属于中央重工业部、冶金工业部、中国有色金属工业总公司,1998年9月起以北京市管理为主。

(马 健)

【国科大成立创新创业学院】 4月18日,国科大举行创新创业学院成立大会。创新创业学院旨在依托中国科学院科技、教育、人才优势,整合社会优质资源,建立跨学科协同创新的教育孵化平台,培养具备创新精神和创业能力的优秀人才。国科大聘请国际著名科学家、教育家施春风院士担任名誉院长。赛伯乐投资集团、三盛宏业投资集团、中兴通集团共同捐赠1亿人民币,支持学院的建设和发展。

(通拉嘎)

【国科大成立知识产权学院】 5月6日,国科大知识产权学院揭牌仪式暨2017年创新与知识产权论坛在中国科学院学术会堂举行。知识产权学院在公共政策与管理学院法律与知识产权系基础上,依托中国科学院知识产权研究与培训中心、国科大知识产权研究与咨询中心和竞争法研究与咨询中心组建成立。知识产权学院旨在培养知识产权战略管理人才、知识产权法复合型人才、知识产权政策制定者和实践者,从而引领知识产权制度创新与发展。

(通拉嘎)

【国科大获臻溪谷1亿元捐赠】 7月13日,国科大举行“臻溪生命科学基金”捐赠签约仪式。臻溪谷投资(深圳)股份有限公司(简称“臻溪谷”)向国科大教育基金会捐赠1亿元人民币,设立“臻溪生命科学基金”,用于支持学校生命与健康学科建设,定向资助和奖励生命与健康领域的优秀教师和学生,开展该领域的学术交流活动

4月18日,国科大创新学院成立仪式在玉泉路校区举行 (区教委供稿)

等。臻溪谷还向国科大教育基金会捐赠100万元，设立“李佩语言教学基金”，用于支持和激励在科学研究与教书育人方面的语言教育工作者。

（通拉嘎）

【国科大成立人工智能技术学院】 9月10日，国科大人工智能技术学院成立揭牌仪式在雁栖湖校区举行。根据国科大“科教融合”的办学体制，人工智能技术学院（简称“人工智能学院”）由中国科学院自动化研究所承办，中国科学院计算技术研究所、沈阳自动化研究所、软件研究所、声学研究所、深圳先进技术研究院、数学与系统科学研究院、重庆绿色智能技术研究院参与共建。人工智能学院是国内首个在人工智能领域开展教学和科研工作的新型科教融合学院。

（通拉嘎）

【国科大成立核科学与技术学院】 11月29日，国科大举行核科学与技术学院成立大会暨揭牌仪式。面向“核科学与技术”领域的学科布局和发展规划，国科大成立科教融合的核科学与技术学院（简称“核学院”）。核学院由中国科学院近代物理研究所和高能物理研究所主承办，上海应用物理研究所和理论物理研究所参与共建。来自国内18所高校和研究单位领导和相关领域专家出席大会

（通拉嘎）

11月29日，国科大核学院成立仪式在玉泉路校区举行　（区教委供稿）

【北方工大获评暑期社会实践先进单位】 年内，北方工大派出100支优秀大学生实践团队，共计1593名学生奔赴23个省市自治区开展以“青年服务国家”为主题的暑期社会实践活动。学校获评首都大学生暑期社会实践先进单位，2支团队获评首都大中专学生暑期社会实践百强团队三等奖，2支团队被中国青年报评为2017年最佳实践团队和优秀团队。

（刘　侠）

【北方工大大学生科技竞赛成果】 年内，北方工大组织学生参加校外各类学科竞赛60余项，获省部级及以上奖励844人次，其中国家级奖项115项，省部级奖项401项。在“挑战杯”课外学术科技作品竞赛活动，获得全国三等奖1项，北京市一等奖4项、二等奖2项、三等奖4项以及优秀组织奖。培育并推荐16项学生作品参加“第六届大学生科技创新作品与专利成果展示”推介会，获市级三等奖2项和最佳组织奖。学校获评“北京地区高校示范性创业中心”。

（刘　侠）

3月23日，“节能照明电源集成与制造”重点实验室揭牌　（北方工大供稿）

【北方工大成立多个省部级重点实验室】 年内，北方工大新增“节能照明电源集成与制造北京市重点实验室”“环保检测与控制工程技术研究中心”“混合流程工业及自动化系统国家重点实验室——北方工业大学研究基地”等3个省部级研究机构，成立“京西经济社会发展”“新兴风险”“智能制造”“控制工程”“海绵城市与地下空间”等5个研究院。与北京科学技术研究院签署战略合作协议，参加“京津冀科研院所联盟”，参与多个省部级重要协同创新中心的建设，参加中美百项技术成果对接交流会。

（刘　侠）

【北方工大“一带一路”开放办学】 年内，北方工大成为国家政府奖学金外国留学生接收院校、获批“一带一路”国家卓越工程师国际人才培养基地建设项目。海外合作院校数量、层次进

一步提高，同美国纽约州立大学奥尔巴尼分校等12所高校建立了校际合作关系。积极推进与美国阿拉巴马大学亨茨维尔分校、英国华威大学、澳大利亚迪肯大学开展中外合作办学事宜，近20项新的交换生项目、"2+2"联合培养项目、"3+1+1"本硕连读项目等顺利实施推进。

（刘　侠）

社区教育

【概况】 石景山区社区学院（市民学校总校）1所，9个街道社区教育中心（市民学校中心校），148个市民学校（设在居委会）。区教委下派社区专职教师13名，登记在册社区教育志愿者4439人。年内，共完成各类社区教育市民培训1137376人次。全区联动，举办2017年石景山区学习型城区建设成果展示及经验交流大会，社区教育工作围绕创建学习型城区工作展开，依托《石景山社区教育通讯》《社区学院社区教育网站》《石景山学习驿站》等媒体面向社区宣传终身教育理念；评选、认定并表彰1个市级首都市民学习之星、22名区级学习之星、21个（六类）区级学习型组织、10个区级学习型家庭、18个区级书香家庭；通过"一月一主题""政府购买服务"等途径为市民搭建学习平台。举办市民讲外语活动周、第十三届全民终身学习活动周、"志愿者送教进社区"、第五届石景山区市民摄影大赛、第五届石景山区市民厨艺大赛、第四届石景山区市民文化生活花卉节等系列活动，提升了市民生活品质。三家市级教育基地落户石景山区，即：石景山区业余大学先后被认定为北京市首家中医药文化素养教育试点基地、首批北京市民终身教育示范基地、北京市首批"社区之家"示范点；"志愿者送教进社区"项目被评为北京市和国家级终身学习品牌项目。

（张佳鑫）

【社区教育志愿者表彰会】 3月7日，石景山区社区教育志愿者表彰会在石景山社区学院召开，协会对优秀志愿者分会，及2015-2016年度在社区教育志愿服务活动中做出突出贡献的优秀志愿者124人、优秀志愿者标兵10人、优秀学习型社团17个、学习达人14人进行表彰。

（朱志学）

【学习型城市建设成果展示】 4月20日，石景山区学习型城区建设领导小组在石景山社区学院（八角校区）、八大处公园、老山街道开展学习型城市建设成果展示及经验交流活动。活动以汇报和体验为主，展示石景山区建设学习型城区工作领导小组成员单位、社区学院、各街道（鲁谷社区）、八大处公园创建成果或品牌项目。

（朱志学）

【传统文化进社区】 6月9日，金顶街街道社区教育中心在模式口承恩寺院内，举办"中国传统文化进社区"之非遗及民俗传统文化展示活动。国家级非遗专家贺学君教授、石景山区政府副区长陈婷婷、区委宣传部、区教委、区体育局、区旅游委等相关领导参加活动。石景山区领导向新公布的第四批区级非遗代表性项目、项目代表性传承人颁发证书及牌匾，为新认定的非遗传承教育示范校和传承展示基地颁牌。石景山区部分非遗代表性项目与来自河北、天津的非遗代表性项目一起进行展示。

（朱志学）

【中美社区学院交流】 6月15—16日，美国马萨诸塞州米德尔塞克斯社区学院14名师生走进石景山社区学院体验中国传统文化，30余名师生参加活动。此次文化交流活动，是石景山区独立设置的成人高校"突出市民教育特色、与国际接轨"实践。

（朱志学）

【举办中级茶艺师师资培训】 6月28日，第一届中级茶艺师国家职业技能鉴定考试在石景山社区学院举办，学院共有20名教职工参加了此次考试并获得了国家中级茶艺师资格。培训自1月15日起，至6月28日中级茶艺师国家职业技能鉴定考试结束，历时6个月，期间共开展了11次课程。

（张　雪）

【第六届"欢动北京"石景山行】 8月7日，石景山社区学院举办主题为"欢动北京·走进石景山 触摸传统文化"第六届"欢动北京"国际青少年文化艺术交流周石景山行活动，来自俄罗斯、斯里兰卡等5个国家和地区的100余名青少年参与国画画扇面、京剧脸谱、饺子制作等6门传统文化体验课程。

（朱志学）

【获"终身学习品牌"项目】 11月13日，在安徽省合肥市举行的2017年全民终身学习活动周全国总开幕式上，北京市石景山区业余大学申报的"志愿者送教进社区"被中国成人教育协会遴选为全国"终身学习品牌"项目。

（彭中群）

【第十三届全民终身学习活动周】 11月22日—29日，石景山区建设学习型城市工作领导小组在石景山区业余大学礼堂举办以"服务石景山建设 支撑新业态发展"为主题的2017年石景山区第十三届全民终身学习活动周。开幕式上，区建设学习型领导小组对首都市民学习之星、区级学习之星、各类学习型组织、市民教育特色活动的优秀获奖者进行表彰。对获"全国优秀成人继续教育院校（培训机构）"荣誉称号的石景山区业余大学培训中心及获全国"终身学习品牌"的业余大学"志愿者送教进社区"项目进行表彰。

（彭中群）

职业及成人教育

【概况】 北京市黄庄职业高中（简称黄庄职高）建于1981年，为公办三年制学校。年内，毕业生424人，招生154人。在校生1117人，外省市借读生14人；学校设有4个系部，开设美容美发与形象设计、计算机计动漫与游戏制作和口腔修复与工艺等共11个专业，31个教学班。学生职业资格证书取证率91%，就业率100%。教职工171人，其中教辅人员5人，工人5人。专任教师120人，其中专科学历1人，本科学历92人，硕士以上学历17人，本科及以上学历占教师总数99.09%；专业技术职称一级28人，中级37人，高级40人；"双师型"教师56

人。聘请校外教师 20 人。区级青年教学能手 10 人，校级学科教学带头人 6 人。学校设有学历教育区、实训经营区和综合培训服务区等 5 个校区，总计占地面积 9.06 万平方米，建筑面积 7.88 万平方米，包括产权校舍建筑面积 7.88 万平方米，运动场馆 4975.8 平方米，运动场地 2600 平方米。普通教室 88 个，专用教室 181 个。全年教育经费投入 5889.74 万元，其中，国家拨款 5556.44 万元、自筹经费 333.3 万元。年内，学校获得"2016 京城百所特色校——京城最具竞争力领军职校"(颁奖单位：北京晨报社)、2017 年北京市职教系统运动会精神文明奖等荣誉称号。石景山区属成人高校有石景山业余大学和北京开放大学石景山分校 2 所，两校合署办公，统一管理。设有八角和八大处两个校区。占地面积 1.41 万平方米，非产权校舍建筑面积 20575.60 平方米。设有 3 个教学系，开设 35 个专业，覆盖 9 个学科。教职工 109 人，其中行政人员 58 人，教辅人员 23 人，工勤人员 7 人，科研机构人员 2 人。职员 59 人，工人 7 人。专任教师 28 人，学历本科 6 人、硕士 22 人。副教授 9 人。毕业 861 人，其中，专科生 593 人、本科生 268 人。招生 1135 人，其中，专科生 738 人、本科生 397 人。在校生 3854 人，其中专科生 2512、本科生 1342 人。全年培训项目 210 个，包括会计职称培训、民办教师培训、美术、舞蹈、绘画等，总计 25835 人次。学校图书馆建筑面积 174.2 平方米，藏有纸质图书 13.8195 万册，电子图书 1 万册。多媒体教室座位 3521 个，计算机 480 台。信息化经费投入 220 万元，信息化设备资产 183.83 万元，网络信息点 1000 个，校园网出口总带宽 100Mbps，上网课程 207 门，数字资源量 3072GB，管理信息系统数据总量 3580.5GB。全年教育经费投入 3, 921.01 万元，其中，国家拨款 3639.31 万元、自筹经费 281.70 万元。学校编辑教材有《中外美术作品鉴赏》《操作系统》《会计电算化》等 11 部，发行 22000 册。北京市石景山区业余大学培训中心获北京市 2017 年优秀教育培训机构。

（文昌敏）

【赴拉美三国交流】 1 月 26 日至 2 月 28 日，黄庄职高非物质遗产"京式旗袍"第五代传承人、艺术学部服装专业教师张凤兰老师跟随石景山区文化交流代表团，赴苏里南、牙买加和多米尼加三国参加文化部 2017 年海外"欢乐春节"演出活动。张凤兰老师设计并制作晚会主持人和演员们的旗袍，现场指导观众制作旗袍工艺盘扣、中国结等传统技艺，展示中式手袋、迷你旗袍等旗袍配饰。

（张凤兰）

【京津冀一体化合作办学】 2 月 29 日，黄庄职高召开京津冀一体化合作办学研讨会，学校对外援建办相关负责人与河北定兴县职业技术教育中心一行四人洽谈两校在金融和服装专业的合作办学事宜。5 月 8 日，定兴县职业技术教育中心选派骨干教师一名挂职黄庄职高校长助理一职，主要负责接洽和落实两校对接工作。6 月 5 日—7 月 5 日，首期定兴县职业技术教育中心财会专业 30 名实习学生到学校实训交流，学校制定适应学生学习需求的课表，选派会计专业优秀教师，为实习生提供系统的专业学习和岗前训练。实训期结束，20 名学生通过校企双选会面试留京实习。9 月 22 日，学校与定兴县职业技术教育中心合作，双方各选派服装表演社团教师 3 人参加首届保定市旅游产业发展大会，通过 T 台秀共同演绎北京非遗项目"京式旗袍"与国家非遗项目"京绣"旗袍作品。

（苏　永　陈　刚）

【校企合作班】 3 月 1 日，北京开放大学石景山分校与石景山区八大处均胜投资管理公司校企合作班开班典礼在石景山分校举行。八大处均胜投资管理公司书记田华、石景山分校副校长黄长久、教务处主任朱国庆、招生处主任向左霞等领导及 43 名学生参加开班仪式。此项合作是学校招生就业处立足企业需求，实现学历教育和非学历教育课程互通、适应教学改革、进行学习成果认证的一次尝试。

（孟令云）

【学术委员会成立】 4 月 17 日，黄庄职高第一次学术委员会工作会议召开，经由学部推荐、校长办公会审核、全校公示等程序产生的首届 15 位学术委员会委员与会并接受聘书。会上，全体学术委员民主选举校长助理朱宁为首届学术委员会主任委员，技术学部资源开发与培训主任陆发芹和服务学部会计专业教研组长叶慧为副主任委员；全体委员审议《北京市黄庄职业高中学术委员会章程》、《北京市黄庄职业高中学术委员会议事规程》，并提出建议。

（古春燕）

【参加中、美、加职业教育国际交流】 4 月 23 日至 5 月 2 日，黄庄职高校长助理朱宁、服装专业教师李洋作为全国唯一中职校代表随教育部赴美、加参加职业教育国际交流活动。两名教师随代表团参加美国社区教育协会(ACCA)年会及加拿大应用技术与职业学院协会(ACCC)2017 年年会，访问美、加当地有关应用技术与职教院校，与当地院校负责人就职业院校国际合作的经验和模式进行交流。5 月 24 日，加拿大 VANIER 学院院长 John Skinner McMahon 及该院国际交流中心朱晓阳女士应邀回访黄庄职高，两校负责人就学生交流、教师培训等合作内容进行进一步研讨，初步达成合作意向。

（朱　宁　文昌敏）

【增设"冰雪服务与运营"专业】 年内，黄庄职高与北京市市民冰雪运动中心"启迪冰雪体育中心"合作，在旅游服务与管理专业增设"冰雪服务与运营"专业技能方向，培育冰雪服务与运营管理人才。5 月 24 日至 6 月 2 日，学校分批组织全校 1300 余名师生赴石景山市民冰雪体验中心——启迪冰雪体育中心参与冰雪体验活动。

（文昌敏）

【协办市级比赛活动】 6 月 3－4 日，2017 年北京高校学历继续教育大学生英语口语竞赛非英语专业专科组复赛在北京市石景山区业余大学举行。共有 28 所学校的 70 名在校大学生参加石景山区业余大学赛区的比赛。业余大学赛区的比赛获最佳赛场称号。

（贾　琳）

【对口援建】 6月12—16日，黄庄职高选派学生处、美育心育发展中心和服装专业教师代表四人参加由北京市教委统一组织的2017年“京和学校手拉手”活动，四名老师分别在当地六所职业院校进行校园文化讲座、《旗袍立领的立体裁剪》的授课示范活动，就职业教育理念、教学方法等内容与当地教师开展交流；学校教师一行还与对口支援学校和田市职业技术学校就校际对口帮扶工作进行调研、座谈。

（文昌敏）

【京津冀协同发展终生教育信息化论坛】 6月29日，石景山区业余大学混合式教学研究指导中心参加“京津冀协同发展终生教育信息化论坛”，混合式教学研究指导中心张智鹏主任代表学校以《明确方向树信心，积极改革促发展——石景山区业余大学混合式教学改革的实践与探索》为主题进行发言。

（翟　然）

【赴台交流访问】 11月15—21日，黄庄职高师生代表16人组团赴台交流访问，参访台中市明台高级中学、台北铭传大学、启英高级中学三所学校和花莲光复太巴　社区，双方展示交流师生在传统旗袍服饰、影像与影视技术、学生工作室和民族乐器等方面的成果，并在职业教育国际化与两岸交流、传统技艺与文化、艺术等多领域进行互动交流。

（文昌敏）

【参加2017Paracraft创意设计大赛】 11月26日，北京开放大学石景山分校艺术系李毅老师指导2015秋季广告学本科专业三名学生创作的作品，首次参加北京开放大学举办的“2017年Paracraft创意设计”大赛，分别获得一个二等奖、两个优秀奖。

（易　琳）

【成为北京市民终身学习示范基地】 11月29日，北京市“第十三届全民终身学习活动周”活动开幕式在人大附中通州校区举行，来自北京市、各区委办局、高等院校的代表以及通州区干部、群众代表共500余人参加开幕式。会上，举行“2017年北京市终身学习示范基地”授牌仪式，石景山区业余大学与首都博物馆等34家单位成为首批“北京市民终身学习示范基地”。

（张佳鑫）

【创建中职生橄榄球队】 11月，黄庄职高创建北京市首支中职生橄榄球队、石景山区首支高中组橄榄球队。该球队为7人制英式橄榄球队，学校聘请北京鸿翼联合橄榄球俱乐部教练团队担任教练，共计50名学生成为正式队员，其中男队员30名，女队员20名。

（翟　路　文昌敏）

【加盟中英创新创业职业教育联盟】 12月8日，中英创新创业职业教育联盟（北京）成立大会暨北京职业院校双创师资培训活动在北京财贸职业学院召开。21家首批入盟单位现场签约，“中英创新创业职业教育联盟（北京）”正式成立，石景山区业余大学是加盟中英创新创业职业教育联盟首批成员。

（李慧茹）

教育督导

【概况】 年内，石景山区人民政府教育督导室（简称教育督导室）专职督学6人，兼职督学12人，责任督学29人，特约督学16人，挂职督学3人。区教育督导室依据《石景山区学校（教育机构）全面实施素质教育综合督导评价实施细则》，部署完成全区所有幼儿园、中小学校、职业高中、特殊教育学校及校外教育机构2016—2017学年度单位自评考核工作；完成对京源教育集团内3校5成员单位全面实施素质教育综合督导；完成6所中小学、7所幼儿园复查回访和2所幼儿园随访督导；开展校外教育督导，完成对区青少年活动中心综合督导。完成24所经审批的民办幼儿园办园行为专项督导。完成全区48所中小学校、12所公办幼儿园春、秋季开学准备工作专项督导检查；为辖区内53所公办和社会力量办学的幼儿园配备29名责任督学，实现幼儿园责任督学挂牌督导全覆盖；依据《幼儿园办园行为督导评估指标与要点》，完成53所幼儿园办园行为专项督导检查；通过国家级挂牌督导创新区实地核查验收。完成对区37个相关委办局、街道办事处的工作自查自评和81名领导干部考评工作；召开教育执法和全面实施素质教育工作座谈会，完成区综治办等6个单位“走进委办局”随访督导。

（王桂洋）

【专项调研】 1月18日，市政府教育督导室督学管理与信息化处处长韩宝来率督导信息化项目组到石景山区就市督导信息应用平台使用情况进行调研。项目组介绍北京市教育督导信息应用平台经过试点运行后的改进情况、未来的发展设想及市其它试点区县的使用情况、经验等。会议还对区级督学人员信息采集系统的使用进行培训。区督导室主任李秀兰及全体专职督学、部分责任督学参加会议。

（王桂洋）

【人民满意学校测评】 4月12日，区教委召开“石景山区2017年人民满意调查工作培训会”。全区中、小、幼、职和特教学校的督导联络员以及学校工作满意度测评调查员共80余人参加会议。本次调查由区教委、区政府教育督导室委托北京教育科学研究院教育督导与教育质量评价研究中心进行。调查对象涵盖全区所有中小学校（含民办）、职业高中、培智学校和教育部门举办的幼儿园。调查方式采取随机抽样问卷调查。调查问卷分为幼儿园、普通中小学、职业高中、特教学校等四类问卷。调查内容包括学校管理、师资队伍、德育工作、教学工作、学校环境、教育效果六个方面。区政府教育督导室与北京教科院评价中心项目组共同负责研讨确定调查方案、问卷设计，及随机抽样学生名单等；教科院评价中心项目组负责数据的统计分析及全区总报告、各学校分报告撰写等工作。数据采集时间为4月13日至17日，共发放各类问卷9493份，回收有效问卷9450份。总体满意率达到91.4%，比2016年提高1.3个百分点。

（王桂洋）

【“走进委、办、局”随访督导】 6月14

日，区政府教育督导室召开区相关委办局教育执法和全面实施素质教育工作座谈会，交流、研讨、检查三年来各单位教育执法和全面实施素质教育工作目标责任落实情况、经验亮点、存在的问题及解决思路。区综治办、法制办、住建委、国土资源分局、工商分局、妇联等6家区属单位代表及教育督导室督政科全体专兼职督学参加会议。会上，各单位梳理总结本单位教育执法和全面实施素质教育工作，并对教育督导工作提出建议。教育督导室三年一轮“走进委办局”系列随访督导工作完成。

（赵智红　刘国峰）

【综合督导京源教育集团】　10月10—26日，教育督导室督学科专兼职督学、责任督学和特约督学36人组成督导评价组，分成规划与干部队伍、教学与教师队伍、德育和体卫、美育、健康、安全等四个项目组，分别对京源教育集团内的京源学校本部、京源学校小学部、京源学校莲石湖分校、爱乐实验小学和水泥厂小学进行全面实施素质教育综合督导。集团化综合督导既对集团内每个学校全面实施素质教育情况进行督导，又对集团内各学校的联动性、整体性发展进行评估。此次督导标志石景山区教育督导集团化模式正式启动。

（王贤鑫　李晓钧）

【接受国家挂牌督导创新区核查】　11月1日，国家教育部督导核查评估组对石景山区“中小学校责任督学挂牌督导创新区”创建工作进行实地核查评估。评估组观看责任督学挂牌督导工作宣传片；听取副区长左小兵以《规范推进见实效，探索创新求发展》为题的工作汇报；就相关问题进行问询交流并查阅档案资料。国家教育部督导核查评估组分别到北京九中、石景山学校（中学部）和古城第二小学进行实地核查，查看各学校责任督学工作室设施设备配备、挂牌督导工作信息系统使用情况和责任督学在学校开展工作的档案资料。评估组对本区责任督学挂牌督导工作给予认可。

（王贤鑫）

【接受北京市办园行为专项督导】　11月10日，市督导检查组到石景山区进行幼儿园办园行为督导检查。督导检查组听取区教委副主任聂晶关于幼儿园办园行为的情况汇报。分别到首钢幼儿保教中心古城幼儿园、北师大石景山附属幼儿园、二十一世纪实验幼儿园、三色幼儿园进行实地核查，查看幼儿园的设施、设备、区域活动场地的设置，查阅相关档案材料。各园长结合《幼儿园办园行为督导评估指标与要点》从办园条件、安全卫生、保育教育、教职工队伍、内部管理五大方面进行汇报，并接受问询和指导。

（王贤鑫　佟瑞凤）

【综合督导青少年活动中心】　11月18日、23日，区教育督导室督政科组织校外教育督导评价组对区青少年活动中心进行综合督导。评价指标包括规划与计划、干部和教师队伍建设、组织制度管理、教育教学管理、资源安全管理以及发展绩效等。实地督导后，汇总相关信息进行综合分析，形成综合督导报告并进行反馈。本次督导是首次对校外教育机构全面推进素质教育工作进行的综合督导。

（赵智红）

【幼儿园责任督学挂牌督导】　11月下旬，教育督导室研制《石景山区幼儿园责任督学挂牌督导工作方案》，为53所公办及社会力量办学的幼儿园配备29名责任督学。11月27日，区教委召开石景山区幼儿园责任督学第一次工作会，解读挂牌督导工作方案，部署挂牌督导相关工作。11月27日至12月1日，教育督导室组织32名督学对辖区内53所幼儿园进行办园行为专项督导检查。责任督学采取听取园长汇报、现场观察、座谈访谈、查阅资料等方式，重点对办园条件、安全卫生、保育教育、教职工队伍和内部管理五个方面的办园行为进行实地督查。截止12月8日，完成所有幼儿园责任督学公示牌安装工作。

（王贤鑫）

【督导调研】　12月5日，市政府教育督导室对石景山区培育和践行社会主义核心价值观及落实基础教育部分学科教学改进工作情况进行专项督导调研。北京教科院附属石景山实验学校代表石景山区参加调研。调研组听取学校领导工作汇报，查看校园，进课堂听课，查阅相关档案，与教师学生进行访谈、问卷调查等。市督导室对本区工作开展特色和经验给予肯定。

（王贤鑫）

民办教育

【概况】　截止年底，石景山区各级各类民办教育学校、培训机构共111所。其中民办普通中学2所，民办幼儿园

11月1日，接受国家挂牌督导创新区实地核查　（区教委供稿）

30所(该30所幼儿园为独立法人单位,另有首钢幼教中心所属8所分园及黄庄学校幼儿部),外地来京务工人员自办学校4所,民办职业高中1所,其它文化、教育、技术等非学历培训学校74所。各类培训机构全年培训人数达90487人,民办幼儿园在校生9441人,民办中、小学在校生1964人。各类学历类学校(中、小、幼)教职工合计1831人,其中专任教师907人。共办理行政许可事项6项,办理民办学校变更校址、校长、决策机构成员、增设教学点等备案事项18项,做出行政处罚1项。区教委对在民办学校就读的义务教育阶段学生投入近40万元补贴。

(白　璐)

【民办学校师生分流安置】 年内,石景山区启动衙门口棚户区改造项目,位于衙门口地区的树仁小学列入拆迁计划,学生面临分流。区教委多次与学校举办者进行沟通,召开各部门研讨会,制定详细的师生分流安置方案,7月底,完成对树仁小学学生和教师的分流安置工作。

(白　璐)

【关停9所未经审批自办幼儿园】 年内,区教委组织相关科室多次对辖区内的非法幼儿园进行安全检查,并下发责令停止办学告知书;加强与属地街道办事处的联系,通过各部门联合执法、约谈举办者,并将情况上报市政府,截至9月底,年初挂账的9所未经审批自办幼儿园已经全部实现关停,疏解人口752人。

(白　璐)

【民办培训机构疏解任务完成】 年内,按照《2017年石景山区“疏解整治促提升”专项行动工作方案》的相关要求,区政府向区教委下达疏解民办教育机构的专项任务并签订目标责任书。根据上级要求,区教委通过与举办者多次沟通,清理3所经营不善的民办培训机构,完成2017年疏解任务。

(白　璐)

文 化

综　述

【概况】 石景山区文化委员会(简称区文化委),是负责全区文化艺术、文物、博物馆、文化娱乐、新闻出版和广播电影电视行业管理工作的区政府工作部门。内设办公室、组织人事科、文化科、文物科、文化市场管理科和政策规划科5科1室。下属行政执法队、文化馆、图书馆、古城电影院、法海寺文保所、慈善寺文保所、承恩寺文保所、冰川馆、文物研究所、会计管理中心、文化中心、非遗中心共11个单位,在职员工187人。1月,石景山区获得全市首批首都公共文化服务示范区创建资格,按照示范区创建指标项目涉及的主体,制定辖区内各相关单位的任务责任书,建立公共文化服务体系联席会议制度,召开8次联席会、14次不同层次的专题工作会。7月,启动第四批国家公共文化服务体系示范区创建工作。开展公共文化服务保障法专题培训,参训干部300余人次。推进以模式口文保区为核心的西山永定河文化建设,实施模式口历史文化保护区修缮整治工程。利用社会资源,联合中国乡愁文化发展研究中心、区城市文化艺术研究会,开展五里坨历史文化挖掘保护和模式口大街历史文化调研项目,公布第四批非遗代表性项目及项目代表性传承人;协同西山永定河文化带建设,挖掘模式口地区“驼铃古道”文化脉络,推进模式口历史文化保护区建设;京津冀三地携手开展“文化与自然遗产日”主题展演展览交流活动。向区政府申请资金400余万元,用于法海寺、承恩寺等文保单位的基础设施改造;争取市文物专项资金2600万元,启动慈善寺、显应寺、兴隆寺、永济寺及模式口的西老爷庙、慈祥庵、龙王庙、田义墓修缮安防工程。举办第五届“夏青杯”全国朗诵大赛(北京赛区)暨第四届“放飞梦想”北京诗歌朗诵大赛、第34届“古城之春”艺术节,通过开展诗歌朗诵、“歌、舞、戏、诗、书、画——六聚石景山”主题活动;举办“以拼搏为美向行动致敬—‘老街坊’”主题文艺演出。开展原创话剧《京西那一片晚霞》基层展演40余场,观看群众近万人次,此剧获得北京文化艺术基金2017年度资助项目,并登上国家大剧院的舞台。依据市区两级对文化市场管理暨“扫黄打非”工作部署,开展文化市场“清源”“护苗”“净网”等10余项专项行动,出动执法人员1900余人次、执法车辆270余台次;检查文化经营单位800余家次,立案81起,罚款49.36万元,没收违法所得1080元;收缴盗版图书320余册,盗版光盘1300余张;上报市场检查信息34篇,落实群众举报20起。

(萧　媛)

【非遗保护与传承】 6月9日,石景山区“文化与自然遗产日”活动在承恩寺举行。副区长陈婷婷、国家级非遗专家贺学君、区委宣传部等相关委办局的领导、全区各街道办事处的相关人员参加活动。活动中,向新公布的第四批区级非遗代表性项目、项目代表性传承人颁发证书及牌匾,为新认定的非遗传承教育示范校和传承展示基地颁牌;新项目代表、区级传承人代表纷纷亮相,与“京津冀”三地非遗项目进行联合展演展示。除主会场活动外,在6月6—9日期间古城街道、北京燕京八绝艺术馆、区图书馆分会场也相继开展非遗传承保护活动。12月6日,石景山区非物质文化遗产声音故事(三)暨“京津冀”非遗原创节目交流展演活动在石景山区文化馆、图书馆举办,主题活动已连续举办三届,成为京津冀交流互动和沟通学习的平台。活动中展示石景山区的非遗资源和数字化开发利用成果。活动中《石景山区非物质文化图典》正式发布。北京电视台在北京时间网站及APP首页对图书馆分会场“京津冀非遗展望与发展论坛”进行全程现场直播。

(赵　琪)

6月9日,“文化与自然遗产日”活动在承恩寺举办　　(区文化委供稿)

【赴迁安首钢矿山开展文化交流】 8月14—15日,区文化委主任带队一行6人到河北迁安首钢矿山开展文化交流。区文化委通过政府购买服务的方式,邀请北京京剧院一团为首钢矿业公司职工带表演现代京剧《沙家浜》。区文化委与迁安市文广新局相关领导同事就地区文化馆、图书馆、博物馆建设进行研讨交流。

(赵　琪)

【法海寺明代壁画在澳门展出】 10月19日,区政府携法海寺壁画应邀参加在澳门威尼斯人会展中心举办的第22届澳门国际贸易投资展会。澳门特别行政区首席行政长官崔世安出席开幕式,逾50个国家与地区的1000多家企业参展。活动历时3天。20日,举行“2017北京·澳门合作伙伴行动”签约仪式。中央人民政府驻澳门特别行政区联络办公室副主任姚坚、北京市副市长程红等领导在签约仪式后参观“古都北京,科技石景山”主题展览。

在法海寺展位前，副区长周希松、向领导嘉宾介绍法海寺明代壁画艺术和最新推出的利用“三维矩阵数字技术”成果制作的数字宣传片、宣传品。此次法海寺明代壁画首秀澳门，北京盛世顺景文化传媒有限公司、北京国是经纬科技股份有限公司、北京枭龙科技有限公司、科影国际在洽谈中有意与法海寺联姻，在壁画数字博物馆建设、数字文化产品开发、智能互联管理、影视制作、国际文化交流以及国家级文化产品开发等方面进行合作。

（杨晓红）

群众文化

【概况】 年内，北京市文化局正式公布石景山区获得全市首批公共文化服务示范区创建资格，石景山区通过区级财政安排创建工作经费每年度5000万元，各街道利用每年度1000万元、每个社区50万元的民生家园建设资金进行相关文化服务设施建设；根据区域实际出台《石景山区关于进一步加强基层公共文化建设的意见》，制定示范区创建工作方案、创建规划和行动计划等“1+3+1”的系列配套政策文件。创建首都公共文化服务示范区以来，共落实建设项目40项，涉及建筑面积1.96万平方米。与华录集团、首钢公司等社会单位签订战略合作协议，开展政府购买服务、社会办文化活动百余场次。以八宝山街道为试点，探索实践基层文化活动中心社会化运营。区文委更新发布《石景山区公共文化服务目录》手册（2017年版）1.5万册。6月，“石景山文化E站”、手机APP“石景山文E”公共数字文化服务平台正式上线，提供“多功能、一站式”公共文化服务。截至年底，平台累计注册用户近2000人，服务人次超47万人次，收到群众留言反馈200余条。全区各项公共文化总体服务人次超过100万人次。

（赵　琪）

【元旦、春节系列文化惠民活动】 1月至2月中旬，区文化馆陆续开展2017年元旦、春节系列文化惠民活动，活动以举办“迎新春文化惠民专场慰问演出”及文化志愿者“送福到家”慰问活动为主要内容，北京竹乐团、1998国际青年剧社、北京歌剧舞剧院、中国杂技团、北京丑小鸭卡通艺术团、东方国艺（北京）科技有限公司等专业院团带来的器乐演奏音乐会、话剧、杂技、儿童剧、戏曲等经典剧目，书法家现场题写“福”字和春联，将祝福带给社区居民、外地打工子女、孤寡老人、残疾人和驻区官兵。

（甘丽娟）

【元宵节系列文化活动】 元宵佳节期间，区文化馆开展“正月十五唱大戏”系列活动，2月10—14日，举办连续20年的“正月十五唱大戏”，为京城各区县的1000余名戏迷朋友表演京剧、评剧、梆子、越剧四大剧种的五台戏曲经典大戏和折子戏。区图书馆举办“元宵猜灯谜”、“绘本书故事会节庆活动”等活动。金顶街街道驼队走街京西古道元宵庙会，古城街道举办秉心圣会非遗表演，五里坨街道开展民间花会活动：太平鼓、钱粮框、踩高跷、剪纸、吹糖人、京剧脸谱等非遗活动。元宵节期间，全区共开展各类传统活动20余场次，参与人数上万人次。

（赵　琪）

【太平鼓民间协会第一届交流大会】 3月20日，“石景山区太平鼓民间协会第一届交流大会”在苹果园街道边府社区举办。活动由区太平鼓民间协会主办，北京正鑫通盛文化发展有限公司承办。活动按照传统仪式，由大鼓开场，各队进行太平鼓表演和展示，为在场观众表演太平鼓技艺。区非遗办、苹果园街道社区有关领导，同石景山太平鼓传承队伍、民间传承人、非遗爱好者及近千名社区群众观看演出。

（甘丽娟）

【第十届北京清明诗会】 3月31日，首都文明办、区委区政府共同主办的第十届北京清明诗会在北京国际雕塑公园西园举办。清明诗会围绕中国人民解放军建军90周年和全面抗战爆发80周年的主线，突出“缅怀革命先烈，传承红色基因，弘扬先进文化，建设精神家园”的主题，以诗歌朗诵、文艺演出为主要形式，通过主会场和分会场相结合的设计安排，丰富传统文化节日内涵，推动中华优秀传统文化进校园、进基层、进机关。主会场分为三个篇章进行，是集诗歌朗诵、歌舞等节目形式为一体的综合性演出。北方工业大学分会场的“清明雅集”进校园活动，以政府购买的方式，由专业化的社会机构承办，吟诵传统诗篇、红色诗篇，演奏古琴乐器等节目；八角街道分会场的文艺演出进基层活动，结合“爱八角”曲艺茶园品牌举办诗歌朗诵、曲艺表演等节目。

（赵　琪）

【第34届“古城之春”艺术节】 5—8月，石景山区第34届“古城之春”艺术节以“红色基因、绿色发展、金色梦想”为主题，以纪念中国人民解放军建军90周年和全面抗战爆发80周年为主线，开展“歌聚石景山，唱响时代旋律”“舞聚石景山，舞动幸福家园”“戏聚石景山，弘扬优秀文化”“诗聚石景山，放飞金色梦想”“书聚石景山，点亮智慧之光”“画聚石景山，传承红色基因”等系列艺术比赛、展演评比、惠民演出、艺术培训、全民阅读等形式多样内容丰富的文化活动共500余场次，直接参与人数5万余人。

（赵　琪）

【第四届“放飞梦想”北京诗歌朗诵大赛】 8月5日，中央人民广播电台第五届“夏青杯”朗诵大赛（北京赛区）暨第四届“放飞梦想”北京诗歌朗诵大赛决赛在石景山区文化馆举办。本次大赛由北京文化艺术活动中心、区文化委、区广电中心联合主办。活动自5月初开始，历时三个半月，来自全市各个方面的3万余名诗歌朗诵爱好者、51篇原创作品参加比赛。经选拔，共有69人进入决赛。最终评选出一等奖5名，二等奖11名，三等奖17名。北京赛区获奖选手有机会被推荐直接参加中央人民广播电台第五届“夏青杯”朗诵大赛全国半决赛。

（赵　琪）

【原创话剧《京西那一片晚霞》】 9月1日，石景山区原创话剧《京西那一片晚霞》首次登上国家大剧院的舞台，市委宣传部部长杜飞进、国家大剧院院长陈平,中央国家机关纪工委、市文化局、北京人民艺术剧院、市委社会工委、市文物局、市新闻出版广电局、首钢集团相关领导及区四套班子领导观看演出,该话剧是北京文化艺术基金2017年度资助项目。石景山区以八宝山革命公墓埋葬的一位开国将军为线索,以"红色后代"传承开国将军红色基因的故事为内容,创作排演话剧。话剧自推出以来,已在石景山区演出40余场次,观看群众近万人次。

(赵　琪)

【"老街坊"主题文艺演出】 9月22日,石景山区文化系统创编的"以拼搏为美 向行动致敬——'老街坊'主题文艺演出"在首钢体育大厦上演。演出由区委、区政府主办,区委组织部、区委宣传部、区社工委、文委、广电中心、全区各街道办事处等单位联合承办。"老街坊"主题文艺演出以石景山百姓的生活为素材,将石景山老邻居、老工友、老战友、老朋友、老熟人之间互相帮助、温情劝导、化解矛盾的真人真事,通过音乐、舞蹈、曲艺、戏曲等多种舞台艺术表现形式,全方位展现石景山"老街坊"在社会治理和和谐建设当中的成果。整台节目全部原创,涵盖舞蹈、歌曲、相声、小品、曲艺等多种艺术门类。演出共分三个部分,从石景山"老街坊"邻里守望的良好基础,到"老街坊"在城市建设中发挥的基层自治作用,再到"老街坊"对区域发展的美好愿景。市文化局副巡视员马文,区领导牛青山等以及区社会治理委员会成员单位、区属各部委办局处、街道办事处等相关负责人参加活动。

(赵　琪)

【北京重阳诗歌会】 10月26日,区委宣传部、区文化委联合主办的"诗聚石景山 欢乐金秋颂"重阳诗歌朗诵会在区文化馆百姓剧场举行。诗会以"诗聚石景山 欢乐金秋颂"为主题,活动中有根据石景山区"疏解整治促提升"专项行动中"老街坊"劝导队通过柔性劝导,居民转变态度主动配合拆违行动的真人真事创作的诗歌《你是一个好人》,有展现父亲子女对父母深深的眷恋和感恩的朗诵《如果》《父亲如山 母亲是河》,还有古琴曲和歌舞表演。

(赵　琪)

【周末剧场】 年内,区"周末剧场"先后邀请中国木偶剧院、北京曲剧团、一九九八国际青年剧社、盛世梨园艺术团、北京竹乐团等24个演出院团为石景山区百姓奉上44场演出,囊括综艺、音乐会、戏曲、杂技、话剧、曲艺、民谣和儿童剧等多种丰富的形势,惠及群众近万人次。群众可以登录"石景山公共数字文化服务平台",或者"石景山公共文化"微信公众号,查询当月演出剧目。

(赵　琪)

图　书　馆

【概况】 年内,石景山整合优质阅读资源,打造区域阅读一体化,推进首都公共文化服务示范区创建工作,原石景山区图书馆与原石景山区少年儿童图书馆合并为石景山区图书馆(简称区图书馆)。合并之后,通过有效配置现有人员、资金等资源,并且有效联结成人阅读与少儿阅读服务方阵,推进"全民阅读",打造"书聚石景山"文化品牌下文化阵地的联动效应,获"2017年十佳绘本馆"称号。截至年底,区图书馆共办理借书卡8805个,文献外借597564册,接待读者1247767人次,解答咨询2664条,完成二次文献6种36期,待检索课题58项,举办读者活动场335次、82807人次参加,为基层图书分馆(室)和流通站送书115次,29186册。

(刘　佳)

【世界读书日活动】 4月23日,区图书馆以"阅读北京 共闻书香"熟读市民阅读系列文化活动为指导,围绕"红色基因、绿色发展、金色梦想"的主题,创新服务形式,开展换书大集、"你看书·我买单"阅读推广、阅读访谈分享会、数字资源推广体验、个性化明信片创意、文化讲座进基层、读书日主题展板展览以及灯谜竞猜等全民阅读系列活动,打造"六聚石景山"之"书聚石景山"的文化品牌。

(刘　佳)

【"书香暑假 快乐阅读"活动】 7月至9月,区图书馆举办"书香暑假 快乐阅读"系列活动,开展少儿欢乐汇、快乐阅读直通车开进八宝山街道图书分馆——科学小达人活动,小小书虫俱乐部——亲子手工会等寓教于乐的阅读推广活动,组织未成年人活动61场,累计5万名读者参与。

(刘　佳)

【第六次全国公共图书馆评估定级】 8月14日,由首都图书馆馆长倪晓建带队的专家组到石景山区图书馆进行实地评估检查,这是区图书馆迎接第六次文化部全国公共图书馆评估定级专家组实地检查。专家组听取区图书馆评估定级工作汇报后,结合前期上传的数据资料,现场审阅档案,对馆内设备设施、读者服务等各项业务工作进行了实地查看,经过实地查看走访,肯定石景山区公共图书馆事业发展取得的成绩,并对未来图书馆总分馆制建设、数字资源利用和数字阅读化等工作提出建设性、针对性的意见建议。

(赵　琪)

【冬奥特色主题分馆建设】 年内,区图书馆在冬奥组委会办公地点建立冬奥特色主题分馆。并加强与国家图书馆和首都图书馆的沟通协调,实现全市图书借阅一卡通,还可使用国家图书馆100余个数据库查阅资料,为冬奥组委提供优质服务。冬奥组委会图书分馆的建立,是区图书馆发挥自己的资源优势,宣传冬奥、服务冬奥、迎接冬奥,以文化助力冬奥的具体举措。

(刘　佳)

【少儿馆完成升级改造】 年内,区图书馆少儿馆全面升级改造完成。在色彩、布局等方面重新进行规划和布局之后,少儿馆成为集借阅、休闲、体验、活动、共享为一体的"会讲故事的图书馆"。设置的特色主题阅览室和经典品牌活动,为少儿读者搭建成长展示的平台。

(刘　佳)

【红领巾读书系列活动 】 年内,区图书馆以"阅读北京·悦享好书"为主题,开展包括"说说我的阅读故事"红领巾讲故事比赛、"我家的家风"家庭情景剧比赛、第五届“我的藏书票”设计比赛、《我的阅读档案》电子书制作等六个大项、137个场次的活动，全区8万余名中小学生参与。获得市级比赛类奖项12个，5人荣获北京市“读书小状元”称号，石景山区4名教师被评为北京市优秀指导教师。

（刘　佳）

【书香苹果园24小时自助图书馆】　年内，石景山区苹果园街道通过召开“老街坊”座谈会、实地调查研究等方式，与区图书馆联合，利用社区拆违原址建设了石景山区首个社区级24小时无人值守的自助图书馆，满足社区老街坊们的精神文化需求，打通公共文化服务的“最后一公里”。该自助图书馆可提供400多册图书，居民可按照提示自助操作办理读书卡，借还图书。

（赵　琪）

文化遗产保护

【概况】　年内，石景山区文物遗存有110处。其中，不可移动文物105处（古遗址14处，古墓葬12处，古建筑45处，石窟石刻10处，近现代重要史迹及代表性建筑21处，其他3处），地下埋藏区4处，历史文化保护区1处。不可移动文物有国家级重点文保单位3处，市级文保单位13处，区级文保单位20处，登记文物69处。石景山区第一次全国可移动文物普查统计，区内现有国有可移动文物收藏单位11家，可移动文物收藏数量990件（套），其中：化石标本类79件（套），文物（藏品）15,529件。北辛安五处记忆性建筑迁移保护工作全面启动，石景山区制定《北辛安棚户区改造中记忆建筑保护工作实施方案》，确定对具有价值的记忆建筑实行迁移保护和集中保护。经中国博物馆协会理事大会批准，中国第四纪冰川遗迹陈列馆正式成为中国博物馆协会会员单位。北京市财政资金2600万元，用于显应寺三期、慈善寺、慈祥庵、模式口西老爷庙、模式口龙王庙、田义墓等6个修缮工程项目和兴隆寺、永济寺安防工程及慈善寺消防工程。

（贾卫平）

【西山文化带知识讲座】　1月6日，区文化委组织《西山文化带系列知识讲座——略谈历史街区保护工程中的问题》在承恩寺举办。区文委、区重大项目办公室、八大处公园管理处等模式口历史文化区改造建设的相关单位参加活动。区文委特约古建筑专家刘大可主讲《关于历史街区的建筑色彩与质感——注意保持传统的墙面色调与质感》，并提出模式口历史文化保护街区改造中一些建设意见。

（杨晓红）

【“燕京八绝”宫廷系列展览】　1月至2月，北京燕京八绝文化发展有限公司联合北京燕京八绝协会等单位，在石景山区承恩寺北京燕京八绝艺术馆举办北京燕京八绝宫廷艺术系列展览推广活动，活动以“构建高端普惠的文化生活体系”为发展战略，丰富节日期间市民的文化活动。6月19日，由北京燕京八绝协会、石景山区文化委员会、石景山区教育委员会共同主办，北京燕京八绝文化发展有限公司协办，北京市京源学校承办的“北京燕京八绝宫廷文化校园行”——暨国家级非物质文化遗产走进校园系列活动从京源学校正式启程。

（杨晓红）

【“燕京八绝”传承季系列活动】　3月至5月，北京燕京八绝协会、石景山区文化委员会联合北京燕京八绝文化发展有限公司、石景山区承恩寺文物保管所在石景山承恩寺发起北京燕京八绝传承季系列活动。其中“燕京八绝承恩文化传习大讲堂”之“书聚石景山——中国书法启蒙篇之汉字与书法”、“燕京八绝承恩文化传习大讲堂”之“马宁说漆”等活动对“燕京八绝”进行全面讲解。

（杨晓红）

【瓷器知识专题讲座】　4月15日，区文研所联合北京市收藏家协会京西分会、区文保协会在显应寺举办《瓷器知识专题讲座》，来自京西地区30余位文物收藏爱好者参加活动。活动中，市收藏家协会专家委员会成员陈志钧老师从元、明 清不同时期青花瓷瓷片讲起，详细地阐述各个朝代青花瓷的特点、新老辨别方法及收藏过程中应注意的事项，解答藏友提出的问题，现场鉴别、点评藏友们带来的藏品 。

（杨晓红）

【西山文化带论坛】　4月19日，区文化委与区城市文化艺术研究会在“京西古道”模式口大街承恩寺举办“西山文化带暨模式口地区历史文化研究与发展”论坛。区文化委、区重点工程建设中心、区城市文化艺术研究会、非遗太平鼓传承人、模式口地区老居民等20人出席论坛。论坛上，针对模式口历史文化保护区建设工作，与会专家分别做《模式口地区的寺庙》《模式口地区民俗文化》《模式口地质与模式口历史文化的融合》的主题发言。并对西山文化带石景山段的四至、模式口多元文化资源与功能定位、模式口的文化内涵与文化符号、模式口街区修缮改造等专题内容深入研讨。

（杨晓红）

【获区青年文明号称号】　5月4日，冰川馆科普志愿服务队在共青团石景山区委员会、区委教工委举办的石景山区共青团系统纪念建团95周年主题活动暨“一学一做”教育实践主题月活动中荣获区青年文明号荣誉称号。年内，冰川馆科普志愿服务队为团体观众参观讲解30场，举办各类科普活动42场。其中社会大课堂冰川馆课程12场；“非遗进校园”系列讲座12场；组织参与冰川馆馆内夏令营5场，馆外夏令营2场；参与科普大篷车送课进校园7场；参加主题日等其他活动4场，惠及百姓万余人次。

（杨晓红）

【国际博物馆日活动】　5月18日，区文委和中国第四纪冰川遗迹陈列馆在冰川馆举办“光影西山——历史文化展览”。市科协青少部、区文委、统战部、科委、科协等相关单位的领导出席开幕仪式。活动围绕“历史上的京西古道”“京西地区民俗风情”“李四光与中国第四纪冰川”“展馆发展与历史沿革”“石景山新城区发展成就”等内容，展出200多幅具有代表性的新旧照片和百余件反映百姓生产、生活的老物件。博物馆日当天，冰川馆共计接待游客近900人次。

（杨晓红）

【“文化与自然遗产日”活动】 6月6日，区文化委、区文明办、天津市河西区文化局、河北省张家口市文广新局联合主办的石景山区2017年“文化自然遗产日”主题宣传暨模式口非遗及民俗文化展示展演活动在承恩寺举办。京式旗袍传统制作技艺、宫廷绘画技法、聚庆斋糕点制作技艺等石景山区非遗项目以及天津泥人张彩塑、挂毯织造技艺作品、小琅环邮票画，河北张家口蔚县剪纸等非遗项目参加展演。6月8日，古城街道以“中国非遗，世界冬奥”为主题，在老古城西社区广场举办民俗展演活动。

（杨晓红）

【冰川馆科普大篷车进校园】 6月14—16日，冰川馆“寻红色之路、建平安校园、扬传统文化”主题课程进校园活动走进北大附中石景山学校和石景山西黄村小学。举办讲座3场，展出化石70余件，展板40块，500余名师生参加活动。

（杨晓红）

【慈祥庵修缮工程竣工验收】 7月10日，石景山区慈祥庵修缮工程通过主体单位、设计、施工、监理、市文物工程质量监督站五方竣工验收。该工程由北京市财政出资350万元，于4月10日开工，历时4个月，主要修缮：1—5号房、大门的屋面及外檐油饰；门前区宇墙的恢复；院落文物石刻保护；门前区域仿砖石材地面铺装及虎皮石墙面的的现状整修；院内地面铺装；水电管线局部改造等。

（杨晓红）

【田义墓修缮工程竣工验收】 11月15日，石景山区田义墓修缮工程通过主体单位、设计、施工、监理、市文物工程质量监督站五方竣工验收。该工程由北京市财政出资86万元，4月30日至11月15日进行修缮，主要修缮：一进院院墙、后院院墙按照原址修复，原材料、原工艺、原做法，恢复后院门楼等。

（杨晓红）

【模式口历史街区文化活动】 11月15日，区文委、金顶街街道、北京石泰基础设施投资有限公司在“千年古道、百年老街”模式口联合主办西山永定河文化带之模式口历史文化保护区系列文化活动，金顶街街道、区文化委相关领导参加活动。活动包括两部分：以模式口民俗文化历史与传承为主要内容“京西论道·名家论坛”活动；以“荟萃经典·非遗传承”为主题的非遗传承展演。

（杨晓红）

【模式口龙王庙修缮工程竣工验收】 11月23日，石景山区模式口龙王庙修缮工程通过主体单位、设计、施工、监理、市文物局质监站五方竣工验收。该工程由北京市财政投资165万元，历时212天，主要建筑修缮：正殿、南北耳殿及南配殿落架修缮，院落地面及院墙、附属水电工程。

（杨晓红）

【第四纪冰川遗迹陈列馆免费对开放】 12月1日，中国第四纪冰川遗迹陈列馆正式免费对社会开放。门票实行免费不免票，游客须于参观当日持本人身份证在馆门口取票机进行验证取票后方可入馆参观；团体参观（20人以上）须提前一周与冰川馆社教部进行预约。每日限制参观人数为300人次。免费开放时间：周一12:00至17:00，周二至周日8:30至17:00。

（杨晓红）

【第一次全国可移动文物普查】 年内，历时3年的石景山区第一次全国可移动文物普查工作完成。经普查统计，石景山区现有国有可移动文物收藏单位11家，可移动文物收藏数量990件（套），其中：化石标本类79件（套），文物（藏品）15,529件。在普查中，走访调查区域内单位143家，其中机关19家，国有企事业单位109家，一级企业11家，共调查走访2600人次，完成率达到100%。组织和参与了各类普查会议及培训10余场230人次，清理文物12000余件；采集文物有效名称、数量、质量、质地、类别及文物照片等15项内容，聘请文物专家对文物进行核实认定3000余件。建立石景山区可移动文物数据库，编辑出版《石景山区可移动文物画册》，制订可移动文物管理、保护制度。建立可移动文物分类建档，对残损急需修复的文物制定修复方案。

（杨晓红）

文化创意产业

【概况】 2017年，石景山区文创企业总数6092家，规模以上企业为182家。文化创意产业实现收入439亿元，同比增长14.6%，其中文化创意产业中文化休闲娱乐服务领域保持稳步增长。新闻出版及发行服务、文化艺术服务等行业所占比例偏低。石景山文创已经形成网络游戏、影视动漫、数字媒体和设计产业互为支撑的发展格局。区文促中心先后开展“一带一路”“中意企业互动交流活动”；“魅力文创西山行”即“文创四板”和专题讲座，通过路演、主题沙龙活动等形式，增加企业间横向联系、沟通，为会员企业提供定向、定期的精准服务，提供“经济形势气象”发布。全年为企业申贷3.42个亿，企业增信贷款金额为620万元。

（李　琳）

【第二届文投会杯石景山赛区分赛】 5月5日，“北京文投会杯”第二届北京市文化创意创新创业大赛石景山赛区分赛场比赛在创业公社·VR/AR基地正式开赛。大赛主题为“创赢未来 新无止境”，30个入围项目，经过初赛项目路演，最终有3个参赛项目晋级复赛，2家分别进入30强和16强，1家获得北京市三等奖。

（李　琳）

【区文创产业联盟第一次理事会】 5月9日，石景山区文创产业联盟2017年第一次理事会暨交流活动在华录大厦举行。标志着文创产业联盟的全面启动。先后开展“一带一路”“中意企业互动交流活动”；“魅力文创西山行”即“文创四板”和专题讲座，通过路演、主题沙龙活动等形式，增加企业间横向联系、沟通，为会员企业提供定向、定期的精准服务，提供“经济形势气象”发布，实现行业联动发展。

（李　琳）

文化市场

【概况】 年内，区文化委按照区审改办和行政服务中心的具体要求，对涉及的公共服务事项及其相关要素进行全面梳理，对外公共服务事项保留35项，其中行政许可事项19项、其他权利类别事项16项，取消4项行政许可。区文化委驻厅窗口共受理各类行政许可37件，其中出版物发行单位许可20家、文艺表演团体2家、游艺娱乐场所1家、营业性演出活动4场、各类变更10件，全部按时办结。完成网吧、歌舞娱乐场所、出版物发行单位、印刷企业、有线电视设计安装单位及文艺表演团体共计217家场所延续换证和统计年报工作。共出动执法人员1500余人次，出动执法车辆200余台次；检查文化经营单位2000余家次；立案查处违规行为88起，罚款51.84万元，没收违法所得1080元；收缴盗版图书300余册，盗版光盘1500余张。

（李　帷）

【取缔一贩卖淫秽光盘窝点】 1月10日，区文委化行政执法队与区公安分局治安支队、苹果园派出所通过前期走访摸点，联合对天宇市场的一贩卖淫秽光盘窝点进行检查，当场将正在贩卖淫秽光盘的王某等5名嫌疑人抓获，现场收缴封面带有淫秽图案的DVD光盘211张，嫌疑人王某被刑事拘留，其他4人进行批评教育。

（李　帷）

【“12318”主题宣传活动】 3月18日，区文化委执法队在石景山区沃尔玛超市门口设立“12318”主题宣传活动，活动以“12318，健康文化你我他”为宣传口号，通过摆放主题宣传展板、开展法规咨询以及发放宣传品等形式向市民宣传12318举报热线，普及相关文化市场法律法规知识。

（李　帷）

【查处未经批准出版网络游戏】 3月，区文化委执法队接举报位于石景山区银河南街2号院附近的某科技有限公司经营的两款网络游戏无国家新闻出版广电总局的审批手续。执法人员在对该公司进行执法检查时，核对未经批准擅自上网出版网络游戏的违法事实，查明该公司构成网络出版服务单位未经批准，擅自上网出版网络游戏的违法行为。区文化委执法队依据《网络出版服务管理规定》的规定，依法责令当事人停止违法经营行为，给予了罚款10000元的行政处罚。

（李　帷）

【知识产权宣传进校园】 4月26日，石景山区知识产权宣传进校园活动在北京工业职业技术学院举办，该校80余名师生参加。活动以“保护网络游戏知识产权，净化青少年网络游戏环境”为主题，邀请北京市文化执法总队基层处徐剑同志，以校园日常学习生活中涉及的知识产权保护现象为切入点，向与会师生详细阐释校园生活中涉及的知识产权保护知识，在学生中倡导绿色游戏、文明上网、保护知识产权的理念。

（李　帷）

【安全生产责任保险】 7月，区文化委推进安责险投保工作，与太平洋保险公司工作人员走访文化经营单位，为企业上门服务，政策解读，详细讲解安责险制度相关保费、保额以及赔付流程等具体内容。年内，歌舞厅、网吧和电影院共计25家企业参与投保安全生产责任险，累计缴纳保费5.4万元，累计赔偿限额1.58亿元。

（李　帷）

【艺术品流通市场整顿】 10月，区文化委联合工商分局共联合开展文物、艺术品市场专项检查3次，检查经营单位70家次，警告6家。重点检查古玩（文玩）和旧货市场是否落实第一责任人责任；文物商店未经许可不得从事文物拍卖活动；经营单位增设艺术品经营业务是否到文化行政部门备案。

（李　帷）

【电影公益放映】 年内，区文化委加大对公益放映的资金投入，坚持放映传统主旋律影片，通过购买放映最新影片以及多种类型片的方式，满足不同观众差异化的观影需求，流动放映与公共道德、文明礼仪、交通安全法规、科普等知识宣传相结合。年内完成公益放映1804场，其中夜场和节假日270场，观影人数达106400人次。

（李　帷）

媒体传播

【概况】 年内，石景山区在中央、境外及市属主流媒体共刊发原创稿件1834篇，在头版位置刊登稿件115篇，整版稿件41篇。其中，中央媒体共刊发稿件126篇，新华每日电讯、人民日报、中央电视台等3家中央主要媒体共刊发原创稿件26篇；境外媒体刊发原创稿件3篇；市属主流媒体共刊发稿件1705篇，北京日报、北京电视台、北京广播电台等3家市属主要媒体共刊发原创稿件506篇。石景山区围绕“学习贯彻十九大精神”“疏解整治促提升基本无违法城区建设”“石景山老街坊品牌创建”“修缮保护模式口文保区”“北辛安和衙门口棚改”等区委区政府重点工作组织宣传活动，共组织新闻发布和集体采访73次，吸引主流媒体刊发多篇稿件，进行宣传报道，如北京日报头版刊登《十条百姓意见写进棚改方案》《老街坊议事会151个社区全覆盖》《模式口再现“驼铃古道”(图文新闻)》等稿件。在市属主流媒体刊发专题专版稿件宣传区域重点工作，如刊登在北京日报跨版《石景山区：坚持首善标准　推动高端绿色崛起》、北京日报跨版《坚持党建统领　全面深度转型　高端绿色发展》；北京双语杂志跨版《围绕首都城市战略定位 打造和谐宜居之城》；北京晚报专版《千年古道与街区“活”起来》。

（李　琳）

【纸媒体】 年内，《石景山报》编辑部全年出报110期，开设“疏解整治促提升”专栏，制作各类专栏、专版近百期。利用新闻报道、专栏、专版等形式，报道“治乱疏解建高端”暨专项行动的进展情况。“疏解整治促提升”的子栏目“来自一线的报告”，集中报道工作中涌现出的先进人物和先进经验刊登，累计刊登50余期。与区委社工委合办的“社区治造”“创建基本无违建社区百日会战”系列专栏，与区商务委合作的“便民菜站解决最后一公里购菜难”。围绕北京冬奥会筹备情况，开办“新冬奥会，新石景山”专栏，以“服务保障冬奥会，加快冰雪体育发展”为题，进行系列报道，累计刊发相关信息50余期。

（杜　雷）

【广播电视】 石景山区广播电视中心（简称广电中心），成立于1987年12月，前身为石景山广播电视局，2001年10月更名为石景山区广播电视中心，拥有石景山有线电视媒体平台。年内，区广电中心在《石景山新闻》开设“展望2017”“人勤春来早，撸袖加油干”“深化改革进行时”“走进重点工程”“疏解整治促提升”“百日会战”“砥砺奋进的五年”等主题新闻版块，播发相关新闻600余条。制作完成《疏解整治促提升工作纪实》等专题片3部，参与完成《致敬城市建设者》《清明诗会》《弘扬劳模精神建设两大生态》《用爱托起生命》《致敬·点赞——八角街道“疏解整治促提升”暨“百日会战”慰问演出》等大型主题活动9场。制作的专题片《我要去支教》获北京市广播影视协会2016年度优秀广播电视节目、获市委组织部党员电教片一等奖；专题片《社区党委书记——王学秀》获市委组织部党员电教片三等奖；公益广告《社区养老——身边都是老街坊》《孝道》《倾听也是孝》分别获全国敬老养老创作评比优秀奖、鼓励奖、市公益广告评比一等奖、三等奖，公益广告《我们安全全家幸福》《安全就在我们身边》在市专项创作评比中获三等奖；栏目《百姓诵读》获北京市广播影视协会2016年度优秀广播电视节目。累计播发《石景山新闻》1449条，在市以上媒体播发新闻240余条；制作播发《记者视线》《百姓诵读》《政协之窗》等13档电视栏目300余期。

（白莫莉）

【新媒体】 年内，“北京石景山”官方微信公众号共推出微信246期，推送条目超过1000条，今日头条号“北京石景山”客户端累计发布信息6000余条，点击量超过800万次。政务微博“北京市石景山”三网平台（新浪、腾讯、人民）共发布微博14000余条。石景山新闻网发布各类新闻2900余条。拓展“疏解整治促提升”工作的宣传方式，相继在各平台开设了“百日会战”专题。其中，“北京石景山”微信公众号发布相关新闻150余条，“北京石景山”今日头条号发布相关新闻320余条，腾讯企鹅号和网易新闻客户端发稿290余条。石景山新闻网、党建网相继推出了“两学一做”“疏解整治促提升”“冬奥专题”“环保督察 立查立改”“聚焦石景山两会”“喜迎十九大”等专题，累计发送各类信息1100余条。石景山公众短信互动平台发送手机报80期，发送短信15次。

（李　琳）

档　案

【概况】 北京市石景山区档案局、档案馆（简称区档案局馆），是区委区政府负责档案工作的主管部门，与区地方志办公室合署办公。年内，接收30个单位2005－2007年形成的539卷30041件各门类各载体档案进馆。全年档案馆共接待利用者1378人次，利用档案1345卷件，完成馆藏满三十年78个全宗2634卷25000多件档案鉴定开放工作。区档案局馆保留8项行政服务事项并报市档案局预审和区审改办最终审核。建立档案执法领域随机抽取检查对象、随机选派执法检查人员“双随机”抽查机制，运用电子化手段，建立随机抽取摇号系统及相应工作制度和管理措施，共检查14家单位。

（刘爱君）

【第九届“档案馆日”】 6月9日，区档案局馆举办以“档案——我们共同的记忆”为主题的第九届“档案馆日”活动。活动携手陆军档案馆、首钢档案馆和北方工大档案馆，设立5个分会场，突出打造四大板块、二十项特色活动，吸引部队官兵、社区居民、小学师生、全区各单位档案员、档案学会会员等近750余人参加。

（刘爱君）

【《北辛安》编辑出版】 6月，区档案局馆编辑出版《档案历史文化系列丛书》之四《北辛安》。全书共收入35篇文章、150余幅照片，约16万字，共设历史、文化、商业、农业和人物五个篇章，同时配以区档案局录制完成的纪录片《北辛安》光盘。

（刘爱君）

【企业档案资源共享】 7月，区档案局馆与区工商分局，组织区属10个单位档案部门召开“石景山区企业档案资源共享交流协调会”，介绍并演示“石景山区企业信用档案电子化综合管理

6月9日，《档案历史文化系列丛书》之四—《北辛安》赠书仪式（区档案局供稿）

系统”和“北京市工商登记信息远程查询服务平台”的功能及操作、应用方法，各用户单位对两个系统有了直观的认识和体验。随后对各单位档案部门上门服务，就两个系统的安装及使用进行指导，涉企的各类信息在政府部门间实现资源共享。

（刘爱君）

【民生档案进馆】 9月，区民政局婚姻档案及区人力社保局招工花名册、工伤、退休档案的纸质文本收集进区档案局馆，接收婚姻档案778卷、招工花名册407件、工伤档案1399件、退休档案16054件，共计18638件民生档案。

（刘爱君）

【高端绿色发展记录】 年内，区档案局馆制定《2017年高端绿色记录工程项目计划表》，组织召开高端绿色发展工作座谈会，建立城市面貌记录微信群，组织重点工程和重大项目、功能区建设、治乱疏解建高端、绿色生态城区建设等方面跟踪记录。拍摄整理照片2000余张。建立以档案征集会、口述历史征集、馆际间档案资源交流共享和“非遗”项目征集长效机制为主要渠道的征集工作机制，征集照片1500余张，视频2部，实物档案10余件，口述档案视频资料1份，手绘原古建筑构图1份，文史爱好者修订书籍1部，建立以区委宣传部微信公众号内容为主的新媒体资源库。

（刘爱君）

【档案数字化】 年内，落实档案数字化长效机制，坚持“随进馆随扫描”工作常态，确保馆藏数字化率100%，共扫描档案9000余卷件，近300000页，照片1600余张，录入档案条目30000余条，基本完成2016年度新入馆文书档案、婚姻档案及部分会计档案的数字化长效工作。重点推进基层档案数字化建设，指导行政服务中心等3家单位开展档案室数字化试点工作。

（刘爱君）

地　方　志

【概况】 北京市石景山区地方志办公室（简称区志办）为区政府直属全额拨款参照公务员管理事业单位，与区档案局（馆）合署办公。年内，《北京市石景山区志（1996—2010）》通过终审，并于12月底由中华书局出版发行，是北京市首部出版的二轮区志。区志办协助北京电视台拍摄“这里是北京”《志说北京 西山文化带》五集节目；挖掘西山永定河文脉，整理相关文献资料，编印《京西石景山》。启动《志说石景山》系列丛书编纂工作。撰写《中华人民共和国标准地名词典》有关石景山区的130个词条和释文初稿；完成《北京市地名志》石景山卷“社区”部分的150个词条整理和初纂；草拟《石景山地名志》的编纂方案和编纂框架初稿。

（宋正鑫）

【二轮区志出版座谈会召开】 12月26日，《北京市石景山区志（1996—2010）》出版座谈会在区政府大楼召开，正式推出全市首部二轮区志。石景山区二轮区志编修工作在全市16区中率先通过初审、复审、终审和出版。市地方志编纂委员会办公室主任陈玲、副主任张恒彬和区领导牛青山、刘亚泉、陈婷婷、岳林华及市区相关单位负责人和区志编修人员参加会议。《北京市石景山区志（1996－2010）》记述时间为1996年至2010年，记录石景山区15年的详细历史，涵盖政治、经济、文化、社会、生态建设等各方面。志书内容包括序言、凡例、概述、大事记、志体正文以及附录、索引、编后记等。全书使用述、记、志、传、表、图、录等体裁，以志为主。正文共设30编、155章、531节，全书951页，86万字，照片284幅、表格332个，图文并茂，文表互补。

（宋正鑫）

【2017年鉴出版发行】 12月，《北京石景山年鉴》（2017卷）由中华书局出版。2017卷为总第13卷，全书共分栏目31个，分目143个，次分目182个，条目1509个，彩页97幅，图片100张，图表25个，合计146万字。区志办向全区各单位发放1500余册，发放范围覆盖机关、企业、社区、军营和学校。

（宋正鑫）

石景山区文学艺术界联合会

【概况】 截至年底，区文联有文艺团体16家，登记在册会员2000余人。年内，区文联文艺作品创作和文艺活动遵循的原则是充分利用“中国元素、首都风范、京西文化资源禀赋，诠释好石景山故事”。举办《石景山故事》摄影作品展等各类摄影成果展览；举办石景山西部2017年迎新春专场音乐会；开展廉政主题文艺作品创作活动；承办区政协大型书画活动；与区委宣传部联合举办书法交流笔会；举办军地书法美术作品联展；举办“老街坊”品牌书法扇面公益活动；参加市文联优

12月26日，《北京市石景山区志》（1996－2010）出版座谈会（区志办供稿）

秀原创节目展演；举办文联公益讲堂；举办学习贯彻党的十九大精神暨首都文艺志愿服务基地落户石景山活动；承办首开杯“发现北京”大型系列摄影活动石景山站启动仪式，年内举办各类文艺活动达30余项。石景山区书法家协会获2017年“送万福 进万家”全国书法公益活动先进集体称号。

（马彦斌）

【展百家社区风采摄影展】 1月5日，区文联在八大处西山逸林画院举办“爱美丽石景山 展百家社区风采”摄影展。本次展览共展出作品七百余幅，分两个专题展出。分期推出《爱美丽石景山展百家社区风采》共9个街道办事处（鲁谷社区）149个社区纪实照片六百余幅。

（马彦斌）

【女画家作品展】 3月20日，区文联在北京台湾街印象台湾主题展馆举办“风采·画聚石景山——京城女画家作品联展”活动。展出张桂徵、何云、王瑛等13位京城实力派女画家的精品力作57幅。参展女画家均是中国美术家协会会员或北京美术家协会会员。

（马彦斌）

【小豆豆画展】 5月4—7日，区文联和小豆豆艺术馆主办的小豆豆首届公益艺术节在台湾街印象台湾主题展馆举行，麦田教育基金会协办。艺术节举办的目的是为乡村儿童筹款“彩虹口袋”专项资金，该项目用于为乡村儿童购买优质画材。此次公益艺术节吸引了近200个家庭参与捐款，共计为乡村儿童筹款14084.5元。该款项在艺术节闭幕时全部捐献给了麦田教育基金会，用于支持乡村儿童的绘画创作。

（马彦斌）

【“知史爱党，知史爱国”集邮展】 6月23日，区委宣传部与区文联联合举办的“知史爱党，知史爱国”集邮展在印象台湾主题展馆开幕。活动主题为庆祝中国共产党成立96周年，喜迎党的十九大。展览分光辉历程、红色基因、红色精英、辉煌成就、丝路飞天五个单元，共展出40框，13个集邮专家的17部邮集。

（马彦斌）

【敬万合摄影作品展】 7月14日，区委宣传部和区文联与石景山区军休办联合举办的“爱美丽石景山·全国先进军休干部敬万合摄影作品展”在西山逸林画院开幕。此次展出的100余幅作品，分“风景这边独好、人文这里最美”两个专题。

（马彦斌）

【军地书法美术作品展】 7月28日，区委宣传部与区文联联合在北京西山逸林画院举办“石景山区第三届鱼水情军地书法美术作品展”。展览围绕“军民融合 鱼水情深”的主题，汇集军地书画作者作品70余幅。

（马彦斌）

【《战争记忆》赠书活动】 7月28日，石景山区举办《战争记忆》赠书活动。牛青山等区委领导向老战士代表现场发放《战争记忆》一书，这是一部石景山区离退休老干部的口述史，记录100多名老干部的战争回忆。《战争记忆》由区委组织相关部门参加，区委组织部、宣传部主抓，区作协组织会员具体实施，对石景山区健在的100余名离休老干部进行深入采访。全书分为抗日战争、解放战争、抗美援朝、采访体会四个部分。记录老兵们的所历、所闻、所见和发生在他们身边的真实故事。区委老干部局、区委党史办对受访者的简历和史实进行了核对，摄影协会拍摄并提供照片。

（马彦斌）

【文艺志愿服务活动】 8月8日，石景山区美协副主席彭世军在区文联文艺志愿服务基地——西山逸林书院开讲美术公益课10期，70多位国画爱好者参加学习。年内，区文联共举办美术、书法、文学、舞蹈公益课堂、实地教学30余期，群众累计参与活动2000人次。

（马彦斌）

【“老街坊”品牌书画扇面宣传活动】 8月26日，区文联在八大处举办“老街坊”品牌书法扇面公益活动，组织书画艺术家现场创作“老街坊”主题扇面，向游人、居民、部队官兵等各界群众赠扇、写扇，让“老街坊”走进老街坊。区书法家协会、美术家协会、老年书画研究会、西山逸林画院的书画家们参加这次创作中。

（马彦斌）

【雕塑作品联展】 9月29日，区委宣传部与区文联联合举办主题为“礼聚中华 天下大同”——当代徐霞客徒步行走中国雷殿生展馆藏品、曾成钢56个民族大团结主题雕塑联展在北京印象台湾主题展馆开幕。此次展览展品全部来自“雷殿生十年徒步中国展览馆”，展品包括珍贵纪念品、赠品、收藏品及曾成钢先生中华民族大团结主题雕塑56件。

（马彦斌）

卫　生

综　述

【概况】 石景山区共有卫生计生机构223家,其中医疗机构217家(一级以上医院26家,社区卫生服务机构56家,其它医疗机构135家),其他卫生计生机构6家。平均每千常住人口拥有床位、执业(助理)医师和注册护士分别为8.58张、5.44人和6.38人。年内,全区医疗机构门急诊721.79万人次,同比减少2.96%;其中门诊686.53万人次,同比减少2.76%;急诊35.26万人次,同比减少6.76%;三级医院门急诊250.91万人次,同比减少6.91%;二级医院门急诊196.17万人次,同比减少5.94%;社区卫生服务机构总诊疗210.57万人次,同比增加16.78%。全区医疗机构出院人数12.03万,同比增加6.06%;住院患者手术4.86万例,同比减少4.28%。二级以上综合医院出院患者平均住院日10.08天,同比减少0.24天;实有病床周转次数32.28次,同比增加0.84次;实有病床平均使用率89.33%,同比增加0.62个百分点。公立医院医疗费用46.85亿元,同比增长5.10 %;药占比(不含中药饮片)34.51%,同比下降5.61个百分点;百元医疗收入(不含药品收入)中消耗的卫生材料费31.82元,同比减少5.07个百分点)。全区户籍人口出生3366人,计划生育政策符合率99.73%;人均期望寿命82.36岁;孕产妇死亡率24.72/10万(经市级评审为不可避免),婴儿死亡率1.24‰,5岁以下儿童死亡率1.24‰,甲、乙类传染病报告发病率112.76/10万,国家免疫规划疫苗接种率保持在99%以上,严重精神障碍患者在册规范管理率99.75%,患者报告发病率4.22‰;疾病死因前三位依次为恶性肿瘤、心脏病和脑血管病。计划生育家庭奖励费、特别扶助金发放到位率达到100%。推行免费婚检、孕前优生健康检查、两癌筛查项目,婚检率达到16.07%,孕前优生健康检查732对,两癌筛查3994人。全年辖区内4家助产医院一孩出生3254人,二孩及以上出生2154人。家庭医生服务总签约率为40.84%,重点人群签约率达到91.28%,老年人健康管理率达到67.03%。累计建立居民电子健康档案50.33万份,建档率为79.38%,高血压、糖尿病患者规范管理率分别达到74.50%和75.58%。

石景山区卫生和计划生育委员会(简称区卫生计生委)引导辖区和驻区各医疗机构实现差异化发展,构建功能完善的医疗卫生服务体系。加强3个区域医联体建设,成立医联体理事会,形成基层首诊、双向转诊、急慢分治、上下联动的分级诊疗秩序。启动7个专科15个项目的区医学重点扶持专科建设。开展处方点评、药品阳光采购、优质护理服务、院感管理和麻精药品管理等医疗质量专项检查35次,举办京西地区第五届口腔医学学术年会、石景山区基层医疗机构急救技能与急救技术骨干培训班等学术交流活动87次。举办以“专业发展引领护理最佳实践”为主题的第四届护理专业论坛。统筹朝阳医院西区、首钢医院等医疗资源,开展与河北、新疆、青海、湖北、内蒙古等地的医疗卫生对口支援工作。在辖区各街道(鲁谷社区)打造“社区中医药健康驿站”,发展“社区中医之家”,全年累计开展“中医药科普进社区”系列活动160场次,服务社区居民6180人次;开通“暖夕阳”中医药健康管理为老服务专线。举办以“尚医善佑·养生祉民”为主题的第二届“北京·西山中医药文化季”系列活动,构建中医药特色健康管理和文化科普服务平台。打造“北京·西山中医药文化季”成为市级中医药特色健康服务品牌,获批北京市首批中医药文化创造性转化系统工程石景山区综合改革示范项目。4月8日,石景山区归口76家参加改革的医疗机构全部取消药品加成(不含中药饮片)和挂号费、诊疗费,设立医事服务费;实施药品阳光采购,全部在政府搭建的网上药品集中采购平台上进行;435项医疗服务价格全部规范到位。制定年度医改工作安排,确定了6个方面28项任务,在北京市医改工作年度考核中总体位列全市第一。在北京市公立医院改革综合考评中排名全市第一。

(刘　喆　王　磊　乔伯文)

【公立医院目标管理】 1月,区卫生计生委组织北京市专家对石景山医院、区中医医院、区妇幼保健院、五里坨医院进行2016年度区属公立医院考评工作,形成书面考评结果上报区委区政府并印发至4家区属公立医院。根据国家卫计委发布的《医疗质量管理办法》、结合4家区属公立医院近三年的绩效指标情况对2017年区属公立医院目标管理考评体系进行修改与完善,经征求医疗机构意见后制定《2017年区属公立医院目标管理考评指标》,并印发至相关医疗机构。8月30至31日进行中期督导,从医疗质量与安全、护理管理及财务管理三方面进行,对2017年实施医药分开综合改革后的工作情况进行了解,梳理医改后存在的问题,10月将结果印发至各相关医疗机构。

(田爱红　周　莹)

【医药分开综合改革】 4月8日,石景山区正式实施医药分开综合改革,区卫生计生委开展医改日报、周报进行重点数据的监测和舆情监测,成立多部门联合监督检查工作小组;在改革中,实行药品阳光采购,与医联体核心医院实现完全对接,建立短缺药品的上报制度和供应长效机制,设立四种慢病短缺药品储备库;在所有社区卫生服务机构实行对60岁以上京籍老年人免收普通门诊医事服务费个人自付金额部分;在所有社区卫生服务中心开展先诊疗后付费工作。截至到年底,社区卫生服务机构累计开具长处方344张;采购的基本药物品规金额占采购药品总金额比例达到了65.2%;免收医事服务费中自付金额部分京籍老年人累计785090人次;开展先诊疗后结算累计256246人次;动态监测重点数据变化。医药分开综合改革后,2017年4月8日至11月30日社区卫生服务机构门急诊次均费用379.49元/人次,门急诊次均药费327.71元/人次、药品收入占比86.36%。与2016年同期比,门急诊次均费用增长

25.43%、门急诊次均药费增长1%、药品收入占比下降2.58%。

（田爱红　周　莹　曾玉香）

【第六届幸福家庭文化节】　5—9月，区卫生计生委举办石景山区第六届幸福家庭文化节，共开展236场文体、宣传、教育服务活动，直接参与群众22000多人，从街道到社区，从机关到企业，从军营到校园，开展家庭运动会、炫彩宝宝秀、文艺演出、邻里联谊会、青春健康教育、宣传一条街、关爱困难女孩、关爱失独老人等活动。本届幸福家庭文化节活动中共有20个幸福家庭、9名优秀宣传员、9名优秀联络员受到表彰。

（崔　莹）

【健康示范单位创建】　10月19日，北京市爱卫会专家组对石景山区创建的市级健康示范单位进行终期评估验收，新参与创建的单位区委党校、区环保局、中国科学院高能物理研究所、国家体育总局射击射箭运动管理中心、寿山福海养老服务中心，市级专家组对创建单位从建立促进职工健康工作机制、营造促进职工健康工作环境、提供促进职工身心健康服务、提高职工健康水平四大方面进行检查，听取各单位工作汇报、查阅健康工作档案资料并进行现场实地检查。市级专家组一致认为各参创单位各项创建工基本达到了市级健康示范单位水平。截至年底，石景山区已成功创建92家市级健康示范单位。

（李　静　李　培）

【病媒生物控制】　年内，区卫生计生委开展夏季灭蚊蝇活动，全区范围内开展四轮统一灭蚊蝇活动，以居民社区、公园绿地、市政下水管道井口、七沟八渠和其他全区公共外环境为重点，全面清理孳生地，杀灭成蚊蝇。配合疾控中心完成病媒控制社会购买服务招标工作，指导中标单位按照全市统一部署，开展全区地下管线鼠密度调查工作，摸索有效控制方法。组织常规性灭蚊、蝇、鼠活动，使石景山区病媒生物密度控制在国家标准范围内。

（李　静　李　培）

【慢性非传染性疾病防治管理】　年内，区卫生计生委开展成人慢性病及其危险因素监测工作，共完成调查480人。开展脑卒中高危人群随访干预项目，摸底调查人数共计2693人，开展二级培训1次，常规督导6次，专项督导1次。新成立7个高血压管理小组，组织开展授课及活动100余次；新成立5组糖尿病同伴支持小组，小组活动严格按照下发的组长培训手册进行，开展小组活动45次，现场督导10次。开展特色活动4次新增干预糖尿病患者55人。招募全民健康生活方式指导员队伍，新培养230人，完成技术培训且考核全部合格；全新创建各类示范机构10家（其中示范单位6家、示范餐厅2家、示范食堂1家、示范公园1家），通过北京市市级验收，取得市级示范机构称号。完成北京市卫计委开展的城市癌症早诊早治工作，对五大高发癌症（包括肺癌、乳腺癌、大肠癌、肝癌、上消化道癌）进行危险因素评估，共评估出高危人群5203人，临床筛查1122人（其中：肺癌高危人群481人、肝癌高危人群158人、乳腺癌癌高危人群169人，上消化道肿瘤高危人群180人，结直肠癌高危人群1346人）；组织五里坨社区卫生服务中心和首钢医院在圆满完成市级城市癌症早诊早治项目的同时，加做肺癌筛查，共计完成临床筛查318人次。开展高血压日、糖尿病日等宣传活动10次，累计发放海报2000张，折页20000余份，支持性工具500余套。利用石景山电视台、石景山卫生信息网、石景山区健康教育官方微博及微信、石景山报等多种媒体宣传，发表科普文章150余篇。

（班玉贞　安欣华）

【禽流感防控】　年内，区卫生计生委成立防控工作组，制定防控工作方案，组织区重大办成员单位对全区活禽交易、禽类散养、林下养殖情况进行拉网式摸底排查，建立工作台账，严查辖区内市场活禽交易活动、活禽现场宰杀等违法行为；上半年共印制发放海报、折页、宣传单页等各类禽流感防控知识相关的宣传材料2.7万余份，告知书1.2万份；上半年共迎接市级督查4次；截至年底共编制禽流感防控工作简报6期，处理相关群众反映交办单3份。

（崔　超　崔瑞莲）

【中医健康社区试点建设】　年内，区卫生计生委制定《石景山区中医健康社区试点建设工作中医药慢病管理和中医健康教育工作实施方案》，印发《石景山区社区卫生中医实用技术》手册、《十二导引术》图书和光盘及19种中医健康教育处方50万张；印制体质辨识与保健手册6000本；组织中医专家编写并印制中医家庭保健系列手册《居民中医保健知识手册》《日常生活中医养生知识》《常见慢性病的中医保健》《常用中医家庭保健小知识》印发各试点社区约2万户居民；编印《中医适宜技术——拔罐与艾灸》《老年人中医养生一日指引》《冬季流行性感冒中医药防治方案》各10000册，免费向社区居民发放。组织6支市级领军人才团队到石景山区试点社区义诊及指导30次。区中医医院开展中医健康教育大课堂20次，受众1000余人；开展大型义诊活动共计13次，其中联合市级团队义诊共计4次，受众1500余人。各社区卫生服务中心开展中医健康教育讲座60次，中医义诊61次，受众6000余人，对8605名高血压病人、3082名糖尿病病人进行中医慢病健康管理。

（王艳红　边凌云）

【社区中医药健康驿站】　年内，区卫生计生委联合各街道（鲁谷社区）为社区居民搭建的中医药健康管理、中医药文化传播、中医药养生互动的服务平台—社区中医药健康驿站。并作为中医健康社区试点建设、中医药健康养老"身边工程"、中医药治未病健康促进工程三项重点工作的有机融合的平台，为社区居民提供中医养生保健知识科普与推广、健康档案智能化管理、中医体质辨识体检、中医适宜技术培训体验、个性化健康指导与调理等服务。截至年底，鲁谷、广宁、五里坨、金顶街街道"社区中医药健康驿站"已建成运行，古城、八角、八宝山街道"社区中医药健康驿站”正在建设中。

（王艳红　边凌云）

【医联体建设】 年内，区卫生计生委与发改委、经信委、财政局、食药局等政府有关部门人员、医疗机构有关人员组成医联体理事会，在石景山区成立以北京大学首钢医院、石景山医院和朝阳医院西院分别作为医联体核心医院的三个医联体理事会，对医联体统筹管理，下发《关于建立石景山区医联体理事会的工作意见的通知》和《关于确定石景山区医联体理事会成员名单的通知》。对全区医联体组成机构进行调整，并下发《关于调整石景山区医联体组成机构的通知》。围绕医联体双向转诊、医生下社区及紧密型医联体试点等相关工作内容，组织石景山区医联体建设项目申报。三个医联体主要开展以下工作：医联体内预约诊疗、双向转诊；核心医院技术骨干到社区卫生服务机构兼任学科带头人；上级医院派出人员到下级医疗机构出门诊、查房、会诊、开展技术指导和培训；组织基层医务人员到核心医院进修。

（乔彦云　孙　霄）

卫生应急

【概况】 年内，区卫生计生委有效处置各类公共卫生事件58起，包括北师大附属中学京西分校诺如病毒急性胃肠炎突发公共卫生事件及学校及托幼机构的多起集中发热疫情、诺如疫情等事件。突发公共卫生事件报告率、报告及时率、网络直报率、报告完整率、事件评估率均达到100%。落实《北京市院前医疗急救服务条例》，完成石景山区院前急救机构担架工的配备。组织开展区级卫生应急技能竞赛活动，参加市级应急技能竞赛并取得好成绩。完成“一带一路”高峰论坛、党的十九大等重要活动期间及区违建强拆整治等政府指令性医疗卫生保障任务。全年共开展应急演练11次。完成全区各类重大事件、重要活动和节日的医疗卫生保障任务94次，出动救护车137车次，医务人员411人次。

（高　晖　季江南）

【卫生应急专题培训】 6月，区卫生计生委组织开展2场区级卫生应急专题培训，邀请2名国家级专家就化学中毒事件的应急救援以及突发传染病疫情应急处置进行培训，共有50余家机构400余人次参加了培训。11月，区卫生计生委与中国医学救援协会灾难救援分会举办“国家灾难生命支持（NDLS）”技术培训班，采取理论和模拟演练相结合形式进行授课，着重培训及考核学员应对自然灾害等各种灾害导致大规模伤亡事件时的应急指挥、检伤分类、医疗救助、个人防护等执行紧急救援行动能力，委机关、委属单位及辖区二、三级医院的卫生应急专业人员等70人次参加培训。

（高　晖　季江南）

【卫生应急技能竞赛】 6－8月，区卫生计生委联合区总工会于组织开展石景山区卫生应急技能竞赛活动，成立活动组委会，制订并下发活动实施方案，组织安排备赛队员进行赛前培训23课次，对区级竞赛活动优秀团体及个人进行表彰。选拔区级代表队参加北京市卫生应急技能竞赛，两名选手分别获得中毒事件处置和紧急医学救援项目个人三等奖，石景山区代表队获得市级卫生应急技能竞赛团体二等奖和优秀组织奖。

（高　晖　季江南）

【突发事件处置】 年内，石景山区发生各类公共卫生事件58起，包括突发公共卫生事件1起（北师大附属中学京西分校诺如病毒急性胃肠炎突发公共卫生事件）；传染病暴发疫情9起，其中流感7起，水痘2起；集中发热疫情17起、急性胃肠炎聚集性疫情17起、手足口聚集性疫情14起。累计出动疫情处理人员272人次，车辆92车次，各项疫情均得到及时规范处置。全年共处置突发事件24起，其中斗殴事件1起（伤者9人）、交通事故3起（伤者13人）、溺水1起（死亡1人）、非法行医致死1起（死亡1人）、中毒2起（伤者2人）、火灾1起（1死1伤）、坠楼2起（死亡2人）、窒息死亡1起（死亡1人）、一氧化碳中毒12起（伤者18人，死亡3人）。

（高　晖　季江南）

【空气重污染卫生应急】 年内，区卫生计生委组织修订完善《石景山区空气重污染卫生应急分预案》，组织辖区医疗卫生机构开展空气重污染健康防护知识宣传等应急工作，完成1次橙色预警、4次黄色预警、5次蓝色预警共10次空气重污染预警期间的卫生应急工作。

（高　晖　季江南）

医疗服务管理

【概况】 年内，区卫生计生委推进三个区域医联体建设，其中北京大学首钢医院医联体被列入市级紧密型医联体试点，开展预约诊疗、双向转诊、技术帮扶、人才培养等工作。1—11月，医联体上转8925人次，下转4338人次。召开区医学重点学科（专科）建设总结暨区医学重点扶持专科启动会，总结三年重点学科（专科）建设工作并对9个区医学重点学科（专科）授牌，启动石景山区重点扶持专科建设工作。开展21个医疗质控办的换届选举，新增超声医学质控办，召开石景山区22个医疗质量控制和改进办公室主任委员单位授牌大会暨质控管理工作会。开展老年综合评估，组织“第一届石景山区老年综合评估技术培训班”，组织开展石景山区康复治疗师转岗培训工作和老年友善医院创建活动。辖区内医疗卫生机构申报科研项目51项，其中国家科技项目12项、地方科技项目23项、其他科技项目16项，获得科学技术奖项5项。在中国科技论文统计源期刊和中国科技核心期刊发表论文376篇，被SCI收录论文114篇。出版专著11本，授权专利23项，在各级学术团体任职64人。

（乔彦云　孙　霄）

【对口支援】 2月16日，石景山医院3名援疆医师林经萍、张丽和丁伟英做为第九批第一期援疆医师赴新疆和田墨玉县人员医院进行为期一年医疗援疆工作。7月3日至7月7日，区卫生计生委组织石景山医院医疗专家一行11人赴新疆和田地区开展对口支援医疗对口帮扶工作，医疗队专家们以义诊、临床带教、业务培训等活动开展对口支援工作。10月，区卫生计生系统开展帮扶青海称多县、河北顺平县、内蒙宁城县医疗卫生工作。

（李　卓）

【医学教育管理】　3月、11月，区卫生计生委举办两次“继续医学教育管理干部培训班”，就继续医学教育相关政策规定、授分标准、学分审验常见问题进行交流和沟通。开展在职人员职业综合素质教育培训，从法律法规、医德医风、科研论文的撰写等多方面进行培训。全年举办国家级继续医学教育项目56个，市级项目62个，区级项目426项，学科覆盖率100%，项目总体执行率99.52%，培训103360人次，全区继续医学教育单位覆盖率100%，学分达标率99.89%。远程继续医学教育240人。

（田爱红　武凤娇）

【优秀护士评选】　4月，区卫生计生委开展纪念5·12护士节工作，经各单位推荐及网上公示后评选出石景山区98名优秀护理工作者。5月10日，区卫生计生委对2017年优秀护理工作者代表及区护理论坛优秀组织奖获奖机构进行表彰并颁发荣誉证书。

（田爱红　周　莹）

【服务百姓义诊活动周】　9月9－15日，石景山区开展“服务百姓健康行动”大型义诊活动周活动。9月9日，区卫生计生委组织区内12家医疗机构在古城公园举办大型义诊活动，针对内科、外科、儿科、口腔科、中医科、眼科、康复科等专业的常见病开展义诊，免费为市民测血压、血糖，指导居民学习心肺复苏操作。古城公园义诊活动共出动工作人员200余人，接待诊疗4200余人次、发放健康知识资料2800余份、现场健康服务5000余人次。

（乔彦云　孙　宵）

【北京·西山中医药文化季】　10月11日，北京市中医管理局和石景山区人民政府在八大处公园共同主办“尚医善佑·养生祉民”第二届北京·西山中医药文化季系列活动。活动有“健康驿站·汇服务”六大养生主题现场服务展示和流动中医药健康驿站的互动宣传服务。来自北京市级领军人才团队、石景山区名中医传承工作室、石景山区“治未病”服务团队以及家庭医生签约服务团队等近百名中医专家，为游人现场开展义诊咨询、家庭医生保健服务及中医药健康养生保健指导等活动。

（王艳红　边凌云）

【准入管理】　年内，区卫生计生委完成医疗机构设置审批5家，医疗机构登记注册5家，机构注销7家，医疗机构变更法人代表、负责人、执业地址、机构名称、诊疗科目、牙椅数量等35项行政许可。办理执业医师首次注册80人次、变更注册294人次，多执业机构备案195人。办理护士延续注册208人次、变更注册398人次。12月，启动全区护士电子化注册工作，截至年底有3822名护士完成电子化注册。

（曹　晖　李小方）

【血液管理】　年内，区卫生计生系统组织献血完成21456.55单位，其中团体无偿献血完成2282.8单位，街头献血完成19173.75单位，其中八大处公园街头献血点完成18448.75单位，万达广场街头献血点完成725单位。无偿献血比去年同期减少13%。辖区医疗用血单位共7个，全年医疗用血10951.5单位，血浆814400ml，血小板1062单位，全年血液供需达到平衡。

（曹　晖）

社区卫生服务

【概况】　年内，石景山区有10家社区卫生服务中心、39家社区卫生服务站。区社区卫生服务管理中心（简称区社管中心）完成2015年、2016年区卫生计生委社区服务提升工程项目及基层医疗机构无障碍设施改造及消隐建设的装修改造工作，涉及社区卫生服务中心、站19家。并完成全区38家社区卫生服务站点医疗废水处理摸底工作。投资60余万元建立了区级技能操作实训室，配置多功能急救、护理模拟人及中医穴位模型。全区社区卫生服务卫技人员继续医学教育学分达标率100%，截至11月底共举办28场，4480人次参加。

（汪　磊　郭星华）

【家庭医生签约服务】　年内，区社管中心在组织“家庭医生服务推进月”活动，开展家医签约服务进学校、进社区、进敬老院等多种形式的宣传活动。截至11月底，全区家庭医生签约居民总人数达262828人，家庭医生签约服务总签约率为41.46%，全区重点人群签约178210人，重点人群签约率达到91.02%。

（贾彩霞　李　宁）

【老年人健康管理】　年内，区社管中心组织召开老年人健康管理工作布置会，下发《2017年石景山区65岁及以上老年人健康管理实施方案》，印刷并下发老年人健康管理工作宣传海报共计2000份。开展《国家基本公共卫生服务中老年人健康管理规范第三版》的培训，实行月报制度，定期通报工作进度和完成质量，截至到年底，累计管理老年人44911人，健康管理率达到67.03%。

（郭星华）

【中医药服务】　年内，区社管中心联合各街道办事处在社区试点建设中医健康驿站，配备健康小屋设备，开通信息系统，以家庭医生团队定期巡诊的方式，在驿站为居民提供健康管理服务。将社区卫生“中医人才”、区级“名中医工作室”师承人员纳入社区卫生“中医之家”统一管理，共举办培训4场，200余人参加；组织辖区40家社区卫生服务机构开展冬病夏治“三伏贴”工作，全区三伏期间共贴敷3232人，39322人次。印制中医体质辨识与保健手册27000本、儿童中医健康宣传折页20000张。截至年底完成65岁及以上老年人中医药健康管理30165人，管理率达到45.02%，0到36个月儿童中医药健康管理7915人，管理率达到58.3%。

（汪　磊）

【分级诊疗】　年内，区社管中心建立卫生政务专网，为各医院配置数据交换前置服务器，制定接口标准，接口改造也已完成初设，选择首钢医院医联体进行试点，开始转诊程序的初步流程测试工作。依托3家医联体开展对口支援工作，1—11月支援人员总数2254人，对口支援累计服务天数6666.5天，对口支援累计门诊量21355次。带教学员人数累计有392人，累计带教时间1455天，开展健康教育67场，受益4094人次，专业讲座53场，受益725人次，健康咨询、义诊9623人次，上转病人18289人次，下转230人次。

（汪　磊）

疾病预防与控制

【概况】　石景山区疾病预防控制中心（简称区疾控中心）在2016年9月改制成公益一类事业单位，实行收支两条线管理。下辖结核病防治所、性病防治所、健康教育所及慢病防治所，流行病科（免疫预防、地方病防治、消毒科）、环境与职业食品卫生科、放射卫生科、理化检验科、微生物检验科、质控科、美沙酮门诊等10个专业科所，中心办公室、财务科、物资科、总务科4个职能科室。承担疾病预防与控制、应急事件预警与处置、疫情收集与报告、监测检验与评价、健康教育与促进、应用研究与指导、技术管理与服务等重要公共卫生职责。现有编制90人，在编职工86人，编外合同人员1人，返聘人员3人，劳务派遣17人。截止年底，石景山区出生4046人，出生率10.71‰；死亡2863人，死亡率7.58‰。死因前十位依次为恶性肿瘤、心脏病、脑血管病、呼吸系统疾病、内分泌及营养和代谢疾病、损伤和中毒、消化系统疾病、神经系统疾病、传染病、肌肉骨骼和结缔组织病。

（高作红　苑　昊）

【传染病防治】　年内，石景山区报告法定传染病14种2759例，发病率为422.69/10万；死亡5例，均为乙类传染病，包括乙肝4例、艾滋病1例，死亡率为0.77/10万，病死率0.18%。甲类传染病无报告。乙类传染病10种736例，发病率为112.76/10万，其中，痢疾185例、肺结核147例、梅毒116例、病毒性肝炎115例、猩红热90例、淋病52例、艾滋病24例、百日咳5例、登革热1例、伤寒1例。丙类传染病4种2023例，发病率为309.93/10万，其中，报告其它感染性腹泻病1052例、手足口病483例、流行性感冒419例、流行性腮腺炎69例。流感样病例监测累计监测门急诊就诊病例2008294人次，其中流感样病例17050人次，流感样病例百分比为0.85%。

（任丽君）

【计划免疫】　年内，石景山区有19家免疫预防门诊均达到A级以上标准。全年常规免疫接种率保持在99%以上；入托入学接种证查验率100%，建卡建证率100%，共完成118家13976名儿童的接种证查验工作，补种免疫规划疫苗9种，应补种769剂次，实际补种760剂次，补种率为98.8%。水痘应补种390剂次，实际补种310剂次，补种率为79.5%。外来务工人员接种工作共完成229家用人单位的摸底和接种工作，接种流脑A+C疫苗294人，接种麻疹疫苗294人；完成学龄前流动儿童强化查漏补种工作，共调查流动儿童13501人，补卡104人、补证30人，补卡补证率100%，累计补种152剂次，补种率为100%。全区累计接种招标流感疫苗25205支，其中60岁以上老年人11516支，学生13142支，其他保障人员547支。全年报告疑似预防接种异常33例，报告率9.7/10万，达到了3/10万的指标；疑似预防接种反应调查及时率、录入完整率、及时审核率及个案调查完整率均为100%。完成辖区Ⅱ型脊髓灰质炎疫苗相关病毒登记清册工作，共计调查79个单位（包括医疗卫生机构、检验所、高等院校）、82个医学、生物实验室。

（班玉贞　杨　娜）

【艾滋病防控】　年内，石景山区新报告HIV感染者/AIDS病人136例，其中AIDS病人30例。全区现存活HIV感染者/AIDS病人658例。筛查检测艾滋病抗体148888人份，阳性者162人，HIV抗体检出率0.11%；艾滋病哨点监测调查各类人群1220人，检出艾滋病抗体阳性者4人，阳性率0.3%。艾滋病高危人群干预86539人次，抗体检测14680人份，检出阳性者127人，阳性检出率0.9%。3个艾滋病自愿咨询检测门诊共接待艾滋病咨询检测者12111人，检出艾滋病抗体阳性者26人，检出率2.1%。区疾控中心利用3·24结核病防治日、6·26国际禁毒日及12·1世界艾滋病日等开展形式多样的性病艾滋病宣传活动，全年发放性病艾滋病宣传资料共计10余种14万份，免费发放安全套16万只、润滑油8千支。

（张国磊）

【美沙酮门诊管理】　年内，石景山区美沙酮在治人数205人，日均服药人数130人左右。石景山区现有登记在册吸毒人员700余人。6月26日国际禁毒日，美沙酮门诊开展禁毒防艾宣传活动，并为门诊服药病人发放慰问品以鼓励病人坚持服药。12月1日，世界艾滋病日，美沙酮门诊开展预防艾滋病知识宣传活动，发放生活慰问品和补助金。

（姜　影）

【结核病防治】　年内，石景山区结核门诊共接诊1337人次，化验室共做检查4109人次，其中痰涂片831份，涂阳126份；培养477份，培阳55份。全区登记管理肺结核病80例（其中耐多药病人1例），其中，外地患者39例；新发涂阳病人35例，涂阴病人35例，结核性胸膜炎3例，未痰检7例。发放免费药品23010人次。对大学新生6356人进行结核菌素监测，其中强阳性222例，免费胸片检查222人，发现结核病人2例。根据《北京市中小学校结核病控制工作规范》等工作规范要求，对488名学校密切接触者进行筛查，未发现结核病患者，未发生学校结核病聚集性疫情。新生儿卡介苗接种5392人次，接种后12周PPD阳转率100%，完成210名新生儿卡介苗接种率入户调查工作。在国家基本公共卫生服务项目肺结核患者健康管理工作中，落实社区督导管理制度，管理率98.2%，规则服药率100%。组织全区医疗卫生机构开展“世界防治结核病日”宣传活动，全年共开展健康宣教活动50余次，发放相关宣传材料100000余份。开展结核病防治培训7次。

（姜　影）

【公共卫生监测与评价】　年内，区疾控中心在国家职业病报告网，共审核16份用人单位信息和27份有毒有害作业工人健康监护汇总表，审核并访视尘肺病病例21例、2例职业病病例以及5例农药中毒病例。开展食品安全风险监测工作，化学污染物检测140件，合格140件，合格率100%。食品微生物监测147件，合格147件，合格率100%。开展食源性疾病监测工作，共采集357件患者粪便标本，完成全年任务的108%，检测出阳性样本数为29件，阳性率为8.1%。接受35户公共场所的日常委托检测工作，共检测1469件样品，合格1469件，合格率100%。开展了129户公共场所监督抽检和日常监测工作，监测2690件，合格2660件，合格率98.88%。围绕着生活饮用水和游泳池水的委托检测、日常监测和监督抽检，共检测水样158件，合格153件，合格率为95.85%。区疾控中心在全市范围内开展放射卫生防护检测53户96台、放射诊疗建设项目放射防护评价28户59项。个人剂量监测1425人次，个人剂量监测送检率99%。放射性本底监测水体2次、土壤1次和空气4次，配合市疾控中心开展室内氡专项监测。开展职业性放射性疾病监测与职业健康风险评估，完成44家放射诊疗机构基本信息调查，6家监测医院放射工作人员职业健康管理信息调查，以及1家医院8名从事介入放射学（含骨科放射影像引导手术）工作人员个人剂量双元件监测工作。通过北京市卫生计生委放射卫生技术服务机构2016－2017年度资质年检。放射卫生工作获2016年度北京市放射卫生工作一等奖。

（孟庆晨　王明良）

【感染防治】　年内，石景山区有区级以上医疗机构13家，区级以下58家，个体医53家，18家学校医务室，托幼机构54家。全部纳入监测工作范围。医疗机构消毒效果监测：共监测203户次，共采样1221件，合格1220件，合格率99.9%，其中物表及工作人员手涂抹采样849件，合格849件，合格率100%；空气采样205间（件），合格205间（件），合格率100%；高压锅监测采样119件，合格119件，合格率100%。托幼机构消毒效果监测：共监测52户次，采样857件，合格855件，合格率99.8%。其中物表及手采样522件，合格522件，合格率100%；空气采样200间（件），合格199（件），合格率99.5%；其它135件，合格134件，合格率99.2%。消毒工作检查：医疗机构203家次，托幼机构52次。传染病消毒管理：病家或疫点消毒15次，进行物表消毒面积达5100平方米，消毒效果评价3家。传染病疫情抽样病家消毒技术指导112家次，检查社区服务机构40家次。传染病防控督导检查，肠道门诊8家次。日常病媒生物密度监测：蝇监测共21次，共6类环境每次设点7个场所，共累计布放蝇笼119个；蚊监测共18次，成蚊共监测3类环境每次5个点，共累计布放诱蚊灯180套；白纹伊蚊专项监测6次，2个点，布放诱蚊诱卵器600个；幼蚊监测共4类环境每次6个点，共累计检查容器50个，取水样270勺。蟑螂密度监测12次，每次设点8个场所，累计布放粘蟑板4080张。鼠密度监测12次，每次设点4个，布粉块600块，鼠夹1300把。出血热鼠监测，布放鼠夹1500把，捕鼠20只，鼠心肺标本送市CDC实验室进行出血热抗原抗体的检测。蚊虫的病原学监测采集标本500只。石景山区驻区病媒生物标本采集与制作，采集与制作蚊蝇鼠蟑螂生态标本四类10种，共80只。

（佟明新）

【实验室建设】　年内，区疾控中心实验室纳入国家致病菌识别网网络实验室。拥有气相色谱仪、原子吸收分光光度计、双道原子荧光光度计、液相色谱仪、离子色谱仪、全自动酶免系统、全自动生化分析仪、流动注射仪、恒温培养箱、微波消解仪、电感耦合等离子体发射光谱仪－质谱仪（ICP－MS），可开展各类检验检测288项。中心为北京市禽流感、麻疹风疹、艾滋病及流感病毒网络实验室，

（吴　劲）

【精神卫生】　年内，全区在册严重精神障碍患者2803人，其中住院治疗275人，社区管理2528人；全年免费服药精神障碍患者905人，免费为665名精神障碍患者进行健康体检；严重精神障碍患者监护人申请补贴率为90.45%。年内主要数据指标情况：在册规范管理率99.75%；在管患者稳定率100%；规律服药率89.33%；报告患者率4.195‰。

（班玉贞　张春霞）

【口腔卫生】　年内，区疾控中心组织区牙防所推选为石景山区2017年窝沟封闭、氟化泡沫项目实施医疗机构报市卫生计生委，对辖区定点医疗卫生机构进行专项培训。石景山区窝沟封闭预防龋齿项目覆盖32所学校，12126名儿童，牙齿11042颗；氟化泡沫全年服务幼儿园56所，24077人次。

（班玉贞　张春霞）

卫生监督

【概况】　石景山区卫生和计划生育监督所（简称区卫计监督所）是区卫生计生委直属行政执法机构，负责本行政区域内传染病防治、生活饮用水、公共场所卫生、放射卫生、消毒产品、学校卫生、医疗机构、妇幼保健、采供血机构、职业病诊断机构以及相关执业人员的执业活动等方面的执法监督工作，依法查处有关违法案件。内设11个科室，其中职能科室4个：综合办公室、综合业务科、法规督察科、信息宣传科。业务科室7个：行政许可受理办证科、生活饮用水卫生监督科、公共场所卫生监督一科、公共场所卫生监督二科、学校卫生监督科、医政监督一科、医政监督二科。全年开展监督检查8493户次，其中日常监督4731户次，累计监督覆盖率98.84%，合格率95.71%；集中空调监督52户次，合格率94.23%；日常控烟监督1571户次，合格率92.61%；北京双随机监督1816户次，合格率94.79%；国抽双随机监

督94户次,合格率98.44%;作出行政许可1360户次/人次;医疗机构不良执业计分共72家、118户次,累计计分182分;行政处罚共418件,罚没金额60.12万元。处理投诉举报324件,全部办结,处理率100%,满意率100%。

(贺　辰　王丹丹)

【公共卫生检查】　年内,区卫计监督所开展公共卫生监督检查2844户次,监督覆盖率98.39%。行政处罚343户次,罚款人民币34.325万元。其中一般程序82户次,罚款人民币33.8万元;简易程序261户次,罚款人民币0.525万元。

(张兆祥　周丽森)

【生活饮用水检查】　年内,石景山区共有供水单位431户,其中集中式供水28户,二次供水263户,现场制售水机139台,涉水产品生产企业1户。区卫计监督所监督检查生活饮用水911户次(日常检查675户次,北京市双随机233户次,国家双随机3户次),覆盖率100%,合格830户次,不合格81户次。2017年实施行政处罚82户次,其中一般程序18户次,简易程序64户次,罚款人民币18万元。

(翟义敏)

【医疗卫生监督】　年内,区卫计监督所对医疗机构和传染病疫情防控监督检查2443户次,合格2364户次,合格率96.77%。其中医疗机构1159户次,传染病消毒750户次,母婴保健42户次,血液15户次,控烟监督检查148户次,其他检查包括打击非法行医、处理投诉、处理疫情等共329户次。受理投诉举报及信访件77件,打击非法行医150户次。全年行政处罚79件,罚款人民币259932.2元,没收非法所得18932.2元。其中简易程序59件,一般程序20件。医疗卫生和传染病防治共处罚63件,罚款53000元。

(谢卫芳)

【职业放射监督】　年内,石景山区有职业卫生技术服务机构(放射防护)单位3家,区卫计监督所监督检查7户次,覆盖率100%;放射诊疗单位45家,监督74户次,覆盖率100%,2017年放射卫生处罚15件,罚款人民币178000元。

(李秋圆)

【打击非法行医】　年内,区卫计监督所摸排查处非法行医黑诊所及无证游医150户次,共出动执法人员258人次、执法车80辆次,下达非法行医取缔公告25户次,联合药监、公安、工商等部门联合打击非法行医18次,收缴药品及医疗器械120袋(箱)约750公斤,牙椅2台,销毁灯箱广告牌12个。行政处罚1户次,罚款人民币10000元整、没收非法所得人民币18932.2元。

(马世鸣)

【口腔医疗机构量化评级】　年内,区卫计监督所组织专家开展辖区口腔诊所和含有口腔的医疗机构量化评级工作。石景山区共有59家口腔医疗机构参与量化分级,评出A级机构19家,B级机构25家,C级机构12家,D级机构3家。

(靳　佶)

【行政审批】　年内,区卫计监督所受理行政许可咨询1863余人次;受理申请1397人;现场审核432户次;作出行政许可1360户次/人次,其中,护士证629个、医师证件290个、卫生许可证343户、放射诊疗71户次、母婴保健许可27件。

(张志军)

动物卫生监督

【概况】　石景山区卫生计生委承担动物卫生监督管理局的职能,区动物卫生监督所(简称区动监所)隶属于区动物卫生监督管理局,为正科级行政执法机构,承担区内动物防疫、检疫、兽医医政、药政以及动物及动物产品安全监管的行政执法工作,核定行政专项执法编制12人。年内,区动物卫生监督所共开展行政检查298家次,出动执法人员716人次,出动执法车辆280台次。其中包括开展双随机抽查71家次,出动执法人员142人次。立案查处违法案件33起(3起一般程序案件,30起简易程序案件),截至目前结案33起。罚没款1.12万元,其中罚款1万元以上案件1起。办理动物诊疗机构执业兽医注册及备案41人次。全区年内未发生重大动物疫情及动物源性食品安全事件。

(陈舒楠　杨国平)

【犬只狂犬病免疫点认定】　6月,区动监所在原有7家动物诊疗机构基础上新认定3家动物诊疗机构作为狂犬病免疫点,并向社会公示10家动物诊疗机构名单。

(崔　超　崔瑞莲)

【动物防疫和检疫】　年内,区动监所对辖区内存栏265只羊全部进行口蹄疫及布病的免疫,免疫率100%;完成小反刍兽疫补免工作。采集100份羊血清、100份犬血清进行布鲁氏菌病自检,结果全部为阴性;采集180份犬血清、60份犬粪、60份猫血清送至市动物疫控中心进行狂犬病、布病、弓形虫病等疫病监测,结果全部为阴性;辖区9匹马属动物全部进行马鼻疽、马传贫检疫净化。

(陈舒楠　杨国平)

【H7亚型流感防控】　年内,区动监所联合各街道办事处对辖区内禽类散养及活禽交易情况进行拉网式摸底排查,建立《禽类散养统计台账》及《活禽交易易发区域台账》,开展监测工作。春节后,防疫工作人员到老山公园等公共区域采集60份野禽新鲜粪便样品进行H7亚型流感检测,结果全部为阴性;5月,动监所针对信鸽开展了以病原学抽样检测为主的专项监测,按照比例采集63份信鸽咽–肛双拭子样品进行H7亚型流感监测,结果全部为阴性。共发放海报、折页、宣传单页等各类禽流感防控知识宣传材料2.7万份,发放H7亚型流感防控明白纸9000份。

(陈舒楠　杨国平)

【狂犬病强制免疫】　年内,区动监所在古城街道新建狂犬病免疫示范社区—八千坪社区,开展"3·15""9·28世界狂犬病日"等主题宣传活动。邀请动物诊疗机构为居民开展宠物义诊,在狂犬病定点免疫机构发放宣传材料10余种、1300余份,接待咨询500余人次。截至年底,石景山区注册犬6040条,狂犬病免疫注射累计8554条,其中注册犬5428条，非注册犬3126条。

（陈舒楠　杨国平）

【动物和动物产品检疫】　年内，区动监所共发放检疫标志60万余枚，落地分销换证动物产品1910吨，产地检疫犬48只，猫25只，马1匹，羊驼4只。动物及动物产品检疫率、检疫合格证持证率均达到100%。

（陈舒楠　杨国平）

【畜牧存栏与监管】　年内，石景山区存栏羊265只、马9匹、注册犬6040条。监管对象21个，其中养殖户5个，动物诊疗机构16个（医院11个、诊所5个）。

（陈舒楠　杨国平）

妇女和儿童保健

【概况】　年内，石景山区有助产机构5家，产科床位200张，助产技术服务人员162名；有计划生育技术服务资质的医疗机构14家，计划生育技术服务人员123名；围产保健机构16家；儿童保健机构18家，开展儿童保健集体管理的幼儿园57家。区卫生计生委与区财政局、妇联等部门共同开展适龄妇女两癌筛查、0～6岁儿童免费体检、新生儿疾病筛查、0～3岁儿童早期综合发展服务等多项妇幼重大及基本妇幼公共卫生工作。组织开展产科质量飞行检查、孕产期保健技能竞赛、产科急救、计划生育知识及技能知识培训班等专项工作。全年孕产妇死亡1例，孕产妇死亡率24.72/10万；婴儿死亡率1.24‰；5岁以下儿童死亡率1.24‰，婴儿死亡率、5岁以下儿童死亡率等各项指标基本达到全市要求。

（朱学群）

【母婴保健技术许可】　年内，区卫生计生委完成对北京大学首钢医院等6家医疗机构母婴保健技术服务许可换证、变更工作；对45名助产人员、计划生育技术服务人员的母婴保健技术服务人员资质进行换证、变更及新考证工作；补发出生医学证明117例。

（朱学群）

【国家母子健康手册试点】　年内，区卫生计生委按照国家及市卫计委《关于印发母子健康手册推广使用工作方案的通知》等文件要求，石景山区作为全市8个试点区之一，组织和开展对手册的宣传、发放、填写、应用和数据收集等培训工作，规范发放流程，于12月1日开始发放，截至年底，累计下发《母子健康手册》396本。

（朱学群）

【爱婴社区与规范化门诊】　年内，石景山区新创建八宝山、老山社区卫生服务中心为第三批爱婴社区，接受北京市爱婴社区评定，并通过市级验收，获得爱婴社区称号；五里坨社区卫生服务中心通过市级妇保、儿保规范化门诊验收考核。

（朱学群）

石景山区红十字会

【概况】　区红十字会是中国红十字总会的地方组织，是从事人道主义工作的社会救助团体，负责组织和开展全区的红十字工作。年内，区委、区政府出台《中共北京市石景山区委 北京市石景山区人民政府关于促进红十字事业发展的实施意见》，区红十字会修订完善《石景山区红十字会募捐救助管理办法》，规范救助流程，制定救助审批单。全年募捐救助款通过市红十字会和区审计部门及第三方审计，连续10年成为具有公益性捐赠税前扣除资格的群众团体。区红十字会年内获得募捐资格证书。结合“3·5”学雷锋日、“5·8”世界红十字日、“5·12”防灾减灾日等重要节点，组织开展红十字文化传播活动。

（王　进）

【公益文化传播】　5月8日，石景山区红十字会举办《用爱托起生命——纪念第70个“世界红十字日”》大型主题宣传活动，在活动现场进行微信扫码募捐，共计400余人参加，累计捐款5285元。区红十字会在“5·8”博爱文化月，聘请首都红十字宣讲团在社区和学校中开展4期“人道追梦、共祝小康”主题宣讲，1000余人参加。举办“心系红十字 情暖石景山”笔会活动。在全区23个公交站台，设置摆放心肺复苏及捐献造血干细胞知识展板，普及急救知识。印制并发放《中华人民共和国红十字会法》《自救互救小常识》《创伤救护》等14种宣传材料5万余份，制作宣传展板8块。全年刊发稿件33篇。其中，《中国红十字报》发稿7篇，《北京日报》1篇、《人道北京》4篇，《石景山报》7篇。区委、区政府信息14条。

（王　进）

【应急救护培训】　年内，区红十字会开展逃生避险、心肺复苏等急救知识进社区、进机关、进企业、进学校、进家庭、进工地的“六进”活动。共举办“红十字，救在身边”应急救护大讲堂活动20期，普及人数2万余人。在全区范围内广泛开展应急救护培训工作，对公务员、交通民警、环卫工人、文明引导员、学生等不同群体进行应急救护培训。为共41家企事业单位的43名工作人员进行4学时心肺复苏技能培训。有2名志愿者取得救护培训师资证书，其中1名取得市红十字会督导师的资格。全年共有4042人取得了北京市红十字会颁发的急救员证。在北京市红十字会举办的“首都社区应急救护大赛暨第四届全国红十字应急救护大赛选拔赛”中，区红十字会获得最佳组织一等奖。

（王　进）

【救护设施建设】　年内，区红十字会在八大处公园建成首都红十字紧急救援志愿者服务站，建立一支红十字紧急志愿服务队，并配备急救用品和应急救援物资。区红十字会为区环卫中心、公安交通支队、区信访办等战斗在一线的人员配备50个急救箱和500个应急包，向社区居民发放急救包1000个。其中，环卫系统各部门及下属事业单位实现急救物品全覆盖。区红十字会购置橡皮艇、潜水服等应急救援装备，培训一批具有应对水域、山野、地震等灾害救援能力的救援队伍。

（王　进）

【募捐救助】　年内，区红十字会组织社会各界及爱心人士参与“博爱在京城”募捐活动，全年共募集资金179万余元。区红十字会全年共发放救助款144万余元，救助880人次。开展“扶残助残”项目，出资3万元，资助10名品学兼优的残疾困难家庭学生完成学业；开展“博爱助学”项目，投入10.3万元，资助31名家庭困难的学生完成学业；开展“助老”项目，投入20万元，为全区高龄老人购买羽绒马甲；开展“博爱进万家，情暖石景山”项目，对107名困难群众进行两节走访慰问。开展“关爱两癌妇女”项目，投入84000元，对新增的42名患者提供救助。开展“爱心陪伴成长”项目，投入17万元，资助石景山区太阳花听力言语康复中心10名家庭困难的听障儿童完成康复训练，并购置康复训练仿真教具，捐赠办公设备。出资15万元对口支援内蒙古宁城县红十字“博爱家园”建设，并购置书包、文具等学习用品；出资5万元为青海省玉树州称多县困难群众购置棉被260床；出资5万元为河北省保定市顺平县困难群众购置羽绒服170件。

（王　进）

【志愿服务活动】 年内，区红十字会在全区中小学校开展红十字万人答题活动，普及红十字知识及法律法规。开展10期“红十字救在身边”应急救护大讲堂活动，共计1万余名师生参加。组织5所中学约1800名在校中学生参加应急救护培训，并全部取得市红十字会颁发的救护技能证。在首都红十字优秀青少年评选活动中石景山区有8名学生被评为“优秀红十字青少年会员”。先后与老山街道、区献血办联合开展献血宣传，造血干细胞宣传、劝募与采集工作，在北方工业大学、北京职业技术学院以及区卫计委系统招募造血干细胞捐献志愿者。全年共计157人捐献造血干细胞血样，成为中华骨髓库造血干细胞捐献志愿者。接受遗体和人体器官捐献咨询40余人次。在学雷锋日、重阳节，开展走进养老院志愿服务活动，为护理员进行心肺复苏技能培训，并为老年人送去护理靠垫、急救包等物品。区红十字蓝天救援队、中安救援队有效实施各类紧急救援志愿服务工作共计134次，出动志愿者1457人次，受益10000余人次。开展艾滋病宣传教育进社区、进学校、进工地、进娱乐场所，全年共干预5500余人次，发放宣传资料11500份，免费进行HIV及梅毒检测共计400人次。

（王　进）

体　育

综 述

【概况】 2017年,石景山区体育局以"新冬奥 新石景山"为目标,编制《石景山区服务保障冬奥会加快冰雪体育发展行动计划(2017—2022年)》,全面展开石景山区服务保障冬奥会、加快冰雪体育发展各项工作。体育生活化社区建设项目一期工程升级改造的14个社区已顺利完工并投入使用,推进体育生活化社区二期工程。市民冰雪中心落地,作为定点场地,为全市相关赛事活动及运动队训练提供服务。区体育局以阳春社区体育节、金秋体育盛会、全民健身日、石景山区冰雪节等四季品牌活动为引领,先后举办"阳春祈福,乐跑京西"八大处祈福越野马拉松、第二届京津冀耐力骑行活动、京津冀中老年优秀健身项目展演、第二届"龙行京华、棕香飘舞"龙舟文化活动、重阳登山活动、首届全民健身促环保主题活动等,共开展区级健身活动36次,街道级活动38次,社区级活动191次。在幼儿园、小学逐步普及冬季运动课程,建立冬季运动特色队伍,推动"轮转冰",目前,已有20余所学校共4400余人次参加冰上课程。聘请北京市冰球运动协会会长辛铁樑先生为石景山区冰雪体育战略顾问,与启迪冰雪集团签订战略合作协议,推动设立冰雪特色运动学校,打造16所区级冰雪特色学校。注册成立冰壶、冰球、滑冰、滑雪等四个项目的专业运动队,已注册运动员215人。全区全年体育产业产值达3.5亿元。

(宗 洋)

【冰雪"六进"活动】 4月27日,"新冬奥,新石景山"石景山区冰雪活动"六进"工作启动仪式在石景山区体育馆举行。8月8日,全国第9个全民健身日,石景山区全民健身日冰雪"六进"活动在石景山体育馆举行,来自辖区机关、企业、学校、部队、街道、社团的冰雪"六进"单位组成6支代表队参加活动。石景山区组织开展以"新冬奥、新石景山"为口号的冰雪"六进"系列活动,暨冬奥进机关、企业、学校、部队、街道、社团的全民健身冰雪知识宣讲体验活动。

(宗 洋)

【市民冰雪运动中心落户石景山】 5月1日,由启迪冰雪集团投资建设的启迪冰雪体育中心剪彩仪式在石景山区举行,已建成一块冰场并于5月1日启用。该项目计划建设三块1800平米的气膜式冰场,是国内首个经政府正式批准的气膜式滑冰馆,将成为国内规模最大的创新型气膜式滑冰馆群和国内第一家基于冰上运动的体育素质教育综合运动中心。

(宗 洋)

【第十二届中国滑雪产业高峰论坛】 5月11—12日,第十二届中国滑雪产业高峰论坛暨滑雪场冰场设备器材装备博览会(CSIF峰会)在石景山景园假日酒店举行。此次峰会由冰雪伟业、CSIF中国滑雪产业高峰论坛组委会主办,北京冰雪伟业文化传播有限公司、思德国际承办。国家体育总局冬季运动管理中心、芬兰驻华使馆、中国滑雪协会、市体育休闲产业协会、市滑雪协会相关领导以及来自冰雪城市、专业院校、冰雪企业的业界人士约300人参加论坛开幕式。本届CSIF峰会是首次在石景山区举办的冰雪体育类论坛,区体育局在政府资源对话环节与芬兰拉赫蒂市、赫尔辛基市、罗瓦涅米市的代表共同就冰雪城市建设等话题进行专题座谈。

(宗 洋)

群众体育

【概况】 2017年,区体育局依托阳春社区体育节、金秋体育盛会全年共开展区级健身活动36次,街道级活动38次,社区级活动191次。内容涉及优秀健身项目展示,自行车、乒乓球,登山、篮球、跳绳、拔河、健步走、冰雪趣味等。创立区域品牌冰雪活动,以"新冬奥、新石景山""冬奥让城市更美好"的理念举办石景山区冰雪节。在街道、社区培育"一街一品""一区一特"的冰雪运动发展局面。联合市徒步协会举办北京市登山大会、石景山区徒步大会等活动,联合首钢集团、龙舟协会、冰雪协会、徒步协会、武术协会,举办徒步大会、龙舟大赛、冰雪赛事、篮球三对三、足球联赛、优秀健身项目展示等活动。联合区直机关工委、学校、公园管理中心、区城管委等区级其他单位共同举办趣味运动会,体质测试,冰雪运动会,羽毛球、乒乓球等赛事,联合河北保定举办跨区域自行车骑行,滑雪大赛。体育生活化社区建设项目一期工程升级改造的14个社区已顺利完工并投入使用,体育生活化社区二期工程将覆盖石景山区8个街道23个社区体育生活化二期工程已完成五里坨街道、广宁街道标段的设计、施工招投标并开工建设。为三级国民体质测试站点更换体质测试设备8套,完成3000人的全年测试任务,锻炼各站点的国民体质测试队伍,为各街道配置国家体锻炼标准测试器材15套。

(宗 洋)

【迎春祈福越野赛】 3月19日,第三十二届石景山区阳春社区体育节启动仪式暨2017迎春祈福越野赛在八大处举行。来自北京及全国各地的户外长跑爱好者和石景山区社区居民共1500余人参与,其中包括50余名外籍选手。

(宗 洋)

【中老年人优秀健身项目表演赛】 4月28日,石景山区第三十二届阳春社区体育节暨第十三届中老年人优秀健身项目表演赛在石景山体育馆举行,来自各个街道社区、老干部局等单位19支代表队,以及本次活动特别邀请的河北保定地区的4支代表队共同参与展示活动。

(宗 洋)

【北京自行车日活动】 4月30日,第九届北京市体育大会暨2017年"北京自行车日"活动在石景山体育场开幕。由市体育局、市交通委、市体育总会联合主办,市自行车运动协会、市交通宣传教育中心、北京健康城市建设促进会、区体育局共同承办。奥运城市发展促进会副会长、北京自行车运动协会名誉主席刘敬民、北京市交通委员会党组书记、主任周正宇等领导和嘉宾出席活动。全市骑行爱好者组成40余支代表队、近1000名选手参加活动。

（宗　洋）

【三对三篮球比赛】　7月7—9日，2017年石景山区第一届中小学生三对三篮球比赛在石景山体育中心举行。比赛由区教委和区体育局共同主办，来自全区中小学20支代表队的198名运动员参加比赛。比赛根据“三对三”篮球比赛规则进行，设高中、初中、小学男女各3个组别。黄庄职业高中代表队、京源中学代表队分别获得高中男子组、高中女子组第一名；京源学校代表队、苹果园中学分校代表队分获初中男子组、女子组第一名；古城第二小学代表队、外语实验小学分校代表队分获小学男子组、女子组第一名。

（宗　洋）

【迎冬奥大众骑跑活动】　9月2日，迎冬奥大众骑跑活动在莲石湖公园举行。活动由区体育局主办，区自行车运动协会承办，来自石景山区街道、社团、企事业单位的300余名自行车爱好者参加活动。活动含十公里自行车骑行和十公里越野行走两项内容。作为第三十二届石景山区金秋体育盛会系列活动之一，本届盛会还包括开幕式和趣味运动会、健身气功比赛等十项重大赛事活动。

（宗　洋）

【旱地冰雪体验】　9月17日，石景山区以“国球促冰雪·携手赢冬奥”为主题的第十一届“和谐杯”乒乓球比赛暨石景山区旱地冰雪体验活动在石景山体育馆举办，本次活动由区体育局、区直机关工委、团区委联合主办，区社会体育管理中心承办，首都体育学院休闲与社会体育学院作为支持单位。共有通过区直机关系统选拔所产生的12支乒乓球代表队参加比赛，由全区各企事业单位、社团组成300人冰雪社会体育指导员队伍参加冰雪项目体验活动。中国女子短道速滑队主力队员、第22届冬奥会闭幕式中国代表团旗手刘秋宏宣读活动倡议书。

（宗　洋）

【北京中老年优秀健身项目表演赛】　9月26日，由市社会体育管理中心、市体育总会和市老年人体育协会主办，区体育局承办的“2017年北京中老年优秀健身项目表演赛”在石景山体育馆举行。市、区相关部门负责人出席活动。北京市中老年优秀健身项目表演赛自1997年开始，已连续举办十九届，来自全市各级老年体育工作主管部门、在京中央单位、大专院校和市老年体协团体会员单位选送的71支代表队，总计千余名选手参加。本届表演赛设健身秧歌、健身腰鼓项、武术类项、健身气功项、健身球操项、柔力球项、综合才艺项6个大项。

（宗　洋）

【第32届金秋体育盛会】　10月12日，以“高端绿色新发展全民健身享金秋”为主题的第32届石景山区金秋体育盛会在石景山体育场开幕，来自全区各街道、机关、企事业单位的1500余名市民参与。趣味运动会作为本次金秋体育盛会活动之一，分为男女混合集体项目和个人项目，其中集体赛包括超级障碍赛、旱地龙舟、龟兔赛跑、十拿九稳等项目，个人赛包括迷你高尔夫、愤怒的小鸟、百发百中等项目。

（宗　洋）

【健身气功比赛】　11月15日，全国“百城”健身气功展示活动暨2017年石景山区健身气功比赛在区卫计委报告厅举行，全区32个健身气功习练站点均派队参加比赛。本次活动共设易筋经、五禽戏、太极养生杖、十二段锦四个集体比赛项目，翠微一队、西山枫林队、雕塑公园玉兰队、翠微二队分获四个项目的一等奖。健身气功是国家体育总局重点推广项目之一，自2002年在石景山区开展以来，已逐步发展到32个习练站点，达到地区全覆盖，日常坚持习练人数约2000余人。

（宗　洋）

【健步走活动】　11月21日，由区政府、首钢集团、市徒步运动协会主办，区体育局、首钢体育文化有限公司、北京冬奥组委秘书行政部行管办承办的第二届“徒步石景山 奔向2022”全民健步走活动在首钢园区举行。徒步路线全程8千米，从首钢陶楼出发，到冬奥组委驻地西十筒仓后，再折返回到陶楼，途经月季园、文馆、原首钢机械厂、原首钢第三高炉、第四高炉等具有首钢特色的景点。

（宗　洋）

【京津冀自行车大众健身游园】　11月25日，由区体育局主办，区自行车运动协会承办的2017年京津冀自行车大众健身游园活动在永定河莲石湖公园举行。来自各社区、健身团队、单项协会的400余名健身爱好者，与来自河北省保定市健身爱好者团队共同参加

3月19日，2017迎春祈福越野赛在八大处举行　（区体育局供稿）

11 月 25 日，京津冀自行车大众健身游园活动　（区体育局供稿）

环湖健身走、自行车趣味运动、冰雪旱滑体验、模拟射击体验、赛道车展示等多项活动。

（宗　洋）

【“全民运动，冰雪体验”大讲堂】 11 月 28 日，“全民运动，冰雪体验”大讲堂在景山远洋分校开讲。此次大讲堂以传播冰雪文化、助力北京冬奥为主题，邀请资深滑雪人、青少年滑雪培训专家庄海松担任主讲，从冰雪运动起源到现代冬季奥林匹克运动会，从专业滑雪运动到群众冰雪运动防护等内容，社区居民、学校学生 500 余人参加。

（宗　洋）

【中小学生篮球联赛】 12 月 15 日，由区教委、区体育局共同主办的 2017 年第三届石景山区中小学生篮球联赛决赛在古城第二小学、京源学校举办。比赛自 11 月 11 日开始，共有来自全区各中、小学校的 44 支队伍参加 120 场比赛，分高中男女、初中男女和小学男女 6 个组别进行。首次组织教职工篮球比赛，首钢迁安获本次教职工篮球比赛的冠军。

（宗　洋）

竞技体育

【概况】 年内，区体校正式被国家体育总局命名为“国家高水平体育后备人才基地(2017—2020)”，并定为“国家重点高水平体育后备人才基地(2017—2020)”，这已是区体校连续第四个奥运周期获此称号。石景山区输送运动员在国际、全国及北京市各项体育竞赛中成绩突出。其中，女子铅球运动员于天笑在亚洲少年田径锦标赛夺得金牌，世界少年田径锦标赛夺得银牌；陈佳坤在全国少儿游泳分区赛获得 100 米蝶泳、100 米自由泳 2 块金牌；王佳蕊在全国青年体操锦标赛夺得女子平衡木金牌、女子高低杠铜牌；刘紫萱在全国青年田径锦标赛夺得女子跳高金牌；杨博渊在全国射箭重点城市锦标赛夺得男子反曲弓个人 60 米轮赛铜牌。在天津全运会上，北京队共有 15 名石景山籍运动员参赛并取得名次，为北京队夺得 3 金 3 银 4 铜。曾春蕾与队友共同夺得女子排球铜牌，使北京排球队时隔 34 年重返全运会前三名。联合区教委，借助启迪冰雪的场地、教练员等资源，在幼儿园、小学逐步普及冬季运动课程，建立冬季运动特色队伍，积极推动“轮转冰”，年内，共有 20 余所学校共 4400 余人次参加冰上课程，覆盖全区近 50% 的学校，成为北京市首个达到覆盖率 20% 目标的区县；与首钢工学院、首钢技师学院签订战略合作框架协议，借助其生源和训练场地，注册成立冰球队、冰壶队。目前，石景山区共注册冰壶、冰球、滑冰、滑雪等四个项目的专业运动队，注册运动员 215 人，与专业俱乐部合作开展训练，培养冰雪后备人才，并在 2017 年北京市青少年冰球锦标赛中取得季军。

（宗　洋）

【中小学生春季田径运动会】 4 月 21—22 日，2017 年石景山区中小学生春季田径运动会在石景山体育场召开。运动会由区教委、区体育局联合举办，共有来自全区 50 多所中小学校的运动员约 1500 人次参加，竞赛项目包括 100 米、跳高等 68 项田径类项目。经过两天的比赛，有 8 人次打破石景山区中小学生田径运动会 6 项记录。

（宗　洋）

【北京市传统武术锦标赛】 4 月 22 日，2017 年北京市传统武术锦标赛在石景山体育馆举办。共有来自北京各区武术馆、校、俱乐部、拳种研究会等 48 支代表队 882 名运动员参加拳术项目、器械项目和对练项目。本次比赛由北京武术院、市武术运动管理中心、区体育局、市武术运动协会主办，石景山体育馆承办。比赛成绩将作为《中国武术段位制》晋级技术考核的依据，获得个人单项前八名的运动员获 2017 年北京市传统武术冠军赛参赛资格。

（宗　洋）

【国际标准舞锦标赛】 4 月 29—30 日，2017“田慧－美诗美童杯”国际标准舞锦标赛暨青少年艺术素质测评展演在石景山体育馆举行。根据不同的年龄组和参赛舞种，比赛分为 86 组进行，来自广东、云南、山东、河北等地的 2700 余名舞蹈爱好者、5000 余人次参加。开幕式上，主办方邀请世界国标舞界顶级选手出席，邀请国际资深评委进行专业裁评。

（宗　洋）

【北京市武术太极拳冠军赛】 5 月 6 日，2017 年北京市武术太极拳冠军赛在石景山体育馆举行。本次比赛由北京武术院、市武术运动管理中心、区体育局主办，来自全市各区武术协会、各单项拳种研究会的 36 支参赛队约 500 名运动员参加规定套路、传统套路、器械、推手四大竞赛项目的角逐。

（宗　洋）

【京津冀挑战耐力骑行活动】 5 月 20 日，区体育局参与组织的第二届京津冀挑战耐力骑行活动在保定市人民广场举办,来自北京、河北、天津的200余名自行车骑行爱好者报名参与。全程160公里,途经河北徐水、定兴、北京房山等地。

（宗　洋）

【北京市跆拳道俱乐部超级联赛】 6月10—11日,第五届北京市跆拳道俱乐部超级联赛在石景山体育馆举办。比赛分为个人品势比赛、混双比赛、团体比赛等竞赛组别,来自全市各代表队近3000名选手参赛。

（宗　洋）

【北京市青少年武术比赛】 6月17日,北京市青少年武术比赛在石景山体育馆举行。本次比赛由北京武术院、市武术运动管理中心主办,竞赛项目包括自选拳术、自选器械、传统拳术、传统项目、集体项目,来自各区武术协会共10支参赛队191名运动员参加。

（宗　洋）

【中芬冰球友谊赛】 7月31日,中芬冰球友谊赛在启迪冰雪体育中心举行,北京首钢男子冰球队迎战芬兰超级联赛SaiPa冰球队,芬兰SAIPA冰球队最终赢得比赛。北京冬季运动管理中心主任颜纳新、芬兰航空北方区销售总监赵安共同为比赛优胜队及双方球队最佳球员颁奖。赛后,SAIPA队为中国冰球小运动员带来芬兰书籍,双方队员合影留念。本次比赛是必胜体育、钢铁侠体育、北欧体育主办的“必胜国际中芬国际冰球交流季”系列活动之一,CCTV5+进行了赛事直播。

（宗　洋）

【北京市青少年锦标赛冰球比赛】 8月26—29日,2017年北京市青少年锦标赛冰球比赛在石景山市民冰雪中心(启迪冰雪体育中心)举办。此次比赛由市体育局主办,市体育竞赛管理中心、市冬季运动管理中心、石区体育局、市冰球运动协会联合承办。比赛分为甲、乙、丙、丁四个组别,来自东城、西城、朝阳、海淀、丰台、石景山、房山、顺义、昌平、大兴等10个区19支队伍共353名运动员参赛。石景山区组织14名运动员参加丁组比赛,并以小组第一的成绩进入决赛,夺得丁组铜牌。

（宗　洋）

体育产业

【概况】 2017年,区体育局围绕“一二二三”工作思路,即:一个统领(坚持党建统领)、两个建设(冬季体育运动特色城区和国际体育交流重点城区建设)、两个升级(体育中心升级改造和体育生活化社区升级)、三个深度融合(体育事业与学校、社区社团、体育产业的深度融合)。与体育产业深度融合,打造冬季体育运动特色城区;以交流协作为依托,打造国际体育交流重点城区;以群众需求为根本,推进两个升级改造;与社区社团深度融合、与学校深度融合。年内,石景山区体育场馆服务和体育竞赛表演活动收入占全区体育产业总收入的50%以上,是石景山区体育产业发展的主体领域。全区体育场馆经营场所面积已达25万平方米,总收入为3.5亿元,占全区GDP的0.66%,体育健身休闲已成为全区体育产业发展的重要领域。第十二届中国滑雪产业高峰论坛(简称:CSIF峰会)在北京石景山景园假日酒店隆重开幕举办,石景山区以此为契机推动石景山区冰雪产业发展。

（宗　洋）

【签订战略合作框架协议】 3月24日,区体育局与首钢工学院战略合作框架协议签约仪式在首钢工学院举办。通过签订战略合作框架协议,区体育局与首钢工学院(首钢技师学院)将在区级冰雪项目运动队建设、冰雪等体育产业人才与师资培养、体育产业研究与开发、体育赛事组织与服务以及实习基地建设等多方面开展深入合作,探索教学实践融合发展,促进双方互利共赢。同时引入北京世纪星滑冰俱乐部的优质冰雪教练,推动石景山区冰雪体育人才培养多元化发展。

（宗　洋）

【首届全民健身促环保主题活动】 6月2日,区体育局联合区环保局、区冰雪运动协会在莲石湖公园举办第一届北京市石景山区全民健身促环保主题活动。本次活动参与者300余人,包括社会环保人士、石景山区企事业单位职工、石景山区社区居民、自行车俱乐部。赛事分为自行车趣味挑战赛、莲石湖环湖路徒步活动和自行车环湖骑行三个项目进行。

（宗　洋）

【首届石景山区足球联赛】 9月3日,首届石景山区足球联赛在石景山体育场完成所有的比赛。本次比赛由区体育局主办,北京中炬体育文化发展有限公司承办,共有来自全区企事业单位的300余名足球爱好者组成的17支代表队参赛。琳姗汽车租赁足球队、京汉控股集团有限公司、京西玉成足

5月20日,第二届京津冀挑战耐力骑行活动　　（区体育局供稿）

球俱乐部分别斩获冠亚季军。

（宗　洋）

【北京市足协杯决赛】 9月24日，“我爱足球”北京城市联赛之绿茵岁月2017年北京市足协杯决赛及颁奖典礼在石景山体育场进行。本次活动由市足协主办，区体育局、首都体育学院协办。“北京市足协杯”自2016年创办，是北京市业余足球最高水平的赛事，8支参赛队通过近630场比赛，从近240支队伍中选拔而出。

（宗　洋）

【对外交流】 10月26日，芬兰曼塔市代表团来到石景山区体育中心参观访问，区体育局、区外侨办相关领导出席活动。芬兰代表团一行先后参观体育中心院内各项场馆设施，了解场地建设和重大赛事活动情况。在随后进行的座谈中，双方就打造冬季体育运动特色先行区进行交流和探讨，代表团对石景山区冰雪体育发展给予高度评价，并表示将促进双方交流合作，为共同发展冰雪运动开辟更多渠道。

（宗　洋）

体育执法

【概况】 年内，区体育局成立安全生产领导小组及办事机构，实行主要领导总负责、分管领导分片包干，部门齐抓共管的工作机制，推进安全生产工作提供完善的组织保障。区体育局与各体育经营单位法定代表人签订《石景山区体育经营单位安全生产责任书》《安全生产责任书》，完成5家“一企业一标准、一岗位一清单”和10家单位安全生产责任险投保等安全生产相关工作；发放安全生产材料、宣传折页及挂图120余份，制作安全生产宣传条幅18条、展板3块。建立覆盖全区体育经营单位的微信群，目前在群人数78人。通过微信群、培训会、发放宣传手册、参观消防教育基地等方式进行安全宣传。全年体育运动项目经营单位无安全事故发生。

（宗　洋）

【安全生产月活动】 6月，区体育局开展“安全生产月”活动，相关活动贯穿全年。以宣传贯彻《中共中央 国务院关于推进安全生产领域改革发展的意见》和修订后的《安全生产法》为主线，创新宣传教育的方式方法，集中开展一系列接地气、促安全、贴近一线职工和社会公众的安全生产宣教活动。

（宗　洋）

【游泳救生技能比赛】 9月26日，区体育局在首钢篮球中心游泳馆组织开展“2017年石景山区游泳救生技能比赛暨救生员专项培训”。此次活动分25米速游（男子组、女子组）、20米潜泳捞物＋踩水（男子组）、25米拖带救生（男子组）三个项目，有12家游泳场馆，共30名救生员报名参加。

（宗　洋）

【游泳减溺工作】 年内，区体育局通过召开减溺工作会、发放《北京市游泳场馆暂行管理办法》、签订“减少溺亡事故工作责任书”等方式，开展减溺管理工作和高危项目安全管理工作。联合区减溺办、公安、卫生等多家单位到现场实地认证，从安全、卫生、管理制度等方面对游泳场馆进行开场前审查。

（宗　洋）

【等级证书审批】 年内，区体育局共审批一级运动员5人，二级运动员32人，二级裁判员35人、三级裁判员79人，涉及田径、武术、体操、柔道、网球、游泳、国际象棋等10余个项目，公开办事程序，等级运动员审批信息在规定工作日内通过市体育局网站、区政府信息公开进行公示，无一例虚假投诉现象。

（宗　洋）

社会建设

社区建设与管理

【概况】 石景山区委社会工作委员会(简称区委社会工委)是负责本区社会建设工作的区委派出机构,石景山区社会建设工作办公室(简称区社会办)是负责本区社会建设工作的区政府工作部门。机关行政编制17名,其中:区委社会工委(区社会办)书记(主任)1名,区委社会工委副书记1名,区社会办副主任2名,科级领导职数5正3副;机关工勤事业编制1名,随自然减员逐步核销。年内,成立区级社会治理委员会,形成大事共商、区域共建、成果共享的工作平台和机制。创建首批"社区之家示范点"14个,惠及居民7万余人;以"民选街聘"和"公开招考"相结合的方式,选优配强社区工作者;落实"一站式服务""弹性便民工时制",全面提升为民服务的综合能力;创建老旧小区自我服务管理试点11个,社区规范化示范点6个,新增星级智慧社区14个,社区服务体系建设日益完善。137个社区完成"基本无违建社区"创建任务。全面打造"石景山老街坊"社会治理战略品牌,建立151个"石景山老街坊"议事厅,组建"老街坊"劝导队、防消队、巡逻队等多支队伍,开展多种形式的社区共治工作。加强区社会组织培育发展中心建设,新孵化14家社会组织,通过公益"鹊桥会"、公益创投大赛等活动。创立区公益组织与志愿服务发展中心,吸纳40余家专业公益组织和20余支优秀志愿队伍入驻。投入资金1200万元,按需精准购买社会组织服务项目73个,开展服务活动2000余场次,参与社会组织150多家,累计为30万余人次居民提供服务2.5万余工时。专职社会工作者吴潭、社区团体五芳园姐妹护花服务队,获"北京社会好人"荣誉证书。

(孙振宇)

【先进社区居委会集体个人表彰】 1月20日,区委社会工委召开石景山区2016年度先进社区居委会集体和个人表彰大会,共有34个单位被授予"石景山区先进社区居委会"荣誉称号,62个人被授予"石景山区先进社区居委会主任"荣誉称号,10个人被授予"十佳大学生社工"荣誉称号。

(高 湲)

【"五清一整一悬挂"活动】 1月25日,全区151个社区组织近万名社区志愿者对辖区内2000栋楼,7000余个楼道开展"五清一整一悬挂"活动,即:清楼道、清阳台、清屋顶、清死角、清广告,整社区环境,悬挂国旗和灯笼活动。对楼道内堆放杂物进行全面检查,消除安全隐患700余处,在社区院内悬挂起国旗2556面,灯笼2569个,中国结950个。

(张 运)

【第一届公益"鹊桥"会】 4月26日,区社会办举办以促进政社合作、推动多元共治为主题的公益"鹊桥"会,邀请23个政府部门、9个街道、151个社区和50个社会组织的负责人参加。公益会现场发布《石景山区2017年政府购买社会组织服务项目申报需求》,围绕治理"大城市病"、治乱疏解建高端等市、区中心任务,鼓励和引导社会组织开展特色品牌创建。公益会上,15家社会组织作自我推介,30家社会组织做互动体验,涵盖低碳环保、文化服务、居家养老、就业指导、心理疏导、困难帮扶等专业类别。

(高 炜)

【"社区便民工时"制试点】 5月1日起,以八宝山玉泉西里中社区、鲁谷久筑社区等10个社区为试点,围绕社区居民"生物钟"施行便民工时制度,除正常工作时间外,社区将在工作日18~20点时段、每周六安排工作人员值班,方便居民办事,其他时段公布值班人员联系方式,随时解答居民问题,确保满足社区居民多种需求。鼓励社区工作者利用弹性工作时间组织社区文化活动、入户走访、社区巡查等工作。办公场所无人值守期间,利用社区电子屏、社区微信公众号、QQ群等多种方式公示值班人员联系方式,确保居民有需求时能在10分钟内进行应答。

(高 湲)

【"基本无违建社区"创建】 6月8日至11月10日,在规划分局、区住建委、区城管委等部门的支持下出台相关文件《"基本无违建社区"验收办法》《"基本无违建社区"整治范围说明》,编制30余条标语口号,全区共悬挂横幅3200余条,张贴公告16000张,发放《致社区居民一封信》18万份。155天内,全区拆除清理社区违建10019处,拆除地锁5667个,清理废旧自行车6314辆,腾退面积27万余平方米,137个社区完成"基本无违建社区"创建任务。

(王君语)

【第二届公益创投大赛】 9月21日,区委社会工委在区社区学院举办第二

9月7日,"老街坊"议事厅商议社区拆违后的建设 (区委社工委供稿)

届“爱社区 爱公益”公益创投大赛。大赛面向区内外社会团体甄选能够创新性解决社会问题、提供专业解决方案和有效服务的优秀项目。大赛评出3个金奖项目、4个银奖项目、8个铜奖项目，涵盖专业支持、妇女儿童服务、老街坊“十大员”品牌建设以及环境保护等多个方面。赛后获奖项目与主办方签订合同，并获得扶持资金。截至年底，实施效果突出的社会组织直接进入石景山区政府购买社会组织信息库和社会组织推介手册，优先承接2018年区政府购买服务项目。

（高　炜）

【清理城市“牛皮癣”】 9月29日，全区160余家社会单位以及“老街坊”、志愿者、机关人员等2万名志愿者参加石景山区老街坊“擦亮城市，庆祝国庆，喜迎十九大”公益服务主题活动。牛青山、文献、李文起、吴克瑞等区四套班子领导参加活动。一天内，擦拭居民区长椅板凳、健身器材、文化雕塑，清理城市“牛皮癣”，擦拭各类公共设施近6000个，清理社区路面、绿地达15万平方米，垃圾300余吨，楼门小广告4000多处，粉刷墙面120多处。

（高　炜）

【首届微志愿项目大赛】 10月22日，区委社会工委组织开展“人人参与，大众公益”首届微志愿项目大赛，挖掘优秀志愿服务项目，进行志愿服务项目化运营、科学化管理、专业化服务的先进化尝试。评选出2名“最具影响力奖”、3名“最具社会创意奖”、5名“最具社会效益奖”，分别获得6000元、8000元、16000元资金支持，并在12月5日国际志愿者日进行项目成果风采展示。

（王　研）

【智慧社区服务】 年内，石景山区新建市级“一刻钟社区服务圈”3个，累计完成75个市级“一刻钟社区服务圈”建设，覆盖社区151个，覆盖率100%，提前3年完成全市任务；创建老旧小区自我服务管理试点11个，破解老旧小区难点问题；按照“七化22细则”和“五统一”的标准，创建市级社区规范化示范点6个；推进智慧社区建设，全年投入资金505万元，新建智慧社区14个，完成13个星级智慧社区升星建设工作，智慧社区覆盖率达到89%，截至11月，广宁街道、金顶街街道实现智慧社区全覆盖；创建30个精品社区，打造社区名片，全面提升社区品质，增强社区居民的满意度和幸福感。

（刘欢欢）

【区社会工作者协会成立】 12月8日，区委社会工委召开石景山区社会工作者协会成立大会。选举胡岳奇担任协会理事长，协会登记会员53名，单位会员5个。

（尹俊麟）

【调整社区工作者人员结构】 年内，区委社会工委组织各街道以“民选街聘”方式，补选社区“能人”进入社区“两委”。以“面向社会公开招考”方式，采用一次招考、一次调剂的方式，补充社区工作者155人，其中定向招聘随军家属10人，140余名人员通过报名、审核、笔试、资格复审、面试、体检等系列程序被正式录用，签订社区工作者服务协议。

（周玉坤）

【保持社区工作者队伍稳定】 年内，区委社会工委调整社区工作者工资待遇。按照不低于上年度全市职工平均工资70%标准制订当年社区工作者的工资调整方案，指导街道精确核准每位社区工作者的发放数额，追加2000余名社区工作者工资待遇各项经费1190余万元，于“基本无违建社区”百日会战期间全部补发到位。关爱社区工作者身心健康。组织完成“基本无违建社区”创建任务的全体社区工作者进行心理解压拓展培训；申请资金近100万元组织全体社区工作者进行健康体检。

（董妍君）

【“社区之家”示范点创建】 年内，区委社会工委召开“社区之家”建设推进工作座谈会，石景山区业余大学、新华社第二办公区等14家企事业单位作为全市首批“社区之家”示范点与共建街道、社区正式签约，推动驻区单位将内部文化、体育、卫生及生活设施等资源向社区居民开放，惠及周边居民12万余人。

（刘欢欢）

【“石景山老街坊”品牌打造】 年内，区委社会工委在全区社区层面发展基层民主协商，畅通民主渠道，全面打造“石景山老街坊”社会治理战略品牌。出台《石景山区社区协商工作实施办法（试行）》《关于加强“石景山老街坊”群众组织建设着力提升社会共治水平的实施意见》。151个社区全部建立“石景山老街坊”议事厅、议事会，成立208个“石景山老街坊楼委会”，组建近200支“石景山老街坊”劝导队、防消队、治安队等在“基本无违建社区创建”、创新养老模式、群防群治，排查隐患等方面发挥作用。开展“石景山老街坊”擦亮城市、“石景山老街坊”社区百家宴等群众性活动。同时创作短视频、微动漫、诗词歌等文艺作品，全年在全区组织多场演出，在群众中进行文化传播。

（高　湲）

【加强基地建设】 年内，区委社会工委完成第二批入壳14家社会组织的孵化工作，筛选出15家社会组织正式入驻进入第三期培育。打造区公益组织与志愿服务发展中心，入驻专业公益组织40余家，优秀志愿队伍20余支。

（陈　雪）

【志愿服务活动】 年内，区委社会工委推进志愿者招募及实名注册工作，实施“志愿服务领军人才培养计划”，推进“每月一主题、月月有活动”的志愿深化年建设，实现“志愿服务345”（三进：进学校、进医院、进社区；四万名实名注册志愿者；五百支志愿服务队伍）工作目标。“社会志愿服务行”向医院和学校扩展延伸，共开展活动项目22个，举办活动35场次，参与志愿者720人，服务对象15930人。

（王　研）

【政府购买服务】 全年，区委社会工委重点围绕治理“大城市”病、治乱疏解建高端、民生家园和精神家园建设等方面，投入资金1200万元，购买73个社会组织服务项目，开展服务活动2000余场次，参与社会组织150多家，累计为居民群众提供服务2.5万余小时，累计服务30万余人次。

（陈　雪）

社会领域党建

【概况】 年内，立足党建突破年，全面推进社会领域党建工作，街道成立党建工作协调委员会、社会治理委员会、地区管理委员会，151个社区全部建立社区大党委，形成资源共享、优势互补的良好互动局面。开展机关党组织与社区党组织“共建双承诺”活动，实施区直机关在职党员“归巢计划”。落实“非公有制企业和社会组织党建突破年”行动方案，新建“两新”组织党组织180个，规模以上“两新”组织党的组织和工作覆盖达到100%；推广“社区联建门店”和“商圈”党建模式，实现“个小微”企业“两个覆盖”；建立“两新”组织党建工作联席会议和联系点制度，分领域成立“两新”组织综合党委，加强对行业“两新”组织的党建指导；设立2000万元“两新”组织党建专项经费，选派28名优秀的经济部门干部担任商务楼宇党组织“第一书记”，高标准建设京西商务中心、苹果园交通枢纽等重点项目商务楼宇工作站，加大楼宇党组织覆盖非公企业的力度。培育推出“组织生活路线图”“社区党校”党建统领“同心圆”等50个有聚集效应、有导向性、有影响力的党建项目，举办红色基因主题党课12场，5000余名党员接受教育；开展千名书记讲党课、百名居委会主任讲民生、万名党员讲故事的“千百万”活动，推进社会领域“两学一做”常态化，提升社会领域党建工作质量。

（王　耿）

【在职党员“归巢计划”】 6月6日上午，区委组织部、区委社会工委、区直机关工委联合举办石景山区在职党员“归巢计划”暨区直机关系统“公益之星”启动仪式。59个区直机关党组织书记，各街道党工委副书记、组织科长、151个社区党组织书记，9个公益机构共计240余人参会。“归巢计划”结合社区居民的需求，成立相应的临时党支部，把本社区居住的在职党员，根据本人意愿及专业特长等，编入相应的支部，实行派遣式服务。

（高　欣）

【派驻商务楼宇第一书记】 8月10日，区委组织部、区委社会工委召开商务楼宇第一书记工作会，选派优秀职能部门科级干部28人到36个商务楼宇担任第一书记（部分商务楼宇工作站位置相近，由一人兼任2个工作站书记。），并对首批派驻的商务楼宇第一书记进行动员、部署、培训。

（李　坤）

【培树党建精品项目】 年内，区委社会工委针对落实“三会一课”制度，推行八角街道“组织生活路线图”，提升党内组织生活规范化水平；针对辖区管理，推行广宁街道党建统领“同心圆”项目，统筹地区各类别组织中党的力量；针对不同类型党员的教育管理，推行金顶街街道“党员分类管理路线图”、苹果园街道“四缘党支部”、老山街道“社区党校”，解决党员结构多样化衍生的教育管理难的问题；针对社区老龄化的现象，推行八宝山街道“邻里守望服务”、鲁谷社区“党员爱心驿站”、古城街道“爱心助老服务队”和五里坨街道“爱暖夕阳”项目，以敬老、爱老、助老为出发点，成立党员志愿队伍，营造安定、诚信、和谐的社区环境。截至11月底，全区共培树优秀党建项目50余个。

（李　坤）

【社会领域主题党课】 年内，区委社会工委在“百姓剧场”举办“传承红色基因，增强时代担当”社会领域主题党课，安排11场驻场演出。首场演出通过“石景山区社会领域党建”公众号在社交媒体上进行直播，中国网同步转播，37846人次网络收看，5000余人到场观看。

（高　欣）

【“两新”组织党建工作全覆盖】 年内，区委社会工委建立完善“两新”党建联席会议制度，区级领导联系15家“两新”组织；指导街道、园区、教委等13个部门成立“两新”组织综合党委；4次召开“两新”组织党建工作联席推进会，开展16次现场督导工作。全年成立“两新”组织党组织180个，派驻158名党建指导员，实现应建尽建和工作全覆盖。

（李　坤）

社会民生

人口和计划生育

【概况】 年内,区卫生计生委受理两孩以内生育登记3549例,再生育行政确认57例,流动人口两孩以内生育登记2301例,流动人口再生育登记23例,办理《独生子女父母光荣证》180个;发放计划生育家庭奖励费312.35万元,经济帮助款27万元,特别扶助金702.12万元;全区户籍人口出生上报3366人,户籍人口计划生育政策符合率99.73%。全年为684对待孕夫妇提供免费孕前优生健康检查服务。

(田孟云)

【奖励扶助】 年内,区卫生计生委完成特别扶助人员网上年审、跨区转入转出、档案整理及下年度新进入人员资格审核,为102名新进入特别扶助人员开立存折账户,完成1343张《北京市计划生育特殊困难家庭扶助卡》审核发放,全区独生子女伤残扶助对象864人、死亡扶助对象479人的特别扶助金全部发放到位。

(田孟云)

【流动人口服务管理】 年内,区卫生计生委开展流动人口动态监测,组织古城、苹果园、五里坨、鲁谷街道的8个监测社区,对160户监测对象入户调查和审核录入。为552名流动适龄妇女免费“两癌”筛查。推进流动人口“一盘期”工作,与浙江省台州市签订流动人口双向管理协议书。组织流动人口健康促进示范企业、示范学校和健康家庭创建活动,对评选出的1个示范学校、1个示范企业和18户健康家庭予以表彰。全年组织各类健康讲座及联欢活动100余场次,提供咨询服务4000人次,发放各类宣传品2万余份,发放避孕药具7000余人次,开展计生知识答卷300份,惠及流动育龄群众3万余人。

(田孟云)

【免费避孕药具管理服务】 年内,石景山区各街道、社区居委会、社区卫生服务中心、服务站、社会单位、流动人口市场等场所共有195个免费避孕药具发放网点,全年发放安全套1554600只、宫内节育器750套、壬苯醇醚膜1200张、壬苯醇醚凝胶2000只、壬苯醇醚栓2800盒、复方左炔诺孕酮片2800板。

(韩菊花)

人力资源和社会保障

【概况】 北京市石景山区人力资源和社会保障局(简称区人力社保局)是负责全区人力资源和社会保障工作的区政府职能部门。内设18个行政科室和11个事业单位。城镇登记失业率2.36%,同比降低0.05个百分点;城镇新增就业10173人;继续保持全区“零就业家庭”动态为零的目标;组建区人力资源公共服务中心,实现人才市场与劳动力市场相融合同管理。社会保险标准化建设不断完善,各项社会保险基金收缴率98%以上;北京市长期护理保险石景山试点工作稳步推进,各项社会保险待遇水平稳步提高;在全市率先实现24小时社保权益自助查询服务。积极落实毕业生就业工作和高端人才引进工作;目标督查考核制度改革成效初显,实现区年度重点工作有效即时推进。围绕“疏解整治促提升”专项行动,发挥劳动保障监察职能作用;推动京冀协同发展,首钢唐山地区巡回仲裁庭现场办案,妥善处理跨区域劳动人事争议案件,地区劳动关系和谐稳定。11月,经复查合格,区人力社保局继续保留“全国文明单位”荣誉称号。

(李艾娟)

【企业新型学徒制培训】 上年3月至是年3月,“企业新型学徒制”试点培训工作以首钢总公司为主体,依托首钢技师学院,探索培训新模式。在培养方式上,采取学校教师远程授课和现场辅导、企业导师在现场手把手传授操作技能、学徒自主学习的教学模式,发挥企业主体作用,鼓励企业参与技能人才培养全过程,与学校共同创新和完善教学环境、课程体系、教材建设、教学方法和教学评价,共组织编制完成31本学习资料,发放到学徒手中。培训过程中,企业导师、学校教师联合传授,共同指导。期间培训193人,培训合格175人,合格率90.67%。其中:中级工学徒取证鉴定合格75人,高级工学徒取证鉴定合格100人。拨付补贴资金80.36万元。

(李艾娟)

【基金监督】 1月19日至3月10日,区人力社保局开展城乡居民养老保险经办机构内部控制专项检查,对城乡居民养老保险的收缴管理、给付管理、转移衔接、注销登记等业务数据与档案材料进行现场比对,涉及参保人员3485人次。6月20日至9月30日,组织开展城镇企业职工和城乡居民基本养老保险重点指标专项核查,制定《养老保险重点指标专项核查工作方案》,专项核查采取退休审核审批及经办部门自查与专项检查工作领导小组抽查相结合的方式开展。通过核查,确认跨省重复领取待遇12人、确认死亡后继续领取养老金225人。按照参保企业社会保险缴费专项审计结果落实补缴基金,落实年度专项审计补缴基金879.63万元、滞纳金125.93万元。应用四项(养老、失业、工伤、生育)社会保险基金监督系统和医疗保险审核结算监督系统做好监督检查,全年累计完成处理四险自动预警指标751条;处理超限用药、跨医院重复开药、超量开药等疑似问题预警指标181条。

(李艾娟)

【劳动能力鉴定】 3月3日,区人力社保局召开石景山区劳动能力鉴定委员会工作会,调整区劳动能力鉴定委员会成员并制定《劳动能力鉴定委员会章程》。在本次劳鉴委组成人员调整中,增加区工商联和辖区企业代表,加大企业对劳动能力鉴定工作的监督力度;同时增加聘任13名医疗专家,劳动能力鉴定医疗专家队伍发展到18个科别38名专家。全年劳动能力鉴定572人次(较上年同期提高2.12%),其中:职工工伤鉴定、职业病鉴定429人次;因病提前退休劳动能力鉴定确认143人次(其中达到完全丧失劳动能力标准134人次,占因病鉴定总数93.7%)。本年度再次鉴定申报7例,再次鉴定结论改变1例,完成市局下达的“劳动能力再次鉴定结论改变率控制在鉴定总数1%以内”任务指标。

（李艾娟）

【餐饮业用工专项检查】 3月20日至12月20日，区人力社保局围绕“疏解整治促提升”专项行动，发挥劳动保障监察职能作用，对全区大小餐饮用人单位进行梳理和检查，在全区范围内对120余户餐饮服务用工单位入户宣传，向餐饮服务业用工单位发放劳动保障维权手册200余册，向劳动者发放维权手册1000余份。在执法检查阶段，对西井路和八角东街等拆迁范围内餐饮服务用工单位进行集中检查。截至年底，检查餐饮服务业用人单位179家，涉及劳动者2026人（含农民工1620人）。在检查中，查处未办理社会保险登记案件21件，并对单位进行责令整改；查处未按规定订立劳动合同的用人单位10家，并对单位进行责令整改；查处拖欠工资类违法案件4件，为37名农民工追回工资7.47万元；对1家用人单位进行行政处罚，罚款100元；对120家餐饮服务业用人单位进行书面审查。

（李艾娟）

【长护险试点推进】 3月，市人力社保局召开长期护理保险（简称长护险）工作政策研讨会，会上提出市人力社保局不出台具体政策和方案，由石景山区自行政策设定，制定实施方案、细则及对经办机构的管理、费用的结算、基金收缴等有关办法。6－7月，确立《石景山区政策性长期护理保险研究》调研课题，并委托对外经贸大学、中国社科院、人社部社会保障研究所等机构专家学者承担，课题研究与试点工作同步进行。10月，结合本区老龄化程度高、退休人员比例高的特点，最终拟定1个章程《石景山区长期护理保险失能评估委员会章程》、2项政策《石景山区政策性长期护理保险试点方案》和《石景山区政策性长期护理保险实施细则》、2项协议《石景山区长期护理保险定点护理服务机构护理服务协议》和《石景山区长期护理保险委托商业保险公司经办协议》及7个配套办法，共161页7万余字。12月4日，上述章程、政策、协议和办法经第14次区政府常务会审议通过。同月27日，经12届区委第45次常委会审议并予以通过。同月28日，区政府向市人力社保局报送启动试点工作请示。

（李艾娟）

【高端人才工作】 4月，经院士推荐，石景山区高血压联盟研究所胡爱华教授，入选北京学者有效候选人，是石景山区入选北京学者有效候选人的首位教授。8月，侨梦苑暨海外院士专家北京工作站落户石景山区。区人力社保局为侨梦苑暨海外院士专家北京工作站提供人才智力支持。本年度，根据市人力社保局要求，各区县暂停博士后创新实践基地工作站建站工作，石景山区博士后创新实践基地工作站维持现状，符合条件的博士后人才暂不能进站工作。截至年末，石景山区共设立北京市博士后（青年英才）创新实践基地工作站9个。

（李艾娟）

【创业带动就业】 4月，区人力社保局根据北京市优秀创业项目遴选工作通知要求，联合区团委、科委园区、北京创业公社孵化基地等单位对辖区内符合参赛条件的企业（团队）进行政策宣传，并对报名参赛企业（团队）的申报材料进行认真审查，推荐9家企业（团队）代表石景山区参加北京市优秀创业项目遴选，最终囡宝科技获得区域专项奖，另有北京爱特拉斯信息科技、北京枭龙科技等3家企业认定为重点关注项目。加强创业政策宣传，依托区、街创业服务体系，开展“进社区、进企业”服务失业人员活动，发放政策宣传册1000余份，接待创业培训、小额担保贷款等创业咨询服务近200人次。举办创业大讲堂系列活动，与古城街道联合组织38名失业人员进行为期2天的创业培训，提升自谋职业、自主创业意识。开展创业事迹征集活动，面向全区9个街道征集创业事迹，编印成册进行宣传，为失业人员树立创业榜样，期间共征集优秀创业事迹8篇。

（李艾娟）

【失业人员进企业】 5月5日，区人力社保局组织的首期失业人员走进企业“管家帮”活动在石景山区现代服务职业技能学校举办；5月10日，在古城职业技能培训学校开展第二期失业人员“进企业”系列活动之“教学观摩”活动；5月11日，在石景山区时尚瑞丽职业技能培训学校开展第三期“送政策、送技能、送岗位”失业人员进企业活动。通过搭建失业群体与职业技能培训机构对接平台，共组织120余名失业人员参观体验。7月，开展夏季职业技能系列讲座活动，请2位国家级、市级星级职业指导师走进“管家帮”基地，组织近百名家政服务人员参加，增强就业困难人员职业技能，帮助实现再就业。

（李艾娟）

【人事档案系统上线】 5月，区人力社保局完成全部流动人员人事档案数字化建设项目所涉及的10.5万份档案数字化加工工作。筹备并顺利通过北方实验室对区职介中心网络环境进行的安全等级保护测评。对近3万条人才系统信息进行清洗，清理问题信息3061条，并将保管的58000余份人事档案进行信息比对并筛查。9月23日至24日，进行区职介系统、人才系统数据信息迁移工作，共迁移数据7万余条。同月25日，流动人员人事档案公共服务管理子系统正式上线运营。截至年底，区职介中心接转流动人员档案25641份，同比减少3.86%，其中转出11338份，接收14303份；共保管人事档案60520份，其中个人存档48454份、集体存档12066份；管理立户单位2029家。

（李艾娟）

【异地就医费用结算】 6月，区人力社保局启动跨省异地就医住院费用直接结算工作，制定《石景山区基本医疗保险跨省异地就医住院医疗费用直接结算工作方案》，明确工作职责、岗位职责及分工，规范工作流程。成立区异地就医直接结算工作领导小组，负责协调和督办。按照市医保中心部署，完成一级及以下有住院床位医院的培训工作，组织20家定点医疗机构召开异地就医直接结算工作座谈会。印制宣传页近万张，免费向社保所、参保人员发放。制作《致异地来京就医参保人员的一封信》和医院流程教学光盘发放至辖区内定点医疗机构。制定《石景山区基本医疗保险跨省异地就医住院医疗费用直接结算工作应急预案》，成立应急小组。截至年底，20家定点医疗机构运行平稳，异地就医费用支付273笔442.84万元。

（李艾娟）

【全市首家24小时社保自助服务】 7月11日，区人力社保局在全市开通首家24小时社保自助服务。囿于社保大厅自助查询机的服务时间，区人力社保局在大门口一侧开辟一间“24小时自助查询区”区域，按照银行自助查询区标准建成。查询区内设3台自助设备，自助设备与社保业务系统相连，可实现数据24小时实时查询，参保人凭社保卡可随时在社保自助查询机上查询和打印。

（李艾娟）

【全民参保登记】 9月，区人力社保局启动“全民参保登记”入户调查，全面调查本地户籍未参加社保或社保不全等居民的信息，以实现社保全覆盖。制定《石景山区全民参保登记工作方案》《石景山区全民参保登记宣传工作方案》，对石景山区户籍人员中未参保人员进行入户登记调查，对北京市职工、居民参保信息进行核对，对辖区内的重点企业在职人员和参保人员进行信息登记核对。与区民政、公安、教委、残联等部门联动，制定每月信息比对制度，完成社会保险信息系统开发升级，确保信息采集和更新全面准确。街道社保所、社区居委会安排专人开展入户调查、信息采集、参保登记和参保动员工作。利用石景山报、区电视台、局政务网、局微信公众号等新闻媒体联动宣传，并组织到企业、校园、社区、工地、军营宣传。截至10月22日，全区涉及12833人全部完成调查，调查率100%。年底前基本完成数据比对工作。

（李艾娟）

【人力资源公共服务中心组建】 11月，在原区职业介绍服务中心和原人才交流服务中心的基础上进行整合，组建区人力资源公共服务中心（升格为副处级），实现人才市场与劳动力市场相融合同管理，向社会提供统一、规范、灵活的公共就业和人才服务。市人力社保局对石景山区人力资源市场公共服务体系整合工作进行验收并肯定。

（李艾娟）

【大就业格局逐步完善】 年内，区人力社保局组织36家社会保障和就业工作领导小组成员单位及9家街道社保所开展石景山区就业工作绩效考核。经考核，评出优秀等次6个、目标完成等次3个。5月15日，经区政府批准，公布考核结果。根据考核结果，为各街道申请并分别拨付奖励资金40万元与20万元，合计300万元。根据北京市统一部署，完成石景山区2017年度就业重点工作目标责任书的编制、指标分解，经区政府审批同意后下发各部门、各成员单位，同时将区司法局、区工商联、区投促局、区科委4部门纳入季度就业数据会商单位。按季度组织全区19家重点小组成员单位、9家街道办事处上报季度就业相关工作总结，按季度对就业形势分析通报，综合评价地区就业水平。完成三年一次的“北京市就业创业工作先进集体和先进个人”推优工作，年度石景山区推荐优秀集体10家，优秀个人10人。全年下达就业资金2754万元，同比增长9.5%，其中区财政安排就业资金2734万元，市财政补贴20万元。

（李艾娟）

12月26日，石景山区“食尚生活”烹饪大赛现场 （区人力社保局供稿）

【职业技能培训】 年内，区人力社保局成立石景山区职业能力建设指导中心（撤销原区职业技术学校），协助开展职业技能培训事务性工作。对辖区10所民办培训机构进行分级评估评定，评出A级标准职校3家，B级标准职校7家。加强对民办培训机构日常监督与管理，提升民办培训机构办学质量和社会职能，促使民办职业技能培训机构规范化、制度化。对古城职业技能培训学校开展失业人员免费职业技能培训工作进行督导检查，小菜制作开班人数30人，出勤率83.3%，完成培训计划；与黄庄职业高中联合在古城职业技能培训学校举办首届“食尚生活”烹饪大赛，全区9个街道推荐的45名社区居民参加，参赛成员以失业人员为主，最终评选出一等奖1名、二等奖2名、三等奖3名。全年石景山区各培训机构培训6157人，涉及职业（工种）20余个。按培训等级分：创业培训38人，高级技师培训8人，技师培训96人，中级培训2342人，初级培训552人，其他适应性技能培训3121人。按人员类型分：本市人员2981人，外埠人员3176人。有59名符合条件的失业人员参加免费职业技能培训，下拨培训补助经费2.164万元，生活补贴0.59万元。

（李艾娟）

【举办招聘会】 年内，区人力社保局举办“扶残助残手拉手帮困解困心连心”就业援助月专场招聘会、“下基层送岗位为百姓谋幸福”春风行动专场招聘会、“提高就业匹配度助力北京冬奥会”民营企业专场招聘会等专项招聘活动13场。截至12月底，共举办各类招聘会70场，参会单位1320家，提供岗位33546个，现场达成求职意向1755人，成功就业192人。

（李艾娟）

【就业服务管理】 年内，区人力社保局依托区“手拉手”促进就业平台，分别与区经信委、中关村石景山园、街道社保所等多家单位联合，组织辖区企业举办社会保险补贴、岗位补贴、稳岗补贴等促进就业优惠政策培训7场，参会企业累计400余家。率先将社会公益性就业组织向首钢河北迁安矿区延伸，3名京籍就业困难人员在首钢迁安矿山街委实现公益性就业。广泛开展稳岗补贴申报工作，印制发放宣传材料、邀请区电视台制作专题报道，扩大政策宣传覆盖面，全区431家企业成功申报稳岗补贴，同比增加29%，补贴金额2827万余元。公共就业服务模式实现网络化，借助新媒体，以就业服务为核心，研发“石景山就业APP”，建立手拉手就业服务交流平台。制作就业政策宣传片《转变从现在开始》。针对石景山区内化解全市产能过剩所涉及企业的分流职工开展就业服务，全区分配接收分流安置人员8人，其中6人实现再就业，2人无工作意愿。

（李艾娟）

【职业技能鉴定】 年内，区人力社保局加大考试现场督考力度，对重点考试场次加派督考员，全程进行监督和检查，对鉴定场所运行条件、鉴定范围、试题试卷管理、考生资格条件审查、考务管理程序、考场秩序等重要环节加强和细化质量督导。全年鉴定考试工作安全、有序、优质、零事故。截至12月底，共督考辖区和非本辖区所属鉴定机构考点考生总数13385人次；职业（工种）111个；督考理论、实操考试130场。完成新系统全市统考上线操作10批次；理论、实操29场；审核考生资质1143人次，其中参加全市统考850人次。及时录入实操考试成绩，为市鉴定中心代收鉴定费24.36万元。

（李艾娟）

【生物识别技术】 年内，区人力社保局继续推进生物识别技术在人事考试工作中的应用。根据市人事考试中心具体工作部署，资格审核过程中只接待考生本人，首次在全市人事考试资格审核工作中启用生物识别技术核验考生身份，确保资格审核工作公平、公正、严肃、规范。审核现场设置3台生物识别仪，分别对应3个审核窗口，满足考生需求。同时增加手持式生物识别仪，针对不能通过生物识别仪的考生进行手工核验。全年承接考试任务13场次，设置考点34个、考场589个，接待考生47357人次。承接资格审核4场次，接待考生8056人次。支援西城区资格审核1场次。

（李艾娟）

【人才引进】 年内，区人力社保局开展人才引进岗位需求申报工作，掌握全区范围引才岗位需求实际情况，确定年度人才引进岗位，申报引进硕士研究生及副高级以上职称高端人才61人。办理北京市工作居住证4145人次，办理北京市留学工作居住证6人次。办理民营科技与高新技术企业人员夫妻两地分居14人。按照市局要求，为上年12月31日前取得《北京市工作居住证》人员，统一发放《北京市居住证》，共涉及石景山区700家单位的3700余人。

（李艾娟）

【毕业生招录】 年内，区人力社保局征集年度高校毕业生定向招录岗位，全区12家单位提供39个岗位，面向年度合同期满大学生村官和退役大学生士兵招聘，拟招聘54人，其中大学生村官最终聘用9人，退役士兵最终聘用12人。开展年度非京生源毕业生接收工作，根据全区各单位毕业生需求及产业发展规划，重点支持区域经济发展需要重点保障的企业。开展下年毕业生岗位需求统计，区内共106家单位完成毕业生岗位需求申报。

（李艾娟）

【公开招录招聘】 年内，全区59家行政单位，提供100个职位，公开招录公务员123人，最终录用108人。全区53家事业单位，提供68个岗位，公开招聘76人，最终聘用46人；教育卫生系统公开招聘336人。

（李艾娟）

【安置军转干部】 年内，北京市下达石景山区军队转业干部安置计划142人，其中行政团职36人，行政营连职及专业技术干部106人。经调整，实际需要安置军转干部72人。11月23日，区人力社保局在陆军战友体育馆举办2017年驻京部队随军家属专场招聘会。招聘现场15家单位提供55个岗位，拟招聘105人。全年共接收安置随军家属33人，其中行政事业单位14人，驻区企业9人，社区工作者10人。完成本年度156名自主择业军转干部接收，当年接收率100%，退役金发放准确率达100%。开展自主择业军转干部教育培训，适应性培训率100%。截至年底，自主择业军转干部就业率86.7%，高于市局下达业务指标6.7个百分点。

（李艾娟）

【督查考核】 年内，区人力社保局拟定《关于开展2016年度工作目标督查考核工作的通知》，下发至全区各委办局，整理公布各考核模块的考核实施细则。考核内容突出对党建统领、深化改革等重点工作的考核，出台对治乱疏解建高端等专项工作的考核办法，一票否决细则对否决的情形及实施办法进行更细致的修订。对在上年度获得省部级以上表彰奖励的单位以及在专项工作中取得突出成绩的单位予以考核加分，并对各单位得分及申报的奖励加分情况进行汇总整理，根据各单位督查考核成绩，提出督查考核结果等次建议。督查考核结果经督查考核领导小组会、区长办公会、区委常委会审议通过后，召开督查考核结果公布会。2016年度共有30个单位被评为优秀等次单位，22个单位被评为良好等次单位，16个单位为考核合格单位。

（李艾娟）

【公务员管理】 年内，区人力社保局会同区委组织部制定《关于做好2016年度公务员考核奖励工作的通知》，完成行政系统52家公务员单位、28家参公单位、82家纳入规范管理单位共2571人的考核奖励备案。本年度公务员考核奖励工作中，将奖励名额向拆违治乱一线倾斜，向各街道（鲁谷社区）、房屋征收事务中心、治乱疏解指挥部办公室等15家单位倾斜嘉奖名额23个，三等功名额2个。对石景山区在拆除私搭乱建"大杂院"专项整治工作中取得成绩人员进行奖励激励，向市局申请为区城管委、城管执法局等18家单位1274人（包括公务员、参公和纳入规范管理人员），增加嘉奖奖励指标，获得市局批复，并将63个专项奖励指标进行合理分配。7月28日，举办年度首次政府任命的国家工作人员宪法宣誓活动，石景山区新任命的20名国家工作人员面对国旗进行庄严宣誓。完成全区行政公务员统计工作，截至年底，全区共有行政公务员1779名，参照公务员法管理人员302名。

（李艾娟）

【科级干部任用】 年内，区人力社保局根据区编办相关文件精神，将各单位监察科长行政执法专项编制划转至区纪委、区监委派驻纪检监察组，并在各单位相关科室加挂"党风廉政建设主体责任办公室"牌子。对全区各单位科级干部职数备案情况进行重新核定审查，同时对组工库中各单位职数信息进行维护。严格科级干部选拔任用工作，通过组工业务平台"科级干部任免记实监督系统"，审核各单位上报方案91批次，其中，组织提拔81个批次，竞争上岗10个批次。完成街道系统和政府系统科级及以下干部职务任免备案208人次，其中科级领导职务131人次。加强对职务与职级并行工作的指导和监督，严格按照初核、复核、民主测评、公示、备案等程序做好科级干部晋升职级工作，全年完成29名符合条件人员的职级晋升。

（李艾娟）

【事业单位管理】 年内，区人力社保局严格按照核定的岗位设置方案做好聘用人员备案工作。截至年底，全区184家事业单位岗位设置总量8371个（其中：管理岗位960个；专业技术岗位6309个；工勤岗位1102个）。实际聘用人员7278人（其中：管理岗位748人；专业技术岗位5940人；工勤岗位590人）；处级单位五、六级管理岗位和科级单位七、八级管理岗位均未超过核定的岗位职数；专业技术岗位未超过核定的结构比例聘用人员；工勤技能岗位未超过规定的结构比例聘用人员。10月，联合区委组织部、区编办、区财政局组成防治"吃空饷"联合工作小组，开展机关事业单位防治"吃空饷"问题长效机制专项督查。通过自查，全区各机关事业单位基本建立防治"吃空饷"长效机制，编制内工作人员和离退休人员未出现"吃空饷"情形。开展全区184家事业单位考核工作，采取领导考核与群众评议相结合、工作实绩与工作态度相统一的方法，重点对考核等次优秀、未参加考核和确定为基本合格、不合格等次的人员情况进行重点审核，确保考核工作公正性和严肃性。全区7192人参加考核，其中1398人获得考核优秀等次，考核优秀比例严格控制在规定范围内。

（李艾娟）

【职称管理】 年内，区人力社保局审理全区100余家单位专业技术人员聘用、调入、晋升变更备案3900余人次。其中，教委变更3600余人次。推荐本区2名教师参加正高级教师评审。配合市人力社保局和市教委对中小学教师系列高级专业技术职务评审、推荐工作进行二次验收，确定高级教师（副高）87名，一级教师（中级）115名，验收通过率100%。

（李艾娟）

【干部教育培训】 年初，区人力社保局拟定《干部教育培训工作计划》《专业技术人员继续教育工作计划》，对培训时间、培训地点、培训对象、培训方式和培训内容等进行系统设定。在全市率先开展公务员依法行政专题培训班，组织全区120名行政机关公务员及参照公务员法管理的事业单位工作人员参加为期5天的集中脱产培训。与区委组织部共同举办《公务员、事业单位工作人员学习大讲堂》，培训800余人。继续推进公务员在线学习，完成全区科级及以下2338名公务员在线学习80学时的督学考核工作。全年举办公务员初任培训、科级领导干部任职培训、公务员专题培训、军转干部岗前培训等各级各类培训班10期，培训干部2000余人次。公务员初任培训达到100%，科级干部任职培训达到90%以上。

（李艾娟）

【劳动合同履行】 年内，区人力社保局加强重点企业劳动合同履行情况监控。在上年基础上增加15%的监控范围，全年累计监控企业562户次，累计涉及职工14.86万人次，劳动合同签订率98.05%。其中城镇职工8.55万人次，劳动合同签订率97.73%；农民工6.31万人次，劳动合同签订率98.54%。加强集体合同备案。截至年底，审查集体合同备案376家企业，覆盖职工8.3万余人，同比户数减少28.8%，人数增加14.7%。工资集体协商352件，覆盖职工5.6万余人。综合集体合同执行期内企业621家，覆盖职工10.3万余人，其中：单独建会企业202家，覆盖职工10.2万余人；区域综合集体合同执行期内企业419家，覆盖职工1230人。专项集体合同执行期内788家企业，覆盖职工6.3万余人。组织开展和谐劳动关系自荐推荐评审活动，通过综合审核评议，确定区国资公司、北京日东升投资有限责任公司等7家企业单位为"2017年区级和谐劳动关系单位达标单位"。建立和落实企业裁员监控制度，本年度经济性裁员备案2家，涉及职工434人，关注因疏解非首都功能关停并转、迁移企业劳动关系动态，开展政策宣传活动，规范备案程序，重点审核裁员方案民主程序履行情况和职工参与、表决意见征求情况，审查工会会议、职工代表大会民主程序实施情况，避免扩大矛盾，引发重大劳动争议。

（李艾娟）

【劳动监察】 年内，区人力社保局对辖区内1785家用人单位劳动保障监察，涉及职工58356人，完成市局下达指标的121%，检查非公企业占检查用人单位总数的98%。其中日常巡查1391户，受理举报投诉264家，书面审查121户，突发案件立案处理9件。处理便民电话案件157件，应急出现场处理集体事件34次。完成春节前农民工工资支付大检查、清理整顿人力资源市场秩序专项执法检查、劳动用工和社会保险专项检查、建筑施工企业联合专项检查、以“招聘、介绍工作”为名从事传销活动专项整治行动、对接区政府拆违涉及企业劳动用工检查等7次专项检查、3次区级配合联合检查。全年接待群众来信、来访、来电1131件次，涉及5233人次。立案376件，做出行政处罚16件，无逾期未结案件，案期内结案率100%。

（李艾娟）

【无拖欠工资】 年内，区人力社保局对全区工程在建项目进行排查、摸底，要求施工企业每月报送劳动者工资表和考勤表，对全区建设企业建立台账。全年共立案查处工资类违法案件119件，为劳动者746人追回工资954.89万元。其中处理建筑企业拖欠农民工工资案件26件（占总数的22%），为农民工407人（占总数的55%）追回工资564.83万元（占总数的59%），未发生群体讨薪到市政府上访事件。

（李艾娟）

【劳动人事争议仲裁】 年内，区人力社保局强化案件审理，保证及时结案。面对案件阶段性集中爆发以及案件难度上升等态势，开辟“绿色通道”快速立案，指导当事人书写申请书和答辩书；细化证据交换工作流程，缩短案件送达时间；缩短排庭时间，增加排庭数量，案件在立案后30日内开庭。全年受理劳动人事争议案件2152件，较上年同期增加28件，同比上升1.32%。年内审结2039件，结案率94.75%。从结案方式上看，通过裁决结案926件，裁决率45.41%；通过终局裁决结案389件，终局裁决率42.01%；通过调解结案1029件，调解率50.47%，均超过市级目标任务。

（李艾娟）

【劳动人事争议调解】 年内，区人力社保局加强劳动人事争议调解规范化建设，鼓励支持社会力量参与调解，建立健全多层次劳动人事争议调解组织网络，将矛盾消化在基层、消化在企业内部。对首钢、物美两个劳动争议调解中心加强业务指导。首钢劳动争议调解中心受理本企业劳动争议案件22件，调解成功16件，成功率72.7%；物美劳动争议调解中心受理本企业劳动争议案件19件，调解成功19件，成功率100%。筹划驻区大型公有制企业建立基层调解组织，探索驻区高校、驻区部队人事争议调解组织建设。指导企业预防争议案件发生，组织企业法定代表人、负责人参加仲裁庭审观摩。完善《立案接待流程规则》制度，制定《立案调解工作手册》。加大街道调解员培训力度，联合区总工会针对各街道、园区所属企业160余名调解员举办取证培训班。与区法院建立联席会议机制、疑难案例研讨机制和裁诉庭审互听机制，同时，双方强化巡回仲裁庭和巡回法庭资源共享，确保及时了解案件信息并进行沟通。

（李艾娟）

【扩大社保面征缴】 年内，区人力社保局社会保险标准化建设不断完善，增设硬件设施。强化视觉识别系统的应用，将所有展板、通告栏、业务流程等面向公众的宣传展板统一设计并添加标准化标识，增强公众对标准化标识的视觉认知。加强基层社保服务机构建设，扩展下沉业务事项，通过建立微信群、QQ群、意见建议反馈机制等，畅通与街道社保所的信息沟通渠道，提升街道社保所业务承载能力。继续探索推进社会保险经办综合柜员式服务模式，制定综合柜员制工作试行方案。社会保险转移接续政策实施顺利，全年向外省转移支付1424人，转出保险基金4314.52万元，比上年同期增长28%。各项社会保险基金收缴率达98%以上。截至年底，全区参保单位14407户，同比增加1293户，增幅9.86%。各项社会保险累计收支170.28亿元，其中累计收缴83.45亿元，同比增加16.78%，完成市政府下达任务指标的106.7%；累计支出86.73亿元，同比减少3%。全区14276户单位43.99万人（含离退休人员）参加养老保险，收缴基金50.62亿元，累计基金支出61.60亿元；有13276户单位48.08万人（含离退休人员）参加基本医疗保险，收缴基金1.89亿元，累计基金支出2.27亿元；有13953户单位28.61万人参加失业保险，收缴基金1.03亿元，累计基金支出3.08亿元；有14473户单位27.53万人参加工伤保险，收缴基金1.72亿元，累计基金支出1.88亿元；有14005户单位27.03万人参加生育保险，收缴基金28.19亿元，累计基金支出17.90亿元。城镇居民医疗保险参保62554人，其中“一老”9495人，“一小”51774人，无业居民1285人；城乡居民养老保险参保3537人，收缴金额合计3225万元。

（李艾娟）

【社保待遇调整】 年内，区人力社保局各类社会保险待遇水平稳步提高。企业退休人员基本养老金调整，调整人数129258人，调整养老金2799.64万元，人均增长217元；机关事业单位退休人员基本养老金调整，调整人数7553人，调整金额195万元，人均增资259元；工伤人员和工亡职工供养亲属工伤保险定期待遇调整及护理费调整，共调整623人次，调整金额44.60万元，补发139.03万元；福利养老金年内两次调整，调整后由每人每月425元调整为每人每月525元。完成首钢设备结构厂1075名职工的基本医疗保险补缴工作，保障参保人员利益。

（李艾娟）

【维护医保基金安全】 年内，区人力社保局制定《石景山区定点医疗机构法定代表人（主要负责人）医保管理承诺书》200份、医保医师承诺书6600份、医疗保险医师管理协议6600份，逐一发放至各定点医疗机构进行现场签订。设立数据分析专管员，实行定点医院上传数据监控常态化，规范医院医疗行为。全年审核结算各险种住院类费用84424笔，支付10.22亿元，拒付39.83万元；审核结算基本医疗城镇职工、城镇居民、超转人员实时门诊结算费用共1102.49万笔，累计结算支付各项基金16.87亿元，追回拒付不合理费用88.88万元。推进新增协议管理定点医药机构工作，设立区级专家评估委员会，对辖区新增医药机构考察评估；联合区药监局、卫计委、发改委、工商局、民政局、财政局、区信访办等多部门，重点对已接收申请材料的医药机构资质情况、场地设施、人员配置等进行实地查验。截至年底，1家定点医疗机构签订医保协议，正常开诊。全年医疗保险总额控制基本平稳，全区77家定点医疗机构纳入总额控制管理。其中总额预付12家，总量控制65家。77家定点医疗机构申报医保基金25.54亿元，同比增长11.27%，全年指标25.13亿元，全年指标使用率101.6%。

（李艾娟）

【医药分开综合改革】 年内，医药分开综合改革核心内容共3项，分别是：取消药品加成和挂号费、诊疗费，设立医事服务费；实施药品阳光采购，降低药品采购价格；规范基本医疗服务项目，实施有升有降调整。改革前期，成立应急小组，制定应急预案，明确职责，设立咨询台。联合区卫计委、区发改委、区财政局、区药监局，对辖区定点医疗机构开展6次医改相关政策解读培训，印制宣传材料，发放至定点医疗机构、街道社保所及所有社区；通过石景山电视台等新闻媒体宣传政策要点。4月8日凌晨，区内76家定点医疗机构全面实现联通并切换，成为全市最先完成的区，并顺利通过4月10日首个就诊高峰考验。截至年底，全区所有定点医疗机构数据分解正常，系统运行平稳，就诊秩序良好。

（李艾娟）

【社保稽核与监管】 年内，区人力社保局加强对欠费单位进行实地催缴，全年社会保险欠费催缴907户，社会保险欠费547.66万元，催缴到账701户，金额439.90万元，完成市局80%的催缴到账工作指标。全面开展石景山区机关事业单位生育津贴发放管理情况专项检查。11月下旬，按照北京市人力社保局、北京市财政局《关于开展机关事业单位生育津贴发放管理情况专项检查工作的通知》要求，组织全区219家机关事业单位就2012年1月1日至2017年10月31日期间发生的生育津贴发放和管理情况开展培训，查找机关事业单位是否存在违反规定滞留基金、挪用基金、重复发放情况。截至年底，30家单位（规范收入单位14家、非规范收入单位16家）出现违规情况，涉及金额288.08万元。全年内控监督累计生成550万笔业务，检查率均达到市局要求。查阅四险档案673卷，医保查阅手工审核2356人次，发现各类疑似问题191笔，受理基金监督系统预警问题384条，处理完成率100%。

（李艾娟）

【助力京冀协同发展】 年内，区人力社保局继续推进迁安社保分中心（北京市石景山区首钢唐山地区社会保障事务服务中心简称）建设工作，推进建立常态化工作机制，抽调部分工作人员定期前往迁安，为首钢唐山地区企业提供社保业务经办及指导服务，并为参保单位负责人及经办人员开设社保讲堂，提供政策讲解及咨询服务。定期按月赴迁安社保服务中心办理涉及养老保险待遇核准的拟退休人员人事档案审核业务，全年审批迁安地区退休职工496人，占全区总审批人数的9.3%，月均审批42人。经请示市人力社保局，组织实施社保中心网络系统在迁安分中心的安装与调试，11月16日，正式在分中心开通社会保险业务网络系统及行政审批业务系统，为首钢迁安地区企业提供一站式政务服务。

（李艾娟）

【退休待遇核准】 年内，区人力社保局核准企业退休人员5333人，较上年上升4%。其中，正常退休3319人，占比62.24%，较上年上升0.09%；特殊工种提前退休人员1780人，占比33.38%，较上年上升13.88%；因病退休（职）234人，占比4.39%，较上年减少6.02%。人均养老金收入水平3995.44元/月，较上年增长4.01%。

（李艾娟）

【工伤认定】 年内，区人力社保局加强工伤认定现场调查力度，凡交通事故、意外伤害事故、因工死亡事故等需对事故进行调查核实，全年外出现场调查129次，制作调查笔录300多份，其中赴河北迁安矿业公司调查、核实8次。全年工伤案卷共671件（其中认定工伤644件，视同工伤15件，不予认定工伤12件），工伤认定总数比上年同期增长5%。认定为工伤或视同工伤死亡25件，其中突发疾病死亡15件。全年推荐工伤职工70人次到工伤康复医院康复治疗，工伤职工鉴定达到等级308人次，完成市局下达康复指标的272%。

（李艾娟）

【就业指标完成】 截至年底，城镇登记失业人员实现就业6570人，完成年指标的131.4%。帮扶就业困难人员实现就业4927人，完成年指标的197.08%。城镇登记失业率控制在2.36%，同比下降0.05个百分点，比控制指标3%低0.64个百分点。全区新增就业10173人，完成市年度指标的141.29%、区年度指标的101.73%。认定零就业家庭20户，帮扶20户，动态为零。空岗信息采集岗位14728个，完成年度指标的118%。全年累计申请促进就业资金20071.17万元（其中：失业保险基金17324.32万元，区再就业资金2746.85万元），共惠及20486人次。用人单位招用就业困难人员350人；社区岗位安置就业困难人员累计4914人。全年实现创业465人，带动就业1664人，分别完成年度指标的116%和111%；发放小额担保贷款9笔，金额共计345万元。平稳推进农村劳动力转移安置工作，做好城市公共服务类岗位安置本市农村劳动力就业、促进农民增收试点工作，年底前完成100个环卫相关岗位（汽车驾驶员、维修工等）接纳洽谈，安置100名密云、延庆两区农村转移劳动力就业，并妥善解决职工就餐、住宿等问题。年内认定2017年度充分就业地区107个，其中：街道2个，社区105个，分别占全区街道和社区总数的22.2%和70%，完成市局下达年度指标任务。

苹果园街道、五里坨陆军机关社区和古城路社区被评为“北京市充分就业地区”。

（李艾娟）

【退休人员社会化管理】 截至年底，全区实行社会化管理退休人员37605人，完成人事档案管理子系统社会化管理退休人员子模块上线任务。开展系统培训、历史数据采集和数据清洗等一系列基础工作。全年组织四批社会化管理退休人员休养，共计500人，全程安全无事故。引入专业机构承办各类社会化退休人员活动，组织“喜迎十九大·离退休人员心向党、争做健康老人”系列活动，举办“退休人员心向党”文艺展演、系列讲堂及书画摄影等活动20余场，参加人员近千人。石景山区是全市首家通过政府购买服务新方式开展社会化退休人员活动区。

（李艾娟）

民　政

【概况】 北京市石景山区民政局（简称区民政局）是负责本区民政事业管理工作的区政府工作部门。年内，区民政局全面实施养老服务、社会救助、儿童福利、优抚安置、社会服务五大惠民工程，服务区域深度转型发展。完成“济困工程”项目70项，救助各类困难群众29.66万人（户）次，投入资金约1.65亿元。批准养老机构1家、街道养老照料中心2家，全区养老机构13家，床位3225张。社会组织数量增至308个，其中社会团体81个、民办非企业单位227个，社区备案社会组织699个。全年完成婚姻登记8224件，办理国内收养登记3件，各种登记合格率达到100%。

（付国龙　宣　言）

【供暖补贴发放】 年内，区民政局发放2322户低保家庭供暖补贴。2016－2017供暖季享受清洁能源分户自采暖的低保困难家庭673户，发放补贴金额99.52万元；享受燃煤自采暖的低保困难家庭364户，发放补贴金额36.3万元；享受集中供暖的低保困难家庭1285户，发放补贴金额165.24万元。完成2016－2017年度困难家庭供暖救助审核统计工作。

（陈　蓉）

【区低保中心更名】 年内，根据石编委[2017]166号关于为区民政局所属事业单位北京市石景山区居民最低生活保障事务中心更名及调整职责的批复，北京市石景山区居民最低生活保障事务中心正式更名为北京市石景山区困难群众救助服务指导中心（北京市石景山区居民经济状况核对中心）。

（张建涛）

【防灾减灾管理】 年内，成立石景山区突发事件应急救助指挥部，完善《石景山区突发事件应急救助预案》，明确各部门的职责，提高应急救助处置能力；修订《石景山区民政局灾害应急救助预案》。开展防灾减灾救灾宣传活动，组织全区养老机构、旅游行业单位、部分社区居民开展火灾、地震次生灾害等救援演练，发放救灾宣传品、挂图等700余份。开展“六进活动”，利用96156大课堂，聘请民安救援队到社区开展防灾减灾知识讲座，参加人员3000余人。为全区和河北迁安矿山街工委配发34套北斗应急报灾系统，制定《石景山区北斗应急报灾终端使用管理暂行办法》，多次组织区、街层面北斗应急报灾系统使用训练。完成区级救灾物资储备库由门头沟某部队搬迁至石景山区某库房相关工作。配合第三方评估公司对6个“十一五”时期全国综合减灾示范社区进行评估。经第三方评估，全部通过验收评估。推荐老山街道何家坟社区等10个社区参选2017年国家和北京市综合减灾示范社区，其中4个社区获得国家级综合减灾示范社区称号，5个社区获得北京市综合减灾示范社区称号。

（刘晓宏）

【社会救助】 年内，区民政局建立困难群众基本生活保障协调机制。机制主要将相关政策落实到基层、到困难群众为目的，以统筹特困、低保、低收入对象、特殊困难老人、困境儿童、残疾人、流浪乞讨人员、受灾群众和优抚对象等困难群众的生活保障、关爱保护为重要内容。完成特困人员供养相关工作。落实《北京市特困人员救助供养实施办法》，补发特困人员1－3月份供养生活费；协调第三方机构完成特困人员生活能力评估，按照评估结果发放特困人员照料护理费；调整特困人员供养标准由1987.08元调整为3212.25元。配合纪委督查工作开展特困人员供养资金自查。截至12月石景山区共有特困人员供养73人，全年累计支出资金243.79万元，累计审批临时救助143户，支出资金74.12万元，累计审批灾难性医疗救助172户、支出资金117.6万元，累计审批教育救助43人，支出资金19.02万元。

（刘晓宏）

【慈善工作】 年内，区民政局征集展示慈善成就和慈善故事照片，参与第四届“慈善北京”公益慈善图片巡展活动，征集照片92张。挑选其中64张照片参加全市评选，获二等奖1名，优秀奖2名。制成展板暨第四届“慈善北京”公益慈善图片展在局机关展出，观看展览人数500多人；开展法规学习，组织区相关社会团体、慈善协会和公益组织学习《慈善组织认定管理办法》《慈善组织公开募捐管理办法》等政策法规；开展“慈善宣传周”系列宣传活动。9月1－6日慈善周期间，在局机关、9个街道和全区150个社区张贴慈善周、“十元捐”宣传挂图，并利用电子屏、横幅等形式宣传慈善周，10000余人参加各项活动；参加京津冀慈善展，展示石景山区慈善工作成果，现场发放宣传折页300余份；开展“慈善——石景山在行动”活动，组织慈善协会、残联、绿叶、一夫唐人等组织和企业进行助学、助残、助老等活动。

（刘晓宏）

【养老机构建设】 年内，区民政局批准养老机构1家（海航嘉盛）、街道养老照料中心（八宝山、古城）2家，全区养老机构达到13家（1家待撤消），床位3225张。完成1家三星级评审和1家二星级复审。全区运营二年以上的7家养老机构有6家被评为星级机构，其中5星级1家，3星级2家，2星级2家，1星级1家，占85.7%；运营一年以上的9家机构采取配套、独立设置、协议三种方式100%实现养老机构医养结合；与食药监局共同推进阳光餐饮工程，100%实现预期目标；9、10月，投入20万元，分三期对全区203名养老护理员进行培训。制定《石景山区本市户籍养老护理员岗位补贴实施办法》。加强养老机构安全运营监管，年初组织全区9所养老服务机构实施上年度工作报告，对全年工作、各类证照等进行疏理，保证依法运营；推进"微型消防站"建设，完成率88.9%；定期、重要时期组织消防安全检查、专项治理，全年无消防事故发生；为提高机构护理员对老年人心理认知能力，邀请回龙观医院教授进行老年人心理认知能力培训；为机构配备头盔、防刺服等反恐器材20套。委托北京市海川会计事务所对符合资助条件的8家非营利性养老机构进行审核，2016年7～12月、2017年1－6月份审核不能自理老人16668人次，其他老人744人次，审核后资助金额855.72万元，其中市级资金应负担685.32万元，区级资金170.4万元。

（刘晓宏）

【社会福利】 年内，区民政局联合区卫计委、财政局、残联出台《石景山区困境家庭服务对象入住福利机构补助实施办法》，补发15名困境服务对象上年度补助，共计26.88万元；发放年度入住养老机构31名困境家庭服务对象补助67.48万元。全区享受此政策33人。调整困境儿童生活费标准，做到及时受理申请，及时审核审批，及时足额发放资金，按照动态管理，对孤儿因达到法定年龄、家庭变故等情况及时调整；同时做到政策衔接，对退出孤儿及时与低保中心联系。全区有集中供养孤儿11人，困境散居儿童22人。全年发放散居孤儿生活费34.38万元；严格实施弃婴审批，全面规范家庭寄养，为福利院1名孤残儿童实施"明天计划"手术。

（刘晓宏）

【实施济困工程70项】 年内，区济困工程各成员单位计划开展济困项目70项，救助各类困难群众29.66万人（户）次，投入资金1.65亿元。截至年底，完成项目81项，救助各类困难群众31.57万人（户）次，投入资金约1.84亿元（其中中央财政投入129万元、市财政投入2212.22万元、区财政投入15449.74万元、社会募集164.04万元、其他投入431.55万元）。

（刘晓宏）

【养老助餐服务试点建设】 年内，区民政局完善养老助餐服务体系建设，制定《石景山区养老助餐服务体系试点建设工作实施方案》，打造"中央厨房＋社区养老服务驿站配送"服务模式。截至年底累计完成送餐38600余份。配合区食药监局出台《石景山区养老助餐服务管理办法》，完成"阳光厨房"工程改造和创建食品安全示范区工作。

（马丽丽）

【街道养老照料中心建设】 年内，区民政局按照市民政局、财政局《北京市街道（乡镇）养老照料中心建设资助和运营管理办法》文件精神，进一步规范辖区街道级养老照料中心建设。其中，6家取得养老执业许可并运营，1家完工，1家在建，1家选址。

（马丽丽）

【社区居家养老】 年内，依据《北京市老龄工作委员会办公室关于做好养老机构、社区养老服务驿站辐射社区居家养老服务工作有关事项的通知》文件精神，全区5家养老机构、16家社区养老服务驿站实际开展社区居家养老服务功能项目60个。依据《北京市居家养老服务标准（草案）试点工作方案》要求，选取1家街道养老照料中心和1家社区养老服务驿站进行居家养老服务标准化试点。

（马丽丽）

【社区养老服务驿站】 年内，石景山区新建社区养老服务驿站25家，其中运营11家，建成待运营3家，开工11家。驿站的建设将为社区老人提供就近的日间照料、呼叫服务、助餐服务、文化娱乐、健康指导、心理慰藉等服务项目。截至年底，全区共建社区养老服务驿站40家，其中建成并运营26家，共拨付驿站建设补贴565.5万元。为2016年公示运营驿站提供扶持运营资金15万元。石景山区上年公示运营驿站15家，拨付扶持资金共计225万元。资金用于辖区内社区养老服务驿站开展呼叫服务、健康指导、文化娱乐、心理慰藉等公益性服务所产生的经费。

（马丽丽）

【家居巡视探访】 年内，区民政局制定《石景山区独居老人居家养老巡视探访服务工作方案（试行）》，通过定期电话问候和上门巡视相结合方式为老人提供服务，拨付街道168万元用于开展服务补贴。为有效对独居老人居家养老巡视探访服务开展的频次、质量等问题进行监管，另补助各街道监管资金11.32万元。

（马丽丽）

【养老体制改革】 年内，石景山区把养老服务体制改革列为全面深化改革的30项重点任务和四大优先突破的改革课题之一，在全市第一家以区委、区政府名义共同下发《石景山区居家养老服务体制改革实施意见》，提出"一五一十"（"一五"：一是健全老有所养服务体系，努力实现居家养老、社区养老、机构养老一体化融合式发展；二是健全老有所医服务体系，努力实现健康管理、基本医疗、康复关怀一条龙无缝对接；三是健全老有所为服务体系，努力实现老年人余热发挥、才华展示、价值追求全方位搭台助力；四是健全老有所学服务体系，努力实现精神家园、知识储备、科学素养多维度扩展充实；五是健全老有所乐服务体系，努力实现老年文化场所、文化队伍、文化项目多样化培育发展。"一十"指深化一个理念：养老服务是最重要最基本的民生问题；抓住一个龙头：改革创新养老工作体制机制；打造一个品牌：打造居家养老"老街坊"品牌"9110"模式；实施一项工程：开展幸福养老身边、床边、周边"三边"工程；突破一个重点：完善老年助餐服务体系建设；突出一个特色：推进中医药特色的医康养结合发展；推进一个试点：探索失能老人长期护理保险试点；扭住一个关键：建立养老服务社会化参与体系；培养一支队伍：加强养老护理职业队伍建设;搞好一个保障:强化居家养老工作的人员经费政策支持)的发展目标和重点任务;在领导层面强调党政齐抓推进改革,区委书记、区长一把手亲自抓养老;在组织层面成立区养老服务体制改革领导小组,由区委副书记担任改革小组组长;在协调层面实行区委副书记和主管副区长同为区老龄委主任的双主任制;在推进层面提升区老龄办的规格,理清区、街、社区的职责职能,增加从事老龄工作的人员编制,凝聚起全区上下抓养老的共识和合力。

(王 悦)

【老年人优待工作】 年内,区民政局为4361名户籍及外埠60周岁及以上老年人办理“老年人优待证”;为22042名本市及外埠户籍65周岁及以上老年人办理“北京通——养老助残卡”,总计有效持卡60602人;为80周岁及以上老年人发放养老服务补贴225463人次2246.84万元。

(王 悦)

【高龄津贴】 年内,区民政局为90周岁及以上老年人发放高龄津贴17315人次177.12万元;为全区95周岁及以上老年人发放医疗补助145人次462581.55元。春节和重阳节期间区级慰问高龄特困、失能及百岁老人118名,发放慰问金7.08万元。重阳节期间市级慰问困难老年人50人,发放慰问金5万元。

(张绍然)

【“孝星”命名】 年内,区民政局开展“孝星”命名推荐活动,经居、街、区、市四级审核,评选推荐市级“孝星”58名,“孝星榜样”1名。

(张绍然)

【老年人意外伤害保险】 年内,区民政局开展“老年人意外伤害保险”工作,将本市户籍60周岁及以上城乡特困人员、享受城乡最低生活保障待遇人员、优抚对象及无赡养人(或赡养人无赡养能力)的独居老年人四类人员定为政府统保人群。石景山区申请1051人,该保险于2017年12月1日开始生效,保险期限为一年。

(王 悦)

【建立基层老年人协会】 年内,区民政局为应对人口老龄化、加强和创新社会治理,实现全区老年人的自我管理、自我发展、自我服务、服务社会,自9月起,在全区各街道开展基层老年人协会建设工作。截至年末,鲁谷社区、八角街道、五里坨街道三个街道成立基层老年人协会。

(邓 峰)

【适老化改造】 年内,区民政局为了打造舒适宜居的老年人生活环境,提高老年人的家庭适老化环境,自6月起,针对全区低保、低收入、城市特困、失独老年人家庭开展适老化改造工作。截至年末,为全区9个街道改造老年人家庭139户。

(蔡海阳)

【优抚工作】 年内,区民政局制定《北京市石景山区民政局关于调整优抚对象抚恤补助标准和义务兵优待金标准的通知》,为全区695名优抚对象进行抚恤补助金的调标。为20名残疾军人办理换证、补证;为40名病故军人遗属发放一次性抚恤金1426.7万元;为8名病故军人遗属补发一次性抚恤金38万元;为2名享受定期抚恤补助金的病故军人遗属和14名残疾军人,发放死亡抚恤金30.6万元;全年发放各类定期抚恤补助金1561.6万元;对493名优抚对象进行生存数据核查;为53户在乡和非在乡优抚对象发放集中供热采暖补助费86193.78元;走访慰问138名应征入伍新兵。严格落实《关于取消调整74项市政府部门要求基层开具的涉及群众办事创业各类证明的通知》,做好取消调整证明后各部门对接工作,确保优抚工作平稳有序。坚持开展拥军优属活动,先后完成中央、北京市、区军地领导重点走访及普遍慰问优抚对象1232户次,发放慰问金和慰问品80.13万元。

(杨崇艳)

【见义勇为权益保护】 年内,区民政局为24名见义勇为人员办理各类优待卡,完善36名见义勇为人员“民政一卡通”数据信息。春节前夕,对全区36名见义勇为人员进行全面走访慰问,发放慰问金、专项困难补助金81600元以及21600元的慰问品。开展夏季重点走访慰问活动,为见义勇为伤残人员李延荣和牺牲人员马玉新的家庭送去15000元慰问金。并组织部分见义勇为人员参观疗养和健康体检活动。石景山区依法确认1起协助交警制止酒驾司机暴力抗法的行为为见义勇为行为,举行见义勇为确认颁证仪式,颁发见义勇为人员确认证书及确认奖励金52859元。

(杨崇艳)

【军休干部接收安置】 年内,石景山区新接收安置军休干部34人。截至年底,全区累计接收军休干部2675人,实有军休干部2071人,其中离休干部147人、退休干部1924人。

(张 旭)

【社会组织管理】 年内,区民政局办理社会组织行政许可事项66项,其中成立22项,变更35项,注销9项。全区有社会组织308个,其中社会团体81个,民办非企业单位227个。涉及教育、卫生、文化、体育、法律、宗教、社会工作、工商业服务、居民服务、科技研究、生态环境、职业及从业者等12个领域。社区备案社会组织699个,涉及社区服务福利、治安民调、文体科教等6类。192个社会团体和民办非企业单位完成年检四级审批和网上发布,年检结果合格185个,基本合格7个。制定下发《石景山区民政局关于开展2017年社会组织评估工作的通知》《石景山区民政局2017年社会组织规范化建设评估工作方案》,落实评估资金。委托第三方评估机构对46个社会组织进行等级评估,评为5A的7个、评为4A的27个、评为3A的11个,评为1A的1个。累计完成评估182个,其中评为5A的10个,4A的101个,3A的67个,1A的4个,参评率达到96.8%。开展社会组织“诚信建设行”活动,在北京市社会组织信用信息系统网站公开社会组织登记、年检、评估等基础信息,接受各界监督;清查23个行业协会商会收费情况,规范收费行为,通过“信用中国”网站“行业协会商会收费情况公示系统”对行业协会商会的收费标准及依据等情况进行公示。对社会组织监督管理,组织开展行政检查61次,行政抽查36次;对22个社会组织实施行政处罚,其中警告12个,不予处罚10个。

(刘 青)

【行业协会商会与行政机关脱钩】 年内,区民政局分两批次开展行业协会商会与行政机关脱钩工作,制定《石景山区行业协会商会与行政机关脱钩实施方案》,成立脱钩联合工作组。年内,13个社会组织与行政机关完成脱钩。

(刘 青)

【集中救助行动】 年内,区民政局开展集中救助行动25次,为期200天,出动工作人员800人次、救助车辆400台次,有效维护流浪乞讨人员的生存权益,维护"两会""一带一路"高峰论坛、党的十九大召开期间及其他重要时期社会秩序稳定。全年救助流浪乞讨人员826人次。其中,救助老年人316人次、未成年人4人次,残疾受助对象121人次。

(赵 宇)

【街头外展救助服务】 年内,区民政局引入"北京市石景山区清源社会工作事务所"参与街头外展救助服务项目,委托该社工事务所对长安街沿线、八大处公园周边重点地区进行街头外展工作,并建立发现报告救助机制,告知、引导、护送流浪乞讨人员到站接受救助。全年街头外展共救助、劝离流浪乞讨人员400余人次。

(赵 宇)

【婚姻收养登记】 年内,石景山区完成婚姻登记8224件,其中结婚登记4189件、离婚登记2435件、补领登记1600件。出具婚姻证明10人次,办理国内收养登记3件。

(谢 曼)

【退役士兵安置】 全年石景山区共接收退役士兵121人。其中:义务兵96人,下士3人,中士3人,复员士官7人,转业士官12人;男兵113人,女兵8人。截至目前累计安置114人。其中:复学59人,自主就业51人,政府安排工作4人。为110名退役士兵办理自主就业安置手续,发放自主就业一次性补助金850万元。春节前夕,对102名退役士兵走访慰问,发放慰问金40800元。完成1978－2014年度8627名符合政府安排工作条件的退役士兵数据采集核查工作。

(杨崇艳)

【超转和地退人员管理】 截至年底,全区有超转人员1247人(含入住福利院孤老2人)。按时、准确完成征地超转人员生活费发放和调标工作;春节前期慰问134名特困、高龄、空巢、大病超转人员,送去总价值2.68万元物品;加强日常管理,定期更新信息管理平台数据工作;做好日常服务,为142名超转人员变更就诊医院;每季度与街道人员入户,核实超转人员生存信息情况;做好超转人员基本信息月报表、死亡月报表和年报表的报送工作;审核超转人员清洁能源补贴。截至年底,全区有地退人员136人(含入住福利院孤老1人)。按时、准确完成地退人员退休费发放和调标工作;发放地退人员物业补贴和采暖补贴。协助地退人员、家属及公证处等相关部门办理查档10次;加强日常管理,细化地退人员丧葬费发放流程;为地退人员购买电影票。按市局要求,年底为地退人员订阅老年报;做好月报表、半年报表和年报表上报以及各种补贴的审核发放工作。

(刘晓宏)

双拥工作

【概况】 石景山区是中部战区机关、陆军领导机构、北京军区善后办所在地,驻军数量多、分布广,军地联系紧密,有"同呼吸、共命运、心连心"军政军民一家亲的优良传统。2017年,区委区政府始终坚持国防与经济建设协调发展、平衡发展、兼容发展,围绕军队改革强军和石景山区"坚持党建统领、建设两大生态,初步建成国家级绿色转型发展示范区"为总目标,以"军民融合"为主题,以"做得更好、争先创优"为标准,以"标准更高、特色更优、品牌更响"为方向,扎实开展双拥创建活动。"强军育才接力工程""强军爱兵暖心工程""区长进军营"和军(警)民共建活动深入开展,持续为提升部队战斗力服务,形成覆盖驻区部队、惠及官兵和家属的拥军特色系列工程,为驻区部队官兵保障"后路"、稳定"后院"、管好"后代"提供坚强后盾。军地联手打造"无违法建设军营"为石景山的"全面深度转型、高端绿色发展"发展战略提供支持。全年累计为300名官兵进行专业技能培训,为36名困难官兵发放救助金25.5万元,接收自主择业军转干部档案202份,安置退役士兵114人,为110名退役士兵发放自主就业一次性补助金851万元,接收随军家属32人,协调227名军人子女入学入托,消防支队接警1100余起。

(鞠志强)

【军地联合送温暖】 春节和八一两个"双拥月"期间,中部战区、陆军、北京军区善后办领导与区领导,分四组走访慰问16户优抚对象、残疾和特困难群众代表,为每户送去2000元慰问金和价值700余元的慰问品。

(鞠志强)

【深入驻地送关怀】 春节和八一两个"双拥月"期间,区四套班子领导分别带队分四路到基层部队走访慰问,体现地方政府对人民子弟兵的关心和厚爱。走访公安分局、消防支队、武警十四支队、预备役高炮四团、区武装部、93658部队等驻区部队,对驻区部队在为区经济建设、社会稳定等方面给予的大力支持和做出的突出贡献表示感谢,共赠送慰问金345万余元。"八一"建军节当天,区四套班子到中部战区机关慰问,并赠送100万元慰问金。

(鞠志强)

【健全机制强组织】 年内,石景山区双拥工作坚持"一把手"工程,做到"四个纳入",即纳入区经济社会发展规划、政府年度折子工程、军地重要议事日程和党政军领导政绩考核,确保国防建设与经济建设、城市建设并重。重新修订完善《石景山区双拥协调工作机制》,畅通军地沟通渠道,确保平时有沟通、节日有座谈,凝聚军地力量,做好制约石景山区经济社会发展和驻区部队建设难点问题的会商和协调，相互支持，互助双赢。

（鞠志强）

【双拥宣传】 年内，石景山区广泛开展多种形式的宣传教育活动，营造双拥工作氛围。在石景山报开设专版，宣传“传承红色基因，情系国防做奉献”优秀人物事迹活动。组织召开纪念建军90周年笔会活动，出版“军地合鸣”书画作品集，为驻区部队官兵发放石景山游乐园拥军券。参加中国双拥杂志在八达岭水关长城主办的“全国双拥模范城”成果长城融合展，举办第十届北京清明诗会，《军民团结一家亲，深度融合共发展》《妙笔丹青抒豪情，军地合鸣颂军魂》文章在北京社区报刊登，《石景山区整合军地资源，推进军民融合深度发展》一文被北京信息（综合快报）采用，区长进军营活动照片被中国双拥杂志采用。组织300多人参加革命烈士纪念日公祭活动。开展征兵宣传，为部队输送合格兵员。部队为全区8所高中校、1所职业高中校共1320名学生进行军训。

（鞠志强）

【实现无“双违”】 年内，石景山区围绕疏解整治促提升，凝聚军地全力，共同打造“无违法建设军营”和“无违法建设军营社区”。军地双方高度配合、联合行动，形成有效推进机制，提亮部队周边景观，整治军营社区私搭乱建，提升军营周边环境和居民幸福感，实现地区资源共享，军、地、民三赢。相关做法得到时任市委副书记景俊海同志批示。

（鞠志强）

【现场办公解难题】 年内，石景山区举办第35次区长进军营办公活动，为部队在项目审批、营区设施建设等方面开辟“绿色通道”，对部队提出涉及道路交通、供水供暖、营区环境等28个议题现场协调，能解决的，明确工作责任，加快工程进度，确保按期完成；受政策、条件等客观因素限制，暂时不能解决的，加强协调，力争早日解决。全年为驻区官兵解难事，办实事，做好事，累计投资960万解决交通供水排污等问题。

（鞠志强）

【服务部队办实事】 年内，石景山区开展军地互利的八大处微循环道路及暗涵改造工程，支出资金3883万元。城管监督执法局协助部队拆除违建4012平方米。金融办协调区工商银行投资20万元为66018部队安装存取款一体机。城管委投资约9万元养护陆军机关高井营区东门出入口道路。西建办投资146.18万元开展永引渠南路西延（石门路－金顶山路）工程前期规划研究，推进方便陆军领导机关等部队出行道路改善。五里坨街道投资17.58万元支持陆军领导机关便民工程菜站建设，投资423万元为66400部队修建体育场所和安装健身器材，投资2841.65万元修建精品街景观，优化陆军领导机关和61206、66476部队临街道路环境。

（鞠志强）

【暖心工程】 年内，区双拥办与区慈善协会联合在驻区部队开展“强军爱兵暖心工程”慈善救助活动，为36名困难官兵发放救助金25.5万元。为驻区部队300余名官兵开展专业技能培训。协调227名军人子女入学入托。

（鞠志强）

【基层双拥】 年内，以纪念建军90周年为契机，石景山区组织“八个一”拥军活动，即：街道、社区组织一次居民和志愿者送亲情、送服务进军营；科委组织一次科普知识宣传进军营；区卫生计生委组织一次义诊送健康进军营；区文化委组织一次非物质文化遗产宣传进军营；区图书馆为驻区部队图书分馆普遍更新一次图书；区司法局组织一次法律知识宣传和法律援助进军营；区金融办组织一次金融知识和防诈骗宣传进军营；区妇联组织一次“情系石景山”大型军地青年联谊会。全区各街道、社区、企事业单位开展形式多样双拥共建活动，赠送慰问金和慰问品，共投入资金278万余元。

（鞠志强）

【安置就业】 年内，区双拥办做好随军家属和退役士兵安置工作，将随军家属接收纳入公务员招考、事业单位招聘全年用人计划，拓展招聘方式，配合北京市人社局开展“2017年驻京部队随军家属专场招聘会”，利用“互联网＋”开展网络招聘随军家属，全年接收安置随军家属32人，为110名选择自谋职业随军家属发放补助金330万元。接收121名退役士兵，累计安置114人，其中复学59人，自主就业51人，安置工作4人，为110名退役士兵办理自主就业安置手续，发放自主就业一次性补助金851万元。完成自主择业军转干部信息平台建立，全年为自主择业军人组织适应性培训10次，支出各类培训经费19.5万元。自主择业军转干部的住房补贴、冬季取暖费和医疗保险均全部按相关政策落实到位。

（鞠志强）

【优抚工作】 年内，区双拥办为全区695名优抚对象进行抚恤补助金调标；为40名病故军人遗属发放一次性抚恤金1426.7万元；为8名病故军人遗属补发一次性抚恤金38万元；为2名享受定期抚恤补助金的病故军人遗属和14名残疾军人，发放死亡抚恤金30.6万元。截至12月，累计发放伤残抚恤金、定期抚恤补助金和慰问金等各类资金1561.6万元。

（鞠志强）

【驻军拥政爱民】 年内，北京军区善后办支援石景山区生态建设、教育事业、精准救助和社会建设，组织官兵参加地方植树活动和社区生活垃圾清理，安排10万元经费支持北大附中、北大附小石景山学校提升办学环境，出资5万元集中帮扶50户首钢困难职工，腾出64平方米用地用于“养老驿站”项目建设，会同区气象局建设气象监测站，提高京西地区防灾预警能力。消防支队全年接警1100余起，出动1910车次，13100余人次，完成多次急、难、险、重灭火抢险救援任务。组织驻地学校、企事业单位开展消防培训、消防演练等200余次，受教育人员8000余人。消防支队利用警营开放日活动，接待地方企事业单位、院校参观学习近110多次，接待来访、参观群众2000余人，累计为共建单位授课500多课时，培训义务消防员300余人次。消防支队古城中队与驻地古城路社区签订义务照顾孤寡老人协议书，连续

16年照顾4位孤寡老人。预备役高炮四团和北京卫戍区66400部队主动担负石景山区西部义务森林消防任务，加强石景山区森林消防力量。

（鞠志强）

民族·宗教

【概况】 北京市石景山区民族宗教事务办公室（简称区民族宗教办）是区政府主管民族宗教工作的职能部门，行政编制7人，实际在岗7人。截至年底，全区常住人口由46个民族组成，其中少数民族人口2.1万人，占常住人口的3.4%。人数较多的少数民族分别是满族（8884人）、回族（5697人）、蒙古族（2374人）。民族幼儿园1所，民族团结教育示范校2所，民族团结教育基地1处，民族养老院1所。有天主教、基督教、佛教、伊斯兰教4种宗教。辖区内有宗教活动场所6处，即北京灵光寺、北京大悲寺、北京双泉寺、石景山清真寺、石景山区天主教老山弥撒点和石景山区基督教古城聚会点。

（路　卿）

【参与公益慈善事业】 1月22日，区民族宗教办在鲁谷社区服务中心与区佛教协会联合举办第十届“我们和你在一起”爱心帮扶活动，帮助石景山区生活困难的少数民族群众和特困家庭，为辖区内80户特困家庭发放慰问品和慰问金；6月16日，区伊斯兰教协会在石景山清真寺举行“善行斋月·尊老敬老”主题公益活动，为10户“石景山区最美穆斯林家庭”颁发证书和奖品。9月26日，区佛教协会第九届“慈悲情怀·利乐众生”中秋慈善活动在北京灵光寺举行，为辖区50户困难家庭慈善捐助。区基督教“三自”爱国小组、区天主教爱国小组筹集善款为福利院、残婴院捐款捐物、奉献爱心。

（路　卿）

【宗教活动平稳有序】 5月3日，中国佛教协会庆祝佛诞节活动在北京灵光寺举办。13000余名佛教徒参加佛诞节浴佛活动；6月26日，石景山清真寺举行开斋节庆祝活动，1000余名各族穆斯林参加；8月15日，区天主教老山弥撒点举行弥撒圣祭，欢庆圣母升天节，400余名教友参礼；同月26日，区天主教老山弥撒点举行建堂十周年庆祝活动，各界嘉宾、教友共200余人参加庆典；9月1日，石景山清真寺举行古尔邦节庆祝活动，400余名各族穆斯林群众参加活动；12月24日平安夜，区天主教老山弥撒点和基督教古城聚会点分别举行宗教庆祝活动，200余名天主教信徒和200余名基督教信徒分别参加活动；同月25日圣诞节，天主教老山弥撒点举行“天明弥撒”，160余名天主教信徒参加。期间，区民族宗教办、公安分局、城管执法局、交通支队、消防支队、属地街道办事处和相关公安派出所密切配合，活动全程现场值守，确保相关庆祝活动平稳有序。

（路　卿）

1月22日，“我们和你在一起”爱心帮扶活动　（区民族宗教办供稿）

【民族团结创建活动】 5月4日，区民族宗教办在鲁谷社区半月园广场举行“民族情·中国梦”2017年石景山区民族团结进步创建系列活动启动仪式。现场集中展示宣传展板，发放民族宗教政策宣传资料，各族居民千余人参加；同月12日，区民族宗教办在石景山清真寺举行民族团结进步创建进宗教场所宣传活动，吸引前来主麻的穆斯林群众200余人参加，发放宣传材料200余份；6月13日，区民族宗教办在北京工业职业技术学院礼堂举行石景山区第九届民族健身操舞大赛，全区街道系统、教育系统、社会团体的33支队伍600余名健身操舞爱好者参赛。11月16日，区民族宗教办在区青少年活动中心举办石景山区第四届民族歌曲大家唱比赛，来自全区教育和街道系统21支代表队1100余名民族歌曲爱好者参赛。

（路　卿）

【宗教工作专题培训】 7月6日，区民族宗教办联合区委统战部举办石景山区2017年宗教界代表人士培训班。来自区内佛教、伊斯兰教、天主教、基督教的50余名宗教团体领导班子成员、教职人员、管理组织成员和骨干信徒代表参加培训。11月17日，举办石景山区贯彻新修订《宗教事务条例》培训班，全区各街道党工委副书记、统战干部、民宗干部，宗教团体负责人、宗教活动场所负责人、信教群众代表近200人参加培训。

（路　卿）

【和谐寺观教堂创建】 年内，按照市宗教局工作部署，区民族宗教办指导全区宗教团体和宗教活动场所开展以“规范”为主题的和谐寺观教堂创建活动，将财务管理规范作为创建活动重点，切实促进宗教活动场所的活动规范、管理规范和行为规范。

（路　卿）

残疾人事业

【概况】 石景山区残疾人联合会（简

称区残联)是国家法律确认、由残疾人及其亲友和残疾人工作者组成的人民团体,是全区各类残疾人的统一组织。主要职能是履行"代表、服务、管理"职能,承担政府委托任务,代表残疾人共同利益,维护残疾人合法权益,团结帮助残疾人,开展各项业务和活动,为残疾人服务。下属有残疾人劳动就业服务中心、活动中心、康复中心3个事业单位,在9个街道设街道残联,126个社区成立残疾人协会,形成了区、街道、社区三级工作网络。年内,聚焦就业增收和民生保障、残疾人就业指导、扶贫救助、技能培训等工作,为残疾人提供精准康复服务,组织残疾人开展文化体育活动,强化残疾人职业康复中心建设、组织建设、信访维权机制建设和残疾人服务类社会组织建设,加快推进残疾人小康进程,不断满足残疾人日益增长的美好生活需要。区残联获北京市交通安全先进单位、市残疾人基本服务状况和需求信息动态更新工作第一名、首届市残疾人专职委员知识竞赛第二名、市金点子辅具创意作品优秀组织奖、市第十一届"和谐杯"残疾人乒乓球比赛优秀组织奖、市三十一届残疾人棋牌比赛优秀组织奖、区"心阅书香共读共享"诵读大赛优秀组织奖、"古城之春艺术节"优秀组织奖。

(刘会生)

【扶贫工作】 年内,区残联严格落实各项保障政策,扎实做好残疾人生活补助、养老助残券发放等救助工作。全年审核符合享受残疾人生活补助残疾人2325人,享受护理补贴残疾人7870人;享受居家养老助残券3769人,发放金额455.79万元;享受城乡居民养老保险缴费补贴810人,补贴金额77.6万元。"两节""助残日""中秋国庆节"期间走访慰问残疾人7425人次,发放慰问款286.57万元。全年临时救助残疾人家庭14户,发放临时救助款2.7万元。为全区11家职康站参加职业康复劳动的177名智力和精神残疾人拨付运行经费188万元,向每个职康站下拨购置空气净化器经费4000元;为16名残疾人办理个体就业保险补贴12.35万元;为7家盲人按摩机构发放扶持款9万元,为2家盲人按摩机构发放保险补贴3.2万余元。

(刘会生)

【助推残疾人就业】 年内,区残联举办各类招聘会10场次,推荐就业234人次,新安置残疾人就业180人,其中按比例就业53人;按照扶持政策,给予残疾人发放扶持创业款6万元,帮助残疾人成功实现自主创业。响应"大众创业,万众创新"号召,探索适合残疾人的就业项目,搭建微商销售平台,助推残疾人及其家庭增收。

(刘会生)

【职业技能培训】 年内,区残联以竞赛提升培训质量,以培训提高残疾人职业竞争能力。配合市残联做好参加"2017年全国残疾人岗位精英职业技能竞赛"选拔工作。与残疾人职业技能培训基地合作,对残疾人进行计算机操作、手工编织、剪纸、茶艺4个项目的培训和选拔,组织残疾人就业指导师培训、盲人互联网+软件培训,残疾人公务员定向招录培训。全年举办各类职业培训5期,培训96人。

(刘会生)

【安置就业审核】 年内,区残联通过媒体宣传、短信提醒、快递宣传册、政务网发布公告等形式做好宣传工作;审核工作人员签订廉政和保密承诺书,开展操作规范培训;与区地税建立联系机制,提高审核工作效率;针对安置外省残疾人需要电话核实的要求,将大厅服务电话全部升级成可录音、可拨打长途的电话设备;对参审单位残疾人基本信息截图,做好各种图文影音资料收集,完成年度审核工作。全年审核按比例安排残疾人就业单位648家,核定就业残疾人2156人。

(刘会生)

【各类康复服务】 年内,区残联通过政府购买服务方式,开展肢体残疾人居家康复服务""辅具评估服务""盲人定向行走训练""残疾人颈肩腰腿痛康复治疗及培训""居家康复+培训"康复服务,为残疾人提供辅具评估服务11批次665人次,盲人定向行走训练34人,肢体残疾人居家康复服务7200人次,智力和精神残疾人职业康复训练201人,稳定期精神残疾人日间康复服务35名,智力残疾人日间康复服务40名,入户家庭康复服务24名。以"石景山区残疾人家庭康复培训学校"为依托,开展系列知识讲座;针对残疾人的需求组建巡讲团,开展健康知识讲座,提高残疾人疾病预防、自主康复的能力和残疾人亲友康复护理技能。全年共举办培训班38期,培训残疾人及家属1715人次。

(刘会生)

【民办社会组织】 年内,区残联成立蒲公英儿童康复园、阳光残疾人关爱服务中心、爱希康复中心3家助残社会组织,充分利用社会力量为残疾人提供精准服务。切实加强党对社会组织的领导,促进社会组织健康发展,指导、协助小飞象训练发展中心成立党支部,太阳花和蒲公英成立"七色花"功能型党组织。对于无党员的社会组织,派驻兼职党务工作者,实现社会组织党建工作全覆盖。

(刘会生)

【信访与维权】 年内,区残联健全区、街、社区三级残疾人信访代理制,完善信访"排查、化解、稳控"和应急处置机制,实行理事长接待日、律师值班制度,发挥信访接待室的作用。建立"重点人员"精准服务档案,实行"一人一档",每半个月进行跟踪回访,并将情况记录到档案中。在全区9个街道14个社区开展"庭院式"法制宣传教育系列活动,410名残疾人参加活动。全年共接待来访、来电252人次。解决残疾儿童申请进入普通幼儿园享受学前教育问题,帮助3名生活困难的残疾人解决生活困难问题,帮助残疾低保家庭学生解决学习费用问题。

(刘会生)

【宣传残疾人事业】 年内,区残联大力弘扬舍己为人、乐善好施的中华民族传统美德。在助残日期间举办"推进残疾预防,健康成就小康"第27次"全国助残日"主题活动。在广电中心开设残疾人事业新闻专栏3个、《石景山报》开设残疾人工作专版12个,通过电视和报刊等宣传媒体,宣传残疾人事业，动员社会各界加入扶残助残行列。

（刘会生）

【开展文体活动】 年内，区残联以弘扬中华民族传统文化，传承红色基因为主题，开展区残疾人文艺作品征集活动。征集文艺作品38个，推动基层残疾人群众文化深入开展；举办区第十一届残疾人运动会，全区9个街道残疾人和培智学校的残疾学生组成的10个体育代表队近400余人参加。运动会设田赛、径赛54个小项目，产生47枚金牌、29枚银牌、29枚铜牌，是历届项目最多、参与类别最多、年龄覆盖最广的一届运动会。组织残疾人参加国家、市、区举办的各类体育比赛，在全国残疾人飞镖锦标赛中，获得女子站姿比赛第三名的好成绩。

（刘会生）

【志愿者队伍建设】 年内，区残联进一步规范扶残助残志愿者工作机制，组织温馨家园和社会力量开展助残服务。苹果园街道成立温馨家园志愿服务站，以苹果园温馨家园为试点，进一步规范服务站制度、建立工作台账。运用“志愿北京”平台发布助残项目信息，扩大志愿者队伍，提升志愿者专业水平。

（刘会生）

【温馨家园建设】 年内，区残联为保障示范温馨家园工作顺利开展，下拨运行经费90万元。指导各温馨家园开展法律宣传、职业技能培训、文化体育活动等，老山街道和古城街道作为温馨家园购买服务工作试点，与门头沟区爱之旅康复中心签订服务协议，为区残疾人提供专业助残服务200余人次，提升专业助残服务水平。

（刘会生）

【残疾人证办理】 年内，区残联严格按照办证流程，严肃办证工作纪律，制定公章使用、申请表交接登记表，完善办证工作制度，开展残疾人证办理和一卡通管理工作。至年末，已有持证残疾人19718人，其中视力残疾人2454人、听力残疾人1428人、言语残疾人82人、肢体残疾人12258人、智力残疾人1088人、精神残疾人1659人、多重残疾人749人。发放残疾人一卡通19565张。为9个街道示范温馨家园免费上网点和155个社区安装一卡通延期设备，组织各街道开展残疾人一卡通集中延期工作。协调残疾评定医生，为79名申请人进行入户评残。

（刘会生）

【残疾人动态更新】 年内，区残联成立“石景山区残疾人基本需求和服务状况动态更新工作领导小组”，申请经费103.8万元，为159个社区配备移动采集终端；组织各街道理事长、专职委员和社区残疾人工作者180余人进行专项培训，通过信息采集、电话回访、数据审核和第三方督查等工作，按时保质完成19211名持证残疾人基本需求和服务状况动态更新工作。

（刘会生）

街 道

鲁谷社区

【概况】 鲁谷社区组建于2003年4月,同年7月正式挂牌成立,是北京市城市基层管理体制综合改革试点单位、和谐社区建设示范单位,也是目前北京市唯一的一个“街道级”社区。位于石景山区东部,长安街西延长线南侧,东至八宝山街道,西到八角街道,北临老山街道,南与丰台区交界。辖区面积5.57平方公里,常住人口7.37万人。下辖22个社区居委会,社区工作者386人;党工委下设26个一级基层党组织,党员4597人。辖区内有“三横三纵”6条主要街路(三横:石景山路、鲁谷路、莲石路;三纵:鲁谷大街、银河大街、五环路),京广铁路贯穿而过,是石景山区人民政府所在地,辖区有新华社第二办公区、中铁建设有限公司、万商投资有限公司等中央、市属、区属单位40余家,农工商公司2个,注册中小型社会单位606家,商务楼宇26座、商务楼宇工作站9个、居民楼248栋。

(马玉秋)

【环境精细治理】 11月5日到12月1日,鲁谷社区开展“捍卫美丽天际线”行动,出动执法人员184人次,执法车辆92台次,拆除违规广告牌匾185块;拆除违法建设、环保督导、整治占道经营、规范“门前三包”,全年处理各类举报3000余件,查处各类违法行为2000余起,拆除违法建设481处,出动执法力量3000余人次。

(马玉秋)

【衙门口棚改征收签约率99.15%】 截至年底,衙门口房屋征收签约工作顺利完成,签约期历时48天,项目共占地251公顷,涉及1180个院落、4396户居民,建筑面积27.6万平方米,人口6770人,签约率99.15%。

(马玉秋)

【拆违整治专项行动】 鲁谷社区全年拆除衙门口休闲绿洲、西五环旧货市场等违建463处,建筑面积58.57万平方米,完成100%;整治国资系统出租房屋3处,完成100%;调整疏解商品交易市场3处,完成100%;城乡结合部整治影响人口5295人,完成407%;整治占道经营604处,完成201%;经营整治无证无照95处,完成306%;整治无证无照食品药品企业51家,完成100%;整治开墙打洞25处,完成500%;整治非法幼儿园2家,完成100%;疏解散乱污企业、商户2家,完成200%;整治群租房50处,完成143%;清理取缔非法幼儿园2所,接受2017年非京籍幼升小群众咨询300余人次,审核材料96份,录入人员83名。共涉及或疏解人口21359人。

(马玉秋)

【基本无违法建设社区验收率100%】 年内,鲁谷社区下辖19个居委会共拆除违建1756处,3.7万平方米,全部完成第三方验收,验收率100%。

(马玉秋)

【衙门口南社区整治】 年内,衙门口南社区结合城乡结合部重点地区整治工作要求,通过大门封堵、场地物理隔挡和地面覆盖,停止营业,强行关闭等措施加大对衙门口南地区废品收购站、西五环旧货市场等大杂院的综合整治工作。社区投资56万元,在衙门口地区新建治安岗亭2个,限高杆3处,修建隔离路障2个,安装隔离栏1560米。在衙门口东街两侧投入资金54万元,安装护栏2000余米,投入资金20.4万元,购买四轮警用电动车4辆,安排公安、城管、保安在此巡逻看守,加大对市级挂账地区衙门口东街、小横街侵街占道情况的治理力度。

(马玉秋)

【生产经营单位隐患检查】 年内,鲁谷社区对辖区612家生产经营单位进行一年四次全覆盖检查,检查单位4134家次,完成全年检查任务量115%;签订《承诺书》75份,发放《告知书》467份,《一封信》《安全提示》各700份;居委会出动6217人次,消隐3289处;检查队出动571人次,排查单位1134家,消除隐患281处;投入资金近60万元为居委会微型消防站购置装备,同时加大人员培训、演练,提高社区消防自救能力。

(马玉秋)

【社区建设】 年内,鲁谷社区打造七星园北社区作为迎接市规范化社区示范点的受检社区,规范各种上墙制度及社区服务功能,制作500份宣传折页及500份便民电话卡发放给辖区居民,年内受检合格。推进“社区之家”工作,将新华社社区、石景山医院社区作为“社区之家”示范点,鼓励和调动驻区单位履行社会责任,开放内部设施,实现社区共享、共治。推进22个社区减负增效工作,规范社区组织机构、挂牌、台账,完成社区清理职责、摘牌抽查、清理牌匾等任务,清理各类牌匾共100余块;做好智慧社区建设工作,新建三星智慧社区两个:永乐西南和永乐西北居委会,三星升五星一个:久筑居委会。

(马玉秋)

【社区文化活动场所】 年内,鲁谷社区申请民生家园及文化建设专项资金600万元,通过趸租、改造、增设社区文化活动场所3235平方米。其中鲁谷社区图书馆面积增加到210平方米、56个座位,承办文化主题活动23场;改造鲁谷社区综合文化活动中心舞台及灯光、配备LED大屏幕、音频设备改造升级,开展各类文化活动60场次。

(马玉秋)

【社会福利保障】 鲁谷社区全年失业人员档案登记881份,上年结转434人,新增565人,实现就业534人,完成全年就业指标的124%;对辖区3075名社会化退休人员档案进行电子化扫描和输机,为退休及一老一小等各类人员报销药费505人次166.24万元;办理丧葬补贴发放55人27.5万元;为辖区2062名80周岁以上老年人提供居家养老服务,发放补贴金额228万余元;建成养老驿站3个;完成市场租房补贴审核28户;保障房信访政策咨询回复11户;廉租房家庭合同续签及新签工作45户;外区协查14户;公租房续签资格复审117户;公租房租金补贴复审71户;第九批经适房补选核查10户、第十三批限价房补选核查23户;完成享受市场租补贴家庭入住家庭资格核查7批次,审核61户。

(马玉秋)

【推进信访代理】 鲁谷社区全年共受理群众来信来访169件305人次，其中61件通过实施信访代理解决，及时妥善处理12345便民热线转办单1799件，开展专项矛盾纠纷排查9次，矛盾纠纷33件次，办理政风行风热线处理单63件。

（马玉秋）

【绿化种植改造】 年内，鲁谷社区在重兴园、聚兴园小区补种月季近1000平方米，街边绿地10余处6500平方米的绿化升级改造，组织10个居委会参加园林微景观的制作体验活动。

（马玉秋）

八宝山街道

【概况】 八宝山街道位于石景山区东南部，面积5.24平方千米，被称为石景山的东大门。东以玉泉路为界，与海淀区万寿路街道相接；南以吴家村路为界，与丰台区卢沟桥街道相接；西以鲁谷大街为界，与鲁谷社区相接；北以石景山路为界，与老山街道相接。区域内道路近30条，呈四横四纵分布；有京九铁路穿过，一号线地铁及30多条公共汽车途径此地。街道党工委下设21个基层党组织，正式党员2287人。辖区有17个社区，2.6万余户，常住人口6.5万人。辖区内有中国国际广播电台、中煤地质工程总公司、中国瑞达系统装备总公司等中央企事业单位，北京市第一中级人民法院、市人民检察院第一分院、市保障性住房建设投资中心等市属单位。永辉超市、物美超市等便民服务单位130余家，景山教育集团、黄庄职高等教育机构14家，中国中医科学院眼科医院等医疗机构6家，北京重型电机厂等老工业企业也分布在辖区内。另有台湾街、北京国际雕塑公园等场所供居民休闲游玩。改善民生，沁山水南区居委会楼梯改造工程项目完工。全年发放低保金350万元，完成便民工程16项，民生家园4项。共处理来信、来访620件次，重大矛盾集体访3件次，调解率达98%。整治无证无照经营300户。清理整治四处直管公房，整治群租房18户。检查企业682家3213家次，查处安全生产、消防安全等隐患4181处。

（王　晨）

【"精神沁园"红色文化基地】 3月，八宝山街道文化活动中心（南区，后改为"精神沁园"红色文化基地）建成试运营。中心位于沁山水南社区，总面积约1200平方米，划分五大功能区，即：红色文化空间、传统文化空间、文化欣赏空间、文化创意空间和文化活动空间，是石景山创办"公共文化服务示范区"的重要项目之一，由八宝山街道主导，华录集团参与运营，依托优势资源，为居民提供专业特色服务，打造"高端普惠＋创新＋可持续发展"的街道级文化活动中心。年初，文化中心试运行以来，共组织各类活动300余次，场馆总接待3万余人次。在七一党的生日期间，举办喜迎十九大笔会、唱红歌、红色电影展映等系列红色活动，先后承接27批次市、区领导的视察与调研。

（王　晨）

【推行"社区之家"试点】 5月23日，八宝山街道与工信部电子科学技术情报研究所签订服务协议，选定情报所社区为"社区之家"试点。12月23日通过第三方检查。社区与相关社会单位联合，以居民学习需求为导向，以完善服务、造福群众为出发点，以各级、各类教育资源为依托，坚持内部挖潜和外部共享相结合，开放内部资源，解决社区居民文化教育需求。截至年底，共举办消防知识讲座、戏曲联欢、瑜伽培训、中国结手工制作、棋牌乐等活动22次。

（王　晨）

【拆违35.41万平方米】 八宝山街道辖区内，全年拆除违法建设共计35.41万平方米，疏解流动人口1185人。在6—9月，"百日会战"任务中，17个社区违法建设台账总计681处，后续拆除违建1056处30555.48平方米，占台账总数的155.07%；拆除地锁843个，还建绿植750694株，硬化路面56处5479平方米。

（王　晨）

【辖区首个医养康驿站】 8月，四季园社区养老服务驿站举行揭牌仪式。该驿站占地面积400平方米，床位19个，工作人员6人，是八宝山街道建立的首个社区医、养、康结合的养老服务驿站，也是石景山区首家社区居委会借助社区卫生服务中心医疗资源建立的养老服务驿站。

（王　晨）

【"全民参保"登记】 10月，八宝山街道开展"全民参保"登记工作。街道社保所成立全民参保登记工作小组，用时10天完成工作，调查人数1355人，调查率100%；参保人数486人，参保率38.6%；完成录入系统人数958人；报送六类人员（死亡、失联、军人子女、现役军人、离退休军人、在校生）397人。

（王　晨）

【精品小区打造】 年内，八宝山街道将鲁谷社区南院打造成为精品小区，新铺设透水砖4727平方米、铸铁井盖85个，新换道路灯25套及白炽壁灯27套。

（王　晨）

【11条便民道铺装】 八宝山街道在便民工程立项之前召开协商会议，征求广大群众的意见，将群众意见较大，破损严重的道路纳入便民工程。定期监管施工，听取广大居民、产权单位、物业单位意见。截至年底，四季园社区、永东南社区等老旧小区的11条道路铺装便民工程全部完成。

（王　晨）

【再就业服务】 年内，八宝山街道为1000余人次提供再就业、创业、小额贷款等方面的政策咨询；组织技能培训3批次170余人次；与北京湘村高科生态农业有限公司、北京米赫医院、神州专车等30家企业单位建立关系，为失业人员提供电工、客服、专车司机、物业管理、保洁、打字员、交通协警等40类工种800多个岗位，与永定镇街道和海淀永定路街道联合举办"城乡手拉手"招聘会，组织参与"雷锋日春风行动""手拉手招聘会""冰雪招聘会"等多场招聘活动。八宝山街道各项就业指标高效完成：城乡劳动力就业指标250人，就业382人，完成年任务率

152.8%,公益性岗位安置本市劳动力就业18人;用人单位建档户135家;对用人单位回访405次,空岗信息采集指标1100个,完成岗位1262个,完成率115%;自主创业40人,创建充分就业社区7个;就业困难求职人员实现就业达100%;失业人员摸查率100%。

(王　晨)

老山街道

【概况】 老山街道位于石景山区东部,东起玉泉北路,北至田村山南路,与海淀区接壤;南起石景山路,与八宝山街道相连;西至西五环路,与八角街道相接。辖区面积6.1平方千米,常住人口44161人,其中户籍人口28152人、流动人口11009人。辖区有中央、市属、区属企事业单位218家。街道下设12个内设机构,其中党工委机构4个,办事处机构8个。人员编制89人,实有人员81人。下辖12个社区居委会,有社区干部156人。年内,老山街道开展疏解整治促提升,创建基本无违建社区,安全隐患大清理、大排查、大整治工作,全年共拆除违建9.38万平方米。服务全国“两会”“一带一路”峰会、“党的十九大”等安保行动,动员专业警力1843人次,专职巡逻队2040人次,群防群治力量43210人次。对辖区793家企业开展安全检查2521家次,整改安全隐患1781处。街道管理失业人员555人,全年实现就业382人,其中城乡困难劳动力就业完成271人。办理生育登记服务单292人。街道获得“北京市优秀群众品牌文化活动(三类)”、街道彩虹桥舞蹈队获得“北京市优秀群众文化团队”、街道东里社区成功申报“北京市奥林匹克体育生活化社区”、街道何家坟社区获得“北京市先进社区居民委员会”、街道国科大社区成功创建“北京市益民计划优秀科普社区”等多项市级荣誉。

(魏国清)

【基本无违建社区验收】 截至10月底,老山街道11个社区全部通过“基本无违建社区”验收工作。整治点位1058处,整治拆除面积14303.48平方米,拆除私装地锁256个,清理废弃自行车260辆,还建绿地700余平方米,硬化地面3000余平方米,增加停车位20余个。

(魏国清)

【煤改电改造完成】 11月15日前,老山街道完成729户高压自管户及一户一表的煤改电户内、户外线改造及采暖设备的安装调试工作。辖区有729户纳入煤改电范围,占全区40%多,街道先后通过宣传说服、动员部署、实地走访、对接会商和监督管理等多种方式开展煤改电改造工作,保证冬季居民正常取暖。

(魏国清)

【梁公庵地区专项整治】 截至12月24日,拆除违法建设491处、5999平方米,清理垃圾、渣土、废物料732车次,约2700余吨,改造门窗约90个、护拦约160个,路面硬化约2000平方米,拓宽生命通道32条。梁公庵地区消防安全隐患重点整治区域涉及梁公庵甲1甲2甲3号院、上庄大街8号院、六建水厂宿舍等8个平房区域,总体面积3.6万平方米,1378户、3169人,其中流动人口2400人。

(魏国清)

【疏解整治促提升】 年内,老山街道在全区率先完成第一、二、三批台账22个点位拆除任务,攻克“殡葬一条街”、老山早市、北方旧货市场等难点重点点位,总面积7.35万平方米,疏解人口3051人;开展安全隐患大清理、大排查、大整治,拆除违法建设491处,面积6014平方米。

(魏国清)

【社会保障救助】 年内,老山街道发放各类社会保障金980万元,报销药费金额210.6万元。为274户481人发放城市最低生活保障金578.51万元,为709人次药费减免支出金额82.97万元。为2051名80岁以上老人开展养老助残卡充值239.70万元。为203名残疾人发放残疾人生活补助324.57万元,为591名残疾人发放护理补助75万元,为318名残疾人发放助残券29.93万元。

(魏国清)

【信访代理】 年内,老山街道处理信访件74件,涉及辖区环境、卫生、小区管理等问题。系统平台接访36件96人次,其中拆违过程中案件19件40人次,小区私设地锁问题2件;街道接访38件40余人次,到区信访临时接访10余次,其中天杰公司拆违事件协调4批次100余人次。比去年同期信访代理量、重访、越级访呈下降趋势。

(魏国清)

【社区减负增能】 年内,老山街道梳理社区职能,落实社区事务准入制度,解决社区职能和社工角色归位问题。建立事项目录、规范悬挂牌匾、取消额

8月15日,老山街道百日会战消夏文艺晚会　(老山街道供稿)

外考评等工作,清理摘除各类牌匾155块。保留社区工作事项36类103项,其中,依法履行职责事项23类56项,依法协助政府工作事项13类47项。

(魏国清)

【流动人口服务管理】 年内,老山街道在流动人口房屋管理方面实行人房管控,围绕辖区流动人口居住地和工作地开展流动人口基础调查工作,按照“来有登记、走有核销”的要求,将流动人口基本信息全部纳入全市流管信息平台。针对春节过后,大量流动人口返京的特点,以“暂换居”为契机,采取“弹性工作”与“你休息我工作”的方式,组织开展出租房屋和流动人口基础信息采集、核查工作。查验出租房2385户,流动人口11021人,梳理和完善人、房档案13300余份。

(魏国清)

【提升公共文化服务】 年内,老山街道建成“红色基因文化墙”,出版《老山故事》图书,北京内画鼻烟壶非遗项目申报成功,成为老山街道首个非物质文化遗产项目。街道图书分馆开通10M网络专线,网络阅览室具备开放条件;为5个社区配备图书6000余册,为文体团队配备服装道具80余件。开展第八届社区艺术节、赏灯猜谜春节系列文化活动等,承办市、区级活动、演出9场次;举办街道级演出、讲座30场次,电影放映128场次。

(魏国清)

八角街道

【概况】 八角街道位于石景山区中部,东衔西五环,西连古城大街,南接莲石东路,北临京门铁路,辖区面积5.48平方千米。常住人口约10万人,其中户籍人口7.4万人、流动人口约2.6万人。辖区有22个社区、7个商务楼宇工作站,设20个党委、13个党总支、2个直属党支部、151个二级党支部,共有党员8012名。在2017年疏解整治促提升专项工作中,共拆除违法建筑面积59.4万平方米,22个社区全部达到基本无违法建设社区标准。促进就业服务,实现就业859人,实现创业55人、带动就业150人。完成166名非京籍小升初“五证”审核。受理公租房、廉租房、经济适用房、限价商品房等相关业务1219件。全年开展生产经营单位安全检查3838家次,整改隐患1259处。高效推进15项便民工程、3个品质社区、2个精品街区提升及2条背街小巷整治工作,完成48条背街小巷、4个无物业老旧小区保洁工作。街道获得“百县千乡万村无邪教创建示范工程”活动创建无邪教示范街道、第五届“寻找首都最美社工”活动“优秀社工团队”荣誉称号、第一届北京“人道奖”先进集体、北京市未成年人保护工作先进集体、北京市安全生产工作先进单位等多项荣誉。

(张建利)

【销账拆违面积59.4万平方米】 年内,八角街道完成融景城西部片区、酒吧街、向阳花卉园(钧天)等“疏解整治促提升”专项行动任务。全年销账拆违面积59.4万平方米,整治开墙打洞131户,拆除违规广告牌404处。

(张建利)

【拆除社区违建3.75万平方米】 八角街道辖区内,全年拆除社区违建3.75万平方米、21405处,22个社区全部通过基本无违法建设社区验收。同时,新增绿地7662平方米,增加车位276个,引入蔬菜直通车16个、社区便民菜站6个,改建养老驿站3个,建设党员小屋9个。

(张建利)

【街巷环境景观提升】 年内,八角街道对八角南部片区和杨北社区周边实施周边环境综合提升工程。其中,101铁路长1176.8米;八角南部片区——八角北路西段、八角路西段、古城东街北段、古城东街南段、体育场西街、体育场南路、京原路北段,全长3510米;杨北片区——晋元庄路—八角东街段、杨庄北区段(杨庄北区南路、杨庄中街、鼎城世家西侧路)、京门铁路段,全长2203.6米。改造内容包括治理“开墙打洞”后建筑立面恢复提升、规范门头牌匾、规范社区大门、区域绿化综合提升、规范机动车与人行便道各行其道、标识导引系统、增设公共服务设施、规范电箱及空调遮罩。

(张建利)

【辖区大气环境改善】 年内,八角街道制定完善《八角街道大气污染施工现场精细化管理规定》等5项施工管理制度,为社区印发《检查记录手册》,招聘环保专职网格员,通过每日数据分析研判环保管控方向,开展“装修垃圾不落地”试点工作,实现辖区PM10指数下降20%和PM2.5指数60微克/立方米左右的年度改善目标。

(张建利)

【清理安全出口堆积物816车】 年内,八角街道对居民楼的疏散通道、安

3月15日,八角文化广场疏解整治促提升宣传日活动 (八角街道供稿)

全出口的堆积物进行集中清理，清理20个社区1241个楼门、816车堆积物。同时，八角街道与物业公司签订消防安全责任书，防止堆物现象反复，最大限度消除火灾隐患。

（张建利）

【安全隐患大排查】 八角街道全年整改泡沫彩钢板42家共11370平方米，重点“三合一”场所30处共24561平方米；拆除黄南苑社区居民私自在疏散楼梯共用前室安装的带锁防盗门111户；关停违规单位7家，收缴不合格液化气罐79个。

（张建利）

【养老服务19.1万人次】 年内，八角南里、杨庄南区、八角北路3家社区养老驿站开业运营，至此，辖区养老服务设施包括8家养老服务驿站和1家养老照料中心。成立石景山区“老街坊”养老事业促进会，吸纳会员单位62家。开展居家养老精准化服务项目，向辖区有需求的80岁以上老年人家庭免费安装居家养老服务信息机，在全国率先实现11大居家养老服务一键呼功能。全年，养老服务驿站共计服务19.1万人次。

（张建利）

【精准帮扶4234.95万元】 年内，八角街道建立石景山区首家街道级社会救助“精准帮扶”平台，设置帮扶人口信息管理、帮扶资金信息管理、帮扶措施信息管理、综合统计分析管理等模块，对生活困难人员实现精准识别、精准帮扶、精准管理、精准考核，严格规范受理、审核，发放各类救助、养老助残、优抚等保障金4234.95万元。

（张建利）

【修建公共文化场地1297.8平方米】 年内，八角街道以创建首都公共文化服务示范区为契机，修建街道图书分馆及杨庄中区、黄南苑、八角中里社区文化活动中心，共计1297.8平方米，社区公共文化活动室面积达标率为95.5%，开放时间全部达到创建要求。增设社区文化体育设施，22个社区全部完成体育生活化社区改造，举办“新冬奥·新石景山·冬奥让城市更美好”“声动八角”“七彩阳光”等各类文体活动300余场次。

（张建利）

古城街道

【概况】 古城街道位于石景山区中部，东至古城东街，与八角街道毗邻；西至永定河，与门头沟为界；南濒永定河，与丰台区相望；北至京门铁路，与苹果园街道、金顶街街道、广宁街道搭界，辖区总面积15.5平方千米，占全区总面积的18.2%。常住人口总数约7.5万人，户籍人口数约5.6万人，常住流动人口约1.9万人。共有22个社区、4个楼宇工作站，基层党组织共153个，其中党委15个，党总支5个，党支部133个。社区党组织128个，党委15个，党总支3个，党支部4个，二级党支部106个；非公企业党支部16个。辖区党员4072名，机关党员100名，社区党员3897名，非公企业党员75名。建成“一三五”文化阵地，即一个微信平台（古城微信平台），三个文化基地（党的建设宣传教育基地、老古城民俗展览馆、国防宣传教育基地），五个文化墙（501车站传统文化墙、古城路“十大精神”文化墙、西路北综合文化墙、滨和园燕堤南路党建宣传墙、莲石路“莲石映像”墙），打造古城地区文化精品项目。在疏解整治促提升工作中，古城街道创造全区“五个第一”的工作成绩，即拆违面积第一大街道，掀起全区第一次连片疏解整治高潮，创建全区第一个基本无违建社区，第一批完成“百日会战”任务的街道，第一个把“老街坊”社会治理品牌拓展深化的街道。

（王　雨）

【大杂院整治】 古城街道有大杂院209个，占全区总数的39.58%。截至6月25日，全部整治完毕，拆除违法建设35.73万平方米，疏解人口2.0872万人。

（王　雨）

【消防安全检查】 10月20日至年底，“三大专项行动”期间，古城街道拆除清理违法建设75处、面积为5805平方米，责令停产停业17家，关闭取缔3家。出动执法检查人员1064人，检查企业1861家次，建立《古城街道“三合一”隐患台账》223家，建立《古城街道高危密集居住场所隐患台账》23家，合计246家，占全区隐患总数的43%，全部整改完毕，并通过市、区两级验收。古城街道全年检查消防重点企业1536家次，发现隐患111处，整改111处，整改率100%；检查小微企业9073家次，发现隐患1500处，截至11月底，1500处均整改完成，整改率100%。南坑、水屯、白庙等平房入户检查、宣传350家次。

（王　雨）

【居民楼拆违14420平方米】 古城街道全年拆除违建994处，14420平方米。其中，完成拆后清理及恢复845处，面积12257平方米，疏散流动人口233人。

（王　雨）

【街巷拆违48.0867万平方米】 年内，古城街道以拆除古城南街东侧区域为重点，推进“疏解整治促提升”十大专项行动，拆除违法建设48.0867万平方米，疏解人口7.5165万人。

（王　雨）

【空气环境综合治理】 年内，古城街道围绕着古城国控9号站周边的13个居民楼，6个办公楼的楼顶喷洒抑尘剂，并在13个居民楼的楼顶加装臭氧净化装置；围绕莲石湖PM10监测站周边环境开展集中整治，共清理积存尘土3车、安装减速带100米、设置24小时保安亭4个，安排保安人员24人，要求首钢公司、永定河河湖管理所等单位覆盖裸露土地3000余平方米、水泥厂后身路、南坑后身路安排每天3次的洒水作业。加强联合执法检查，与各相关部门开展联合执法共计50余次，出动工作人员2300余人次，执法车辆500车次，查处露天烧烤100余起，没收烧烤用槽子80余个；查处露天经营大排档50余起，没收大排档用塑料桌椅100余套，罚款4000余元；道路处罚涉嫌遗撒、未苫盖的运输车辆91起；巡查工地200余次，对未采取降尘措施、渣土裸露造成扬尘的工地处罚4起，罚款50000余元。

（王　雨）

【精品街改造】　年内，古城街道对古城路、古城大街、杨庄大街、杨庄路西段陆续开始进行精品街改造，完成精品街铁艺围栏1500余平方米、广告牌匾2100余平方米、干挂石材3600余平方米的更换工作，外墙装饰共更换窗户700余平方米。

（王　雨）

【整治65户违法群租房】　年内，古城街道围绕房屋租赁、违法经营、安全隐患、治安混乱和扰民等突出问题开展综合整治，依法取缔、打击违法群租行为。全年出动执法力量350余人次，街道、社区干部300余人次，社区志愿者、协管员1500余人次，破拆民工40人次。完成所有65户群租房整改，其中劝导住户自行整改21户，中介整改15户，强拆隔断29户，疏解人口287人。

（王　雨）

【社会保障和就业服务】　古城街道全年新增失业人员1096人，累计就业1027人，完成指标890人的115%；就业困难人员就业782人，完成指标420人的186%；用人单位招用就业困难人员30人，完成指标30人的100%；空岗信息采集1627人，完成指标1600人的102%；实现创业68人，完成指标65人的105%；带动就业273人，完成指标250人的109%；创业服务325人，小额担保贷款19笔420万元；认定零就业家庭7户，实现就业7人，保持动态消零状态；办理招工手续77人，享受市、区灵活、自谋就业政策2149人；充分就业社区11家，符合50%标准。配合区社保中心开展服务下沉工作，累计办理下沉业务8481笔，共计33924人次。

（王　雨）

【居家养老服务】　年内，古城街道与石景山区乐龄老年社会工作服务中心为20名孤寡、残疾老年人和老年志愿者提供家政服务。与诚和敬养老服务公司、泰康医院共同携手合作，以中医和老年病为特色，打造成古城地区的医养结合的养老旗舰品牌；加大居家养老政府购买服务力度，古城路和水泥厂社区养老服务驿站运营机构“福提园”“乐龄”为辖区老人的居家养老服务提供各类体验活动，包括就餐、入住、助洁、助浴等服务项目，参与体验老人近百人。

（王　雨）

苹果园街道

【概况】　苹果园街道地处石景山区北部，东经新四平台与海淀区搭界，南抵京门铁路，西起首钢福寿岭疗养院、礼王坟、金顶山一线，与金顶街街道连接，北依京西翠微、青龙诸峰与五里坨街道隔界。辖区面积13.13平方千米。街道下辖社区21个，常住人口8.5万人，流动人口3万人。辖区内有北京射击场、首都医科大学附属康复医院、中国医学科学院整形医院、中关村高科技园区石景山园、中部战区机关、北京军区善后办、中共中央宣传部培训中心等中央、市属机关企事业单位；有灵光寺、八大处佛牙舍利塔等名胜古迹；地区共有注册企业1万多家。年内，规范完善基层党组织设置，调整西山枫林二社区、西黄新村社区、八大处社区、西黄新村西里社区党组织建制，成立东下庄社区党委。完成地区东西两片精细化保洁作业公开招标工作，做好74条背街小巷精扫细保，在全区2017年环境卫生作业考评中名列前茅。以超常规力度治理环保突出问题，严控扬尘；落实“河长制”，完善“一河一策”台账，打好蓝天保卫战和碧水攻坚战。地区新建工会101家，共计发展会员785人；完善21个社区妇联组织架构建设，完成地区妇联换届；依托“智慧星”社区青年汇，开展各类活动109次，参与人数1600人次。街道获评全国群众体育先进单位，首都绿化美化先进单位，年度充分就业街道，年度乡镇、街道(园区)安全生产检查队规范化建设突出贡献奖。街道“霞光暖心理发室”被北京市总工会评为“职工志愿服务特色项目”。

（张雪晴）

【拆除存量违建近35万平方米】　年内，苹果园街道推进创建“基本无违法建设城区”工作，完成“疏解整治促提升”十大专项行动，全年共计拆除存量违法建设近35万平方米。

（张雪晴）

【居民楼拆违1.9万平方米】　年内，苹果园街道社区中心花园、自助图书馆、改建停车位等提升项目落地。20个创建社区全部完成拆违整治任务，销账违法建设958处，拆除居民楼附近违建1.9万平方米。

（张雪晴）

【排查火灾隐患938处】　年内，苹果园街道各科队站所、各社区和安全生产检查队出动1000余人次，检查单位1145家，排查火灾隐患938处。

（张雪晴）

【审批123项服务群众项目】　年内，苹果园街道发挥“老街坊议事厅”和街道经费联审小组的作用，规范各社区服务群众项目经费使用审批程序，全年立项审批123项服务群众项目，共420.3865万元，解决群众关心的热点难点问题，为群众提供文体活动、养老助残等服务。

（张雪晴）

【失业人员就业率103%】　年内，苹果园街道实现失业人员就业330人，完成年度目标任务103%；安置就业困难人员368人；开发就业岗位1710个，完成年度指标的102%以上；实现创业59人，完成年度指标的91%；带动就业203人，完成年度指标的78%；走访跟踪服务用人单位160家，完成年度指标的106%以上；北京市用工需求调查48家，收回44家，回收率为92%；安置20名残疾人实现就业；完成8925份失业人员和社会化退休人员的人事档案扫描与整理，规范并录入6800份退休人员档案。

（张雪晴）

【养老为老服务】　年内，苹果园街道新建成5家养老驿站，分别是：位于海特花园41号楼北180平方米的海特花园第二社区养老服务驿站；位于西黄村东里居委会西的450平方米一层东里社区养老服务驿站；位于金顶山路19号院480平方米的军区装备大院社区养老服务驿站；位于雍景四季小区12号楼的西黄新村西里社区养老服务驿站和位于石景山区中园路25号院6号楼3层的边府社区养老服务驿站。截至年底，海二、东里、西里养老服务驿站先后提供医养和老年餐桌服务，装司、边府社区养老驿站完成施工改造，完善配套和设备购置。加上已有的苹果园街道养老照料中心和苹四养老驿站，地区基本达到北京市养老服务驿站全面辐射社区要求，为辖区内失能、失独、空巢老人实施日间照料、助浴、助医、助洁、助餐、精神慰籍等服务。

（张雪晴）

【安全生产检查队】 年内，苹果园街道改造升级400余平方米的办公场所，配齐功能，提升安全生产检查队检查能力。以“全面落实企业安全生产主体责任”为主题，开展“安全生产月”咨询日活动，发放宣传资料1000余份，接受企业及群众咨询500余人次；试点建立街道安全生产微信公众号。

（张雪晴）

【公共文化服务】 年内，苹果园街道通过趸租、合作、共建共享等方式，在西黄新村西里社区、苹一社区、西黄新村东里社区建设三座街道级文化活动中心，总面积2311平方米。16个社区文化活动室（含图书室）达标，10个社区各藏3000册图书。全年举办街道、社区各类群众文体活动百余场，惠及辖区群众万余人次。

（张雪晴）

【社会保障服务】 年内，苹果园街道累计为24类服务人群，11万余名社区居民提供9.5万人次的失业、就业、社会保障和社会救助等服务，累计发放各类资金2156万元。做好各类保障房受理和资格初审工作，保障居民利益。

（张雪晴）

【完成31项便民工程】 年内，苹果园街道投入资金868.06万元，完成八大处社区居民服务用房装修、海特广场周边辅路铺装、海一、海二、苹一、苹二社区主路及辅路铺装、西井三区北院改造及消防通道修缮、西黄新村东里社区地下活动室装修等31项便民工程。

（张雪晴）

【“一刻钟服务圈”全覆盖】 年内，苹果园街道结合便民工程和体育生活化设施建设，为社区图书室购置各类书籍5000册，制作宣传折页和展板600份，完善地区最后两个“一刻钟服务圈”创建社区（琅山、边府社区｛合为一个圈｝和东下庄社区）相应配套设施及功能。截至年底，苹果园地区实现“一刻钟服务圈”全覆盖。

（张雪晴）

【网格化信息平台升级】 年内，苹果园街道升级苹果园街道网格化信息平台，完善街道动态、办事流程、政策法规、就业信息等服务，增加事件上报功能。可通过幸福苹果园微信平台和街道门户网站实时上报各类问题，如紧急事件、安全隐患、治安事件等。截至年底，平台经办事件288件，为地区街面动态、流动人口、综合治理、矛盾纠纷等工作提供可视资源。

（张雪晴）

【“社区之家”示范点】 年内，苹果园街道创建苹一社区和军一社区两个“社区之家”示范点，分别与首师大附属苹果园中学、某部队对接建立共建关系。与共建单位完成对接并予以授牌，共建单位向社区居民开放篮球场、羽毛球场、塑胶跑道、体育馆等文体活动场地，并为社区老人提供用餐服务。

（张雪晴）

【金苹果品牌建设】 年内，苹果园街道加强“金苹果社会组织联合会”品牌建设，制作《苹果园街道金苹果社会组织联合会会员手册》，召开第一届会员代表大会，完善联合会组织架构。召开社会组织工作研讨交流会，引导社会组织和街道、社区分类对接。实现联合会会员达百家，基本实现民生服务领域全覆盖。全年累计举办各类服务群众活动230余场次，惠及3万余人次。

（张雪晴）

金顶街街道

【概况】 金顶街街道位于石景山区西北部，地区面积6.9平方千米。东以金顶山为界与苹果园街道毗邻，南以京门铁路为界与古城街道相接，西以黑头山为界与广宁街道接壤，北至蟠龙山与五里坨街道相连。地势西高东低，地区内浅山多、古迹多、学校多，文化底蕴厚重，旅游资源丰富。山地约占地区面积1/3，主要分布有金顶山、翠微山、蟠龙山、红光山和黑头山，永定河引水渠流经这里。有市级历史文化保护地区模式口村，有法海寺、承恩寺田义墓、第四纪冰川馆等古迹，另有1处伊斯兰教活动场所清真寺（始建于1953年，分别于上世纪70年代、2000年两次改建），非物质文化遗产太平鼓文化在此传承。地区有10所学校，其中高中1所（北京市第九中学）、初中3所（九中初中部、佳慧中学、石景山中学）、小学3所（金顶街二小、金顶街四小、石景山小学）、幼儿园2所（首钢大地幼儿园）。驻区法人和产业活动单位906家，其中国有企业28家，行政事业单位27家。地区注册个体门店638家。金顶街街道划分16个社区，地区总人口8.4万人，其中常住人口7万人，登记流动人口1.4万人。年内，共接待群众来访59次，300余人，受理石景山区便民电话转办单290件。实现城乡劳动力就业1188人，城乡困难劳动力就业949人，带动就业319人。以民生家园建设为重点，实施12项便民工程。推进模式口文化修缮整治工作，街道站在“把抢救保护传承发展模式口街区作为‘天大’的事业”的高度，坚决落实属地责任，发挥“街道吹哨、部门报到”的统筹协调作用，整体统筹，分步实施，稳步推进综合整治向纵深发展。

（任　杰）

【专家服务小微企业】 10月，金顶街街道完成地区43家单位参保安责险，超额完成区政府同街道签订的安全生产目标任务。邀请专家对辖区内的20家小微企业进行安全检查和安全服务，开展街道领导干部与16家企业主要负责人对话谈心活动，引导企业牢固树立安全生产“红线”意识。

（任　杰）

【完成“煤改电”】 截至11月中旬，金顶街街道与区发改委、电力公司经多次开展协调会并现场勘察，地区参加煤改电内线改造和高压自管户施工改造居民103户全部改造完毕。

（任　杰）

【消防安全排查整治】 12月中旬，金顶街街道开展全地区、全天候、全要素的安全隐患大排查、大清理、大整治，紧盯重点时段、重点部位、重大隐患点位，累计出动执法人员、机关社区负责人以及老街坊防消队员共计3100余人，排查生产经营单位2464家次，发现安全隐患858处，消除一般隐患469处、重大隐患40处，疏解密集居住场所1517人，拆除泡沫彩钢板184处，清理可燃物400余车。

（任　杰）

【拆除违法建设】 金顶街街道全年共拆除三批违法建设台账点位33处（包括2处大杂院和1处基础设施改造），面积总计34140.08平方米；整治低端产业聚集人群大院9处，面积总计19487平方米；实现"基本无违建社区"15个，完成"百日会战"整治任务967处，面积总计31844.55平方米；关停非法幼儿园3所；治理群租房18处，完成任务总量（15户）的120%，疏解人口190人；整治占道经营、无证无照经营和开墙打洞577起，完成任务总量（227个）的254%，疏解人口272人；疏解区域性市场1家。

（任　杰）

【文保区综合整治】 年内，金顶街街道共疏解模式口文化修缮保护区外来人口1500余人；拆除违法建设20000余平方米；拆除门头牌匾54块；清理

7月13日，模式口南小街改造中　（金顶街街道供稿）

业态100余户；散煤回收200余吨，蜂窝煤回收12万余块，煤炉回收1800余个；架空线梳理完成11000余方米；美化提升粉饰墙面16000余平方米；安装安全环保围挡板9600余平方米；整理裸地3500余平方米；铺设人工草坪2200余平方米。

（任　杰）

【社会救助】 年内，金顶街街道做好低保家庭复审和因病致贫家庭医疗救助工作，为地区13270户次低保家庭发放低保金1976万元，为497户家庭报销医疗救助费205万元。

（任　杰）

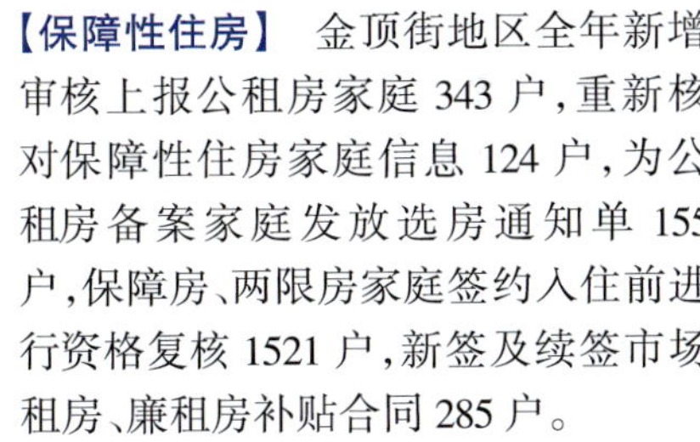

【保障性住房】 金顶街地区全年新增审核上报公租房家庭343户，重新核对保障性住房家庭信息124户，为公租房备案家庭发放选房通知单155户，保障房、两限房家庭签约入住前进行资格复核1521户，新签及续签市场租房、廉租房补贴合同285户。

（任　杰）

【残疾人保障措施】 金顶街街道全年为706名残疾人办理居家养老服务券，累计发放残疾人困难补助金88.8万元。依托社区残协、海燕艺术团、温馨家园等组织，开展帮残助残主题宣传活动，完成220名残疾人康复培训。

（任　杰）

【各项安全管理】 金顶街街道全年组织召开专项工作部署会、联席会、分析会40余次，开展多部门联合执法20余次，消防夜查30余次，出动检查人员1455组次，3470人次，排查生产经营单位3017家，移动终端检查1205次，发现隐患505处，下发责令改正通知书463份，整改隐患504处。

（任　杰）

【疏解流动人口4100余人】 年内，金顶街街道开展城乡结合部及群租房的整治工作，共疏解流动人口4100余人。

（任　杰）

【12项老旧小区改造工程】 年内，金顶街街道完成老旧小区改造、模西南

8月27日，模式口南小街改造后　（金顶街街道供稿）

山公园西侧改造、赵山9号院人行步道及道路改造等便民工程项目12项，总投资达677万元。

（任 杰）

【两条精品街提升工程】 年内，金顶街街道推进辖区内两条精品街环境综合提升项目，其中冬奥组委周边区域环境综合提升工程完成建筑外立面粉饰4000余平方米，完善照明设施布管1600米，新建和修复围墙6250平方米；金顶街－金顶北街环境综合提升工程完成道路铺装9900余平方米，清洗粉饰立面5500平方米，新建和修复围墙护栏3300米。

（任 杰）

【空气污染治理】 年内，金顶街街道响应空气重污染预警等级防范措施，对地区裸露地面铺设密目苫盖网6000余平方米，同时采用喷洒抑尘剂、搭设围挡、雾炮车等多项抑尘措施应对空气重污染。

（任 杰）

【“散乱污”整治】 年内，金顶街街道联合环保局、工商所多次对辖区繁荣印刷厂进行约谈，督促其将污染源设备搬迁，实现街道辖区“散乱污”企业清零的目标；严厉打击违法使用散煤行为，对模式口地区开展散煤回收工作，共计回收散煤200余吨。

（任 杰）

【精细化管理】 年内，金顶街街道完成首环办通报的47处问题的整改工作，结案率100%；完成市、区两级市容部门通报的背街小巷保洁问题50处整改工作，结案率100%；清理无主垃圾、临时渣土共计230余吨，清理各类非法小广告17000余张，整治脏乱点7处，保持金顶街管辖区域内46条背街小巷达到“三快一净”标准。

（任 杰）

广宁街道

【概况】 广宁街道位于石景山区西部，境内东部是由四平山、黑头山边麓形成的山地，与金顶街街道接壤；南部为京能热电股份有限公司石景山热电厂和丰沙铁路线，与古城街道接壤；西部是永定河绿色亲水生态走廊和麻峪工贸中心企业用地，与门头沟区相接；北部是西北热电中心、大唐国际北京高井热电厂，与五里坨街道相接。辖区面积6.1平方千米。户籍人口12212人，流动人口9718人。境内有丰沙、京门两条铁路穿过，广宁路、双峪路、高井路、阜石路高架四条公路为市级主干道，有过境公共汽车线路13条。广宁村、麻峪村、柳林庄、电务三段及高井路两侧是境内5个主要居民住宅区域，并以此为主形成了麻峪、麻峪北、高井路、新立街、东山5个社区。辖区设有1所中学、3所小学。社区卫生服务中心1个。全年召开河长制专题会议5次，接待区领导调研检查3次，清理河道垃圾6次，清运垃圾2000余立方米。

（孟庆春）

【社区综合执法站】 1月，广宁街道在5个社区成立社会治理综合执法站，社区党委书记担任站长，城管执法队员、社区民警、物业负责人担任副站长，城管、安全、公安、食药等执法部门指定专人作为联系社区的直接责任人，参与社区安排的工作，主动牵头就各自职责范围内执法领域工作，开展好宣传、指导、检查、治理等工作，通过社区社会治理综合执法站推动执法力量延伸到社区，构建基层“大城管”防控体系，全年执法共计7300余次。

（孟庆春）

【拆除违建点位174处】 6—9月，根据地区实际情况，广宁街道在3个社区展开创建基本无违建社区工作。共计拆除违建点位174处、面积1335平方米、地锁25个、其他圈地4500平方米。

（孟庆春）

【精品工程建设】 6—12月，广宁街道对2.2千米长的广宁路和1千米长的高井路进行景观综合提升工程，装修粉饰建筑物外立面70余处。建成高井路社区精品住宅小区一处，涉及6栋居民楼，惠及居民302户居民。

（孟庆春）

【环境专项整治】 8月，广宁街道联合城管执法局、交通支队等执法部门，对双峪高架桥下占道经营和堆放建筑材料等乱象开展联合执法行动。清理占道经营车辆20余辆，商户27家，拆除临时建房20000平方米，清运水泥、砂子、瓷砖等建材1700余吨。要求产权方市公联公司用围栏进行场地围挡，并进行苫盖。

（孟庆春）

【区人大代表补选】 10月19日，广宁街道高井路社区选区投票补选第十六届区人大代表。登记选民1355人，参加投票选民1321名，参选率97.49%，石显富当选区人大代表。

（孟庆春）

【街道消防队成立】 10月，针对广宁地区平房区域多，大型消防车出入难的情况，广宁街道出资购置4辆小型消防车和各类灭火器材，并成立消防队，消防队由16名专职保安员和20名社区志愿者组成，主要负责辖区内初期火灾的处置，日常安全隐患排查治理，同时对社区居民进行消防安全宣传教育，定期组织开展消防演练和消防培训，以提高居民群众消防安全意识和自防自救能力。

（孟庆春）

【安全隐患排查】 11月，广宁街道对地区消防安全隐患进行拉网式检查，展开对消防安全隐患的强大攻势，整改出租10户以上院落77家，5户至9户院落176家，4户以下院落580个，打通麻峪村生命通道7条，长2500米。

（孟庆春）

【出租房屋自管模式】 11月，街道针对出租平房院落安全隐患多的情况，推行出租房屋自管模式，强化对产权人和承租人的警示教育，增强安全责任意识，明确房主安全主体责任和承租人主要责任，强化社区和民警的监管责任，各社区约谈出租房屋户主共1170户，整改院落833户，通过自管模式，改变租赁双方“只收租不管理”和“只住房不管理”的观念，推动出租院由无序向有序转变。

（孟庆春）

【完成台账拆违任务】 全年，广宁街道超额完成三批台账拆违任务，拆除违法建设17万平方米，封堵开墙打洞

20处，关停包括爱玛峪石材市场、汽车修理、小餐馆和"散乱污"企业等在内的低端业态企业商户300家，疏解人口2623人，依法取缔开办20年的蓝天幼儿园。

（孟庆春）

【群众文体活动】　年内，广宁街道开展群众性文化体育活动，先后举办石景山区第34届"古城之春"艺术节暨广宁街道2017年优秀节目展演、"夏日文化广场"文艺演出、阳春趣味运动会等数十场文体活动，参加人数23500人次。扶持特色队伍建设，精心打造群众文艺团队品牌，广宁街道艺枫舞蹈队和艺枫模特队，在市区各项活动中获得奖项10余个。社区自编自演的《路长制》《拆违点对点》等以宣传路长制及创建基本无违建社区为题材的原创节目，参加区内多场文艺演出。

（孟庆春）

【创新实施路长制】　年内，广宁街道按照属地管理、分段负责的原则，以社区社会治理综合执法站为依托，创新实施"路长制"，为辖区道路配上"管家"。街道党工委书记和办事处主任担任地区总路长，各社区党委书记和居委会主任担任本社区路长，城管队员、社区民警为副路长，每个社区每天组织由社区工作人员、居民志愿者和物业管理单位约30人参加的日常道路巡查队伍，对区域内道路管护、公共设施、环境卫生、绿化养护等情况进行实时监管，发现问题并收集群众困难、意见，变"问题找上门"到"上门找问题"。

（孟庆春）

【大气污染防治】　年内，广宁街道取缔"散乱污"企业4家，关停并拆除占地3万平方米的金隅恒坤水泥搅拌站。没收经营用烧烤炉具47个、煤炉73个；回收居民存量煤600吨、煤炉1694个；煤改电用户63户，强化对地区重点区域污染物排放的监测，推进无煤区建设。

（孟庆春）

【民生家园建设】　年内，广宁街道实施便民工程5项，民生工程52项，解决问题57件，投资1200余万元。协调热力集团，完成区域内供气设施改造升级。

（孟庆春）

【保障和改善民生】　年内，广宁街道办理新增低保家庭12户23人，退出低保家庭20户40人，年末，在册低保家庭145户294人，年度累计发放低保金330万元，提供医疗救助257人次26万元。发放残疾人生活补助105人63万元，残疾人护理补贴321人53万元，享受助残券的残疾人168人19万元。管理社会化退休人员1181人，全年发放养老金3771万元。接待政策性保障房咨询3500余人次，保障房审核备案家庭77户，廉租实物配租转公租和市场租共128户。

（孟庆春）

五里坨街道

【概况】　五里坨街道位于石景山北部，东沿香山公园西南、青龙山、翠微山、虎头山一线与海淀区、苹果园街道接壤，南沿福寿岭、109国道、高井村、丰沙铁路、永定河一线与金顶街街道、广宁街道相连，西与门头沟区三家店为邻，北沿猴山、克勤峪、白石岗诸峰与门头沟区、海淀区毗连，辖区面积21.5平方千米。109国道（石门路）过境。辖区有黑陈路、潭峪路、红卫路市政公路3条。共管辖社区14个。常住人口4万人，流动人口9400人。辖区内有行政、事业单位19个，大小企业217家，驻区团以上部队18个。街道机构由11个部室组成，其中工委4个，办事处7个。机关行政编58人，机关工勤编2人，街道事业编28人，实有人员84人。年内，提前一个月完成34个低端产业聚集人群大院清理整治工作，疏解整治促提升专项行动中，拆除违法建设台账内外和新生点位77个，面积近5.8万平方米。"创建基本无违建社区"百日会战中，拆除违建点位846处，面积2万余平方米。全年街道、社区获得市级以上荣誉4项。

（何明慧）

【整治34个低端产业聚集人群大院】　5月底，五里坨地区34个低端产业聚集人群大院提前一个月完成销账，腾退土地面积269731.59平方米，建筑面积108150.33平方米；拆除违建面积89352.54平方米，疏解人口4538人。

（何明慧）

【创建基本无违建社区百日会战】
6—9月，五里坨街道13个社区共拆除违建点位846处，面积2.3万余平方米，13个社区全部通过验收。按照"六个一批"要求，新增绿植5188平方米，硬化路面9270平方米，改造车位162个。

（何明慧）

【第二届民俗文化节】　9月，毓秀京西2017五里坨第二届民俗文化节暨慰问"百日会战"一线工作人员文艺演出在京西民俗文化陈列馆举行。现场表演歌舞、相声、舞狮、秧歌、京西太平鼓等文艺节目，民俗艺人展示糖人、剪纸、中国结、传统小吃的制作过程和工艺，地区500余名党员群众和老街坊代表看节目、学手艺、品美食。

（何明慧）

【安全隐患专项行动】　11月，五里坨地区开展为期100天的安全隐患大排查、大清理、大整治专项行动。出动检查人员3167人次，检查单位（民宅）7280家，发现隐患1140，整改隐患1068处、关停1家；共清理可燃物、杂物、垃圾1885吨。市级第一批挂账台账83个点位完成核验。

（何明慧）

【疏解整治促提升行动】　年内，五里坨街道拆除违法建设台账内外和新生点位77个，面积近5.8万平方米。低端商品交易市场（五里坨南宫农贸市场）彻底拆除，等待升级改造。治理"散乱污"企业1家，超额完成占道经营、无证无照经营整治，减少非京籍儿童入学15例。

（何明慧）

【石门路环境综合提升】　年内，五里坨街道实施石门路五里坨路段环境卫生和综合秩序提升工程，全长2.4千米。改造聚力广场1600平方米，绿化约540平方米；新建夜景照明7600平方米，装饰建筑外立面16.5万平方米；路面硬化铺装5000平方米。

（何明慧）

【落实“河长制”责任】 年内，五里坨街道制定《五里坨街道全面推进河长制工作方案》，成立领导机构，主要领导任双河长，副处级领导任各河道副河长。新建周例会、月巡查及督查制度，成立巡河队伍。10条河道均以统一信息公示牌公开河长及管护目标，接受群众监督。建立辖区排污口台账81处，封堵3处；清理河湖岸线私搭乱建1处。

（何明慧）

【防治大气污染】 五里坨街道全年检查施工工地75次，行政处罚7起；开展餐饮企业专项执法行动9次，行政处罚11起，关停无证照及排放不合格餐饮企业11家；疏解“散乱污”企业6家，疏解人口36人。347户煤改电工作全部完成，通过市环保督查。

（何明慧）

【民生家园建设】 年内，五里坨街道投资600余万元落实17项便民工程及小修项目，合理利用1000万元民生家园资金开展路面硬化铺装、绿化美化、养老服务驿站改造、新建残疾人温馨家园等项目，完成西山机械厂两侧环境整治及景观提升工程。

（何明慧）

【开展帮扶救助】 年内，五里坨街道为97户178人发放低保金148万余元。针对残疾、老弱妇幼、因病致贫等特殊群体开展精准帮扶，发放高龄老年人津贴、医疗补助及慰问金计7万元，办理老年优待证、优待卡、养老助残卡1334张；发放医疗救助资金16万余元；补发613名困难残疾人生活护理补贴；对62名生活困难家庭青少年实施供个性化帮扶措施。

（何明慧）

石景山区街道（社区）工委办事处负责人

八宝山街道
- 工委书记　宁慧娟（女）
- 办事处主任　卢满钧

鲁谷社区
- 工委书记　姚茂文（土家族，3月免）；梁锁生（3月任）
- 行政事务管理中心主任　梁锁生（3月免）；杜立明（5月任）

老山街道
- 工委书记　王永明
- 办事处主任　赵世英

苹果园街道
- 工委书记　吕秀艳（女，3月免）；杨举生（3月任）
- 办事处主任　杨举生（3月免）；梁学刚（3月任）

古城街道
- 工委书记　赵恩国（苗族）
- 办事处主任　洪　炜

八角街道
- 工委书记　宋永红（女）
- 办事处主任　颛孙永麒

金顶街街道
- 工委书记　佟纪光
- 办事处主任　吕三伏

广宁街道
- 工委书记　邵立文（6月免）；石显富（6月任）
- 办事处主任　李宗荣（布依族）

五里坨街道
- 工委书记　方庆祥
- 办事处主任　佟建国

先　进

全国(含系统)先进集体

2013－2016 年全国平安建设先进区

北京市石景山区

全国工人先锋号

北京天山新材料技术有限公司生产车间硅胶班组

全国文明单位

石景山区人力资源和社会保障局
石景山区人民检察院
石景山区财政局
石景山区老山街道老山东里社区
石景山区五里坨街道联勤部大院社区
石景山区图书馆
石景山区自来水公司
石景山区八宝山街道沁山水南社区

全国“最美家庭”(1 户)

韩大为家庭　老山街道

全国维护妇女儿童权益先进集体

石景山区妇联

全国巾帼文明岗

北京市石景山医院体检中心
北京市金顶街街道办事处社保所

全国“五好”县级工商联

石景山区工商联

全国检察宣传先进单位

石景山区人民检察院

第五届全国检察机关派驻监管场所一级规范化检察室

石景山区人民检察院驻石景山区看守所检察室

2013－2016 年度群众体育先进单位

苹果园街道办事处

全国(含系统)先进个人

全国优秀人民警察

董天婼(北京市公安局石景山分局刑侦支队六中队中队长)

全国巾帼建功标兵

董天婼(北京市公安局石景山分局刑侦支队六中队中队长)

北京(含系统)先进集体

北京市工人先锋号

北京银建汽车修理有限公司机修车间

首都劳动奖状

天安人寿保险股份有限公司北京营业部

首都文明单位标兵(22 个)

北京市石景山区教育委员会
北京市石景山区住房和城乡建设委员会
北京市石景山区人民政府国有资产监督管理委员会
北京市石景山区人民检察院
北京市石景山区人民法院
北京市石景山区司法局
北京市石景山区民政局
北京市国土资源局石景山分局
北京市石景山区人力资源和社会保障局
北京市石景山区财政局
北京市工商行政管理局石景山分局
北京市石景山区国家税务局
北京市石景山区地方税务局
中共北京市石景山区委中关村科技园区石景山园工作委员会
北京市石景山区公安消防支队
北京市石景山区广播电视中心
北京市石景山区图书馆
北京市石景山区卫生和计划生育委员会
北京市石景山区自来水有限公司
北京市石景山区人民政府八宝山街道办事处
北京市石景山区人民政府老山街道办事处
国网北京市电力公司石景山供电公司

首都文明单位:(63 个)

党政机关:(47 个)

中共北京市石景山区委办公室(党史办、保密办)
北京市石景山区人民代表大会常委会办公室
北京市石景山区人民政府办公室

中国人民政治协商会议北京市石景山区委员会办公室
中共北京市石景山区委组织部
中共北京市石景山区委宣传部(文联)
中共北京市石景山区委纪律检查委员会
中共北京市石景山区委政法委员会
中共北京市石景山区委直属机关工作委员会
北京市石景山区文化委员会
北京市石景山区城市综合管理委员会
北京市石景山区商务委员会
北京市石景山区发展和改革委员会
北京市石景山区旅游发展委员会
北京市石景山区金融服务办公室
北京市石景山区西部建设办公室
中共北京市石景山区委防范和处理邪教问题领导小组办公室
北京市石景山区投资促进局
北京市石景山区烟草专卖局(公司)
北京市石景山区园林绿化局
北京市石景山区民防局
北京市规划委员会石景山分局
中共北京市石景山区委老干部局
北京市石景山区环境保护局
北京市石景山区城市管理综合行政执法监察局
北京市公安局石景山分局
北京市石景山区气象局
北京市石景山区体育局
北京市石景山区统计局
北京市石景山区档案局(区志办)
北京市石景山区审计局
北京市石景山区机关行政事务管理处
中共北京市石景山区委研究室
北京市石景山区总工会
北京市石景山区工商业联合会
北京市石景山区妇女联合会
北京市石景山区红十字会
中共石景山区委统一战线工作部
中共石景山区委党校
北京市石景山区人民政府古城街道办事处
北京市石景山区人民政府苹果园街道办事处
北京市石景山区人民政府八角街道办事处
北京市石景山区人民政府五里坨街道办事处
北京市石景山区人民政府广宁街道办事处
北京市石景山区人民政府金顶街街道办事处
北京市石景山区人民政府鲁谷社区行政事务管理中心
北京市公安局石景山分局鲁谷派出所

事业单位:(7 个)

石景山区环境卫生服务中心
石景山区环卫中心道路清扫队
北京市石景山区公园管理中心
北京市石景山区社区学院
首都医科大学附属北京康复医院
北京市石景山区市政工程管理所
北京市石景山区水务工程管理所

企业单位:(9 个)

中国光大银行股份有限公司信用卡中心
北京万商投资发展有限公司
华夏银行股份有限公司信用卡中心
国网北京市电力公司培训中心
北京京西燃气热电有限公司
中国铁建电气化局集团有限公司
北京保险产业园投资控股有限责任公司
北京石泰基础设施投资有限公司
北京畅游时代数码技术有限公司

首都文明单位(社区)(68 个)

八宝山街道:(8 个)

三山园社区居民委员会
四季园社区居民委员会
永乐东区南社区居民委员会
永乐东区北社区居民委员会
玉泉西里西社区居民委员会
玉泉西里北社区居民委员会
玉泉西里中社区居民委员会
玉泉西里南社区居民委员会

老山街道:(8 个)

老山东里社区居民委员会
老山西里社区居民委员会
老山东里北社区居民委员会
高能所社区居民委员会
中国科学院大学社区居民委员会
玉泉西路社区居民委员会
翠谷玉景苑社区居民委员会
玉泉北里二区第一社区居民委员会

八角街道:(8 个)

杨庄北区第二社区居民委员会
体育场南路社区居民委员会
八角北里社区居民委员会
杨庄南区社区居民委员会
杨庄中区社区居民委员会
八角南路社区居民委员会
八角北路社区居民委员会
公园北社区居民委员会

古城街道:(9 个)

古城路社区居民委员会
南路东社区居民委员会
南路西社区居民委员会
十万平社区居民委员会

环铁社区居民委员会
特钢社区居民委员会
西路南社区居民委员会
西路北社区居民委员会
老古城西社区居民委员会
金顶街街道:(8个)
金顶街二区社区居民委会
金顶街三区社区居民委员会
金顶街四区社区居民委员会
金顶街五区社区居民委员会
模式口南里社区居民委员会
模式口北里社区居民委员会
赵山社区居民委员会
西福村社区居民委员会
苹果园街道:(9个)
苹三区社区居民委员会
苹四区社区居民委员会
下庄社区居民委员会
军区装备部大院社区居民委员会
西山枫林第一社区居民委员会
海特花园第一社区居民委员会
八大处社区居民委员会
海特花园第三社区居民委员会
西黄新村西里社区居民委员会
广宁街道:(2个)
新立街社区居民委员会
麻峪北社区居民委员会
五里坨街道:(6个)
天翠阳光第二社区居民委员会
黑石头社区居民委员会
陆军机关军营社区居民委员会
隆恩颐园社区居民委员会
隆恩寺社区居民委员会
南宫社区居民委员会
鲁谷社区:(10个)
依翠园北居民委员会
六合园南居民委员会
七星园南居民委员会
七星园北居民委员会
新华社居民委员会
石景山医院居民委员会
久筑居民委员会
西厂居民委员会
重聚园居民委员会
新岚大厦居民委员会

首都文明单位(风景旅游区)(4个)

法海寺文物保管所
石景山游乐园
八大处公园管理处
国际雕塑公园管理处

首都文明家庭(4户)

任全来家庭　五里坨街道
姚桂红家庭　金顶街街道
唐志洁家庭　老山街道
韩大为家庭　老山街道

首都文明校园

北京市第九中学
北京市京源学校
北京市石景山区实验中学
北方工业大学附属学校
北京大学附属中学石景山学校
北京大学附属小学石景山学校
北京市石景山区红旗小学
北京市石景山区广宁村小学
北京市石景山区古城第二小学
北京市石景山外语实验小学

北京市五四红旗团委

北京市石景山区八角街道团工委
北京市京源学校团委

北京市五四红旗团支部

北京市石景山区地方税务局团支部
北京市石景山区石景山区实验幼儿园教工团支部
北京市同文中学初三6班团支部
北京大学附属中学石景山学校教工第2团支部

北京市共青团员先锋岗

北京市石景山区社区青年汇志愿服务队

首都最美家庭标兵(2户)

韩大为家庭　老山街道
赵清莲家庭　五里坨街道

首都“最美家庭”(24户)

张耀华　曹润兴　段积望　皮兰英　闫门凯　张　华
刘景云　赵洪达　魏希凤　张凤云　陈曦光　郝克昌
张　红　韩大为　王荣妹　张晓峰　张树凯　史艳芬
周泽霄　常敬媚　赵清莲　刘力群　宛振清　宋　琳

首都绿化美化先进单位

苹果园街道办事处

北京(含系统)先进个人

首都劳动奖章

席佳宁　首都医科大学附属北京康复医院(北京工人疗养院)院长
赵　星　石景山区小飞象训练发展中心理事长
诺　敏　石景山区八角社区卫生服务中心站长
余　尘　北京市合达律师事务所律师
张吉荣　石景山医院工会副主席

“2017 北京榜样”年度人物

“青年先锋”许泽玮（九一金融信息服务（北京）有限公司董事长）

第六届首都道德模范提名奖

刘金萍　石景山区公共文明引导员

兰国栋　石景山区苹果园街道西黄新村社区居民

许泽玮　九一金融信息服务（北京）有限公司董事长

北京青年五四奖章

陈飞（北京藏经阁收藏品文化交流中心首席画师指导）

北京市优秀共青团员

王　博（北京市石景山区环境保护局监测站科员）

郭　菲（北京市古城中学团委副书记）

隗　婉（北京市石景山区团区委团务部部长）

邵　磊（北京市石景山区团教工委书记）

北京市第四批五星级志愿者

孟淑燕（京西杂谈志愿者服务队）

王和伟（京西杂谈志愿者服务队）

杨东旭（京西杂谈志愿者服务队）

统 计 资 料

石景山区2017年国民经济和社会发展统计公报

一、综合

经济增长:初步核算,全年实现地区生产总值534.0亿元,按可比价格计算,比上年增长7.2%。其中,第二产业增加值158.2亿元,增长2.7%;第三产业增加值375.8亿元,增长9.2%。三次产业构成由上年的31:69,调整为29.6:70.4。按常住人口计算,全区人均地区生产总值为8.7万元。

其中,全年信息传输、软件和信息技术服务业实现增加值93.6亿元,增长12.7%;占地区生产总值的比重为17.5%,与上年持平。金融业实现增加值45.8亿元,增长18.1%;占地区生产总值的比重为8.6%,比上年提高0.4个百分点。

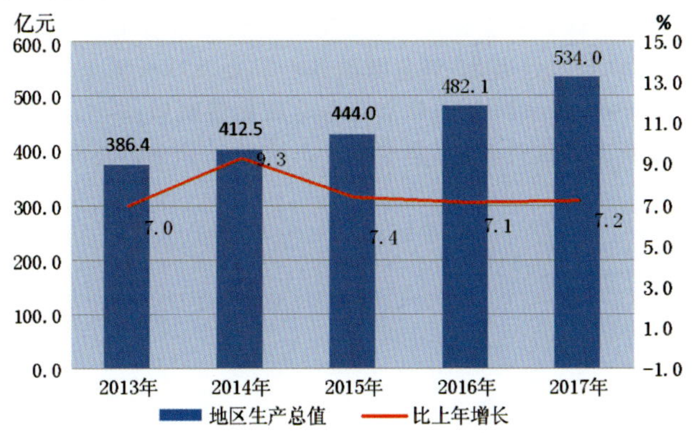

图 2013-2017年地区生产总值及增长速度

人口:年末全区常住人口61.2万人,比上年末减少2.2万人。其中,常住外来人口17.8万人,占常住人口的比重为29.1%。常住人口出生率8.41‰,死亡率6.02‰,自然增长率2.39‰。常住人口密度为每平方公里7138人,比上年末减少256人。年末全区户籍人口38.2万人,比上年末减少0.5万人。

财政收入:全区完成一般公共预算收入为56.4亿元,比上年增长8.4%。其中,增值税完成22.4亿元,增长52.3%;企业所得税完成11.0亿元,增长27.4%。

二、工业和建筑业

工业:全年实现工业增加值83.2亿元,按可比价格计算,比上年增长3.0%。规模以上工业实现现价工业总产值221.6亿元,比上年增长4.3%。实现销售产值222.3亿元,增长4.9%。其中,出口交货值5.5亿元,下降1.1%。

表1 2017年末常住人口及构成

指标	人数(万人)	比重(%)
常住人口	61.2	100.0
按性别分:男性	30.7	50.2
女性	30.5	49.8
按年龄组分:0-14岁	5.6	9.2
15-64岁	48.9	79.9
65岁及以上	6.7	10.9

建筑业:全区具有资质等级的总承包和专业承包建筑业企业(不含劳务分包企业)86家,完成建筑业总产值471.8亿元,比上年增长9.9%。其中,在本市完成134.9亿元,增长3.2%;在外省完成336.9亿元,增长12.8%。本年新签合同额626.5亿元,下降12.2%。

三、金融

存贷款:年末全区中资银行人民币存款余额1869.2亿元,比年初增加170.7亿元。年末全区中资银行人民币贷款余额890.2亿元,比年初增加159.1亿元。

金融业:全年规模以上金融业企业实现收入553.4亿元,比上年增长24.8%;实现利润总额319.7亿元,比上年增长31.6%。

四、固定资产投资和房地产开发

固定资产投资:全年完成全社会固定资产投资271亿元,比上年增长20.1%。分产业看,第二产业投资5.1亿元,下降17.1%;第三产业投资265.9亿元,增长21.2%。

房地产开发:全年完成房地产开发投资186.1亿元,比上年增长32.2%。年末全区商品房施工面积383.1万平方米,比上年末增长8.4%。全年商品房竣工面积61.2万平方米,下降43.7%。全年实现商品房销售面积75万平方米,同比增长34.7%,实现商品房销售额203.8亿元,同比增长6.9%。

表 2　2017 年房地产开发和销售主要指标

指标	单位	2017 年	比上年增长(%)
房地产开发投资	亿元	186.1	32.2
房地产开复工面积	万平方米	383.1	8.4
房地产竣工面积	万平方米	61.2	-43.7
商品房销售面积	万平方米	75.0	34.7
商品房销售额	亿元	203.8	6.9

五、市场消费、批发和零售

全年实现社会消费品零售总额 303.4 亿元,比上年增长 5.6%。其中,全区限额以上批发和零售企业中,汽车零售业实现零售额 82.8 亿元,下降 0.8%;百货零售业累计实现零售额 9.6 亿元,增长 2.5%。全区规模以上企业累计实现网上零售额 70.4 亿元,同比增长 12.5%。

六、对外经济

对外经济:全年石景山地区进出口总值 5.9 亿美元,比上年下降 26.9%。其中,出口 3.1 亿美元,下降 26.7%;进口 2.9 亿美元,下降 27.1%。全年实际利用外资 2.6 亿美元,比上年增长 70.0%。

七、人民生活和社会保障

人民生活:全年全区居民人均可支配收入为 66112 元,比上年增长 8.4%。全区居民人均消费支出为 40767 元,比上年增长 5.8%。

民生改善:全年完成一般公共预算支出 98.7 亿元,比上年增长 0.7%。其中,用于医疗卫生与计划生育和城乡社区的支出分别增长 17.1% 和 7.0%。年末城镇登记失业率为 2.36%,比上年末下降 0.05 个百分点。全年新开工、筹建各类保障性住房 2914 套,竣工 5809 套。

社会保障:年末参加城镇职工基本养老、基本医疗、失业和生育保险人数分别为 44.2 万人、48.1 万人、28.7 万人和 27.1 万人,分别比上年末增加 1.8 万人、1.9 万人、1.2 万人 1.1 万人。

八、环境

环境:全区细颗粒物(PM2.5)和可吸入颗粒物(PM10)年均浓度值分别为 61 微克/立方米和 90 微克/立方米,比上年下降 21.8% 和 15.9%。二氧化硫年均浓度值 9 微克/立方米,比上年下降 18.2%。

公报注释:

1. 本公报中 2017 年数据均为初步统计数。与上年相比的增速为 2017 年初步统计数与 2016 年最终核实数比较的结果。

2. 本公报中地区生产总值和全社会固定资产投资行业划分标准依照《国民经济行业分类》(GB/T4754 - 2011),三次产业划分标准根据《三次产业划分规定》(国统字[2012]108 号)。

3. 地区生产总值及其中各行业增加值增长速度均按不变价计算。

4. 规模以上工业企业是指年主营业务收入 2000 万元及以上的全部法人工业企业;限额以上批发零售企业是指年主营业务收入 2000 万元及以上的批发企业和年主营业务收入 500 万元及以上的零售企业。

5. 公报中部分数据合计数或相对数由于计量单位取舍不同而产生的计算误差,均未作机械调整。

资料来源:

本公报中财政数据来自石景山区财政局;保障性住房数据来自石景山区住房和城乡建设委员会;进出口和实际利用外资数据来自石景山区商务委;就业数据来自石景山区人力资源和社会保障局;空气质量数据来自石景山区环保局;户籍人口数据、存贷款数据和社会保障数据来自北京市统计局、国家统计局北京调查总队反馈数据;其他数据来自石景山区统计局、北京市石景山区经济社会调查队。

表 10 石景山区主要经济指标完成情况

（2012 年—2017 年）

指 标 名 称	计量单位	2012 年	2013 年	2014 年	2015 年	2016 年	2017 年
一、地区生产总值							
地区生产总值	亿元	349.2	386.4	412.5	444.0	482.1	535.4
第二产业	亿元	129.2	135.4	137.5	143.7	146.1	156.1
第三产业	亿元	220.0	251.0	275.0	300.3	336.0	379.3
第三产业增加值占地区生产总值比重	%	63.0	65.0	66.7	67.6	69.7	70.8
二、土地与人口							
土地面积	平方公里	84.38	84.38	85.74	85.74	85.74	85.74
常住人口	万人	63.9	64.4	65.0	65.2	63.4	61.2
户籍人口	万人	37.1	37.6	38.0	38.3	38.7	38.2
人口密度(常住人口/土地面积)	人/平方公里	7573	7632	7581	7604	7394	7137
三、全社会固定资产投资							
全社会固定资产投资完成额	亿元	144.8	162.9	184.1	201.3	225.6	271.0
#房地产开发投资	亿元	74.8	82.6	113.9	126.7	140.8	186.1
房屋建筑施工面积	万平方米	365.0	285.1	351.5	303.0	353.5	383.1
房屋建筑竣工面积	万平方米	80.8	98.1	70.8	27.5	108.7	61.1
#住宅面积	万平方米	32.3	62.4	54.8	10.8	20.4	13.1
四、社会消费品零售总额							
社会消费品零售总额	亿元	192.3	215.8	241.9	266.0	287.4	303.4
批发业	亿元		5.6	6.2	17.9	17.0	17.0
零售业	亿元		188.5	213.2	233.9	256.4	271.1
住宿业	亿元		4.1	4.3	1.8	1.2	1.4
餐饮业	亿元		17.6	18.2	12.4	12.7	13.9
五、财政							
财政收入总计	亿元	25.9	67.5	135.4	82.6	75.1	106.5
财政支出总计	亿元	57.5	101.9	169.7	133.5	127.9	182.3
六、劳动工资							
城镇单位从业人员人数	人	188964	200963	200521	198350	196270	199133
城镇单位在岗职工平均工资	元	70920	80813	91189	99121	110490	127794
七、文化、卫生、体育							
图书馆藏书	万册	101.8	103.6	101.0	74.9	79.6	113.0
文物保护单位	个	33	33	33	40	36	36
卫生技术人员	人	6825	7649	7927	8316	8845	8774
医疗病床	张	4127	4628	4634	4870	5183	5250
每千常住人口拥有医生	人	4.1	4.5	4.5	4.6	5.3	5.4
每千常住人口拥有床位	张	6.5	7.2	7.1	7.5	8.2	8.6
中小学在校学生	人	36072	38120	38194	36816	35455	34100
八、居民生活							
居民人均可支配收入	元	35420	38657	51971	56304	60980	66112
居民人均消费支出	元	20530	22411	33767	36789	38547	40767

注：1. 全社会固定资产投资按项目建设地统计。

2. 2012 年社会消费品零售总额数据根据第三次全国经济普查进行了修订，2013 年数据为第三次全国经济普查数据。

附　录

中共北京市石景山区委主要文件目录

中共北京市石景山区委文件

京石发〔2017〕1号　中共北京市石景山区委关于成立石景山区深化监察体制改革试点工作小组的通知

京石发〔2017〕2号　中共北京市石景山区委转发区纪委关于《石景山区落实党风廉政建设监督责任全程记实制度（试行）》的通知

京石发〔2017〕3号　中共北京市石景山区委北京市石景山区人民政府关于印发《2017年石景山区“疏解整治促提升”专项行动工作方案》的通知

京石发〔2017〕4号　中共北京市石景山区委关于印发《北京市石景山区深化监察体制改革试点实施方案》的通知

京石发〔2017〕5号　中共北京市石景山区委北京市石景山区人民政府关于印发《石景山区服务保障冬奥会加快冰雪体育发展行动计划（2017－2022年）》的通知

京石发〔2017〕6号　中共北京市石景山区委关于印发《中共北京市石景山区委员会工作规则》的通知

京石发〔2017〕7号　中共北京市石景山区委北京市石景山区人民政府关于促进红十字事业发展的实施意见

京石发〔2017〕8号　中共北京市石景山区委关于印发《中共北京市石景山区委员会工作规则》的通知

京石发〔2017〕9号　中共北京市石景山区委关于印发《石景山区落实北京市第十二次党代会报告重点任务的实施方案》的通知

京石发〔2017〕10号　中共北京市石景山区委关于印发《石景山区推进“两贯彻一落实”工作实施方案》的通知

京石发〔2017〕11号　中共北京市石景山区委印发《关于加强巡察工作的实施意见》的通知

京石发〔2017〕12号　中共北京市石景山区委北京市石景山区人民政府关于加强“石景山老街坊”群众组织建设着力提升社会共治水平的实施意见

京石发〔2017〕13号　中共北京市石景山区委关于印发《中共北京市石景山区委贯彻〈中国共产党问责条例〉实施办法》的通知

京石发〔2017〕14号　中共北京市石景山区委关于印发《中共北京市石景山区第十二届委员会常务委员会工作规则》的通知

京石发〔2017〕15号　中共北京市石景山区委关于印发《中共北京市石景山区委常委会带头落实全面从严治党主体责任的实施意见》的通知

京石发〔2017〕16号　中共北京市石景山区委关于印发《中共北京市石景山区委常委会及常委班子成员职责清单（试行）》的通知

京石发〔2017〕17号　中共北京市石景山区委印发《关于认真学习宣传贯彻党的十九大精神的实施方案》的通知

中共北京市石景山区委办公室文件

京石办发〔2017〕1号　中共北京市石景山区委办公室关于印发《石景山区2016年党建述职工作方案》的通知

京石办发〔2017〕2号　中共北京市石景山区委办公室关于印发《区委常委会2017年议题计划》的通知

京石办发〔2017〕3号　中共北京市石景山区委办公室北京市石景山区人民政府办公室关于成立石景山区治乱疏解建高端暨专项行动指挥部的通知

京石办发〔2017〕4号　中共北京市石景山区委办公室北京市石景山区人民政府办公室关于印

发《石景山区建设高端绿色发展生态任务清单》的通知

京石办发〔2017〕5 号 中共北京市石景山区委办公室 北京市石景山区人民政府办公室关于转发《石景山区 2017 年调研工作要点》和《石景山区 2017 年重点调研课题计划》的通知

京石办发〔2017〕6 号 中共北京市石景山区委办公室北京市石景山区人民政府办公室印发《关于加强生态环保工作推进生态文明建设的实施意见》的通知

京石办发〔2017〕7 号 中共北京市石景山区委办公室北京市石景山区人民政府办公室关于转发《石景山区 2017 年双拥工作要点》的通知

京石办发〔2017〕8 号 中共北京市石景山区委办公室北京市石景山区人民政府办公室关于印发《石景山区落实安全生产“党政同责、一岗双责、齐抓共管、失职追责”实施细则》的通知

京石办发〔2017〕9 号 中共北京市石景山区委办公室关于印发《石景山区 2017 年度政党协商计划》的通知

京石办发〔2017〕10 号 中共北京市石景山区委办公室转发区纪委区委组织部区委宣传部关于《石景山区第二十六届党风廉政建设宣传教育月活动计划》的通知

京石办发〔2017〕10 号 中共北京市石景山区委办公室北京市石景山区人民政府办公室关于成立石景山区冰雪体育发展工作领导小组的通知

京石办发〔2017〕12 号 区委办关于转发《中共北京市石景山区委党的建设工作领导小组 2017 年工作要点》的通知

京石办发〔2017〕13 号 中共北京市石景山区委办公室北京市石景山区人民政府办公室关于实行“无会日”制度的通知

京石办发〔2017〕14 号 中共北京市石景山区委办公室 区委办区政府办关于印发《石景山区推进京津冀协同发展工作分工方案》的通知

京石办发〔2017〕15 号 中共北京市石景山区委办公室印发《关于推进“两学一做”学习教育常态化制度化的实施方案》的通知

京石办发〔2017〕16 号 中共北京市石景山区委办公室关于印发《区四套班子主要领导和区委常委基层党建联系点制度》的通知

京石办发〔2017〕17 号 中共北京市石景山区委办公室北京市石景山区人民政府办公室转发《关于 2017 年“八一”期间开展双拥月活动的通知》的通知

京石办发〔2017〕18 号 中共北京市石景山区委办公室北京市石景山区人民政府办公室印发《关于进一步规范和加强重大决策社会稳定风险评估工作的实施意见》的通知

京石办发〔2017〕19 号 中共北京市石景山区委办公室关于印发《石景山区政法单位党组织向区委请示报告重大事项的办法》的通知

京石办发〔2017〕20 号 中共北京市石景山区委办公室北京市石景山区人民政府办公室印发《关于进一步加强审计整改工作的意见》的通知

京石办发〔2017〕21 号 区委办关于加强基层党风廉政建设的意见

京石办发〔2017〕22 号 中共北京市石景山区委办公室北京市石景山区人民政府办公室关于印发《石景山区进一步全面推进河长制工作方案》的通知

京石办发〔2017〕23 号 中共北京市石景山区委办公室北京市石景山区人民政府办公室转发区委组织部区人力社保局《关于加强新时期科级干部队伍建设的实施意见(试行)》的通知

京石办发〔2017〕24 号 中共北京市石景山区委办公室北京市石景山区人民政府办公室关于印发《北京市第二环境保护督察组督察石景山区工作动员会上的讲话》的通知

京石办发〔2017〕25 号 中共北京市石景山区委办公室北京市石景山区人民政府办公室关于印发《中共北京市委北京市人民政府安全生产第二督察组关于石景山区安全生产工作的督察反馈意见》的通知

京石办发〔2017〕26 号 中共北京市石景山区委办公室 两办关于印发《石景山区落实中共北京市委北京市人民政府安全生产第二督察组督察安全生产工作反馈意见整改工作方案》的通知

京石办发〔2017〕28 号 中共北京市石景山区委办公室北京市石景山区人民政府办公室关于印发《中共北京市石景山区委城市管理工作委员会、北京市石景山区城市管理委员会(北京市石景山区城市环境建设管理委员会办公室、北京市石景山区水务局、北京市石景山区交通委

员会)主要职责、内设机构和人员编制规定》的通知

京石办发〔2017〕29 号 中共北京市石景山区委办公室关于印发《石景山区加强和改进城市基层党建工作方案》的通知

北京市石景山区人民政府主要文件目录

北京石景山区人民政府文件

石政发〔2017〕1 号 北京市石景山区人民政府关于印发 2017 年折子工程的通知

石政发〔2017〕2 号 北京市石景山区人民政府关于印发《石景山区医药分开综合改革实施方案》的通知

石政发〔2017〕3 号 北京市石景山区人民政府关于印发《石景山区新阶段老旧小区综合整治试点工作方案》的通知

石政发〔2017〕4 号 北京市石景山区人民政府关于印发《2017 年非本市户籍适龄儿童少年在石景山区接受义务教育证明证件材料审核标准》的通知

石政发〔2017I〕5 号 北京市石景山区人民政府关于印发《石景山区提升居住区综合服务管理工作的意见(试行)》的通知

石政发〔2017〕6 号 北京市石景山区人民政府关于印发《石景山区土壤污染防治工作方案》的通知

石政发〔2017〕7 号 北京市石景山区人民政府关于公布第四批石景山区级非物质文化遗产代表性项目及项目代表性传承人的通知

石政发〔2017〕8 号 北京市石景山区人民政府关于印发《高层建筑消防安全综合治理实施方案》的通知

石政发〔2017〕9 号 北京市石景山区人民政府关于印发《石景山区人民政府法律顾问工作暂行办法》的通知

石政发〔2017〕10 号 北京市石景山区人民政府关于印发《2017 年石景山区中央、市属企事业单位、部队高压自管户及直管公房“煤改电”工作方案》的通知

石政发〔2017〕11 号 北京市石景山区人民政府关于印发《北京市石景山区关于试点推进“多证合一、一照一码”登记制度改革工作的实施方案》的通知

石政发〔2017〕12 号 北京市石景山区人民政府关于 2017 年征兵工作的通知

石政发〔2017〕13 号 北京市石景山区人民政府关于 2016 年度石景山区科学技术奖评审结果的通知

石政发〔2017〕14 号 北京市石景山区人民政府关于表彰 2016－2017 学年教育先进单位和优秀教育工作者的决定

石政发〔2017〕15 号 北京市石景山区人民政府关于印发《石景山区加强政务服务体系建设实施意见》的通知

石政发〔2017〕16 号 北京市石景山区人民政府关于撤销石景山区监察局(石景山区预防腐败局)的通知

石政发〔2017〕17 号 北京市石景山区人民政府关于印发《石景山区空气重污染应急预案(2017 年修订)》的通知

石政发〔2017〕18 号 北京市石景山区人民政府关于建立完善信用联合奖惩制度加快推进诚信建设的实施意见

石政发〔2017〕19 号 北京市石景山区人民政府关于印发《“石景山服务”行动计划(2017－2020)》的通知

石政发〔2017〕20 号 北京市石景山区人民政府关于印发《石景山区 2017 年“无煤区”建设兜底工作方案》的通知

石政发〔2017〕21 号 北京市石景山区人民政府关于在市场体系建设中建立公平竞争审查制度的实施意见

石政发〔2017〕22 号 北京市石景山区人民政府关于印发《石景山区关于加强困境儿童和留守儿童保障工作的实施方案》的通知

北京市石景山区人民政府办公室文件

石政办发〔2017〕1 号 北京市石景山区人民政府办公室关于印发《2017 年区政府常务会议和区长办公会议议题计划》的通知

石政办发〔2017〕2 号 北京市石景山区人民政府办公室关于印发石景山区 2017 年度保障性安居工程用地供应计划的通知

石政办发〔2017〕3 号 北京市石景山区人民政府办公室关于印发《北京市石景山区创建北京市食品安全示范区工作方案》的通知

石政办发〔2017〕4 号 北京市石景山区人民政府办公室关于印发《北京市石景山区高风险电梯安全评估隐患治理工作方案》的通知

石政办发〔2017〕5 号 北京市石景山区人民政府办公室关于印发 2017 年环保实事的通知

石政办发〔2017〕6 号　北京市石景山区人民政府办公室关于印发《石景山区关于以超常规力度推进 2017 年大气污染防治工作的实施方案》的通知

石政办发〔2017〕7 号　北京市石景山区人民政府办公室关于印发《北京市石景山区 2013－2017 年清洁空气行动计划重点任务分解 2017 年工作措施》的通知

石政办发〔2017〕8 号　北京市石景山区人民政府办公室关于印发《石景山区 2017 年清明节群众扫墓服务工作方案》的通知

石政办发〔2017〕9 号　北京市石景山区人民政府办公室关于印发《石景山区行业协会与行政机关脱钩实施方案》的通知

石政办发〔2017〕10 号　北京市石景山区人民政府办公室转发区文化委等部门《关于做好政府向社会力量购买公共文化服务工作的实施意见》的通知

石政办发〔2017〕11 号　北京市石景山区人民政府办公室关于开展 2017 年“春风送暖”社会捐助活动的通知

石政办发〔2017〕12 号　北京市石景山区人民政府办公室关于印发《石景山区食品安全监管属地责任管理办法》和《石景山区食品药品安全工作评议考核办法》的通知

石政办发〔2017〕13 号　北京市石景山区人民政府办公室关于印发《石景山区深化医药卫生体制改革 2017 年重点工作安排》的通知

石政办发〔2017〕16 号　北京市石景山区人民政府办公室关于印发《石景山区淘汰不合格燃气灶具、安装燃气安全辅助设备和独立式感烟火灾探测报警器工作实施方案》的通知

石政办发〔2017〕17 号　北京市石景山区人民政府办公室关于印发《石景山区安全生产考核办法》的通知

石政办发〔2017〕18 号　北京市石景山区人民政府办公室关于成立北京侨梦苑建设领导小组的通知

石政办发〔2017〕19 号　北京市石景山区人民政府办公室关于印发《石景山区企业信用监管和服务平台管理办法(试行)》的通知

石政办发〔2017〕20 号　北京市石景山区人民政府办公室关于印发《石景山区水污染防治工作方案 2017 年重点任务分解》的通知

石政办发〔2017〕21 号　北京市石景山区人民政府办公室关于转发《北京市人民政府办公厅关于清理杨柳絮防止发生火灾的紧急通知》的通知

石政办发〔2017〕22 号　北京市石景山区人民政府办公室关于印发《2017 年石景山区缓解交通拥堵工作方案》的通知

石政办发〔2017〕23 号　北京市石景山区人民政府办公室关于印发《石景山区自来水公司转制划拨方案》的通知

石政办发〔2017〕24 号　北京市石景山区人民政府办公室关于印发《北京市石景山区 2017 年政务公开工作要点》的通知

石政办发〔2017〕25 号　北京市石景山区人民政府办公室关于印发《石景山区 2017 年渣土车专项整治工作方案》的通知

石政办发〔2017〕26 号　北京市石景山区人民政府办公室关于开展我区行政规范性文件清理工作的通知

石政办发〔2017〕27 号　北京市石景山区人民政府办公室关于建立石景山区留守儿童关爱保护工作联席会议机制的通知

石政办发〔2017〕28 号　北京市石景山区人民政府办公室关于印发《石景山区进一步聚焦攻坚加快水环境治理 2017 年实施方案》的通知

石政办发〔2017〕29 号　北京市石景山区人民政府办公室关于转发区住建委《衙门口棚户区改造前期手续推进工作方案》的通知

石政办发〔2017〕30 号　北京市石景山区人民政府办公室关于印发《石景山区危险化学品安全综合治理三年行动计划(2017 年 6 月－2020 年 5 月)》的通知

石政办发〔2017〕31 号　北京市石景山区人民政府办公室关于调整石景山区依法行政工作领导小组的通知

石政办发〔2017〕32 号　北京市石景山区人民政府办公室关于印发《石景山区关于落实〈关于加快发展装配式建筑的实施意见〉的实施方案》的通知

石政办发〔2017〕33 号　北京市石景山区人民政府办公室关于印发《北京市石景山区创建“国家知识产权示范城市”培育工作方案》的通知

石政办发〔2017〕34 号　北京市石景山区人民政府办公室关于建立石景山区困难群众基本生活保障工作协调机制的通知

石政办发〔2017〕35 号　北京市石景山区人民政府办公室关于变更石景山区解决农民工工资问题领导小组成员单位及职责分工的通知

石政办发〔2017〕36 号　北京市石景山区人民政府办公室关于印发《衙门口棚户区改造工作方案》的通知

石政办发〔2017〕37 号　北京市石景山区人民政府办公室关于印发《石景山区推进“阳光餐饮”工程工作方案》的通知

石政办发〔2017〕38 号　北京市石景山区人民政府办公室关于印发《石景山区违法建设拆除后腾退土地再利用工作方案》的通知

石政办发〔2017〕39 号　北京市石景山区人民政府办公室关于印发《石景山区土壤污染防治工作方案 2017 年重点任务分解》的通知

石政办发〔2017〕40 号　北京市石景山区人民政府办公室关于印发《石景山区扎实推进精准帮扶工作实施意见》的通知

石政办发〔2017〕41 号　北京市石景山区人民政府办公室关于公布石景山区政府文件清理结果的通知

石政办发〔2017〕42 号　北京市石景山区人民政府办公室关于印发《石景山区集中清理建筑物屋顶广告牌匾专项行动工作方案》的通知

石政办发〔2017〕43 号　北京市石景山区人民政府关于印发《石景山区预防煤气中毒工作方案(2017－2018 年)》的通知

石政办发〔2017〕44 号　北京市石景山区人民政府办公室关于印发《石景山区政务信息资源共享开放管理办法》的通知

石政办发〔2017〕45 号　北京市石景山区人民政府办公室关于印发《北京市石景山区进一步深化简政放权放管结合优化服务改革重点任务落实方案》的通知

石政办发〔2017〕46 号　石商务文〔2017〕33 号 北京市石景山区人民政府办公室关于印发《石景山区深化改革推进服务业扩大开放工作方案》的通知

石政办发〔2017〕47 号　北京市石景山区人民政府办公室关于印发《北京市石景山区城市管理综合行政执法监察局主要职责、内设机构和人员编制规定》的通知

石政办发〔2017〕48 号　北京市石景山区人民政府办公室关于印发《北京市石景山区街道(鲁谷社区)执法队双重管理办法(试行)》的通知

区域教育单位名录

石景山区幼儿园名录

机构名称	机构地址	办学类型	办公电话	行政负责人
北京市石景山区师范学校附属幼儿园	北京市石景山区永乐东小区	幼儿园	68652877	王　斌
北京市石景山区实验幼儿园	北京市石景山区八角北里	幼儿园	68830104	张艳君
北京市石景山区幼儿园	北京市石景山区古城南里	幼儿园	68874902	左丽君
北京市石景山区第二幼儿园	北京市石景山区八角南路东街	幼儿园	68874643	张洪霞
北京市石景山区八角北路幼儿园	北京市石景山区八角北路	幼儿园	68876355	佟桂香
北京市石景山区八角幼儿园	北京市石景山区八角南路甲 18 号	幼儿园	68874744	许亚文
北京市石景山区第三幼儿园	北京市石景山区海特花园小区内	幼儿园	88795939	鲁建平
北京市京源学校幼儿部	北京市石景山区京原路 10 号	幼儿园	68645864	马小娜
北京师范大学石景山附属幼儿园	北京市石景山区杨庄北区	幼儿园	88953895	马炳霞
北京市石景山区幼儿园分园	北京市石景山区京原路 7 号	幼儿园	68705063	吴冰冰
北京市石景山区师范学校附属幼儿园分园	北京市石景山区老山东里甲 20 号	幼儿园	13601219600	王　斌
北京市石景山区中科幼教玉泉幼儿园	北京市石景山区玉泉路北邻一街翠谷玉景苑 15 号楼	幼儿园	58974758	刘　灿
北京市石景山区麻峪小学	北京市石景山区麻峪南街甲 51 号	附设幼儿班	88991876	邢东燕
北京军区机关幼儿园	北京市石景山区八大处甲 1 号	幼儿园	66399757	徐丽娜
北京军区联勤部机关幼儿园	北京市石景山区高井甲 32 号	幼儿园	66384552	王　青
古城地区民族幼儿园	北京市石景山区古城西路	幼儿园	68872073	李玉伶

机构名称	机构地址	办学类型	办公电话	行政负责人
中国科学院高能物理研究所幼儿园	北京市石景山区玉泉路19号乙高能所幼儿园	幼儿园	88235963	杨红宇
北京特钢燕鼎金地幼教中心	北京市石景山区八角北路15栋南	幼儿园	68873920	高亚丽
首钢矿山街道居民管理委员会第二幼儿园	河北省唐山市迁安市杨店子镇首钢矿业公司居委会	幼儿园	7713565	印　涛
北京市石景山区洪恩国际幼儿园	北京市石景山区聚兴园小区8号楼	幼儿园	52630068－8000	廖雪飞
北京市石景山区金鼎实验幼儿园	北京市石景山区金顶东街糕点八厂16号楼	幼儿园	88715022	陈茂玲
北京市石景山区希望之星幼儿园	北京市石景山区吴庄	幼儿园	68654023	刘艳苓
北京市石景山区新世纪幼儿园	北京市石景山区八宝山街道六合园小区8区8号	幼儿园	15601145767	王　昆
北京市石景山区瑞吉欧双语艺术幼儿园	北京市石景山区八角南路47号(雕塑公园内春早院)	幼儿园	68822781	左海燕
北京市石景山区方舟双语艺术幼儿园	北京市石景山区西井路17号	幼儿园	88799708	张潇文
首钢幼儿保教中心老山西里幼儿园	北京市石景山区老山街道办事处老山西里社区居委会	幼儿园	88297108	李　荣
首钢幼儿保教中心老山东里幼儿园	北京市石景山区老山东里临甲1号	幼儿园	88294029	时进霞
首钢幼儿保教中心古城幼儿园	北京市石景山区古城小街15号	幼儿园	68830674	丁　洁
首钢幼儿保教中心八角幼儿园	北京市石景山区古城南路10号	幼儿园	68874088－805	王艳弟
首钢幼儿保教中心苹果园幼儿园	北京市石景山区苹果园大街151号	幼儿园	88742877	尚景梅
首钢幼儿保教中心金苹果幼儿园	北京市石景山区苹果园街道办事处苹四社区居委会	幼儿园	68815812	史玉玲
首钢幼儿保教中心金顶街幼儿园	北京市石景山区金顶街五区院内	幼儿园	88723422	齐　冰
首钢幼儿保教中心模式口幼儿园	北京市石景山区金顶街街道办事处模式口南里社区居委会	幼儿园	88755285	梁文娟
北京市石景山区首钢大地现代幼儿园	北京市石景山区黑石头现代生活小区院内	幼儿园	51725817	王明翠
北京市石景山区家宝贝艺术幼儿园	北京市石景山区鲁谷路74号住宅配套楼	幼儿园	68608470	杨　丽
北京石景山区蓝天领航国际幼儿园	北京市石景山区景阳东街	幼儿园	68606206	李伟超
北京市石景山区伊顿慧智双语幼儿园	北京市石景山区玉泉西里一区14号楼	幼儿园	68615800	韩显云
北京市石景山区尚德幼儿园	北京市石景山区五里坨街道办事处周转房	幼儿园	68080006	陈景俊
北京市石景山区三色幼儿园	北京市石景山区杨庄南区甲5号	幼儿园	88982799	刘利利
北京市石景山区东方龙人幼儿园	北京市石景山区石景山路2号北京台湾街A区12号楼12A－X	幼儿园	88272788	梁　晶
北京市石景山区新世界国际幼儿园	北京市石景山区国际雕塑公园内	幼儿园	68662026	张晓轩
北京市石景山区可儿幼儿园	北京市石景山区鲁谷东街20号	幼儿园	68659763	王　昆
北京市石景山区新世界实验幼儿园	北京市石景山区广宁村新立街151号	幼儿园	88991225	左爱华
北京市石景山区爱贝儿幼儿园	北京市石景山区五里坨炮厂小区招待所院内	幼儿园	51583197	许爱国
北京市石景山区二十一世纪实验幼儿园	北京市石景山区西黄新村西里11号楼	幼儿园	88938052	张　曼

机构名称	机构地址	办学类型	办公电话	行政负责人
北京市石景山区海特实验幼儿园	北京市石景山区实兴大街5号	幼儿园	88798323	陈茂玲
北京市卡尔贝贝实验幼儿园	北京市石景山区五里坨中街C区12号院	幼儿园	56428277	周玉律
北京市石景山区世纪之星幼儿园	北京市石景山区双峪路55号	幼儿园	68886185	刘桂云
北京市石景山区育才双语幼儿园	北京市石景山区古城北路菜蔬锅炉房	幼儿园	68863299	李贵智
北京市石景山区蓝天海跃双语幼儿园	北京市石景山区杨庄路56号院1、3号楼	幼儿园	88951811	田依姣
北京市石景山区滨和爱迪幼儿园	北京市石景山区古城街道京原路66号	幼儿园	58418591	郭素萍
北京市石景山区幸福童年幼儿园	北京市石景山区衙门口村南街捷龙耐火材料厂	幼儿园	68603828	陈茂玲
北京市石景山区金树叶双语艺术幼儿园	北京市石景山区西井路17号二号楼一层	幼儿园	88932285	徐　冲
北京市石景山区黄庄学校	北京市石景山区黄庄村43号西南郊苗圃	附设幼儿班	52868079	陈恩显

石景山区小学名录

机构名称	机构地址	学校类型	办公电话	行政负责人
北京市石景山区向阳小学	北京市石景山区衙门口村	小学	68687838	马宝兰
北京市石景山区师范学校附属小学	北京市石景山区永乐东区师范附小	小学	68653826	王瑞敏
北京市石景山区第二实验小学	北京市石景山区老山西街21号	小学	88970161	肖印军
北京市石景山区银河小学	北京市石景山区鲁谷六合园小区	小学	68624930	杨丽红
北京市石景山区实验小学分校	北京市石景山区玉泉路何家坟	小学	88233583	王建华
北京市石景山区古城第二小学	北京市石景山区古城南路	小学	68832986	陈凤云
北京市石景山区古城第二小学分校	北京市石景山区古城南里	小学	88926911	陈　娜
北京市石景山外语实验小学	北京市石景山区首钢黄南苑小区	小学	88996420	刘世彬
北京市石景山区实验小学	北京市石景山区八角北里	小学	68863879	叶　艳
北京市石景山区北辛安小学	北京市石景山区古城大街23号	小学	68872398	张颖涛
北京市石景山区水泥厂小学	北京市石景山区京原路68号	小学	88958865	陈　军
北京市石景山区苹果园第二小学	北京市石景山区苹果园一区甲10号	小学	68872198	杜　杰
北京市石景山区西黄村小学	北京市石景山区西黄村	小学	88932653	张立田
北京大学附属小学石景山学校	北京市石景山区八大处	小学	88961420	张志宏
北京市石景山区海特花园小学	北京市石景山区海特花园小区	小学	88798124	殷　佳
北京市石景山区先锋小学	北京市石景山区绍家坡	小学	88714644	魏春英
北京市石景山区金顶街第二小学	北京市石景山区金顶街西口	小学	88717111	王京兰
北京市石景山区金顶街第四小学	北京市石景山区金顶街	小学	88722510	蒋新华
北京市石景山区广宁村小学	北京市石景山区广宁村新立街151号	小学	88993222－8001	段学敏
北京市石景山区麻峪小学	北京市石景山区麻峪南街甲51号	小学	88991876	邢东燕
北京市石景山区电厂路小学	北京市石景山区电厂路	小学	88953818－817	薛　东
北京市石景山区红旗小学	北京市石景山区高井甲32号	小学	88902251	路彦芬
北京市石景山区炮厂小学	北京市石景山区7312厂院内	小学	88950092	朴红丽
北京市石景山外语实验小学分校	北京市石景山区香山南路168号院西山枫林小区内	小学	88961160	张　岭

机构名称	机构地址	学校类型	办公电话	行政负责人
北京市石景山区五里坨小学	北京市石景山区五里坨车站街7号	小学	88904267	王迎梅
北京市石景山区爱乐实验小学	北京市石景山区重聚中街	小学	68656411	刘晓群
北京市石景山区树仁小学	北京市石景山区衙门口东街西五环旧货市场北侧	小学	53633318	赵生杰
北京教育科学研究院附属石景山实验学校	北京市石景山区古城北路	一贯制学校小学部	68872083	何英茹
北方工业大学附属学校	北京市石景山区八角北路	一贯制学校小学部	68873778	王　英
北京市石景山区石景山学校	北京市石景山区模式口西里	一贯制学校小学部	88293411	陈国秀
北京市京源学校莲石湖分校	北京市石景山区燕堤中街26号院1号及16号院1号	一贯制学校小学部	52866684	王国强
北京市石景山区黄庄学校	北京市石景山区黄庄村43号西南郊苗圃	一贯制学校小学部	52868079	陈恩显
北京市石景山区华奥学校	北京市石景山区永乐东小区	一贯制学校小学部	68664165	王桂云
北京市石景山区台京学校	北京市石景山区衙门口村西南后街	一贯制学校小学部	68663821	刘运贵
北京市石景山区中杉学校	北京市石景山区石门路342号	一贯制学校小学部	88901988	王翠娟
北京景山学校远洋分校	北京市石景山区鲁谷东街22号	一贯制学校小学部	88690802	齐　洽
北京师范大学附属中学京西分校	北京市石景山区五里坨隆恩寺路	一贯制学校小学部	53930136	李　敏
北京市京源学校	北京市石景山区京原路10号	一贯制学校小学部	68644122	白宏宽
首钢矿业公司职工子弟学校	河北省迁安市首钢滨河村	一贯制学校小学部	7710094	武书育

石景山区中学名录

机构名称	机构地址	学校类型	办公电话	行政负责人
北京市同文中学	北京市石景山区永乐东区	初级中学	68653297－817	夏伟平
首都师范大学附属苹果园中学分校	北京市石景山区西井路	初级中学	88799767	冯　岩
北京市石景山区实验中学分校	北京市石景山区老山西里	初级中学	88970862	吴朝晖
北京市石景山区实验中学	北京市石景山区八角中里	初级中学	68861032	吴朝晖
北京市第九中学分校	北京市石景山区金顶北路8号	初级中学	88729049	林乐光
北京市高井中学	北京市石景山区高井电厂路	初级中学	88953764	刘福花
北京教育科学研究院附属石景山实验学校	北京市石景山区古城北路	九年一贯制学校	68872083	何英茹
北方工业大学附属学校	北京市石景山区八角北路	九年一贯制学校	68873778	王　英
北京市石景山区石景山学校	北京市石景山区模式口西里	九年一贯制学校	88293411	陈国秀
北京市京源学校莲石湖分校	北京市石景山区燕堤中街26号院1号及16号院1号	九年一贯制学校	52866684	王国强
北京市石景山区黄庄学校	北京市石景山区黄庄村43号西南郊苗圃	九年一贯制学校	52868079	陈恩显
北京市石景山区华奥学校	北京市石景山区永乐东小区	九年一贯制学校	68664165	王桂云
北京市石景山区台京学校	北京市石景山区衙门口村西南后街	九年一贯制学校	68663821	刘运贵
北京市石景山区中杉学校	北京市石景山区石门路342号	九年一贯制学校	88901988	王翠娟
首都师范大学附属苹果园中学	北京市石景山区苹果园南路25号	高级中学	88932450	冯　岩
北京市第九中学	北京市石景山区模式口大街16号	高级中学	88731886	林乐光
北京市古城中学	北京市石景山区古城南路	完全中学	68871582	李先平
北京大学附属中学石景山学校	北京市石景山区八大处路8号	完全中学	88962352	崔　岩

机构名称	机构地址	学校类型	办公电话	行政负责人
北京市礼文中学	北京市石景山区老山东里甲19号	完全中学	88977433	欧阳蒙
北京景山学校远洋分校	北京市石景山区鲁谷东街22号	十二年一贯制学校	88690802	齐　洽
北京师范大学附属中学京西分校	北京市石景山区五里坨隆恩寺路	十二年一贯制学校	53930136	李　敏
北京市京源学校	北京市石景山区京原路10号	十二年一贯制学校	68644122	白宏宽
首钢矿业公司职工子弟学校	河北省迁安市首钢滨河村	十二年一贯制学校	7710094	武书育

石景山区职业教育、高等教育学校名录

机构名称	机构地址	学校类型	办公电话	行政负责人
北京市黄庄职业高中	北京市石景山区鲁谷东街29号	职业高中学校	68638293	倪晓辉
北京市古城旅游职业学校	北京市石景山区玉泉南街8号	职业高中学校	68638293	倪晓辉
北京盛基艺术学校	北京市石景山区隆恩寺路1号	职业高中学校	88901079	荆　跃
北京工业职业技术学院	北京市石景山区石门路368号	高校附设中职班	51511004	陈建民

石景山区特殊教育学校名录

机构名称	机构地址	学校类型	办公电话	行政负责人
北京市石景山区培智中心学校	北京市石景山区老山西里甲30号	特教学校	88748051	傅立新

区域科研机构名录

驻区科研单位名录

中国科学院高能物理研究所	玉泉路19号乙	88235008
中国科学院大学	玉泉路19号甲	88256030
工业和信息化部电子科学技术情报研究所	鲁谷路35号	88686108
中国瑞达系统装备公司	鲁谷路74号(北京市信箱)134	68608573
中国医学科学院整形外科医院	八大处路33号	88772077
北京首钢国际工程技术有限公司	石景山路60号	68872480
首钢技术研究院	杨庄大街69号	88293178
北京市建筑材料科学研究总院有限公司	金顶北路69号	88721857
北方工业大学	晋元庄路5号	88804420
首钢工学院	晋元庄路6号	68871841
北京工业职业技术学院	石门路368号	51511004
中国政法大学法庭科学研究所	鲁谷路116号	68621174
国家检察官学院(中央检察官管理学院)	香山南路111号	61719114
中国电子科学研究院高科技园区	双园路11号	68893295
国家无线电监测中心检测中心科技园区	实兴大街30号院15号楼(B区)	68009178
中央财政经大学石景山分部	福寿岭	88714733/4838

区域卫生机构名录

卫生医疗单位名录

石景山区五里坨街道黑石头社区卫生服务站	石景山区五里坨街道黑石头村口	88954148
北京市昆仑医院	北京市石景山区永乐小区东区	88682692

北京市石景山区苹果园街道西井一区社区卫生服务站　北京市石景山区西井一区老年福敬老院　88707926
北京御同堂门诊部　北京市石景山区金顶北路18号院9栋1层35号　13910285898
北京鸿科诊所　北京市石景山区古城南街路东33号－73－2　68631326
北京市石景山区精神卫生保健所　北京市石景山区石门路322号　51510589－8032
北京博医堂中医门诊部　北京市石景山区双锦园15号楼底商　68688287
北京市石景山区广宁街道高井社区卫生服务站　北京市石景山区高井　88954101
北京道一堂中医诊所　北京市石景山区时代花园南路21号院1号楼1层　68889985
北京市石景山区古城街道滨和园东社区卫生服务站　北京市石景山区燕堤中街6号院3号楼1层　53023264
北京市石景山区古城街道北辛安社区卫生服务站　北京市石景山区古城街道北辛安南岔149号　13426223374
北京市高宝维内科诊所　北京市石景山区北辛安大街57号　68887720
北京市王志国口腔科诊所　北京市石景山区模式口中街南职工宿舍　13717642571
北京济世慈仁中医药研究院中西医诊所　北京市石景山区高井路29号院2号楼9号　88953048
北京市王建岐中西医诊所　北京市石景山区模式口168号　88725119
北京金玺口腔诊所　北京市石景山区古城西路农工商公司商业房　13717781008
北京瑞嘉口腔诊所　北京市石景山区八宝山南路重兴嘉园4号楼102底商　68636560
北京市石景山区八角社区卫生服务中心　北京市石景山区八角北路　68862920
北京张丽华中医诊所　北京市石景山区玉泉路65号院内　51887598
北京市弘济药店有限公司苹果园诊所　北京市石景山区苹果园南路128号　68833437
首钢矿山医院迁钢生活区医务室　河北省迁安市区　0315－7705016
首钢矿山医院迁钢厂区医务室　河北省迁安市杨店子镇车辕寨村　0315－7705016
北京赵慧兰口腔科诊所　北京市石景山区苹果园三区20栋8单元102号　88715618
北京市石景山区苹果园街道海特花园社区卫生服务站　北京市石景山区海特花园45号楼1单元101－102室　88794771
北京康瑞祥中医诊所　北京市石景山区万商花园酒店运动中心南侧　68606565
北京梅宝馨口腔科诊所　北京市石景山区金顶北路20号院9栋1层112　68809136
北京雅士美口腔专科诊所　石景山区鲁谷路27号　68653707
北京市石景山区八角街道八角北路社区卫生服务站　北京市石景山区八角北路小区17栋　68884381
北京威斯勒中医诊所　北京市石景山区银河南街4号楼7层815房　65032346
北京锦泽诊所　北京市石景山区依翠园小区13号楼首层4号　53382837
北京兴安口腔诊所　北京市石景山区金顶北路18号院7栋1层106号　13552975197
北京德民口腔医疗诊所　北京市石景山区西黄村东里1号楼1层商业07　88705688
北京市石景山区五里坨街道隆恩家园社区卫生服务站　北京市石景山区秀府南路19号院1号楼1层　15311084252
北京市石景山区杨庄社区卫生服务站　北京市石景山区杨庄村西口　68874002
中国瑞达投资发展集团公司门诊部　北京市石景山区鲁谷路74号院　68664571
北京尚好宇晟口腔诊所　北京市石景山区玉泉西里二区36号楼1层商业17　13810060561
北京日新口腔诊所　北京市石景山区八角西街61号院内西二楼一层　88921249
北京市石景山区　都馨园社区卫生服务站　北京市石景山区时代花园南路28号院2楼　88980010
北京市石景山区老山街道中础社区卫生服务站　北京市石景山区石景山路23号院　68885504
北京市石景山区五里坨街道南宫社区卫生服务站　北京市石景山区石门路368号　51511298 13661211533
首钢矿山水厂社区卫生服务站　首钢矿山医院水厂第二住院部一层　03157705016
北京仁顺堂中医诊所　北京市石景山区玉泉西里二区36号楼1层商业10号　13718611367
北京弘泰堂中医诊所　北京市石景山区阜石路165号院3号楼5层515A　13021987840 88956659
北京市圣医坊诊所　北京市石景山区海特花园商业楼一层2－A2－B　51956112
北京万康园口腔诊所　北京市石景山区玉泉西里二区12号楼1层商业02　53669212
北京海特口腔医院管理有限公司实兴口腔诊所　北京石景山区海特花园57栋1层2－A号商业　51956726
北京市石景山区疾病预防控制中心门诊部　北京市石景山区体育场南路6号　88605046
北京王雅红口腔镶复诊所　北京市石景山区古城大街75号院3号楼1层2单元102　68843606
北京市石景山区金顶街街道赵山社区卫生服务站　北京市石景山区金顶街赵山宿舍院内平房　88714801

北京市石景山区八角街道体育馆路社区卫生服务站	北京市石景山区石景山路 32 号	88707949
北京立文同创科技发展有限公司吉源口腔诊所	北京市石景山区苹果园海特花园28号楼1门102号	88794859
北京王雅平口腔镶复诊所	北京市石景山区金顶街西口	88738997
北京嘉信诊所	北京市石景山区西下庄 1 号楼综合商场一层	88965818
北京张玫口腔诊所	北京市石景山区模式口村农村信用社旧址	88753398
北京市石景山区鲁谷街道永乐社区卫生服务站	北京市石景山区永乐西小区 23 号楼底商	68663281
北京市石景山区八宝山街道远洋山水社区卫生服务站	北京市石景山区玉泉西里二区 29 号楼	68652494
北京市石景山区急救站	北京市石景山区石景山路 24 号	88689000
北京佳铭诊所	北京市石景山区银河南街 2 号院 2 号楼五层 608、609	68656752
北京杰鹏口腔医院管理有限公司金顶街口腔诊所	北京市石景山区金顶西街 36 号 16 号	88721625
北京市石景山区五里坨街道红卫路社区卫生服务站	北京市石景山区隆恩寺路 99 号(工程兵管理处卫生所)	66394546
北京市石景山区苹果园街道雍景四季社区卫生服务站	北京市石景山区苹果园冠景新城 B 区12号楼首层106室	68898184
北京市石景山区广宁街道麻峪社区卫生服务站	北京市石景山区麻峪南沟甲 5 号	51946123
北京市石景山区燕保京原家园社区卫生服务站	北京市石景山区景阳东街 58 号院	68623990
北京市石景山区金汉丽苑社区卫生服务站	北京市石景山区体育场南街 7 号院 3 号楼	88809551
北京市石景山区颐养年养老院医务室	北京市石景山区八大处路临 50 号	57100768
北京柏氏中医研究院有限公司柏氏中医诊所	北京市石景山区模式口大街 20 号	68611900
北京市弘济药店有限公司诊所	北京市石景山区杨庄北路	68842624
北京德康杏林诊所	北京市石景山区鲁谷村 7 号楼底商 1 号	56051500 13654963396
北京吉田光军口腔诊所	北京市石景山区北重西厂区宿舍12号楼1层2单元 102 号	88687707 18601122925
北京爱丽森口腔诊所	北京市石景山区西黄新村西里 2 号楼 1 层 119	68898996
北京市石景山区八宝山街道永乐第二社区卫生服务站	北京市石景山区八宝山永乐东区23楼4单元 1—4 号	68637183
北京市石景山区古城街道十万平社区卫生服务站	北京市石景山区古城十万平社区 17 号楼西侧	88707925
北京市石景山区古城街道老古城社区卫生服务站	北京市石景山区老古城北后道 8 号	68820341
北京市石景山区古城街道滨和园西社区卫生服务站	北京市石景山区燕堤西街 7 号院 1 号楼 1 层	13801312487
北京市石景山区古城街道水泥厂社区卫生服务站	北京市石景山区京源路 68 号	13801312487
北京市石景山区广宁街道寿山福海社区卫生服务站	北京市石景山区双峪路 23 号	88991616
北京市石景山区西山社区卫生服务站	北京市石景山区黑石头	88952242
北京博雅口腔医疗有限公司石景山路博雅口腔门诊部	北京市石景山区石景山路甲 18 号院 3 号楼 1 至 2 层	88599002
北京市石景山区依翠园社区卫生服务站	北京市石景山区依翠园 5 号	68629157
北京市石景山区广宁街道社区卫生服务中心	北京市石景山区大唐国际发电股份有限公司北京高井热电厂原职工医院院内	88990400
北京明杨中医诊所	北京市石景山区鲁谷路 74 号院南院 3 号楼 1－3 层(北京天顺八酒店一层 7 号)	17701021088
北京市石景山区金顶街社区卫生服务中心	北京市石景山区金顶北路 22 号院 1 号楼	88778785
北京同堂大药房有限责任公司惠泽中医诊所	北京市石景山区鲁谷路 74 号北院 9 号楼中部底商 1 层 3 号	88682599
北京市石景山区苹果园街道刘娘府社区卫生服务站	北京市石景山区八大处高科技园区西井路 19 号院 1 号楼 2 门 201 室	88734456
北京石景山银河口腔门诊部	北京市石景山区依翠园19号楼底商(银河大街11－8号)	88680298
北京同仁堂连锁药店有限责任公司古城中医诊所	北京市石景山区古城南路 32 号	88924247
北京珍鹊中医诊所	北京市石景山区香山南路 166 号院 18 号	88782886
北方工业大学社区卫生服务中心	北京市石景山区晋元庄 5 号	88803257
北京市石景山区五里坨街道社区卫生服务中心	北京市石景山区石门路 322 号	51510589－8030
北京市石景山区八大处中医门诊部	北京市石景山区田村路 559 号	88701091－8000
北京欧兰美医疗美容门诊部	北京市石景山区时代花园南路 17 号茂华大厦 1 层 101	57532059

北京赵玉明医疗美容诊所	北京市石景山区实兴大街30号院3号楼1层107	68809719
北京斯嘉丽医疗美容诊所	北京市石景山区政达路2号1层111	88689877
北京冰蝶医疗美容诊所	北京市石景山区银河大街1号万商花园酒店运动中心三、四层	68667799
北京市古城娜仙子美容美体有限责任公司惜娜医疗美容诊所	北京市石景山区杨庄28号西城忆树1号楼1号底商	88909802
北京圣唐思邈中医门诊部	北京市石景山区景阳东街58号7楼102－103	68882801 68882802
北京博雅口腔医疗有限公司阜石路博雅口腔门诊部	北京市石景山区阜石路165号2号楼1层165－10	88959002
北京中健安康口腔诊所有限公司正达口腔诊所	北京市石景山区石景山路乙18号院3号楼8层918	68889965
北京茂华口腔诊所	北京市石景山区时代花园东街1号楼111－112室	88980808
北京嘉信泽洋口腔诊所	北京市石景山区阜石路166号泽洋大厦309室	88909890
北京博杰爱雅口腔诊所	北京市石景山区八角南里16号楼1层1号	13520538766
北京鼎济堂健康科技有限公司鲁谷中医诊所	北京市石景山区鲁谷路京源综合商场1层13号	010－58449447
北京德润堂中医诊所	北京市石景山区银河南街2号楼3层301号	64066978
北京诚安堂医药有限公司老山诊所	北京市石景山区老山东里29楼前	88973788－603
北京市石景山区建筑公司万方诊所	北京市石景山区古城西路15号	68885759
北京市时珍平安诊所	北京市石景山区八宝山南路29号7号楼一层	51885505
北京锦安堂诊所	北京市石景山区鲁谷小区五芳园18号	68629250
北京奎克医学检验所	北京市石景山区体育场南路6号院2号楼4层	60571688
北京亚馨美莱坞医疗美容门诊部	北京市石景山区石景山路29号(京燕饭店四层)	68870821
北京市石景山区苹果园社区卫生服务中心	北京市石景山区苹果园大街220号	88707858
北京市石景山区八宝山社区卫生服务中心	北京市石景山区鲁谷东街38号	88682861
北京市石景山区鲁谷社区卫生服务中心	北京市石景山区鲁谷小区六合园	51718209
北京市石景山区老山社区卫生服务中心	北京市石景山区老山西里	88296529
北京市石景山区八角街道古城南里社区卫生服务站	北京市石景山区古城南里5栋	68844325
北京市石景山区八角街道北里社区卫生服务站	北京市石景山区八角北里房管所楼1层西门	68863275
北京市石景山区重兴园社区卫生服务站	北京市石景山区八宝山南路重兴嘉园1号一层	85858188
北京市石景山区八宝山街道远洋沁山水社区卫生服务站	北京市石景山区玉泉西里1区1号楼1层	68615117
北京市石景山区古城社区卫生服务中心	北京市石景山区古城路	88296532
石景山区金顶街四区社区卫生服务站	北京市石景山区金顶街四区	88757497
北京市石景山区八角街道融景城社区卫生服务站	北京市石景山区景阳东街67号院C1号楼3层	68705429
北京市石景山医院	北京市石景山区石景山路24号	88689000
北京首钢特殊钢有限公司泰康医院	北京市石景山区古城小街1号	88924142
北京市石景山区妇幼保健院	北京市石景山区依翠园5号	68625569
北方工业大学附属学校医务室	北京市石景山区杨庄	68873778－8039
国家广播电影电视总局国际台医务室	北京市石景山区鲁谷小区65号楼7－102号	68636183
北京石景山同心医院	北京市石景山区鲁谷大街吴家村	68632004
北京市石景山区五里坨医院(北京市石景山区精神卫生保健所)	北京市石景山区石门路322号、石门路322－1号(原五里坨农运站三元厂院内)	88902858
北京市石景山区中医医院	北京市石景山区八角北路	68862920
北京未来儿童医院	北京市石景山区阜石路166号1号楼102－3、201－204	88904668
北京古城都市丽人医院	北京市石景山区古城大街37号	68803112
北京石景山模式口中医医院	北京市石景山区模式口大街甲48号	88759470
北京石景山路安康中医医院	北京市石景山区模式口南里	68874318
北京中康佳中医药研究院长庚医院	北京市石景山区古城南里8号	88296303
北京燕都中西医结合医院	北京市石景山区八宝山南路重兴嘉园1号	85858188
北京石景山易仁中医骨伤医院	北京市石景山区冠景新城B区3号楼	68885018
北京石景山八大处中西医结合医院	北京市石景山区实兴大街11号5幢1至4层	68874320
北京市石景山区古城第二小学卫生室	北京市石景山区古城南路	68873960

中国电子科技集团公司电子科学研究院医务室	北京市石景山区八大处高科技园区双园路 11 号	68893711
首钢工学院医务室	石景山区晋元庄 6 号	59805852
首都师范大学附属苹果园中学分校卫生室	北京市石景山区西井	88932598
北京市第九中学卫生室	北京市石景山区模式口大街	88759928 13426478340
北京教育学院石景山分院卫生室	北京市石景山区八角西街 95 号	88912055 - 8209
北京市石景山区实验中学分校卫生室	北京市石景山区老山西里	88979510
北京市石景山区实验小学卫生室	北京市石景山区八角北里	68862278 - 8810
北京市人民检察院医务室	北京市石景山区石景山路 12 号	58762400
北京市石景山区八角幼儿园卫生室	北京市石景山区八角南路	68874744
北京市第一中级人民法院卫生室	北京市石景山区石景山路 16 号	59891120
北京市石景山区实验中学卫生室	北京市石景山区八角中里	68861032 - 325
中国科学院高能物理研究所幼儿园卫生室	北京市石景山区玉泉路 19 号乙院	88235963
北京市石景山区石景山中学卫生室	北京市石景山区模式口西里	88293411 - 8104
北京市京源学校卫生室	北京市石景山区京源路 10 号	68644122 - 8888
北京教育科学研究院附属石景山实验学校卫生室	北京市石景山区古城东街 5 号	68888118
北京市石景山区军队离休退休干部卫生所	北京市石景山区八角西街北口	68875716
北京市石景山区民族养老院医务室	北京市石景山区模式口南里清真寺西侧、模式口村西 102 号	88719092
北京市石景山区实验幼儿园医务室	北京市石景山区八角北里	68864966
北京市石景山区八角北路幼儿园卫生室	北京市石景山区八角北路	68876355
中国科学院大学卫生所	北京市石景山区玉泉路甲(19)号	88256119
新华通讯社机关事务管理局鲁谷卫生室	北京市石景山区京源路 8 号	63076032
北京市石景山区师范学校附属幼儿园卫生室	北京市石景山区永乐东小区	68652877
北京大学附属中学石景山学校卫生室	北京市石景山区八大处路 8 号	88962352 - 8106
首都师范大学附属苹果园中学卫生室	北京市石景山区苹果园南路 25 号	22931689
北京大学附属小学石景山学校医务室	北京市石景山区八大处	88964512 - 1012
国家体育总局射击射箭运动管理中心医务室	北京市石景山区福田寺甲三号	88962654 88962277 - 6026
北京景山学校远洋分校医务室	北京市石景山区鲁谷东街 22 号	88690662
北京市石景山区幼儿园卫生室	北京市石景山区古城南里	68874902
北京市石景山区培智中心学校卫生室	北京市石景山区老山西里甲 30 号	88759797
北京市石景山区第二幼儿园卫生室	北京市石景山区八角南路东街	68874643
北京市石景山区金顶街第二小学医务室	北京市石景山区金顶街北路	88717111 - 809
北京师范大学石景山附属幼儿园卫生室	北京市石景山区杨庄北区	88953895
北京市古城中学卫生室	北京市石景山区古城南路	68872084 - 8105
首钢幼儿保教中心八角幼儿园医务室	北京市石景山区古城南路 10 号	6887.4088 - 806
北京市石景山区社会福利院医务室	北京市石景山区杨庄路 17 号	68865347
中国科学院高能物理研究所卫生所	北京市石景山区玉泉路 19 号(乙院)	88235961
国家体育总局自行车击剑运动管理中心医务室	北京市石景山区老山西街 15 号	88981075
工业和信息化部电子科学技术情报研究所医务室	北京市石景山区鲁谷路 35 号电科大厦	88686045
首钢幼儿保教中心苹果园幼儿园卫生室	北京市石景山区苹果园大街 151 号	88742877 - 103
首钢幼儿保教中心金苹果幼儿园卫生室	北京市石景山区苹果园路七区 16 号	68815812
北京市石景山外语实验小学卫生室	北京市石景山区首钢黄南苑小区	88996420 - 822
北京市高井中学卫生室	北京市石景山区电厂路	88953764 - 8402
北京市石景山区第三幼儿园卫生室	北京市石景山区苹果园海特花园	88795935
北京市同文中学卫生室	北京市石景山区永乐东小区	68653297 - 804
北京市石景山区少年国防教育基地医务室	北京市石景山区红卫路 1 号	88901083
中国地震应急搜救中心医务室	北京市石景山区玉泉西街 1 号	59956218
北京市黄庄职业高中卫生室	北京市石景山区八宝山南路	68652190 - 8078

北京市石景山区青少年活动中心卫生室	北京市石景山区鲁谷南路11号	68662402－8032
北京市石景山区中小学卫生保健所	北京市石景山区永乐西小区	68644824
北京众齿口腔诊所	北京市石景山区古城西路甲8号如意小区院内2号综合楼一区一层1区1号	18610710831

区域文化设施名录

全国重点文物保护单位名录

法海寺	模式口大街北	88713976
承恩寺	模式口大街东段路北	88724148
八宝山革命公墓	石景山路	88255681

北京市重点文物保护单位名录

长安寺	八大处	88964661
灵光寺	八大处	88964661
三山庵	八大处	88964661
大悲寺	八大处	88964661
龙泉庵	八大处	88964661
香界寺	八大处	88964661
宝珠洞	八大处	88964661
证果寺	八大处	88964661
慈善寺	五里坨天泰山	88905988
冰川馆	模式口大街28号	88722585
田义墓	模式口大街北	88724148
老山汉墓	老山驾校内	68607156
皇姑寺	西黄村	88701190

石景山区文物保护单位名录

崇兴庵	鲁谷村	68607156
龙泉寺	模式口大街北	88713976
双泉寺	双泉寺村	68607156
礼王府	福寿岭铁路疗养院内	88961133
万善桥	黑石头村东	68607156
隆恩寺第四纪冰川擦痕	五里坨	68607156
雍正御制碑	首钢制氧厂内	68607156
福田公墓	福田寺村	68607156
贤良寺塔院	八大处长安寺南200米	68607156
石景山古井	石景山南侧	68607156
石景山古建群元君庙	石景山南侧	68607156
八大处冰川漂砾	八大处公园五处龙泉庵	68607156
四柏一孔桥	模式口大街北	88713976
瑞王坟碑亭	西山枫林东南角	68607156
兴隆寺	五里坨小青山上	68607156
翠云庵	高井村	68607156
崇国寺塔	八宝山革命公墓南300米	68607156

图书馆名录

石景山区图书馆	八角南路2号	68874077
石景山区少年儿童图书馆	古城南路11号	68875256

电影院放映场所名录

名　　称	地　　址	法人	联系电话	总面积（平方米）	厅（个）	座位（个）
北京市石景山古城电影院	古城南路15号	巩战营	68866386	1606	4	700
北京万达国际电影城有限公司石景山店	石景山路乙18号4号楼3层万达影城	张　霖	68663399	7178	10	1650
北京聚禾映画世纪影院管理有限公司	阜石路300号3层309－1	闫　华	18618146697	3360	7	1370

歌舞娱乐场所名录

单位名称	经营地址	联系电话
北京老来福娱乐有限公司	永乐西小区得实电子有限公司	68688584、13910061761
北京玉鼎娱乐有限责任公司	金顶街西口星座兴石超市四层	88749385、13371729920
北京神农庄园饮食管理有限公司	实兴北街东侧	13901054689
北京金雁翎饮食中心	石景山区麻峪村北	13126681649、88992470
北京康悦娱乐有限责任公司	石景山区衙门口虹艺玩具厂院内15号	68635056、13701299735
北京京西豪门娱乐城	八宝山南路29号院7号楼地下室一层	51885112
北京鑫鑫金唱纳练歌场有限公司	石景山区八角西街68号	13341019581
北京时尚风情娱乐中心	石景山区古城北路甲4号	13910904212
北京花丽都娱乐俱乐部有限公司	海特花园50号楼公建工程5层	13911727579
北京市沁春园歌厅	石景山区广东门(区服务公司)商业房	13522007896
北京金色海滩洗浴中心	古城西路南侧北京明塑包装厂内	13901380791
北京万商花园酒店运动中心	银河大街1号	13520564958
北京大江南花园酒店有限责任公司	石景山区八大处路58号北段路东	88703883、13901058658
北京佰乐迪娱乐有限公司	石景山路2号北京台湾街C2－10－1－A	13901043457、68647272
北京名门会娱乐有限责任公司	古城西路甲8号	13911808123
北京鑫海名都休闲娱乐有限公司	鲁谷路61号二、三、五层	68682260、13381060195
北京兴和兴唱娱乐有限公司	石景山路22号万商大厦地下一层	13331135205
北京湾仔情娱乐有限责任公司	八大处希望公园内	13522808220
北京海特饭店飘歌舞厅	石景山区实兴东街1号	88795844、13331137931
北京市星光歌厅有限责任公司	石景山区古城南路45号	68873241、13901234999
北京火焰娱乐有限公司	石景山区古城南里甲5号	68877332、13701150559
北京市都市豪情娱乐有限责任公司	石景山区京源路7号	13520566162
北京市遥感星空音乐茶座	石景山区刘娘府路西侧琅山苗圃院内	88728068、13801369383
北京鑫金玉阁歌厅	古城南街东侧55－1	13910933608
北京无限时光音乐茶座有限公司	石景山路32号体育场西门	68836700、13391982981
北京凯龙盛冠商贸有限公司盛凯龙歌舞厅	石景山区古城西路162号	68880388、13381071510
北京华晨兔兔娱乐有限责任公司	石景山区八角北里1号楼东侧甲2号	15011261007
北京月色莺歌歌厅	古城西路129号	15601085973
北京中川餐饮娱乐有限公司	鲁谷东街甲26号院3号楼	13911667117

单位名称	经营地址	联系电话
北京音托邦文化发展有限公司石景山分公司	石景山区阜石路 300 号五层 501 号	18911733966
北京悦辰麦颂娱乐有限公司	石景山区阜石路 165 号院 2 号楼三层 301－1	15810669125
北京正天风尚文化传媒有限公司	石景山区八角东街 65 号院 4 幢－1 层－1039 至－1042、－1044 至－1051	15810669125
北京合厚丰文化传媒有限公司	石景山区石景山路 2 号北京台湾街 C－02 区 11 号楼 11－1－E 室	13301230606
北京鑫港辉凰文化娱乐有限公司	石景山区苹果园北大街甲 2 号楼 2 至 4 层	13381211772

互联网上网服务营业场所名录

单位名称	经营地址	联系方式
北京千龙网都立龙上网服务有限公司	北京市石景山区模式口东里	13391881851
北京余乐网上网服务有限公司	北京市石景山区永乐西区 26 号楼东侧二层 6－10 号	13520550158
北京吉祥在线上网服务有限公司	北京市石景山区京源路向阳综合楼 2 层北侧	13911195362
北京市零星上网服务有限公司	北京市石景山区古城路南里甲 5 号办公楼二层北侧	13810817897
北京龙之风上网服务有限公司	北京市石景山区金顶西街杨家坡临街楼	13521199400
北京红色起点上网服务有限公司	北京市石景山区石门路 318 号	13801364329
北京零度聚阵飞越上网服务有限公司	北京市石景山区衙门口村村北口	13901040405
北京千龙网都巨大上网服务有限公司	北京市石景山区北辛安和平街 17 号	13911195362
北京协成金豆互联网上网服务有限公司	北京市石景山区古城路古城小街甲 6 号商业楼二层	13810039780
北京忠义合上网服务有限责任公司	北京市石景山区古城大街 10 号(西来顺北侧)	13601329087
北京嘉仕金诚上网服务有限公司	北京市石景山区八宝山南路重兴园甲 2 号	15810847794
北京美速上网服务有限公司	北京市石景山区古城南里甲 5 号	13681228909
北京百合海业英达上网服务有限公司	北京市石景山区苹果园南路甲 11 号	13701074253
北京市万亚辰上网服务有限公司	北京市石景山区苹果园地铁斜对面二楼	13901009250
北京天罗网上网服务有限责任公司	北京市石景山区西黄村物美超市二楼	13055067830
北京千龙网都鑫领域上网服务有限公司	北京市石景山区苹果园大街 135 号	13241198218
北京瑞得在线流星雨上网服务中心	北京市石景山区永乐小区黄楼饭馆二层	15901350918
北京千龙网都瀚海网缘上网服务有限公司	北京市石景山区台湾街 C－01 区 3 号楼 3－I	13301174231
北京世纪金福上网服务中心	北京市石景山区八角南里 14 号楼	15810899883
北京崇光成辉上网服务有限公司	北京市石景山区金顶街西街南北装饰公司内	88731067
北京喻世三言上网服务有限公司	北京市石景山区西黄村北方工大路北东侧	13001142911
北京千龙网都华城上网服务有限公司	北京市石景山区海特花园 50 号楼地下一层北侧	13466760090
北京千龙网都仙鹤楼上网服务有限公司	北京市石景山区鲁谷翠园西街 6 号市政综合楼二层	18719505655
北京宏泰基业上网服务有限公司	北京市石景山区古城南街东 17 号	13683233291
北京市聚友网缘上网服务有限公司	北京市石景山区古城西路 8 号－9－1	18910557911
北京千龙网都任君行上网服务有限公司	北京市石景山区麻峪东街北口二层楼 13514168866	13810961787
北京市瑞龙嘉恒上网服务中心	北京市石景山古城南街路东 50 号－3	13671338784
北京易聚上网服务有限公司	北京市石景山区鲁谷五芳园 1 号楼南侧商业 1－2 层	13911185732

出版物经营单位名录

名　称	地　址	专项审批经营范围
北京康达振华文化发展有限公司	鲁谷路74号院北院10号楼206室	图书 电子出版物 零售
北京乘云阁图书有限公司	科技馆	图书 零售
北京新华联合文化传播中心	老山西街19号院7号103室	图书 零售
北京新锐时空文化交流中心	古城大街西侧(古城旅馆404室)	图书、电子出版物 零售
北京市九州博文图书有限公司	北辛安袁家胡同12号	图书 零售
北京京审华信书刊经营中心	古城北路6号(原莱蔬公司综合楼)弯月亮宾馆229室	图书 零售
华教联合(北京)文化传播中心	老山西街19号院7号	
水木时代(北京)图书中心有限公司	永乐小区长城羊毛衫厂6号楼2层1053室	图书 零售
北京万卷天地图书有限公司	南大荒80号院西侧3号平房	图书、电子出版物 零售
北京国联博月商贸有限公司	八角北路小学北侧第二间	图书 零售
北京秀雅香轩文化用品店	鲁谷路玉都雅风工艺美术品市场内0948号	图书 零售
北京天之星文化传媒中心	阜石路166号泽洋大厦613室	图书零售
北京首钢文化发展有限公司	首钢厂东门内陶楼三层	音像制品零售
北京金华鸿文化传播中心	北京市八宝山南路重兴嘉园4号楼402－36	图书、电子出版物 零售
北京陆机科技有限公司	京源路乙8号展龙大厦617室	图书 零售
北京轩地方圆书店	金顶东街糕点八厂4号楼4层633室	图书 零售
北京心灵坊文化传播中心	实兴东街11号11幢01层1189	图书 零售
北京育禾华盛文化传播中心	老山西街19号院7号102室	图书 零售
北京大唐天和文化传播有限公司	金顶东街糕点八厂4号楼四层605、606、608室	图书 零售
北京银贝文化交流中心	依翠园3号楼商业用房	图书、音像制品 零售
北京歪歪兔教育科技有限公司	八大处高科技园区西井路3号3号楼1283室	图书、音像制品 零售
北京中住联合科技发展有限公司	衙门口向阳工业小区	图书 零售
北京大唐之都文化传播有限公司	金顶东街糕点八厂4号楼四层607室	图书 零售
创艺博奥教育科技(北京)有限公司	石景山路23号科研中试楼八层811室	图书、音像制品 零售
北京永辉超市有限公司	鲁谷大街东侧	图书 零售
北京物美商业集团股份有限公司西山枫林店	香山南路168号院15栋一层	图书、音像制品 零售
北京双椿阁书店	西下庄统建商住楼(综合商场)	图书 零售
北京永辉超市有限公司石景山分公司	鲁谷大街东侧二层	图书、音像制品 零售
北京经纶纵横生物科技传媒有限公司	鲁谷路128号1幢2层208室	图书 零售
北京当代商城有限责任公司石景山分公司	阜石路与杨庄东路交叉西北角	图书、报纸、期刊、电子出版物、音像制品 零售
北京鸿文源文化用品经营部	北京玉都雅风工艺美术品市场0888号	图书 零售
北京洋洋兔文化发展有限责任公司	八大处高科技园区3号1号楼103A室	图书 报纸 期刊 零售
北京爱心华美图书音像有限责任公司石景山分公司	古城北路综合商业楼1幢2层6号	图书 报纸 期刊 电子出版物 零售
北京五月书香图书有限责任公司	八大处高科技园区西井路3号3号楼4938房间	图书 零售

名　称	地　址	专项审批经营范围
国教苑(北京)教育科技有限公司	古城大街特钢公司十一区(首特创业基地 A 座 606 号)	图书 零售
北京物美商业集团股份有限公司	五里坨店五里坨 2 号	图书、音像制品 零售
北京书海墨香图书销售有限公司	八角北里 44 号楼 1 层 104 号	图书、报纸、期刊、电子出版物 零售
北京众诚博远文化传播有限公司	古城大街西侧古城旅馆 2 层 204 室	图书、报纸、期刊、电子出版物、音像制品 零售
北京一诺书香文化发展中心	东山坡甲 1 号 6 号楼 1161 室	图书 报纸 期刊 电子出版物 零售
北京玉都雅风工艺美术品市场有限公司	鲁谷路东口北侧办公室	图书 零售
北京盛世年华文化发展有限公司	八大处高科技园区西井路 3 号 3 号楼 6722 房间	图书、报纸、期刊、电子出版物 零售
北京共赢时代文化传媒有限责任公司	八大处高科技园区西井路 3 号 3 号楼 5336 房间	图书 零售
北京环经广告有限公司	双锦园 16 号楼 2 层 6 单元 201 号	图书 零售
北京华文畅行出版策划有限公司	八大处高科技园区西井路 3 号 3 号楼 8564 房间	图书、期刊、电子出版物零售
北京红点智慧文化发展有限公司	玉泉西里二区 15 – 1 号楼 3 单元 0302	图书 零售
北京元庆丰文化传播有限公司	五里坨车站街 1 号 2017 室	图书、报纸、期刊、电子出版物 零售、网上销售
凡华(北京)文化传播有限公司	碣石坪 12 号楼 1 层商业 103 – 10	图书 零售
北京万学苑书店	金顶街北路 20 号院 1 栋 1 层 108 号	图书 零售
北京远大锦绣书店	金顶街西口 1 号楼京客隆超市内二层	图书 零售
北京物美商业集团股份有限公司西黄村二店	苹果园南路 6 号 1 幢 – 3 至 3 层 101 三层	图书、报纸、期刊、电子出版物、音像、音像制品零售
北京物美商业集团股份有限公司八角北里分店	八角北里菜市场内	音像制品 零售
北京物美商业集团股份有限公司科大分店	玉泉路西侧科大商场	音像制品 零售
北京国新君悦文化发展有限公司	石景山路 2 号北京台湾街 B 区 2 号楼 2A – A	音像制品 零售
北京众合宏达文化传播有限公司	古城大街西侧古城旅馆 2 号楼 202	图书、报纸、期刊、电子出版物、音像制品 零售
北京建亨和谐文化交流中心	古城西路 20 号景华丰写字楼 A408	图书 零售
北京沃尔玛百货有限公司	阜石路 158 号	图书、报纸、期刊、电子出版物 零售
北京乐友达康商贸有限公司苹果园东口母婴用品专营店	苹果园南路 6 号 1 幢 – 1 层西侧 1 号	图书、报纸、期刊、电子出版物、音像制品 零售、网上销售
北京卓志天下科技发展有限公司	金顶东街糕点八厂 4 号楼三层 332 室	图书 零售、网上销售
北京金文掌阅文化传媒有限公司	八大处高科技园区西井路 3 号 3 号楼 1062A	图书、报纸、期刊、电子出版物、音像制品 零售
北京物美商业集团股份有限公司八角西街店	石景山路 31 号地下二层	图书、报纸、期刊、电子出版物、音像制品 零售
北京德利华创文化传媒有限公司	石景山区石景山路乙 18 号 5 号楼 7 层 807	图书、期刊、电子出版物零售、网上销售

名　　称	地　　址	专项审批经营范围
北京博工伟业文化传播有限责任公司	古城西路113号景山财富中心642室	图书、报纸、期刊、电子出版物、音像制品 零售
北京乐友达康商贸有限公司石景山鲁谷东街母婴用品专营店	鲁谷东街8号2层201	图书、报纸、期刊、音像制品 零售
北京思必得文化传媒有限公司	金顶街五区金顶街办事处办公楼4层418	图书、电子出版物 零售
北京博健时代科技文化发展中心	古城大街西侧古城旅馆1号楼2217室	图书 零售
北京阳光智博文化发展有限公司	古城大街西侧古城旅馆1号楼2632	图书、报纸、期刊、电子出版物 零售、网上销售
北京中工在线文化交流中心	杨庄路供销社旅馆4幢226室	图书、报纸、期刊、电子出版物 零售
北京冠游时空数码技术有限公司	石景山路乙18号院1号楼7层810	电子出版物 零售、网上销售
北京明汇博图书发行有限公司	广宁村新立街25号托儿所108室	图书 零售
北京华惠亿邦文化发展有限公司	石景山路乙18号院5号楼12层1303	图书、报纸、期刊、电子出版物、音像制品 零售
北京繁星博慧书店	古城大街西侧古城旅馆	图书、报纸、期刊、电子出版物、音像制品 零售
北京中盛佳源教育科技有限公司	石景山路乙18号院3号楼607	图书 零售
北京中食菌网络科技有限公司	鲁谷路128号1幢2层206室	图书 零售
中工天讯文化传媒(北京)有限公司	古城西路新古城分莱站2幢3号	图书、报纸、期刊、电子出版物 零售
北京中商佳广告有限公司	石景山路甲18号院2号楼23层2602室	图书、期刊 零售、网上销售
北京中工前沿图书发行中心	古城北路6号(原蔬菜公司综合楼)弯月亮宾馆6213室	图书 零售、网上销售
北京东方静源文化传播有限公司	古城北路蔬菜公司锅炉房1幢102房间	图书、报纸、期刊、电子出版物 零售
北京东澳盛大文化传播中心	金顶东街糕点八厂4号楼4层621室	图书、报纸、期刊、音像制品 零售
北京物美便利超市有限公司金顶北路店	金顶北路20号院1栋1层104	图书、报纸、期刊、电子出版物、音像制品 零售
北京中盛华博教育科技有限公司	模式口村西口102号8号楼1层01室	图书 零售
北京物美商业集团股份有限公司古城分店	古城大街(古城市场旁)	图书、报纸、期刊、电子出版物、音像制品
北京物美天翔便利超市有限责任公司佳联古城南路店	古城南路(锅炉厂宿舍)	图书、报纸、期刊、电子出版物、音像制品 零售
北京物美天翔便利超市有限责任公司佳联金顶街西口店	金顶西街(兴石超市南)	图书、报纸、期刊、电子出版物、音像制品 零售
北京金熙腾达科技文化有限责任公司	古城大街西侧古城旅馆1号楼(古城宾馆)4层2405	图书 零售
北京物美天翔便利超市有限责任公司佳联高井店	高井广宁路东侧(石景山发电厂对面)	图书、报纸、期刊、电子出版物、音像制品 零售
北京伯格科技有限公司	实兴大街30号院3号楼2层A－0637房间	图书、报纸、期刊、电子出版物、音像制品 零售、网上销售

名　称	地　址	专项审批经营范围
北京易而特教育科技有限公司	鲁谷路74号南院3号楼1－3层天顺八酒店管理有限公司2层208室	图书 零售
北京书艺博通教育科技有限公司	鲁谷路74号南院3号楼1－3层天顺八酒店2层2018室	图书 零售
中教当代(北京)教育科学研究院	古城西路113号4层418室	图书、报纸、期刊、电子出版物、音像制品 零售、网上销售
北京永辉超市有限公司石景山古城分公司	阜石路300号二层209号	图书、报纸、期刊、电子出版物、音像制品 零售
北京华夏祥和博文文化传播有限公司	古城西路甲8号如意小区院内2号综合楼3302室	图书、音像制品 零售
北京物美天翔便利超市有限责任公司佳联永乐店	永乐西区25栋一层	图书、报纸、期刊、电子出版物、音像制品 零售
北京物美超市有限公司远洋沁山水店	玉泉路59号院1号楼1至3层	图书、报纸、期刊、电子出版物、音像制品 零售
北京厚大轩成教育科技股份公司	双园路1号1号楼3层308室	图书、报纸、期刊、电子出版物、音像制品 零售、网上销售
北京华夏和兴环宇文化传播有限公司	古城大街西侧古城旅馆写字楼1号楼一层2118	图书、电子出版物、音像制品 零售、网上销售
大紫林风(北京)文化传媒有限公司	金顶东街糕点八厂4号楼4层607	图书 零售
北京当代华文教育科技中心	杨庄东街28号院2号楼1层2－102	图书、期刊、电子出版物零售
北京书香满园文化传播有限公司	石景山区实兴大街30号院11号楼4层501	图书、电子出版物、音像制品 零售
北京楚来文化传媒有限公司	琅山4号楼底商21	图书、报纸、期刊、电子出版物、音像制品 零售
北京宝利天盛科贸有限公司	杨庄路110号(华信大厦)一层105号	图书、报纸、期刊、电子出版物、音像制品 零售
北京家乐福商业有限公司鲁谷店	石景山路乙18号院4号楼地下一层	图书、报纸、期刊、电子出版物 零售
童萌国际文化传媒(北京)有限公司	银河南街2号院2号楼15层1809	图书、电子出版物 零售、网上销售
北京雅仕书苑文化发展有限公司	石景山区体育场南路2号2层211B室	图书零售
大漫文化传媒(北京)有限公司	京原路2号桥三角地1号院北区七号楼一层102号	图书、报纸、期刊、电子出版物、音像制品 零售
北京博瑞盛佳文化有限公司	石景山路乙18号D写字楼5层608	图书 零售
北京物美便利超市有限公司五里坨西街店	五里坨西街12号院5号楼1层101	图书、报纸、期刊、电子出版物、音像制品 零售
北京文景学吧文化中心	金顶北路18号院6栋(1层155号)	图书 零售
北京智图天下图书有限公司	石景山区鲁谷路128号1幢4层409室	图书、报纸、期刊、电子出版物、音像、音像制品零售
北京科航恒业图书有限公司	古城北路6号(原莱蔬公司综合楼)弯月亮宾馆3层362室	图书、期刊、音像制品零售、网上销售
北京物美便利超市有限公司五里坨二店	石门南路1号院9号楼1层102	图书、报纸、期刊、电子出版物、音像制品 零售

名　称	地　址	专项审批经营范围
北京物美超市有限公司天翠阳光店	五里坨西街9号院2号楼1层113	图书、报纸、期刊、电子出版物、音像制品 零售
八九点钟的太阳(北京)商贸有限公司	石景山路乙18号院5号楼20层2212	图书、报纸、期刊、电子出版物、音像制品 零售
北京方圆华宇文化传媒有限公司	石景山路乙18号院3号楼8层911	期刊 零售
北京文社天地图书发行有限公司	古城大街西侧古城旅馆2号楼3层305室	图书、期刊 零售、网上销售
北京瀚武国际文化有限公司	政达路2号9层1单元9－33	图书、报纸、期刊、电子出版物、音像制品 零售
北京惠康文达文化传播有限公司	银河南街2号院3号楼5层522室	图书 零售、网上销售
北京黄叶村文化艺术传播有限责任公司	八角北里4号楼6层4单元603号	图书期刊零售
北京乐元素科技(北京)有限公司	实兴大街30号院7号楼9层912室	图书、报纸、期刊、电子出版物、音像制品 网上销售
上海酷听说网络科技有限公司北京分公司	银河南街2号院4号楼7层807	图书、报纸、期刊、电子出版物、音像制品 零售、网上销售
北京嘉文视野文化传播有限公司	阜石路166号泽洋大厦301B	图书、报纸、期刊、电子出版物、音像制品 零售、网上销售
北京宝利天和文化发展有限公司	杨庄东路126号二层220室	图书、报纸、期刊、电子出版物、音像制品 零售、网上销售
北京大生知行科技有限公司	西井路17号楼1号楼二层2001房间	图书、报纸、期刊、电子出版物、音像制品 零售、网上销售
北京乐柏信息咨询有限公司	玉泉西里二区38号楼2层A209室	图书、报纸。期刊零售
中瑞正阳(北京)商贸有限公司	古城西街25号B座308室	图书、报纸、期刊、音像制品 零售
壹壹玖互联(北京)教育咨询有限公司	杨庄路110号院5号楼9层904号房间	图书 零售、网上销售
北京天泰博远科技发展有限公司	八大处高科技园区内6－C号地3号楼4层403室	图书、报纸、期刊、电子出版物、音像制品 零售、网上销售
慧优教育科技(北京)有限公司	实兴大街30号院17号楼6层4号	图书、报纸、期刊、电子出版物、音像制品 零售、网上销售
北京亿研堂教育科技有限公司	古城南街路东53号－1弯月亮宾馆325室	图书、报纸、期刊、电子出版物、音像制品 零售
北京尹建莉文化传播有限公司	西井路19号院3号楼2层201号203室	图书、报纸、期刊、电子出版物、音像制品 零售、网上销售
北京狮吼音文化传播有限公司	古城大街西侧古城旅馆220室	图书 零售
北京同思佳创电子技术有限公司	实兴大街30号院8号楼11层1207	图书 零售
北京新奥时代科技有限责任公司	政达路2号5层2单元505	图书、报纸、期刊、电子出版物、音像、音像制品零售、网上销售

名　　称	地　　址	专项审批经营范围
北京金鼎之星教育科技有限公司	金顶北路 20 号院 9 栋 1 层 110	图书、报纸、期刊、电子出版物、音像、音像制品零售、网上销售
北京六度方圆办公设备进出口有限公司	实兴大街 30 号院 8 号楼 11 层 1216	图书零售
北京全智书店	实兴东街 11 号 3 层 3027	图书零售、网上销售
北京知嘛文化传播有限公司	银河南街 2 号院 2 号楼 15 层 1732	图书、报纸、期刊、电子出版物、音像、音像制品零售、网上销售
深圳锦晟力合商贸有限公司北京第二分公司	石景山路乙 18 号院 4 号楼 2F2027	图书、报纸、音像制品零售
北京读美文化艺术有限公司	石景山路甲 18 号院 3 号楼 14 层 1611 室	图书、报纸、期刊、电子出版物、音像制品零售
北京康加文化发展有限公司	石景山路乙 18 号院 3 号楼 13 层 1516	图书、电子出版物零售
北京初星影视文化有限公司	实兴东街 11 号 4 层 4005 室	图书、期刊、电子出版物、音像制品零售、网上销售
北京九喜信息科技有限公司	石景山路 3 号玉泉大厦 6 层 606 室	图书、报纸、期刊、电子出版物、音像制品零售、网上销售
北京思越教育科技有限公司	广宁村新立街 25 号托儿所二层 276 室	图书、报纸、期刊、电子出版物、音像制品零售、网上销售
北京寓乐世界教育科技有限公司	实兴大街 30 号院 10 号楼 4 层 403	图书、报纸、期刊、电子出版物、音像制品零售、网上销售

区域体育设施名录

石景山区体育经营单位名录

名　　称	地　　址	主营业务
北京市石景山体育馆	北京市石景山路 32 号	场馆运营、举办赛事
北京市石景山体育场	石景山路 32 号院体育场 27 号门	为各类体育活动提供场地服务
悦健身生态健身馆	北京市石景山区玉泉西里二区 38 号楼一层	游泳
一兆韦德健身公司第七公司	玉泉西里二区 2 号楼会所一层	健身、游泳
非凡体育(古城旅游职业学校凤华科贸中心)	北京市石景山区鲁谷东街 29 号(黄庄职业高中)	健身
圣武宝力高	鲁谷路 68 号京西珠宝城南楼	羽毛球、篮球、健身
乐修斯健身	台湾街聚鲜楼 3 层	健身
凌科(北京)体育文化发展有限公司(云川)	石景山区玉泉西里二区 38 号楼 B1 层	体育用品,台球比赛,体育项目经营
浩沙健身台湾街店	鲁谷路台湾街 C2 区 11 号楼 B1 层	健身

名　称	地　址	主营业务
启迪冰雪体育中心	石景山路与上庄大街交叉口	综合体育运动
国际广播电台游泳馆(对内)	石景山路甲16－2号国际广播电台(CRI)南侧	器械、健身、游泳
Z健身工作室	景阳写字楼103	健身
京西武馆	远洋山水南区38号楼1层底商	武术指导
北京巨龙大成体育文化公司(台球)	北京市石景山区首钢八角小区43号	台球
夜时尚台球古城店	石景山路42号	台球运动
北京百姓坊台球厅－装修中	石景山区杨庄小区27号楼	台球
得乐网球	石景山路甲61号	网球
博武堂搏击俱乐部	融科创意中心地下一层	武术指导
北京市石景山区嘉安卡丁车青少年体育俱乐部	老山五景桥东街甲1号	卡丁车活动培训、指导、推广、比赛
国家体育总局自行车击剑运动管理健身中心	石景山区老山西街5号	羽毛球、游泳(综合型)
北京康体力倍体育文化有限公司(格林菲特)	石景山区鲁谷大街永乐西区13号楼(天外天饭店2－3层)	运动、健身
博雄(北京)体育文化发展有限责任公司	石景山区鲁谷依翠园16号楼新岚大厦西侧1层	拳击培训
北京京西涵舒体育管理有限公司(帝都)	石景山鲁谷依翠园16号楼南侧地下1层(美廉美超市楼下)	游泳健身
中健银座健身有限公司	石景山路乙18号院万达百货四层	休闲健身活动
北京万商花园酒店运动中心	石景山银河大街1号	游泳,健身
万商花园酒店－网球馆	石景山区石景山路22号	网球
万达嘉华酒店健身中心	石景山区石景山路甲18号1号楼	游泳
自然风体育文化发展有限公司—万达电玩城	石景山区万达广场1层大玩家	电子竞技
万达雪梦都室内滑雪馆	石景山路乙18号万达二层	室内滑雪
今天体育文化发展有限公司	石景山苹果园一区甲14号首钢文化馆	健身
北京乐刻健身中心	石景山阜石路300号喜隆多新国际5层580	健身
龙腾游泳馆	石景山模式口东里17号楼	游泳、健身
浩沙健身金顶街店	石景山金顶街北路金顶阳光小区9号楼	健身
腾越滑雪	石景山爱玛裕市场南厅	综合体育运动
北京中彩体育发展有限公司	五里坨街道石门路342号	游泳,健身
北京军区联勤部健身中心(对内)	北京军区联勤部院内	健身
华北游泳馆	石景山八大处甲1号	游泳
优美健身俱乐部	石景山雍景四季小区7号商业楼3层	健身
国家体育总局射击射箭运动管理中心	石景山区福田寺甲3号	射击
北京福乐斯休闲健身中心有限公司	时代花园南路21号院1号楼2层201公院东门)	举办健身活动,游泳
首钢杨庄游泳馆	石景山杨庄小区内	游泳、健身
北京首钢体育文化有限公司	阜石路159号一层(杨庄东街与阜石路交叉口东北角)	体育场馆

名　称	地　址	主营业务
北京同创恒盛体育文化发展有限公司	阜石路159号地下一层(杨庄东街与阜石路交叉口东北角)	健身、台球等
晟宇搏击俱乐部	苹果园西小街19号院宏坤盛通大厦1号楼406室	武术健身
夜时尚台球(石景山万达旗舰店)	政达路2号CRD银座B-1-102(石景山万达广场)	台球
爱尚健身(石景山店)	古城西路(化肥路)景山财富中心(汽车城)幸福百分百超市B2地下二层	游泳、健身

职业服务机构名录

职业介绍机构名录

名　称	电　话	地　址	备　注
区人才服务中心	68868107	杨庄东路66号	公共服务
区职业介绍服务中心	68879893	杨庄路66号	公共服务
五里坨街道职介所	88905460	五里坨车站路1号	公共服务
鲁谷社区职介所	68642117	六合园东部社区中心	公共服务
广宁街道职介所	88993075	广宁村立新街4号	公共服务
八宝山街道职介所	88682938	八宝山街道办事处	公共服务
古城街道职介所	68879143	古城街道办事处综合服务大厅	公共服务
苹果园街道职介所	88799673	苹果园街道办事处	公共服务
八角街道职介所	88982139	八角街道办事处	公共服务
老山街道职介所	88973349	老山东里	公共服务
金顶街街道职介所	68873043	金顶街街道办事处	公共服务
北京中融汇智人力资源有限公司		实兴大街30号院3号楼11层	经营性服务
区残疾人劳动就业服务中心	68821872	古城幼儿园东院	公共服务
区工会职介所	88930313	石景山路35号	公共服务
区妇女儿童活动中心	68875501	八角西街	公共服务
爱依家政服务有限责任公司	68826919 68870438	古城南路52号	经营性服务
爱依家政服务有限责任公司杨庄分部	68826919	杨庄社区服务中心一层	经营性服务
爱依家政服务有限责任公司古城分部	68826919	古城公园西墙外	经营性服务
益友嘉职业介绍有限公司	68885486	八角北路社区服务中心	经营性服务
益友嘉职业介绍有限公司永乐分部	68885486	永乐小区长城羊毛衫厂西侧	经营性服务
石景山区残疾人就业服务事务所	13466669035	阜石路166号泽洋大厦1507室	经营性服务
北京田慧园人力资源服务公司	68874794	北辛安和平街	经营性服务
国网北京市电力公司人才交流服务中心	15810979796 63679989	模式口大街3号院	经营性服务
普一(北京)国际人力资源咨询有限公司	18510205618 68547180	银河南街2号院3号楼13层1610室	经营性服务

名　　称	电　话	地　　址	备　注
易建安盛(北京)教育科技有限公司	18611393230 68874173	杨庄路110号院(华信大厦)11层1101室	经营性服务
京邮通科技(北京)有限公司	13810446464 62264906	西井路3号3号楼4131	经营性服务
北京四达光彩人力资源服务有限公司	13466390530 68861594	古城大街1号领秀大厦A座121房间	经营性服务
北京市仁立地途企业管理顾问有限公司	15910611821	鲁谷万商大厦六层610、612、613、618	经营性服务
北京聚辉管理咨询有限公司	13126509659	石景山路3号玉泉大厦7层711号	经营性服务
北京首实新业劳务服务有限责任公司	88796046	西井首钢一区17号	经营性服务
北京中电德瑞电子科技有限公司	51945048	苹果园路2号院1号楼12层120	经营性服务

民办职业技能培训学校名录

学校全称	办学许可证号	学校地址	负责人	办学类型(允许开办的培训职业(工种)名称和培训层次)	招生电话
北京市古城职业技能培训学校	1107103000002	石景山区古城大街23号	朱瑞明	美容师、美发师、中式烹调师(高)、调酒师、花卉工、中式面点师、茶艺师、西式面点师、计算机调试(初、中、高级)、主食制作、小菜制作、手工编结(非等级)	68873414
北京市石景山区业余大学职业技能培训学校	1107103000003	石景山区八角北路51号院	王　松	计算机文字录入处理员、秘书(高)、公关员(高)、物业管理员、保育员、育婴员(初、中、高级)	68875355
北京市石景山区阳光职业技能培训学校	1107104000004	石景山区老山西里甲30号	傅立新	计算机操作员、计算机维修工、中式烹调师、中式面点师、餐厅服务员、保健按摩师、美容师、美发师、家政服务员(初、中级)	88748051
北京市首钢职业技能培训学校	1107101000005	石景山区晋元庄6号首钢技师学院内	张百歧	维修电工、装配钳工、机修钳工、焊工、车工、铣工、冷作钣金工(高级技师、技师、高、中级、初级)营销师(技师、高、中级)企业人力资源管理、电子商务、项目管理、加工中心操作员(高、中级)汽车维修工(高、中、初级)数控铣床操作工(中级)家政服务员、仓库保管工、计算机文字录入处理员、计算机调试工、计算机操作员、制作设备维修工(中、初级)保洁绿化、社区物业服务、室内保洁、停车管理(非等级)	59805765
北京市石景山区现代服务职业技能培训学校	1107124000006	石景山区京原路2号桥三角地1号3号楼	傅彦生	家政服务员(非)、育婴员、养老护理员(初、中级)	57172214 18901352028 王宁兰
北京市石景山区安邦职业技能培训学校	1107104000007	石景山区老山西里21号实验二小院内	项学贤	保健按摩师(初、中级)	68680867

学校全称	办学许可证号	学校地址	负责人	办学类型（允许开办的培训职业（工种）名称和培训层次）	招生电话
北京市石景山区偲美职业技能培训学校	1107134000008	石景山区石景山路2号台湾街c2－5－b	聂　鑫	美容师	88607980 18810091351（党磊）
北京市石景山区京华职业技能培训学校	1107175000009	石景山区晋元庄6号	孙　卉	保安员（初级）	13810800483（孙卉）
北京市石景山区棋槟职业技能培训学校	1107104000010	石景山区模式口南里文化馆一层	赵丽华	汽车维修工、工艺编结工（初、中级）	88996229
北京市石景山区博闻职业技能培训学校	1107104000011	石景山区鲁谷南路26号展龙大厦西楼二层	高　丰	家政服务员、公共区域保洁员（初、中级）、停车场管理员（非等级）	68622858
北京市石景山区时尚瑞丽职业技能培训学校	1107134000014	石景山区政达路2号1单元	王洪达	美甲师、化妆师（初中级）	18611966676 18600393789（计绚）

律师、公证服务机构

律师事务所名录

北京市华夏律师事务所	石景山区老山西里甲8号机电司办公楼706室	68636613 13701373447
北京市方正律师事务所	石景山区八角北里西侧	68883236
北京市博天律师事务所	石景山路甲38号院万达广场3号楼(E)座301	68681755
北京市合达律师事务所	石景山区石景山路31号盛景国际大厦C座13层	57537186
北京市佳泰律师事务所	石景山区双园路1号1号楼5层505室	68865160 13601255416
北京市中顾律师事务所	石景山区八大处高科技园区西井路三号楼1227室	13718367776
北京市京晓律师事务所	石景山区紫御国际2号楼1009室	88930905 13901094605
北京市兆泰律师事务所	石景山区鲁谷路33－16号	88682216 88696186
北京市和铭律师事务所	石景山区石景山路甲18号院2号楼1901	13501382329
北京孙海清律师事务所	石景山区八角北路45号楼1单元3号	13521779287
北京市恒顿律师事务所	石景山路甲18号院万达广场E座512室	88696916
北京市品臻律师事务所	石景山区石景山路22号万商大厦1318室	88684266
北京京扬律师事务所	石景山区玉泉路11号35楼宇格写字楼209	88823923
北京京青律师事务所	石景山区万达广场CRD银座722室	68647587
北京市京翔律师事务所	石景山区石景山路22号长城大厦5层505室	68863605
北京市思科律师事务所	石景山区政达路6号北方中惠国际中心D205室	13520569025
北京市道衡律师事务所	石景山区政达路2号CRD银座712室	68547215
北京市翔帮律师事务所	石景山区古城南里甲5号318室	68866445
北京法铭律师事务所	石景山区八大处高科技园区西井路3号楼8129室	13910997933
北京华本律师事务所	石景山区CRD银座B座822室	68647508
北京市冉民律师事务所	石景山区石景山路23号中础大厦4层420	13911391319
北京市新儒律师事务所	西长安街万达广场CRD银座B座1205室	13718642159 52420877
北京市万贝律师事务所	石景山路甲18号院5号楼16层1811室	57731613
北京市秉道律师事务所	石景山区银河南街2号院紫御国际3号楼1211	88865600
北京证金律师事务所	石景山区政达路2号5层1单元505室	13911948567
北京全印律师事务所	石景山区古城西路113号205室	13011157568

北京长立律师事务所	石景山区阜石路166号泽洋大厦306室	18612635666
北京旗文律师事务所	石景山区古城西路113号景山财富中心七层758室	18201332626
北京科鹏律师事务所	石景山区古城大街特钢十一区(首特创业基地)A座335号	68881149
北京众再成律师事务所	石景山区实兴大街30号院7号楼5层	68882317
北京诚桥律师事务所	石景山区古城大街古城旅馆2号楼5层2540室	13681531878
北京市实景律师事务所	石景山区石景山路甲18号院2号楼1715室	18611789184
北京市金则律师事务所	石景山区双园路1号 宏昌商务园2号楼505	18701367890
北京市启邦律师事务所	石景山区政达路6号院4号楼10层1011	13691519888
北京市万腾律师事务所	石景山区石景山路54号院1号楼1102	88555815
北京志识恒律师事务所	石景山路甲18号院2号楼1712室	13691242509 68665150
北京希仁律师事务所	石景山区政达路2号4层1单元4－11	13552228016 68404256
北京善辩律师事务所	石景山区城通街26号院7号楼26层2601	13683199283
北京市双全律师事务所	石景山区石景山路甲18号院万达广场E座2811室	13501000103

公证处名录

北京市燕京公证处	杨庄东路66号	88915322 68834410 68875084

法律服务所名录

北京市石景山区八宝山街道法律服务所	八角西街61号院222室	13911506990
北京市石景山区八角街道法律服务所	八角北路社区服务中心	13501293959
北京市石景山区古城街道法律服务所	社区服务中心2层205室	13321191098
北京市石景山区苹果园街道法律服务所	苹果园首钢文化馆	13801014427

石景山公安分局派出所名录

八宝山派出所	永乐小区甲66号	68668751
八角派出所	八角北路甲38号	68875652
古城派出所	老古城北后道甲1号	68872373
苹果园派出所	实兴大街甲1号	68836781 68872303
老山派出所	老山东里	88971590
模式口派出所	模式口南里甲1号	68875574
金顶街派出所	金顶街五区3栋	88732328
鲁谷派出所	依翠园甲16号	88682186
广宁派出所	广宁复兴街75号	88992177
五里坨派出所	五里坨东街甲1号	88952410
石景山路派出所	石景山体育馆内	68875350
八大处派出所	八大处公园内	88964250
高井派出所	高井甲32号	66384471
四平台派出所	八大处甲1号	88963060

科技中介服务组织名录

北京爱思济会计事务所	石景山路23号中础大厦206室	68872158
北京普洋会计事务所	实兴大街30号西山汇A2楼1层10号	13699238288
北京源中源登记注册代理事务所	实兴大街30号西山汇A2楼1层1号	13311284514
北京金海会计服务有限公司	实兴大街30号西山汇A2楼1层1号	13601259623
北京安平生财务咨询有限公司	实兴大街30号西山汇A2楼1层1号	13521837702
财智信商联盟(北京)科技有限公司	石景山科技馆2楼	13910777439
首钢总公司专利中心	首钢厂东门首钢技术研究院	88296581

石景山区人才交流中心	杨庄东路66号人才交流中心	68871056
北京国辰世纪企业管理咨询中心	石景山路22号长城大厦	68666240
石景山区生产力促进中心	八角西街40号	68863350
北京863信息安全科技发展有限公司	石景山路40号	68812109
首特科技孵化器	特钢公司院内	88982098
北京盛世易达咨询有限公司	双园路9号京宝公司307室	13001263436
北京汇丰国际登记注册代理事务所	实兴大街30号西山汇A2楼1层3号	13911131343
北京颖通嘉琳登记注册代理事务所	阜石路166号泽洋大厦718X6	13641314173
北京市双全律师事务所	碣石坪12号1－2303B	68667174
北京领步科技发展有限公司	苹果园西井路3号	51620688
金嘉恒科技发展有限公司	西井路3号3号楼	13911827608
北瑞驰胜安科技开发有限公司	石景山路甲18号院2号楼	5249615
北京顺然天成咨询有限公司	实兴大街30号西山汇A2楼1层16号	13520369807
北京英信国和会计师事务所	实兴大街30号西山汇A2楼1层13号	13911717803　68256488
北京华海基业科技孵化器有限公司	石景山路22号长城大厦506室	68666252
联合信用管理有限公司北京分公司	实兴大街30号西山汇A2楼1层17号	13521855803　64912118－814
北京国帆知识产权代理事务所	实兴大街30号西山汇A2楼1层18号	13901311903
北京知易知识产权代理有限公司	实兴大街30号西山汇A2楼1层19号	13691067119
泽羚投资咨询(北京)有限公司	实兴大街30号西山汇A2楼1层24号	13910630689
北京国泰创业投资基金管理有限公司	实兴大街30号西山汇A2楼1层34号	18618333678
北京市外商投资企业职业介绍中心	实兴大街30号西山汇A2楼1层35号	13901325723
北京柏卓人力资源开发咨询有限公司	实兴大街30号西山汇A2楼1层35号	13901052348
中国互联网协会	实兴大街30号西山汇A2楼1层28号	13301127966
工业和信息化部电子知识产权中心	鲁谷路35号电科大厦6层	88686227
古城小学科技企业工地	古城西街19号	13810135889

福利机构名录

北京市石景山区社会福利院	杨庄路17号	68842135
北京市慈善寺敬老院	五里坨潭峪村口	88903508
北京市金梦圆老年乐园	八大处路35号	88961199
北京市寿山福海养老服务中心	双峪路23号	88990006
北京市颐养年养老院	高井北街149号	88908996
北京市西山八大处老年公寓	八大处北空院内	88965745
北京市民族养老院	模式口南里小区	88719092
北京市老年福敬老院	模式口西里小区	88292255

街道社区居委会

古城街道

八千平社区居民委员会	古城北路3栋平房处	68875184
古城路社区居民委员会	古城路16栋西侧	68874653
南路东社区居民委员会	古城南路28栋前	68835582
南路西社区居民委员会	古城南路16栋北侧	68875391
十万平社区居民委员会	古城大街曦景长安3号楼底商105室	68888325
北小区社区居民委员会	古城北路14栋前平房	68875712
环铁社区居民委员会	杨庄大街地铁车辆一公司门口	68835233

特钢社区居民委员会	特钢东门大楼一栋平房	68810165
西路南社区居民委员会	古城西路8栋对面	68882076
西路北社区居民委员会	古城西路10栋	68874303
天翔社区居民委员会	古城北路21栋后院	68882488
老古城东社区居民委员会	古城现代嘉园66号院1号楼1单元102室	68819071
老古城西社区居民委员会	古城现代嘉园68号院1号楼2单元102室	68819073
北辛安大街社区居民委员会	北辛安大街56号	68826703
北辛安铁新社区居民委员会	北辛安新房子16号	68871476
北辛安南北岔社区居民委员会	北辛安南岔34号	68876114
水泥厂社区居民委员会	京原路68号	88957201
南大荒社区居民委员会	京原路55号永定林居民区院	68822740
白庙庞村社区居民委员会	白庙村35号	68868592
滨和园燕堤西街社区居委会	燕堤西街7号院1号楼二层	53023226/28
滨和园燕堤中街社区居委会	燕堤中街6号院3号楼二层	53023963/69
滨和园燕堤南路社区居委会	燕堤南路1号院8号楼三层	

苹果园街道

苹一区社区居委会	苹一区5栋楼北侧	68844260	68877461
苹二区社区居委会	苹二区6号楼后面	68844546	68870591
苹三区社区居委会	苹三区19栋西	88719085	88736486
苹四区社区居委会	苹四区13栋对面	88708061	88725239
海特第一社区居委会	海特花园15栋后平房		88790239
海特第二社区居委会	海特小学北侧		88790874
海特第三社区居委会	海特花园56号楼旁平房	88796485	88791077
西井社区居委会	西井二区甲一号	88931244	88932431
西黄村社区居委会	西黄村木材厂南侧三楼		88705057
西黄新村社区居委会	西黄新村北里12号楼109号		88783611
琅山村社区居委会	琅山村64号	88728914	88752643
边府社区居委会	雍王府1号	52637020	88759370
装备部社区居委会	装备部大院37号	66397155	66397061
八大处社区居委会	八大处路6号六一教工院内		88962994
西山枫林一社区居委会	香山南路168号院8－9－101		88782445
西山枫林二社区居委会	香山南路166号院8－6－102		88774971
军区第一社区居委会	军区大院58－1－101		66398257
西黄新村东里社区居委会	西黄新村东里13号楼108号		88702083
西黄新村西里社区居委会	西黄新村西里13号楼旁12号楼北侧		88701646
下庄社区居委会	八大处路甲26号院8栋11门101号		88960745

金顶街街道

金一区社区居委会	金顶北路20号院19号楼首层	88775047	88749902
金二区社区居委会	金顶北路8号院13栋底商	88750554	88750423
金三区社区居委会	金三区6栋东南侧平房		88748025
金四区社区居委会	金顶北街68号(金顶街工商银行北侧)	88722550	88748026
金五区社区居委会	金五区甲9栋楼一层	88724302	88749971
赵山社区居委会	赵山2号楼北侧平房	88744007	88748007
西福村社区居委会	金顶山路168号院9栋旁		88723576
铸造村社区居委会	铸造村1区新1号(14栋旁)	88714343	88748033
模式口村社区居委会	模式口村76号	88728098	88750148

模东里社区居委会	模式口东里 9 号楼西侧	88728152　88717592
模南里社区居委会	模南里 9 栋北侧	88722187
模中里社区居委会	模南里 26 栋楼前	88728616
模北里社区居委会	模北里 44 号楼南侧	88748010　8991155－3713
模西中社区居委会	模西 20 栋楼前	88722602　88748826
模西南社区居委会	模西 33 栋北侧	88722602
模西北社区居委会	模西物业所院办	88724325

五里坨街道

陆军机关军营社区居委会	高井甲 32 号院社区居委会	66384479
西山机械厂社区居委会	五里坨炮厂小区居委会办公楼	51725435
天翠阳光第一社区	石门南路 1 号院 9 号楼	88755221
天翠阳光第二社区	五里坨西街 9 号院 11 号楼一层	88796850
天翠阳光第三社区	五里坨西街 12 号院 5 号楼一层	88920530
高井社区居委会	黑石头南街 49 号	88951713
南宫社区居委会	石门路 368 号居委会	51511273
黑石头社区居委会	黑石头南街 49 号	88951284
隆恩寺社区居委会	五里坨隆恩寺礼堂	88902905
红卫路社区居委会	五里坨隆恩寺路 99 号院 1 号	51512279
隆恩颐园	隆恩寺路 3 号院综合楼办公楼	61818616
东街社区居委会	五里坨东街 47 号	88902445
隆恩寺新区社区居委会	秀府南路 19 号 1－4－1 层	61803063
南宫嘉园社区居委会	隆恩寺路 18 号 10 号楼一层	88900611

广宁街道

新立街社区居委会	广宁村新立街 113 号	88991868
东山社区居委会	广宁村复兴街东山	88991398
高井路社区居委会	广宁村电厂路 21 号	52552881
麻峪社区居委会	麻峪南沟五十五亩地	88991640
麻峪北社区居委会	双峪路麻峪新街北口	88991282

八宝山街道

三山园社区居委会	永乐东区 84 楼东侧平房	68657086
四季园社区居委会	永乐东区 27 楼前白楼	68681076
永东南社区居委会	永乐东区 32 楼南平房	68684695
永东北社区居委会	永乐东区 7 号楼前	68658546
鲁谷住宅社区居委会	鲁谷住宅 7 号楼东侧一层	68636654
情报所社区居委会	情报所 26 号楼北侧二层	88686047
电科院社区居委会	电科院社区院 32 号楼东一层	68683508
玉泉西社区居委会	玉泉路甲 65 号院平房	68636681
瑞达社区居委会	瑞达社区北院 11 号楼北侧一层	68689014
青年楼社区居委会	青年楼 2 号楼东侧	68687279
中铁建社区居委会	八宝山南路 29 号院食堂二层	51885679
西里西社区居委会	玉泉西里二区 7－3－106	88685338
西里中社区居委会	玉泉西里二区 29 号楼一层(底商)	88609638
西里北社区居委会	玉泉西里二区 1 号楼一层(底商)	88680676
西里南社区居委会	玉泉西里二区 30 号楼 3 单元	88608457
沁山水南社区居委会	玉泉西里一区 26 号楼一层 302	68645680

沁山水北社区居委会	玉泉西里一区2号楼一层105	88687020

鲁谷社区

依翠园南社区居委会	依翠园13号楼底商依翠园南居委会	68624224
依翠园北社区居委会	鲁谷路市运八场3号楼南侧	68663737
双锦园社区居委会	永乐西小区3号楼东面	68636674
五芳园社区居委会	鲁谷南路5号	68620956
六合园南社区居委会	六合园20号楼南侧	68625271
六合园北社区居委会	六合园12号楼北侧平房	68626880
七星园南社区居委会	七星园10－13　101	68627417
七星园北社区居委会	七星园7号楼对面	68627418
衙门口东社区居委会	衙门口上后街南头	88681730
衙门口西社区居委会	衙门口西街44号	68636683
衙门口南社区居委会	衙门口西南后街	88681010
新华社社区居委会	京原路8号新华社第二工作区西配楼102室	3077157
石景山医院社区居委会	碣石坪小区3号楼西侧平房居委会	68659138
久筑社区居委会	双锦园16号楼底商久筑服务站	68658542
西厂东社区居委会	北京重型机电厂西厂宿舍10号楼3门103号	68683321
新岚社区居委会	依翠园乙16号新岚大厦一层	68641236
永乐西南社区居委会	永乐西区20号楼北侧平房院	88681799
永乐西北社区居委会	永乐西区20号楼北侧平房院	68686532
重聚园社区居委会	重聚园18号楼西侧物业综合办公楼四层	68686316
重兴园社区居委会	重兴嘉园1号楼6层居委会	68655994
碣石坪社区居委会	碣石坪12号一单元101	88690992
聚兴园社区居委会	天和景园1－10－101	53666011

八角街道

八角北里社区居委会	八角北里45号楼前	68883787
八角中里社区居委会	八角中里21栋东侧	68879231
八角南里社区居委会	八角南里17栋东侧	88910810
八角北路社区居委会	八角北路44栋对面八角北路居委会	68872161
八角路社区居委会	八角路社区10栋东侧	68874285
八角南路社区居委会	八角南路12号楼东侧	68879213
杨庄南区社区居委会	杨庄小区35栋西侧	68873013
杨庄中区社区居委会	杨庄中区1号楼西侧	68867818
杨庄北区社区居委会	杨庄北区奈伦熙府49号楼西侧平房	52651531
杨庄北区第二社区社区居委会	杨庄北区12号楼北侧和13号楼南侧之间	57435597
公园北社区居委会	古城路甲61号	68872798
古城南路社区居委会	古城南路50栋院内	68873023
古城南里社区居委会	古城南里5号楼西南侧	68876379
建钢南里社区居委会	八角南里1号楼南侧平房	58419189
特钢社区居委会	八角北路9栋北侧平房	88915047
地铁家园社区居委会	八角北路59号地铁家园社区5号楼南侧	68879223
黄南苑社区居委会	黄南苑小区2号楼北侧平房	88995817
时代花园社区居委会	时代花园南路23号院15号楼1层	88937457
景阳东街第一社区社区居委会	景阳东街69号院1号楼1层	68648819
景阳东街第二社区社区居委会	景阳东街65号院3号楼2单元1层	88605660
景阳东街第三社区社区居委会	景阳东街58号院燕保京原家园底商	88602430

体育场南路社区居委会	体育场南街 7 号院 5 号楼	68800805

老山街道

老山西里社区居委会	老山西里 4 栋南侧平房	88970474
老山东里社区居委会	老山东里 5 栋东侧临甲 5 - 2	88975996
老山东里南社区居委会	老山东里 28 栋东侧平房	88973339
老山东里北社区居委会	老山东里 49 栋北侧平房	88973470
何家坟社区居委会	玉泉西街 5 号何家坟居委会	88255857
高能所社区居委会	玉泉路 19 号乙高能所居委会	88233098
玉泉西路社区居委会	玉泉西街 1 号院玉泉西路居委会	88255501
11 号院社区居委会	玉泉路 11 号院居委会	68289034
翠谷玉景苑社区居委会	翠谷玉景苑 1 号楼 6 门 103 号	58974113
京源路社区居委会	石景山路 23 号院京源路居委会	68810401
玉泉北里二区第一社区居委会	玉泉北里二区国科大学 B 区 21 号楼底商 2 单元 102	88620097
中国科学院大学社区居委会	玉泉路 19 号丙 16 号楼北侧平房	88256073

索引

使用说明

一、本索引采用内容分析索引法编制，除大事记外，年鉴中有实质检索意义的内容均予以标引，以便检索使用。

二、本索引基本上按汉语拼音音序排列，具体排列方法如下：以数字开头的，排在最前面；以英文字母开头的，列于其次；汉字标目则按首字的音序、音调依次排列，首字相同时则以第二个字排序，依此类推。

三、索引标目后的数字，表示检索内容所在的正文页码；数字后面的英文字母a、b、c，表示正文栏别，合在一起即指该页码及所在的版面区域。年鉴中用表格、图形反映的内容，则在索引标目后面用括号注明(表)(图)字，以区别于文字标目。

四、为反映索引款目间的隶属关系，对于二级标目，采取在上一级标目下缩二格的形式编排，之下再按汉语拼音音序、音调排列。

0～9(数字)

A ~ Z(英文)

A

B

C

D

E

F

G

H

J

K

L

M

N

T

W

X

Y

Z

（王彦祥、闫森、朴莹、宫英英编制）